ISBN 978-0-265-30670-3
PIBN 10363246

TRAITÉ

THÉORIQUE ET PRATIQUE

DES

OPÉRATIONS DE BANQUE

PAR

J.-G. COURCELLE-SENEUIL

La banque n'est pas une routine; c'est une science.

GILBART. *Practical treatise.*

QUATRIÈME ÉDITION

REVUE ET AUGMENTÉE

PARIS

LIBRAIRIE DE GUILLAUMIN ET Cie

Éditeurs du Journal des Économistes, de la Collection des principaux Économistes
Dictionnaire de l'Économie politique, du Dictionnaire universel du Commerce et de la Navigation, etc.

RUE RICHELIEU, 14

—

1864

PRÉFACE

DE LA PREMIÈRE ÉDITION.

Dans la plupart des arts industriels, la routine a suivi de près l'invention, et les hommes ont longtemps travaillé à tâtons, en suivant servilement les procédés que leurs pères leur avaient transmis. Plus tard, ils ont voulu se rendre raison de ces procédés : ils les ont contrôlés par les sciences physiques, et bientôt chaque industrie a eu sa théorie à l'aide de laquelle elle s'est conservée et perfectionnée.

Les procédés commerciaux, au contraire, ont jusqu'à un certain point échappé aux investigations scientifiques. Indépendants, par leur objet même, des sciences qui constatent les lois de la matière, ils se sont maintenus par tradition, sans théorie fixe, ni principes reconnus. L'économie politique a défini les fonctions commerciales, mais elle s'est presque toujours tenue à distance de la pratique : occupée de rechercher les lois générales de la richesse dans les sociétés, elle n'a pas tenté d'appliquer ses principes à une profession donnée, à un art déterminé.

Dans ce livre, j'ai tenté d'établir la théorie des opérations de banque. J'ai essayé de les définir, d'expliquer leur utilité et en quelque sorte leur raison d'être, de dire quels étaient leurs principes généraux, leurs applications habituelles, et de déduire de l'observation des faits les lois de leurs perfectionnements et de leurs progrès.

La banque n'est point une branche de commerce prise au hasard et qui d'ailleurs ressemble à toutes les autres. Entre toutes les professions commerciales, celle du banquier occupe déjà le premier rang, et chaque progrès nouveau de la société ajoute à son importance : c'est le banquier qui est généralement chargé de trouver un placement aux capitaux, c'est-à-dire d'établir les conditions de l'alliance entre le capital et le travail; c'est lui, le plus souvent, qui dispose des capitaux mobiliers, dont les mouvements exercent une influence décisive sur les variations du prix des diverses marchandises et peuvent en peu de temps élever ou renverser les fortunes particulières.

Déjà, il y a douze ans, j'avais essayé d'exposer le mécanisme des banques de circulation et d'en faire ressortir l'importance, au point de vue public et économique [1]. De nouvelles études, l'expérience des affaires, l'opinion de praticiens très-éclairés et le spectacle de trois grandes crises, m'ont confirmé dans cette conviction que le commerce de la banque était le régulateur de tous les autres, qu'il avait besoin de liberté, qu'il était utile d'en exposer et d'en propager les principes : et j'ai entrepris ce livre.

Il fallait d'abord définir les capitaux, les monnaies et les contrats qui sont la matière du commerce de banque, et déterminer les lois des variations de leurs prix; il fallait ensuite définir chaque opération, exposer les combinaisons diverses que l'art du banquier en déduit, pour indiquer

[1] *Le Crédit et la Banque* — Paris, Pagnerre, 1840.

comment les entreprises particulières, s'enchaînant les unes aux autres, formaient de grands systèmes soumis à des lois auxquelles ne pouvaient se soustraire les maisons qui y étaient englobées.

Enfin il fallait aborder les détails de la pratique, traiter de l'administration intérieure et extérieure, des difficultés et précautions légales, de la comptabilité et de l'arithmétique, indiquer autant que possible les procédés en usage et surtout les meilleurs, ceux que les derniers perfectionnements avaient introduits.

J'ai essayé de remplir ce cadre si vaste d'une théorie complète de la banque fondée sur l'observation des faits, et qui, partant des définitions et des généralités économiques, allât jusqu'à la description d'un compte courant et à l'arithmétique d'un arbitrage. Ai-je réussi? Il y aurait présomption à l'affirmer. Lorsqu'il s'agit d'embrasser dans son ensemble et dans ses détails un art multiple, varié, changeant suivant les temps et les pays, il est difficile de ne pas commettre beaucoup d'omissions et au moins quelques erreurs. Toutefois, tel qu'il est, j'espère que ce livre, dont les déductions sont fondées sur la méthode éprouvée des sciences physiques, contient un assez grand nombre de principes certains, de vérités démontrées et de faits concluants pour pouvoir être utile.

Peut-être encourra-t-il des reproches de deux sortes : les économistes jugeront sans doute que les principes généraux y sont trop brièvement exposés ; les praticiens, au contraire, penseront peut-être qu'il ne contient pas un assez grand nombre de définitions et de détails techniques.

C'est qu'en effet le but de ce livre n'est ni d'enseigner l'économie politique, ni de fournir un répertoire des connaissances de détail dont telle ou telle branche de la banque peut avoir besoin. Des ouvrages excellents ont été faits sur l'une et sur l'autre matière ; il ne restait qu'à indiquer en quelque sorte le point de jonction et d'alliance où l'économie politique, la comptabilité et l'arithmétique se rencontraient pour former un art, l'art du banquier.

Les principes fondamentaux énoncés en cet ouvrage et qui en constituent en quelque sorte l'individualité, ne sont point empruntés directement aux livres. Mais j'ai tâché de profiter des discussions et des publications qui ont eu lieu soit en France, soit à l'étranger, sur la matière si délicate et si étendue du crédit public et privé. Galatin et Carey, en Amérique, Ricardo, Tooke et Parnell, en Angleterre, ont jeté de vives lumières sur la théorie générale du crédit. C'est un devoir pour moi de signaler les excellents travaux de M. Wilson dans l'*Economist*, l'histoire de Lawson et surtout les divers ouvrages si éminemment empreints de sens pratique de M. Gilbart.

Ce livre est destiné à des hommes habitués soit à l'étude, soit à la pratique des affaires, dont le temps est précieux et qui connaissent au moins l'économie politique, la comptabilité et l'arithmétique. C'est pourquoi j'ai cru qu'il convenait d'être bref, de ne pas remonter sans cesse aux éléments, et de ne pas se laisser aller à des développements dont le lecteur n'avait pas besoin.

Paris, 22 décembre 1852.

TRAITÉ

DES

OPÉRATIONS DE BANQUE

LIVRE PREMIER.

Notions générales [1] sur les Monnaies, les Capitaux et le Crédit.

Toutes les opérations de banque roulent sur les monnaies, les métaux précieux, les capitaux et le placement des capitaux ou le crédit.

Avant d'entrer dans la théorie de ces opérations, il convient de définir les objets qui en forment la matière : pour cela il est indispensable de rappeler d'abord très-sommairement le sens économique des mots : Richesses, Utilité, Valeur des choses, et de décrire les phénomènes les plus ordinaires de la distribution des richesses.

CHAPITRE I.

RICHESSES. — UTILITÉ.

On appelle Richesses, dans l'acception la plus étendue de ce mot, toutes les choses qui sont l'objet des désirs de l'homme, et qu'il peut approprier à son usage.

Nous n'avons point à nous occuper ici des richesses natu-

[1] Ces notions se trouvent exposées avec beaucoup plus de développements dans mon *Traité d'économie politique*.

relles que Dieu donne à l'homme à titre gratuit, telles que l'air et la lumière, mais seulement des richesses sociales, de celles qui sont susceptibles de faire l'objet d'une propriété particulière, qu'un homme ou une agglomération d'hommes peuvent occuper, transformer, transporter et consommer à l'exclusion des autres hommes. La plupart de ces richesses sont le résultat d'un travail humain ; car si c'est la nature qui en fournit la matière, c'est le travail, collectif ou individuel, qui leur confère l'utilité.

L'*utilité* des richesses est la propriété qu'elles ont de servir à la satisfaction de nos désirs : et cette propriété tient non-seulement aux choses elles-mêmes, mais à l'appréciation et à l'estime que les hommes en font. L'utilité des choses, ainsi définie, est donc soumise à toutes les influences qui agissent sur l'opinion des hommes ; elle peut être déterminée par des besoins impérieux ou par des fantaisies d'imagination ; par les passions les plus nobles ou par les plus viles ; par les croyances les plus élevées ou par des préjugés grossiers et ridicules : elle est sujette, par conséquent, à l'erreur et à toutes les incertitudes des jugements humains ; elle varie, dans le temps et dans l'espace, entre les différents individus et les différents peuples.

Il ne s'agit point ici d'une utilité objective et absolue, mais seulement de l'utilité appréciée, que l'erreur peut déterminer aussi bien que la vérité ; et l'erreur en ce cas peut être commise par une agglomération d'hommes aussi bien que par un seul individu.

Il existe un certain nombre d'objets dont on considère habituellement l'utilité comme absolue, parce qu'elle a été toujours ou presque toujours appréciée par les hommes. Cette constance relative de l'opinion, fixée probablement par des considérations solides et justes, n'appartient point aux choses qui en sont l'objet, et n'infirme point ce qui a été dit de la cause et de l'essence de l'utilité qui est, à son origine, le résultat d'un jugement humain.

Si l'opinion donne ou ôte l'utilité économique aux choses, elle la détermine à plus forte raison et établit seule les rapports de comparaison entre l'utilité de choses diverses. C'est dire assez que l'utilité économique, produit d'une opération complexe de l'âme, n'est point susceptible de mesure dans le sens mathématique du mot. Les utilités n'ont en aucune façon le caractère simple, général et permanent des quantités géométriques. Lorsque l'on exprime par 2 et par 4 le rapport de longueur de deux lignes, ce rapport du simple au double présente aux hommes de tous les temps, de tous les âges et de tous les pays, une idée claire, identique, invariable, qui domine l'esprit par l'invincible autorité de l'évidence. Lors, au contraire, que je veux estimer et comparer entre elles l'utilité d'un hectolitre de blé et l'utilité d'un habit, il faut que je recherche en moi-même jusqu'à quel point l'un et l'autre peuvent servir à la satisfaction de mes désirs, et que je choisisse entre mes désirs ceux auxquels il me convient de donner la préférence. On comprend que, dans une appréciation de ce genre, les mêmes objets matériels peuvent être très-différemment estimés et comparés suivant les temps, les lieux, les hommes et les circonstances.

On ne peut même comparer exactement, c'est-à-dire mesurer en nombres, des utilités de même nature. Ainsi il n'est pas toujours vrai que 10 ou 100 hectolitres de blé aient 10 et 100 fois l'utilité d'un hectolitre de blé. L'utilité se règle sur les désirs ou, comme on dit, sur les besoins, autant que sur les quantités produites, et elle se détermine par un rapport dont les termes ne peuvent être rigoureusement exprimés en nombres.

Cependant la somme des utilités dont disposent, soit un particulier, soit une société, est susceptible d'augmentation ou de diminution. Il est incontestable, par exemple, que les hommes des sociétés modernes ont à leur disposition une somme d'utilités, ou, ce qui est la même chose, de richesses, plus grande que les hommes des sociétés antiques : en effet, ils peuvent satisfaire un plus grand nombre de désirs. Au point de vue purement économique [1], ils sont donc incontes-

[1] Je dis *au point de vue économique*, parce qu'en morale, on peut observer un phénomène différent : le désir de l'homme s'étend en raison des moyens qu'il a de se satisfaire, et les dépasse toujours infiniment. Il semble que le rapport qui existe entre les désirs de l'homme et les moyens qu'il a de les satisfaire soit presque invariable : c'est ce qui fait à la fois notre misère et notre grandeur.

tablement plus riches. On comprend même à la rigueur qu'en théorie, sinon en pratique, cette augmentation de la somme des utilités possédées par les modernes puisse être approximativement évaluée en nombres : il suffirait de prendre pour unité quelques-uns des désirs humains les plus constants, les plus égaux à eux-mêmes.

CHAPITRE II.

ÉCHANGE. — VALEUR. — VALEUR COURANTE.

Le désir d'acquisition qu'inspire l'appréciation de l'utilité donne naissance à un effort humain qui est la cause première et génératrice de la valeur des choses. Pour acquérir une chose qu'il ne possède pas, l'homme consent à un effort : ou il travaille, ou il cède le produit d'un travail antérieur dont il a la propriété. Cette cession consentie en vue d'une cession équivalente porte le nom d'Échange.

L'échange d'un objet contre un autre semble impliquer l'égalité d'Utilité des objets échangés. Mais lorsqu'on réfléchit un moment à la nature de ce contrat, on reconnaît bien vite qu'il n'est, comme tous les contrats, qu'un simple accord de convenances, et, si l'on peut s'exprimer ainsi, le point où les volontés se rencontrent. Deux sauvages, réunis par hasard avec des rapports pacifiques, entrent en relations d'échange : l'un possède du gibier, l'autre une peau de tigre : qui fixera la mesure de l'utilité de chaque objet? Uniquement la convenance personnelle, l'appréciation, le désir des deux échangistes. Si celui qui possède la peau de tigre manque de provisions, s'il est pressé par la faim, il ne tiendra pas compte des peines et des dangers au prix desquels il a acquis la peau de tigre, et il la cédera facilement. Si, au contraire, il est bien approvisionné, le gibier qu'on lui offre en échange aura pour lui peu d'utilité, et il refusera le contrat.

Supposons que l'échange s'accomplisse : où aura-t-on pris la mesure de l'utilité des objets échangés? Sera-ce dans la quantité de travail humain employée sur chacun d'eux? Non.

Sera-ce dans un sentiment fixe et en quelque sorte philosophique du degré d'utilité de chaque objet? Pas davantage. Il se produit quelque chose de nouveau par le rapport du désir qui existe dans l'âme de chacun des deux échangistes pour chacun des objets échangés. Ce quelque chose qui naît d'une combinaison de désirs et d'utilités s'appelle Valeur. Mais d'où naissent les désirs combinés? Du besoin, de la vanité, etc., d'une circonstance fortuite et temporaire, de telle sorte que demain peut-être chacun des deux contractants se repentira du contrat, et attribuera aux choses échangées une autre valeur que la veille.

A proprement parler, la valeur est le pouvoir d'acquisition par échange que possède une marchandise. Ce pouvoir d'échange s'exprime par la quantité d'objets contre lesquels la marchandise est échangée. Il n'y a donc point de valeur sans échange.

Dans un échange isolé, la valeur de chaque objet est en raison inverse de la valeur de l'autre. Si un hectolitre de blé s'échange contre deux hectolitres de vin, il vaut deux hectolitres de vin, ou deux hectolitres de vin valent un hectolitre de blé : les deux expressions sont synonymes. Si le rapport de valeur vient à changer, il est clair que tout ce que l'un des deux objets gagnera de valeur sera perdu par l'autre et réciproquement, indépendamment de l'utilité de l'un et de l'autre.

La valeur étant simplement un rapport d'échange, il est évident qu'il n'y a point, à proprement parler, de hausse générale des valeurs. En effet, la valeur, définie comme ci-dessus, n'est que l'expression du rapport qui existe entre deux choses utiles, dont la réunion forme, si l'on peut ainsi dire, une somme d'utilités donnée et invariable, dont chacune des deux exprime une plus grande ou moindre part, selon que sa valeur s'élève ou s'abaisse. La valeur d'une chose peut s'élever ou s'abaisser relativement à plusieurs autres ou même à toutes les autres, sans que la somme des utilités qui existent subisse la même variation.

Chaque fois qu'un homme consent à un échange, il est persuadé que l'objet qu'il reçoit est plus utile pour lui que l'objet qu'il cède. A ses yeux, l'utilité des objets échangés n'est pas égale, et il ne se détermine au contrat que par une préférence. « Dans chaque échange considéré comme isolé, dit avec raison Turgot, la valeur de chacune des choses échangées n'a d'autre mesure que le besoin ou le désir et les moyens des contractants balancés de part et d'autre, et n'est fixée que par l'accord de leur volonté »

Tant que les hommes ont été rares sur la terre, les échanges particuliers conclus entre eux n'ont eu ni base ni loi commune. Chaque objet n'était quelquefois offert que par un seul, tandis qu'il était demandé par plusieurs ; quelquefois, au contraire, il était offert par plusieurs et demandé par un seul. Les appréciations, résultant de situations si différentes, variaient à l'infini, et l'idée même que nous concevons aujourd'hui de la valeur courante ne pouvait pas exister : la supériorité d'intelligence, c'est-à-dire de prévoyance, donnait lieu à des spoliations assez analogues à celles qu'opère la force brutale, et ce sont ces spoliations qui, jointes aux abus de la force et de la ruse, ont rendu la propriété précaire et incertaine dans les sociétés primitives.

Plus tard et par degrés, à mesure que les hommes se sont rapprochés et ont eu les uns avec les autres des relations plus fréquentes, la concurrence a imprimé aux échanges un caractère plus régulier, et a fait subir à la conception même de la valeur une modification profonde. Turgot a fort exactement analysé dans le passage suivant les effets de la concurrence sur les échanges et les valeurs :

« Plusieurs particuliers ont du vin à offrir à celui qui a du blé : si l'un n'a voulu donner que quatre pintes pour un boisseau, le propriétaire du blé ne lui donnera pas son blé, lorsqu'il saura qu'un autre lui donnera *six pintes* ou *huit* pour le même boisseau. Si le premier veut avoir du blé, il sera obligé de hausser le prix [1] au niveau de celui qui en offre davantage. Les vendeurs de vin profitent, de leur côté, de la concurrence entre les vendeurs de blé : chacun ne se détermine à céder sa denrée qu'après avoir comparé les différentes offres qu'on lui fait de la denrée dont il a besoin, et donne la préférence à l'offre

[1] Dans ce passage, Turgot emploie le mot *prix* dans le sens d'équivalent offert. et non dans l'acception ordinaire d'équivalent *en monnaie*.

la plus forte. La valeur du blé et du vin n'est plus débattue entre deux seuls particuliers relativement à leurs besoins et à leurs facultés réciproques; elle se fixe par la balance des besoins et des facultés de la totalité des vendeurs de blé avec ceux de la totalité des vendeurs de vin. Car tel qui donnerait volontiers *huit* pintes de vin pour *un* boisseau de blé, n'en donnera que *quatre* lorsqu'il saura qu'un propriétaire de blé consent à donner *deux* boisseaux de blé pour *huit* pintes. » La valeur à laquelle les différentes offres se trouveront égales aux différentes demandes deviendra la valeur courante à laquelle les acheteurs et les vendeurs se conformeront dans leurs échanges; et il sera vrai de dire que *six* pintes de vin seront sur le marché l'équivalent d'un boisseau de blé, si c'est là la valeur courante, jusqu'à ce que la diminution de l'offre d'un côté, ou de la demande de l'autre, fasse changer cette évaluation.

Par la concurrence, la valeur courante s'établit et la valeur de chaque chose ne dépend plus des désirs d'un seul, mais de plusieurs; l'appréciation simultanée d'un grand nombre d'hommes est substituée aux appréciations individuelles.

Alors on appelle *valeur* d'une chose la puissance d'échange qu'elle possède et qui résulte à la fois de l'opinion des hommes qui peuvent la désirer et des moyens d'échange dont ils disposent. Alors le mot *valeur* n'exprime plus le rapport qui existe entre une chose et tel ou tel homme dont elle fixe les désirs, mais le rapport qui existe entre la puissance d'échange de cette chose et la puissance d'échange de telle autre chose à laquelle on la compare. La valeur est alors un rapport, composé nécessairement de quatre termes au moins, et qui semble s'établir en dehors de l'opinion et de la volonté de l'individu, parce que l'opinion et la volonté qui la constituent prennent un caractère collectif; mais l'opinion, la volonté n'en sont pas moins les causes premières de la valeur courante.

Alors on dit avec raison que la valeur courante d'une chose résulte du rapport qui existe entre l'offre et la demande. Mais qu'exprime l'*offre?* Est-ce seulement la quantité de telle ou telle marchandise apportée sur le marché? Non : c'est encore le désir d'échanger qui existe dans l'âme des propriétaires de cette marchandise. De même la *demande* n'exprime pas seulement la quantité demandée ; elle exprime aussi l'intensité du désir qu'apportent sur le marché ceux qui demandent et de l'attachement qu'ils ont pour les objets qu'ils offrent en échange. L'offre est limitée non-seulement par la somme des existences, mais aussi par la volonté du détenteur de l'objet offert, chaque fois qu'il aime mieux le garder que le céder en échange d'un objet qu'il ne considère pas comme équivalent et la demande est limitée, en sens inverse, de la même façon.

En résumé, le nom de Richesses désigne les choses qui ont la propriété de satisfaire nos désirs ; celui d'Utilité s'applique à cette propriété des richesses. Lorsque l'échange survient, les richesses prennent le nom de Marchandises et la Valeur apparaît. L'Utilité existe indépendamment de l'échange : la Valeur, au contraire, n'exprime qu'un rapport d'échange. Lorsque l'on considère les richesses au point de vue social, on doit les estimer en raison de leur utilité ; lorsqu'on les étudie au point de vue des particuliers, il faut se préoccuper surtout de la valeur, laquelle n'est en définitive qu'un phénomène de distribution.

Il est évident que la somme des richesses que possède une société ne peut être échangée en masse hors de cette société et ces richesses ont cependant une inconstestable utilité. Il n'est pas moins évident que, pour les particuliers habitués à échanger les marchandises qu'ils possèdent, la Valeur, la puissance d'échange de chacune de ces marchandises en exprime l'Utilité. L'échange et les variations qu'il amène dans les valeurs ont souvent pour effet de transporter, d'une façon étrange et capricieuse, la propriété d'une somme de richesses d'un particulier à un autre. C'est pourquoi toute amélioration dans les rapports d'échange, ayant pour effet de rendre la propriété de chacun plus certaine et de proportionner d'une manière plus exacte la valeur de chaque chose au travail qu'elle a coûté, a une immense portée sociale. L'établissement de la valeur courante constitue un progrès de ce genre, mais ce progrès de la civilisation s'est presque partout manifesté par l'introduction de l'usage des monnaies.

CHAPITRE III.

LA MONNAIE.

L'échange en nature ou le troc fut la première forme du commerce, et, de nos jours encore, plusieurs peuplades sauvages n'en connaissent pas d'autre. Mais, à l'enfance même des sociétés, le troc donne lieu à des difficultés nombreuses : souvent l'objet offert à l'échange n'est pas l'objet que désire celui auquel il est offert; souvent aussi, dans l'appréciation commune, la valeur de l'objet offert excède ou n'égale pas celle de l'objet demandé, de manière à rendre nécessaire l'emploi des appoints.

Afin de lever ces difficultés, on est convenu d'adopter une marchandise d'une qualité connue, d'une valeur peu variable, et facile à diviser, contre laquelle sont échangés tous les objets qui viennent s'offrir sur le marché.

Cette marchandise, dont la fonction est de servir d'intermédiaire et d'instrument aux échanges, s'appelle *monnaie*. L'échange dans lequel elle intervient porte le nom de *vente*, et la quantité de monnaie échangée contre une marchandise est le *prix* de cette marchandise.

Après de longs tâtonnements, l'expérience a fait reconnaître que l'or et l'argent étaient, de toutes les marchandises, les plus propres à servir de monnaie.

En effet, 1° ces métaux sont recherchés de presque tous les peuples, ce qui leur donne presque partout une valeur.

2° Ils sont à peu près inaltérables à l'air, et ils renferment, sous un poids et un volume médiocres une valeur considérable; on les conserve et on les transporte facilement.

3° L'or et l'argent peuvent être divisés de manière à fournir exactement l'équivalent requis en toute espèce d'échange.

4° Enfin la production de ces métaux est lente et difficile, et leur consommation ne correspond à aucun des besoins les plus impérieux de l'homme, de telle sorte que leur valeur spéciale varie peu et lentement.

La monnaie une fois inventée est devenue, dans la pratique, le type auquel on a comparé toutes les valeurs, la commune mesure. Cette mesure, fort imparfaite, puisqu'elle éprouve incessamment des variations, ainsi que toutes les valeurs auxquelles on la compare, a cependant introduit dans les affaires une fixité remarquable, pour un temps et un court espace borné, dans les proportions ordinaires de la vie d'un homme : en même temps elle a facilité les échanges et, par suite, donné une utilité plus grande à tous les objets échangés.

Le prix des choses est donc l'expression habituelle de leur valeur, et cette expression suffit aux transactions courantes. Un hectolitre de blé vaut 20 fr., un habit en vaut 100; l'esprit comprend aussitôt le rapport numérique de 20 à 100 fr., et qu'il faut une valeur de 5 hectolitres pour obtenir en échange un habit de 100 fr. Il compare, au moyen de la monnaie, des choses qui n'avaient auparavant entre elles aucun rapport sensible. Puis, à l'opinion d'un ou de quelques hommes dans l'appréciation des valeurs, on voit se substituer celle d'un plus grand nombre, une opinion commune, moins variable, plus durable, plus égale à elle-même, et en vue de laquelle on achète pour revendre et non plus seulement pour consommer. Alors on reconnaît des prix courants qui se fixent sur la concurrence des vendeurs et la compétition des acheteurs.

Le *prix courant* peut être pris et on le prend habituellement comme l'expression de la *valeur courante*. Il y a toutefois entre eux cette différence que la valeur exprime un rapport dont aucun terme n'est fixe, dont aucun terme ne peut s'élever sans que l'autre s'abaisse d'autant; tandis que le rapport exprimé par le prix a un terme fixe en apparence et considéré comme tel dans le langage usuel; c'est la monnaie que l'on suppose invariable. Il en résulte, comme l'a fort exactement observé M. J.-St. Mill, qu'il peut y avoir une hausse générale des prix, tandis qu'il ne peut y avoir une hausse générale des valeurs. En effet, la valeur de la monnaie est susceptible de hausse et de baisse relativement à toutes les marchandises, ce qui occasionne une baisse ou une hausse générale des prix : au contraire il est impossible que la valeur de toutes choses, c'est-à-dire leur puissance d'échange, hausse ou baisse généralement et en même temps, comme on le croit trop souvent, parce qu'il est impossible, en vertu de la définition même de la valeur, que certaines marchandises haussent sans que les autres baissent exactement autant.

L'emploi de la monnaie facilite les échanges, mais il n'en altère pas la nature. L'échange, au lieu de s'opérer directement, comme avant l'invention des monnaies, se fait en deux fois ; de telle sorte que, bien que la vente semble un échange complet, elle n'est, dans l'esprit du vendeur, qu'un demi-échange, puisqu'il s'est procuré de la monnaie, non pour la conserver, mais pour acheter d'autres marchandises, qui se trouvent en définitive échangées contre celle qu'il a vendue. Les marchandises vendues, il importe de le remarquer, ne sont échangées définitivement que lorsqu'elles ont été achetées par le consommateur.

Toutes les marchandises viennent, par le cours des échanges, se mesurer, et souvent plusieurs fois, contre la monnaie. De là une erreur à laquelle n'ont pas toujours échappé des intelligences même distinguées ; on a cru que la somme des monnaies d'un pays était équivalente à la somme de toutes les marchandises que possède ce pays. Cette opinion serait fondée si chaque pièce de monnaie était l'objet définitif que recherche le vendeur et ne servait qu'une fois, tandis qu'en réalité une même pièce de monnaie sert à une multitude d'échanges. Plus le nombre des échanges facilités par chaque pièce de monnaie est grand, plus la quantité de monnaie existante et nécessaire dans un pays est médiocre, relativement à la somme des autres marchandises.

Par l'invention de la monnaie, l'idée abstraite et complexe de la valeur a revêtu un corps et s'est, en quelque sorte, matérialisée, de manière à devenir sensible et appréciable pour les intelligences les plus grossières, et à prendre place dans les transactions populaires et quotidiennes. Mais la portion d'erreur contenue dans cette idée que la monnaie est la mesure des valeurs, a produit souvent des conséquences. Plusieurs fois on a oublié que cette mesure était imparfaite, parce que la monnaie était une marchandise dont la valeur change selon les variations de l'offre et de la demande : plusieurs fois on a cru que la monnaie n'étant point destinée à la consommation, mais seulement à être échangée, il importait peu qu'elle fût d'or ou d'argent purs ou alliés, ou même de papier, pourvu qu'elle portât la dénomination connue et courante. C'est par suite de cette erreur que les gouvernements ont si souvent réduit le titre ou le poids des monnaies en conservant leur ancienne dénomination, ou créé des papiers-monnaie à cours forcé. Bien que les décrets de cours forcé donnassent une utilité et une valeur au papier, en le rendant propre à acquitter les dettes particulières et les contributions publiques, la plupart de ces opérations ont échoué, parce qu'il est impossible à l'esprit de comprendre l'existence d'une valeur séparée de tout objet matériel, et plus encore d'attribuer à un objet matériel une valeur que l'opinion, l'opinion libre, ne lui accorde pas.

« On ne peut prendre pour commune mesure des valeurs, dit Turgot, que ce qui a une valeur, ce qui est reçu dans le commerce en échange des autres valeurs; et il n'y a d'autre gage universellement représentatif d'une valeur, qu'une valeur égale Une monnaie de pure convention est donc impossible.» Il est plus impossible, en effet, d'évaluer les marchandises en une monnaie de pure convention que de les peser avec un mètre.

Cependant, comme la valeur employée sous la forme de monnaie est essentiellement inactive, il est évident que si l'on peut parvenir à faire les mêmes échanges avec un moindre emploi de monnaie, on réalise un progrès économique, en obtenant un même service avec moins de dépense. On est parvenu dans ce but à idéaliser la monnaie en quelque sorte, et à réduire son emploi par les signes fiduciaires, mais à la condition de n'altérer en rien ses propriétés essentielles, de conserver toujours l'usage du type métallique.

Quant à la fixité de la valeur des monnaies que fait supposer l'idée de mesure commune, il ne faut jamais perdre de vue que c'est une pure fiction, une erreur convenue et tolérée dans les contrats qui forment l'ensemble des affaires. Si cette erreur peut sans inconvénient échapper à la plupart des commerçants, il importe au banquier d'en tenir compte dans ses calculs et dans ses prévisions, soit pour les opérations dont la monnaie forme la matière, soit pour celles qui roulent sur les prêts et transferts de capitaux.

La monnaie n'est pas seulement un instrument d'échange : elle sert aussi à l'accumulation, à la conservation des capitaux que l'on veut mettre en réserve pour les consommer ou les employer dans un temps à venir. Dans les sociétés où la propriété est peu respectée, celui qui veut prévoir et accumuler thésaurise : il entasse volontiers des pièces d'or et d'argent, toujours faciles à cacher et à transporter, que le temps, l'humidité et les accidents ordinaires n'altèrent point et dont la valeur ne change guère. Dans les pays civilisés, on garde, même dans les temps les plus prospères, sous le nom d'encaisse, de fonds de roulement ou de fonds de réserve, des sommes considérables de monnaie, et, en temps de panique, on thésaurise volontiers.

Nous exposerons plus loin les phénomènes qui résultent de cette fonction de la monnaie, et nous étudierons successivement les diverses parties de la théorie générale des monnaies à laquelle est consacrée la plus grande partie de cet ouvrage. Il faut auparavant définir les capitaux.

CHAPITRE IV.

QU'EST-CE QU'UN CAPITAL?

Dès que les hommes ont appliqué à la valeur des choses une sorte de mesure de quantité et perfectionné le contrat d'échange, ils ont reconnu non-seulement que cette valeur était susceptible d'accroissement et de diminution, mais aussi qu'elle pouvait s'abstraire des objets auxquels elle était primitivement attachée, de manière à subsister, par une sorte de métempsycose, après la transformation de ces objets, par l'échange, ou par l'industrie. Qu'un laboureur, par exemple, échange une mesure de blé contre un mouton, contre un instrument de travail, les richesses dont il disposait ont changé de forme; elles consistent en d'autres objets, sans que leur utilité et leur valeur aient éprouvé peut-être ni accroissement ni diminution. Cette abstraction d'une *somme d'utilités ou de valeurs*, dont l'existence est toujours liée à celle d'une richesse matérielle, et qui cependant a des lois de durée, d'accroissement et de diminution complétement indépendantes de celles auxquelles sont soumis tels ou tels objets matériels, a pris un nom : c'est ce qu'on appelle un *capital*.

Un capital est toujours une somme de valeurs; mais ce mot reçoit plusieurs acceptions plus ou moins étendues et différentes les unes des autres. Dans le langage ordinaire de la conversation et des affaires, on oppose souvent le mot *capital* aux mots *intérêt* ou *revenu*; on donne, dans ce cas, le nom de capital à une somme de valeurs destinées à l'épargne ou à la reproduction, et le nom d'intérêt ou revenu, au profit annuel de ces mêmes valeurs, lequel est destiné à la consommation. Cette distinction du capital et du revenu, utile et pleine de sens dans l'économie privée, ne peut être admise dans l'économie publique, parce qu'elle n'a aucune existence réelle, indépendante de l'intention du propriétaire, laquelle change à tout instant. Chaque jour, des valeurs, destinées primitivement à l'épargne ou à la reproduction, sont consommées, tandis que d'autres valeurs, profits, salaires, intérêts ou rentes, sont capitalisées.

Aussi la distinction tirée de l'intention du propriétaire, et admise par plusieurs économistes, n'est pas acceptée, même dans les affaires. Le compte *capital* ouvert sur les livres de commerce est destiné uniquement à constater le point de départ[1] du marchand, à lui donner un moyen prompt et facile de reconnaître s'il a gagné ou perdu, augmenté ou diminué son avoir. C'est un compte d'ordre fort utile, mais qui ne repose sur aucun fait actuel et qui n'a, par conséquent, aucune réalité scientifique ou pratique. Dans les relations d'affaires, les tiers, comme la science, ne tiennent compte que du total de l'actif, qui est le vrai capital du marchand.

Le capital d'une nation n'est pas autre chose que la somme de toutes les utilités que cette nation possède. Si l'on suppose,

[1] C'était le sens de l'expression employée à Athènes, où le capital mis dans les affaires par un négociant se nommait ἀφορμή.

par exemple, un inventaire général de toutes les richesses, sans distinction, existant en France à un moment donné, la somme qui ressortirait de cet inventaire représenterait le capital de la France.

Naturellement, et malgré la distinction fort arbitraire de la plupart des économistes, l'utilité des fonds de terre figurerait à cet inventaire comme portion du capital national. Les fonds de terre, en effet, qui présentent à l'analyse économique des propriétés singulières, ne diffèrent en rien, par essence, des autres richesses : ils sont de création naturelle sans doute, comme toute matière; mais leur utilité résulte principalement de l'organisatian sociale et de l'accumulation de travaux antérieurs. Ils possèdent donc une utilité semblable à toutes les autres, susceptible d'être détruite, en partie ou même en totalité, par une mauvaise culture ou un mauvais état social, et susceptible d'être augmentée par les causes contraires.

Dans l'inventaire des biens d'un particulier, on fait entrer avec raison les créances actives et passives. Mais si l'on supposait, par l'imagination, un inventaire général des biens de l'humanité tout entière, il est évident que les créances et les dettes ne devraient point y être comprises, puisque la somme des unes est nécessairement et toujours égale à celle des autres, et la compense naturellement. On ne comprendrait dans un tel inventaire que des objets matériels : terres, mines, bâtiments, machines, voies de communication, marchandises, mobiliers, vêtements, comestibles, monnaies, etc.

Cette supposition toute gratuite d'un inventaire général des biens de l'humanité peut servir à rendre sensibles et évidentes, sans autre démonstration, plusieurs vérités utiles, et, par exemple :

1° Que les titres de créances, quels qu'ils soient, n'ont aucune utilité intrinsèque, et que leur multiplicité ne prouve nullement l'abondance des capitaux;

2° Qu'il n'existe point de capital, c'est-à-dire d'utilité, de valeur actuelle, qui soit, même pour un seul instant, séparée de tout objet matériel; ou, en d'autres termes, qu'il n'existe point de capital purement idéal et immatériel. Les inventions industrielles les plus fécondes ne deviennent elles-mêmes des capitaux actuels et échangeables qu'après avoir été matérialisées par l'application.

Les peuples travaillent, c'est-à-dire créent de nouvelles richesses incessamment; incessamment aussi ils consomment et détruisent les richesses créées. Lorsque la somme des utilités produites est supérieure à celle des utilités consommées, ils s'enrichissent : lorsque la somme des utilités consommées est supérieure à celle des utilités produites, ils s'appauvrissent.

CHAPITRE V.

LES CAPITAUX.

Dans le langage scientifique, le mot Capital suppose une notion immatérielle, l'idée d'une somme de valeurs qui peut changer de forme sans périr, et complétement indépendante des substitutions qui peuvent être opérées dans le catalogue des objets dont les valeurs particulières, ajoutées les unes aux autres, forment cette somme.

Dans les affaires, le mot capital, employé au pluriel, prend une signification plus restreinte, et désigne seulement *les capitaux évalués en monnaie.* On a supposé, comme nous l'avons dit, que la monnaie était une mesure, qu'elle avait une valeur fixe; puis on a comparé à cette mesure diverses marchandises, on les a évaluées en monnaie par la vente. Ensuite on a supposé que les sommes évaluées, soit qu'elles existassent réellement sous forme de monnaie, ou sous toute autre forme; soit qu'elles fussent en la possession du propriétaire ou autrement, restaient égales à elles-mêmes, sans variation. Ces suppositions, qui forment tout un système de fictions convenues et nécessaires, donnent lieu à quelques erreurs assez répandues.

Ainsi, l'on considère souvent comme synonymes les mots Capitaux et Monnaies, comme s'il n'y avait d'autres capitaux que ceux qui existent actuellement en monnaie, parce que dans le mouvement des affaires tous les capitaux viennent se comparer à la mesure commune chaque fois qu'ils passent d'une main à l'autre. On ne prend pas garde que lorsqu'ils prennent la forme de monnaie, ils la gardent peu de temps, et que le plus souvent évalués en monnaie sans en prendre la forme, ils passent de main en main jusqu'à la consommation. On dit par métaphore que l'argent est « rare, cher ou à bon marché ; » comme on dit par métaphore « manger de l'argent ; » il serait plus exact de dire « les capitaux sont rares, chers ou à bon marché. » Des banquiers même emploient quelquefois cette façon de s'exprimer, sans observer que le mouvement de leur caisse ne représente qu'une portion minime de leurs affaires, et que leur encaisse est la moindre et la plus stérile partie de leur actif.

Cependant il suffit de considérer un seul instant l'ensemble des richesses qui existent, pour voir que l'or et l'argent monnayés n'en forment qu'une fraction minime et presque imperceptible. Cette fraction a son emploi déterminé comme instrument des échanges, comme type des évaluations, et aussi comme moyen de remplir des engagements imprévus, comme réserve; mais elle ne tire de ces emplois aucune propriété qui fasse exception aux lois générales de la production. Au reste, tous les progrès du commeree tendent à diminuer le prix des services productifs de la monnaie, à réduire, dans les échanges, l'emploi de cet intermédiaire. Déjà les compensations de créances qu'opère chaque jour le plus petit commerçant, le banquier le plus restreint dans ses opérations, dépassent de beaucoup la somme des payements effectifs; la simple transmission d'une lettre de change ou d'un billet à ordre opère le plus souvent plusieurs échanges contre un seul payement, et le billet de banque remplace presque entièrement la monnaie.

Pour bien comprendre comment les sommes de valeurs, sous forme de monnaie ou évaluées en monnaie, ont pris le nom de capitaux, comme si elles étaient les capitaux par excellence et préférablement à tous les autres, il est nécessaire d'analyser avec attention les éléments qui constituent le contrat de crédit.

CHAPITRE VI.

DU CONTRAT DE CRÉDIT.

Le concours du capital et du travail est indispensable à la production : sans travail, le capital reste inerte; sans capital, le travail est impuissant et stérile. C'est une vérité démontrée [1] sur laquelle il est inutile d'insister. Cependant, lorsque nous considérons l'ensemble de la société, nos yeux rencontrent de toutes parts des capitaux que leur propriétaire ne veut, ne sait ou ne peut utiliser, et, d'un autre côté, des hommes dont le travail n'attend, pour devenir fécond, que le concours d'un capital.

Si nous supposons que, dans cette société, les hommes et les capitaux sont libres (et ils tendent toujours à la liberté), un arrangement, un contrat intervient bientôt : le propriétaire prête son capital à qui veut et peut travailler. D'abord, le prêt a pour objet un champ, du bétail, une chaumière ou un outil d'agriculture. L'emprunteur promet de prélever, sur le produit de son travail, une valeur qu'il donnera pour prix du concours que lui fournit le propriétaire.

Celui-ci obtient par cet arrangement l'avantage de retirer un revenu d'un capital qui, entre ses mains, serait resté plus ou moins stérile : au moyen de ce revenu, il peut disposer de son temps et de ses facultés, soit pour travailler sur un autre capital, soit pour ne rien faire. L'emprunteur, de son côté, obtient par la possession temporaire de l'instrument de travail un moyen de produire qu'il n'avait pas, et la société voit s'ajouter à la somme de ses richesses un produit qui, si le capital et le travail étaient restés séparés, n'aurait pu se former.

Cet arrangement entre le prêteur et l'emprunteur est évi-

[1] Voir les divers traités généraux d'économie politique, et, pour l'exposition historique des effets sociaux de la richesse mobilière, le consciencieux et savant *Traité d'économie sociale*, de M. Ott.

demment utile à l'un et à l'autre et à la société : serait-il contraire à la justice? Non, puisque l'emprunteur paye le prix d'un service réel, et que ce service est toujours plus ou moins onéreux au prêteur. En effet, le capital prêté est le fruit d'un travail antérieur, et il pouvait être détruit, consommé. La terre pouvait être épuisée par une mauvaise culture, la maison périr faute d'entretien, l'outil s'user faute de réparations; le troupeau pouvait être mangé, ou tout cela aurait pu et peut être échangé, par la vente, contre des objets faciles à consommer. Le propriétaire a donc rendu et rend un service de conservation qu'il est juste de rétribuer; en outre, il court quelques risques : son capital peut être diminué par la négligence ou la mauvaise foi de celui auquel il le confie, et ce risque doit être payé.

L'arrangement dont nous venons d'indiquer les bases, appliqué à un champ, à une maison, à un outil, à un lot de bétail, s'appelle fermage, location, contrat de cheptel. La redevance due par le preneur porte le nom de rente, loyer, etc. Le capital prêté n'est point destiné à changer de forme, à être détruit par le preneur : au contraire, il doit être restitué en nature, à une époque déterminée. Ce contrat suppose, entre le bailleur et le preneur, et de la part de l'un et de l'autre envers les institutions sociales un médiocre, mais certain degré de confiance, de crédit.

Au lieu d'avoir pour objet un instrument de travail, le contrat de crédit peut être conclu sur une chose dont on ne peut user sans la consommer, comme un hectolitre de blé. L'emprunteur promet de rendre, à une époque déterminée, soit dans un an, un autre hectolitre de blé, et en outre cinq litres, plus ou moins, pour prix de l'usage du blé prêté. Ce contrat présente les mêmes caractères d'utilité et de justice que nous avons constatés dans le premier exemple, car l'emprunteur obtient l'avantage de pouvoir employer l'hectolitre de blé à sa nourriture ou à ensemencer un champ, et le prêteur retire un produit de ce blé qui, dans son grenier, aurait pu se corrompre et n'était qu'une cause d'embarras. L'hectolitre de blé, le capital prêté, est destiné à la destruction par sa nature même; pour que le contrat s'accomplisse, ce capital doit être reproduit, puis rendu avec le prix de l'usage. Dans cet exemple, les risques du prêteur sont plus grands que dans le précédent, et ce genre de prêt suppose de sa part un plus haut degré de confiance, de crédit accordé, que le premier.

Il faut remarquer, en outre, que les prêts de cette espèce, c'est-à-dire tous ceux qui ont pour objet ce que les jurisconsultes appellent *choses fungibles*, introduisent dans le contrat dont ils font l'objet un terme fort incertain, qui est le rapport de valeur entre la chose prêtée et la chose qui doit être rendue. Ainsi, dans l'exemple cité plus haut, l'hectolitre de blé rendu peut valoir le double, ou la moitié, ou plus ou moins encore, que l'hectolitre prêté. Lorsqu'il s'agissait du fonds de terre, les chances de plus-value et de moins-value étaient exclusivement au compte du propriétaire : dans le prêt des choses fungibles, au contraire, l'emprunteur et le prêteur courent ces chances également et en sens contraire : tout ce que l'un gagne par la plus-value ou par la moins-value de l'objet prêté est perdu par l'autre.

Bientôt les capitaux qui, placés sous la forme de monnaie, ne peuvent servir qu'à la condition d'être dénaturés, échangés ou transformés, deviennent la matière d'un contrat, de tout point semblable à celui relatif aux choses fungibles, entre celui qui possède un capital monnayé et celui qui en a besoin : l'un prête, l'autre emprunte ce capital. L'emprunteur s'engage à restituer, à une époque déterminée, une somme de monnaie égale à celle qu'il reçoit, et à payer, pour prix de l'usage de cette somme, une redevance proportionnelle que l'on nomme *intérêt*.

Dans ce contrat, qui porte le nom de *prêt*, le prêteur est certain d'avance que son capital sera consommé ; mais il compte que l'emprunteur en reproduira la valeur par son travail ou la prendra, lorsque le moment de la restitution sera venu, sur les sommes qui lui appartiennent. Diverses garanties ont été imaginées contre les risques de perte du capital ainsi prêté : quelquefois le prêteur obtient un gage réel à titre de nantissement, de consignation, d'antichrèse, d'hypothèque ; souvent il se contente d'engagements personnels, simples ou multiples, dont la forme et les effets sont déterminés par les lois et les coutumes. Toutefois, par ce contrat, le prêteur, à tout prendre, court des risques plus grands que par le bail à ferme, et témoigne plus de confiance, soit pour le débiteur lui-même, soit pour les institutions sociales, c'est-à-dire accorde plus de crédit.

Toutes les créances n'ont pas pour origine un contrat de prêt proprement dit, mais toutes ou presque toutes y sont réductibles et en suivent les lois. La créance qui naît d'une vente immobilière ou mobilière n'est que le prêt d'un capital en terres ou autres immeubles, ou en marchandises, évalué en monnaie pour la facilité de l'appréciation. Les créances qui résultent de successions, de partages, de condamnations judiciaires, ont une autre forme sans avoir un autre caractère : elles établissent toujours une situation dans laquelle la propriété d'un capital appartient à un particulier autre que celui en la possession duquel ce capital se trouve, lequel doit le transformer à ses risques et le restituer en monnaie.

Dans le prêt d'argent, les chances de plus-value ou de moins-value sont moindres que dans le prêt des choses fungibles, puisque la monnaie est considérée comme la marchandise dont le prix varie le moins ; mais ces chances existent, aux risques simultanés et contraires du créancier et du débiteur, exactement comme dans un marché à livrer.

Il existe encore d'autres contrats de crédit, introduits par les progrès de la civilisation, et qui ne rentrent exactement dans aucune des catégories que nous venons d'indiquer : ce sont les constitutions de rentes perpétuelles ou viagères et les formations de sociétés industrielles.

Dans le contrat de constitution de rente, l'emprunteur s'oblige à payer annuellement à perpétuité une somme déterminée, ou rente, pour prix de l'usage d'un capital qu'il n'est pas tenu de rembourser. Ce contrat, autrefois commun entre les particuliers, régit aujourd'hui les emprunts de presque tous les États de l'Europe.

La rente constituée ressemble au prêt d'un fonds immobilier en ce sens qu'elle laisse à la charge du propriétaire du capital prêté, qui voudrait réaliser, toutes les chances de plus-value et de moins-value. Aussi, dans le mouvement des affaires, elle se comporte toujours à peu près comme les fonds de terres.

La rente viagère, la rente temporaire avec aliénation de capital, ont un caractère analogue ; mais ces contrats sont rarement l'objet de négociations courantes.

Les placements industriels constituent une association plutôt qu'un prêt, puisque le capital et le travail qui l'utilise courent dans le même sens les chances de gain et de perte. C'est la plus haute et la plus parfaite expression du crédit. Dans le mouvement des affaires, les actions industrielles suivent les mêmes lois économiques que les rentes perpétuelles et les fonds de terre, auxquels elles ressemblent sous tant de rapports, notamment en ceci que les chances de plus-value ou de moins-value, en cas de réalisation, sont au compte du propriétaire.

Quant à la rente constituée, dont le capital est remboursable en plusieurs payements, ou par annuités, ce n'est qu'un prêt, à intérêt ordinaire, dont le remboursement s'effectue par fractions et à un terme éloigné. C'est sous cette forme que sont contractés en France la plupart des emprunts de communes et les emprunts hypothécaires consentis par le Crédit Foncier de France. Les titres de cette espèce se négocient peu : ils restent ordinairement entre les mains des capitalistes, qui y voient un placement commode, dans lequel le prix du capital prêté subit peu de variations.

CHAPITRE VII.

DE LA LÉGITIMITÉ DE L'INTÉRÊT.

J'ai insisté sur les généralités relatives à la monnaie, aux capitaux, au contrat d'échange et de crédit, parce que la connaissance de ces généralités rend facile la solution de divers problèmes, soit qu'ils aient été longtemps controversés, soit que, posés par les événements, ils aient été jusqu'à présent omis ou négligés par la science. Parmi ces problèmes, le premier qui se présente à notre examen est celui relatif à la légitimité de l'intérêt.

L'intérêt portait, chez les Grecs, le nom de τόκος, fruit ou part, et chez les Romains celui d'*usura*, usage. On peut conclure de ces noms que les anciens avaient senti, sans peut-être s'en être bien rendu compte, la puissance productive des capitaux Cependant toute l'antiquité, qui reconnaissait sans difficulté la légitimité des fermages, loyers, etc., a contesté la légitimité du prêt à intérêt et l'a considéré comme une mauvaise action de la part du prêteur. Cette opinion, introduite dans l'Église catholique, puis abandonnée par elle dans ces derniers temps, subsiste encore dans le monde, et de nos jours même elle s'est reproduite sous une nouvelle forme et avec une grande énergie, de manière à appeler un examen spécial.

« Le prêteur, disait l'antiquité, n'a pas le droit de percevoir un intérêt, parce que l'argent qu'il prête est stérile de sa nature et ne produit rien, etc. »

Remarquons d'abord qu'on n'a jamais contesté la légitimité du loyer reçu pour prix de l'usage d'un bijou, d'un diamant, d'un meuble qui, en réalité, ne produisent absolument rien. On peut trouver insensé, prodigue, ou vain, celui qui paye ce loyer ; mais jamais on n'a dit que celui qui le recevait commît un vol, et jamais surtout on n'a prétendu fixer d'autorité le prix auquel il devrait louer un objet dont il avait la propriété.

Ce que nous avons dit plus haut de la nature des capitaux et de la monnaie suffit d'ailleurs pour rendre sensible l'erreur des anciens au sujet de l'intérêt. En effet, lors même qu'un prêt a été fait sous la forme d'une somme d'argent, ce n'est point de l'argent, de la monnaie qui en a fait l'objet ; c'est un *capital*, une valeur susceptible de se transformer en tel objet matériel que l'emprunteur jugera convenable, en instrument de travail, terre, outil, etc., en services personnels rétribués, comme aussi en objets de courtes jouissances. En tout cas, jamais un capital emprunté n'a été destiné à rester sous la forme effectivement stérile de numéraire. Dans l'opinion du prêteur qui veut conserver son avoir, et dans l'intérêt de la société, ce capital, cet instrument de travail doit toujours produire, parce qu'il est en effet une force productive.

D'ailleurs, les créances provenant de prêts directs ont toujours été beaucoup moins nombreuses que celles qui naissent des ventes, des partages, des décisions judiciaires, que les baux à ferme, à loyer ou à cheptel. Or, si l'on se fait une idée exacte de la nature d'un capital, on voit qu'il n'existe aucune différence sensible entre toutes ces formes d'un contrat de crédit, qui, en essence, est le même, et dont le type le plus complet est le prêt à intérêt. La redevance payée au propriétaire pour prix de l'usage d'un capital est aussi légitime dans un cas que dans l'autre : s'il est permis de percevoir le fermage d'un fonds de terre, il est licite de recevoir l'intérêt de la somme au moyen de laquelle ce fonds de terre a été acheté ou au prix de laquelle l'ancien propriétaire a transmis ce fonds au propriétaire actuel.

En effet chacun sait quel rôle important les capitaux jouent dans la production : on voit tous les jours des sommes empruntées, même à un intérêt fort élevé, servir de base à de grandes fortunes, à la création de richesses considérables : on sait aussi que les capitaux prêtés sous forme de monnaie, c'est-à-dire susceptibles de tel emploi que l'intelligence de l'emprunteur juge le plus utile, sont les plus productifs de tous. Cependant, on n'a pas encore abandonné une locution vicieuse, témoignage de l'erreur des anciens en matière de prêt, et, lorsqu'on devrait dire « l'intérêt des capitaux, » on dit encore « l'intérêt de l'argent. »

Ceux d'entre les modernes qui ont contesté la légitimité du prêt à intérêt ont invoqué d'autres considérations. — « Les richesses créées à la suite d'un prêt, ont-ils dit, sont filles du travail de l'emprunteur : le capital, qui n'est qu'un outil, ne saurait personnellement, si l'on peut ainsi dire, avoir aucun droit, quand le prêteur n'a rien fait ; il n'est donc pas juste qu'il vienne au partage des produits, pas plus sous le nom de rente ou de loyer, que sous celui d'intérêt. »

Il est vrai que les produits obtenus par l'emploi d'un capital prêté sont l'œuvre directe du travail de l'emprunteur ; mais ce travail eût été moins fécond s'il n'eût été aidé par le capital. Le capital a eu sa part propre dans la production ; il a droit à participer au produit, car il représente un concours vivant, un travail d'homme. N'est-ce pas un service réel et un service des plus éminents, d'avoir épargné et conservé ce capital qui vient maintenant prêter son concours au travail et le féconder? Le propriétaire de cette valeur pouvait l'enfouir, il pouvait la détruire gratuitement ou la consommer en courtes jouissances: il ne l'a pas fait. C'est, ce service, ce travail négatif, si l'on veut, et qui n'exige peut-être le plus souvent aucun effort musculaire ou intellectuel, mais seulement un effort de volonté, un effort moral, qui est rétribué par le payement de l'intérêt.

Que cette vérité ait été méconnue dans l'antiquité, lorsque le travail était esclave et lorsque la propriété était réellement un vol, on le comprend à merveille : le petit cultivateur des environs de Rome, appauvri par la guerre et dépouillé violemment de son champ par le patricien que la guerre avait enrichi, réduit en esclavage par celui qui avait eu le bénéfice de ses fatigues militaires, devait naturellement considérer l'intérêt comme peu légitime. Le patricien prodigue, qui avait consommé son patrimoine et qui aurait cru se déshonorer en travaillant, devait trouver fort mauvais qu'on lui réclamât des intérêts et même le capital. De notre temps où le prêt a le plus souvent pour objet un emploi productif, l'opinion s'est modifiée : les peuples chez lesquels le travail est le plus libre sont aussi ceux qui payent le plus libéralement le loyer des capitaux ; et plus on avancera dans la civilisation et dans la liberté, plus l'intérêt, qui est le salaire d'une privation, d'un travail moral, sera respecté.

Pour que le crédit fût gratuit avec justice, il faudrait que la formation, l'accumulation, la conservation des capitaux ne coûtassent aucun effort, ce qui, malheureusement, n'est pas et ne peut être. Il faut travailler pour former un capital, se priver pour le grossir, se priver encore et en surveiller l'emploi pour le conserver. Si tous ces efforts nécessaires n'étaient plus rétribués, ils cesseraient bientôt de se produire. Supprimer, s'il était possible, la prime accordée, dans l'intérêt de tous, à l'accumulation et à la conservation des capitaux, ce serait briser le grand ressort de la production, le plus puissant moteur des sociétés modernes. Le principe de la propriété, sur lequel repose tout l'édifice social, serait détruit, sans être remplacé. Il est vrai que la doctrine du crédit gratuit, menaçante en théorie, est tellement inapplicable en pratique, qu'il serait inutile de s'y arrêter plus longtemps.

CHAPITRE VIII.

DE L'USURE.

Après avoir longtemps contesté la légitimité de l'intérêt, on s'est occupé d'en régler et d'en réduire le taux. Au lieu d'appeler *usure* le prêt à intérêt à un taux quelconque, on a réservé ce nom au prêt à intérêt au-dessus d'un certain taux déterminé par la loi.

Dans l'association du capital et du travail pour la production des richesses, le capital représente l'accumulation d'un travail antérieur, et l'intérêt semble, en quelque sorte, le salaire posthume des générations éteintes : les salaires et les profits, au contraire, rémunèrent un travail vivant qui jouit, auprès du législateur et de l'opinion, d'une faveur plus grande. Cette faveur est allée si loin, qu'on a cru devoir édicter une peine contre quiconque prêterait à un taux supérieur à celui fixé par la loi : on a créé un délit qui n'existe point en morale, et qui n'a aucune raison d'être dans la nature des choses.

L'intérêt est le prix d'un service réel, d'un louage qui ne diffère point de tous les autres. On ne fixe pas le taux auquel le propriétaire d'une terre ou d'une maison loue sa maison ou afferme sa terre ; on laisse le prix des fermages et des loyers s'établir par les rapports naturels de l'offre et de la demande : pourquoi ne laisserait-on pas le prix de l'intérêt s'établir librement de la même manière, d'après le droit commun? Pourquoi croit-on devoir l'assujettir à des rigueurs exceptionnelles?

A tout considérer, l'intérêt perçu pour prix de l'usage des capitaux mobiliers est peut être plus légitime que la rente de la terre, puisqu il est plus difficile de conserver un capital mobilier qu'une terre, et plus facile de le consommer. En outre, celui qui le prête court des risques de perte bien plus grands que celui qui afferme une terre ; et c'est par suite de la réunion de ces circonstances que l'intérêt des capitaux mobiliers est toujours et partout, en moyenne, plus élevé que le fermage des terres.

Il est d'autant plus juste d'abandonner à la liberté la fixation du taux de l'intérêt que ce taux se décompose en deux éléments, dont l'un est arbitraire et très-variable : c'est l'appréciation du risque auquel tout capital prêté se trouve exposé, et qui est couvert par une sorte de prime d'assurance. Ce risque reconnu par le Code de commerce, qui admet la liberté de l'intérêt lorsqu'il s'agit du prêt à la grosse, se retrouve plus ou moins dans toute espèce de prêt [1].

Du reste, lors même qu'il n'y aurait aucun risque à courir et que la prime d'assurance n'existerait pas, le taux de l'intérêt d'une somme prêtée pourrait être fort élevé, sans que le prêteur se fût livré à aucune opération blâmable. Pierre conçoit une entreprise très-lucrative qui promet de rapporter en peu de temps 50, 60, 100 p. °/₀ du capital qu'on y engagera : ce capital lui manque. Pierre parvient à l'emprunter à 20 p. °/₀; il réalise son opération et rembourse son prêteur. Y a-t-il usure? Oui, dit la loi, parce que le taux de l'intérêt stipulé excédait 6 p. °/₀. Non, disent à la fois la science et la morale : le prêteur, il est vrai, n'a pris aucune part à la conception de l'affaire et ne s'est point employé, de sa personne, à la réaliser; mais il avait conservé les capitaux sans lesquels Pierre n'aurait pu venir à bout de son entreprise, et à un prix tel que celui-ci n'a pu les trouver ailleurs à meilleur marché : le prêteur a fourni à Pierre le moyen de s'enrichir et d'enrichir la société : il a satisfait à un besoin au prix courant, comme tout autre marchand.

On insiste : 20 p. °/₀, dit-on, est un prix supérieur au prix courant. Non, si, comme nous le supposons, le marché a été libre, si le prêteur n'a employé contre l'emprunteur ni fraude, ni violence pour obtenir de lui un intérêt excessif. Ni les lois,

[1] Aux deux éléments du taux de l'intérêt, loyer et risque, on joint quelquefois le salaire de l'intermédiaire qui fait le placement. Mais ce salaire est distinct de l'intérêt proprement dit, et sa légitimité a toujours été reconnue par la jurisprudence.

ni les mœurs ne flétrissent un marchand qui vend à 20 p. %, à 40 p. % de bénéfice : en quoi diffère-t-il cependant de celui qui prête ses capitaux ou vend du crédit, pour qu'on taxe les bénéfices de celui-ci et non les siens?

Lors même qu'un marchand aurait vendu à terme au-dessus du cours, personne ne critiquerait la vente : cependant cette vente constituerait un prêt, et elle pourrait être plus usuraire qu'un prêt en espèces à gros intérêt.

Il y a d'ailleurs des frais extraordinaires de conservation des capitaux, comme il y a des frais extraordinaires de production des marchandises. Quoi! si, pour conserver un capital, il a fallu s'exposer à l'incendie, au carnage? S'il a fallu travailler dans une société où le travail était en opprobre, épargner dans une société où le luxe était en honneur, n'est-il pas juste que celui qui a conservé l'instrument de travail pour l'avenir jouisse d'une rémunération élevée? — Il l'a conservé par égoïsme, dit-on? — Sans doute : aussi ne lui donne-t-on pas un prix de vertu, mais une rétribution pécuniaire, un salaire, comme en reçoivent tous les services économiques, dont l'intérêt personnel est le motif et l'argent le prix.

On a remarqué que les lois contre l'usure ont toujours eu pour effet d'élever le taux de l'intérêt, parce qu'elles écartent la concurrence des prêteurs honnêtes, qui ne veulent pas transgresser la loi, et ajoutent aux risques de ceux qui bravent les peines établies contre les usuriers [1].

On a remarqué également qu'il était toujours facile d'éluder les lois contre l'usure, soit par des ventes simulées, soit en décomposant, en plusieurs parties, sous des noms différents, l'intérêt perçu.

On a remarqué enfin que la fixation par la loi d'un maximum d'intérêt était une violation directe du droit de propriété, et, de plus, une violation ridicule, puisqu'on n'a point pré-

[1] Les inégalités de la jurisprudence, inévitables, lorsqu'il s'agit d'un délit arbitraire, tel que l'usure, occasionnent aussi quelquefois de véritables crises commerciales. Turgot décrit une crise de ce genre dans l'introduction de son mémoire sur les prêts d'argent. Tacite en décrit une autre, plus grande et plus remarquable, avec son éloquence et sa concision ordinaires, *Annales*, liv. VI, ch. XVI et XVII. Cette dernière crise finit par un prêt gratuit de l'État et surtout par le relâchement de la jurisprudence, *acribus, ut ferme talia, initiis, incurioso fine.*

tendu forcer le capitaliste à prêter, et qu'on a voulu cependant lui fixer le taux auquel il serait forcé de borner le prix de son prêt.

Le prêt à intérêt donne lieu quelquefois à des actes condamnables qui ne sont pas prévus par les lois contre l'usure; mais ces actes n'ont en général aucun rapport, direct ou indirect, avec le taux de l'intérêt. Celui qui prête à un fils de famille, par exemple, est coupable, parce qu'il abuse de l'âge et des passions de celui auquel il prête, et se constitue en quelque sorte excitateur à la débauche : il prêterait gratis, que son action ne serait guère moins honteuse.

Celui qui pressure le paysan, spécule sur des passions d'une autre sorte, mais aussi aveugles. L'ardeur avec laquelle le cultivateur recherche la possession de la terre lui fait concevoir des espérances insensées, et il s'est établi dans plusieurs contrées tout un système de manœuvres sur l'excitation de ces espérances et sur l'exploitation de l'ignorance du cultivateur. On consomme facilement sa ruine sans excéder le taux légal de l'intérêt, parce qu'on le place sans peine sous le coup d'une expropriation imminente, sous la terreur de laquelle il se laisse rançonner, ou plutôt se rançonne lui-même à la merci du prêteur. Le jour où l'on fera l'histoire de l'usure dans les campagnes, on verra que le taux de l'intérêt n'est qu'un accessoire et que l'abus tient à ce que l'un des deux contractants s'est servi de la supériorité de son intelligence, de sa prévoyance, et surtout de l'absence de conditions courantes de crédit pour engager son voisin dans une série de contrats dont l'expropriation est le terme. Des lumières et surtout de l'instruction pratique, la liberté accordée à la création d'établissements de crédit qui puissent donner à l'intérêt un prix courant, seraient des remèdes plus efficaces contre cette espèce d'usure que toutes les peines correctionnelles.

Le contrat de vente donne lieu tous les jours à des abus du même genre que le contrat de prêt, et on ne s'en émeut nullement, parce que telle n'est pas la coutume : mais lorsqu'on examine les choses de haut, au point de vue du législateur, on a de la peine à comprendre qu'on ait fait sur le contrat de prêt une législation pénale, et que la loi néglige le véritable délit, tandis qu'elle punit comme délit un fait qui, considéré en lui-même, n'en est pas un.

CHAPITRE IX.

DU COURS DE L'INTÉRÊT.

Il importe à la société que le prix de tous les services soit aussi bas que possible, et cependant qu'il donne une rémunération suffisante pour que ces services n'éprouvent aucune interruption. Le loyer des capitaux ne fait point exception à cette règle : il est utile que le taux de l'intérêt soit bas, de manière toutefois à ne pas compromettre le service, qui est la conservation et, en quelque sorte, l'entretien des capitaux. Il faut donc maintenir la prime d'accumulation, si l'on veut éviter que les capitaux soient détruits ou exportés.

Le crédit est un service du même genre que tous les services productifs : on peut l'assimiler, quant à la rémunération, aux marchandises que l'on touche et que l'on voit, car le prix du crédit ou intérêt subit dans son cours ordinaire et dans ses variations de hausse ou de baisse les mêmes lois que celles-ci. Mais comme, en dépit des usages commerciaux et de la pratique de chaque jour, l'opinion des gens du monde se refuse à reconnaître cette vérité, il est nécessaire d'insister et de pousser jusqu'au bout l'analyse des faits spéciaux qui déterminent l'offre et la demande en matière de crédit.

Il y a prêt ou plus exactement crédit toutes les fois que le capital d'un particulier a été confié à un autre particulier. On peut tirer de cette proposition si élémentaire une conséquence qui ne l'est pas moins : « Un capital n'est offert au prêt qu'à la condition que son propriétaire ne veuille on ne puisse pas, pendant le temps du prêt, l'employer lui-même à des conditions aussi avantageuses que celles que lui offre un emprunteur. » En d'autres termes, pour qu'une relation de crédit s'établisse, il faut, de toute nécessité, qu'au moment du prêt, le capital qui en fait l'objet soit *disponible*.

Observez que la disponibilité ne résulte point de la nature de l'objet qui forme le capital, mais de la volonté du propriétaire. Un fonds de terre, une maison, une machine que le propriétaire veut louer, est un capital disponible aussi bien qu'une somme de numéraire que le propriétaire veut prêter.

C'est donc à tort, quant à l'intérêt, qu'on a distingué les capitaux en *disponibles* et *engagés*, attribuant la qualification de disponibles aux capitaux circulants les plus rapprochés de la consommation, et la qualification d'engagés aux immeubles, outils, etc. Le capital représenté par un tonneau de sucre est aussi engagé qu'un capital-terre ; le premier est attaché jusqu'à consommation au corps du sucre, comme le dernier est attaché au fonds de terre jusqu'à consommation.

Par leur nature même, tous les capitaux sont nécessairement engagés, puisqu'ils sont matériels : par la volonté du propriétaire, au contraire, tous deviennent ou peuvent devenir disponibles pour lui : un fonds de terre, une machine, un outil, un lot de fer, de soie, de laine ou de coton, aussi bien qu'une somme d'espèces en numéraire.

En général, les capitaux disponibles sont des capitaux plus ou moins oisifs ou sur le point de devenir tels. Une somme d'argent en caisse, lorsque son propriétaire n'a ni achat au comptant, ni payement à faire, est un capital oisif ; une marchandise en magasin, sans utilité, est également un capital oisif ; il en est de même d'un fonds de terre, d'une maison, d'un outil à louer. Les capitaux, comme les hommes, ne sont jamais oisifs par nature et nécessairement ; ils peuvent tous, sans distinction de classe ni d'origine, devenir oisifs par occasion.

Les capitaux disponibles étant les seuls offerts sur ce que nous appellerons le marché du crédit, il en résulte que le taux de l'intérêt n'a aucun rapport nécessaire avec la somme des capitaux existants, ni avec celle des capitaux épargnés ou accumulés. On peut supposer sans effort un état social où tous les capitaux soient employés comme instruments de travail ou de jouissance par leurs propriétaires respectifs, et, en ce cas, quelque abondants qu'ils fussent, il n'y aurait ni disponibilité, ni offre. De même, les épargnes et accumulations pourraient être employées par ceux mêmes qui les font, et ne point paraître, par conséquent, sur le marché du crédit.

A plus forte raison, le taux de l'intérêt ne peut-il dépendre de l'abondance d'une marchandise quelconque, puisque cette abondance n'a aucun rapport nécessaire, ni avec la somme totale des capitaux, ni surtout avec la somme des capitaux disponibles. L'abondance d'une marchandise n'a d'effet que sur son prix, sur la comparaison de sa valeur avec celle des autres, et non sur le taux général de l'intérêt. Si les existences en indigo ou en coton venaient à doubler en France, cette circonstance pourrait modifier le prix des cotons ou des indigos, mais non le taux général de l'intérêt.

Ceci est vrai de la monnaie, comme de l'indigo ou de toute autre marchandise, parce que les capitaux existant sous forme de monnaie ne sont pas plus nécessairement disponibles que les autres. Leur prix, au contraire, est plus affecté par l'abondance de l'offre que celui des autres marchandises, parce qu'ils ne sont pas destinés à la consommation. Si on évalue à 10 la quantité de monnaie indispensable aux échanges, dans un pays et à un moment donnés, et que cette quantité soit portée à 12 par un mouvement de commerce, le prix de la monnaie baissera, puisque, la demande restant la même, l'offre aura augmenté; en d'autres termes, il faudra, pour se procurer un objet déterminé, plus de monnaie qu'auparavant. Mais cette augmentation de la quantité des monnaies ayant eu lieu par l'effet des échanges, on aurait donné, pour l'obtenir, une somme de marchandises équivalente, et on n'aurait augmenté, par conséquent, ni la somme totale des capitaux, ni celle des capitaux disponibles.

Lorsqu'on parle de capitaux engagés, l'expression ne peut être juste que relativement à leur propriétaire : relativement à la société, à la production, à la science en un mot, tous les capitaux sont également engagés, aussi bien ceux qui circulent que les immeubles eux-mêmes. Il n'y a de différence que dans la faculté plus ou moins grande de réalisation.

Or cette faculté dépend des habitudes. La monnaie, qui est le capital disponible par excellence pour les particuliers, est, relativement à la société, aussi engagé que tout autre. Pour les particuliers, les capitaux dont la consommation est la plus prochaine et la plus nécessaire, sont les plus disponibles, parce que ce sont ceux qui, dans le cours régulier des choses, doivent être le plus prochainement convertis en monnaie par la vente ; mais ils sont si peu disponibles pour la société, qu'ils sont détruits aussitôt après l'échange, et cessent de figurer dans l'actif social.

Un accroissement, soit de la somme totale des capitaux, soit d'une espèce particulière de marchandises, n'exerce une influence sur le marché du crédit, qu'autant qu'il augmente la somme des capitaux disponibles, qu'autant qu'il a lieu entre les mains d'hommes qui n'emploient, ni ne consomment eux-mêmes leurs fonds. Une réduction dans la somme totale des capitaux existants pourrait même avoir pour conséquence un abaissement du taux de l'intérêt, s'il s'était opéré en même temps dans la distribution des richesses un mouvement qui en eût transféré la propriété à des hommes qui ne les emploieraient ni ne les consommeraient par eux-mêmes. La disponibilité dépend toujours beaucoup plus de la distribution des richesses que de l'état de la production, de la somme des capitaux qui existent.

Mais comme un accroissement de richesses a presque toujours pour origine un travail plus actif et l'application de procédés plus savants, des moyens plus énergiques de dompter l'espace et le temps, de mettre à la disposition des hommes les capitaux dont ils ont besoin ; il se trouve presque toujours vrai que l'accroissement de la somme des capitaux entraîne la réduction du taux de l'intérêt. Si l'on admet donc que les habitudes d'emploi et de consommation et que les lois de distribution ne changent pas, on peut dire que toutes les économies réalisées, que tous les procédés qui fécondent le travail ou réduisent l'emploi des capitaux dans la production, tendent à augmenter la somme des capitaux disponibles, de ceux dont l'application est facultative, en augmentant la somme totale des capitaux.

Quelques-uns de ces procédés vont plus directement, plus exclusivement à ce but. Ainsi les chemins de fer, en rendant les communications plus rapides, ont permis au négociant de faire les mêmes opérations qu'autrefois, sans employer autant de marchandises qu'il en avait sur les routes, sur les canaux, en magasin. Tous les capitaux représentés par les marchandises dont il n'a plus besoin ont pu devenir disponibles, et concourraient à diminuer le taux de l'intérêt, si l'augmentation de l'emploi, créée par les mêmes chemins de fer, n'avait tendu en même temps à l'élever.

De même les combinaisons de banque dont le résultat a été de mettre en activité de petites sommes, des capitaux empruntés pour peu de temps, ont augmenté la somme des capitaux disponibles, ont amené sur le marché une offre qui n'y était pas auparavant, au plus grand avantage du travailleur et du capitaliste. Ces combinaisons, parmi lesquelles celle qui emprunte la valeur de la monnaie circulante est la plus notable, ont eu pour effet direct une baisse de taux de l'intérêt, en même temps qu'une augmentation dans la somme des capitaux prêtés.

Pour qu'un capital soit disponible, pour qu'il vienne s'offrir sur le marché du crédit, il faut que son propriétaire *veuille* le prêter : c'est la première condition du contrat de crédit. Donc tous les faits qui peuvent déterminer cette volonté ou en modifier les dispositions, exercent, sur le cours de l'intérêt, une influence très-positive et féconde en conséquences. Au premier rang de ces faits, il faut mettre la sécurité que donnent, à tort ou à raison, au prêteur : 1° l'état politique de la société et les lois ou coutumes relatives au payement des obligations; 2° les garanties particulières, personnelles ou matérielles, que lui présente l'emprunteur.

Ainsi, dans un pays où la propriété est respectée, où la loi des contrats est inviolable, l'intérêt, à conditions égales d'ailleurs, est toujours moins élevé que dans un pays placé dans des conditions d'existence différentes.

Ainsi, entre particuliers, à conditions égales d'ailleurs, celui qui offre au prêteur plus de garanties matérielles ou morales de remboursement exact, obtient toujours le crédit à des conditions moins onéreuses.

Ainsi toutes les lois, toutes les jurisprudences qui tendent à rendre l'effet des contrats incertain, ou simplement à retarder l'exécution des engagements qui en résultent, tendent à élever le taux de l'intérêt. Chez les particuliers, la mauvaise foi reconnue, ou simplement la nonchalance habituelle dans l'exécution des engagements, produisent les mêmes résultats : l'exactitude à des effets opposés; c'est par elle que les commerçants, à conditions égales de sécurité pour le prêteur, obtiennent du crédit à meilleur marché et surtout plus facilement que les propriétaires. On peut conclure de l'existence d'un grand crédit dans un pays que l'état social de ce pays est bon; que les habitants ont des habitudes d'ordre et de probité, une confiance réciproque les uns pour les autres, et un vif sentiment de la loi des contrats.

En général aussi, le crédit est accordé plus facilement et à des conditions plus avantageuses à ceux qui empruntent pour peu de temps qu'à ceux qui empruntent à long terme, parce qu'en peu de temps, toutes choses égales d'ailleurs, il y a moins de chances pour que le prêteur éprouve un besoin imprévu qui le porte à rappeler à lui son capital, à le retirer de la masse des disponibles. Le crédit est plus facile encore et moins cher, lorsque le prêteur peut ou croit pouvoir rentrer, d'un instant à l'autre, dans la possession de ses capitaux, parce qu'il lui semble alors que la sûreté de ses fonds dépend de lui-même, et qu'on a d'ordinaire plus de confiance en soi-même qu'en toute autre personne.

Le crédit est accordé plus facilement et à meilleur marché à celui qui a l'habitude de payer exactement qu'à celui qui a l'habitude contraire, à celui qui donne ou semble donner des gages d'une réalisation facile qu'à celui qui n'en donne point ou qui en donne d'une réalisation difficile.

Enfin, on prête plus libéralement un capital, lorsqu'on le suppose destiné au travail, que lorsqu'on le sait destiné à la consommation. Tel marchand obtiendra sans peine un crédit de 20,000 fr. en marchandises, qui n'obtiendrait pas du même prêteur un prêt de 500 fr. en espèces.

Si l'on pouvait résumer en une formule générale les faits relatifs à la volonté du prêteur, tels qu'ils ressortent des habitudes communes, on dirait peut-être que le crédit est en raison directe de l'action que le prêteur conserve ou croit conserver sur la disponibilité de son capital, en raison directe de l'exactitude, volontaire ou forcée, que l'emprunteur est supposé devoir apporter dans l'exécution de ses engagements.

Pour qu'un capital soit disponible, il faut non-seulement que son propriétaire *veuille* le prêter, mais aussi qu'il *puisse* le prêter, c'est-à-dire qu'il ait la possession actuelle de ce capital sous la forme qui est demandée sur le marché du crédit.

Voilà quant aux faits qui exercent une influence sur le marché du crédit en agissant sur l'offre. Venons maintenant à l'examen de ceux qui agissent sur la demande.

On emprunte pour consommer ou pour produire. Les demandes de crédit pour consommer augmentent en nombre et en intensité chaque fois que la somme totale des capitaux diminue, surtout quand la diminution porte sur les capitaux possédés par les particuliers aisés auxquels il reste des gages propres à déterminer la confiance des prêteurs. Les demandes de crédit pour travailler et reproduire augmentent en raison des emplois utiles des capitaux, ouverts devant les entrepreneurs et recherchés par eux.

Comme l'emprunt pour consommer était beaucoup plus fréquent dans l'antiquité que l'emprunt pour produire, le taux de l'intérêt s'élevait presque toujours en raison de la misère des temps. Dans les sociétés modernes, au contraire, où le crédit est communément demandé pour reproduire, le phénomène est inverse. Smith a observé que l'abondance des emplois ouverts aux capitaux anglais par la paix de 1763, éleva le prix de l'intérêt. J.-B. Say a observé les effets opposés produits par des causes contraires, en France, en 1812. « Une guerre longue, destructive, dit-il, et qui fermait presque toute communication extérieure, des contributions énormes, des privilèges désastreux, des opérations de commerce faites par le gouvernement lui-même, des tarifs de douane arbitrairement changés, des confiscations, des destructions, des vexations, et en général un système d'administration avide, hostile envers les citoyens, avaient rendu toutes les spéculations industrielles pénibles, hasardeuses, ruineuses : quoique la masse des capitaux allât probablement en déclinant, les emplois utiles qu'on en pouvait faire étaient devenus si rares et si dangereux, que jamais l'intérêt ne tomba, en France, aussi bas qu'à cette époque ; et ce qui est ordinairement le signe d'une grande prospérité, devint alors le signe d'une grande détresse. »

C'est à l'abondance des emplois utiles que trouvent les capitaux aux États-Unis que l'on doit attribuer le taux élevé de l'intérêt dans ce pays. Ce phénomène économique a aussi une autre cause : les entrepreneurs y sont nombreux et pauvres relativement à la grandeur de leurs entreprises. En Angleterre, les emplois utiles et les entrepreneurs sont moins nombreux et ceux-ci sont riches, ce qui maintient le prix courant de l'intérêt à un taux habituellement assez bas.

On voit, par les considérations qui précèdent, qu'à la demande comme à l'offre, le marché du crédit règle ses mouvements sur l'état de la distribution des richesses au moins autant que sur celui de la production.

On voit aussi que le taux de l'intérêt ne doit pas être considéré comme la mesure, et en quelque sorte, le thermomètre de la prospérité publique, puisqu'il peut être fort élevé dans un pays où le travail est actif et bien rétribué, comme dans un pays où le travail est nul ; qu'il peut être fort bas dans une société qui se ruine comme dans une société qui s'enrichit. C'est que la même cause produit souvent sur le taux de l'intérêt un effet double et opposé. Ainsi, les progrès de l'instruction industrielle dans un pays tendent à élever le taux de l'intérêt, en ouvrant, directement et par des débouchés, des emplois qui n'existaient pas pour les capitaux, en créant des entrepreneurs ; ces mêmes progrès tendent, d'un autre côté, à réduire le taux de l'intérêt, puisqu'ils créent des capitaux et fondent des fortunes en même temps qu'ils propagent l'usage des procédés de banque par lesquels on amène sur le marché des capitaux auparavant oisifs.

Il y a quelque chose de plus important pour un pays que le chiffre du taux de l'intérêt, c'est l'uniformité de ce taux dans l'espace et dans le temps. Non pas qu'il soit possible d'arriver à un taux et à des conditions de crédit fixes et uniformes ; mais plus on s'en rapproche, plus on se rapproche de la perfection. Lorsque tout capitaliste sait à qui prêter et tout entrepreneur d'industrie à qui emprunter, lorsqu'il existe en quelque sorte un marché public du crédit, le taux de l'intérêt varie moins que dans un état de choses différent : il y a un prix courant. Au contraire, lorsque l'entrepreneur a de la peine à trouver des fonds, et que le capitaliste a de la peine à trouver un emprunteur convenable, l'inégalité du taux de l'intérêt est extrême, dans le même lieu et à conditions égales.

Le commerce de spéculation qui, tantôt emploie des sommes considérables de capitaux et tantôt les laisse disponibles, fait bien plus varier le taux de l'intérêt que le commerce régulier qui emploie toujours à peu près la même somme de capitaux.

CHAPITRE X.

DE L'APTITUDE DES CAPITAUX.

Les capitaux, prêtés ou non, il ne faut jamais l'oublier, existent toujours et nécessairement sous une forme matérielle : il y a par conséquent autant de sortes de capitaux qu'il y a d'espèces de marchandises. Et comme, par suite de la division du travail, chaque espèce de marchandises est employée dans l'industrie ou le commerce, jusqu'à consommation, par une classe particulière d'entrepreneurs qui ont des vues, des besoins et des habitudes spéciales, il en résulte qu'il existe autant de marchés particuliers de crédit qu'il y a d'espèces différentes de capitaux, c'est-à-dire de marchandises.

Chaque classe de capitaux a donc des lois particulières de disponibilité, et, si l'on peut s'exprimer ainsi, une « aptitude spéciale » qui détermine les conditions de l'offre et de la demande. Jean est agriculteur : il veut faire valoir un fonds de terre; peu lui importe qu'il y ait sur le marché d'autres capitaux disponibles; il ne s'occupe que des fonds de terre, et sa demande n'exerce une influence que sur le cours des fermages. Tel autre veut louer une maison, une machine, et sa demande n'affecte que le marché spécial de location des maisons ou des machines.

Cette séparation des marchés n'existe pas seulement en matière d'immeubles. Paul est maître de forges : il veut emprunter des fontes ou du charbon pour en faire des fers. Son emprunt s'effectue, en général, en même temps qu'un achat; Paul ne demande pas à emprunter 20,000 kilogrammes de fontes à la charge de les rendre en nature à une époque déterminée : cette opération serait contraire aux besoins de son travail : il achète 20,000 kilogrammes de fontes payables à trois ou six mois.

Dans ce marché, nous ne voyons point figurer de compte d'intérêts, parce que l'intérêt se confond avec le prix principal de la marchandise empruntée. Mais le vendeur a fait entrer cet intérêt dans ses frais généraux lorsqu'il a calculé son prix de revient; ou s'il a négligé ce calcul et suivi sans réflexion le prix courant, ses concurrents, qui ont établi le prix courant, y ont songé pour lui. Car si les vendeurs de fontes, propriétaires de hauts-fourneaux, avaient négligé le compte d'intérêts, il arriverait nécessairement que ceux d'entre eux qui opèrent sur leurs propres capitaux n'en retireraient aucun revenu, et que ceux qui opèrent sur des capitaux empruntés n'en pourraient payer l'intérêt. Dans les deux cas, la fabrication s'arrêterait ou les prix se relèveraient, de manière à reproduire l'intérêt d'abord négligé.

Pierre est marchand de denrées coloniales : il veut emprunter 20,000 kilogrammes de sucre : il s'adresse au marchand en gros, ou à l'armateur, qui les lui prête. Ici, comme dans le marché conclu par le maître des forges, l'intérêt est inexprimé et se confond avec le prix principal de la marchandise; mais il n'en existe pas moins, et la preuve, c'est que, si le cours est établi à terme, et si Pierre, au lieu d'emprunter, veut payer comptant, il obtient une réduction de prix à titre d'*escompte*. Il n'est pas rare de voir, dans cet escompte, le boni ou déduction pour prix de l'intérêt s'élever, suivant la marchandise vendue, jusqu'à 6 p. °/₀, pour six et même pour trois mois, c'est-à-dire à 12 et à 24 p. °/₀ par an.

Dans nos sociétés laborieuses, les ventes à terme sont l'origine du plus grand nombre des prêts de capitaux, et, dans ces ventes, le prix du crédit n'a rien d'uniforme. On ne doit pas s'en étonner, puisque chaque marchandise a son marché particulier, pour le crédit comme pour l'échange, et des conditions d'offre et de demande spéciales, indépendantes de celles qui affectent les autres marchandises. Ainsi, en reprenant les exemples que nous venons de poser, la demande de Paul, maître de forges, sur le marché où l'on vend et emprunte les fontes de fer, n'a aucune influence directe sur le marché où Pierre porte une demande d'emprunt de 20,000 kilogrammes de sucre.

On sait assez, du reste, que chaque espèce de marchandises se vend habituellement à tel ou tel terme, sous tel ou tel escompte, selon les risques à courir, selon les capitaux dont disposent ou les besoins qu'éprouvent les vendeurs ou les acheteurs, etc., etc., suivant des coutumes dont il serait facile de raisonner l'établissement et dont chacun peut apprécier la raison d'être. Nous n'entrerons point dans les détails d'un examen, intéressant sans doute, mais qui nous mènerait loin, en dehors de notre sujet. Rappelons seulement en passant que les conditions de ces crédits se règlent par les lois de l'offre et de la demande, c'est-à-dire sur la balance des besoins et des moyens de ceux qui les discutent. Un maître de forges vend une partie de fer à un marchand : l'escompte est offert ou demandé : le taux de cet escompte se réglera sur le besoin du maître de forges et sur l'aisance du marchand, quelquefois aussi sur le risque de perte auquel le vendeur se croit exposé, parce que l'escompte l'affranchit du risque.

Tous ces marchés de crédit, si nombreux, si séparés les uns des autres, quoiqu'ils se touchent, n'ont rien de commun, si ce n'est que tous les capitaux empruntés sous la forme d'achat à terme ont une aptitude spéciale qui en soumet l'offre et la demande à des conditions particulières Les capitaux empruntés en numéraire, peuvent, au contraire, prendre indifféremment tous les emplois, parce que la monnaie est la marchandise contre laquelle viennent successivement s'échanger toutes les autres. Cependant, comme on n'emprunte guère de l'argent pour le garder en caisse, les sommes empruntées en monnaie prennent bientôt une autre forme qui leur donne une aptitude spéciale. Si Pierre, ayant emprunté de l'argent, va payer au comptant les 20,000 kilogrammes de sucre dont il a besoin, le capital emprunté n'aura pas moins acquis une aptitude spéciale que si Pierre avait acheté la marchandise à terme.

Ainsi donc et généralement parlant, tout emprunt, quelle que soit sa forme, a pour matière un capital qui possède actuellement ou ne tarde pas à prendre une aptitude spéciale. Au contraire, tout payement et tout remboursement stipulés en monnaie présupposent la conversion d'un capital placé dans des conditions d'aptitude spéciale en un capital qui possède des conditions d'aptitude générale.

Lorsque nous disons que les capitaux monnayés ont une aptitude générale, nous savons fort bien que cette expression n'est pas rigoureusement exacte. Un capital-monnaie, en tant que monnaie, est apte seulement à être échangé à la vente contre telle ou telle autre marchandise, ou conservé pour l'avenir. Mais la monnaie seule a cette propriété, consacrée par l'usage, de pouvoir être échangée à tout instant, à la convenance, quelle qu'elle soit, de celui qui en dispose, contre toute autre marchandise. C'est cette propriété des capitaux monnayés qu'exprime en termes un peu absolus le dicton vulgaire : « Le louis d'or seul plaît à tout le monde. » C'est ce que nous exprimons en termes absolus aussi, mais approximativement exacts, en disant que les capitaux monnayés ont une aptitude générale.

Les capitaux sous forme spéciale ne conviennent qu'à une certaine classe de preneurs, ce qui en restreint nécessairement la demande et soumet les marchés où ils se vendent et se prêtent à des fluctuations considérables. Ces fluctuations de hausse et de baisse viennent se compenser et s'amortir dans le marché des capitaux doués d'aptitude générale, sorte de réservoir commun où l'équilibre s'établit, comme l'équilibre ou niveau des fleuves dans l'Océan. Dès qu'un besoin se fait sentir sur un marché particulier, il se traduit par une demande sur le marché général : dès qu'un capital devient disponible sur un marché particulier, il vient s'offrir sur le marché général, et les fluctuations de celui-ci affectent très-directement tous les marchés particuliers.

Le marché des capitaux doués d'aptitude générale est plus étendu que tous les autres, quant au prêt, en ce sens que le nombre des bailleurs et des preneurs y est plus grand et établit un cours plus constant, moins exposé aux petits accidents qui agitent le cours de chaque espèce de marchandises. C'est pourquoi, dans le langage ordinaire des affaires, les valeurs exprimées en monnaie sont considérées comme les capitaux par excellence, et prennent seules l'appellation commune de *capitaux*.

CHAPITRE XI.

DE LA RÉALISATION.

En ce qui touche à l'exécution du contrat de crédit, les capitaux peuvent être divisés en trois classes :

1° Les capitaux prêtés pour l'usage seulement et destinés à une longue durée, tels que la terre, les maisons, les rentes perpétuelles, les actions industrielles et généralement tous ceux qui, dans les variations de hausse ou de baisse que subit leur cours, laissent les chances de gain ou de perte à la charge exclusive du prêteur.

2° Les capitaux compris sous le nom de choses fungibles avec aptitude spéciale, tels que du blé, du vin, que l'emprunteur s'oblige de rendre en quantité déterminée au bout d'un certain temps. Dans cette espèce de prêt, le prêteur et l'emprunteur courent, en sens inverse l'un de l'autre, les chances qui résultent des variations du cours.

3° Il en est de même des capitaux évalués en monnaie dont l'aptitude est générale, et dont le remboursement fait courir aussi en sens inverse des chances de gain ou de perte au prêteur et à l'emprunteur.

Ainsi, lorsqu'il s'agit des capitaux de la première classe, l'exécution finale du contrat de crédit remet, sans échange préalable, le capital aux mains de son propriétaire; lorsqu'il s'agit, au contraire, des capitaux de la seconde et de la troisième classe, la résolution finale du contrat de crédit s'opère par l'exécution d'un véritable marché à livrer.

J'insiste sur ce caractère aléatoire des crédits qui ont pour objet des capitaux évalués en espèces, les seuls à peu près dont nous ayons à nous occuper, parce qu'on attribue vulgairement à ces capitaux une valeur fixe et immuable, et qu'il répugne, par conséquent, aux idées reçues de traiter le prêt à intérêt comme un marché à livrer. Les personnes auxquelles les principes de l'économie politique sont familiers ne doivent pas éprouver cette répugnance : elles savent que la valeur des choses dépendant de l'opinion, est mobile comme l'opinion et varie avec elle ; que, par suite, tout contrat dont l'exécution est étendue sur un certain espace de temps fait courir aux contractants des chances inévitables de gain ou de perte, par la variation des cours. Les capitaux monnayés ne font point exception à la règle générale : ils valent plus ou moins, selon les temps et l'état du marché ; tous les efforts que les hommes ont faits pour en fixer le prix sont restés impuissants.

Le capital prêté soit directement, soit par une vente à terme, a une aptitude spéciale. A l'expiration du contrat, ce capital, jusque-là employé, actif, doit se transformer par un échange en espèces monnayées que l'on appelle à tort, mais généralement *capitaux disponibles*, en ce sens que leur propriétaire peut, à volonté, changer leur emploi, parce qu'ils ont l'aptitude générale.

En temps ordinaire, la somme des prêts ou ventes à terme est à peu près égale à celle des payements et des remboursements, tant sur la masse que dans chaque branche d'industrie ou de commerce, de telle sorte que les capitaux vont et viennent, sans autre perturbation que celle causée par le défaut d'exécution des engagements de quelques particuliers. La valeur relative, le prix courant des capitaux disponibles éprouve peu de variations, et les contrats s'exécutent sans dérogation aux habitudes. Mais les événements viennent souvent changer ce paisible état de choses sur la foi duquel les contrats ont été conclus, et rendre sensibles les chances de gain et de perte du prêteur et de l'emprunteur.

Les cours varient par l'offre et par la demande : observons les effets de l'une et de l'autre variation, et les conséquences de la hausse et de la baisse sur le marché des capitaux disponibles.

Premier cas : l'offre augmente. Ceci peut arriver à la suite d'un accroissement réel et général des capitaux disponibles par le travail, lentement et en état d'emploi : ceci peut arriver aussi lorsque le retrait violent de plusieurs emplois fait refluer les capitaux sur le marché général. L'abondance de l'offre facilite singulièrement l'exécution des contrats : on s'en aperçoit peu, parce que cette exécution est un fait toujours prévu par l'espérance. Alors la confiance augmente, le travail s'anime, et tous les capitaux doués d'une aptitude spéciale, c'est-à-dire destinés à la reproduction ou à la consommation, sont plus demandés. Leur prix s'élève généralement et d'une manière indépendante des causes qui peuvent faire varier le cours de chaque marchandise en particulier. Par conséquent, celui qui, ayant prêté, en temps de cours moyens, une somme de monnaie, est remboursé en ce temps, reçoit moins qu'il n'a prêté, puisque avec l'argent qu'il reçoit il ne peut acheter une somme de marchandises ou de travail égale à celle qu'il aurait pu se procurer avec le même argent, au moment du prêt.

Second cas : la demande augmente. Ce phénomène peut avoir lieu, soit par l'ouverture de nouveaux débouchés, de nouveaux emplois productifs, soit par l'effet d'un déplacement de capitaux, d'un changement d'emploi. Ainsi, les emprunts d'État, la formation des grandes compagnies, une disette, une guerre, une panique politique ou commerciale, affectent d'une manière sensible le marché des capitaux disponibles, et on remarque d'autant plus leurs effets que la perturbation occasionnée dans les affaires est presque toujours soudaine et violente. Alors les contrats sont mal exécutés, les renouvellements de crédit deviennent difficiles et onéreux, les transactions pénibles et lentes : le niveau du marché des capitaux disponibles, si l'on peut s'exprimer ainsi, s'abaisse, et les capitaux placés dans toutes les branches du commerce et de l'industrie sont sollicités à combler le vide. Les capitaux monnayés dont l'aptitude est générale et qui peuvent rapidement se porter aux emplois quelconques, nouveaux ou anciens, qu'on leur destine, sont plus recherchés que les autres ; leur prix s'élève, ou, ce qui est la même chose, le prix de tous les capitaux sous forme spéciale s'abaisse en général et indépendamment des causes particulières qui peuvent influer sur le cours de chaque marché. Celui qui s'acquitte à ce moment d'une dette contractée en temps ordinaire, paye plus qu'il n'a reçu, puisque avec la somme qu'il donne il pourrait se procurer plus de travail ou une plus grande quantité de marchandises qu'à l'époque de l'emprunt.

Mais les variations générales de prix qui ont pour origine l'abondance ou la rareté des capitaux disponibles avec aptitude générale, affectent d'une manière fort inégale les différentes espèces de marchandises, suivant qu'il est plus ou moins facile de réaliser ces marchandises, c'est-à-dire de les vendre, de les convertir en monnaie pour leur donner l'aptitude générale. Voici les faits sur lesquels s'établit cette loi :

Il y a des marchandises destinées à une consommation très-prochaine et nécessaire, comme les comestibles préparés, les épiceries, etc. Il y en a d'autres dont la consommation est moins prochaine, plus lente, plus facultative, ce sont les habits confectionnés, les tissus, et parmi les marchandises de ce genre, tout ce qu'on appelle objets de luxe ; enfin il y a des capitaux destinés à une consommation très-lente, ou même à ne pas être consommés du tout, comme les fonds de terre, les maisons, les machines, etc.

Qu'un événement soudain vienne à réduire la somme totale ou seulement une classe importante des capitaux, on s'attaque aux disponibles pour combler le vide, et le prix de ceux-ci s'élevant, tous les capitaux dont l'aptitude est spéciale cherchent à en prendre la forme, à se réaliser. Les comestibles, et en général les marchandises d'une consommation courante et nécessaire, n'éprouvent pas ordinairement de dépréciation sensible, parce que, l'acheteur n'étant pas libre d'attendre, il suffit que les approvisionnements se ralentissent un seul instant pour que leur prix se maintienne en équilibre avec celui des capitaux disponibles. Celui qui, dans le commerce des marchandises de cette espèce, a des réalisations à faire, les opère facilement, sans altération du prix courant, sans dérogation aux habitudes; il lui suffit ensuite de ne pas racheter ou d'acheter moins.

Les marchandises d'une consommation plus lente et plus facultative, comme les vêtements et les tissus, sont plus affectées par le prix des disponibles, parce que leur réalisation est ordinairement moins rapide, et que leur consommation peut, sans inconvénient grave, sans suspension de la vie sociale, rester quelque temps interrompue. Toutefois, l'interruption ne pouvant être ni longue, ni complète, et la production de ces marchandises étant facultative, leur réalisation, plus difficile que celle des comestibles, n'est cependant ni très-lente, ni très-onéreuse, dans les temps où le prix des disponibles est élevé.

Il en est autrement des immeubles, et en général des capitaux sous une forme telle qu'ils ne sont pas destinés à la consommation proprement dite, mais seulement à l'usage. Ceux-ci offrent un placement purement facultatif, avec une aptitude spéciale, et leur réalisation n'est pas amenée par le cours nécessaire et naturel de la vie sociale. Il n'y a jamais d'acheteurs forcés pour les immeubles, tandis qu'il y en a pour les comestibles et les vêtements : bien plus, les immeubles ruraux, bâtis, industriels ou autres, n'ont qu'un marché nécessairement fort restreint, un petit nombre d'acheteurs possibles, lorsque les disponibles sont recherchés.

Ainsi dans toute crise, chaque fois qu'il se produit sur une grande échelle une demande imprévue de disponibles, ce sont les immeubles dont le cours est le plus sensiblement affecté. C'est ainsi que nous avons vu le prix des immeubles, des rentes, des actions industrielles les plus accréditées, baisser de 30, 40 et 100 p. °/₀, tandis que les marchandises de consommation courante perdaient à peine 1 et 2 p. °/₀, et les tissus communs 10 et 15 p. °/₀. L'abondance des disponibles affecte également beaucoup plus en hausse le prix des immeubles, actions et rentes perpétuelles, que celui des marchandises destinées à une consommation plus ou moins prochaine.

Observons en passant que les rapports qui existent entre le taux de l'intérêt des capitaux évalués en argent et celui des capitaux immobiliers tendent toujours à se niveler. Les causes qui élèvent le taux de l'intérêt abaissent le prix des immeubles, et celles qui abaissent le prix de l'intérêt élèvent le prix des immeubles, de manière à ce que le tant p. °/₀, le rapport numérique entre l'évaluation du capital et la redevance annuelle, reste toujours à peu près au même niveau.

Ce rapport nécessaire, cette solidarité entre le marché du

crédit et le prix des valeurs immobilières est un des faits économiques les plus remarquables, les mieux constatés, les plus observés et les moins étudiés qui existent. On en peut déduire une conséquence importante, conforme aux maximes de tous les praticiens intelligents : c'est que les prêts hypothécaires, même bien établis, sont ceux qui peuvent avoir les résultats les plus désastreux, d'autant que le taux de l'intérêt qu'ils produisent est élevé par l'incertitude de la réalisation, et que cette réalisation peut, en infligeant une perte considérable à l'emprunteur, nuire à la bonne exécution de ses engagements.

Les crédits accordés sur des marchandises accumulées par la spéculation ont une grande ressemblance avec les crédits hypothécaires. Car les marchandises ainsi accumulées en outre des besoins ordinaires du marché n'ont pas de débouchés assurés : leur vente peut être lente ou n'être possible qu'à vil prix.

Les crédits purement commerciaux, ceux dont l'extinction doit avoir lieu par une vente nécessaire, en quelque sorte, de denrées, sont ceux qui se réalisent les plus facilement, parce que jamais, quoi qu'il arrive, la vente des marchandises qui ont un prix courant et des débouchés assurés ne peut être ni fort éloignée, ni fort désastreuse. Les chances de variation par l'effet du cours des disponibles sont d'autant moindres que les marchandises se rapprochent davantage des conditions d'aptitude générale, qu'elles ont un marché plus nécessaire et plus étendu. Cette circonstance explique bien et justifie la facilité avec laquelle les hommes d'affaires accordent le crédit commercial et la répugnance que leur inspire le crédit hypothécaire. Le premier, bien qu'en apparence purement personnel, fait courir moins de chances de perte que le second qui semble reposer sur des garanties réelles et invariables.

Il résulte aussi des faits relatifs à la réalisation des contrats de crédit que dans toute crise amenée par un déplacement soudain de capitaux, l'augmentation du nombre des payements et remboursements appelle l'emploi d'une quantité de monnaie plus considérable qu'en temps ordinaire. On n'a donc pas absolument tort de dire en ce cas : « l'argent est rare, » parce qu'en effet, la demande d'espèces monnayées augmente. Aussi remarque-t-on que toute crise un peu forte provoque sur le marché où elle se manifeste des exportations de marchandises qui vont s'échanger contre des monnaies ou des titres équivalents.

Il importe de bien observer ces variations du prix relatif des capitaux dans leurs effets et dans leurs causes, parce que c'est dans cette étude qu'on trouve les motifs pour lesquels un banquier sensé doit accorder ou refuser le crédit, étendre ou resserrer ses escomptes. C'est dans l'observation attentive de ces phénomènes qu'un homme d'affaires intelligent puise au besoin, suivant les temps, la hardiesse ou la prudence, l'art d'accommoder ses opérations aux besoins du moment, parce que si les opinions humaines sont fort inconstantes, les habitudes le sont moins et on peut toujours pressentir l'effet que produira sur une masse d'hommes un grand fait qui se manifeste à un instant déterminé.

Il importe également beaucoup, en banque, de tenir compte du caractère, du degré d'instruction, aussi bien que du degré de probité de ceux avec lesquels on fait affaire, non-seulement en particulier, mais en masse, comme milieu social, puisque l'opinion commune peut créer ou prévenir une panique, amener une crise ou la conjurer.

CHAPITRE XII.

DES CRISES COMMERCIALES.

Par quelque côté que l'on aborde les problèmes économiques, il faut toujours en définitive aller chercher la raison des principaux phénomènes dans les appréciations et les habitudes des hommes. Ce sont ces appréciations qui déterminent la valeur des choses; ce sont elles qui, combinées avec la puissance qui résulte de la distribution des richesses, du travail et des institutions sociales, fixent le prix des marchandises et dominent les échanges; enfin ce sont des actes de la volonté humaine qui tantôt retiennent les capitaux dans l'inertie et tantôt leur impriment l'activité, qui leur donnent la disponibilité ou la leur enlèvent, qui établissent et maintiennent ou affaiblissent le crédit. C'est donc dans les habitudes sociales qu'il faut chercher la cause et les lois de développement des crises financières.

L'homme le plus inconstant a des habitudes ; la société la plus mobile a les siennes. En France, par exemple, on produit chaque année, à peu de chose près, la même quantité d'objets de consommation et on consomme chaque année des quantités à peu près égales, tant de blé, tant de vin, tant de mètres de coton, de lin, de chanvre, de soie, de laine, tant de fers, de houille, de porcelaines, etc. Cette quantité, que personne ne connaît en chiffres, varie assez peu, soit à la production, soit à la consommation.

Il existe aussi une moyenne, également inconnue, mais très-réelle, dans le nombre et l'importance des échanges et des contrats de crédit. Chaque maison de commerce et d'industrie fait par an en moyenne le même chiffre d'affaires et emploie à peu près la même somme de capitaux, propres ou empruntés. La plupart des opérations sont combinées sur cette moyenne, et la valeur relative, le prix de toutes les marchandises et celui des capitaux monnayés, sont établis en conséquence. Aussi toutes les fois que l'on analyse un phénomène économique, faut-il partir de ce point tout idéal et supposer qu'en exceptant les faits analysés, cette moyenne ne varie pas.

Les sociétés, comme les individus, sont sujettes à des changements subits d'idée et d'habitudes, changements bien ou mal motivés, mais qui produisent toujours dans les affaires générales une perturbation. Lorsque ces changements portent sur le marché des capitaux disponibles ou du crédit, ils prennent le nom de crises commerciales ou financières.

En général, ces crises, qui méritent une étude particulière, ont pour cause première un grand et soudain déplacement dans l'emploi des capitaux. On pourrait les classer en régulières et irrégulières.

On a observé qu'à la suite de chaque période de prospérité commerciale et industrielle, il se manifestait presque régulièrement ce qu'on appelle une contraction de crédit, une demande extraordinaire, c'est-à-dire excédant la demande moyenne de capitaux disponibles.

Il est bien facile de se rendre compte de ces contractions, si l'on songe que l'augmentation des bénéfices des entrepreneurs a pour résultat naturel et inévitable une exécution plus facile et plus régulière des engagements, et par suite une extension du crédit. Les capitaux reçoivent alors de nouveaux emplois, parmi lesquels il est difficile qu'il n'y en ait pas un certain nombre de peu judicieux. On aura, par exemple, élevé des usines mal placées ou produit certaines espèces de marchandises en quantité excessive, eu égard à la moyenne des habitudes; puis, les débouchés venant à manquer, les prix s'abaissent et les pertes se déclarent. En effet, des capitaux ne peuvent acquérir de nouveaux emplois que par de nouveaux entrepreneurs ou par une extension des anciennes entreprises et ordinairement des deux façons à la fois. Ceux qui étendent leurs opérations et ceux surtout qui entrent dans une carrière nouvelle manquent souvent d'expérience et font de faux calculs qui se soldent par des pertes : il faudrait un miracle pour que la somme du travail et des affaires augmentât par des tâtonnements individuels, sans que l'équilibre des habitudes sociales fût changé, sans qu'il se manifestât aucune perturbation dans le prix relatif des choses.

Or les miracles sont rares, et à un moment donné, les erreurs, les fautes, imperceptibles au commencement, deviennent évidentes et la contraction se fait sentir. Ceux qui ont perdu leurs capitaux propres essayent de les remplacer par des emprunts : ceux qui ont perdu les capitaux d'autrui s'efforcent de les remplacer par le même moyen; tous accourent sur le marché des disponibles et y font hausser le cours.

Cependant un tel mouvement ne peut manquer d'être accompagné d'une inexécution plus ou moins générale des engagements, de retards de payement, de faillites. Les propriétaires de disponibles s'alarment et rappellent leurs fonds, soit pour les garder, soit pour les employer dans des opérations que la baisse générale et exceptionnelle des marchandises rend lucratives. Les crédits deviennent moindres ou nuls, et il est difficile aux entrepreneurs qui en ont besoin pour leurs opérations de ne pas tomber dans l'impuissance ou même de ne pas être obligés de suspendre entièrement, de réaliser à perte. C'est sur eux que la crise porte de tout son poids au profit de ceux qui ont à leur disposition actuelle des capitaux monnayés. — Bientôt, après une liquidation partielle des contrats de crédit, l'équilibre s'établit et les affaires reprennent leur cours. Telles sont les crises que l'on peut appeler régulières : on voit qu'elles doivent être, si l'on peut s'exprimer ainsi, en proportion de la rapidité avec laquelle les affaires s'étaient élevées au-dessus de la moyenne et en raison de la hauteur qu'elles avaient atteinte au-dessus de cette moyenne.

Il y a d'autres crises que l'on peut appeler irrégulières, bien qu'elles soient fréquentes : elles ont exactement les mêmes effets que les premières, mais leurs causes sont exceptionnelles. En 1845 et 1846, par exemple, des travaux considérables ayant été décrétés en France sur diverses lignes de chemin de fer, les capitaux s'y portèrent ; un grand nombre de capitalistes, croyant trouver dans ce nouvel emploi de leurs fonds des bénéfices plus grands, retirèrent leurs capitaux, prêtés auparavant au reste de la production industrielle qui en fut privée ou ne les obtint qu'à des conditions plus onéreuses. Aussitôt cette production, ainsi affaiblie, tomba dans un état de langueur qui eut tous les effets d'une crise profonde dans plusieurs départements.

Qu'une disette vienne à se faire sentir : il faut combler à tout prix le déficit de la récolte, puisqu'on ne peut réduire à volonté la consommation du pain ; il faut se procurer des blés au dehors, c'est-à-dire déplacer et exporter jusqu'à cinq et six cents millions, lorsqu'il s'agit d'un pays comme la France ou l'Angleterre. On prend cette somme sur les capitaux dont la réalisation est la plus facile, monnaies, créances au dehors résultant de l'exportation, épiceries, etc. Les capitaux deviennent rares parce qu'il faut remplacer la somme totale de ceux qui ont été exportés ou consommés au dehors et en outre des besoins ordinaires, pour fournir aux besoins du nouvel emploi qui s'est ouvert. Le taux de l'intérêt s'élève, et le prix de toutes les marchandises dont aucune cause particulière ne vient soutenir le cours tend à s'abaisser. En effet, les emprunteurs qui avaient compté sur le maintien des habitudes ordinaires et sur le renouvellement des prêts, se voient enlever leurs instruments de travail, ou sont forcés de réaliser à tout prix : la valeur relative des capitaux dont la réalisation est difficile, baisse rapidement, ce qui inflige aux débiteurs des pertes énormes. De là des faillites, des incapacités de travail et la suspension ou la réduction de toutes les affaires dont le crédit était la base; on sait assez avec quelle facilité une perte en entraîne d'autres, et comment la ruine enfante la ruine.

Une spéculation excessive et téméraire peut produire les mêmes résultats. Lorsque des fonds considérables ont été engagés sur des valeurs d'opinion, d'imagination, dont on vient tout à coup à reconnaître l'inanité, chacun des spéculateurs, sommé de remplir ses engagements, fait un appel imprévu sur le marché des disponibles, et si cet appel a pour objet une somme importante, il affecte en hausse les conditions du marché. On a vu en Angleterre, en 1810, un exemple vraiment classique d'une crise amenée par des exportations excessives et faites à la hâte, sans prévoyance ni jugement.

Les crises dont la cause est politique ont des effets plus prompts encore : elles peuvent résulter, soit d'un changement considérable dans les institutions d'un pays, soit même d'une panique de l'opinion : il suffit, pour que la crise éclate, que la confiance, à tort ou à raison, soit diminuée.

Car une diminution de confiance produit une diminution réelle dans la somme des capitaux disponibles. Celui qui voulait prêter naguère, a changé d'intention, il ne juge plus ses capitaux en sûreté, s'il ne les tient en sa possession, s'il ne les voit, s'il ne les touche. En outre, il s'exagère à lui-même ses besoins possibles; il lui faut à tout instant sous la main une somme toute prête pour telle ou telle eventualité, etc. Que fait-il donc? Il rappelle ses capitaux, les soustrait au travail pour un temps et réduit ses dépenses, ce qui ferme les débouchés. On voit alors se produire le même vide que si ces capitaux avaient été enfouis ou détruits, les mêmes liquidations désastreuses, les mêmes ruines, parce qu'en effet la diminution des disponibles a été immodérée et soudaine, comme la peur et la colère.

Ces développements, un peu longs peut-être, mais qui rappelleront à tout homme d'affaires qui observe, des souvenirs et des exemples personnels, montreront, mieux que des démonstrations en forme, quelle espèce de solidarité lie entre eux les capitaux disponibles et appropriés, mobiliers et immobiliers, et jusqu'à quel point les affaires, dans leur ensemble comme dans leurs détails, dépendent des appréciations et des opinions humaines.

CHAPITRE XIII.

VARIATIONS DU PRIX DES CAPITAUX.

Les peuples et en général toutes les agglomérations d'hommes s'appauvrissent ou s'enrichissent par les mêmes causes que les simples particuliers, selon que la consommation totale excède la production totale, ou que, par l'action d'un travail intelligent et soutenu, la production marche d'un pas plus rapide que la consommation.

Lorsqu'une nation s'enrichit, ce sont les habitudes sociales et les lois relatives à la distribution des richesses qui règlent la répartition de l'excédant acquis entre les citoyens; ce sont elles qui déterminent l'emploi des capitaux ajoutés à la masse, et, par conséquent, le genre de produits ou de services sur lesquels porte plus particulièrement l'augmentation de prix. Une nation peut être exactement comparée, sous ce rapport, à un particulier, à un commerçant, par exemple, dont les bénéfices nets ont augmenté la fortune, soit de 10,000 fr. Ce commerçant peut employer le nouveau capital dont il dispose à la reproduction et le joindre à son fonds de commerce, comme il peut le sacrifier à la satisfaction de désirs intellectuels, ou de sensualité, de vanité, etc. : un acte de sa volonté décidera, en tout cas, quelle classe de producteurs, quel genre de services acquerra, par l'emploi de ces 10,000 fr , un nouveau débouché De même une nation peut faire un usage sensé ou insensé de ses nouvelles richesses, suivant l'état de ses lumières et de ses mœurs. Mais si la plus grande partie du capital acquis est appliquée à la reproduction, comme il arrive presque toujours lorsque les richesses ne sont pas enlevées à celui qui les a produites, on voit les disponibles augmenter en quantité et baisser de prix relativement au travail : on voit en même temps s'élever le prix relatif des fonds de terre, rentes perpétuelles, actions industrielles, etc.

Renversons la supposition et voyons ce qui se passe chez une nation qui consomme plus qu'elle ne produit, chez laquelle la somme des capitaux diminue, qui s'appauvrit en un mot. Ce sont encore les habitudes sociales et les lois de distribution qui règlent la répartition des pertes éprouvées ; ce sont elles qui choisissent l'espèce de services et de capitaux sur lesquels doit porter de préférence la consommation qui excède, et quelle classe de consommations il faut réduire, pour se rapprocher de l'équilibre ; car les deux décisions marchent presque toujours parallèlement et de front. En pareil cas, un particulier voue à la consommation qui excède ceux de ses capitaux qu'il peut réaliser promptement et avec facilité ; puis il réduit ses dépenses en commençant par celles qui correspondent à ses désirs les moins pressants. Une nation procède exactement de la même manière.

Mais un particulier est un, tandis qu'une nation, bien qu'à beaucoup d'égards elle forme un corps, est cependant composée de plusieurs membres qui souffrent très-inégalement de la réduction du capital et du retranchement, presque toujours forcé, de certains débouchés. Bien que les capitaux faciles à réaliser aient d'abord été consommés, la réduction ayant porté sur la somme entière des capitaux, cette somme entière en est affectée et la puissance productive de la nation se trouve réduite. L'offre de capitaux étant moindre, leur valeur comparée à celle du travail, l'intérêt en d'autres termes, augmente. Les capitaux les plus réalisables qui ont subi presque seuls l'excès de consommation, sont ceux dont le prix s'élève le plus haut, soit relativement au travail, soit relativement aux capitaux moins faciles à réaliser. Aussi le phénomène de l'appauvrissement se manifeste toujours à la longue par la dépréciation des immeubles, rentes, actions, fonds de commerce et autres valeurs d'une aptitude spéciale et qui ne sont pas propres à être consommées en nature. En même temps, les entrepreneurs d'industrie, dont la puissance et les débouchés sont réduits à la fois, éprouvent des pertes et se ruinent, entraînant le crédit dans leur chute : ceux des travailleurs sur lesquels porte directement le poids de la dépréciation du travail et devant lesquels les débouchés se ferment, souffrent, et souvent disparaissent par la mort ou par l'émigration, lorsque le mouvement rétrograde de la richesse vient à se prolonger.

C'est ainsi que, par la fiscalité de son administration, par son faste, par son grand état militaire, par le brigandage, par son mépris pour le travail, l'Empire romain est tombé d'inanition en quelque sorte. Il avait consommé d'abord les capitaux faciles à réaliser, ensuite les outils, puis les bestiaux, puis les maisons, et enfin les fonds de terre, réduisant incessamment ses instruments de travail et le nombre de ses travailleurs, mangeant, on peut le dire, les villes et les provinces, fonds et habitants.

Il n'est pas nécessaire d'aller prendre dans l'histoire d'illustres exemples, de parler de peuples et de nations. Ce qui est vrai d'une grande agglomération d'hommes est vrai aussi d'une moyenne et d'une petite, d'une profession, d'une classe, d'une contrée, d'un canton. Les mêmes lois économiques régissent les empires et les villages, et il ne manque pas, hélas! de localités en France où l'on a pu observer les symptômes si remarquables de l'appauvrissement.

Lorsque nous avons parlé du marché idéal du crédit où les capitaux viennent s'offrir, quand ils n'ont pas d'emploi, comme des ouvriers en grève, et duquel ils se retirent après en avoir trouvé ; lorsque nous avons parlé des marchés spéciaux à chaque marchandise, des crises commerciales, etc., nous avons indiqué des phénomènes que l'on peut observer dans les plus petites localités comme dans les plus grandes, et qui, pour y être parfois moins sensibles, n'y sont pas moins réels. Bien que les circonscriptions commerciales qui constituent un marché n'aient pas de limites matérielles, comme les circonscriptions administratives ou politiques ; bien qu'un marché, si petit qu'il soit, ait toujours ses quartiers et se trouve toujours englobé dans un marché plus grand, il n'en a pas moins ses mouvements particuliers régis par des lois que l'économie politique a constatées.

S'il est une de ces lois qui mérite la qualification de générale, c'est celle qui proportionne directement le prix des fonds de terre, rentes, actions, fonds de commerce à la somme de capitaux mobiliers qui se trouvent sur le marché. Les marchandises destinées à être consommées en nature ne subissent pas les mêmes variations : 1° parce qu'on n'est pas libre de consommer ou de ne pas consommer des comestibles, vêtements, etc., tandis qu'on est libre de placer ou de ne pas placer des capitaux, soit à intérêt, soit en fonds de terre, etc., et que l'on court à l'essentiel avant de songer à l'épargne ; 2° parce qu'il est facile de réduire la quantité des approvisionnements en marchandises qui se consomment en nature et à mesure des besoins, tandis que les fonds de terre, canaux, chemins de fer, etc., ne sont pas réductibles en quantité, mais seulement en valeur.

Il résulte de cette loi qu'une diminution minime de la somme des capitaux mobiliers ou l'apparence de diminution que produit une panique ont pour effet immédiat une diminution proportionnelle sur le prix de tous les capitaux appropriés à la reproduction. Une augmentation de la somme des capitaux mobiliers ou seulement de la confiance, a des effets opposés, de telle sorte que la valeur vénale de tout le capital actif d'une nation est affectée par les variations que subit la somme de ses capitaux mobiliers, ou même la confiance qui porte et maintient ces capitaux sur le marché.

C'est à la suite d'une variation de ce genre qu'un publiciste affirmait, en 1848, que la France, en deux mois, s'était appauvrie de plus de vingt milliards. En réalité, la consommation n'avait pas augmenté et la somme des richesses effectives, la somme des utilités que possédait le pays n'avait pas considérablement changé ; mais l'opinion était sous l'empire d'une panique, les capitaux mobiliers s'étaient retirés du marché, et ceux qui voulaient réaliser des immeubles, des rentes, etc., ou qui y étaient forcés pour remplir leurs engagements, éprouvaient une perte aussi grande que si la société avait tout à coup été appauvrie de vingt milliards. Plus tard, on a dit que la France s'était enrichie subitement, parce que, la panique ayant disparu et fait place à une confiance robuste, le prix de toutes les marchandises qui avaient subi une dépréciation a suivi un mouvement ascendant. Tout ce déplacement de valeurs vénales était l'effet d'un changement d'opinion.

On remarquera sans doute que, lorsqu'une société s'enrichit, c'est surtout au profit du travail, de tous les capitaux actifs en état d'emploi et des entrepreneurs d'industrie. Les mouvements rétrogrades de la richesse, au contraire, ruinent les entrepreneurs, abaissent le prix du travail et de tous les capitaux actifs en état d'emploi, au profit des capitaux oisifs non engagés. Ceux-ci gagnent une partie de ce que perd la société tout entière et s'enrichissent de la ruine d'autrui.

CHAPITRE XIV.

VARIATION DU PRIX DES MONNAIES.

Si l'on prend une société quelconque dans un moment donné, avec des habitudes déterminées, on trouve qu'elle a besoin pour ses échanges d'une certaine quantité de monnaie qui varie peu et d'une autre quantité de monnaie également peu variable pour la thésaurisation ou pour les réserves. Comme la monnaie métallique ne produit rien par elle-même, on pourra dire que la société est d'autant plus habile en affaires qu'elle fait plus d'échanges avec moins de monnaie effective.

La monnaie obéit d'ailleurs, comme toutes les marchandises, à la loi générale de l'offre et de la demande. Son prix suit celui des métaux précieux avec lesquels elle est faite, et sa quantité se proportionne aux besoins d'autant plus facilement que le prix des métaux monnayés se rapproche davantage de celui des lingots. En supposant la fixité des habitudes commerciales d'une société, on peut dire qu'elle possède exactement la quantité de monnaie qui lui est nécessaire pour faire ses échanges.

La demande de monnaie peut augmenter, soit par l'accroissement des échanges, soit par un changement dans les usages, tel que la substitution des ventes au comptant aux ventes à terme : elle diminue par l'action des causes contraires.

On peut donc dire à la rigueur, comme J.-B. Say, qu'en temps d'habitudes moyennes, la quantité de monnaie en circulation n'a aucune influence sur le taux de l'intérêt, parce que la monnaie restant en quantité toujours égale et étant toujours employée, n'est jamais disponible. Mais comme la disponibilité est un fait qui résulte surtout de la distribution des richesses, un rapport de particulier à particulier, et que la monnaie, ayant une valeur exprimée reconnue par l'usage, est toujours facile à échanger, il en résulte que les capitaux sous forme de monnaie sont toujours disponibles pour le particulier qui les possède et qui n'est tenu de les réserver à aucun payement, et que tous les capitaux qui tendent à devenir disponibles cherchent à se convertir en monnaie : il en résulte aussi qu'à toutes les crises, comme nous l'avons déjà observé, les capitaux sous forme de monnaie étant évalués, faciles à transporter et à transformer, sont aussitôt les plus demandés, comme l'atteste la baisse du prix de toutes choses que l'on remarque en ces temps. Du reste, toute crise ayant pour effet de restreindre le crédit, augmente par cela même le besoin de monnaie, soit en en employant une plus grande quantité pour effectuer la même quantité d'échanges, soit en précipitant les échanges par la nécessité des remboursements ou, comme on dit, des réalisations : la demande de monnaie est surtout intense lorsque les remboursements sont réclamés pour thésauriser, comme on le voit dans les crises politiques.

Lorsqu'une société s'enrichit, le mouvement est lent et le crédit s'étend toujours, de manière à ôter toute action à la monnaie sur le taux de l'intérêt. Ce sont des capitaux effectifs et actifs que l'on demande alors et non de la monnaie qui, par elle-même, ne produit point.

Lorsqu'une société s'appauvrit, au contraire, même lentement, on s'attaque aux capitaux anciens, tout évalués, et comme le prix de toutes choses tend à baisser, on éprouve le besoin d'évaluer souvent, de transformer même violemment, de convertir en monnaie. Celle-ci reste constamment en hausse, parce que, le crédit se restreignant, il faut une plus grande quantité d'espèces pour effectuer les mêmes payements.

La hausse ou la baisse des monnaies se manifeste nécessairement par une baisse ou une hausse en sens contraire dans le prix de *toutes* les marchandises, puisque par la vente toutes les marchandises viennent se mesurer, s'équilibrer en quelque sorte avec la monnaie. Leur prix nominal ou le rapport de leur valeur avec celle de la monnaie est changé, mais leur prix relatif reste le même. Si la monnaie éprouve une baisse de 5 p. °/o, par exemple, le prix de toutes les marchandises s'élève de 5 p. °/o; si, au contraire, la monnaie hausse de 5 p. °/o, toutes les marchandises baissent de 5 p. ./° : mais, dans l'un comme dans l'autre cas, le rapport qui existe entre le prix d'un tonneau de sucre et d'un hectolitre de blé reste le même, de telle sorte que les transactions commerciales au comptant ne sont point affectées directement par la hausse ou par la baisse du cours des monnaies.

Il en est autrement des ventes à terme et, en général, de toutes les créances évaluées en sommes monnayées. Ces créances, ainsi que nous l'avons déjà remarqué, constituent entre le débiteur et le créancier un véritable marché à livrer, de telle sorte que la hausse du prix des monnaies profite au créancier et la baisse au débiteur. En effet, comme dans le cours régulier des choses, tout payement est précédé d'une réalisation par le débiteur, s'il se manifeste une hausse de 5 p. °/o sur le cours des monnaies avant l'extinction de la dette, il faudra que le débiteur donne 5 p. °/o de plus en marchandises pour obtenir et payer la même somme de monnaie. En cas de baisse des monnaies, le débiteur se libère au moyen d'une valeur moindre de 5 p. °/o que celle qu'il avait empruntée.

Les rentes perpétuelles, actions industrielles et autres titres dont la valeur est fondée sur une redevance en monnaie, ne sont point affectés en hausse ou en baisse par les variations du cours des monnaies comme les créances ordinaires. En effet, la valeur en capital de ces sortes de titres est toujours fondée sur leur valeur en revenu, et si celui-ci hausse ou baisse de 5 p. °/₀, le capital hausse ou baisse d'autant. Si quatre francs de rente au pair valent cent francs, la valeur des cent francs suit toujours le sort de celle des quatre francs payables en monnaie. Les deux termes du rapport étant également affectés, ce rapport ne change point, et le prix de la rente reste le même qu'auparavant.

Le cours des immeubles est tout autrement affecté que celui des rentes par le cours de la monnaie, parce que le revenu de l'immeuble n'est évalué en monnaie que lorsqu'il y a un bail et pour la durée du bail seulement; de telle sorte que si le propriétaire voit diminuer son revenu par la baisse du prix des monnaies pendant la durée du bail, il voit augmenter dans les mêmes proportions la valeur en capital de son immeuble, parce que son revenu, récolte ou service de loyer, n'est point en monnaie, mais, au contraire, en valeurs qui s'échangent et s'équilibrent contre la monnaie.

Les variations du prix des capitaux mobiliers et les variations du prix des monnaies qui amènent également sur les marchés de grandes perturbations et qui se ressemblent sous tant de rapports, se distinguent donc par des effets très-différents. Les variations dans le prix des monnaies affectent le prix de toutes choses en raison inverse et d'une manière uniforme : les variations dans le prix des capitaux mobiliers affectent le prix des autres marchandises ou capitaux appropriés d'une manière fort inégale. Une variation du prix des monnaies n'introduit aucun changement dans les rapports de valeur qui existaient entre les divers capitaux appropriés : ainsi une baisse des monnaies fait hausser le prix des grains dans la même proportion que celui des immeubles, tandis qu'elle n'affecte point le prix des rentes. Une variation du prix des capitaux mobiliers, au contraire, change le rapport de valeur qui existait entre les divers capitaux appropriés. Est-ce une hausse? le prix des immeubles, des rentes, des actions, s'abaisse inégalement, tandis que celui des denrées reste stationnaire. Dans la pratique, on peut donc distinguer les perturbations qui viennent des monnaies de celles qui viennent des capitaux mobiliers à ce signe que les premières n'affectent point le prix des rentes et que les secondes n'affectent guère le prix des denrées.

On a observé que la baisse des monnaies facilitant l'acquittement des débiteurs, l'exécution des contrats de crédit, augmentait la confiance et, par suite, imprimait de l'activité aux affaires, abaissait le taux de l'intérêt et élevait celui des immeubles, rentes, etc., tandis que la hausse de la valeur des monnaies produisait des effets contraires. Cette observation, exacte quant aux effets de la hausse de la valeur des monnaies, cesse de l'être, quant à la baisse, au delà de certaines limites. Si, par exemple, le capitaliste, le vendeur à terme, etc., voyaient la monnaie suivre un mouvement de baisse rapide et dont ils ne pourraient prévoir la fin, ils s'empresseraient de convertir leur capital en marchandises et refuseraient de s'engager davantage dans aucun contrat de crédit. Cette liquidation, qui serait facile, aurait pour effet d'accélérer la dépréciation des monnaies, de priver les emprunteurs pour l'avenir des bénéfices du crédit, ou de faire établir les contrats, non plus en monnaie, mais en marchandises d'un cours moins variable et à un taux d'intérêt élevé. C'est ce qu'on a vu en France à la fin du système de Law et au temps des assignats, en Autriche et en Russie pendant les guerres de l'Empire, plus récemment au Brésil, de nos jours à Buenos-Aires.

Lorsque le cours des monnaies se règle librement sur celui des métaux précieux, ses mouvements de hausse et de baisse, lents et peu considérables, ne produisent pas des effets très-sensibles. Personne d'ailleurs n'a le droit de s'en plaindre : créancier et débiteur ont couru librement les chances du marché à livrer, et ils doivent en subir avec résignation les conséquences naturelles. Il n'en est pas de même lorsque les gouvernements viennent dérouter les prévisions sur lesquelles les contrats ont été établis par des altérations du titre des monnaies ou par des émissions immodérées de papier à cours forcé. La France a vu deux grands désastres et la ruine entière du crédit résulter d'émissions excessives de papier-monnaie, et tous les États du continent ont passé par des crises à peu près semblables pendant les guerres de la Révolution et de l'Empire.

L'Angleterre a été plus heureuse. Grâce à un concours étonnant de circonstances, le génie de ses inventeurs, l'intelligence et l'audace de ses entrepreneurs dans toutes les branches du commerce et de l'industrie, abaissaient le prix de presque toutes les marchandises en même temps que les dépenses énormes du gouvernement se traduisaient, par des émissions de papier à cours forcé, en un abaissement du prix des monnaies. C'est ainsi que fut maintenu, presque par miracle, sans que personne l'eût prévu, ni y eût songé, une sorte d'équilibre approximatif, un ralentissement dans la dépréciation du papier-monnaie, de telle sorte que le crédit reçut une impulsion des actes mêmes qui auraient dû le détruire.

Toutefois, ce n'est pas sans peine et sans perturbations que l'Angleterre a subi cette double crise de l'abaissement irrégulier et successif de sa monnaie de 1797 à 1814, et de la hausse qui a duré de 1814 à 1821. Ces variations du prix des monnaies qui sont allées jusqu'à 25 p. °/₀, ont transféré irrégulièrement et contre toute équité des sommes considérables, dans la première période, des créanciers aux débiteurs, et dans la seconde, des débiteurs aux créanciers.

Nous reviendrons sur ce sujet, lorsque nous étudierons les divers systèmes monétaires.

CHAPITRE XV.

DES TITRES FIDUCIAIRES.

Les divers contrats de crédit sont habituellement constatés par des titres qui établissent la propriété du capital prêté. Ces titres, d'origines et de formes très-différentes, peuvent être classés sous les dénominations suivantes.

Première classe : Titres de capitaux inévalués.

1° Baux d'immeubles par nature ou par destination, à ferme ou à loyer. Ces titres, qui constatent le prêt d'une chose déterminée et qui doit être rendue à terme fixe à son propriétaire, ne donnent lieu ordinairement à aucune opération de banque. Il en est autrement des suivants :

2° Rentes perpétuelles à capital indéterminé, non susceptibles de remboursement ou remboursables à la volonté du débiteur seulement ;

3° Actions industrielles des sociétés anonymes ou en commandite.

Seconde classe : Titres de capitaux évalués en monnaie et exigibles à terme fixe :

1° Contrats de vente d'immeubles à terme et contrats hypothécaires portant obligation de payer à une époque déterminée ;

2° Lettres de gage et titres d'emprunts remboursables par annuités ;

3° Lettres de change ;

4° Bons du trésor et de monnaies ; règlements de commerce et billets à ordre ;

5° Billets de banque et de caisse à vue et au porteur.

Chacun des titres de cette classe contient un engagement, une promesse, de telle sorte que le banquier qui les négocie est pour le capitaliste un marchand de promesses, comme il est pour l'emprunteur un marchand de crédit.

Les titres de la seconde classe peuvent être considérés comme des substituts de la monnaie dont ils tiennent lieu et contre laquelle ils doivent s'échanger à une époque déterminée. En effet, ils représentent pour le créancier de la monnaie à recevoir et pour le débiteur de la monnaie à payer : quelque événement qui arrive, ils suivent toujours le cours et les variations des monnaies. Toute contraction de crédit, qui se résume, après tout, en une extinction des titres par la libération des débiteurs, crée un besoin temporaire de monnaie effective, parce qu'en effet les ventes qui étaient faites à terme ou contre papier ne sont plus consenties qu'au comptant, contre monnaie effective ou à terme plus court, ce qui n'est qu'un autre degré du même phénomène.

Dans un état de civilisation peu avancé, il y a des gens qui thésaurisent, qui font de grands amas de pièces métalliques, et les commerçants gardent souvent sans profit, pendant un temps assez long, des sommes qui peuvent être requises par les besoins de leurs payements. Lorsque la civilisation est plus avancée, les premiers transforment leurs fonds en contrats hypothécaires ou à long terme ; les autres achètent des lettres de change et des billets à courte échéance, et c'est ainsi que le capital, autrefois inactif, rend maintenant un service et produit un revenu. Ainsi, le papier remplace la monnaie dans les deux emplois que nous avons indiqués : les effets à vue la remplacent dans les échanges ; les titres à terme la remplacent comme instrument d'accumulation.

Lorsque le crédit se contracte, c'est-à-dire lorsqu'il y a plus de remboursements demandés que de prêts effectués, il faut des espèces réelles pour couvrir la différence qui existe entre l'une et l'autre somme, de telle sorte qu'on peut bien dire à juste titre en ce cas : « L'argent est rare et cher. » On a évalué à trois milliards la somme des billets et lettres de change en circulation habituelle dans la Grande-Bretagne [1]. En supposant qu'un milliard soit créé par des gens qui sont à la fois créanciers et débiteurs pour cette somme, une crise qui ferait liquider 1,500 millions de titres appellerait temporairement, si les affaires n'étaient pas réduites, l'emploi de 500 millions en monnaie, en outre des besoins courants. L'intérêt de cette somme, pendant quelques jours ou quelques mois, constituerait pour la communauté une perte qui viendrait s'ajouter à celles qui résultent toujours d'un déplacement violent de capitaux.

Les titres fiduciaires qui représentent de la monnaie répandue dans le temps et dans l'espace forment, avec le commerce des monnaies, la matière la plus ordinaire des opérations de banque.

Ces titres ne constituent point, comme on l'a dit quelquefois, des valeurs nouvelles ; ils représentent seulement le droit de propriété établi sur des valeurs existantes. Quelques combinaisons que l'on imagine, l'homme qui donne une promesse en échange d'un capital, emprunte et ne crée aucune valeur.

[1] Évaluation de M. Newmarch.

Toutes les négociations auxquelles sa promesse peut donner lieu ne sont que des substitutions successives d'un prêteur à un autre. Il est très-vrai, comme l'a dit Franklin, que « le crédit est de l'argent, » en ce sens que « le bon payeur est maître de la bourse d'autrui, » ce qui lui donne un grand avantage dans ses entreprises; mais quant à la société en général, le crédit ne crée rien et la multiplicité des titres fiduciaires n'est point une cause de progrès économique. Le crédit est utile ou nuisible, suivant l'usage auquel sont employés les capitaux prêtés. Toutefois lorsqu'il s'étend dans un pays et passe dans les habitudes, on doit présumer que les contrats y sont régulièrement exécutés, que les capitaux empruntés y reçoivent un emploi productif, ce qui prouve à la fois l'intelligence et la probité des entrepreneurs, c'est-à-dire l'existence de deux causes actives de prospérité.

CHAPITRE XVI.

BUT ET ESPRIT DES INSTITUTIONS DE BANQUE.

Considéré dans son ensemble, et au point de vue de l'utilité sociale, du service public, le commerce de banque a pour but :

1° De régulariser et d'équilibrer en quelque sorte dans le monde commercial et dans chacune de ses parties, sur chacun de ses marchés, le prix des monnaies et des métaux précieux;

2° De servir d'intermédiaire entre les capitaux qui cherchent un placement et le travail qui cherche des capitaux ; de créer, par conséquent, une sorte de marché public où un prix courant établi tende à ramener à un taux uniforme les contrats particuliers,

3° De transférer et d'échanger entre eux les divers titres de propriété des capitaux mobiliers ou évalués en monnaie, de manière à économiser, par des compensations, à la suite des ventes opérées par le commerce de marchandises, les transports effectifs de monnaie.

Par cette dernière fonction, le commerce de banque économise, au moyen de transferts de titres, les déplacements de capitaux monnayés qui n'auraient eu pour objet que la satisfaction des besoins personnels et de propriété privée, de manière à ne laisser subsister, s'il était parfait, que les déplacements nécessaires à la satisfaction des besoins généraux et de consommation. Si l'on considère la société humaine comme un tout solidaire, comme une vaste association universelle, on voit le banquier y remplir l'emploi du teneur de livres qui calcule, compense, règle et balance les comptes particuliers de chacun des associés, vérifie leur fidélité, et fait la part des serviteurs qui ont augmenté ou diminué le talent d'or confié par le maître.

Par les deux premières fonctions, le commerce de banque procure aux capitaux un intérêt constant en même temps qu'il éloigne d'eux les chances de perte : il fournit au travail un crédit constant, à des conditions presque régulières en vue desquelles celui-ci établit ses opérations. Ainsi, l'action de la banque tend incessamment à augmenter la somme des capitaux placés et l'intérêt perçu à leur profit, et à réduire en même temps le taux proportionnel de l'intérêt : elle met les capitaux en concurrence, de manière à les faire tous travailler, moyennant un salaire régulier, mais médiocre : dans la comparaison de la valeur relative du travail et du capital, elle pèse sur la balance du côté du travail

Tous les établissements, tous les usages de banque reposent sur l'application de quelques maximes fondamentales qui sont l'âme du commerce et en quelque sorte les principes organiques des sociétés modernes. On peut les résumer dans les termes suivants :

« L'ensemble des lois et coutumes qui régissent la propriété détermine la portion du capital social qu'il appartient à chacun de conserver et d'augmenter. Le soin de conserver et d'augmenter ce capital est remis à l intérêt personnel, le mobile le plus commun et le plus énergique, le plus vivant et le plus vigilant des actions humaines.

» Tout commerçant est majeur et capable de contracter en toute liberté tous engagements relatifs à la disposition de ses biens. Ces engagements, sérieux et précis en leurs termes, poivent recevoir exécution loyalement, sans délai ni exception.

Le commerçant qui élude ses engagements ou qui ne les remplit pas avec exactitude est mauvais et forfait à l'honneur commercial.

» Tout capital doit travailler et produire constamment, sans suspension ni repos, et comme le capital ne peut produire que par l'emploi, il est nécessaire que le travail de l'homme soit continu. »

L'oisiveté du capital est punie par l'absence d'intérêt comme l'oisiveté de l'homme par le défaut du salaire, et lorsque le travail et le capital ont fait alliance par le crédit en vue de la production, il s'établit entre eux une concurrence dans laquelle l'homme dont le travail faiblit est dévoré par la nécessité de payer l'intérêt du capital.

Un vif sentiment de cette loi du travail, qui donne tant de prix au temps, caractérise toujours l'homme d'affaires intelligent qui se sert du crédit, et le banquier plus que les autres. « Le temps est de l'argent! » Cet aphorisme si vrai est plus vrai, s'il est possible, en banque que partout ailleurs.

Le commerce de banque a pour matière la propriété des métaux précieux, de la monnaie, des capitaux évalués en monnaie; et la propriété de ces capitaux sur lesquels s'effectuent les opérations de banque est constatée par les divers titres fiduciaires que nous avons énumérés. C'est par ces titres qu'on est parvenu à matérialiser des opérations abstraites et délicates, de manière à les rendre sensibles et palpables, à donner un corps en quelque sorte à un fait purement moral, un engagement, une promesse. En banque, on ne connaît que le titre ou valeur : ce titre est bon, ou mauvais, ou médiocre, suivant l'exactitude probable de celui dont il représente l'engagement. Cette expression simple et sommaire de faits complexes suffit dans la pratique, et nous allons l'employer désormais dans l'analyse et la description des diverses opérations de banque et des combinaisons auxquelles elles donnent lieu.

LIVRE II.

Des diverses Opérations de banque.

CHAPITRE I.

COMMERCE DES MÉTAUX PRÉCIEUX.

Le commerce des matières d'or et d'argent n'est pas ordinairement considéré comme une branche des opérations de banque. Cependant ce commerce a toujours été permis, par une exception unique, aux banques publiques, et, dans la pratique, on voit tous les jours le même marchand acheter et vendre en gros les métaux précieux et faire des arbitrages, tandis que l'acheteur au détail se livre au change des monnaies, et le vendeur au détail, à l'escompte.

Cette affinité des deux commerces est très-naturelle, car si celui des matières d'or et d'argent ressemble à tous les autres par certains côtés, il en diffère essentiellement dans ses rapports avec les opérations de crédit. Le marchand de fer, dont les magasins sont remplis au cours de 30 c. le kilogr., sait que ce cours peut changer en hausse ou en baisse d'après des circonstances qu'il apprécie de son mieux et en vue desquelles il opère. S'il a un engagement de 3,000 fr. à payer à la fin du mois, il ne sait pas au juste s'il lui faudra la valeur de 10,000 kilog. de fer, ou plus ou moins, pour acquitter cet engagement. Le marchand de métaux précieux, au contraire, sait fort exactement que, dans un mois comme dans six, il payera 3,000 fr. avec la même quantité d'or ou d'argent. En effet, sa marchandise, qui est la matière même dont les monnaies sont faites, en règle ou en suit le cours, parce qu'elle est réalisable à tout instant, soit par un dépôt aux banques publiques, soit par un transport à l'hôtel des monnaies; d'où résulte, pour un marchand de métaux précieux, cet avantage de pouvoir employer son capital utilement, tout en conservant la faculté de lui donner, à volonté, en peu de temps et sans perte, l'aptitude générale par le monnayage.

On peut remarquer aussi que le cours des métaux précieux varie peu et très-lentement en baisse, parce que les emplois industriels plus abondants ralentissent toujours les mouvements en ce sens. En hausse, au contraire, toute crise donne à cette marchandise une valeur très-élevée par un mouvement rapide, de manière à ménager aux marchands de métaux précieux de belles chances de bénéfices.

Les détails de ce commerce sont étrangers à notre sujet, et il serait inutile d'y entrer.

CHAPITRE II.

CHANGE DES MONNAIES.

Le change des monnaies sur place est, de toutes les opérations de banque, la plus anciennement connue. Dès la plus haute antiquité, les changeurs, assis devant leurs tables (τράπεζαι, *mensæ*) ou bancs, changeaient les unes contre les autres les diverses monnaies nationales et étrangères. En général ils joignaient à ce commerce celui des matières d'or et d'argent et l'industrie de la fonte et de l'affinage des métaux précieux. Ensuite et successivement ils se sont livrés à toutes les opérations de banque, et ont donné au commerce du crédit le nom du banc ou, comme on dit encore dans les marchés de Paris, de *la banque* devant laquelle ils étaient assis.

A Rome et dans le moyen âge, ils portaient le nom d'argentiers et réalisaient de grands bénéfices sur l'échange des monnaies si diverses et si nombreuses de ce temps, et surtout sur les opérations de faux-monnayage auxquelles les gouvernements demi-barbares aimaient à se livrer. L'argentier, toujours exactement au courant, par état même, des changements de titre qu'éprouvaient les monnaies lorsqu'il plaisait aux rois de les *amenuisier*, comme on disait alors, était instruit, avant le public, d'altérations que les gouvernements tenaient secrètes, et il en profitait. En outre, il faisait des gains considérables sur le change des monnaies des divers pays, comme on en fait encore aujourd'hui sur des opérations du même genre dans les ports d'émigration.

Le change des monnaies, tel qu'il se pratique actuellement à Paris, à Londres et sur les principales places de commerce, consiste à satisfaire les désirs et les convenances de ceux qui veulent échanger de la monnaie courante contre de la monnaie étrangère, et réciproquement; de la monnaie d'or contre de la monnaie d'argent ou contre des billets de banque, lorsqu'ils ont cours forcé, etc. La commission que prélève le changeur pour prix du service qu'il rend, s'ajoute quelquefois à un agio ou différence entre le prix réel et le prix nominal des monnaies; quelquefois aussi elle est perçue à part.

Les changements dans la valeur relative de l'or et de l'argent fournissent aujourd'hui matière aux plus nombreuses opérations du changeur. Autrefois, par exemple, la valeur réelle de l'or était bien supérieure à sa valeur monétaire : 1,000 fr. en pièces de 20 fr. valaient 10, 20, 25 fr. de plus que 1,000 fr. en argent, et c'était par l'intermédiaire du changeur que s'opérait la transmutation. Chaque fois qu'il survenait une guerre ou une panique politique, le prix relatif de l'or s'élevait, parce que l'or est indispensable aux caisses militaires, et qu'il est le métal favori de ceux qui voyagent, de ceux qui cachent leurs capitaux et qui thésaurisent. Tous ces mouvements dans la valeur relative des métaux précieux formaient la base des spéculations du changeur. Ces spéculations sont devenues plus difficiles lorsque les deux métaux ont atteint le pair, puis quand les prix se sont modifiés en sens inverse de l'ancien rapport, au profit de l'argent contre l'or, mille francs en argent valant cinq et dix francs de plus que mille francs en monnaie d'or. Mais les mouvements de l'opinion suffisent à un moment donné pour imprimer, soit à la valeur relative des deux métaux, soit à la valeur relative des matières et de la monnaie de même métal, des variations dont le changeur peut faire son profit.

Voici par exemple un tableau des principales variations du prix de l'or monnayé et en lingots, depuis 1848, telles qu'elles résultent des prix courants officiels de la Bourse de Paris.

DATES.	ESPÈCES.	MATIÈRES.
1848.		
22 févr.	8 fr. par 1,000	11 fr. par 1,000
8 mars.	de 35 à 40 fr.	de 25 à 30 fr.
9 —	45 à 50	même cours.
11 —	55 à 60	—
15 —	90 à 100	—
18 —	120	—
20 —	45 à 50	—
23 —	40 à 50	30 à 40
27 —	70 à 80	60 à 70
30 —	85	—
31 —	80	—
3 avril.	70	—
6 —	60 à 65	—
7 —	75 à 85	—
14 —	50 à 55	50 à 60
19 —	45 à 50	40 à 45
22 —	26 à 30	30
24 —	35 à 40	—
1er mai.	18	15
4 —	30	24 à 25
6 —	18 à 20	15 à 18
23 juin.	20 à 22	18 à 20
29 —	24	—
1er juil.	22	—
2 août.	9	de 8 à 9
24 —	de 12 à 13	11 à 12
3 nov.	15 à 16	15 à 16
7 —	20	20
11 —	19 à 20	18 à 19
20 —	7 à 8	7 à 8
1849.		
27 févr.	4 à 4,50	2 à 2,50
24 mai.	15 à 18	15 à 18
25 sept.	11 à 12	9 à 10
8 oct.	15 à 16	14 à 15
20 déc.	13 à 13,50	12 à 12,50
1850.		
16 mai.	22	22
17 oct.	Pair.	1
18 —	—	Pair.
1851.		
26 mars.	—	2 p. °/o de perte
13 août.	—	3 p. °/o de perte
1852		
13 nov.	1,50 à 2	0,50 à 2 fr. de prime.

On peut voir par le tableau ci-dessus combien les opérations sur l'or monnayé ou en lingots offrent de chances de gain et de perte à l'activité et à l'intelligence du négociant. Au commencement de la période qui y est comprise, l'élévation du prix de ce métal naît d'une panique politique ; alors le prix de l'or monnayé s'élève, sans aucun rapport avec le prix de l'or en lingots : ensuite les importations de la Californie abaissent le prix des lingots au-dessous du prix de la monnaie, ce qui explique bien l'activité de la fabrication des monnaies d'or en 1851.

Le commerce du changeur opère aussi sur les billets des différentes banques, dans les pays où il y en a plusieurs ; sur les billets des banques étrangères qui représentent des monnaies étrangères, et sur les papiers-monnaie, lorsqu'il y en a.

Le change des billets de la banque de France, en 1848, pendant les premiers jours du cours forcé, a donné lieu à la perception d'un agio qui s'est élevé jusqu'à 150 par 1,000.

On comprend assez quelles liaisons intimes existent et ont existé de tout temps entre le commerce de change sur place et celui des matières d'or et d'argent. Au fond, les opérations de l'un et de l'autre ne diffèrent guère qu'en ceci, que le changeur exploite une branche du commerce des métaux précieux, une catégorie particulière de convenances et de désirs spéciaux qui ont pour objet telle ou telle monnaie déterminée.

CHAPITRE III.

DÉPÔTS.

Les changeurs ou banquiers de l'antiquité ne se bornaient pas au commerce des monnaies; ils les prêtaient pour un temps plus ou moins long, et recevaient eux-mêmes en dépôt les fonds des particuliers pour s'en servir et les faire valoir [1]. A Athènes, ils jouissaient d'une telle réputation de probité, qu'ils ne donnaient pas même de reconnaissance des fonds qu'on leur remettait en dépôt, et qu'ils étaient crus sur parole. Ils recevaient, au contraire, de ceux auxquels ils prêtaient, une reconnaissance ou billet, χειρογράφον, qu'ils gardaient en portefeuille ou négociaient quelquefois aux capitalistes, suivant leurs besoins.

De nos jours aussi le banquier n'opère pas seulement sur ses capitaux : ceux qui lui appartiennent en propre ne forment le plus souvent qu'une portion médiocre de ceux qu'il met en mouvement. Il reçoit les fonds disponibles des capitalistes, et s'en sert dans ses opérations.

Les conditions auxquelles les capitaux viennent se placer en

[1] On disait comme chez nous : *Avoir de l'argent chez le banquier*, ainsi qu'on le voit par le passage suivant de Plaute :

> Subducam ratiunculam
> Quantillum argenti mihi apud trapezitam siet.
>
> CAPTIFS, SC. 1re.

dépôt sont très-variées, suivant les usages locaux et les convenances particulières; ces conditions établissent avec les capilistes des rapports qui exigent, de la part du banquier, beaucoup de soin, d'attention et de vigilance.

Les capitaux remis en dépôt sont remboursables sur demande ou à terme.

Dans le premier cas, le banquier, placé sous le coup d'une demande imminente, ne peut engager les fonds ainsi déposés que pour un temps très-court et avec précaution, de manière à parvenir, sans trop de peine, à les retrouver au besoin.

Les capitaux remboursables à une époque déterminée offrent plus d'avantages au banquier, parce qu'il a une base de temps pour calculer les opérations auxquelles il les emploie. Plus le terme de remboursement est éloigné, plus le banquier a de latitude dans ses opérations; plus ce terme est rapproché, plus le banquier est forcé de se restreindre.

En général, l'intérêt que les capitaux ainsi placés produisent à leurs propriétaires est calculé en raison du temps pour lequel est fait le dépôt. Lorsque le capitaliste veut jouir de la faculté d'exiger à volonté le remboursement, il est rare que le banquier consente à lui payer un intérêt, parce que si ces capitaux ne restent pas tout à fait oisifs en caisse, occasionnant seulement des risques et des frais de garde, ils ne peuvent être employés utilement que par aventure et à des opérations qui produisent peu. La Banque de France, qui ne reçoit pas d'autres dépôts, ne bonifie à ceux-ci aucun intérêt, mais elle fait gratis les recouvrements et payements sur place que les déposants ont à effectuer.

Les dépôts remboursables à terme prévu, mais indéterminé, à quinze jours ou un mois après demande, par exemple, obtiennent souvent un intérêt minime, suivant le temps et les besoins, mais toujours proportionné à la disponibilité qu'ils donnent au banquier. Les dépôts à terme fixe, à six mois ou à un an, obtiennent en général un intérêt plus élevé.

Les services rendus par le banquier dans ses relations avec les capitalistes ne sont pas aussi généralement appréciés que les autres, et cependant ils sont immenses. Par les avantages ccordés au dépôt, le banquier attire sur le marché commun de petites sommes, des capitaux disponibles pour peu de temps, qui, sans son intermédiaire, n'auraient jamais pu venir féconder le travail. Son action est doublement utile : au capitaliste d'abord, auquel elle procure un intérêt qu'il n'aurait pu se procurer par un placement direct, ensuite à l'entrepreneur auquel ces capitaux sont prêtés et qui les fait valoir.

Ce service est en même temps très-dangereux. Les dépôts directs forment chez le banquier un passif dont l'exigibilité plus ou moins soudaine, plus ou moins imprévue, peut jeter la perturbation dans ses affaires et dérouter ses combinaisons les plus savantes. Les dépôts sont l'instrument avec lequel le banquier opère ; et s'il vient à se tromper, soit dans ses prévisions relatives aux demandes de remboursement, soit dans ses calculs relatifs aux rentrées probables, il est aussitôt frappé d'impuissance, ou même exposé à une ruine dans laquelle il entraîne ceux dont les opérations sont trop étroitement liées aux siennes.

Quelquefois le dépôt n'est fait par le capitaliste qu'en vue d'un placement direct et déterminé. Le banquier prend, par exemple, dans son portefeuille des valeurs qu'il présente au capitaliste et que celui-ci accepte à l'escompte à prix débattu. Alors il n'y a point dépôt, à proprement parler : le banquier a simplement cédé au capitaliste une opération de crédit que lui-même avait effectuée : son bénéfice résulte de la différence entre l'intérêt perçu et l'intérêt reçu. Dans certains départements, le banquier négocie aux capitalistes des valeurs en blanc, sans y ajouter même la garantie de sa signature : il remplit en ce cas le rôle de courtier, et les versements faits à sa caisse à la suite de ces négociations ne peuvent point être qualifiés de dépôts.

CHAPITRE IV.

VIREMENTS.

Les banquiers de l'antiquité recevaient des dépôts : ils faisaient le change des monnaies et aussi des virements. Cléon, par exemple, a mille drachmes à payer à Irénée, et ils ont, l'un et l'autre, des fonds déposés chez Soclès. Au lieu de prendre les mille drachmes dans la caisse de Soclès, pour les remettre à son créancier, Cléon, d'accord avec celui-ci, donne ordre au dépositaire commun de passer les mille drachmes de son crédit à celui d'Irénée. L'opération faite, Irénée a mille drachmes de plus et Cléon mille drachmes de moins en dépôt chez Soclès, et la créance qui existait entre les deux déposants a été éteinte par des écritures, sans aucun mouvement matériel de fonds. C'est cette opération que l'on nomme *virement.*

Les virements sont le premier moyen employé pour économiser l'usage du numéraire, et des établissements importants ont été fondés autrefois pour faire presque exclusivement cette opération. Les banques de Venise, de Gênes, d'Amsterdam, de Hambourg n'eurent pas, à l'origine, une autre destination.

Ces banques, établies sans capital propre, recevaient les dépôts d'espèces ou de lingots que faisaient dans leurs caisses les négociants, et transféraient, suivant les dispositions qui leur étaient notifiées, les crédits d'un compte à l'autre par des écritures, sans déplacement d'or et d'argent. Les dépositaires pouvaient retirer leurs fonds de la banque, mais ils y avaient rarement intérêt, et les entrées égalaient au moins les sorties.

Les négociants retiraient plusieurs avantages de l'emploi des banques de virement. Le plus apprécié était celui qui résultait du titre uniforme de la monnaie de banque à une époque où les monnaies courantes étaient très-nombreuses, très-différentes les unes des autres et très-fréquemment altérées, particulièrement dans les villes dont le territoire était peu étendu. En effet, les banques de virement adoptaient pour type uniforme une pièce de monnaie neuve ou une quantité déterminée d'or ou d'argent et n'en changeaient plus : tous les dépôts effectués en lingots ou en monnaie courante étaient évalués d'après ce type, et c'est pourquoi la monnaie de banque, tout idéale au bout d'un certain temps, et qui n'avait cours nulle part en matière, avait un prix supérieur à celui de la monnaie courante. La différence de valeur des deux monnaies constituait l'agio de banque qui, joint à un droit de commission très-léger, servait à payer les frais d'administration. Il y avait en réalité trois espèces d'opérations dans ces banques : 1° Change de monnaies; 2° Acceptation de dépôt; 3° Virements de compte.

Bientôt on s'aperçut que le fonds des dépôts variait peu et qu'il serait avantageux de lui faire produire un intérêt ou du moins de le faire travailler. Ainsi la banque de Venise avait prêté le sien au gouvernement : celle d'Amsterdam, après avoir inviolablement conservé les dépôts pendant longtemps, consentit à des États provinciaux des avances considérables : celle de Hambourg faisait diverses opérations de caisse pour la ville et notamment des achats de grains. Les banques de virement devinrent des caisses publiques établies par les négociants qui ne croyaient pas payer trop cher par la perte de l'intérêt des fonds déposés les avantages que leur procuraient les virements. L'engagement et même la quasi-aliénation du fonds de dépôt ne les inquiétaient guère, parce que chacun restait maître de son crédit en banque et était libre de le retirer, s'il en avait besoin.

Les crédits en banque étaient bien connus de l'antiquité. Un plaidoyer d'Isocrate contre Pasion a justement pour objet un crédit de ce genre. Les plaidoyers de Démosthène dans les procès auxquels donna lieu la succession de ce même banquier Pasion, nous montrent de même l'existence d'une banque importante sans capital propre. Pasion, en mourant, laisse un testament par lequel il lègue sa femme à son commis principal, Phormion, institué par le même acte tuteur de son second fils et reconnu fermier de la banque pour huit ans au prix annuel de 100 mines. Le fils aîné, Apollodore, accepte d'abord un partage fondé sur ce testament, puis il réclame, attaque le testament et on se rend en justice. « Voici, dit Démosthène, plaidant pour le fermier, voici le contrat par lequel Pasion a loué à mon client, alors employé près de lui, sa banque et sa fabrique de boucliers : vous y verrez comment Pasion devait les onze talents à la banque. Il n'avait point emprunté cette somme par besoin, mais pour la faire travailler. Son avoir en terres s'élevait à vingt talents environ, et il avait, en créances sur divers, plus de cinquante talents. De cette dernière somme, onze talents avaient été pris sur les dépôts et prêtés à intérêt. Lorsque mon client prit la suite d'affaires de la banque et la responsabilité des dépôts, il considéra que, n'étant pas encore citoyen, il ne pourrait exiger en justice les sommes prêtées par Pasion sur des terres et des maisons, et il aima mieux l'avoir pour débiteur que d'avoir affaire aux débiteurs mêmes. C'est ainsi que Pasion est débité de onze talents par le contrat de location, comme les témoignages l'établissent [1]. »

« Apollodore n'a point fourni (à ceux qui ont loué après Phormion) de capital propre : ils ont loué seulement les dépôts et la faculté de les faire valoir. Les témoignages vous prouvent que les fils de Pasion ont loué la banque sans fournir un capital propre [2]. »

Les prêts étaient faits sur le capital propre : les dépôts devaient être employés au change des monnaies et aux virements.

On peut remarquer que le virement, qui consiste en un échange de créances et de dettes, est la forme primordiale et rudimentaire de la lettre de change.

[1] Αἱ μὲν οὖν συνθῆκαι καθ' ἃς ἐμίσθωσεν ὁ Πασίων τούτῳ τὴν τράπεζαν καὶ τὸ ἀσπιδοπηγεῖον ἤδη καθ' ἑαυτὸν ὄντι, αὗται εἰσιν, ὦ ἄνδρες Ἀθηναῖοι, δεῖ δ' ὑμᾶς ἀκοῦσαι καὶ μαθεῖν, ἐκ τίνος τρόπου προσώφειλε τὰ ἕνδεκα τάλαντα ὁ Πασίων ἐπὶ τὴν τράπεζαν. Οὐ γὰρ δι' ἀπορίαν ταῦτ' ὤφειλεν, ἀλλὰ διὰ φιλεργίαν. Ἡ μὲν γὰρ ἔγγειος ἦ οὐσία Πασίωνι μάλιστα ταλάντων εἴκοσιν, ἀργύριον δὲ πρὸς ταύτῃ δεδανεισμένων ἴδιον πλέον ἢ πεντήκοντα τάλαντα. Ἐν οὖν τοῖς πεντήκοντα ταλάντοις τούτοις ἀπὸ τῶν παρακαταθηκῶν τῶν τῆς τραπέζης ἕνδεκα ταλαντ' ἐνεργὰ ἦν. Μισθούμενος οὖν ὅδε τὴν ἐργασίαν αὐτὴν τὴν τῆς τραπέζης καὶ τὰς παρακαταθήκας λαμβάνων, ὁρῶν ὅτι, μήπω τῆς πολιτείας αὐτῷ παρ' ὑμῖν οὔσης, οὐχ οἷός τ' ἔσοιν' εἰσπράττειν ὅσα Πασίων ἐπὶ γῇ καὶ συνοικίαις δεδανεικὼς ἦν, εἵλετο μᾶλλον αὐτὸν τὸν Πασίωνα χρήστην ἔχειν τούτων τῶν χρημάτων ἢ τοὺς ἄλλους χρήστας, οἷς προειμένος ἦν. Καὶ οὕτω διὰ ταῦτ' ἐγράφη εἰς τὴν μίσθωσιν προσοφείλων ὁ Πασίων ἕνδεκα τάλαντα, ὥσπερ καὶ μεμαρτύρηται ὑμῖν.

[2] .... Οὐδὲ τούτοις παρέδωκεν ἰδίαν ἀφορμὴν ἀλλὰ τὰς παρακαταθήκας καὶ τὴν ἀπὸ τούτων ἐργασίαν αὐτὴν ἐμισθώσαντο... Μεμαρτύρηται μὲν τοίνυν ὑμῖν, ὦ ἄνδρες Ἀθηναῖοι, ὅτι καὶ τούτοις ἐμίσθωσαν καὶ οὐ παρέδωκαν ἰδίαν ἀφορμὴν οὐδεμίαν.

Je reproduis ici le texte même de ces passages, parce que la composition et l'emploi des mots prouvent que les Athéniens avaient sur le commerce en général, et spécialement sur celui de banque, des idées plus avancées qu'on ne le croit généralement.

Reprenons l'exemple cité plus haut. Irénée doit payer mille drachmes dans le Pont où il va faire le commerce Cléon, créancier de pareille somme dans ce pays, délègue sa créance à Irénée au lieu de lui déléguer celle qu'il a sur Soclès. Il écrit à Sosigène, son débiteur du Pont, de payer les mille drachmes à Irénée, et l'ordre est rempli. La créance d'Irénée sur Cléon et celle de Cléon sur Sosigène sont éteintes, sans qu'il ait été fait aucun transport de fonds d'un pays à l'autre et par un seul payement effectif, celui qui a lieu dans le Pont.

Les anciens ont connu la lettre de change telle qu'elle est décrite plus haut. Elle diffère du virement en ce que les deux commerçants, Irénée et Cléon, au lieu d'éteindre la créance de mille drachmes par une délégation sur un débiteur commun et voisin, l'ont éteinte par la délégation sur un débiteur éloigné et avec lequel l'un d'eux seulement était en relation d'affaires.

Aujourd'hui, les virements sont devenus plus rares, et on a quelque peine à comprendre l'importance des banques dont c'était l'opération principale. En effet, les gouvernements ont appris le prix de l'uniformité dans le titre et le poids de leurs monnaies, et celles-ci ont acquis à peu près les qualités qui faisaient rechercher autrefois les monnaies de banque. En outre, tous les gros payements se font en billets-monnaie : les compensations de compte s'effectuent au moyen de dispositions directes faites sur la banque ou le banquier, par celui qui a des fonds déposés. Celui au profit duquel la disposition est conçue s'en sert facilement ensuite pour l'usage qu'il juge convenable.

La Banque de France effectue pourtant des virements proprement dits, et ils s'élèvent à des sommes considérables. En 1855, le mouvement général des caisses de cet établissement se décomposait ainsi qu'il suit : espèces, fr. 2,056,682,000 ; billets, fr. 9,149,379,500 ; virements, fr. 19,153,828,600. On voit que plus de moitié des entrées et des sorties de caisse se font par écritures, à la Banque, sans déplacement de monnaie, et que les versements ou payements en espèces métalliques n'entrent que pour moins d'un quatorzième dans le mouvement total.

Dans la Grande-Bretagne, on a introduit entre banquiers l'usage des compensations de compte, sans dépôt préalable. A Londres, les principaux banquiers compensent ensemble, chaque jour, par des écritures, les dispositions dont ils sont porteurs les uns sur les autres : à Édimbourg, les banques d'Écosse échangent entre elles deux fois par semaine leurs billets respectifs, et à Dublin, les banques d'Irlande opèrent chaque jour un échange du même genre. Dans ces deux sortes de compensations, il n'y a point de dépôts improductifs et l'on ne paye que les soldes.

CHAPITRE V.

DU PAPIER DE COMMERCE.

Avant d'aller plus loin dans le dénombrement des opérations de banque, il convient de décrire et de définir les divers titres de crédit compris sous les noms génériques de valeurs, effets ou papier de commerce.

Billet à ordre. — Aujourd'hui, dix août, Pierre vend à Paul pour mille francs d'ébénisterie, payables dans trois mois et lui en délivre facture. Paul en règle le montant par un billet ainsi concu.

Paris, 10 août 1852.

Au dix novembre prochain, je payerai à M. Pierre, ou à son ordre, la somme de mille francs, règlement de sa facture de ce jour.

PAUL.

Pierre doit payer à Julien, marchand de bois, pareille somme de mille francs. Il lui propose de recevoir, au lieu d'argent, la promesse ou billet de Paul, et Julien accepte. Alors Pierre écrit au dos du billet, au revers de la signature du souscripteur, l'ordre suivant qui se nomme *endossement* :

Payez à M. Julien, ou à son ordre, valeur en marchandises.

Paris, le 20 août 1852.

PIERRE.

Puis il remet le billet à Julien qui en devient ainsi propriétaire. Par cette remise, Pierre éteint la dette qu'il avait contractée envers Julien, par une délégation de sa créance sur Paul.

Nous avons supposé que le billet n'avait été cédé qu'une fois; mais il peut avoir été cédé, dix, vingt, cent fois. A l'échéance, le dernier cessionnaire se présente à l'adresse indiquée, et présente le billet à Paul. Si celui-ci paye, le porteur écrit à la suite du dernier endossement ces mots : *pour acquit*, suivis de sa signature. Un seul billet a servi à éteindre autant de créances qu'il portait d'endossements par un seul payement en espèces, et il a économisé autant de fois l'emploi de la monnaie.

Mais si Paul ne paye pas? — Le porteur, qui a reçu le billet sous la garantie du dernier endosseur, garanti de même par le précédent et ainsi de suite jusqu'au dernier, le porteur a le droit d'exercer un recours. Toutefois il est nécessaire que le défaut de payement soit bien établi. A cet effet, le billet, remis à un huissier, est présenté de nouveau le 11 novembre, et si Paul ne paye pas, l'huissier constate le défaut de payement par un acte qui porte le nom de *protêt*. On dit, en ce cas, que le billet a été protesté : les Anglais disent plus énergiquement que le billet est *déshonoré*.

Revenons à l'exemple ci-dessus, et supposons que Julien, porteur du billet, l'ait fait protester. Sa créance contre Pierre revit aussitôt, non plus en sa forme primitive, mais comme exécution d'un engagement constaté par l'endossement du billet. Julien réclame donc de Pierre un payement immédiat, et il peut le poursuivre par toutes les voies de droit, comme celui-ci peut à son tour poursuivre Paul. Si Julien préfère poursuivre Paul et peut être plus tôt payé par cette voie, il a le droit de la prendre. N'a-t-il pas entre les mains la promesse de Paul aussi bien que celle de Pierre, et n'est-il pas également propriétaire de l'une et de l'autre? Il y aurait cent endosseurs intermédiaires, qu'il serait également porteur de leurs promesses envers lui, et pourrait poursuivre à son gré celui qu'il lui conviendrait le mieux d'actionner, parce que l'endossement implique, de la part de celui qui le signe, promesse que l'engagement au dos duquel il est écrit sera payé à l'échéance. Si l'un des endosseurs paye le porteur, il est substitué au droit de recours que celui-ci possède contre tous ceux desquels émanait le titre lorsqu'il l'a reçu : mais il n'en a aucun contre ceux qui l'avaient reçu de lui, parce qu'il était engagé envers eux par son endossement et non eux envers lui.

Ces effets de l'endossement, si équitables, si simples et en même temps si énergiques, assurent la circulation des billets ou promesses négociables. Lorsque l'on songe aux avantages de cette circulation, aux perturbations qui résultent du défaut de payement au jour indiqué, on comprend fort bien la sévérité des lois et de la jurisprudence, et la sévérité plus grande encore des mœurs commerciales, pour ceux qui manquent aux engagements de cette espèce.

Lettre de change. —Jean, de Paris, doit 5,000 fr., prix de vins achetés à Jacques, de Bordeaux, et il se trouve créancier d'égale somme de Raymond, de Bordeaux, au compte duquel il a acheté d'autres marchandises. Au lieu d'envoyer 5,000 fr. à Jacques et de réclamer à Raymond l'envoi de pareille somme, il remet à Jacques un ordre ainsi conçu :

Paris, le 25 août 1852.

« *A présentation, payez par cette seule de change à M. Jacques, négociant à Bordeaux, ou à son ordre, la somme de cinq mille francs, valeur en marchandises.*

» *à M. Raymond,*

» *Négociant à Bordeaux.*

» *Signé* JEAN.»

Nanti de cet ordre, Jacques se présente au domicile de Raymond et y touche le montant de la lettre : deux créances se trouvant éteintes par un seul payement, à la suite d'une opération qui, au fond, est un véritable virement du compte de Jacques au compte de Raymond, sur les livres de Jean. Dans cet exemple, Jean fait traite ou tire la lettre de change, et s'appelle, pour cette raison, le *tireur;* Jacques est le *preneur*, et Raymond le *tiré*.

La lettre de change, on le voit, diffère du billet à ordre, en ce qu'elle est tirée d'un lieu sur un autre, et en ce qu'au lieu de contenir une promesse personnelle, elle énonce un ordre donné à un tiers qui n'est pas engagé. Mais cet ordre implique, de la part du tireur, la promesse personnelle de payer lui-même le montant de la lettre, si le tiré ne la paye pas au jour indiqué. Quant au tiré, il n'est point engagé, et le porteur n'a aucune action contre lui.

Si la lettre, au lieu d'être payable à présentation, était payable à trois ou six mois, et si Jacques, ayant quelques inquiétudes sur le résultat du crédit accordé à Jean, voulait obtenir la garantie de Raymond, il pourrait demander à celui-ci son engagement personnel ou *acceptation*. Si Raymond l'accorde, il écrit en travers, sur la lettre elle-même : *accepté*, et sa signature. Il se trouve alors dans la même situation que s'il avait souscrit un billet à Jean et que celui-ci l'eût négocié à Jacques. S'il refuse d'accepter, le payement de la lettre devient plus douteux, et Jacques, après avoir constaté par un protêt le défaut d'acceptation, peut exiger de Jean une caution ou la consignation de la somme, parce que la remise d'une lettre de change implique pour le tireur l'obligation d'obtenir l'acceptation du tiré, aux termes du Code de commerce.

Cependant l'usage a introduit, et la législation a fini par reconnaître, en France, une espèce particulière de lettres de change appelées *mandats*, qui sont dispensées des obligations relatives à l'acceptation. A la suite des difficultés élevées par la jurisprudence, on est convenu de rédiger ces ordres dans les termes suivants : « *A..... payez par le présent mandat, non susceptible d'acceptation, à M.*, etc. » En effet celui qui reçoit la lettre la prend dans les termes mêmes où elle est conçue, et ces termes forment un contrat entre lui et son cédant.

Nous avons supposé que la lettre de change envoyée à Jacques, de Bordeaux, avait été directement recouvrée par lui ; mais il aurait pu la remettre en payement à un tiers, par un endossement, et celui-ci aurait pu s'en servir de la même manière, comme nous l'avons déjà expliqué au sujet du billet à ordre. Les droits et les obligations qui résultent de l'endossement sont les mêmes dans un cas que dans l'autre ; aussi n'avons-nous pas à y revenir.

La lettre de change à terme porte engagement à la fois sur le temps et sur l'espace. Lorsqu'on la négocie, on tient donc compte à la fois de l'intérêt pour le temps qu'elle reste à courir et du change de place ou différence du prix des monnaies ou capitaux monnayés dans la place où elle est négociée et dans celle où elle est payable. Si elle n'est pas acquittée à l'échéance, le porteur a droit, non-seulement au remboursement du capital, mais aussi au remboursement de l'intérêt à dater du protêt et des frais de change et autres, énumérés sur un bordereau que l'on nomme *compte de retour :* sa demande de remboursement, lorsqu'elle est formulée par une lettre de change en sens inverse de la première, s'appelle *retraite.*

Nous aurons à parler plus tard des principales difficultés pratiques auxquelles donne lieu le non-payement de la lettre de change. Ici, et pour l'explication des diverses opérations de banque, nous supposerons que les billets, mandats et lettres de change sont toujours réguliers en la forme et exactement payés à l'échéance, parce que le crédit commercial est tout entier établi sur cette supposition.

CHAPITRE VI.

RECOUVREMENTS.

Pierre est fabricant ou marchand à Paris ; il fait des affaires avec diverses villes de France, et y vend des marchandises à un, deux, trois ou six mois de terme. Quelquefois ses acheteurs lui souscrivent des billets payables à l'époque fixée par les factures, ou, comme on dit, le règlent en leurs billets ; quelquefois ils lui donnent en payement ou remettent des lettres de change ou des billets sur diverses places où ils ont eux-mêmes des créances ; quelquefois enfin ils l'autorisent simplement à faire traite sur eux.

Si Pierre devait par lui-même veiller à l'échéance de chacun des billets qui lui sont remis, avoir des correspondants dans chacune des villes où il faudrait faire les recouvrements, et jusque dans les campagnes ; s'il devait, au sujet de chaque effet, entretenir une correspondance spéciale, avoir soin que les présentations, les protêts, les dénonciations de protêts, fussent faits en temps utile, il consacrerait beaucoup de temps à ce travail, ferait des frais considérables et n'acquerrait probablement toute l'exactitude nécessaire qu'après quelques écoles dispendieuses. En tout cas, il serait continuellement distrait des soins de son commerce, ce qui lui causerait un dommage inévitable.

Un banquier le débarrasse de ces soucis ; il se charge des recouvrements de Pierre, c'est-à-dire de faire présenter à l'échéance ou à l'acceptation, selon le besoin, les valeurs qui lui sont remises, d'en compter le montant si elles sont payées, et si elles ne le sont pas, de faire en temps opportun les actes conservatoires des droits de Pierre. Pour prix de ce service, le banquier perçoit une commission ou salaire à prix débattu, sous diverses formes, soit en conservant pendant un temps déterminé la jouissance des fonds recouvrés, soit en prélevant directement une commission fixée à tant p. °/₀, etc. Ce service, si éminemment utile, est accompli avec facilité par la correspondance des banquiers entre eux, et avec des agents subalternes qu'ils emploient, à des conditions ordinairement fort économiques.

Grâce à la division du travail qui concentre chez les banquiers presque toutes les traites, les recouvrements s'opèrent facilement et à peu de frais, presque sans transport de fonds. Charles, banquier à Paris, est chargé par divers négociants de faire un million de recouvrements sur divers négociants de Lyon ; mais, en même temps, Robert, banquier à Lyon, est chargé d'une somme égale de recouvrements sur Paris. Charles remet à Robert les valeurs qui lui ont été confiées, et il reçoit en échange les valeurs confiées à Robert par les négociants de Lyon. Les recouvrements étant opérés de part et d'autre, il se trouve que les négociants de Paris ont versé dans la caisse de Charles le montant des effets remis sur Lyon, et que les négociants de Lyon ont versé dans la caisse de Robert le montant des effets qu'il a envoyés à Paris. S'il y a de part et d'autre des valeurs impayées, elles sont retournées, avec les titres des actes conservatoires auxquels elles ont donné lieu, aux négociants qui les ont fournies.

CHAPITRE VII.

CHANGES.

On comprend qu'il n'arrive pas toujours, ni même le plus souvent, que la somme des recouvrements à faire de Paris sur Lyon soit égale à celle des recouvrements à faire de Lyon sur Paris. Il existe presque toujours une différence en plus ou en moins. Si l'on suppose que pendant plusieurs jours, plusieurs mois peut-être, Lyon fait recouvrer 1,500,000 fr. sur Paris, et que Paris ne recouvre qu'un million sur Lyon, il faudrait que les banquiers de Paris nivelassent leur compte chez ceux de Lyon par un envoi d'espèces, à moins qu'ils ne trouvassent un moyen de le niveler à moins de frais.

Quel que soit ce moyen, il ne peut être gratuit, et il ne doit coûter jamais plus que le transport direct d'espèces; presque toujours même il coûte un peu moins, soit pour la facilité du calcul, 1 p. °/₀. Le banquier de Paris pourra prendre aussitôt les effets sur Lyon à 1 p. °/₀ au-dessus du pair, c'est-à-dire les recouvrer gratis ou bonifier une différence à son commettant. De son côté, le banquier de Lyon prendra les effets sur Paris à 1 p. °/₀ de moins que la valeur exprimée, parce qu'il sera obligé d'employer le même moyen que le banquier de Paris pour éviter un transport d'espèces; il ajoutera donc, sous une forme ou sous l'autre, 1 p. °/₀ à ses frais de recouvrement sur Paris.

C'est cette différence de 1 p. °/₀ que l'on appellera le prix du change, ou par abréviation le *change*. Elle a son origine dans le mouvement même des affaires que fait le commerce de marchandises, et par suite duquel Paris doit plus à Lyon que Lyon ne doit à Paris.

On dit dans ce cas que le change est favorable à Lyon et contraire à Paris. Il résulterait en effet de ce cours que le négociant de Lyon pourrait acheter autant de marchandises à Paris pour 99 fr. qu'il en achèterait pour 100 fr. dans sa ville. Les fortes différences dans les cours des changes, lorsqu'elles se prolongent, sont de véritables primes à l'exportation des marchandises, de la place qui a le change contraire à celle qui l'a favorable ; et, ordinairement en effet, le commerce ne tarde pas à ramener l'équilibre des changes ou plutôt à déplacer les différences par des oscillations en sens opposé.

Lorsqu'il s'agit de deux places situées dans des États différents, le cours du change semble se compliquer d'un change de monnaies; mais, au fond, les lois qui le régissent ne sont pas autres que celles sous l'influence desquelles les changes varient dans l'intérieur du même pays. Si Paris doit à Londres autant que Londres doit à Paris, une livre sterling vaut à Paris et à Londres 25 fr. 21 c. en pièces de 10 et 20 fr. : on dit alors que le change est au pair. Si, toute compensation faite, Londres doit à Paris, la livre sterling perdra de sa valeur sur les deux marchés; elle en acquerra au-dessus du pair, si c'est Paris qui doit à Londres.

Afin d'éviter toute confusion, nous avons supposé que les sommes évaluées en livres sterling étaient échangées en francs contre des pièces d'or, tandis que les choses se passent autrement. Le franc est une pièce d'argent, de telle sorte que le cours du change entre Paris et Londres se compose de deux éléments : le change de place à place, et le change de l'or contre l'argent. En pratique, on néglige avec raison cette distinction et on ne tient compte que du fait, de la différence qui, toutes choses au pair, doit être en faveur de l'Angleterre, lorsque le rapport de 1 à 15 1/2 établi entre la valeur de l'or et de l'argent par nos lois monétaires, vient à varier au profit de l'or.

Autrefois, lorsque la théorie de la balance du commerce était en vigueur, on attachait au mouvement des changes une importance fort exagérée : on y cherchait le signe de la prospérité ou de la décadence économique des États. Le temps et la science ont fait justice de cette erreur, et montré que les changes attestaient seulement la différence des effets à recevoir entre une place et une autre, par suite des affaires effectuées à un moment donné, sans conséquences durables.

Depuis l'établissement des chemins de fer, des bateaux à vapeur, des banques à succursales, les différences de valeur qui résultaient du besoin de transporter des monnaies, sont devenues moins sensibles en France et même en Europe. Mais, en même temps, des moyens plus prompts de communiquer et les progrès de la civilisation ont mis à la portée du commerce européen New-York, Rio-Janeiro, Valparaiso, San-Francisco, Hong-Kong, Calcutta, Sydney, etc.

Les grandes villes de commerce et les États tout entiers peuvent être considérés, quant au change, comme autant de négociants entre lesquels un mouvement continu d'affaires entretient un mouvement correspondant de dettes et créances. Ainsi tandis que Paris doit à Lyon, il est peut-être créancier de Milan, de Turin, etc.; et en même temps Lyon se trouve débiteur des mêmes villes; de telle sorte que le papier sur Paris, déprécié à Lyon est recherché à Milan, et celui de Lyon, déprécié à Milan, est recherché à Paris.

CHAPITRE VIII.

ARBITRAGES.

Les villes, les États, comme les particuliers, compensent leurs dettes et leurs créances plus volontiers par des écritures que par des payements effectifs d'espèces; et les banquiers, par lesquels s'opèrent la plupart des compensations entre particuliers, effectuent aussi le plus souvent les compensations de dettes et de créances entre les diverses places de commerce. Les effets qu'ils reçoivent en recouvrement constituent en leurs mains un dépôt dont ils doivent compte à leur commettant, mais par lequel ils deviennent propriétaires, vis-à-vis des tiers, des remises qui leur ont été faites, lesquelles se confondent dans leur portefeuille avec les effets qu'ils acquièrent par l'escompte ou autrement. Les banquiers disposent de ces remises librement et sans contrôle dans les relations qui s'établissent entre eux.

Si nous reprenons la supposition que le papier sur Paris perd 1 p. °/₀ à Lyon, ou que celui sur Lyon gagne 1 p. °/₀ à Paris ; si en même temps, sur la place de Milan, le papier sur

Paris gagne 1 p. °/₀, tandis que celui sur Lyon y perd une différence égale, la compensation est facile. Charles, banquier à Paris, remet à Borromeo, de Milan, des valeurs sur cette ville, ou l'autorise à tirer sur lui pour une somme de 500,000 fr., qu'il lui demande en papier ou en crédit sur Lyon. Borromeo exécute l'ordre, et Charles peut couvrir à très-peu de frais le compte de son correspondant de Lyon. Le résultat de l'opération est la compensation d'une créance de 500,000 fr. de Paris sur Milan, contre une créance d'égale somme de Milan sur Lyon, sans aucun mouvement de numéraire et avec une grande promptitude.

Il est évident que ce service, effectué et garanti par les banquiers, ne peut être gratuit. Il est payé au moyen d'une commission proportionnelle sur chaque mouvement de valeurs, et ces commissions se trouvent supportées, en définitive, par la place au profit de laquelle la compensation a eu lieu.

Nous avons supposé que le cours du change du papier sur Paris à Milan compensait exactement en cette ville celui du papier sur Lyon. Ce cas est fort rare : il y a presque toujours du plus ou du moins, c'est-à-dire matière à gain ou à perte, à spéculation dans l'un et l'autre cas.

Aussi s'est-il établi sur les changes un trafic pareil à celui des marchandises et qui consiste à acheter les effets de commerce qui sont dépréciés sur certaines places pour les revendre sur d'autres places, où ils sont recherchés. Le banquier, qui se livre spécialement à ce genre d'opération, fait ce qu'on appelle des *arbitrages*, en choisissant le papier qu'il veut acheter et celui qu'il veut vendre et en échangeant l'un contre l'autre. On peut à juste titre le considérer comme un entrepreneur de transport de capitaux monnayés d'un lieu à un autre, ou plutôt comme un comptable occupé par profession à niveler, au prix le plus avantageux, par des compensations, les comptes que les diverses places de commerce entretiennent les unes avec les autres.

Un certain nombre de négociants, à Paris et à Londres, se livrent, pour les besoins de leurs payements et de leurs recouvrements, à des opérations d'arbitrage, concurremment avec les banquiers dits cambistes qui s'occupent spécialement de ce genre d'affaires, de telle sorte qu'il y a un véritable marché d'effets de commerce où on achète et vend chaque jour, à prix débattu, des lettres sur les diverses places de commerce du monde. Ces lettres se négocient par l'intermédiaire d'agents, qui à Londres, portent le nom de *bill brokers* et qui à Paris n'en ont point, parce que la loi suppose très-gratuitement que les négociations de cette espèce sont faites par le ministère des agents de change, qui ont pour ce courtage un privilége dont ils n'usent point. Il conviendrait d'appeler *courtiers de change* les personnes qui s'occupent spécialement de la négociation des effets de commerce sur l'étranger.

On a observé que certaines villes de l'Europe, où il se faisait fort peu d'affaires commerciales, vendaient et achetaient des quantités considérables de lettres de change sur divers pays et spéculaient volontiers sur les arbitrages. Ces villes, parmi lesquelles on citait autrefois Augsbourg, étaient en quelque sorte les banquières des autres et avaient pris dans le monde commercial la spécialité des spéculations sur les changes.

Si les arbitrages de banque n'avaient lieu que sur les effets fournis par le commerce, les opérations seraient quelquefois très-difficiles. Mais les banquiers qui s'y livrent sont dans l'usage de s'accorder réciproquement des crédits sur lesquels ils établissent à volonté des lettres de change en telle monnaie et sur tel pays qu'ils ont besoin. Lorsque, d'après le cours, une livre sterling qui vaut 25 fr. à Paris en vaut 26 à Madrid et 24 à Amsterdam, le banquier de Paris qui veut acheter à Amsterdem et vendre à Madrid, doit avoir d'abord du papier sur Amsterdam, ou en créer par l'ouverture d'un crédit, et se faire remettre la contre-valeur en papier sur Londres, où il prend en échange du papier espagnol sur Madrid à un cours supposé tel que chaque livre sterling vendue en cette ville se trouve évaluée à 26 fr.

Il est clair que de telles opérations ne sont possibles qu'à la condition d'être pratiquées à l'instant où elles sont conçues, sans aucun retard, ce qui, d'une part, rend les crédits de cambiste à cambiste indispensables, et de l'autre, ne permet d'employer utilement à ce trafic que des lettres de change d'une valeur certaine, revêtues de signatures qui garantissent une entière exactitude dans les payements.

On fait aussi des arbitrages entre les monnaies et les matières d'or et d'argent.

Les arbitrages sont considérés dans le monde commercial comme constituant, par excellence, le commerce de banque, dont ils sont en effet la plus haute expression. Leur théorie est fort simple, mais les affaires auxquelles ils donnent lieu sont établies sur des cours si mobiles et se composent d'ailleurs d'éléments si compliqués, qu'on ne peut les pratiquer utilement qu'avec beaucoup d'intelligence et une longue habitude. Il faut calculer à la fois et rapidement, d'après le cours, la valeur respective des monnaies, les comptes d'intérêt qui résultent du temps que les traites ont à courir, la somme des frais qu'impose chaque opération et le bénéfice qui doit probablement en ressortir. Tout ceci donne lieu à une routine arithmétique toute spéciale établie sur des rapports traditionnels entre la valeur de monnaies tantôt réelles, tantôt de banque ou de convention, sur lesquelles les cours sont cotés et les livres tenus.

La pratique des arbitrages est donc toujours difficile, et on ne peut y réussir qu'avec beaucoup d'intelligence, parce que pour opérer avec profit sur de vastes espaces et un temps assez long, il faut une grande prévoyance de tous les mouvements d'ensemble du commerce de marchandises, un tact sûr et délicat : il faut en même temps de l'expérience et aussi de la routine.

Le cambiste rend au commerce des services très-grands, bien qu'ils ne soient ni très-sentis, ni très-appréciés ; mais ces services ne sont, jusqu'à un certain point, que ceux d'un comptable dégagé de tous les soucis de la production et presque de toute solidarité avec ceux qui produisent. Cette situation est quelquefois, pour le cambiste, un motif de fierté, et pour les autres un sujet d'envie.

On donne le nom d'*arbitrage*, en langage de Bourse, à toute opération dont le résultat est d'échanger un titre contre un titre. Vendre du 4 1/2 pour acheter du 3 p. °/₀, ou des actions du Nord pour acheter des actions de Lyon, afin de tirer avantage d'une différence relative des cours, c'est faire un arbitrage, mais ce n'est pas faire spécialement une opération de banque.

Les opérations, improprement appelées *arbitrages*, qui consistent à acheter des titres, rentes ou actions à Londres pour les revendre à Paris ou sur toute autre place et réciproquement, n'ont rien de commun avec les arbitrages de banque. Ces opérations, qui sont devenues abondantes depuis quelques années, ne diffèrent en rien au fond du commerce de marchandises.

CHAPITRE IX.

ESCOMPTE.

Pierre vend à Paul une partie d'indigo 10,000 fr., payables dans trois mois. Si Pierre a besoin de rentrer dans ses capitaux avant ce temps, il constate sa vente, soit en obtenant de Paul un billet à ordre, payable dans trois mois, soit en tirant sur lui une lettre de change ou un mandat. L'affaire ainsi constatée, Pierre se présente à un capitaliste ou à un banquier, et offre de lui céder son papier sur Paul, sous la retenue d'un intérêt pour le temps qui reste à courir. Le capitaliste ou le banquier accepte ; il acquiert, par un endossement, la propriété du papier offert, et compte à Pierre 10,000 fr., moins l'intérêt de cette somme au taux convenu, jusqu'au moment de l'échéance. Cette opération s'appelle un *escompte*. La somme retenue par l'escompteur à titre d'intérêt, commission de recouvrement, etc., prend dans la pratique le nom d'agio.

L'escompte est donc simplement un prêt à intérêt; mais ce prêt est garanti par un gage qui est l'opération commerciale par laquelle a eu lieu la création du papier escompté. Dans l'exemple cité plus haut, le billet ou l'acceptation de Paul ne sont pas de simples promesses : ce sont en même temps des témoignages attestant que Pierre, propriétaire de 10,000 fr. d'indigo, a cru pouvoir confier sans danger ce capital à Paul, lequel doit être en mesure de le rendre, puisqu'il est détenteur de la marchandise et en position d'en tirer parti. On suppose simplement que Pierre est un homme intelligent, qui n'a pas voulu perdre sa marchandise en la vendant, et que Paul se propose de la revendre à bénéfice au lieu d'en dissiper la valeur. C'est donc à tort que l'on considère quelquefois les crédits par escompte comme des crédits purement personnels; il n'y a de tels que ceux, fort rares, qui sont accordés sur le billet de la personne même qui se présente à l'escompte. Ceux qui reposent sur ce qu'on appelle, avec beaucoup de justesse, des *valeurs faites*, ont un gage personnel, il est vrai, puisqu'on présume toujours l'intelligence et la bonne foi des signataires, mais ils ont en même temps un gage réel qui résulte, non des dispositions de la loi, mais de l'usage et de la nature même des choses.

Dans le commerce, la fortune personnelle du négociant n'est et ne doit être considérée que comme une garantie éventuelle des engagements résultant des affaires qu'il fait. On suppose donc généralement que chaque affaire sert de gage au papier à la création duquel elle donne lieu, sous la garantie subsidiaire de ceux qui y ont participé. De là la classification des effets de commerce en effets à une, deux, trois ou plusieurs signatures.

Le billet simple, ou promesse de payer, ne porte qu'une signature et ne représente évidemment aucune affaire préalable, s'il est souscrit au profit de l'escompteur. L'escompte de ce papier constituerait un prêt simple, sans autre gage que la fortune personnelle du souscripteur, laquelle est considérée dans le commerce comme la garantie collective de toutes les affaires faites par lui. Aussi est-il fort rare de voir les billets simples et directs admis par les escompteurs.

La lettre de change non acceptée et le mandat ne portent qu'une signature, mais on en suppose une seconde à l'acceptation. Ces effets représentent une affaire préalable, et il suffit de croire à l'intelligence commerciale et à la bonne foi du tireur pour admettre ce papier à l'escompte. Il y est donc admis assez fréquemment, mais avec précaution.

Le billet à ordre, souscrit au profit d'un tiers, et présenté par celui-ci à l'escompte, représente une affaire consommée.

Aussi se trouve-t-il revêtu de deux signatures, celle du souscripteur et celle de l'endosseur, Paul et Pierre, dans l'exemple cité plus haut. La lettre de change non acceptée et le mandat, lorsqu'ils sont endossés, représentent deux affaires successives, appuyées de la garantie formelle de deux capitaux commerciaux, de la fortune personnelle des deux signataires, et on suppose toujours l'acceptation. Le papier à deux signatures est donc admis couramment à l'escompte et réputé bon.

La Banque de France exige que les effets présentés chez elle à l'escompte soient revêtus de trois signatures connues, ou, en d'autres termes, qu'ils représentent deux affaires successives. Pierre, par exemple, a reçu de Paul un billet de 10,000 fr. : il cède lui-même, à quelques jours de là, en règlement d'un achat, ce billet à Jean. Celui-ci peut présenter l'effet à l'escompte à la Banque de France, puisque ce papier est revêtu des trois signatures Paul, Pierre et Jean, et se trouve garanti par deux affaires successives et par trois capitaux commerciaux. Une lettre de change, acceptée et endossée, présente exactement les mêmes garanties.

Mais le papier qui remplit ces conditions ne se rencontre habituellement qu'entre les mains de négociants assez riches pour être en même temps capitalistes, c'est-à-dire pour garder en portefeuille du papier fait. Si Pierre est pauvre ou si son capital suffit simplement à ses affaires, il ne donnera pas à Jean le billet de Paul, mais son propre règlement. De cette manière il usera du terme ou crédit que lui accorde Jean, en même temps qu'il réalisera par l'escompte la valeur du billet de Paul : au lieu de compenser tout d'abord, de recevoir et d'accorder crédit pour une somme égale, il recevra le crédit tout entier et cherchera un banquier ou un capitaliste qui vienne se substituer au crédit que lui-même, Pierre, avait accordé à Paul.

Aussi, dans la pratique, la Banque de France reçoit-elle assez peu de papier à trois signatures provenant de deux affaires successives sur les marchandises. Il s'est établi des intermédiaires, les banquiers-escompteurs et le Comptoir d'escompte, qui escomptent le papier de commerce à deux signatures et vont le réescompter, en y ajoutant la garantie de la leur, à la Banque de France.

On comprend et on sait assez quels services importants l'escompte rend au commerce. Par cette opération, le banquier ou le capitaliste qui a des fonds disponibles vient se substituer au négociant dans tous les crédits qu'accorde celui-ci, sans exiger d'autre gage de lui que sa garantie personnelle, sa signature. Le négociant conserve ainsi, quelque multipliées et considérables que soient ses affaires, la disposition de son capital personnel et la liberté de ses mouvements.

Dans les suppositions et raisonnements auxquels nous avons eu recours jusqu'ici, nous avons admis que le papier présenté à l'escompte résultait d'affaires faites avec intelligence et bonne foi. Malheureusement il y en a d'autre : un marchand, par exemple, vend à des personnes peu solvables qui dissipent le prix des marchandises vendues : on peut craindre à juste titre que les effets qu'il présente à l'escompte n'étant pas payés à l'échéance, les fréquents recours qu'il faut avoir sur lui n'épuisent son capital. S'il vend légèrement, à des personnes d'une foi médiocre, habiles à contester sur l'exactitude des livraisons, sur les quantités et qualités livrées, sur le terme accordé, etc., l'escompte de mandats ou traites non acceptées pourraient donner lieu à des retours fréquents et compromettre son avoir, garantie dernière et nécessaire de l'escompteur.

Enfin, le papier présenté à l'escompte peut être le résultat d'un mensonge : il peut avoir été créé sans opérations commerciales, au moyen de signatures sans valeur aucune ou données par complaisance, afin de tromper l'escompteur et d'obtenir de lui, par ces moyens, un crédit qu'il n'aurait jamais accordé directement. Ce sont autant de piéges contre lesquels celui-ci doit toujours se tenir et se tient habituellement en garde.

CHAPITRE X.

COMPTES COURANTS.

Les opérations des banques commerciales viennent toutes se résumer dans les comptes courants. Un négociant se lie avec un banquier par l'intermédiaire duquel il effectue tout ce qui, dans ses propres affaires, pourrait être classé sous le titre de « département des capitaux mobiliers et du crédit. » Ainsi le négociant a-t-il des recouvrements à faire, il les fait par l'intermédiaire de son banquier : a-t-il des payements à faire, son banquier s'en charge. Il en résulte que celui-ci reçoit journellement des fonds et fait journellement des payements pour le négociant, et c'est l'enregistrement sur un livre spécial de ces recettes, de ces dépenses et des transactions auxquelles elles donnent lieu, qui s'appelle *compte courant*.

Les conditions auxquelles un banquier se charge des opérations de crédit d'un négociant sont très-variables : 1° suivant l'état général des affaires ; 2° suivant les convenances réciproques de situation du banquier et du négociant ; 3° suivant l'estime qu'ils font réciproquement de l'intelligence, de la probité et de la solvabilité l'un de l'autre.

Ainsi, selon la nature et les habitudes de son commerce ou la force de son capital, selon le soin ou la bonne foi qu'il apporte dans ses affaires, un négociant fournit à son banquier des remises qui ont peu ou beaucoup de temps à courir, qui sont payées régulièrement ou irrégulièrement, dans un pays où les recouvrements sont faciles ou difficiles, auxquelles le change est favorable ou défavorable. Le banquier tient compte de toutes ces circonstances, lorsqu'il débat les conditions du compte courant : si les capitaux abondent chez lui, il acceptera volontiers les effets à longue échéance et les gardera, comme on dit, à la nourrice ; mais il fera payer ce service, parce que les bénéfices de banque résultent plutôt de la multiplicité des opérations et des commissions multipliées qui en résultent, que la différence d'intérêts. Il aimera mieux le papier qui est acquitté exactement, bien qu'il ne lui donne pas l'avantage des comptes de retour, parce que ce papier ne laisse aucun doute après lui; enfin il préférera les effets payables dans les lieux où les recouvrements sont faciles et qui donnent habituellement un change favorable.

Lorsque le négociant possède un capital supérieur aux besoins de ses affaires, lorsque ses ventes sont régulières et qu'il surveille ses rentrées avec rigueur, le compte courant se solde habituellement en sa faveur par un crédit qui constitue chez le banquier un véritable dépôt. Lors, au contraire, que le capital du négociant est exigu proportionnellement à ses affaires, ou que ses rentrées sont négligées, ou que ses magasins viennent à s'encombrer, son compte courant se balance par un solde débiteur. Le banquier qui a besoin de capitaux recherchera les comptes courants qui sont habituellement créditeurs, tandis que le banquier chez lequel les capitaux abondent, ouvrira volontiers quelquefois des comptes courants sujets à devenir débiteurs. Le premier recherche les capitaux, et le second les placements.

Ordinairement, les banquiers n'ouvrent pas de comptes courants à découvert, ou, en d'autres termes, ils exigent que leurs déboursés soient couverts par des remises équivalentes de papier de commerce. C'est une conséquence de la maxime qui fait repousser à l'escompte les simples billets, le papier à une signature, car un crédit à découvert ne diffère au fond que quant au terme, qui n'est pas défini, d'une avance sur billet personnel. Toutefois, si le négociant a des habitudes régulières, et s'il a besoin d'avances de ce genre pour quelque opération extraordinaire, un banquier ne les lui refuse guère hors des cas d'impossibilité absolue.

Les comptes courants se composent de trois éléments au plus : recouvrement, escompte ou dépôt. Ils donnent donc lieu : 1° à des commissions de recouvrement ou taux convenu; 2° à un compte d'escompte pour l'intérêt à courir sur les remises faites; 3° au compte courant proprement dit, c'est-à-dire au compte d'intérêts réciproques sur les sommes versées et dues de part et d'autre.

Quelquefois, le compte d'intérêt court au profit du banquier seulement; le plus souvent ce compte est réciproque, mais à un taux inégal, à 6 p. °/₀, par exemple, au profit du banquier, et à 5 p. °/₀ au profit du négociant. Tous ces prix sont débattus et arrêtés verbalement ou par écrit, suivant les convenances respectives des deux parties, comme dans tous les marchés du monde.

Les comptes courants entre banquiers ne diffèrent en rien de ceux qui existent entre banquier et négociant; ils donnent lieu aux mêmes observations et suivent les mêmes lois.

CHAPITRE XI.

ÉMISSION DES BILLETS AU PORTEUR.

Lorsque le banquier obtient, par les dépôts directs ou les comptes courants, la faculté d'user des capitaux d'autrui, c'est seulement à la suite d'arrangements particuliers, débattus, contestés, par un crédit d'homme à homme, dont les conditions lui sont quelquefois onéreuses, et qui lui imposent plus ou moins, en tout cas, des exigences capricieuses. On a imaginé une forme d'emprunt plus commode, plus prompte et moins chargée de formalités, par l'émission des billets de caisse, ou de banque.

Le billet de banque est une promesse de payer une somme déterminée à vue et au porteur.

En promettant de payer à vue, on a levé les difficultés d'une échéance à terme fixe, et dispensé le porteur de la sujétion qui en résulte. En promettant de payer au porteur, on a mis de côté les embarras des endossements, des protêts, des recours, etc. On a obtenu, par ce moyen, un titre fiduciaire toujours exigible, auquel il a suffi d'une signature généralement connue et publique en quelque sorte, pour qu'il fût aussitôt accepté et demandé même de préférence à la monnaie métallique. En effet il est plus léger, plus facile à transporter, plus commode dans les comptes et préférable aux écus, tant qu'on ne s'éloigne pas des guichets où on l'échange contre espèces.

La faculté d'émettre ces billets parut, presque dès l'origine, si avantageuse et si productive, que, partout, les gouvernements en firent un objet de monopole. Encore de nos jours on croit vulgairement et on écrit « que la faculté d'émettre des billets de banque est supérieure à la faculté de battre monnaie, parce que celui qui la possède peut faire quelque chose de rien et inonder la société de monnaie fictive, au grand dommage du commerce, etc. » Quelques économistes même n'ont pas été exempts des préjugés vulgaires sur cette matière.

Il n'est pas vrai qu'en émettant des billets de banque on crée quelque chose de rien : on emprunte seulement à ceux qui s'en servent la valeur de la monnaie métallique, dont ils se seraient servis si le billet à vue et au porteur n'eût pas existé. En souffrent-ils quelque dommage? Aucun, puisque le billet de banque remplit parfaitement, dans les échanges, les fonctions monétaires. Éprouvent-ils quelque peine à accorder leur confiance, ont-ils besoin de métaux précieux, ils peuvent, sur-le-champ, réaliser en espèces le billet qu'ils ont en main.

Les contrats civils, les effets de commerce, représentent, eux aussi, des valeurs mobilières, de la monnaie, mais de la monnaie accumulée, mise sous forme de trésor ou d'encaisse stérile. Que fait le billet de banque de plus que les contrats et les effets de commerce? Il remplace la monnaie employée dans le mouvement même des échanges, la monnaie active et circulante, mais d'ailleurs aussi stérile par elle-même que si elle était accumulée et enfouie. Au lieu d'emprunter à une personne déterminée, le billet de banque emprunte au porteur inconnu de la monnaie, à celui dans les mains duquel il va la remplacer.

Comme l'emprunt dont le billet de banque est le signe ne coûte aucun sacrifice au prêteur, cet emprunt est gratuit; il n'impose à l'emprunteur que des charges et des conditions d'administration, semblables à celles qui résultent des dépôts remboursables sur demande. Ainsi, pour être en mesure de faire face aux réquisitions de numéraire, il faut garder des encaisses plus ou moins considérables, et n'admettre dans le portefeuille que des effets dont la réalisation puisse être obtenue facilement et en peu de temps.

L'émisson des billets à vue et au porteur, donnant au banquier l'usage gratuit des sommes qu'ils représentent, lui a permis d'accorder à bas prix l'escompte aux effets de commerce à courte échéance ; les sommes empruntées à la circulation métallique ont été mises à la disposition des producteurs, sans qu'il en résultât aucune privation pour qui que ce fût.

Sans doute les banques battent monnaie, mais elles ne créent pas la monnaie, comme on le dit. Dans les Hôtels des Monnaies, le fabricant aussi donne la forme aux écus, mais il ne leur donne pas la valeur. Cette valeur résulte des propriétés du métal dont le fabricant de monnaies certifie seulement le titre et le poids : la quantité des émissions est laissée au libre arbitre, à la demande du commerce De même, lorsqu'une banque d'escompte émet des billets, que fait-elle en réalité? Elle donne sa garantie et la forme circulante aux effets qu'elle a escomptés. Ces effets forment la matière de ses billets, comme les lingots forment la matière des monnaies; elle ne fait que certifier leur valeur devant le public.

D'ailleurs, les émissions de billets ont des bornes aussi bien que celles des monnaies métalliques. Lorsque celles-ci excèdent les besoins et les convenances du commerce, il les fond et en applique la matière aux usages industriels ou les exporte : lorsque le commerce a plus de billets que n'en exigent ses besoins et ses convenances, il les fond, si l'on peut s'exprimer ainsi, en venant les échanger contre espèces, et c'est par cette faculté d'échange laissée au porteur que les billets de banque et la monnaie métallique suivent toujours de très-près le cours de l'or et de l'argent.

Tant que le billet de banque est remboursable à bureau ouvert, sa valeur est évidente : on l'a vu même en plusieurs pays la conserver après que les remboursements étaient suspendus sous l'empire de circonstances difficiles. Ceci tenait d'une part à l'habitude contractée par le public de se servir comme monnaie du billet de banque, et à la bonne opinion que l'on avait de la valeur des portefeuilles; de l'autre, à la valeur que le papier tirait des décrets de suspension qui le rendaient propre à acquitter les dettes antérieures et les contributions publiques. Chaque fois qu'on a douté de la valeur des portefeuilles ou que, pour subvenir aux besoins du Gouvernement, les banques à cours forcé ont voulu abuser de leurs émissions, le prix de leurs billets a baissé comme celui d'une monnaie dont le titre a été altéré.

Outre les billets de banque proprement dits, connus dans presque tous les pays civilisés, surtout en Angleterre et aux États-Unis, on a vu à Paris et dans les départements du Nord-Est des maisons particulières obtenir des capitaux par l'émission de billets au porteur et à quelques jours de vue qui, en fait, étaient payés à vue.

On trouve des billets-monnaie moins connus dans quelques villes des bords de la Loire et notamment à Orléans : ce sont les *bons de sous* mis en circulation par des maisons particulières et qui remplacent avantageusement l'incommode monnaie de cuivre. Ces bons manuscrits de 20, 30, 40, 50 francs circulent depuis un grand nombre d'années sans avoir fait parler d'eux au dehors et sans avoir donné lieu à aucune plainte, malgré la liberté des émissions.

Nous reviendrons sur cette question de la liberté. Ici nous ferons observer seulement combien il est utile à ceux qui veulent employer ce moyen délicat des émissions de billets, d'avoir sur la nature des monnaies et sur les lois qui en régissent la circulation, des idées saines et exactes.

CHAPITRE XII.

PRÊTS SUR NANTISSEMENT OU CONSIGNATION.

Il se fait un grand nombre de prêts dans lesquels le prêteur reçoit en garantie, outre l'engagement personnel de l'emprunteur, un dépôt de titres ou de marchandises dont le prix est affecté par privilége au remboursement de la somme prêtée. On emprunte de cette manière sur dépôt d'inscriptions de rentes, d'actions industrielles, etc., sur dépôt de matières d'or et d'argent, sur gage ou nantissement proprement dit, sur warrants ou certificats des docks en Angleterre, et sur certificats des magasins généraux en France, ou enfin sur consignation.

Les avances sur dépôt d'inscriptions de rentes ou d'actions industrielles, sur matières d'or et d'argent, sont consenties couramment par la Banque de France, par le Comptoir d'escompte et par un grand nombre de banquiers.

Le monopole du prêt sur gage d'effets mobiliers est réservé en France aux monts-de-piété. Ces établissements, qui ont remplacé les anciennes banques juives ou lombardes, sont eux-mêmes de véritables banques où des capitalistes placent, soit en actions, soit en dépôt, les fonds qui sont prêtés sur gages au public. Pendant le siècle dernier, les monts-de-piété de Rome avaient employé avec succès des émissions d'engagements qui circulaient comme monnaie, mais dont on a abusé.

Le bénéfice des monts-de-piété résulte de la différence entre l'intérêt qu'ils bonifient au capitaliste et celui qu'ils exigent de l'emprunteur sur gages, frais de prisée, d'emmagasinage et d'administration déduits [1].

Le prêt sur nantissement de marchandises a pris dans le commerce diverses formes, et a donné lieu à la création de divers titres négociables. En Angleterre, les warrants ou certificats d'emmagasinage délivrés par les compagnies des docks sont fréquemment déposés en garantie d'avances dont le négociant a besoin.

En France, un décret du 21 mars 1848 a établi des magasins généraux dont les certificats ont le même caractère que ceux des docks anglais : ils transfèrent la propriété des marchandises et sont négociables pas endossement.

Les sous-comptoirs d'escompte, autorisés par le décret du

[1] Le Mont-de-Piété de Paris n'a pas de capital. Il se procure des fonds en négociant à des capitalistes des billets à ordre ou au porteur, qui se sont élevés en 1854 à la somme de 21,281,450 fr., productifs d'un intérêt à 4, 4 1/2 et 5 p. °/ₒ. Il a prêté pendant la même année à 9 1/2 p. °/ₒ, et ses bénéfices ont été de 2,935 fr. seulement, c'est-à-dire nuls.

24 mars 1848, ont été destinés à régulariser dans le commerce l'usage du nantissement. Ce décret porte :

« Art. 4. — Les opérations des sous-comptoirs consisteront à procurer aux commerçants, industriels et agriculteurs, soit par engagement direct, soit par aval, soit par endossement, l'escompte de leurs titres et effets de commerce auprès du comptoir principal, moyennant des sûretés données aux sous-comptoirs par voie de nantissement sur marchandises, récépissé des magasins de dépôts, titres et autres valeurs.

» Art. 9. — Par dérogation aux dispositions du Code civil, relatives à l'exécution et aux effets du nantissement, les sous-comptoirs sont autorisés, huitaine après une simple mise en demeure, sans qu'il soit besoin d'aucune autorisation de justice, à faire procéder à la vente publique des marchandises données en nantissement, par les officiers ministériels compétents. »

Les sous-comptoirs ne peuvent négocier les effets provenant du nantissement qu'auprès du Comptoir d'escompte, dans la caisse duquel est déposé leur capital.

La consignation diffère du nantissement en ce qu'elle a pour objet des marchandises expédiées d'une place sur une autre, et en ce qu'elle peut être établie sans un acte en forme. Ses effets sont réglés par les articles 93 et 94 du Code de commerce, ainsi conçus :

« Art. 93. — Tout commissionnaire qui a fait des avances sur les marchandises à lui expédiées d'une autre place pour être vendues pour le compte d'un commettant, a privilége, pour le remboursement de ses avances, intérêts et frais, sur la valeur des marchandises, si elles sont à sa disposition dans ses magasins ou dans un dépôt public, ou si, avant qu'elles soient arrivées, il peut constater, par un connaissement ou par une lettre de voiture, l'expédition qui lui en a été faite.

» Art. 94. — Si les marchandises ont été vendues et livrées pour le compte du commettant, le commissionnaire se rembourse, sur le produit de la vente, du montant de ses avances, intérêts et frais, par préférence aux créanciers du commettant. »

Ce privilége établi en faveur du commissionnaire a donné naissance à des prêts nombreux et qui se font couramment dans les ports et sur toutes les places d'entrepôt. L'expéditeur de la marchandise a-t-il besoin d'argent : il demande à son consignataire une avance, soit actuelle et directe, soit par l'acceptation d'une traite. Le consignataire, couvert par le privilége, se rembourse plus tard sur le produit de la vente.

Dans le prêt sur nantissement, quels que soient son nom et sa forme, le prêteur est bien garanti contre les faits personnels de l'emprunteur ; mais il ne l'est pas contre la dépréciation des valeurs fournies en nantissement. S'il avait fallu réaliser à Paris, en avril 1848, des rentes déposées en garantie le 20 février, il est certain que le prêteur aurait couru des risques. Les dépôts de marchandises, dans les temps de spéculation surtout, peuvent présenter des dangers du même genre ; car, il faut bien le remarquer, les besoins de la consommation et les moyens d'échange limitent le chiffre des ventes du commerce, tandis que rien ne limite la mise en dépôt et en gage. On peut accumuler les marchandises au delà de tous les besoins du marché et encourir par suite une perte considérable. Une marchandise vendue est nécessairement demandée ; une marchandise fournie en nantissement peut n'être l'objet d'aucune demande.

Le prêt sur consignation et l'escompte du papier pour lequel un certificat de dépôt compte comme une signature, commencent à sortir des opérations ordinaires de banque, lesquelles ont pour matière essentielle les affaires faites et liquidées. Ces prêts et ces escomptes, qui ont rendu de grands services dans les temps de crise, pourraient devenir dangereux dans l'état normal, comme nous le dirons plus amplement, lorsqu'il s'agira de la Banque d'Échange.

CHAPITRE XIII.

CONTRATS HYPOTHÉCAIRES.

Le prêt par contrat hypothécaire a beaucoup d'analogie quant à sa liquidation avec le prêt sur gage. L'établissement de l'hypothèque donne au prêteur un privilége sur le prix de l'immeuble affecté à la garantie de sa créance, comme le nantissement donne au prêteur un privilége sur le prix de vente de l'objet remis en gage. Mais les effets du nantissement se trouvent réglés depuis 1848 par des usages commerciaux et une loi commerciale, tandis que les hypothèques sont réstées sous l'empire de la loi civile. Il en résulte qne le contrat hypothécaire ordinaire ne peut être transféré qu'au moyen d'une délégation coûteuse et lente, et si le prêteur a besoin, pour obtenir le remboursement du prêt, d'avoir recours à l'expropriation, il est forcé de subir les lenteurs et les difficultés de la loi et de la procédure civiles.

Cependant les contrats hypothécaires fournissent en France un des titres fiduciaires les plus abondants, et ils donnent lieu chaque jour à de vastes opérations. Aussi a-t-on essayé, par divers moyens, de mobiliser cet engagement, et on y a réussi jusqu'à un certain point, tantôt par une législation spéciale en faveur de quelques établissements autorisés et privilégiés, tantôt en éludant les lois par la jurisprudence, au moyen de ce que l'on appelait exécution par *voie parée*.

La Caisse hypothécaire fondée en 1820 et qui a duré jusqu'à ces dernières années, les sociétés de crédit foncier autorisées par le décret du 28 février 1852, ont été établies sur des priviléges spéciaux. La Caisse hypothécaire était dispensée des formalités de droit commun pour l'émission de ses obligations au porteur : les sociétés de crédit foncier jouissaient des mêmes avantages pour l'émission de leurs lettres de gage, et, en outre, de la faculté d'établir, à défaut de payement, un séquestre sur les immeubles engagés, et de faveurs spéciales énormes dans toute la procédure relative à l'expropriation.

Le service de ces établissements consiste à prêter aux propriétaires d'immeubles des fonds obtenus par la négociation d'obligations au porteur ou lettres de gage, en lui donnant la faculté de se libérer par le payement d'annuités successives.

Dans plusieurs départements, on a mobilisé par d'autres moyens le contrat hypothécaire. Des agences se sont établies pour prêter sur hypothèque dans les conditions suivantes : L'emprunteur, après avoir consenti au banquier, ou agent hypothécaire, une obligation en forme, souscrit encore à celui-ci des effets de 1,000 fr. jusqu'à concurrence de la somme portée au contrat. Ces effets ne portent que la signature de l'emprunteur, la somme et quelquefois l'époque de l'échéance : le reste est en blanc.

L'agent ou banquier négocie ensuite, de gré à gré, ces effets au capitaliste. Quelquefois il y ajoute la garantie de sa signature; quelquefois il les transmet par simple tradition. Le plus souvent la transmission reste secrète : c'est l'agent qui reçoit et paye les intérêts; c'est lui qui rembourse au besoin le capitaliste, ou échange des effets qui restent entre ses mains la matière de négociations continuelles, comme un titre au porteur; ce titre, en effet, il faut le remarquer, ne porte point la désignation de la personne à laquelle il appartient.

On sait avec quelle témérité les propriétaires d'immeubles, pressés par le besoin, souscrivent des obligations hypothécaires, dans la persuasion où ils sont que ces obligations seront renouvelées à l'échéance. Le plus souvent, en effet, le renouvellement s'effectue de manière à convertir le contrat hypothécaire en une sorte de constitution de rente. Mais, indépendamment des circonstances de force majeure qui peuvent amener la demande de remboursement, l'empruteur est toujours soumis au bon plaisir de l'agent d'affaires ou banquier, lequel se trouve dans la même dépendance à l'égard du capitaliste. C'est au capitaliste seul que les arrangements de cette espèce présentent quelque sécurité.

Aussi donnent-ils lieu à des abus nombreux, et notamment à des demandes de remboursement imprévus et qui constituent une sorte de guet-apens commercial. Quelquefois, après prorogation consentie et intérêt perçu par avance, selon l'usage, l'emprunteur apprend tout à coup qu'il a souscrit une ou plusieurs lettres de change qui ont été protestées faute d'acceptation et pour le payement desquelles il est assigné à fournir caution solvable. En effet, le *bon pour*, signé de sa main sur un papier blanc, se trouve converti en une lettre de change tirée par lui sur un homme qu'il n'a jamais connu, avec lequel il n'a fait aucune affaire et qui a naturellement refusé l'acceptation. Un tel esclandre achève de discréditer un propriétaire qui déjà se trouvait en état de gêne et qui est placé à la fois sous le coup de l'expropriation, de la contrainte par corps et de la faillite, s'il est commerçant. Il peut sans doute plaider, bien que la chose soit difficile, lorsque les tribunaux de la localité accordent le caractère de lettre de change aux engagements souscrits en blanc; mais il lui est bien difficile d'éviter sa ruine.

Les prêts hypothécaires sont faits, dans un grand nombre de départements, par l'intermédiaire des notaires. Dans ceux où il existe des agents spéciaux, les services de ces agents sont payés par une différence d'intérêt ou par une commission. La Caisse hypothécaire autrefois et les sociétés de crédit foncier aujourd'hui perçoivent, en outre, une commission sur les intérêts et sur les annuités destinées à l'amortissement du capital, à l'extinction de la dette.

CHAPITRE XIV.

COMMISSIONS DIVERSES.

Dans plusieurs des opérations que nous avons énumérées, on a pu remarquer que le banquier remplissait les fonctions de commissionnaire : ainsi, lorsqu'il fait des recouvrements pour le compte d'autrui, lorsqu'il exécute des ordres dans les arbitrages, etc. Quelquefois il joue plus directement ce rôle, en touchant pour autrui des arrérages de rentes, des dividendes, etc., en achetant ou vendant pour le compte d'autrui des fonds publics, des actions industrielles. Le droit qu'il perçoit dans ces cas porte toujours le nom de commission.

Le banquier joue encore le rôle de commissionnaire lorsqu'il se charge de placer des titres d'emprunt ou des actions de grandes compagnies industrielles pour l'exploitation des chemins de fer, canaux, forges, etc.

Tout banquier est le centre d'un dépôt de capitaux et jouit de la confiance d'un certain nombre de capitalistes sur lesquels il exerce une influence personnelle. Lorsqu'il entreprend de placer à commision des titres d'emprunt ou des actions industrielles, il donne à ces titres fiduciaires une sorte de garantie morale : il affirme implicitement aux capitalistes dont il possède la confiance que l'opération dont il se charge de placer les titres est, à son jugement, bonne et honnêtement conduite. Souvent il ajoute à cette garantie toute morale des conseils et avis directs qu'on vient lui demader.

On sait quel prix ont les débouchés dans le commerce, et avec quel empressement on rétribue les intermédiaires qui en disposent ou semblent en disposer. Le banquier qui place à commission des titres d'emprunt et des actions industrielles est rétribué par ceux qui les émettent, et quelquefois, en même temps, par ceux qui le chargent d'acheter pour leur compte. Il peut être exactement assimilé, pour les opérations de ce genre, au commissionnaire en marchandises.

CHAPITRE XV.

NÉGOCIATIONS DIRECTES D'EMPRUNTS ET D'ACTIONS.

Le plus souvent, au lieu d'émettre comme commissionnaire les titres d'emprunt ou les actions industrielles, le banquier achète ces titres à forfait et se charge de l'émission à ses périls et risques. Il prend, envers l'État ou la Compagnie, seul, ou conjointement avec des capitalistes avec lesquels il s'est concerté au préalable, des engagements directs par lesquels il s'oblige à payer à une ou plusieurs époques déterminées des sommes convenues contre lesquelles la compagnie ou le gouvernement lui remettent des titres qu'il vend au détail.

Dans cette situation, le banquier fait une opération semblable à celle du marchand en gros : il vend au mieux et suivant les besoins de ses engagements les titres qu'il a achetés. Mais il faut remarquer que ces titres diffèrent des marchandises ordinaires : 1° en ce que le marchand en gros ou le banquier en possède le monopole ; 2° en ce que l'appréciation de leur valeur est toujours fondée sur des considérations subtiles et en général éloignées de l'intelligence du commun des hommes.

Il résulte de là que le banquier connaît exactement le montant de ses ventes et peut les régler avec la certitude qu'il ne sera gêné ni contrarié par aucun concurrent : d'autre part, la valeur des titres étant toujours éventuelle et incertaine, le cours peut être déterminé par des manœuvres de marché, par des ventes fictives, par exemple. On a vu en 1838, époque où les émissions de titres furent nombreuses et excessives, quelques-uns de ceux mêmes qui étaient chargés des émissions, faire acheter publiquement et à grand bruit les titres qu'ils voulaient vendre à des prix élevés. Ces achats, tout fictifs, établissaient le cours, et les capitalistes, naïfs ou dupes de conseils intéressés, venaient acheter très-sérieusement les titres à ce prix. Une fois la demande créée, il suffisait au vendeur de restreindre ou de ralentir les émissions, pour obtenir un prix élevé. Cette manœuvre est très-fréquemment employée et presque toujours avec succès.

Du reste, les choses sont maintenant établies de telle façon que ces manœuvres sont presque inutiles. Il existe à Paris une classe d'hommes dont la profession est de spéculer sur les émissions de titres. Auprès d'eux, le nom d'un banquier accrédité suffit à donner aux effets qu'il émet une valeur en Bourse. Les spéculateurs ne s'inquiètent pas de savoir si les titres qu'ils achètent ont une valeur intrinsèque et durable; ils savent seulement ou présument que le banquier qui les vend a l'habitude de soutenir ses titres, qu'il n'a pas besoin de réaliser et de surcharger le marché pour remplir ses engagements : ils achètent donc pour revendre. Il arrive parfois que le banquier, ayant liquidé son opération ou subi des événements de force majeure, les prix viennent à baisser et alors le spéculateur éprouve une perte : mais il ne se décourage jamais.

Le service rendu au public par les négociations de ce genre est au moins problématique. L'emprunt négocié par le banquier peut être sûr ou chanceux; l'entreprise industrielle dont il vend les actions peut être bonne, médiocre ou mauvaise : peu lui importe, s'il a vendu ses titres avec un bénéfice : il laisse aux acquéreurs, aux capitalistes sérieux, les chances de gain ou de perte qui résultent de la nature même de l'affaire.

Les négociations d'emprunts et d'actions des grandes compagnies ne peuvent être faites avec succès que par des maisons puissantes, maîtresses de capitaux considérables et en possession d'un crédit bien établi. Encore présentent-elles des éventualités qu'un exemple rendra sensibles.

Le 10 novembre 1847, la maison Rotschild soumissionnait au gouvernement français un emprunt de 250 millions, moyennant délivrance d'inscriptions de 10 millions environ de rente 3 p. °/₀, dont l'État payait par anticipation les arrérages à dater du 22 décembre 1847. Le soumissionnaire s'engageait à verser au Trésor 12 millions et demi le 22 novembre, 12 millions et demi le 22 décembre, 5 millions le 7 janvier 1848 et 10 millions le 7 de chaque mois jusques et compris le 7 novembre 1849. En faisant le décompte des arrérages, l'État qui achetait alors par la caisse d'amortissement le 3 p. °/₀ au cours moyen de 76 fr. 71 c., le cédait à M. de Rotschild au prix de 72 fr. 48 c. Les 25 millions des deux premiers termes, payés par anticipation, sous escompte de 3 p. °/₀, restaient affectés à la garantie du Trésor, jusqu'au payement du solde définitif.

L'opération paraissait donc excellente, et les soumissionnaires la réalisèrent d'abord avec une grande facilité. Non-seulement ils acquittèrent les premiers termes avec exactitude, mais ils escomptèrent une partie des suivants et les payèrent avant échéance. Ils avaient acheté à 4 fr. 53 c. au-dessous du cours du 10 novembre : si l'état du marché ne changeait pas, ils pouvaient donc espérer un bénéfice de 15 millions au moins.

Quatre-vingt-cinq millions environ avaient été payés et réalisés, lorsque survint la Révolution de Février. Les soumissionnaires de l'emprunt étaient donc libres d'engagements jusqu'au 7 juillet 1848 ; mais, à cette date, ils devaient verser au Trésor un peu plus de 5 millions, puis 10 millions de mois en mois jusqu'au 7 novembre 1849. Or, au 7 juillet 1848, le cours de la rente 3 p. °/₀ était à 50 fr. 75 c. S'il ne se relevait pas et si les soumissionnaires étaient forcés de réaliser, ils avaient en perspective une perte de plus de 60 millions sur les 165 qui restaient à verser, ou l'abandon de leur cautionnement de 25 millions. Le danger était d'autant plus grand pour eux que le Trésor pouvait sans peine faire face à ses besoins, au moyen du crédit de 150 millions que lui avait ouvert la Banque de France le mois précédent et du produit de l'impôt extraordinaire des 45 centimes.

Heureusement pour les soumissionnaires de l'emprunt de novembre 1847, ils trouvèrent dans la personne de M. Goudchaux un ministre qui consentit à les relever de leurs engagements et à leur faire donner par l'État 13 millions de rente 5 p. °/₀ au taux même auquel ils avaient soumissionné la rente

3 p. % en 1847 [1]. En admettant que les cours restassent jusqu'à l'expiration des nouveaux engagements à 77 fr. 25 c., taux du 24 juillet, jour où ils furent souscrits, les soumissionnaires, exposés la veille à une perte de 25 millions, avaient le lendemain en perspective un bénéfice d'environ 11 millions, outre la chance presque certaine de voir les cours se relever.

Telles sont les éventualités auxquelles les soumissions d'emprunt peuvent donner ouverture. Il a tenu à la volonté d'un ministre des finances qu'une affaire conduite par le banquier le plus puissant et le plus habile dans ces sortes d'opérations donnât lieu à une perte de 25 millions ou à un bénéfice de 11. M. Goudchaux a préféré le second terme de cette alternative ; mais un ministre plus méticuleux, plus timoré, aurait pu craindre d'imposer un sacrifice de tant de millions au Trésor, et alors par quelle perte ne se soldait pas la soumission, d'abord si avantageuse, du 10 novembre 1847 !

CHAPITRE XVI.

SPÉCULATIONS SUR LES FONDS ET SUR LES ACTIONS OU OBLIGATIONS DES GRANDES COMPAGNIES.

La plupart des banquiers ne font que par exception des spéculations sur les fonds publics et sur les titres des grandes compagnies. Mais outre qu'ils s'engagent parfois directement dans des opérations de ce genre, ils sont souvent chargés de faire pour leurs clients ou correspondants des achats et des ventes de rentes ou de titres, et ils concourent presque régulièrement, à Paris, à des opérations qui naissent des affaires de Bourse. C'est pourquoi, et afin d'exposer clairement en quoi consistent ces opérations, il est indispensable de décrire briè-

[1] Voir au *Moniteur* la discussion très-courte qui eut lieu sur cette loi dans l'Assemblée constituante, et notamment le rapport et les paroles de M. Gouin, rapporteur de la Commission.

vement les formes des marchés et engagements divers qui constituent les spéculations de Bourse.

§ 1. — *Des agents de change.*

Les titres ou inscriptions de rentes sur l'État, les actions et obligations des grandes compagnies industrielles se vendent habituellement tous les jours non fériés à la Bourse de Paris, par l'intermédiaire d'officiers publics commissionnés à cet effet, et qui portent le nom d'*Agents de change.* Ce sont des courtiers spécialement affectés à ces sortes de négociations, et auxquels le Code de commerce a conféré un privilége ou monopole par la disposition suivante :

« Art. 76. — Les agents de change, constitués de la manière prescrite par la loi, ont *seuls* le droit de faire les négociations des effets publics et autres susceptibles d'être cotés ; de faire pour le compte d'autrui les négociations des lettres de change ou billets, et de tous les papiers commerçables, et d'en constater le cours. — Les agents de change pourront faire, concurremment avec les courtiers de marchandises, les négociations et le courtage des ventes ou achats des matières métalliques. Ils ont *seuls* le droit d'en constater le cours. »

Le nombre des agents de change est limité : à la Bourse de Paris, ils sont au nombre de soixante titulaires qui forment une corporation presque en tout semblable à celles qui existaient au moyen âge dans la plupart des branches d'industrie et de commerce. En effet, leurs fonctions sont définies et limitées par la loi, et il y a toute une législation faite spécialement pour eux ; en outre ils ont une organisation puissante, reconnue par l'ordonnance du 22 mai 1816, dont l'article 3 est ainsi conçu :

« La *Chambre syndicale* aura sur les membres de la compagnie la surveillance et l'autorité d'une chambre de discipline ; elle veillera avec le plus grand soin à ce que chaque agent de change se renferme strictement dans les limites légales de ses fonctions ; elle pourra, suivant la gravité des cas, censurer, suspendre les contrevenants de leurs fonctions, et provoquer auprès de M. le ministre des finances leur destitution. »

La même ordonnance exige que le successeur de tout agent de change soit agréé par la chambre syndicale, et le règlement général de la compagnie, adopté les 12, 16 et 19 novembre

1832, et que chaque agent de change à son entrée en fonctions promet d'observer fidèlement, le règlement général, dis-je, allant plus loin que l'ordonnance, confère à la chambre syndicale le pouvoir de censurer, suspendre et faire destituer l'agent de change qui introduit dans ses opérations ou dans le prélèvement de ses droits des innovations nuisibles aux intérêts du public ou de la compagnie. Le règlement ajoute que, « comme ces cas ne peuvent être ni prévus, ni définis, la chambre syndicale est investie sur ce point d'un pouvoir discrétionnaire qu'elle emploiera à défendre l'intérêt général contre les atteintes d'un intérêt particulier mal entendu [1]. » Elle peut aussi se borner à condamner à une amende [2].

La compagnie des agents de change a une caisse commune ou syndicale soumise à un règlement particulier et qui joue un rôle important dans les liquidations [3].

La chambre syndicale juge souverainement et en dernier ressort toutes les contestations qui peuvent s'élever entre les agents de change dans l'exercice de leurs fonctions [4], toutes celles auxquelles peuvent donner lieu les traités pour la transmission des offices [5]. Aucun agent de change ne peut porter ou soutenir une affaire en justice sans en avoir préalablement obtenu l'agrément de la chambre syndicale [6].

Non-seulement les agents de change sont soumis à la juridiction de la chambre syndicale, mais les commis même de chaque agent de change sont sous la surveillance directe de cette chambre, de manière que rien de ce qui touche aux intérêts de la compagnie ne puisse échapper à son contrôle.

On comprend facilement toute la puissance que procure à la compagnie des agents de change une telle organisation, et comment il se fait que, dans les marchés d'effets publics, ses règlements et ses décisions, exécutés avec une discipline toute militaire, aient force de loi.

[1] *Règlement général*, titre Ier, art. 8.
[2] *Règlement particulier*, titre Ier, art. 5.
[3] *Règlement particulier*, titre VIII, art. 2. — *Règlement* du 19 mai 1845 pour la liquidation, art. 8.
[4] *Règlement particulier*, titre Ier, art 1er.
[5] *Règlement particulier*, titre II, art. 1er.
[6] *Règlement particulier* du 19 novembre 1832.

Les agents de change doivent consigner sur des livres spéciaux toutes les opérations faites par leur ministère, et inscrire chaque opération, aussitôt qu'elle est commencée, sur un agenda spécial ou carnet, dont le texte fait foi en justice, sans être dispensés de faire signer par les parties les bordereaux ou actes constatant les opérations qu'ils ont effectué.

Le Code de commerce et toutes les lois sur la matière interdisent aux agents de change de faire aucune opération pour leur compte ou de cautionner envers tous autres que leurs collègues les engagements qu'ils prennent au nom d'autrui, à peine d'amende et de destitution. Mais dans les marchés au comptant la loi suppose que l'agent de change reçoit toujours de son client les fonds ou les titres nécessaires pour exécuter les opérations qui sont l'objet de l'ordre à exécuter, et elle le rend responsable envers le client de l'exécution des ordres donnés. Cette responsabilité est déterminée par l'arrêté des consuls du 27 prairial an X, dont l'article 13 contient la disposition suivante :

« Chaque agent de change devant avoir reçu de ses clients les effets qu'il vend, ou les sommes nécessaires pour payer ceux qu'il achète, *est responsable de la livraison et du payement* de ce qu'il aura vendu ou acheté : son cautionnement sera affecté à cette garantie et sera saisissable en cas de non-consommation, dans l'intervalle d'une bourse à l'autre, sauf le délai nécessaire [1] au transfert des rentes ou autres effets publics dont la remise exige des formalités. »

Ainsi, dans les marchés au comptant, la responsabilité de l'agent de change envers son client est claire et celle de l'agent de change par lequel l'opération a été faite envers son confrère ne l'est pas moins. Mais dans les marchés à terme la législation est plus obscure. Un arrêt du Conseil, du 7 août 1785, confirmé par l'ordonnance du 19 novembre 1823, annule les marchés « d'effets royaux et autres quelconques qui se feraient à terme et *sans livraison desdits effets ou dépôt réel d'iceux* constaté par acte dûment contrôlé, au moment même de la signature de l'engagement. » La loi du 28 vendémiaire an IV dit :

[1] « Dans les six jours à partir de l'opération. » *Règlement général.* — Si les titres ou les fonds ne sont pas remis au temps prescrit, le client pourra porter plainte à la chambre syndicale. *Même règlement*, titre VI, art. 4.

« CHAP. II. — ART. 4. — Attendu que les marchés à terme ou à prime ont déjà été interdits par de précédentes lois, tous ceux contractés antérieurement au présent décret sont annulés, et il est défendu d'y donner aucun suite. »

Le Code pénal contient même (art. 421) des peines contre une classe insaisissable de marchés à terme, qu'il appelle *paris* et qu'il définit ainsi :

« ART. 422. — Sera réputée pari de ce genre toute convention de vendre ou de livrer les effets publics qui ne seront pas prouvés par le vendeur avoir existé à sa disposition au temps de la convention, *ou avoir dû s'y trouver au temps de la livraison.* »

Pour que les effets publics *doivent* se trouver à la disposition du vendeur au temps de la livraison, il suffit qu'il ait acheté pour le même terme, et c'est ce qui arrrive presque toujours, justement par le mouvement même du jeu que le Code veut réprimer. Cet article est donc tout simplement inapplicable.

Quoi qu'il en soit, les marchés à terme, consacrés par l'usage, acceptés dans une mesure par la jurisprudence du tribunal de Commerce, mais invariablement repoussés par celle de la Cour de Cassation, n'offrent d'autre garantie certaine que celle qui résulte des règlements mêmes de la Compagnie des agents de change. Le Règlement général établit la responsabilité des agents de change envers leurs collègues pour leurs opérations, soit au comptant, soit à terme [1], indifféremment, et affecte leur cautionnement à cette responsabilité. La responsabilité de l'agent de change envers le client n'est pas aussi clairement définie. Dans la pratique, tous les efforts de la chambre syndicale tendent à rendre cette responsabilité aussi effective et aussi étendue que possible, et on peut dire qu'elle est complète, à quelques rares exceptions près [2].

Depuis la promulgation du Code de commerce et la fixation du nombre des agents de change, qui est aujourd'hui le même qu'en 1723, les diverses opérations qu'ils ont seuls le droit d'ef-

[1] *Règlement général*, titre IV, art. 3.

[2] Ces exceptions étaient autrefois beaucoup plus nombreuses. On lit dans l'ouvrage de M. Coffinières : *De la Bourse et des spéculations sur les effets publics*, publié en 1825 : « Sur cent vingt-un individus qui avaient figuré au tableau des agents de change depuis vingt-deux ans, quatre se sont suicidés de désespoir de ne pouvoir remplir leurs engagements, et soixante-un ont failli, en faisant éprouver une perte considérable à leurs créanciers. »

fectuer se sont tellement multipliées qu'ils ont abandonné, comme nous l'avons déjà dit, la négociation des lettres de change dont ils se contentent de constater le cours, ainsi que celui des matières d'or et d'argent. Non-seulement la plupart des agents de change ont plusieurs associés, mais un grand nombre d'hommes d'affaires, que l'on désigne sous le nom de coulissiers ou courtiers marrons, sans autre titre que la confiance libre de leur clientèle, empiètent sur le privilége des agents de change malgré les lois, règlements et arrêtés de police. Toutefois la grande masse des affaires se fait par l'entremise des agents de change dont le privilége ne peut être éludé, lorsqu'il s'agit d'effets nominatifs, par conséquent sujets aux transferts, et qui d'ailleurs présentent des garanties apparentes à tous les yeux. En effet, outre son cautionnement de 125,000 fr., l'agent de change offre au public toute la garantie morale de la chambre syndicale investie par le règlement de pouvoirs fort étendus pour « veiller à la sûreté de la compagnie et de chacun de ses membres : » cette chambre peut mander devant elle tout agent de change dont les opérations donneraient des inquiétudes à la compagnie, pour s'assurer s'il a pris toutes les précautions nécessaires pour l'exécution de ses engagements : elle peut exiger à cet égard de l'agent appelé devant elle les garanties qu'elle juge indispensables, même le dépôt des valeurs dans la caisse de la chambre syndicale[1].

Mais aussi quelle n'est pas la responsabilité qui résulte de la confiance imposée par la loi au public pour l'agent de change ! Quelles sommes en titres et en espèces sont déposées entre ses mains ! Quelle masse d'engagements ne couvre-t-il pas ! et outre la responsabilité pécuniaire, quelle responsabilité morale ne résulte pas pour lui du pouvoir d'exécuter à telle heure qu'il veut et sans contrôle des ordres donnés de loin, des départements ou par des personnes peu habituées aux opérations de bourse et qui mettent en lui toute leur confiance !

Ce sont les règlements de la Compagnie des agents de change, les décisions, délibérations et avis de la chambre syn-

[1] *Règlement particulier*, titre I, art. 4.

dicale, qui ont fait pour le marché des rentes et effets publics une sorte de code particulier qui est la loi de la Bourse. C'est la Compagnie des agents de change qui décide que telle ou telle valeur sera ou ne sera pas cotée à la Bourse; que les négociations à terme auront lieu par telle ou telle somme prise comme unité ; que chaque agent de change exigera de ceux de ses clients qui spéculent sur telle ou telle valeur une garantie réelle plus ou moins considérable; que cette garantie, qui n'était pas exigée hier, sera exigée demain; que, par conséquent telle personne qui spécule aujourd'hui pourra se trouver demain violemment expulsée du marché; que les liquidations des divers marchés à terme auront lieu tel jour, en telle forme et que les incidents qui s'y rapportent seront réglés de telle ou telle manière, etc. Quel pouvoir !

Le maximum du courtage perçu par les agents de change est fixé par un avis du tribunal de commerce de la Seine, en date du 26 messidor an IX, approuvé par les ministres de l'intérieur et des finances. Cet avis fixe le courtage « pour la négociation des effets publics, à raison *du quart d'un franc* par cent francs du net produit de la négociation, payable par le vendeur et autant par l'acquéreur. » Mais ce tarif n'est perçu que dans les cas où l'agent de change agit en vertu d'un mandat judiciaire et dans d'autres cas exceptionnels. Par l'effet de la concurrence et surtout par leur propre intérêt, les agents de change sont toujours portés à abaisser le taux de leurs courtages; mais des arrêtés de la chambre syndicale établissent un minimum et des règles auxquelles chacun d'eux est tenu de se conformer. Le courtage ordinaire sur les affaires au comptant est de 1/4 pour °/₀ sur plusieurs fonds étrangers et sur les actions d'un grand nombre de sociétés particulières, et de 1/8 pour °/₀ sur les rentes françaises, bons du Trésor, actions de la Banque, du Comptoir national, des sociétés de crédit foncier et mobilier, des diverses compagnies de chemins de fer, etc.

Le courtage est perçu sur le capital nominal de la rente : ainsi 3,000 fr. de rente 3 pour °/₀ sont passibles du même courtage que 4,500 fr. de rente 4 1/2. Pour les actions, le courtage est perçu sur le net produit de la négociation, et l'on suppose toujours que le capital nominal est payé. Ainsi, lorsqu'une action dont le capital primitif est de 500 fr. se vend 800 fr., le courtage est perçu sur cette dernière somme, soit que les 500 fr. du capital nominal aient ou n'aient pas été versés par les premiers souscripteurs.

Les négociations de rentes et d'actions ont lieu tous les jours non fériés de une heure à trois heures, à la criée, autour de la corbeille de la Bourse, dans un espace réservé aux seuls agents de change et qu'on nomme le *parquet*. Les règlements de la Compagnie des agents de change interdisent à ces officiers publics de conclure aucune affaire en course ou dans leur cabinet et même sur le parquet autrement qu'à la criée. Mais il serait assez difficile de comprendre comment certaines opérations, les reports, par exemple, pourraient se faire autrement que de gré à gré.

§ 2. — *Des divers titres qui se négocient à la Bourse de Paris.*

Il se négocie à la Bourse de Paris des titres de toute sorte. Le cours des plus importants seulement ou des plus favorisés est inscrit sur la cote officielle rédigée par les agents de change. Ce sont ces titres sur lesquels la spéculation se porte le plus volontiers. Les autres représentent des capitaux moins importants et portent des dénominations très-variées ; ils se négocient le plus souvent dans la coulisse, sans ministère d'agents de change.

Les titres qui fournissent la matière des négociations les plus habituelles, sont les rentes françaises, quelques rentes étrangères, les bons du Trésor, les actions de la Banque de France, du Comptoir d'escompte, des compagnies de chemins de fer françaises et en général les actions des compagnies anonymes [1]. Les titres sur lesquels se fait en ce moment le plus grand nombre d'affaires, sont les inscriptions de rente, les actions de chemins de fer et des sociétés de crédit mobilier et foncier.

Rentes françaises. — Les rentes sur l'État sont perpétuelles : elles portent actuellement la dénomination de 4 1/2, 4 et 3

[1] Voir pour plus de détails l'excellent *Manuel des fonds publics et des sociétés par actions*, par M. Alph. Courtois fils.

p. °/₀. Les arrérages de ces rentes sont payés, tous les six mois, par le trésor public, savoir : le 22 mars et le 22 septembre, pour les rentes 4 et 4 1/2 p. °/₀ ; le 22 juin et le 22 décembre, pour les rentes 3 p. °/₀. Lorsqu'on dit que le 4 1/2 p. °/₀, jouissance du 22 septembre, est à 104, cela signifie que 4 fr. 50 de rente annuelle, dont 2 fr. 25 payables le 22 mars suivant, se vendent à la Bourse 104 fr. Dans le prix de la rente, vendeurs et acquéreurs tiennent compte de ces 2 fr. 25 payables plus ou moins prochainement. De même, lorsqu'on dit que le 3 p. °/₀, jouissance du 22 décembre est à 77, cela signifie qu'une inscription de 3 fr. de rente annuelle, dont 1 fr. 50 payables le 22 juin suivant, se vend à la Bourse au prix de 77 fr.

On appelle *coupon* [1] cet intérêt semestriel, et on dit que le coupon est détaché de l'inscription le 7 mars et le 7 septembre, pour le 4 1/2 et le 4 p. °/₀ ; le 7 juin et le 7 décembre, pour le 3 p. °/₀, parce que l'arrérage semestriel est payé à celui qui était propriétaire de l'inscription à ces dates. Il en résulte que la valeur réelle des rentes, à la Bourse, est diminuée de 2 fr. 25 pour le 4 1/2, de 2 fr. pour le 4 p. °/₀, du 6 au 7 mars et du 6 au 7 septembre, de 1 fr. 50 pour le 3 p. °/₀ du 6 au 7 juin et du 6 au 7 septembre.

Actions. — Après les inscriptions de rentes françaises, les actions des diverses compagnies anonymes et particulièrement celles qui ont pour objet l'exploitation des chemins de fer, fournissent les titres les plus connus et dont la négociation est la plus facile. La plupart de ces actions ont pris en quelque sorte un titre uniforme. Leur coupure courante est de 500 fr. et il y en a un grand nombre au porteur, ce qui rend les négociations à la fois plus commodes et plus promptes.

Les obligations des compagnies de chemin de fer, les titres d'emprunt de la ville de Paris, les lettres de gage du crédit foncier, qui assurent aux détenteurs la jouissance d'annuités rachetables à diverses conditions, forment la matière de nombreuses transactions à la Bourse de Paris.

[1] Les rentes au porteur ont en effet un coupon d'arrérages joint au titre, et qui est détaché chaque fois que les arrérages sont payés. Les rentes nominatives n'ont point de coupon. Le payement des arrérages est constaté par l'apposition d'un timbre spécial au dos du titre.

Les titres négociables sont classés ou déclassés. On appelle rentes ou actions *classées*, celles qui appartiennent à des capitalistes qui les ont acquises pour les conserver et en toucher les arrérages ou dividendes, et qui ont fait cette acquisition comme un placement permanent. Ces capitalistes ne vendent leurs inscriptions ou actions que lorsqu'ils en ont besoin. On considère les rentes et actions classées comme retirées du marché, parce qu'en effet elles y sont rarement vendues et achetées.

On appelle rentes et actions *déclassées*, celles qui appartiennent à des capitalistes qui ne les conservent pas comme placement, mais qui s'en servent à spéculer ; qui n'achètent que pour revendre et ne vendent que pour racheter, afin de réaliser un bénéfice sur la différence des prix d'achat et des prix de vente. Ces rentes et actions sont l'élément habituel de la spéculation qui s'exerce à la fois par des marchés au comptant et par des marchés à terme.

Nous n'avons point parlé spécialement des fonds étrangers, ni des actions industrielles étrangères, parce que les opérations auxquelles donnent lieu ces deux sortes de titres ne diffèrent qu'en quelques détails insignifiants de celles qu'on fait sur les fonds français et sur les actions industrielles françaises. Les valeurs étrangères ne se négocient pas à la Bourse de Paris aussi couramment qu'à celle de Londres, le plus grand marché de capitaux qu'il y ait au monde, et on n'opère habituellement sur les valeurs de cette espèce qu'au moment de leur émission. Encore faut-il qu'elles soient émises par une maison bien connue et accréditée sur la place.

Il n'y a pas longtemps que les gouvernements qui sont souvent les moins dignes de crédit en obtiennent cependant sur les marchés de Londres et de Paris en se mettant sous la protection d'une maison puissante. On attribue à M. Nathan Meyer Rotschild, de Londres, l'introduction dans les affaires des titres étrangers au porteur dont les intérêts étaient payables à Londres et à Paris. C'est ainsi qu'il put négocier facilement l'ancien emprunt de Naples, dont les banquiers les plus hardis hésitaient à se charger.

On appelle *éventualités* les titres dont la valeur est incertaine et problématique, tels que le cautionnement acquis à l'État d'une compagnie en déchéance, etc. Il y a des États étrangers dont les emprunts sont considérés à juste titre comme des éventualités, parce que le payement des arrérages est indéfiniment suspendu.

§ 3. — *Des marchés au comptant.*

Les achats au comptant sont des affaires sérieuses : ils ont en général pour but des placements durables de capitaux, en vue du revenu que peut produire le titre, plutôt qu'en vue d'un bénéfice résultant de la plus-value du titre lui-même. Ces achats se traitent assez souvent avant l'ouverture de la Bourse, au *cours moyen* du jour, ou autrement à la criée en la forme ordinaire.

On fait aussi au comptant des spéculations, c'est-à-dire des achats et des ventes pour profiter de la plus-value ou de la moins-value présumée du titre acheté ou vendu.

Toute spéculation, quelle qu'en soit la forme, est fondée sur la hausse ou la baisse des cours. De là la distinction familière, mais juste, qu'on fait journellement à la Bourse entre les *haussiers* et les *baissiers*. Celui qui spécule à la hausse achète, celui qui spécule à la baisse vend. Pierre croit à une hausse prochaine : il achète 15,000 fr. de rente 3 p. °/₀ au cours de 75 fr., soit moyennant la somme de 375,000 fr., qu'il échange à l'instant contre une inscription de 15,000 fr. Bientôt ses prévisions sont justifiées ; les cours s'élèvent à 77 fr., il vend son inscription et en retire 385,000 fr., soit 10,000 fr. de bénéfice, sous déduction des 625 fr. de courtages d'achat et de vente. Si au contraire le cours tombe à 73 fr., il ne pourra vendre qu'en subissant une perte nette de 10,000 fr., plus les courtages.

Paul présume que le cours de la rente baissera ; il vend et attend pour racheter, que les cours soient redescendus de manière à lui faire prévoir une hausse prochaine. Rien ne force, il est vrai, Pierre à revendre ni Paul à racheter : le premier peut garder son inscription et le second son argent ; ni l'un ni l'autre, une fois son marché consommé, n'a d'engagement à remplir. C'est pourquoi les spéculateurs prudents préfèrent presque toujours les affaires au comptant.

Mais toute spéculation est un jeu, et la passion du jeu dédaigne les chances médiocres : peu lui importe la sécurité relative des marchés au comptant ! Ces marchés exigent des capitaux considérables en raison de la médiocrité des chances qu'ils offrent. Il n'y a donc qu'un assez petit nombre de spéculations au comptant ; les nouveaux venus ou les hommes dont la prudence est à toute épreuve et qui sont riches s'y livrent seuls ; les spéculateurs habitués aux opérations de la Bourse préfèrent jouer gros jeu au moyen du crédit, et ils contractent divers marchés à terme, fermes ou à prime.

§ 4. — *Marchés fermes.*

La légalité des marchés à terme ayant été toujours au moins contestée par la jurisprudence, ils ont été l'objet, de la part de la Compagnie des agents de change, de toute une série de règlements auxquels la constitution puissante de cette Compagnie a donné, en quelque sorte, force de loi. En premier lieu, pour rendre l'arithmétique des liquidations plus simple, il a été arrêté qu'on n'admettrait dans les marchés à terme que certaines sommes de valeurs ou leurs multiples. Ainsi le minimum de négociation pour divers titres a été fixé de la manière suivante :

2,250 fr. de rente 4 1/2 p. 0/0,
2,000 fr. de rente 4 p. 0/0,
1,500 fr. de rente 3 p. 0/0,
25 actions de la Banque,
25 actions des Quatre Canaux,
10 obligations du canal de Bourgogne,
25 obligations de l'emprunt Belge,
25 obligations de l'emprunt Romain,
500 ducats de rente de Naples,
250 piastres rente perpétuelle d'Espagne,
25 obligations de l'emprunt royal d'Espagne,
25 obligations de l'emprunt d'Haïti,
25 actions des chemins de fer,
Et quantités analogues pour autres effets[1].

Ces quantités, on le remarquera, sont calculées de manière à donner toujours les mêmes courtages de 12 fr. 50 c. ou de 25 fr., à l'exception des actions de chemins de fer sur lesquelles le courtage varie avec les cours. Le courtage ordinaire

[1] *Règlement particulier*, titre V, art. 1er.

sur les marchés à terme est de 1/8. On ne le paye qu'une fois en cas de vente et achat pendant la même bourse.

En exposant le mécanisme des marchés à terme, nous n'exposons pas autre chose que les dispositions principales des règlements et usages établis par la Compagnie des agents de change. Nous en prévenons le lecteur une fois pour toutes, afin de ne pas le fatiguer par des citations.

Aujourd'hui, 1er octobre, Pierre veut spéculer à la hausse sur le 3 p. °/₀ qui est au cours de 77 fr. Il fait acheter de Paul, par l'intermédiaire de son agent de change, 3,000 fr. de rentes « livrables à fin courant fixe ou plutôt à volonté » ; telle est la formule du marché. A fin courant [1], le cours de la rente s'est élevé d'un franc, et elle se cote à 78, de telle sorte que l'inscription de 3,000 fr., achetée 77,000 fr., en vaut maintenant 78,000, soit 1,000 fr. de plus. Pierre peut, s'il le veut, revendre son inscription au cours, en même temps qu'il en prend livraison, et réaliser un gain de 1,000 fr., moins le courtage. Pour faire une telle opération, pas n'est besoin de posséder actuellement les 77 ou 78,000 fr. : il suffit de pouvoir couvrir les différences probables en moins, et l'agent de change n'exige pas d'autre garantie ou couverture que celle de ces différences.

Toute spéculation à la hausse coïncide nécessairement, dans les marchés à terme, avec une spéculation simultanée à la baisse. Dans l'exemple que nous venons de prendre, Paul pensait que le prix des fonds baisserait; que 3 fr. de rente 3 p. °/₀, au lieu de se vendre 77 fr., se vendraient à fin courant à 76 ou 75 fr. ; qu'ainsi il pourrait livrer, moyennant 76 ou 75,000 fr., ce qu'il avait vendu 77,000, et réaliser, par conséquent, un gain de 1,000 ou de 2,000 fr.

Dans ce marché, remarquons-le, Pierre n'achète point 3,000 fr. de rente pour placer un capital; Paul ne les vend point pour réaliser un capital dont il ait besoin. Ni l'un ni l'autre, souvent, n'est porteur de l'inscription achetée ou vendue; ni l'un ni l'autre n'est propriétaire du capital nécessaire pour acquérir; ils jouent simplement l'un contre l'autre, pariant, le

[1] On verra plus loin que le marché est liquidé non sur le cours du dernier jour du mois, mais sur un cours de convention du 1er du mois suivant.

premier, que 3 fr. de rente 3 p. °/₀ se vendront plus cher à fin courant qu'au commencement du mois; le second, que 3 fr. de rente 3 p. °/₀ se vendront moins cher. Tout ce que l'un gagne, l'autre le perd nécessairement, et ils ne produisent rien à la société ni l'un ni l'autre.

Afin d'éluder les lois qui défendent les jeux de ce genre, on écrit dans le contrat : « Livrable à terme fixe ou plutôt *à volonté.* » Grâce à cette dernière clause, et à l'interprétation qu'elle reçoit de l'usage, l'acheteur à terme a la faculté d'exiger livraison de l'inscription qui fait l'objet du marché cinq jours après avoir prévenu le vendeur au moyen d'une affiche apposée par son agent dans le cabinet des agents de change. On dit alors que l'acquéreur *escompte* son marché en le réalisant avant terme.

Si Paul est propriétaire de l'inscription de 3,000 fr., peu lui importe l'escompte, parce qu'il est toujours prêt à livrer. Mais si, comme il arrive très-souvent, la vente a eu lieu à découvert, c'est-à-dire si le vendeur n'est pas propriétaire du titre, il faut qu'il se le procure, ce qui introduit sur le marché un acheteur qui ne s'y serait pas présenté et qui s'attendait simplement à recevoir ou à payer une différence. Cet acheteur nouveau augmente la demande sur le marché du comptant, et concourt ainsi malgré lui et contre son intérêt à élever le cours.

Aussi l'escompte est-il un moyen énergique employé fréquemment par les spéculateurs à la hausse, qui disposent de grands capitaux, pour élever et soutenir les cours.

On appelle *liquidation*, à la Bourse, comme partout ailleurs, l'opération par laquelle les contrats s'accomplissent et les engagements s'éteignent. L'escompte précipite la liquidation du marché ferme.

La liquidation des marchés fermes sur rentes a lieu au commencement du mois qui suit les opérations. Elle est effectuée au cours moyen des effets au comptant, cotés pendant la première heure de la Bourse du 1er de chaque mois, et doit être terminée le 4. Elle se fait entre agents de change comme les marchés eux-mêmes, chaque agent étant responsable envers ses confrères des ventes et des achats auxquels il a prêté son ministère, et, par suite, personnellement tenu des obligations de ses clients qui ignorent en général à qui ils ont vendu et de qui ils ont acheté. L'acheteur doit toujours être prêt à prendre livraison : si, le terme venu, il ne veut ou ne peut payer, les titres acquis par lui, livrables à la fin du mois, sont vendus le lendemain à ses risques, par les soins du syndic des agents de change. L'usage accorde au vendeur quatre jours de terme pour livrer; s'il n'est pas en mesure, à l'expiration de ce délai, l'inscription qui fait l'objet de la vente est achetée à son compte par le syndic des agents de change et livrée à qui de droit. Tout se résout ordinairement en différences payables par l'acquéreur, le dernier du mois, et par le vendeur le 4 du mois suivant.

Depuis le 15 juin 1844, il y a deux liquidations par mois sur les chemins de fer, l'une le 15, l'autre à la fin du mois. Elles se font de la même manière que les liquidations des marchés sur la rente, et sont soumises aux mêmes règles, aux mêmes usages.

La périodicité et l'uniformité des liquidations déterminent le temps sur lequel court la spéculation de l'acheteur ou du vendeur à terme. Des variations en hausse ou en baisse, qui ont lieu sur les cours durant cette période, résultent les chances de gain ou de perte qu'il court, et, par conséquent, l'importance des valeurs qu'il doit déposer chez l'agent de change qui le cautionne vis-à-vis de ses collègues à titre de *couverture* ou de garantie. C'est parce que la valeur des actions a semblé plus variable que celle des rentes que l'on a établi pour ces actions des liquidations plus rapprochées : il en est résulté plus d'activité dans les opérations, plus de péripéties, et, en même temps, plus de sûreté pour les agents de change et plus de bénéfices sur le courtage des reports.

Les marchés simples à terme portent le nom de marchés *fermes*, parce qu'ils ne permettent à aucun des deux contractants de renoncer au contrat ou même d'en différer l'exécution.

§ 5. — *Marchés libres ou à prime.*

Il n'en est pas de même des marchés libres ou à prime qui

sont également à terme; ils diffèrent des marchés fermes en ceci, que l'acheteur peut y limiter ses chances de perte, tout en conservant ses chances de gain illimitées, par une condition résolutoire.

Au moyen du dépôt d'une prime, c'est-à-dire d'une somme qu'il doit verser effectivement, à titres d'arrhes, l'acquéreur obtient la faculté de jouir des avantages de son marché, si les cours lui deviennent favorables, et de l'annuler, si les cours lui sont contraires, en abandonnant ses arrhes ou sa prime. Ainsi, dans ce marché, la perte de l'acquéreur, qui forme le gain éventuel du vendeur, est limitée, tandis que le gain de de l'acquéreur, qui forme la perte éventuelle du vendeur, est sans limites.

Le dernier jour de Bourse du mois, dans les *cinq minutes* qui suivent 2 heures et demie, a lieu la *réponse des primes*. L'acheteur à prime doit déclarer à son vendeur si son marché est « solide, » c'est-à-dire s'il entend prendre livraison, ou, comme on dit, *lever* le titre qu'il a acheté : à défaut de *réponse*, la prime est acquise au vendeur. S'il y a réponse à la prime, le marché libre se trouve transformé en marché ferme.

Pierre veut acheter à prime ou par marché libre 3,000 fr. de rente 3 p. °/₀ à fin octobre. La prime est fixée par le rapport de l'offre et de la demande à 1 fr. par 3 fr. de rente, soit 1,000 fr. Cette somme est versée de suite, et Pierre achète au cours, soit à 75 fr. à fin courant.

Si, à la fin du mois, la rente est à 73 fr., il refuse de lever le titre, parce que la livraison lui imposerait une perte de 2,000 fr. : il préfère abandonner sa prime. Si la rente est à 76 ou plus haut, il lève l'inscription sur le prix de laquelle il se trouve avoir payé 1,000 fr. à compte. Aussi dit-on en termes de Bourse qu'il a acheté à 75 fr. *dont un*, ce qui signifie : dont un franc par 3 fr. de rente est payé d'avance à titre de prime.

Les spéculateurs ne bornent guère leurs opérations mensuelles à un seul marché : il modifient très-souvent le lendemain, par une opération en sens contraire, l'opération qu'ils avaient faite la veille. Ils aiment aussi les arrangements complexes, les péripéties, le mouvement, et ils ont trouvé par la liaison des marchés fermes et des marchés libres toute une série de combinaisons compliquées et savantes d'une utilité médiocre et dont la description nous conduirait trop loin de notre sujet [1].

Les marchés libres suivent en général les mêmes usages que les marchés fermes. L'acquéreur a la faculté d'escompter, et le terme fatal de la liquidation est le dernier jour du mois pour lui, et le 4 du mois suivant pour le vendeur.

Il existe aussi des marchés libres dans lesquels la prime est donnée par le vendeur qui limite ses chances de perte, tandis que celles de l'acquéreur restent illimitées. On dit alors que la prime est *pour recevoir*. Les choses se passent en sens inverse, mais de la même façon que dans le marché à prime proprement dit.

Les marchés libres sont ceux que préfèrent les spéculateurs ardents : on les voit conclure, non-seulement à fin de mois, mais à terme rapproché, quelquefois du jour au lendemain et même d'une heure à l'autre, sur parole et sans le concours des agents de change.

§ 6. — *Reports.*

Ce mot reçoit à la Bourse trois acceptions différentes :

1° On appelle *report* la convention qui reporte un marché ferme d'une liquidation à la suivante. Ce report sert à prolonger une opération, soit en hausse soit en baisse.

Pierre a acheté par marché ferme 3,000 fr. de rente 3 p. °/₀ livrables à la fin d'octobre. Ce terme échu ou même avant l'échéance, Pierre veut-il reporter son opération à la fin de novembre, il vendra, livrable à fin octobre, son inscription de 3,000 fr., et la rachètera en même temps, livrable fin novembre. S'il existe une différence en plus ou en moins entre le prix d'achat primitif et le prix de vente à fin octobre, cette différence est sur-le-champ reçue ou payée par Pierre, et l'opération à la hausse faite du 1er au 31 octobre se trouve reportée

[1] Le lecteur qui désirerait des renseignements plus complets sur les marchés à terme et sur les affaires de Bourse en général, les trouvera dans le volume intitulé : *Des Opérations de Bourse*, par M. A. Courtois fils. C'est la meilleure publication spéciale qui ait été faite sur cette matière.

du 31 octobre au 30 novembre. Supposons que Pierre ait conclu tous ces marchés successifs avec le même adversaire, Paul : celui-ci aura reporté, par des engagements en sens inverse, une spéculation à la baisse de la fin d'octobre à la fin de novembre.

2° On nomme aussi *report* la différence qui existe habituellement entre le cours de la rente au comptant et le cours de la rente à fin du mois, différence qui résulte du nombre et de l'importance des opérations à terme, soit à la hausse, soit à la baisse. Ce report donne lieu à des opérations particulières.

Ainsi le 3 p. °/₀ est à 75 fr. au comptant et à 75 fr. 50 fin courant. Pierre a des capitaux-écus disponibles : il achète au comptant 15,000 fr. de rente au prix de 375,000 fr. et il vend au même instant, ferme et à fin courant, cette rente au prix de 377,500 fr. Il réalise par ce moyen, dans le temps qui est à courir entre le jour de son opération et la fin du mois, sous déduction de l'intérêt de ses fonds et du double courtage de l'agent de change, un gain de 2,500 fr., sans courir aucun risque à peu près, quel que soit le cours du marché à la fin du mois.

Un autre jour, les spéculateurs à la baisse sont les plus nombreux : le 3 p. °/₀ est coté à 75 fr. au comptant et fin courant à 74 fr. 50. Pierre se trouve en ce moment porteur d'inscriptions : il les vend au comptant à 75 fr. et en même temps les rachète fin courant à 74 fr. 50. Devenu capitaliste par la vente au comptant, il escompte son marché ferme, c'est-à-dire force son vendeur à lui livrer la rente de suite ou à payer le report de 50 c., soit 2,500 fr.

Ces deux opérations sur le report-différence ne peuvent être faites que par des hommes qui ont réellement en leur possession des capitaux dans le premier cas, des rentes dans le second : elles ne sont point à la portée du grand nombre des spéculateurs et ne constituent pas, à proprement parler, une spéculation, mais un placement temporaire de fonds ou de rentes. Elles conviennent également aux capitalistes et aux banquiers, qui s'y livrent fréquemment. On remarquera que ces opérations tendent incessamment à rapprocher les cours à terme des cours au comptant, les conditions du marché aléatoire des conditions du marché vrai, du marché au comptant.

Le *report sur prime* ne diffère que très-peu de celui-ci. Il consiste à acheter fin courant ou à la prochaine liquidation une certaine quantité de rentes ou actions par marché ferme et à les revendre à prime pour la même époque, de manière à bénéficier sur la différence des cours fermes et à prime.

Pierre, par exemple, achète 4,500 fr. de rente à fin courant au cours de 105 fr. et il revend au même instant l'inscription ainsi achetée à 104 fr. *dont un*. Si la prime est levée, Pierre a gagné la différence qui existait entre les deux cours, soit 1,000 fr.; si la prime est abandonnée, l'inscription lui reste à 103 fr., c'est-à-dire à 1 fr. au-dessous du prix auquel il a acheté. Les opérations de ce genre tendent à empêcher que les cours au comptant, ferme et à prime, ne s'écartent beaucoup l'un de l'autre.

3° Le mot *report* a une autre acception beaucoup plus usitée et qui se rapporte à des opérations plus fréquentes et plus familières aux banquiers. Lorsque la spéculation est active; lorsque surtout, dans un certain temps, les fonds ont une tendance à la hausse, il arrive presque toujours qu'une quantité considérable de rentes se déclasse, c'est-à-dire sort des mains des capitalistes sérieux qui profitent de l'élévation du prix pour vendre, et passe aux mains des spéculateurs. Tant que la hausse dure, les rentes étant nécessairement demandées, tout va bien; mais peu à peu les livraisons effectives faites à des hommes qui spéculent uniquement sur les différences, finissent par les gêner et les forcer à vendre. Alors les vendeurs qui spéculent en sens contraire, offrent, le plus qu'ils peuvent, livraison réelle au moment des liquidations, et les acheteurs, n'ayant plus de fonds pour lever les inscriptions, sont obligés de s'en procurer à tout prix ou de transiger.

Pierre a spéculé à la hausse et, ne calculant que les différences probables du cours, il a acheté 15,000 fr. de rente 3 p. % à fin courant à 76 fr. A la fin du mois, la rente à terme est à 75 fr. 60 c. et la rente au comptant à 74 fr. 80 c.: il offre à son vendeur de lui payer la différence des cours qui est de 2,000 fr. Mais le vendeur, qui se trouve porteur d'inscription, exige que Pierre exécute le marché, lève l'inscription. Celui-ci, auquel il faudrait 380,000 fr. pour cela, n'en a que 20,000, que 10,000 peut-être de disponibles. Que faire? Il offre de transiger, de reporter l'opération à la fin du mois suivant, moyennant une indemnité, soit 1/2 par 3 fr. de rente, soit 2,500 fr.

Le vendeur a-t-il besoin de ses fonds, il refuse tout report et exige la liquidation immédiate du marché, l'exécution pure et simple du contrat. Pierre, en cette extrémité, recourt à son agent de change qui, dans la prévision d'accidents de ce genre, est toujours en rapport avec des capitalistes. L'un de ceux-ci consent à fournir les fonds nécessaires pour lever l'inscription et la conserver jusqu'à la fin du mois suivant, moyennant les 2,500 fr. de report. Ce point arrêté, on prend livraison : la rente est remise ou tranférée au capitaliste qui en a fait les fonds, et vendue à terme pour la fin du mois suivant à Pierre, au prix auquel il l'avait primitivement achetée, augmenté de celui du report, à 76 fr. 50 c. Pierre a un mois devant lui pour trouver un acquéreur ou des fonds et liquider son opération avec le capitaliste qui lui a fourni les premiers : s'il ne trouve ni l'un ni l'autre, c'est à recommencer.

Sur les actions de chemins de fer, le report est d'une liquidation à l'autre, c'est-à-dire du 1er au 15 ou du 15 à la fin du mois.

Le capitaliste ou le banquier qui fait le report ne spécule point à proprement parler : il prête sur dépôt de rentes ou d'actions. Cependant il peut arriver que l'emprunteur soit insolvable au moment de l'opération ou qu'il le devienne dans le mois ou dans la quinzaine, soit par des spéculations malheureuses, soit par une baisse considérable des rentes ou des actions sur lesquelles il a opéré, qui ne lui permette pas de trouver un acquéreur pour couvrir son imprudence. En ce cas l'inscription reste au prêteur, capitaliste ou banquier, sauf recours contre l'emprunteur ou plutôt d'un agent de change contre l'autre. — Les fonds empruntés sur report coûtent souvent au spéculateur un intérêt fort élevé, jusqu'à 12, jusqu'à 24 p. % sur la rente et jusqu'à 3 p. % d'une liquidation à l'autre, c'est-à-dire à 72 p. % sur les actions industrielles.

Le *déport* est l'opération inverse du report. Il arrive souvent que, pour ne pas subir les conséquences d'une hausse, et surtout pour ne pas l'augmenter par une nouvelle demande sur le marché, le vendeur de titres qui, en liquidation, ne se trouve pas en mesure de livrer, aime mieux emprunter un titre que de l'acheter. Cet emprunt prend, comme le report, la forme d'une vente. Celui qui emprunte un titre l'achète au comptant à un prix et le revend en liquidation à son prêteur à un prix inférieur au premier de tout le montant du déport, toujours sous la responsabilité de l'agent de change. Pierre, vendeur de 4,500 fr. de 4 1/2 p. °/₀ à 103, n'a pas l'inscription qu'il lui faudra livrer en liquidation. Il l'emprunte au moyen d'un déport, en l'achetant au comptant à 104, et en la revendant à fin courant à 103 fr. 50 c. Le prêteur du titre aura bénéficié de la différence de 50 centimes sans que les intérêts de son inscription aient cessé de courir à son profit.

Dans le report, le prêteur est nanti d'un titre : dans le déport, il est nanti d'une somme d'argent; il ne court de chances que sur la différence et sous la responsabilité de l'agent de change.

Le *report* et le *déport* ne sauraient, comme on peut le remarquer, exister en même temps. Le report a lieu quand il y a momentanément sur le marché plus de titres offerts que de titres demandés, le déport, quand il y a plus de titres demandés que de titres offerts. On dit que celui qui emprunte des espèces *se fait reporter* et que celui qui prête *reporte*.

§ 7. — *Avantages des grands capitaux.*

Les arrangements et usages en vigueur à la Bourse facilitent singulièrement à tout le monde l'entrée dans les opérations de jeu. Quoi de plus simple, en effet? Vous avez cent, deux cent mille francs, ou plus, ou seulement 40,000, seulement 10,000 : vous les portez chez un agent de change à titre de couverture, et il devient dès cet instant votre banquier, votre comptable, votre commissionnaire. Vous pouvez donner vos ordres : tant qu'ils ne font pas naître des risques éventuels supérieurs à la somme que vous avez déposée, ces ordres sont exécutés ponctuellement. Vous vendez, vous achetez des titres pour une valeur décuple du capital déposé, chaque jour, s'il vous plaît, sans autre peine que de vouloir et d'ordonner. Vous n'avez nul besoin de chercher acheteur ou vendeur, de vous préoccuper des recettes, des payements, des livraisons de titres : c'est l'affaire de l'agent qui vous répond de tout : vous pouvez vous livrer tout à loisir aux calculs, aux espérances, aux émotions, doubler votre capital, le tripler, le vingtupler ou, plus souvent encore, presque toujours, le perdre. En tout cas, et quel que soit pour vous le résultat final des opérations, chacune d'elles a produit à l'agent un courtage qui s'est déduit de vos gains ou ajouté à vos pertes et auquel il a bien droit pour s'être mis à votre service, pour avoir administré vos fonds et vos titres avec une telle exactitude et une telle rapidité qu'ils ont été à chaque instant plus à la disposition de votre volonté que s'ils étaient restés matériellement entre vos mains.

Mais si les conditions d'entrée à la Bourse sont faciles et accessibles à tous, elles sont loin de présenter à tout le monde les mêmes chances de succès. Le marché des fonds publics est fréquenté par trois classes d'hommes : ceux qui, disposant de capitaux considérables, se sont fait une profession de spéculer sur les fonds et effets publics; ceux qui, avec des capitaux médiocres, se sont fait aussi une profession de la spéculation; et ceux qui, ayant dans la société une autre profession et des capitaux d'importance moyenne plus ou moins disponibles, viennent chercher dans la spéculation un moyen nouveau pour eux d'augmenter leur fortune en peu de temps. Les premiers font habituellement les cours, les seconds les prévoient ou essayent de les prévoir, les troisièmes opèrent au hasard.

Les trois classes se distinguent dans la pratique à ce signe certain, que les derniers vont chez l'agent de change donner leurs ordres, tandis que l'agent de change va prendre à domicile les ordres des premiers. Entre les deux classes se trouvent ceux chez lesquels vont les commis de l'agent de change.

Dans cet étrange marché où la plupart des vendeurs et des acheteurs ne savent pas avec qui ils opèrent, les petits spéculateurs et les nouveaux venus ne connaissent que leur agent de change chez lequel sont déposés le plus souvent leurs fonds et leurs titres et autour duquel ils s'agitent, achetant ou vendant sur une parole, sur une conjecture, au hasard, sans aucune donnée certaine sur le résultat de leurs opérations. L'habitué de Bourse n'a sur le spéculateur d'occasion qu'un avantage, c'est d'être quelquefois informé un peu plus vite et de savoir mieux s'y prendre pour se retourner et annuler une fausse opération : il connaît mieux la manœuvre des marchés à terme.

Mais pour peu que l'on réfléchisse à l'ensemble des règles qui constituent en quelque sorte le code des marchés à terme, on s'aperçoit bien vite que les spéculateurs de première classe, qui joignent à la possession de capitaux importants l'habitude des spéculations de Bourse, jouissent d'avantages tels, qu'ils sont en réalité les maîtres du marché dans les temps ordinaires. Ils peuvent à volonté exiger livraison effective, ou forcer livraison comme vendeurs dans les marchés à terme, c'est-à-dire agir énergiquement dans le sens de la hausse ou de la baisse, et eux seuls le peuvent.

Les spéculateurs de première classe, habitués à tenir dans les reports une somme considérable de capitaux, peuvent augmenter ou diminuer à volonté cette somme, de manière à exercer une influence très-directe et irrésistible sur les petits spéculateurs en faisant hausser ou baisser le prix des reports. Ainsi une grande maison ayant 10 millions employés en titres, 10 millions en reports et 10 millions en espèces, aura fait une série de marchés à terme tels qu'il lui est expédient d'avoir une hausse. Elle offre ses 10 millions espèces sur le marché des reports dont le prix s'abaisse, et les petits spéculateurs à la hausse, c'est-à-dire acheteurs, sont dispensés de se liquider, c'est-à-dire de vendre, pour le moment. De là une puissante cause de hausse. La même maison veut-elle une baisse à la liquidation suivante? Elle retire les 20 millions qu'elle a placés en reports, de manière à forcer les petits spéculateurs à la hausse à vendre par l'impossibilité ou la difficulté de se faire reporter. Ils se trouvent, à l'égard de cette maison, dans la situation de l'emprunteur sur gage dont le créancier refuse de continuer le prêt afin de pouvoir acquérir le gage à vil prix. — La même maison peut faire au besoin, par le moyen du déport, des opérations inverses.

Les grands spéculateurs ont encore à leur disposition un moyen plus efficace et plus direct. En effet, il y a bien trois cours de rente : 1° au comptant; 2° à terme; 3° à prime; mais les cours qui règlent la liquidation des marchés fermes et à prime ne peuvent jamais s'écarter beaucoup du comptant vers lequel ils sont ramenés sans cesse par les reports et par les escomptes qui ne leur permettent ni de s'abaisser beaucoup au-dessous, ni de s'élever beaucoup au-dessus du cours au comptant.

Or le cours au comptant s'établit, dans les temps ordinaires, sur un petit nombre de ventes effectuées par des particuliers étrangers à la spéculation, d'après leurs besoins. Le spéculateur qui dispose de grands capitaux peut toujours, en même temps qu'il fait des marchés à terme, dominer le marché au comptant où les affaires réelles s'élèvent au cinquantième à peine de la somme des marchés à terme et dont le cours règle tous les autres. Un tel spéculateur opère-t-il à la hausse : lorsque approche le moment de la liquidation, il lui suffit de demander, pendant quelques jours, de faire acheter au comptant une somme considérable des rentes ou des actions sur lesquelles il a opéré : la hausse est inévitable sur les trois cours. Spécule-t-il à la baisse : à l'approche de la liquidation, il offre sur le marché au comptant de fortes parties de rentes ou d'actions, et une baisse opportune lui donne la facilité de liquider ses opérations à terme avec avantage. Par ce moyen, il compense et bien au delà, sur les marchés à terme, qui roulent sur des chiffres énormes de valeurs fictives, les pertes qu'il peut subir sur les marchés au comptant. Qu'importe une perte de 1 p. % sur 10 à celui qui se procure, par ce moyen, un gain de 1 p. % sur 50 ?

Si plusieurs capitalistes de premier ordre opéraient en même temps en sens opposé, il s'établirait entre eux une lutte dans laquelle la victoire resterait à celui que le mouvement naturel des affaires sérieuses, du marché au comptant, viendrait à favoriser. Mais ce serait un jeu plein de périls auquel les possesseurs de grands capitaux n'ont garde de se livrer. A quoi bon courir des risques, lorsqu'on peut opérer à coup sûr? En vérité, on ne peut assez admirer l'ardeur des spéculateurs vulgaires qui achètent et vendent dans l'obscurité la plus profonde, au hasard, sans connaître la portée de ce qu'ils font.

Les gens du monde et les joueurs novices se font généralement une idée fort inexacte de la manière dont sont conduites les spéculations de bourse et des circonstances qui déterminent les cours. On suppose que le prix des titres qui font la matière des spéculations et celui de la rente en particulier, sont sous l'influence directe des événements et des nouvelles politiques. C'est une grave erreur : les nouvelles et les événements politiques n'exercent une influence sensible sur les cours qu'autant qu'ils ont assez d'importance pour affecter le crédit, ce qui est heureusement assez rare. Mais le préjugé populaire a fait gagner bien souvent de fortes sommes aux spéculateurs capitalistes expérimentés, qui opéraient en sens inverse de la nouvelle ou de l'événement auquel le public inexpérimenté attribuait une grande importance. Ainsi, par exemple, on prévoit un traité de paix : tous les petits spéculateurs opèrent à la hausse ou achètent, et il vient même du dehors des gens étrangers à la spéculation qui opèrent dans le même sens. Le grand spéculateur laisse faire pendant quelques jours, puis il vend à petit bruit, de manière à ne pas interrompre le mouvement de hausse. Vient la liquidation : il livre, réalise le prix de ses titres et force les petits spéculateurs à la hausse à vendre à bas prix pour se liquider ou à accepter des reports à des conditions onéreuses. Une baisse violente suit presque toujours la réalisation d'un événement qui doit exercer et qui exerce réellement sur le crédit une influence favorable.

Il n'y a qu'une seule cause de hausse ou de baisse des titres de Bourse, c'est le rapport de l'offre et de la demande entre les capitaux et les titres, l'état du marché du crédit. Tout événement qui amène des capitaux sur le marché tend à la hausse, tout événement qui y amène des titres tend à la baisse. Mais ce règlement du marché ne s'effectue que peu à peu, lentement, sur un long espace de temps. Dans un court espace de temps, hors les cas d'événements soudains et très-importants, les mouvements du marché sont à la discrétion des grands capitalistes.

Le petit spéculateur ne diffère guère du joueur de roulette. Ses émotions sont aussi rapides, car il n'a garde de se borner à une seule opération par liquidation. Il achète et vend presque chaque jour, souvent plusieurs fois dans la même journée, suivant ses prévisions plus ou moins fondées, annulant un achat par une vente et une vente par un achat, supputant ses bénéfices ou ses pertes, au gré de la fluctuation perpétuelle du cours, objet unique et constant de ses pensées ou de ses rêves. Il n'est pas d'horizon plus borné que le sien : pour lui, il n'y a rien au delà de la liquidation, et, le plus souvent, rien au delà de la semaine courante, car, pour passer le dimanche à peu près tranquille, il se liquide, c'est-à-dire balance ses achats par ses ventes le samedi, quand il le peut. On s'étonne quelquefois de voir monter les cours, bien que tous les hommes de prévoyance moyenne voient dans un avenir prochain, à un mois, par exemple, des causes de baisse. Qu'importe au joueur? La question pour lui est de savoir si, du jour où il opère, jusqu'à la liquidation, il n'y aura pas un jour de hausse, un seul. On s'étonne aussi quelquefois de voir des joueurs faire de grands profits sans intelligence commerciale ou autre, comme s'il était besoin d'intelligence pour gagner à un jeu de hasard?

Les petits joueurs s'attachent quelquefois à calculer la portée financière des événements, à supputer les résultats probables d'une nouvelle vraie ou fausse sur le cours des fonds. Ils ont les yeux fixés sur les causes naturelles de hausse ou de baisse, et ce sont des causes artificielles qui régissent les cours dans les temps ordinaires. — « J'ai gagné! mes calculs étaient justes; je suis un habile politique! » — Point. Vous avez opéré dans le même sens que MM. X, Y, Z, et vous n'en saviez rien. — Les révolutions seules déroutent quelquefois les combinaisons que l'on pourrait appeler de force majeure des grands capitalistes; encore les révolutions même n'ont pas toujours ce résultat.

Si de semblables combinaisons se produisaient souvent, elles auraient bien vite découragé la spéculation par la ruine successive et prompte des petits spéculateurs. Aussi ne sont-elles pas très-fréquentes ; la spéculation sur les rentes ou actions n'est qu'une distraction pour les détenteurs de grands capitaux, et ils préfèrent opérer sur les émissions d'actions industrielles, chaque fois que l'offre de capitaux tend à augmenter d'une façon permanente.

§ 8. — *Émission des actions industrielles.*

Les actions industrielles anciennes, classées, dont le produit est connu, ne donnent guère lieu à des opérations à livrer, à moins que des causes spéciales et accidentelles, telles qu'un accroissement de concession, une fusion, etc., ne les signalent à l'attention des spéculateurs. Il en est autrement des actions en émission. Dès que celles-ci sont émises par un banquier accrédité, quelle que soit leur valeur intrinsèque, elles sont assurées d'une hausse, à moins que les capitaux mobiliers ne soient ou ne deviennent rares. Pourquoi? Uniquement parce que les spéculateurs de profession ont confiance dans le banquier qui émet les actions, et qu'ils ont l'habitude de le suivre. Cette hausse est si bien prévue qu'elle a donné lieu à une mendicité d'un genre nouveau, qui s'est répandue au delà de ce que l'on pourrait imaginer.

Une Compagnie est fondée au capital de 40, 50, 100 millions, divisés en actions de 500 fr. ou de 1,000 fr., par exemple, pour la confection et l'exploitation d'un chemin de fer. Aux termes de l'acte de société, les actionnaires doivent verser le montant de leurs actions en quatre ou cinq termes successifs. Toutes ces actions sont prises immédiatement, au pair, par un ou plusieurs grands capitalistes qui versent le premier terme, soit un cinquième. Aussitôt ces capitalistes sont assaillis de demandes : des gens du monde, des femmes, des diplomates, des danseuses, des magistrats, des militaires, viennent solliciter bien humblement, qui 20, qui 30, qui 100, qui 500 actions au pair. Est-ce pour faire un placement sérieux? Ont-ils besoin de placer des fonds? Ont-ils même les fonds nécessaires pour acquérir la propriété intégrale des actions qu'ils sollicitent? Nullement, mais ils savent que ces actions se coteront en hausse à la Bourse dès le premier jour, que les spéculateurs se les arracheront à 50, 100, 500 fr. de prime, selon l'état du marché; qu'ils achèteront, par exemple, 150, 200, 600 fr. une action de 500 fr. sur lesquels 100 fr. seulement ont été versés, qui a coûté, par conséquent, 100 fr. au pair. On se propose de vendre, de réaliser la prime avant l'échéance du second terme qui amène un nouveau versement d'un cinquième. Celui qui sollicite au pair 100 actions de 500 fr., sait fort bien que, moyennant 10,000 fr., il obtient un titre qu'il peut vendre à l'instant 15,000, 20,000 fr. C'est une aumône de 5,000, de 10,000 fr. qu'il demande au capitaliste ou fondateur [1], et lorsque celui-ci l'accorde, il doit avoir ses raisons.

En effet, il intéresse à son affaire et engage dans sa spéculation un grand nombre de personnes placées de manière à lui être utiles, soit auprès de l'opinion, soit auprès du gouvernement, ou dans les assemblées délibérantes. Le cercle des spéculateurs s'étend, et il est difficile que les capitaux disponibles ne soient pas entraînés dans le mouvement qui se produit : bientôt ces capitaux viennent, en effet, pour spéculer parfois, mais pour rester engagés au besoin. Tel capitaliste de département retirera les fonds qu'il avait en dépôt chez son banquier, exigera le remboursement d'un prêt hypothécaire, pour venir acheter des actions de chemins de fer. Cependant la Compagnie s'organise, elle fonctionne, emploie les 100 fr. par action versés dans ses caisses, et réclame un second versement. A ce moment, d'ordinaire, l'émission est accomplie, les spéculateurs, les gens du monde, surtout détiennent encore beaucoup de titres, et les capitalistes qui cherchent un placement durable en ont quelque peu. Ceux-ci versent le second terme; parmi les spéculateurs, les uns ont recours aux expédients et le versent aussi. Le capitaliste de département, que nous avons tout à l'heure pris pour exemple, réalise à outrance les créances liquides qu'il peut avoir sur le commer-

[1] Cela est si vrai que, dans ces derniers temps, une maison expérimentée a pris le parti de garder les titres et d'envoyer des bons de caisse pour le montant de la différence aux personnes qu'elle jugeait hors d'état d'acquitter et de garder au besoin les actions.

çant ou l'industriel de sa localité ; au besoin même, de prêteur qu'il était, il devient emprunteur et engage ses immeubles. Un certain nombre de spéculateurs, qui ne peuvent faire le second versement, vendent leurs titres à tout prix, ou on les vend pour eux. Il se produit naturellement alors un mouvement de baisse dont les habiles savent profiter, puis la hausse reprend son cours. Les mêmes oscillations se produisent à chaque versement, jusqu'à la libération entière de l'action qui finit par rester aux mains d'un capitaliste sérieux. A mesure que cette action prend une valeur certaine, la spéculation s'en éloigne, la quitte pour une autre, et l'action se classe ; son prix se règle sur le revenu qu'elle produit. Que de primes gagnées et perdues avant qu'elle soit parvenue à ce point !

Il est arrivé plusieurs fois, notamment en 1837 et 1847, que les actions industrielles, trop abondantes pour l'état du marché, sont restées en suspens aux mains des banquiers et des spéculateurs, à défaut de preneurs disposés à payer les primes. On voyait alors les travaux s'arrêter, les engagements envers l'État laissés en souffrance, puis modifiés au profit des compagnies, de manière à relever les cours.

CHAPITRE XVII.

DEUX SORTES D'OPÉRATIONS DE BANQUE.

Lorsque nous avons défini successivement le commerce des matières d'or et d'argent, le change des monnaies, les dépôts, les virements, les recouvrements, les arbitrages, l'escompte, les comptes courants, les émissions de billets au porteur, les prêts hypothécaires et sur nantissement ou consignation, les commissions diverses, soit pour l'émission de titres d'emprunt ou d'actions industrielles, soit pour recevoir ou payer au nom et pour le compte du commettant, il a été facile d'indiquer et de déterminer le service rendu au public, par le banquier, dans chaque opération.

Il n'en est pas de même lorsqu'il s'agit de l'intervention du banquier comme soumissionnaire d'emprunt, soumissionnaire ou fondateur de grandes compagnies industrielles, et surtout comme spéculateur de Bourse. Il n'est ni utile à l'intérêt d'un emprunt, ni à celui d'une grande entreprise industrielle, que leurs titres soient vendus en gros et ensuite revendus au détail au moyen de la spéculation. On a dit, il est vrai, que les hommes avaient besoin d'être trompés pour entrer dans les grandes affaires auxquelles ils ne se portaient que sous la conduite de certains chefs de file connus et accrédités; on l'a dit plusieurs fois et sous diverses formes, à la tribune et ailleurs, lorsqu'il y avait une tribune.

Cette nécessité de tromper les capitalistes, d'exciter leur avidité par la spéculation, de les étourdir au bruit des opérations de la Bourse, n'est pas démontrée le moins du monde. Il est vrai qu'il y a des habitudes prises, des usages établis, une sorte de prescription en faveur de l'agiotage. Mais lorsque des capitaux réellement disponibles existent sur le marché et y cherchent un placement, il est bien probable qu'ils viendraient d'eux-mêmes sans qu'il fût nécessaire de faire tant de bruit autour des émissions de titres. On les a vus venir ainsi quelquefois, même en France; il est vrai qu'en ces cas ils achetaient les titres moins cher. Du reste le commerce régulier ne se sert pas d'*allumeurs*; il laisse ce moyen de succès aux débitants de marchandises suspectes.

Les spéculations de Bourse, dit-on, sont utiles, parce que les fonds et les hommes qu'elles emploient servent à soutenir le cours de la rente et des valeurs industrielles, puisque, après tout, ils en détiennent une portion importante, déclassée, il est vrai, mobile, changeant de mains à tout instant, mais fixée dans la spéculation, comme la monnaie, qui change à tout instant de maître, est fixée dans la circulation. — Oui, mais la monnaie sert aux échanges qui sont utiles, tandis que les capitaux et les hommes engagés dans la spéculation ne servent à rien, pas plus que les hommes et les capitaux engagés autour d'une table de jeu.

Les spéculations de Bourse comprises sous le nom collectif d'agiotage, et les opérations fondées sur ces spéculations, se détachent par leur caractère de toutes les autres opérations de banque, de la même façon que le commerce de spéculation se distingue du commerce de consommation que l'on peut appeler commerce normal. Il existe donc deux sortes de banques bien distinctes, celle du commerce et celle de la spéculation.

La première prend part aux travaux, aux soucis, aux risques de la production de laquelle elle attend son salaire. Le banquier du commerce marche à la tête des entrepreneurs de travail, dont il est le confident, le conseiller, le guide et l'appui. Ses intérêts sont liés de la manière la plus étroite et jusqu'à la solidarité aux intérêts de ceux qui travaillent, qui produisent : s'il l'oubliait un moment, il lui suffirait de considérer son portefeuille où l'alliance des signatures atteste sur chaque effet la solidarité des intérêts, pour sentir aussitôt le lien étroit qui le rattache à sa clientèle. Que celle-ci prospère, il prospère aussi; qu'elle fasse peu d'affaires ou se ruine, aussitôt il languit et se trouve exposé aux catastrophes.

Comme le producteur de tout rang, le banquier du commerce a un intérêt direct et très-grand à ce que les affaires conservent une allure régulière et calme, sans oscillations violentes de hausse ou de baisse, sans déplacement fortuit et violent des propriétés. Il n'a rien à gagner aux crises et elles peuvent le compromettre; n'est-il pas entrepreneur lui-même? les capitaux qu'il a prêtés ne sont-ils pas plus ou moins engagés? n'a-il pas à craindre que l'élévation soudaine du prix des capitaux oisifs ne lui enlève ceux qui sont en dépôt chez lui? n'a-t-il pas à craindre qu'une contraction de crédit entraîne des faillites dans sa clientèle? n'est-il pas assuré que cette contraction réduira le chiffre général des affaires et surtout le chiffre des siennes?

Le banquier du commerce attend ses bénéfices du travail et non du jeu; il doit donc désirer que le crédit s'étende le plus possible du côté du travail, que les capitaux aillent aux mains de ceux qui peuvent le mieux les faire valoir; que tout capital oisif vienne sur le marché, que tout homme oisif travaille, que tout homme ignorant apprenne à travailler plus et mieux, à créer des richesses qui donnent de nouveaux moyens d'échange et ouvrent des débouchés nouveaux à ceux qui travaillent déjà. Tous les monopoles lui sont hostiles, tous les priviléges nuisibles, toutes les entraves apportées à la production odieuse. Peu lui importe que le taux courant de l'intérêt soit bas ou élevé, puisqu'il le paye d'une main en même temps qu'il le reçoit de l'autre; mais il lui importe beaucoup et toujours que les placements soient sûrs et que les engagements soient exactement remplis.

Le banquier du commerce est, jusqu'à un certain point, le censeur, le modérateur et, à l'occasion, le promoteur de la production. L'influence qu'il exerce autour de lui, en bien ou en mal, est énorme, selon qu'il est ignorant ou éclairé, sage ou téméraire, probe ou de foi légère, libéral ou enclin au monopole. Mais si ses défauts nuisent à ceux qui ont des affaires avec lui, ils lui nuisent aussi à lui-même, et il est sans cesse ramené au bien par le sentiment de son propre intérêt. En somme, on peut dire à juste titre qu'il est peu de citoyens dont les services fassent moins de bruit et soient plus utiles à la société que ceux du bon banquier de commerce.

Lorsqu'on lui compare le banquier spéculateur, quel contraste ! Celui-ci n'est pas un entrepreneur de travail; c'est un capitaliste attentif à toujours conserver la disponibilité de ses fonds et à en tirer avantage, chaque fois qu'il se produit un embarras dans le mouvement général des affaires. Le banquier spéculateur entre-t-il dans le commerce des marchandises, il y tend au monopole. Le commerçant ordinaire étudie les chances des cours; le spéculateur cherche les moyens de les dominer ou plutôt de faire les cours lui-même. Au lieu de pousser les capitaux vers le travail, de les y appuyer, de les y maintenir, il les attire vers le jeu et l'agiotage. Que lui importe le travail? ce sont les capitaux joueurs qui lui fournissent ses bénéfices. Autant le banquier du commerce est intéressé à propager autour de lui le goût du travail, la tenue, l'ordre, la prévoyance dans les affaires, l'exactitude dans les engagements, autant l'autre est intéressé à répandre le goût du jeu, des gains rapides sans travail aux dépens d'autrui, la témérité dans les spéculations, le mépris pour la valeur intrinsèque des affaires. Le premier exerce dans la société une sorte de magistrature, le second y excite sans cesse les plus détestables passions.

Et ceci est indépendant du caractère personnel des hommes : les nécessités de profession sont impérieuses ; on ne leur échappe point. Dans l'une et l'autre banque, il est vrai, le but individuel immédiat est le même, gagner de l'argent. Mais pour en gagner beaucoup le banquier du commerce a besoin que ses clients travaillent beaucoup et bien, qu'ils soient intelligents, actifs, honnêtes. Le banquier spéculateur n'a pas besoin de cela, il lui suffit de rencontrer des capitalistes disposés à jouer. S'ils sont ignorants, tant mieux, s'ils manquent de courage au travail, tant mieux ! s'ils sont fripons, intrigants, tant mieux ! Ses bénéfices n'en seront que plus beaux et le jeu que mieux assuré. Y a-t-il quelque part des capitaux honnêtement engagés dans la production rapportant lentement un intérêt médiocre : la spéculation les appelle à grand bruit, les enlève au travail et les pousse dans le ferme, dans la prime, et ils y périssent.

La banque de commerce et la banque de spéculation ont des intérêts diamétralement opposés, des allures toutes différentes [1]. Il importe de ne jamais les confondre, soit lorsqu'il s'agit d'affaires privées, soit lorsqu'il s'agit de discuter les questions qui se rapportent à l'organisation générale du crédit, ou de peser leurs prétentions opposées, et d'établir entre elles une préférence, une raison de décider. Dans la pratique, il importe surtout que le banquier du commerce soit bien prémuni contre les tentations de la spéculation, qu'il ne se laisse pas aller à des opérations contraires à ses habitudes, étrangères à ses connaissances spéciales et à l'assiette de sa maison. Il lui serait impossible de se livrer au jeu et de réussir dans ses affaires courantes, et il agirait peu honnêtement en employant dans la spéculation des capitaux qui ne lui appartiennent pas et qui lui ont été confiés pour un autre usage.

D'ailleurs si la spéculation est un jeu, il est certain que les

[1] A Londres, la plupart des banquiers de commerce n'admettent pas chez eux comme commis ceux qui ont l'habitude de jouer sur les fonds, et ils renvoient ceux de leurs commis qui jouent à la Bourse.

chances n'y sont pas égales. Celui qui tient le jeu court peu de risques, mais ceux qui y prennent part en courent de très-grands, surtout lorsqu'ils ne sont pas habitués au marché, lorsqu'ils résident dans les départements. Aussi, presque toutes les fois que les banquiers et les capitalistes des départements ont voulu prendre part aux spéculations de Bourse, ils y ont éprouvé des pertes; ils ont acheté la veille de la baisse, vendu la veille de la hausse, et fini par supporter les chances des opérations hasardées.

LIVRE III.

Comment se combinent les diverses Opérations de banque.

Il ne suffirait pas d'avoir décrit, même complétement et avec la dernière exactitude, les diverses parties dont se composent les machines : l'engrenage, la vis, la poulie, etc., pour faire comprendre l'établissement et la marche des différents mécanismes. De même, en matière de banque, c'est peu de chose d'avoir décrit et énuméré une à une les opérations ; il faut encore montrer comment elles se combinent entre elles pour produire les résultats demandés.

En effet, une maison de banque est un instrument organisé, une sorte de machine commerciale dont toutes les parties doivent être combinées de manière à se prêter un mutuel appui pour atteindre le but, qui est un bénéfice. En mécanique, le problème posé au constructeur est d'obtenir l'effet utile avec le moins de force possible ; en banque, il s'agit de réaliser le profit recherché avec le moindre capital possible. En mécanique, il faut proportionner la puissance du moteur et de la machine à la résistance à vaincre ; en banque, il en est de même ; seulement le moteur est un capital, et la machine se compose de la combinaison, calculée d'avance, des opérations.

Les diverses opérations de banque peuvent se combiner à l'infini et être faites dans des conditions très-différentes, suivant les temps et les lieux, suivant les habitudes et les aptitudes du banquier et de ceux avec lesquels il travaille. Là il faut de grands capitaux; ici, au contraire, une petite somme suffit : en ce pays, les opérations se succèdent lentement; ailleurs, elles sont actives et multipliées. Ce serait folie de vouloir tenter la description des combinaisons possibles et même celle des combinaisons existantes; mais il est utile d'indiquer les traits généraux de celles qui sont les plus connues, les plus usitées, en France particulièrement. C'est peut-être la meilleure manière d'énoncer et de faire comprendre les principes généraux de l'art du banquier.

CHAPITRE I.

CHANGE SUR PLACE.

Le change des monnaies ne peut suffire à l'alimentation d'un commerce spécial que dans les grands centres de population, dans les ports et aux frontières, partout enfin où il existe un grand mouvement de personnes appartenant à différents pays. Les changeurs réalisaient autrefois de grands bénéfices dans les foires, et ils font encore des affaires importantes à celle de Beaucaire. Dans l'intérieur, ce commerce est exercé comme un accessoire de la joaillerie.

On peut faire le change des monnaies avec un capital médiocre : cependant, la nécessité de réaliser trop promptement les opérations pourrait faire perdre de belles occasions de bénéfices, lorsque, par exemple, il se manifeste une demande soudaine d'or contre de l'argent ou réciproquement, et de telle monnaie contre telle autre.

Il est facile de comprendre combien la possession d'un grand capital, disponible au besoin, peut être utilisée à certains moments dans cette branche de commerce. Aussi la plupart des changeurs combinent-ils leurs opérations avec l'achat au détail des matières d'or et d'argent, qui ont un prix courant et qui se réalisent avec facilité par la vente ou par le monnayage. Ceux qui ne peuvent, par ce moyen, donner un emploi suffisant à leurs capitaux, et qui veulent les trouver à l'occasion sans les laisser inactifs, s'en servent à l'escompte des bons du Trésor, des bons de monnaie, des bons de Mont-de-Piété, au payement par anticipation des arrérages de rentes. Ces opérations s'effectuent sur des titres connus, qui ne donnent ni les embarras d'un examen, ni craintes, ni doutes, qui sont négociables facilement, en tout temps, de manière à procurer, au besoin, des rentrées promptes et assurées.

En dehors de ces escomptes et dans le cercle ordinaire de ses affaires, le changeur n'achète ni ne vend du crédit; toutes ses opérations sont au comptant. S'il accepte des dépôts, c'est dans les mêmes conditions que tout autre marchand. S'il trouve et prend à crédit une partie ou la totalité des monnaies qui lui sont nécessaires en magasin, il se met dans le cas du marchand dont le capital serait insuffisant et qui y suppléerait, soit par une commandite directe, soit par l'emploi d'un crédit équivalent. Cette situation est en dehors des conditions spéciales du commerce du changeur.

Toutefois le changeur aurait sur le négociant ordinaire cet avantage, qu'une marchandise réalisable à tout instant et à un prix peu variable lui permettrait de remplir ses engagements sans courir de grandes chances de perte. C'est pourquoi sans doute le changeur accepte facilement des dépôts.

CHAPITRE II.

BANQUES DU COMMERCE.

§ 1. — *Définition et principe fondamental.*

Le banquier du commerce est un intermédiaire entre les capitaux qui cherchent un placement et le travail qui cherche des capitaux, ou, comme nous l'avons dit ailleurs, un marchand de crédit. On peut jusqu'à un certain point le comparer à un commissionnaire qui est toujours ducroire ou garant des opérations qu'il fait.

Le banquier n'est donc point, à proprement parler, un capitaliste; c'est un négociant dans les affaires duquel le capital propre n'est qu'une sorte de cautionnement, une garantie des engagements pris envers les tiers. Sans doute la possession d'un capital puissant assure au banquier, comme à tout autre commerçant, des avantages considérables; mais ce capital n'est point l'instrument principal et nécessaire de son commerce. On comprend l'existence d'une maison de banque avec un capital médiocre et même, à la rigueur, sans capital : en général, du reste, le capital propre n'est qu'un accessoire dans une maison activement conduite.

C'est pourquoi le banquier n'est pas directement intéressé, comme on le croit vulgairement, à ce que le loyer des capitaux soit élevé. Lorsque le cours de l'intérêt est bas, ses affaires sont plus courantes, les dépôts deviennent plus abondants, les placements plus faciles et plus sûrs que dans les temps où les capitaux sont rares et le taux de l'intérêt élevé; de telle sorte que s'il existe entre les prétentions respectives du capital et du travail quelque opposition, la cause du banquier est liée à celle du travail.

Quelles que soient les opérations du banquier, et quelque forme qu'elles affectent, elles viennent toujours se résumer, en définitive, en emprunts et en prêts. Donnons, pour simplifier, le nom de *dépôts* à toutes les créances passives, quelles que soient leur forme et leur origine, et le nom de *placements* à toutes les créances actives, quelles que soient également leur origine et leur forme. Ainsi, la remise d'une valeur en recouvrement, ou celle d'un effet remboursable en retour, est un dépôt aussi bien qu'un versement effectif d'espèces; ainsi, une sortie de valeurs ou d'espèces, à découvert ou par suite d'un escompte, est un placement. Nous ne parlons pas du payement final par lequel se liquide toute opération, parce qu'il n'est qu'une dépendance nécessaire de l'opération elle-même.

Les dépôts constituent l'ensemble des engagements du banquier envers les tiers; les placements constituent l'ensemble des obligations des tiers envers lui : si l'accomplissement de celles-ci est toujours plus ou moins incertain, il est bien certain, au contraire, qu'un jour ou l'autre l'exécution des engagements pris par le banquier sera réclamée. Dans la constitution d'une banque, la nature et la condition des dépôts est donc le premier et le plus important sujet d'étude, car les dépôts sont le point de départ et, si l'on peut s'exprimer ainsi, le pivot sur lequel repose l'ensemble des opérations : les placements ne sont qu'une conséquence, une dépendance. Le banquier doit pourvoir d'abord, et avant tout, à l'exécution régulière de ses engagements : c'est la condition même de son existence; le soin de réaliser des bénéfices ne vient qu'en seconde ligne.

Il faut que les placements se règlent sur les dépôts, de manière à fournir en tout temps les moyens de faire face aux besoins. Si donc les dépôts sont consentis pour peu de temps ou même exigibles sur demande, les placements doivent être faits à des termes très-courts : lorsque la somme des dépôts est mobile et sujette à des variations, les placements doivent être faciles à réaliser et à réduire, car s'ils n'avaient pas ce double caractère, le banquier serait exposé à manquer à ses engagements. Les dépôts à long terme et remboursables à une époque fixe permettent des placements plus longs.

En tout cas, et en règle générale, la nature et la condition des placements doivent dépendre de la nature et des conditions auxquelles les dépôts sont faits. Ce rapport nécessaire entre les deux sortes d'opérations peut, à juste titre, être considéré comme le principe fondamental de l'art du banquier.

Tout le commerce de la banque est fondé sur l'exécution exacte et précise des engagements pris. Il ne suffit pas que chaque somme empruntée ou prêtée soit payée ou reçue; il faut encore que le payement ait lieu à jour fixe. Lorsqu'il fait un placement, le banquier doit donc veiller à ce que ce placement soit sûr et réalisable à une époque déterminée : il doit tenir compte des chances de remboursement exact avec autant de soin que de la sûreté même des fonds prêtés ; car il peut être ruiné par une restitution tardive aussi bien que par le défaut de restitution. La nécessité de proportionner jour par jour les ressources aux besoins domine tout le commerce ; mais elle est plus sensible et plus impérieuse dans celui du crédit que dans tout autre.

§ 2. — *Classification des banques de commerce.*

D'après ce principe invariable du rapport de dépendance qui doit exister entre les dépôts et les placements, on peut diviser théoriquement les banques de commerce en trois classes distinctes :

1° Maisons qui opèrent sur les dépôts mobiles du commerce.

Ces maisons, comme toutes les autres, conduisent leurs opérations sous la forme des comptes courants. Elles reçoivent en dépôt soit des versements d'espèces, remboursables à vue ou à courts jours, soit des remises de valeurs en recouvrement ; elles placent, tantôt par l'escompte de valeurs à courte échéance, tantôt par remise en recouvrement à des banquiers correspondants.

On comprend tout d'abord que les maisons ainsi constituées opèrent sur le papier des négociants riches ou peu engagés, dont le compte courant mobile est presque toujours créditeur, non-seulement en comptabilité et dans la forme, mais en réalité. Ces négociants ne présentant à l'escompte ou en recouvrement que des valeurs à courte échéance, donnent ordinairement autant de crédit qu'ils en reçoivent, et si, par exception, ils réclament une avance, c'est pour peu de temps.

Le bénéfice du banquier dans les opérations de ce genre résulte plutôt des commissions multipliées et du chiffre élevé des sommes encaissées et remises que de la différence des intérêts. A Paris et dans les grandes villes, les comptes courants du commerce de gros et du commerce de spéculation et les arbitrages peuvent alimenter des maisons de ce genre. Dans les départements, on obtient une combinaison analogue par une concentration de recouvrements et de négociations de banquier à banquier.

Les maisons constituées exclusivement sur les dépôts mobiles et sur la remise de valeurs brûlantes, c'est-à-dire très-rapprochées de l'échéance, sont les plus faciles à administrer et à conduire. Ce sont aussi celles qui peuvent être conduites, toute proportion gardée, avec le plus petit capital et qui présentent, par conséquent, les plus belles chances de bénéfices.

Mais comme les avantages d'une constitution semblable sont très-sentis par les hommes d'affaires, la concurrence est extrême et les comptes courants des bonnes maisons de gros sont recherchés au delà de ce qu'on peut imaginer. Naturellement, ces maisons profitent de leur situation pour obtenir les conditions les plus favorables et réduire à la plus simple expression les profits du banquier. Celui-ci parvient difficilement à établir avec ses clients des relations intimes et durables : chaque jour il lui faut débattre ses prix et passer par des alternatives de hausse et de baisse dans le chiffre de ses affaires. En outre, les dépôts exigibles sur demande ou à courte échéance l'obligent à conserver toujours en caisse une somme considérable et à faire les placements les plus réalisables qui, recherchés par tous les capitalistes, sont ceux qui produisent le plus médiocre intérêt.

Aussi existe-t-il en France peu de maisons constituées spécialement dans les conditions que nous venons de décrire. On en trouve un certain nombre à Londres où le banquier est en quelque sorte le caissier du commerce de gros et où une masse considérable de grandes affaires donne lieu à des négociations à la fois sûres et actives. Chez nous, ces opérations, que nous appellerons *de première classe*, sont plus divisées, soit parce que les affaires sont moins considérables et moins actives, soit parce que les opérations de caisse du commerce n'ont pas encore été transportées, comme à Londres, chez les banquiers, soit parce que la Banque de France absorbe le meilleur papier dans ses portefeuilles.

2° Maisons qui opèrent sur des dépôts mixtes.

Les comptes courants mobiles de première classe ne suffisant pas aux capitaux et à l'activité des banquiers, il s'est ouvert des comptes d'un autre genre. Des personnes étrangères au commerce ont apporté leurs économies en dépôt pour un terme assez long ; en même temps, des commerçants dont les affaires ne suffisent pas habituellement à l'emploi de leurs capitaux ont fourni à leur banquier des fonds disponibles pour un certain temps. Les uns et les autres, en considération d'un intérêt qui leur était bonifié, ont consenti à laisser leurs fonds chez le banquier plusieurs mois, quelquefois plusieurs années, jusqu'à placement permanent et définitif. A côté de ces comptes, ils s'en est établi d'autres : des commerçants qui avaient plus d'activité que de capitaux ont présenté à l'escompte des valeurs à moyenne ou à longue échéance et réclamé le secours du crédit. L'intelligence du banquier a mis promptement en rapport l'offre d'une part et la demande de l'autre, mesurant le crédit qu'il donnait à celui qu'il recevait.

Ainsi se sont constituées les maisons *de seconde classe* qui sont assurément les plus nombreuses en France et ailleurs. Aux affaires de première classe qu'elles peuvent obtenir, elles joignent l'escompte du papier à longue échéance et font parfois des avances temporaires à découvert.

Ici la clientèle commence à se fixer : les relations sont moins mobiles, parce qu'elles sont moins libres et beaucoup plus personnelles. Le banquier reçoit de chacun et donne à chacun plus de crédit que dans les maisons de première classe : il examine avec plus de soin les affaires de ses clients et ceux-ci s'occupent aussi un peu de l'état et de la conduite des siennes : ils apprécient ses formes, sa facilité ou sa roideur, son exactitude ou sa négligence, sa discrétion ou sa légèreté. Le papier de seconde classe se compose d'effets plus nombreux que celui de la première classe, mais l'importance de chaque effet est moindre : dans la seconde classe, les commissions donnent encore au banquier la meilleure part de ses bénéfices; mais la différence des intérêts acquiert plus d'importance au compte de Profits et Pertes : l'ensemble de ses affaires présente un aspect plus lourd que dans la première classe, et s'il peut impunément se contenter d'un encaisse moindre, il fait sagement d'opérer sur un capital propre plus considérable, parce que le portefeuille, garni d'effets à plus longue échéance, peut être plus difficile à réaliser et présente des chances de perte plus grandes.

Toutefois la liquidation d'une bonne maison de cet ordre peut s'opérer sans trop de difficulté. Les négociants auxquels elle donne du crédit ne lui empruntent qu'une partie de leur capital de roulement dont ils peuvent, à la rigueur, se passer, en restreignant leurs affaires. Le banquier doit dépenser plus de travail, d'attention, d'intelligence et engager un capital plus fort que dans les opérations de première classe ; mais en somme les profits peuvent être encore abondants et assez faciles.

3° Maisons qui opèrent sur des dépôts à long terme.

Il en existe un petit nombre à Paris et un nombre plus grand dans les départements : elles reçoivent en dépôt, pour un temps assez long, les fonds des petits et moyens capitalistes qui considèrent ce placement comme définitif ou tout au moins comme indéfini. Au lieu de demander l'ouverture d'un compte courant, ces capitalistes prennent, soit un billet du banquier, soit un effet de son portefeuille à six mois, huit mois, un an ou plus, payable à sa caisse et endossé par lui.

Ce banquier peut donc prêter à long terme en fondant ses bénéfices, moins sur la commission d'escompte ou de recouvrement, que sur la différence d'intérêt. Il fait des avances au commerce, non-seulement pour ajouter à un fonds de roulement insuffisant, mais pour donner ce fonds de roulement lui-même : il accepte du papier à longue échéance et ouvre à découvert des crédits garantis par des hypothèques. Les entrepreneurs, les manufacturiers, les propriétaires qui entrent dans le commerce fournissent la matière ordinaire de ces opérations et apportent au banquier leur compte courant commercial.

Les prêts de ce genre sont de véritables primes d'encouragement données au commerce, à l'industrie, à l'esprit d'entreprise, et on peut considérer le banquier qui s'y livre comme le pionnier du crédit. Mais, comme le pionnier, il entreprend une besogne rude, pénible, dangereuse ; sa clientèle est peu habituée au commerce, à ses lois et à ses besoins ; elle opère sur un terrain inconnu, souvent ingrat, où les débouchés manquent, où les moyens de production trop chers et incertains peuvent faire avorter un grand nombre d'entreprises d'ailleurs bien conçues. Dans ces conditions, le succès d'un banquier peut souvent à juste titre être considéré comme un hasard heureux.

En tout cas, le prêt sur hypothèque ne peut avoir d'échéance fixe ; l'amortissement graduel de la dette a lieu quelquefois, mais très-rarement : une subrogation ou une vente sont les seules voies sur lesquelles on puisse raisonnablement compter pour liquider l'opération. La subrogation est toujours très-difficile et souvent impossible : reste la vente. Volontaire ou forcée, elle ne procure qu'une réalisation lente, incertaine, et dans laquelle il y a presque toujours des chances de perte. L'hypothèque peut être mal assise, et d'ailleurs, nous l'avons vu, le prix des immeubles tombe quelquefois sous l'influence de certaines circonstances, de manière à dérouter toutes les prévisions.

Les prêts de ce genre sont très-dangereux pour le prêteur et pour l'emprunteur, à moins qu'ils ne soient à longue échéance : alors même, ils placent le banquier et son client dans un état de dépendance réciproque, nuisible quelquefois à la liberté qui fait faire les bonnes affaires. A l'expiration du contrat, si le renouvellement est impossible, s'il faut recourir à la réalisation, la perte est toujours considérable pour l'emprunteur, et elle peut atteindre le prêteur lui-même, parce qu'un immeuble affecté à l'industrie n'a point de prix courant. Aussi les prêts hypothécaires amènent-ils la plupart des banquiers qui les pratiquent à garder pour leur compte des immeubles qui se vendent mal, au-dessous du prix présumé. Ces banquiers aliènent ainsi peu à peu la faculté de faire mouvoir leurs capitaux, et tombent quelquefois, par cette cause, dans l'impossibilité de remplir leurs engagements.

Ajoutons que les effets qui figurent aux comptes courants de cette classe sont plus nombreux encore, et ont pour objet des sommes plus petites que ceux de la seconde.

Cette banque de *troisième classe* se contente d'un encaisse moindre que les deux autres; mais il lui faut un capital plus fort, parce que ses opérations lentes, pénibles, se liquident difficilement. Il faut aussi chez le banquier, pour y réussir, des facultés d'un ordre plus élevé que pour réussir dans la première et même dans la seconde classe, parce que les difficultés, les obstacles et les dangers y sont infiniment plus grands.

La classification que nous venons d'indiquer est purement théorique. On ne peut pas dire rigoureusement que telle maison de banque soit de première, telle autre de seconde et telle autre enfin de troisième classe. La plupart de celles qui existent réunissent même les combinaisons des trois classes d'opérations, mais dans des proportions différentes. Deux grandes maisons de premier ordre, dont le capital réuni s'élevait à 29 millions, et qui avaient vu passer, dans leur portefeuille, près de 800 millions en 1847, ont péri, en 1848, par l'effet des opérations de troisième classe faites avec des dépôts de première classe ; par des prêts hypothécaires en garantie de crédits industriels faits au moyen de dépôts remboursables à vue. Elles avaient péché contre la théorie fort simple que nous venons d'établir. Leur désastre et celui d'un grand nombre d'autres maisons, pour des causes analogues, prouve bien que si notre classification est théorique, elle n'est pas arbitraire, parce qu'elle résulte des rapports nécessaires qui existent entre le caractère des dépôts et celui des placements, et qu'elle indique avec précision la raison des diverses combinaisons de banque, les avantages et les inconvénients, le sens vrai de chacune d'elles.

Rappelons sommairement les traits distinctifs des trois classes que nous avons définies.

Première classe : quasi-égalité des dépôts et des placements, les uns et les autres à courte échéance ; intérêt minime ou nul, placements peu productifs : opérations et commissions multipliées sur des sommes considérables fournissant le principal élément de profit : clientèle mobile, encaisse fort, capital propre médiocre, parce que les placements présentent peu de chances de perte et sont facilement réalisables : liquidation à volonté.

Seconde classe : inégalité plus grande entre la somme des dépôts et celle des placements ; les seconds l'emportent : encaisse moindre, capital propre plus fort, parce que les placements sont plus chanceux et moins promptement réalisables : liquidation un peu lente, mais possible ; clientèle plus fixe. Les profits se fondent autant sur les différences d'intérêts que sur les commissions. Dépôts et placements à plus long terme ; effets plus nombreux ayant pour objet des sommes moindres.

Troisième classe : la somme des placements l'emporte beaucoup sur celle des dépôts. La clientèle est presque fixe ; les affaires se renouvellent lentement, et les profits naissent plutôt de la différence des intérêts reçus et des intérêts payés que des commissions; effets nombreux et petits, encaisse médiocre, capital propre, relativement très-fort, parce qu'il faut courir des risques de retard dans les réalisations, et aussi plus de chances de perte : liquidation difficile et toujours très-lente.

Ces trois classes forment, on le voit, une série régulière, dans laquelle la progression est uniforme. Encaisse, capital propre, mouvements du portefeuille, coupure des effets, tout subit, de la première à la troisième classe, les mêmes variations. Si cette classification est théorique, elle est du moins établie sur les faits, elle ressort de la nature même des choses, et les lois qui en résultent ne peuvent être violées impunément. On l'a bien vu chaque fois qu'on a voulu établir des placements hypothécaires ou seulement à long terme, sur des dépôts de première classe, chaque fois qu'on a entrepris de faire des placements de troisième classe avec un capital propre médiocre et qui pourtant, dans la première classe, aurait suffi à un chiffre quadruple d'affaires. De même, on a vainement essayé de fixer la clientèle dans la première classe et de la mobiliser dans la troisième. Tous ceux qui ont voulu établir une banque contre la loi naturelle des choses ont échoué, comme échouerait un constructeur qui tenterait d'établir une machine, sans tenir compte des propriétés de ses matériaux et les lois de la pesanteur.

§ 3. — *Oscillations des dépôts et des placements.*

L'art du banquier consiste à tenir les fonds dont il dispose aussi employés que possible, aux conditions les plus lucratives, et cependant à n'être jamais embarrassé pour faire face, soit aux demandes de remboursement de dépôt, soit aux besoins légitimes de ses ayants compte. Pour parvenir à résoudre ce problème, il doit posséder une connaissance approfondie et spéciale des habitudes de sa clientèle et des causes qui peuvent amener un accroissement de demande ou d'offre de capitaux : car les affaires sont rarement calmes et égales à elles-mêmes : tantôt les fonds affluent chez le banquier, tantôt il éprouve de la peine à suffire aux payements, de telle façon qu'il est quelquefois obligé de chercher des capitaux, et quelquefois de courir après les placements.

On comprend tout d'abord que ces alternatives de hausse et de baisse soient naturellement considérables dans les affaires de première classe, moyennes dans celles de seconde, et presque nulles dans celles de troisième classe, sous l'exception toutefois des causes particulières et locales. En tout cas, ces alternatives, tantôt périodiques et spéciales, tantôt générales, ont un caractère temporaire.

Où et dans quelles conditions est-il avantageux au banquier de chercher tantôt des placements et tantôt des fonds?

Ceux qui font principalement des opérations de première classe sont presque tous en rapport avec la Banque de France ou ses succursales. En temps ordinaire, ils y réescomptent une partie de leur portefeuille. Lors donc que les dépôts abondent dans leur caisse, ils ont un placement facile et commode dans leur portefeuille même; il leur suffit d'user plus sobrement du réescompte. Si l'abondance devient telle que le portefeuille ordinaire ne suffise plus au placement, ils peuvent acheter des bons du trésor ou, à Paris, des bons de monnaie qui produisent, il est vrai, un médiocre intérêt, mais dont la négociation est toujours facile, dont la valeur ne varie point, et dont le payement à l'échéance peut être considéré comme certain; c'est une sorte de papier de commerce de premier ordre.

Par l'achat de rentes ou d'actions industrielles, on obtient un intérêt assez élevé, tout en conservant la faculté de réaliser à volonté; mais à quel prix? La chose est incertaine, et les variations qui ont lieu entre l'époque de l'achat et celle de la vente, peuvent donner lieu à des pertes d'une importance supérieure à celle de l'intérêt bonifié. Elles peuvent présenter aussi des chances de gain; mais alors il faut jouer, et chacun sait combien il est difficile de conduire de front et sans accident le jeu et les affaires régulières.

On préfère généralement placer sur les reports [1] ce qui

[1] Voyez page 136 et suivantes.

équivaut à un prêt de quinze jours ou d'un mois sur dépôt d'actions ou de rentes. Dans cette opération, le banquier possède, outre le dépôt, un garant, qui est l'emprunteur cautionné lui-même par son agent de change. Le placement sur report donne des produits très-variables, mais quelquefois très-élevés.

Souvent on offre au banquier des prêts sur consignation ou même sur nantissement de marchandises. Ces opérations présentent plus encore que le prêt sur report le danger de perdre, s'il faut réaliser. Toutefois il est facile, dans les prêts de ce genre, de se réserver une marge pour les éventualités de dépréciation de la marchandise.

En somme, le banquier qui fait principalement des opérations de première classe ne peut guère être embarrassé par les dépôts. Sa clientèle est mobile; il peut donc refuser les fonds qu'on lui apporte, ou n'en payer qu'un très-médiocre intérêt, et s'il éprouve des besoins extraordinaires, il lui est facile de réescompter son portefeuille à la Banque de France.

Celui qui pratique surtout les opérations de seconde classe, dont la clientèle tend à se fixer, et qui veut établir avec elle des relations durables, est moins libre dans ses mouvements. Les comptes qui lui fournissent ses placements habituels ont un caractère plus personnel : ils sont réglés tantôt par des engagements positifs, tantôt et le plus souvent par des habitudes qu'il est utile de maintenir. Chaque ayant-compte suppose qu'il trouvera toujours chez son banquier des conditions de crédit égales et sur lesquelles les considérations tirées de la balance de son compte doivent seules exercer quelque influence : il ne songe ni aux besoins extraordinaires que peut éprouver le banquier, ni aux crises commerciales : ce n'est pas à lui de s'en occuper. Il a disposé ses affaires dans la prévision qu'il lui suffisait de tenir son compte en bon état pour obtenir toujours un crédit égal, et le banquier est intéressé à maintenir cette conviction dans sa clientèle.

Si le banquier comprend cet intérêt, il ne doit s'engager dans les placements ordinaires par compte-courant que jusqu'à concurrence d'une moyenne d'affaires ou d'un minimum prévu. Lorsque les dépôts abondent et viennent à l'embarrasser, il doit chercher des placements de réserve plus impersonnels, tels que bons du Trésor, bons de monnaie, etc. Il peut aussi demander à ses correspondants du papier de portefeuille en bonnes valeurs, à plus longue échéance qu'à l'ordinaire. Ces crédits, lorqu'ils sont judicieusement offerts, ne tirent pas à conséquence, parce que les banquiers auxquels ils sont ouverts ne les considèrent jamais comme permanents et n'éprouvent aucun désappointement à voir réduire les réescomptes de ce genre. La rente, les actions industrielles, le report, la consignation et le nantissement de marchandises s'offrent aussi avec des avantages et des inconvénients dont nous avons déjà parlé.

Le placement qui semblerait le plus simple et le meilleur, celui que les banquiers préfèrent souvent, parce qu'il est plus commode, est celui qui résulte d'une facilité plus grande accordée à la clientèle. On accepte, par exemple, à l'escompte du papier à plus longue échéance, on ouvre des crédits à découvert. Mais ces placements sont-ils bien sûrs? N'engagent-ils pas pour un temps bien long les capitaux prêtés? Ces capitaux reparaîtront-ils au moment précis du besoin? Telles sont les questions auxquelles il faut mûrement réfléchir avant de faire des opérations de ce genre. En admettant même que ces placements soient satisfaisants, est-on sûr de ne pas déranger les affaires de l'ayant-compte et de ne par l'indisposer, lorsqu'il faudra rentrer dans les conditions normales?

L'expérience a montré qu'un grand nombre de banquiers s'étaient compromis pour avoir ouvert légèrement, dans un moment où leur caisse était surchargée, des crédits à leur clientèle. En effet, dans l'état normal, lorsqu'un banquier ouvre un compte, il prend ses renseignements, fait ses réflexions et décide en lui-même jusqu'à quel point il veut s'engager. S'il va plus tard au delà de sa résolution première pour se débarrasser d'un encaisse trop lourd, il agit sous l'impulsion d'une cause extérieure et d'un état de passion qui peut troubler son jugement. Il y a gros à parier qu'il place mal, de manière peut-être à nuire à son client et à lui-même.

L'excès temporaire de l'encaisse d'un banquier peut avoir des causes locales et spéciales : il peut aussi résulter de l'état général des affaires. Dans le premier cas, les placements sur rentes, actions, nantissements et consignations ont peu d'inconvénient, parce qu'il n'existe aucun motif financier pour prévoir une baisse de prix : au contraire, lorsque l'excès d'encaisse a son origine dans l'état général des affaires, les prix sont fort élevés et on doit s'attendre à une baisse. En ces matières, du reste, le banquier doit tenir compte du temps et du lieu, savoir mesurer par approximation la durée probable des périodes de hausse et de baisse et prévoir les évantualités qui peuvent en sortir : s'il est loin du marché central, qu'il soit prudent, parce que ses informations sont plus imparfaites et plus lentes. En tout cas, l'acquisition du bon papier de commerce lui offrira toujours le placement, sinon le plus lucratif, au moins le plus commode et le plus sûr.

Lorsque surviennent les crises, le banquier prudent y fait face en réalisant ses réserves, la portion la plus mobile de ses placements. Réduire, en de tels moments, les facilités accordées aux ayants-compte est une mesure désastreuse qui peut causer leur ruine et qui leur inflige presque toujours des pertes considérables ; c'est pourtant à cette mesure extrême qu'est réduit le banquier, lorsqu'il ne s'est pas ménagé une réserve en dehors de ses opérations courantes : au lieu de porter secours à ses ayants-compte, il achève de les écraser. Celui qui n'a pas exagéré ses crédits pendant la bonace peut être égal à lui-même durant la crise et quelquefois même se montrer plus libéral qu'à l'ordinaire. S'il est toujours forcé de signifier un grand nombre de refus, ses ayants-compte n'en éprouvent que du regret : ils ne peuvent se plaindre, lorsqu'ils jouissent, après tout, de leur crédit accoutumé.

C'est dans les grandes alternatives d'abondance et de rareté des disponibles que paraît dans tout son jour la capacité ou l'incapacité du banquier. C'est par la manière dont il conduit ses opérations dans l'une et l'autre fortune qu'il devient le soutien ou le fléau de sa clientèle, qu'il se l'acquiert ou la détruit. Si son habileté, si sa capacité ne sont pas toujours comprises, elles sont au moins toujours senties, et dans les affaires on distingue instinctivement celui qui sème la ruine, de celui autour duquel les fortunes s'élèvent.

Dans les banques établies sur les opérations de la troisième classe, les oscillations sont lentes et peu marquées; mais comme les dépôts produisent un intérêt assez élevé, les excès d'encaisse sont plus onéreux que dans la première et la seconde classe. D'une part donc le banquier est plus vivement sollicité à placer, et de l'autre il a peine à trouver un placement qui reproduise l'intérêt payé au capitaliste. La difficulté en face de laquelle il se trouve est réelle et considérable, et le désir de la surmonter a fait commettre souvent de fausses opérations. Au fond, il n'y a de placement sûr et convenable, en ce cas, que l'escompte du bon papier de commerce.

Mais ce papier est rare à certaines époques, et n'en a pas qui veut. Quelquefois donc le banquier entre plus avant dans la voie des crédits à découvert et des prêts hypothécaires : quelquefois même il se laisse tenter et joue à la Bourse. Là, les spéculations, toujours dangereuses, ne le sont jamais davantage que dans les temps d'excitation commerciale. Combien de banquiers de département y ont trouvé leur ruine ou s'y sont gravement compromis? Pouvait-il en être autrement? Les départements n'éprouvent les inconvénients de l'abondance des capitaux que par contre-coup, longtemps après Paris et lorsque la période d'excitation du marché central touche à son terme, c'est-à-dire à la veille des désastres et des paniques. Celui qui vient, dans un tel moment, jouer sur un marché qu'il ne connaît pas, contre des gens qui suivent ce marché par profession, qui sont renseignés d'heure en heure, aurait un bonheur bien étonnant s'il réussissait dans ses opérations. Eût-il réussi une fois, qui pourrait l'avertir, à l'heure convenable, qu'il est temps de se retirer?

Tout banquier de commerce doit se faire une loi de ne point se commettre dans les spéculations de Bourse; mais c'est à peu près la seule règle générale que l'on puisse poser en principe. Quant aux placements des excès d'encaisse, quant à la recherche des voies et moyens en temps de crise, chacun manœuvre suivant les occasions, les circonstances et surtout suivant son caractère. « Quelque personnaige que l'homme » entreprenne, dit Montaigne, il joue toujours le sien parmy. » Cette vérité a son application en banque aussi bien qu'ailleurs; il y a des banquiers qui étendent ou restreignent, d'après le besoin, leurs opérations sur leur propre clientèle, gagnant davantage un moment, au risque de perdre plus tard; d'autres, plus prudents ou moins hardis, préfèrent les gains uniformes. Les uns sont patients et étendent au loin leur prévoyance; les autres vont au jour le jour et réussissent ou échouent en peu de temps, selon les occurrences.

§ 4. — *Administration des comptes courants.*

Tout banquier de commerce ouvre des comptes courants à d'autres banquiers, à des capitalistes et à des marchands ou industriels. Il y a, pour l'administration de ces comptes courants, quelques lois communes et des règles particulières.

On s'accorde à reconnaître que dans tout compte courant, le banquier doit être couvert, c'est-à-dire ne verser aucune somme s'il n'en a reçu auparavant le montant en espèces ou l'équivalent en effets. On s'accorde aussi à n'admettre à l'escompte, et par suite au compte courant, que les effets résultant d'opérations commerciales ayant, indépendamment de la garantie des signatures, une sorte de gage ou plutôt une représentation en marchandises ou créances régulières. C'est ce qu'on appelle du *papier fait*. Il résulte du mouvement des marchandises vers la consommation, et il y a tout lieu de penser que la valeur de ces marchandises sera exactement réalisée en espèces.

Les banquiers ont entre eux, de place à place, des comptes courants dans lesquels ils ont l'habitude d'observer strictement la règle générale contre les crédits à découvert. Le compte s'ouvre presque toujours, après conventions arrêtées, par une remise en recouvrement : celui qui l'a reçue couvre par une remise en papier à plus ou moins longue échéance, suivant l'état de ses affaires. S'il est dans une situation normale, il ne couvre guère qu'en valeurs brûlantes. Les tirages directs, sont rares : le créditeur attend la couverture de son compte et cesse de remettre, dès qu'il veut ralentir les rapports.

De banquier à banquier, les crédits sont interdits par l'usage. Il y a cependant deux exceptions : dans les spéculations sur les arbitrages ou sur les fonds publics, qui se font presque toujours de compte à demi, il n'est pas rare de voir un banquier tirer sur l'autre à découvert : à l'intérieur, lorsque le change est contraire à une localité, lorsque de grandes émissions d'espèces y sont nécessaires pour les achats à faire à la campagne, les banquiers de cette localité remettent quelquefois à Paris du papier à longue échéance, ce qui équivaut à un emprunt, lorsqu'on les couvre en papier brûlant.

Il y a des comptes qui apportent du crédit au banquier, d'autres lui en demandent, d'autres enfin en apportent et en demandent alternativement. Ce sont les premiers qui règlent, comme nous l'avons déjà dit, le reste de ses opérations, les seconds lui fournissent des affaires courantes et faciles, les derniers sont l'objet de sa plus vigilante attention. Chaque banquier règle les conditions de ses comptes courants d'après les nécessités de la concurrence et les exigences des capitaux dont il dispose. Les mouvements s'effectuent par des remises réciproques d'espèces ou de valeurs soit à l'escompte, soit en recouvrement.

Le premier soin du banquier est de s'informer de la solvabilité et du caractère de celui auquel il se dispose à offrir ou à consentir un compte courant. Il examine ensuite et toujours si les effets présentés à l'escompte ou remis en recouvrement sont bons ou mauvais; s'ils ne résultent ni d'un faux matériel, ni d'une fraude ; si celui qui les fournit est digne de crédit, si l'on doit raisonnablement présumer qu'il en remboursera le montant dans le cas où ces effets ne seraient pas payés. Le banquier regarde également si l'éloignement de l'échéance ne met pas ces effets hors des conditions ordinaires de ces opérations ; il suit avec attention les mouvements du compte en crédit et en débit; il veille à ce que les couvertures soient remises exactement et dans les conditions arrêtées dans le principe ; à ce que les effets escomptés à encaisser ne dépassent pas le montant du crédit qu'il lui convient d'accorder. Lorsque, par exception, on lui demande l'ouverture temporaire d'un crédit à découvert, il réfléchit et prend un parti.

Afin de mieux apprécier les habitudes et les affaires de leurs clients, de manière à prévoir les besoins et éviter les fraudes, les banquiers, dans les grands centres de population, aiment à spécialiser leurs affaires. A Paris, à Londres, à New-York, tel banquier fera des affaires avec les marchands de métaux, tel autre avec les marchands de cotons, de spiritueux, de denrées coloniales, etc. Cette division du travail s'est effectuée tout naturellement et sans calcul, parce qu'elle était dans l'intérêt de tout le monde. Le banquier y trouve un moyen d'obtenir une connaissance plus intime des affaires de ses ayants-compte, et de pouvoir, en même temps, se garantir et mieux satisfaire à leurs besoins. Dans les départements où tout le monde se connaît, où le chiffre peu élevé des affaires exige qu'elles soient réunies, cette division par spécialités n'a pas lieu et n'est pas nécessaire.

Tant que le client et le banquier réussissent dans leurs opérations, tout est facile dans les relations : mais dès que les affaires du client commencent à décliner ou à s'embarrasser, ou dès qu'il veut, à tout prix, obtenir plus de crédit que le banquier n'en veut accorder, les difficultés commencent.

Un compte peut décliner de deux manières: par des retours subits et considérables ou par des remises lourdes et lentes. Les retours fréquents attestent, ou que les opérations de l'ayant compte sont faites légèrement et mal liées, ou qu'il travaille avec des gens d'une foi douteuse : dans les deux cas, le compte réclame une attention vigilante de la part du banquier qui ne peut plus se reposer sur la balance apparente. Quelques maisons de banque, dit-on, aiment les retours, parce qu'ils donnent lieu à une commission double ou triple et à des bénéfices de correspondance ; mais plus d'une fois, probablement, ces commissions et ces bénéfices ont été chèrement achetés.

La lenteur des remises, la présentation de papier à plus longue échéance, attestent généralement, ou la négligence, ou le déclin des affaires du négociant. Au commencement, par exemple, son compte était habituellement créditeur; puis il se balance à peu près exactement, ensuite le négociant qui remettait du papier à 10, 15, 30 jours au plus, remet des effets à deux mois, à trois mois ou même à plus long terme ; enfin, il laisse son compte débiteur et augmente ses demandes. Lorsque ce mouvement de décadence est continu, lorsqu'il se prolonge longtemps, c'est un signe infaillible auquel le banquier ne peut être trompé : mais il aurait tort de prendre l'alarme au premier changement ; des achats, des approvisionnements extraordinaires, des ventes qui se réalisent lentement, peuvent altérer l'aspect d'un compte, sans qu'on puisse en conclure que les affaires du négociant sont mauvaises. Si l'embarras n'est que temporaire, le compte ne tarde pas à se rétablir. — Quelquefois aussi le compte présente un aspect inquiétant par l'effet de la négligence d'un négociant qui n'a pas les habitudes commerciales ; en ce cas, un avertissement, répété au besoin, doit suffire pour ramener les remises à l'état normal.

Quand l'état des affaires du négociant se manifeste ainsi par des signes matériels, en quelque sorte, les difficultés sont médiocres. Le banquier n'a qu'à prendre parti sur une situation qu'il connaît, parce que son client est de bonne foi, à restreindre ou à fermer le compte. Le danger est bien autrement grand, lorsque le banquier a été abusé par du papier de complaisance et des tirages en l'air. Alors, en effet, l'aspect du compte courant ne fournit aucun moyen de pressentir la vérité ; le chiffre des affaires s'élève, les remises sont plus abondantes, et de temps en temps seulement à une échéance un peu éloignée. Mais c'est ainsi que se modifie le compte des maisons dans lesquelles l'activité du travail multiplie les affaires jusqu'à excéder quelque peu la puissance du capital. Or, les maisons placées dans ces conditions sont justement celles qui donnent au banquier les plus beaux bénéfices : commissions multipliées, recouvrements faciles, compte d'intérêts favorables ; ce sont celles auxquelles le banquier s'attache le plus et qu'il traite avec le plus de faveur. Quelle déception n'est pas la sienne, s'il apprend tout à coup que telle maison, dont le compte donnait de bons produits et était très-régulièrement tenu, le laisse à découvert pour une somme considérable, bien supérieure au crédit accordé, lorsqu'il supposait les affaires de cette maison prospères ; s'il apprend que ce crédit a été obtenu par la remise en compte de papier de complaisance ou de lettres tirées en l'air.

Voici de quelle manière sont créés l'un et l'autre :

La papier de complaisance ne peut être fait que par la complicité de deux ou de plusieurs personnes. Jean, de Nantes, qui n'a fait avec Jacques, de Paris, aucune affaire commerciale, tire sur lui, soit pour 1,000 fr. à un, deux ou trois mois; Jacques accepte la traite, et, afin de se payer de sa complaisance, tire sur Jean pour une somme égale, à peu près à la même échéance que la traite de celui-ci, qui donne son acceptation. Jean et Jacques se procurent chacun, par ce moyen, un effet de 1,000 fr., très-régulier en la forme, et par l'escompte duquel ils obtiennent un crédit d'égale somme chacun chez son banquier. Vient l'échéance des traites : si l'emprunt avait été fait pour peu de temps, si les fonds obtenus avaient reçu un bon emploi, ils pourraient servir à l'acquit des traites, et les deux banquiers se trouveraient remboursés. Mais il est rare que les emprunts à découvert soient éteints aussi vite et avec tant d'exactitude, surtout lorsqu'ils ont été effectués par une manœuvre frauduleuse, en abusant le prêteur. Toutefois, le négociant, qui sait s'ouvrir un crédit si facilement, ne laisse pas protester ses acceptations ; il crée de nouvelles traites qui sont négociées de la même manière que les premières, et dont le produit sert à acquitter celles-ci. Puis, une fois sur cette pente, il ne s'arrête pas ; il multiplie les effets sans cause commerciale, et en grossit son compte chez le banquier, dans l'esprit duquel ces effets représentent des affaires réelles, excellentes, parce qu'ils sont ponctuellement acquittés à l'échéance.

Si la chose se pratiquait exactement comme nous venons de la décrire, le banquier aurait quelque chance de découvrir la vérité. L'acceptation de Jean, de Nantes, pourrait lui être remise en recouvrement par un correspondant de Paris, et il s'étonnerait avec raison de la réciprocité du tirage, de l'identité de somme et d'échéance. En effet, deux négociants que leurs affaires régulières constituent alternativement débiteurs et créditeurs l'un de l'autre, sont en petit nombre dans le commerce, et ceux-ci ont l'habitude de compenser leurs comptes et de ne tirer que pour le montant de la différence ou balance. Le banquier de Jean, en allant aux renseignements, arriverait bientôt à la connaissance de la vérité. Mais s'il y a trois complices, si Jean tire sur Jacques, et si celui-ci, au lieu de se rembourser sur Jean, se rembourse par un tirage sur Pierre, de Bordeaux, et si celui-ci, à son tour, se couvre en tirant sur Jean, la réciprocité des tirages cesse d'être apparente, surtout si les relations de commerce établissent habituellement Jean créancier de Jacques, Jacques créancier de Pierre et celui-ci créancier de Jean. Quant à l'identité des sommes et des échéances, elle se dissimule facilement par l'ouverture d'un compte courant d'acceptations de complaisance entre Jean, Jacques et Pierre.

Heureusement, un tel concours de circonstances est rare, parce qu'il suppose la complicité de trois maisons d'un crédit établi et faisant ensemble des affaires réelles. Or les maisons dont le crédit est établi ont une responsabilité; d'ailleurs, la fabrication du papier de complaisance suppose une certaine confiance réciproque entre ceux qui s'y livrent, et cette confiance ne peut guère exister, parce que chacun d'eux sait fort bien que ses complices ne sont pas plus que lui-même d'honnêtes gens.

Mais il existe d'autres procédés plus simples et plus usités pour dissimuler la réciprocité du tirage, le feu croisé, *cross firing*, comme disent les Anglais. Le créateur du papier dissimule sa qualité et prend celle de premier ou de second endosseur par l'interposition de signatures sans valeur, qu'il achète au prix d'une rétribution fort légère. A Paris, ce commerce de signatures est très-pratiqué dans les régions inférieures du crédit : il a ses courtiers, ses cafés, sa bourse; mais ce trafic et les signatures qui en font l'objet sont bien connus des banquiers, et ce ne sont pas eux qui s'y laissent prendre.

Le tirage en l'air est plus facile encore que la création du papier de complaisance, parce qu'il ne suppose l'assistance nécessaire d'aucun complice. La plupart des recouvrements de Paris sur les départements et d'un département à l'autre se font au moyen de traites ou mandats qui sont négociés sans acceptation. Le négociant de mauvaise foi peut donc tirer sur une personne qui ne lui doit rien ou même qui n'existe pas, et passer la traite à son banquier en compte courant,

Quelque temps avant l'échéance, il prend le montant de cette traite dans la caisse même du banquier et le couvre par une nouvelle remise du même genre que la première ; les fonds sont envoyés au domicile indiqué, et la traite est payée fort exactement à l'échéance. Il ne manque pas de négociants, honnêtes d'ailleurs, qui consentent à prêter leur nom aux tirages en l'air, à payer avec les fonds envoyés la veille ou le jour de l'échéance par le tireur.

On peut, ce semble, facilement reconnaître le tirage en l'air en présentant la traite suspecte à l'acceptation ; mais, dans l'état actuel des habitudes du commerce moyen et inférieur dans les départements, cette présentation est un acte fort grave et qui n'amènerait pas toujours la découverte de la vérité. Si l'on excepte un petit nombre de maisons de gros, placées dans les grands centres ou engagées dans le commerce extérieur, la plupart des commerçants éprouvent une grande répugnance à accepter une traite, même lorsqu'elle est légitime et régulière. Le marchand au détail notamment, dont les rentrées sont incertaines et qui n'a pas de banquier, n'est jamais sûr de payer à l'échéance, et il veut se réserver la faculté de répondre au protêt, s'il ne peut payer, qu'il ne doit rien ou qu'il n'est pas d'accord sur le compte avec le tireur. Cela est triste à dire : il est douloureux de constater ces usages peu civilisés du commerce inférieur, mais ils existent et ne peuvent disparaître que par la diffusion du crédit de banque, toujours fondé sur une exactitude rigoureuse dans l'exécution des engagements.

D'autres causes encore s'opposent à la présentation. Trop souvent le tireur a besoin d'un crédit immédiat, et il remet sa traite au banquier aussitôt que sa facture est établie, lorsque la marchandise qui en fait l'objet est encore chez le commissionnaire de roulage, en route, en rivière ou en mer. Le tiré n'a reçu que la facture et serait disposé souvent à refuser l'acceptation : en tout cas, il ne la donnerait qu'avec déplaisir et en constatant, chose grave, que son vendeur éprouve un pressant besoin de crédit. Ainsi le tireur et le tiré, chacun pour des motif particuliers, résistent à l'établissement d'habitudes régulières, et, dans le commerce de gros même, on a imaginé des lettres de change imparfaites sous le nom de « mandats non susceptibles d'acceptation. »

Enfin les lettres tirées pour de petites sommes sont en très-grand nombre, et le banquier ne pourrait les présenter à l'appceptation sans exiger pour ce service un prix supérieur aux commissions de recouvrement elles-mêmes.

Ainsi, dans l'intérieur de la France, la non-présentation est la règle, et l'acceptation n'a lieu que par exception, même pour les letres de changes régulières. Les choses sont à ce point que le tireur considérerait la présentation de ses traites à l'acceptation comme un témoignage de défiance, comme une injure qui, dans l'état actuel des habitudes, justifierait une rupture et nuirait, s'il n'y avait cause, à la réputation du banquier. En effet la présentation diminuerait la considération du tireur dans l'esprit de ceux auxquels les traites seraient présentées.

Toutefois, comme la Banque de France et les Comptoirs d'escompte n'admettent que des effets réguliers et acceptés, les habitudes du commerce tendent sensiblement à se régulariser sous le rapport de l'acceptation. Bientôt, probablement, les petites traites seules en seront dispensées et l'opinion plus éclairée reconnaîtra que la présentation doit être la règle et la non-présentation l'exception. En attendant, les idées et les habitudes qui règnent encore sur cette matière imposent au banquier une extrême vigilance, car, bien que le papier en l'air soit heureusement rare en France et que le commerce de ce pays manque plutôt d'exactitude que de probité, on a vu négocier quelquefois des quantités considérables de papier de cette espèce.

Il est impossible d'indiquer des signes certains et un ensemble de précautions qui garantissent le banquier contre le papier de complaisance et les traites en l'air. Il doit d'adord, sans doute, en prenant les informations qui précèdent l'ouverture du compte courant, étudier avec soin le chapitre des habitudes et de la moralité du commerçant avec lequel il va se lier. Une fois le compte ouvert, conçoit-il quelques soupçons, il doit s'informer directement s'il est vrai que le tireur et le tiré aient entre eux des relations d'affaires, si l'importance de ces affaires correspond avec celle indiquée au compte courant, etc. On regarde aussi avec défiance les traites du commerce de marchandises en nombres ronds, tels que 1,000, 2,000, 3,000 fr., parce qu'il est rare qu'une facture ou une balance de compte fournissent des nombres ronds.

Lorsque le papier de complaisance ou le tirage en l'air sont employés systématiquement, il existe cependant un signe général auquel on peut les soupçonner, sinon les reconnaître : le mouvement du compte courant est ascendant. En effet il faut du temps pour développer une émission de titres factices et pour la dissimuler dans un certain mouvement d'affaires réelles : d'ailleurs, on le comprend, des emprunts contractés à des conditions pareilles, chargés, outre l'intérêt, de commissions de banque et de frais de transports effectifs d'espèces, sont presque toujours ruineux. Le commerçant qui y a recours n'emploie guère de tels moyens que pour dissimuler le mauvais état de ses affaires, espérant qu'il comblera l'abîme au moment même où il l'agrandit ; ou bien il essaye, en désespéré, de prolonger le plus qu'il peut une aisance qui lui échappe. C'est pourquoi les crédits de ce genre impriment au compte courant un mouvement ascendant et presque en tout semblable à celui d'une maison activement conduite et en pleine prospérité.

Il y a cependant deux symptômes auxquels le banquier ne peut guère se tromper. Lorsque la comptabilité d'une maison indique d'une manière certaine la négligence ou le désordre ; lorsque les dépenses personnelles y deviennent considérables et surtout déréglées, lorsque les habitudes personnelles de l'ayant-compte se dérèglent aussi, il n'y a plus de doute, la maison marche à sa ruine. Ajoutons qu'il est extrêmement rare que les mauvaises affaires ne produisent pas sur l'entrepreneur de commerce ou d'industrie les effets moraux que nous venons d'indiquer, et s'il est vrai que l'inconduite, quelque forme qu'elle ait, soit une cause de détresse commerciale, il est constant que la détresse commerciale n'est pas moins souvent la cause première de l'inconduite, de l'irrégularité des habitudes. Quelque soin que l'ayant-compte mette à dissimuler ces symptômes, il a de la peine à y parvenir sous les yeux d'un banquier vigilant et sensé.

Mais quelques soins, quelques précautions que prenne un banquier, quels que soient son esprit et sa vigilance, il est exposé à éprouver des pertes, et il doit, tout en faisant effort pour les éviter, s'y tenir préparé. Non-seulement, en effet, les papiers de complaisance et les tirages en l'air sont pratiqués par des maisons de commerce, mais on a vu des banquiers eux-mêmes s'y livrer. Ainsi, il y a quelques années, une maison de banque de premier ordre établie sur une des principales places de France, succombait en même temps qu'une maison de Londres et une maison d'Amsterdam avec lesquelles elle avait échangé des acceptations de complaisance. Vers la même époque, une maison de banque du centre de la France avait affermé par un intermédiaire une forge et un haut-fourneau qui lui servaient moins à faire de la fonte et du fer qu'à fabriquer des lettres de change en l'air. Le maître de forges remettait des traites importantes sur divers marchands de fer des villes voisines : la maison de banque les passait en compte courant à ses correspondants et faisait les fonds à l'échéance. Tel marchand de fer qui n'avait aucune affaire avec la forge ou qui avait peut-être pris une facture de 10 ou 15,000 fr., payait deux, trois ou quatre cent mille francs de traites par an, et cela pendant plusieurs années. Les usages n'admettant, de banquier à banquier, que des effets à courte échéance, il fallait renouveler souvent les traites, acheter à un prix exorbitant le crédit obtenu par ce moyen. Pas n'est besoin de dire que la maison de banque et la forge ont bientôt fait faillite en même temps.

Le papier de complaisance et le tirage en l'air sont ordinairement très-difficiles à reconnaître, surtout à l'origine, et c'est à l'origine qu'il importerait de les saisir. En effet, au bout de quelque temps, il est quelquefois bien tard : le banquier a fait des avances considérables : s'il ferme brusquemens le compte et exige un remboursement immédiat, il peut déterminer une faillite et perdre la plus grande partie ou même la totalité de ce qu'il a avancé : s'il continue le crédit et le régularise, il peut fort bien avoir le sort d'un joueur qui, pour se racquitter, court de nouvelles chances et ajoute à ses pertes. S'il peut obtenir des garanties hypothécaires ou autres, il ne doit pas manquer de les exiger. Quelquefois, comme disent les Anglais, il « soigne » le compte, tolérant le découvert, réclamant des couvertures et essayant de rentrer peu à peu, à force d'instances, dans les fonds qu'il se trouve avoir avancés malgré lui. Mais ce procédé, qui peut être efficace avec un client négligent et de bonne foi, dont on a laissé aller le compte ou qui se trouve tout à coup débiteur par suite de retours imprévus, réussit rarement à la suite de la négociation de valeurs fictives. La découverte de telles négociations, dans un de ses comptes courants, est une des plus rudes épreuves auxquelles un banquier puisse être exposé. C'est dans ces occurrences qu'il doit se servir de tout ce qu'il a de prudence, de discrétion, de fermeté. Quant à la conduite qu'il doit tenir, il n'y a point de règles : tout ce qu'on peut dire, c'est qu'après avoir vérifié à fond la situation de son débiteur, il doit aviser et prendre parti au mieux de ses intérêts, sans hésitation et sur-le-champ.

On admet fréquemment dans les comptes courants du papier qui, bien que sincère et sérieux, bien qu'il ait la forme extérieure du papier de banque, n'en remplit pas pourtant les conditions essentielles. Ce sont des effets à moyenne échéance, soit 90 jours, souscrits en présentation d'une avance à découvert, et destinés, par une convention formelle, à être renouvelés deux, trois, quatre fois ou plus. En général, ce papier reste à la nourrice dans le portefeuille du banquier ou d'un capitaliste et ne sert pas aux négociations courantes ; mais lorsqu'il est employé, le banquier qui le reçoit doit toujours le surveiller avec défiance.

C'est par l'admission à l'escompte du papier ainsi créé que les banques par actions éludent les prescriptions de leurs statuts. Le prêt de 2,500,000 *l.*, consenti en 1839 par la Banque de France à la Banque d'Angleterre, eut lieu sous la forme d'escompte de lettres de commerce tirées par la maison Baring sur diverses maisons de Paris. Il n'y avait certes, dans cette affaire, aucune intention de tromper qui que ce fût, puisque l'Europe entière était dans la confidence de l'opération : seulement on voulait respecter la lettre des statuts de la Banque de France, au moment même où on les transgressait ouvertement. Quelques-unes des grandes maisons d'escompte qui existaient à Paris avant 1848, avaient éludé les prescriptions de leurs statuts par le même procédé, elles avaient dissimulé des prêts hypothécaires faits sur des mines, sur des carrières, sur des forges, sur des ateliers de construction, sous la forme d'escompte de papier de commerce, et ce sont justement ces opérations qui, en immobilisant les capitaux de ces maisons, ont causé leur ruine dans la grande crise de 1847-48.

Les emprunts faits sous cette forme sont généralement dangereux pour le prêteur. Ils sont en même temps très-onéreux pour l'emprunteur, à la charge duquel ils multiplient les commissions de banque, et qu'ils exposent à des surprises, si le prêteur, venant à manquer à son contrat, se refuse au renouvellement et exige avec rigueur le payement. Un banquier qui aura souci de son indépendance ou de sa sécurité n'acceptera ni ne donnera de crédit sous cette forme, hors les cas d'un besoin pressant et temporaire.

L'emploi de cette forme de crédit cause fréquemment de grandes déceptions. Lorsqu'on en connaît bien la nature, l'usage et la facilité, on est peu disposé à accepter sans vérification et à la lettre les comptes-rendus que publient périodiquement les banques par actions et les bilans dans lesquels le résumé des opérations est figuré en chiffres seulement. Les escomptes, dit-on, se sont élevés à 300 millions : — c'est fort bien ! — Il n'y a pas d'effets escomptés en souffrance : — encore mieux ! — Les dividendes montent à 10, 12, 15 p. °/₀ : — à merveille ! — Cet état de choses dure depuis plusieurs années : — Bravo ! Mais combien existe-t-il, au fond du portefeuille, d'effets à la nourrice, renouvelés de trimestre en trimestre, qui ont grossi le chiffre des escomptes, celui des commissions, élevé les dividendes, et qui tout à coup perdront toute valeur au moment du danger?... Voilà le point important, et c'est celui sur lequel les comptes-rendus et bilans ne s'expliquent pas : aussi n'est-il pas rare de voir les actionnaires marcher gaiement à leur ruine par un sentier semé de fleurs et de dividendes.

Le banquier qui opère pour son propre compte n'est pas toujours exempt de ces illusions. Il est si doux de constater un bénéfice, de voir sur ses livres un beau compte profits et pertes, une balance d'inventaire satisfaisante, et de répandre en même temps le crédit, le travail, l'aisance autour de soi!... Tous les sentiments les plus forts et les plus légitimes conspirent en quelque sorte pour pousser le banquier à l'immobilisation des capitaux et pour lui dissimuler à lui-même les dangers auxquels l'expose son imprudence. Il faut presque de l'héroïsme et de plus un peu de bonheur pour ne pas se laisser aller sur cette pente.

Aussi ne doit-on pas s'étonner de voir quelquefois sombrer tout à coup et à l'improviste des maisons qui, pendant longtemps, avaient présenté tous les signes d'une prospérité éclatante, et de voir plus souvent encore disparaître dans une liquidation honorable, mais difficile, les bénéfices inscrits sur les livres depuis plusieurs années. Solon, dit-on, répétait souvent qu'on ne peut savoir si un homme a été heureux qu'après sa mort; on peut dire de même que la bonne gestion d'un banquier n'est bien constatée qu'après sa liquidation. C'est une vérité que ne doivent jamais perdre de vue ceux surtout qui veulent acquérir des suites d'affaires.

§ 5. — *Deux questions pratiques.*

1° Un banquier doit-il mener de front avec ses opérations de banque un commerce ou une industrie? — On croit généralement que le commerce du banquier est exclusif de sa nature, et qu'il n'est pas possible d'y joindre utilement l'exercice d'un commerce ou d'une industrie. En effet, dans les entreprises de banque, comme dans toutes les autres, il est fort avantageux de spécialiser le travail, de restreindre les opérations non-seulement aux affaires de banque proprement dites, mais à une seule branche de ces affaires. Mais on n'est pas toujours libre d'agir ainsi, et d'ailleurs il n'est pas rare, même dans les grands centres, de voir joindre utilement quelques opérations de banque à l'exercice du commerce auquel elles se rapportent. Non-seulement les opérations de banque se combinent naturellement et sans difficulté avec la commission en marchandises et surtout avec la consignation, mais on peut les joindre avec avantage à un commerce de gros, par exemple, ou même à une industrie, lorsqu'elle n'occupe qu'une partie des capitaux de celui qui l'exerce.

Toutefois, il faut bien le remarquer, il n'est guère possible à une maison fondée dans ces conditions de prendre en dépôt les fonds d'autrui et d'emprunter à des comptes courants créditeurs une grande partie des capitaux dont elle dispose, parce qu'elle ne doit jamais, si elle est dirigée par un homme prudent et consciencieux, être obligée de forcer à un moment donné la réalisation de ses propres marchandises ou de celles sur lesquelles elle a fait les avances. C'est pourquoi les combinaisons de ce genre conviennent moins aux banquiers qu'à de riches capitalistes.

Dans les petites localités, le banquier est parfois amené à exercer le commerce de marchandises par d'autres motifs que dans les grands centres. Les opérations de banque proprement dites ne peuvent bien souvent suffire ni à l'emploi de son activité, ni à l'emploi des capitaux dont il dispose. Dans cette situation, il est tenté de se livrer à d'autres opérations avec d'autant plus de raison que les dépôts faits chez lui sont presque toujours des dépôts de troisième classe, à très-long terme. On ne peut pas dire d'une manière absolue que, dans cette situation, le banquier ait tort de se livrer à des opérations autres que celles de banque : il est même possible que ces autres opérations soient bonnes ; mais on court toujours de grands risques lorsque l'on emploie à la fois l'activité d'un seul individu à deux sortes d'affaires. Il n'appartient qu'aux hommes supérieurs de surmonter les difficultés qui naissent de cette double direction ; encore n'y parviennent-ils guère que pour un temps, et à la condition de posséder des capitaux propres assez importants : dans ce cas même il arrive qu'un jour ou l'autre il faut qu'ils sacrifient les affaires de banque à celles de commerce et d'industrie, ou celles-ci aux affaires de banque. — On a vu bien souvent des maisons établies dans de petites localités périr pour s'être engagées légèrement et sans connaissances suffisantes dans des entreprises commerciales ou industrielles.

2° Le banquier doit-il commanditer des entreprises commerciales et industrielles? — Au lieu d'entreprendre directement, le banquier peut commanditer un ou plusieurs entrepreneurs : par ce moyen il se dégage de la nécessité d'une intervention personnelle immédiate dans des opérations étrangères à sa profession, et il couvre sa responsabilité par celle d'un homme dont la personne, la fortune et l'honneur sont engagés en première ligne dans l'entreprise. La commandite a deux formes : ou elle est directe et résulte d'un acte positif qui établit les conditions du compte courant ; ou elle est imparfaite et résulte seulement d'engagements pris pour une somme d'avances déterminée. Dans l'un et l'autre cas, l'acte stipule en faveur du banquier des avantages certains ou incertains, mais toujours supérieurs aux profits ordinaires de banque.

Nous avons déjà indiqué les inconvénients de la commandite déguisée sous forme de crédits à découvert ordinaires ou garantis par des inscriptions hypothécaires. La commandite directe présente les mêmes inconvénients : elle engage pour un temps indéterminé, mais toujours fort long, les capitaux qui y sont employés : elle ne convient donc qu'au banquier dont les capitaux propres sont abondants et ne sont point requis par les besoins présents ou éventuels des opérations courantes. On peut dire en général que la commandite, sous toutes les formes, est pour un banquier une opération facile et dangereuse dans laquelle il ne doit entrer qu'avec une extrême précaution.

Si, après réflexion, il lui convient de s'y livrer, il y a quelques principes généraux [1] qui peuvent le guider dans sa conduite. Pas n'est besoin de dire qu'il doit étudier avant tout le caractère personnel et les qualités de celui qu'il commandite, s'assurer de sa probité, de sa capacité commerciale ou industrielle, des garanties de toute sorte qu'il peut offrir. Mais il doit aussi examiner avec soin quelle est la nature de l'entreprise et jusqu'à quel point elle peut faire espérer que les capi-

[1] L'exposé de ces principes et leur développement forment la matière de mon *Traité des entreprises industrielles, commerciales et agricoles*.

taux qui y sont engagés pourront en être retirés sûrement au temps fixé. Il faut que le banquier considère avec la plus grande attention quelles sont les chances probables de gain, et si l'entrepreneur se trompe lui-même sur ce point : il faut enfin que les profits de la commandite ne soient pas exagérés, qu'ils laissent un bénéfice honnête à l'entrepreneur. Sur ce dernier point la prudence est rare, car, d'une part, l'entrepreneur se fait souvent d'étranges illusions et consent à la légère à des conditions dont il se repent vivement dans la suite; d'autre part, le banquier ne sait pas toujours modérer son désir de gagner. Cependant, placé dans une position plus indépendante que l'entrepreneur, il doit savoir que si celui-ci est mécontent des conditions de la commandite, s'il se croit lésé, et surtout s'il voit que, malgré son travail, le désordre se met dans ses affaires, il perdra bien vite et à la fois sa liberté d'esprit et l'aptitude, la capacité qu'il pouvait apporter dans son entreprise, et même la probité. L'intérêt bien entendu du banquier, autant que la justice, exige que les conditions de la commandite soient modérées.

Il faut aussi considérer beaucoup, comme nous l'avons indiqué plus haut, quelle est la nature du commerce ou de l'industrie qui fait l'objet de la commandite. Le commerce vaut mieux que l'industrie, parce qu'il est plus facile de réaliser un fonds de marchandises qu'un mobilier industriel, et parmi les marchandises, celles dont la réalisation est la plus facile sont celles dont le commerce peut, avec le moins d'inconvénient, se prêter à la commandite d'un banquier.

Toutefois il est remarquable que les marchandises qui ont le prix courant le mieux établi et dont la consommation est la plus assurée sont celles sur lesquelles la spéculation se porte le plus volontiers. Chacun sait avec quelle facilité la spéculation s'exerce sur les grains, sur les vins et esprits, sur les bestiaux, etc., même dans les plus petites localités. Il y a là un écueil que le banquier ne doit pas perdre de vue.

La commandite est aussi sollicitée bien souvent par les entrepreneurs de bâtiments et par les entrepreneurs de travaux publics. Les premiers spéculent presque habituellement sur les terrains ou emplacements et sur les maisons : ils sont prompts à s'engager et se trouvent bien souvent chargés d'immeubles et d'obligations à remplir : ils réunissent les inconvénients du gage hypothécaire et ceux du commerce de spéculation. Les entrepreneurs de travaux publics, au contraire, ont toujours des créances assurées, au moins en apparence, et il semble que la liquidation de leurs affaires soit merveilleusement facile à certaines périodes. Mais lorsque l'on connaît les habitudes des communes, des départements, des fabriques et établissements publics, lorsqu'on sait ce que sont les travaux sur devis supplémentaires et jusqu'à quel point le montant des créances et les époques de payement dépendent de l'appréciation des ingénieurs et des architectes des départements et des grandes communes, on n'ignore pas qu'il faut procéder dans les commandites de cette espèce avec une extrême précaution. Dans chaque département et dans chaque grande commune, il n'y a ordinairement qu'un entrepreneur de travaux publics qui fasse fortune, et celui-là n'a pas besoin de crédit.

Plus on réfléchit aux conditions attachées à la commandite accordée par le banquier, plus on reconnaît qu'en thèse générale elle est dangereuse. Mais il en est une qui pourrait être fort utile et lucrative et à laquelle les banquiers de département ne se livrent presque pas, c'est la commandite en forme pour le compte des capitalistes. En facilitant l'établissement d'entreprises dirigées par des hommes actifs et habiles munis de capitaux suffisants, les banquiers se créeraient pour un avenir prochain des opérations de banque régulières et animeraient autour d'eux l'industrie, le commerce, l'agriculture au besoin, sans être gênés par les exigences de disponibilité des capitaux commanditaires.

La plupart des banquiers aiment mieux, il est vrai, placer directement les capitaux déposés chez eux, sous leur responsabilité, que de les voir s'engager, même après la commission payée, pour un temps indéterminé. D'autre part, les capitalistes ne sont habitués ni à la commandite, ni aux titres d'entreprises rapprochées d'eux : pour propager ce mode de placement dans chaque localité, il y aurait des efforts à faire et en quelque sorte une éducation à former. Mais je crois que les banquiers de département auraient un intérêt très-grand à entrer dans cette voie, et à prêter leur ministère et leur expérience à la formation de commandites viables.

En effet, le profit qu'ils retirent d'un dépôt prêté par eux, à long terme n'excède guère 1 1/2 p. °/₀; il est souvent inférieur et ne peut s'élever plus haut que par des combinaisons exorbitantes et dangereuses. En admettant que la commission pour le placement d'actions en commandite ne donnât que 1 p. °/₀ tout compte fait, ce qui est modéré, il semble au premier abord que le banquier gagnerait moins, parce que cette commission ne serait payée qu'une fois, et que la différence d'intérêt, plus élevée d'un tiers, est annuelle. Cela est vrai, mais des entreprises qui auraient devant elles un long avenir et des capitaux bien suffisants prospéreraient mieux que des entreprises gênées par la brièveté des crédits et la perspective incessante des réalisations forcées; ces entreprises bien constituées donneraient plus d'affaires de banque, partant, des bénéfices plus liquides. Il est rare en effet qu'une maison d'industrie ou de commerce n'ait pas en recouvrement et autres opérations de banque une somme d'affaire double ou triple de son capital. En outre, la responsabilité du banquier serait bien moins engagée; il serait délivré des tribulations incessantes qui naissent des crédits hypothécaires et des fantaisies des capitalistes. Les capitaux qui se placeraient ainsi seraient plus abondants que ceux qui vont, avec les habitudes actuelles, se placer chez le banquier; il n'y a pas d'exagération à dire qu'ils s'élèveraient au double : enfin ils ne quitteraient pas les provinces pour venir se placer à Paris, où ils sont perdus à jamais pour le banquier de département, et quelquefois aussi pour le capitaliste lui-même. Si ce mode de placement avait été adopté depuis vingt ans; si des banquiers intelligents et bons juges de la valeur des entreprises avaient encouragé les entrepreneurs probes et capables en facilitant la commandite, l'industrie, l'agriculture et le commerce des départements ne seraient pas restés dans l'état de langueur et de somnolence que l'on remarque sur une grande partie du territoire : des capitaux et des hommes qui sont restés inactifs auraient produit; les populations se seraient initiées à la vie industrielle; elles auraient acquis cette instruction pratique, cette connaissance des affaires qui leur manquent si souvent, et, à coup sûr, elle auraient payé une somme de commissions de banque infiniment supérieure à celle qui a été perçue par les banquiers sous différentes formes.

Il est vrai que la société en commandite est peu populaire en France, que l'abus est facile et qu'on l'a vu se produire avec beauconp d'éclat à Paris en 1836. Il est vrai encore que les capitalistes sont souvent peu éclairés, qu'en dehors des placements qui leur sont habituels, ils ne s'engagent guère que lorsqu'ils sont emportés en quelque sorte par un tourbillon, comme à la Bourse, etc. Tout cela est vrai, et on peut en conclure que les placements en commandite seraient difficiles à l'origine dans les départements; mais ils ne sont nullement impossibles, et les banquiers, comme le pays en général, auraient intérêt à ce qu'ils fussent tentés.

§ 6. — *Conclusion.*

Nous avons essayé d'énumérer les faits et les préceptes généraux qui ressortent de la pratique ordinaire des banques de commerce, essayons de les résumer en peu de mots.

Le banquier dispose rarement des dépôts : il dispose au contraire des placements; il doit donc régler sur le caractère et l'importance des dépôts la nature de ses placements, en tenant compte de la force de son capital, du temps, du lieu, des habitudes, du milieu commercial dans lequel il est placé. Il doit prévoir des oscillations dans les rentrées et sorties de capitaux et en étudier les causes, afin de pouvoir à l'avance se mettre en mesure de pourvoir aux embarras que ces oscillations peuvent lui susciter. Le moyen le meilleur pour y réussir est l'organisation d'une réserve productive d'intérêts, sûre, et réalisable en dehors de la clientèle proprement dite.

Quant aux placements, ils doivent être sûrs et d'une réalisation facile. Chacun est naturellement en garde contre ceux qui seraient hasardés, mais on répugne moins aux placements d'une réalisation lente ou difficile, et c'est contre ceux-ci que le banquier doit toujours se tenir en garde. Quelle que soit sa prudence, il est souvent forcé d'y recourir, soit pour assurer la liquidation d'un découvert imprévu, soit pour subvenir aux exigences des temps de crise, et venir, lorsqu'il le peut, au secours de ceux de ses clients qui éprouvent un embarras fortuit et momentané.

Il faut donc être sévère dans les temps prospères et libéral dans les temps difficiles, parce que les crises, en éprouvant les maisons de commerce, font connaître leur vraie situation, qui se dissimule aisément lorsque les affaires sont faciles. C'est dans les moments d'excitation commerciale qu'on peut le mieux se débarrasser des comptes douteux et en faire la liquidation : il importe de ne pas laisser passer les occasions favorables aux liquidations de ce genre et de savoir regarder en face les chances de perte qui peuvent en résulter : si on craint ces chances dans les temps prospères, que serait-ce au moment d'une crise, lorsque toutes les réalisations sont à la fois plus difficiles et moins productives ?

En tout cas et quoi qu'il fasse, le banquier est toujours, jusqu'à un certain point, solidaire de ceux dans les mains desquels il a placé des capitaux. Il doit donc se tenir exactement renseigné sur leurs affaires, s'y intéresser et apprendre à tenir compte des qualités morales et intellectuelles qui donnent de la sécurité et de l'aisance aux relations commerciales. La science des principes sert à indiquer le danger qu'il importe de connaître : chacun ensuite s'en tient plus ou moins éloigné, selon ses inclinations particulières. Chacun apporte, dans l'exercice de la banque aussi bien que dans les autres affaires, son caractère propre : l'un est prudent jusqu'à la timidité, l'autre hardi jusqu'à l'imprudence : le premier ne veut que des affaires sûres, le second veut, même au prix de quelques risques, des affaires abondantes ; celui-ci tient à réaliser de gros bénéfices et cherche à couvrir les pertes par un redoublement d'activité, celui-là se contente d'un bénéfice médiocre pour être exempt d'inquiétudes et les événements sourient tantôt à l'une, tantôt à l'autre conduite, sans qu'il soit possible de formuler des préceptes d'un application certaine et constante. On peut exposer les principes, indiquer les lois ordinaires du mouvement des affaires, mais ce qui est d'application, l'art du banquier proprement dit ressemble aux autres arts et ne s'enseigne point.

CHAPITRE III.

COMPTOIRS D'ESCOMPTE.

Les comptoirs nationaux d'escompte sont affectés aux mêmes opérations que les banques ordinaires du commerce : il n'y aurait donc point lieu d'en donner une description spéciale si les circonstances dans lesquelles ils ont été fondés, leur organisation, l'importance acquise par celui de Paris, et surtout l'établissement d'un vaste système de prêts sur nantissement par les magasins généraux et les sous-comptoirs, ne donnaient à ces établissements un caractère public et original, entre toutes les institutions de crédit.

La révolution politique survenue dans la dernière période de la crise commerciale ouverte en septembre 1847, avait porté au crédit les plus graves atteintes. Dès les derniers jours de février 1848, les banquiers de Paris avaient annoncé à leurs correspondants des départements, qu'ils allaient se mettre en quelque sorte en liquidation et suspendre toutes leurs opérations, même les recouvrements ordinaires. Jamais on n'avait vu transition si brusque entre un état de crédit naguère exagéré et un état de défiance absolue, universelle : il semblait qu'en quelques jours la civilisation eût rétrogradé de deux siècles. Cette détermination des banquiers de Paris déroutait tous les calculs, toutes les prévisions du commerce; c'était comme si, à l'improviste, les chemins de fer venaient à se fermer; les voyageurs et les marchandises auraient moins de moyens de transport qu'au temps du roulage ordinaire et des diligences. Les recouvrements furent, un moment, aussi difficiles en 1848 que le seraient les transports le jour où les chemins de fer leur seraient interdits. Quiconque était initié aux secrets de la vie commerciale dut s'étonner alors que les désastres amenés par la suspension des opérations de banque ne fussent pas plus grands.

Les maisons qui décrétèrent en quelque sorte cette liquidation générale du crédit commercial furent-elles bien inspirées? La peur ne fut-elle pas pour elles une mauvaise conseillère? Les événements ont répondu : ils ont montré que le commerce français en général et les banquiers des départements en particulier, avaient une vitalité plus grande qu'on ne l'avait supposé : et s'ils furent réduits à faire de grands sacrifices, ils se maintinrent du moins honorablement. Qu'eût-ce été si la banque de Paris ne leur eût pas crié : « Sauve qui peut! » si une résolution collective, prudemment téméraire, eût fait continuer les affaires au milieu même de la tourmente politique?

Quoi qu'il en soit, on prit un autre parti, et le commerce, au lieu de se mettre à l'œuvre pour remplacer ceux qui abandonnaient leurs fonctions, tourna les yeux, selon l'usage, vers le gouvernement. Il ne restait plus debout que la Banque de France et le Trésor : encore la panique menaçait-elle d'emporter l'un et l'autre, car on courait du même pas aux caisses d'épargne pour y réclamer les dépôts, et à la Banque pour y exiger l'échange des billets contre espèces.

Quatre maisons principales avaient fait jusque-là le service de la banque du commerce à Paris : c'étaient les maisons Gouin et Cie, capital 17 millions; Ganneron et Cie, capital 11,763,000 fr.; Baudon et Cie, capital 7 millions et demi; Béchet, Dethomas et Cie, capital 15 millions; Cusin, Legendre, et Cie, capital 2 millions. Les deux premières, dans le portefeuille desquelles avait passé plus d'un milliard en 1847, suspendaient leurs payements en même temps que d'autres caisses de premier ordre plus spécialement affectées aux négociations sur les titres de chemins de fer. Telle était l'importance de la lacune qu'il s'agissait de combler.

Le 7 mars, le gouvernement décréta l'établissement des comptoirs d'escompte.

« Considérant, disait-il, qu'un des devoirs essentiels de l'État est d'intervenir dans une juste mesure, quand les citoyens sentent eux-mêmes le besoin de se réunir pour créer entre eux une sorte d'assurance mutuelle,

» Décrète :

ART. 1er. Dans toutes les villes industrielles et commerciales, il sera créé un comptoir national d'escompte...

ART. 2. Ce capital sera formé dans les proportions suivantes : 1° un tiers en argent par les associés souscripteurs ; 2° un tiers en obligations par les Villes, 3° un tiers en bons du Trésor par l'État. »

Le lendemain, un autre décret établissait les bases du comptoir de Paris, fondé au capital de garantie de 20 millions, dont un tiers seulement, divisé en actions de 500 fr., fourni en espèces par les souscripteurs. Le décret disait, art. 3 :

« Les bénéfices du comptoir d'escompte appartiendront exclusivement aux actionnaires, l'État et la Ville ne voulant tirer aucun profit de leur intervention ; — ART. 4. Le capital à fournir par l'État et la Ville de Paris garantira jusqu'à due concurrence les pertes qui pourraient résulter des opérations du comptoir. »

Il y avait bien quelque chose d'insolite dans cette association de l'État, de la commune et du commerce pour fonder une maison de banque, l'État et la commune acceptant d'avance toutes les pertes et abandonnant aux actionnaires tous les bénéfices. C'était mieux cependant qu'en 1830, puisque alors l'État, comme en son temps l'empereur Tibère, avait pourvu par des prêts directs aux besoins issus de la crise. En 1848, l'initiative partait du commerce auquel le gouvernement répondait de prendre courage et prêtait ce qui lui restait encore de crédit. Si la mesure n'était pas strictement conforme aux principes de la liberté commerciale, il est constant qu'elle pourvoyait jusqu'à un certain point aux besoins immédiats et engageait peu l'avenir, puisque la durée du comptoir était limitée à trois ans.

Le capital nécessaire pour que le comptoir de Paris entrât en fonctions fut réalisé au bout de dix jours, non sans peine, et on peut voir par l'état de formation du premier fonds de deux millions et demi, quelle était l'intensité de la panique : les premières actions furent prises comme les billets d'une loterie de charité, par quelques capitalistes en évidence, par des chambres d'avoués et de notaires, par des compagnies d'assurances, par des sociétés de bienfaisance, etc. : personne ne considérait sa souscription comme un placement. Ce fut avec un capital de 2,587,021 fr., dont un million prêté par l'État, que le comptoir commença ses opérations le 18 mars. Bientôt les retenues effectuées sur les bordereaux admis à l'escompte, moyen ingénieux et étrange de créer des actionnaires, éleva le chiffre de ce capital qui, au 31 août, montait à 4,051,804 fr.

Les articles 7 et 8 des statuts définissent les opérations de l'établissement :

« Art. 7. Les opérations du comptoir consistent dans l'escompte des effets de commerce payables à Paris ou dans les départements. — Toutes autres opérations lui sont interdites.

» Art. 8. Le comptoir n'admettra à l'escompte que des effets de commerce revêtus de deux signatures au moins, et dont l'échéance ne pourra pas excéder *cent cinq* jours pour le papier payable à Paris, et *soixante* pour le papier payable dans les départements. — Pour les effets sur les départements, l'échéance pourra être étendue à *quatre-vingt-dix* jours, mais seulement à l'égard des effets payables sur les places où il existera, soit une banque locale, soit un comptoir de la Banque de France. — Il ne sera admis à l'escompte aucun effet d'une échéance de moins de *cinq* jours. »

D'abord le comptoir n'escompta que les valeurs sur Paris et les villes où la Banque avait des succursales; puis il admit à l'escompte le papier à 30 jours sur les principales villes de France.

A peine six jours s'étaient-ils écoulés depuis l'ouverture des travaux des comptoirs, qu'il fallut lever l'interdiction portée en l'article 7 des statuts de faire aucune opération autre que l'escompte des effets de commerce. Un décret du 24 mars, dont nous avons déjà rapporté les principales dispositions [1], instituait les sous-comptoirs de garantie, et ajoutait, par un mécanisme simple et original, le prêt sur nantissement à l'escompte des effets de commerce.

Six sous-comptoirs furent organisés du 24 mars au 31 août 1848. Leur capital de garantie, réalisé péniblement et dont les retenues sur bordereaux avaient fourni plus de moitié, n'apportait au comptoir central qu'un dépôt de 222,381 fr. Au 31 août, les effets admis à l'escompte sur la présentation des sous-comptoirs, s'étaient élevés à la somme de 5,822,994 fr. Il est vrai que l'État intervenait comme garant, jusqu'à concurrence de 5 millions, des prêts hypothécaires consentis aux entrepreneurs de bâtiments.

Au 31 août 1848, le comptoir avait escompté pour 80,378,326

[1] Voir p. 110.

francs d'effets et pour 6,924,266 fr. de récépissés de marchandises : il avait été chargé de recouvrer 15,904,956 fr. dans les départements et plus de 88 millions avaient passé par sa caisse. Il avait réescompté son portefeuille à la Banque de France jusqu'à concurrence de la somme de 59,389,215 fr.

Tels furent les commencements du comptoir national d'escompte de Paris. Le tableau suivant, dressé d'après les rapports annuels du directeur à l'assemblée des actionnaires, peut donner une idée générale de la marche de ses opérations.

30 JUIN.	CAPITAL actif.	RECOUVREMENTS.	ESCOMPTES.	RÉCÉPISSÉS. des Sous-Comptoirs	COMPTES COURANTS.	SOLDE des Effets en souffrance [1].
1848	6,051,804	15,904,956	78,350,789	14,774,796	2,988,086	1,389,757
1849	7,143,063	14,977,529	73,781,534	24,492,753	3,656,937	747,934
1850	7,330,579	17,664,181	92,504,248	35,462,143	8,269,133	539,575
1851	7,223,991	20,039,441	142,791,386	52,365,074	14,911,403	1,444,378
1852	9,666,500	25,200,342	177,693,660	70,579,898	15,148,449	403,545
1853	22,608,769	33,358,113	353,935,560	148,734,874	29,320,337	474,694
1854	22,499,271	44,836,485	555,679,282	128,016,024	20,160,690	64,217
1855	22,782,851	53,631,766	492,567,093	127,744,945	25,611,768	Néant.
1856	23,157,368	55,123,534	462,642,639	187,180,147	17,560,419	99,433
1857	23,464,802	67,073,123	444,439,055	149,360,436	18,389,460	6,378
1858	23,763,842	69,319,875	473,286,845	88,554,462	21,734,593	111,778
1859	23,940,235	70,295,163	449,935,134	72,567,161	28,679,266	85,576
1860	24,158,332	67,471,681	490,786,060	76,132,674	34,990,887	3,811
1861	47,843,668	72,478,782	653,817,469	41,440,609	23,568,834	192,861
1862	48,940,168	82,019,634	829,643,695	38,985,602	34,510,911	15,053

Les affaires du Comptoir d'escompte de Paris se sont accrues principalement par l'extension des relations commerciales avec les départements et l'étranger, par l'accroissement des avances sur dépôt de titres et surtout par les nouvelles affaires sur nantissement ou sur connaissements auxquelles ont donné lieu les opérations entreprises avec le commerce extérieur. Le chiffre de ces dernières affaires, qui était de 12,646,347 fr. en juin 1860, s'est élevé en juin 1861, à 89,647,786 fr., et en juin 1862, à 224,513,426 fr.

Outre le capital statutaire complété par les actionnaires, le comptoir a disposé, pendant les cinq premières années, d'une somme active de 3 millions qui lui a été successivement prêtée par l'État, et c'est pour ce motif que nous avons évalué son capital actif d'abord à 7, ensuite à 9 millions. Le capital propre

[1] Ces sommes sont annuellement passées par profits et pertes et ne figurent aux bilans que pour mémoire au chiffre de 1 franc.

du comptoir a été porté à 20 millions en 1853, et à 40 millions en 1860.

Depuis 1853, la constitution du comptoir d'escompte de Paris a été considérablement modifiée. Le capital de cet établissement a été porté à 20, puis à 40 millions outre la réserve. Le Comptoir de Paris et les petits établissements du même genre qui s'étaient fondés dans les départements sont en outre sortis de la situation très-exceptionnelle où les avaient placés la constitution primitive de leur capital par la loi du 10 juin 1853 dont nous reproduisons ici les deux premiers articles :

« Art. 1er. — Les comptoirs et les sous-comptoirs d'escompte pourront être établis ou prorogés avec les droits énoncés dans les articles 9 et 10 du décret du 24 mars et dans l'alinéa deuxième de l'article 2 du décret du 23 août 1848, mais sans aucun concours ni aucune garantie de la part de l'État, des départements ou des communes.

» Art. 2. — Des décrets impériaux, rendus sur la proposition du ministre des finances, le conseil d'État entendu, statueront sur l'établissement et la prorogation des comptoirs et sous-comptoirs d'escompte, et sur la modification de leurs statuts. — Le ministre des finances, avant de proposer l'établissement ou la prorogation d'un comptoir ou sous-comptoir d'escompte, prendra l'avis : 1° de la chambre de Commerce ; 2° du conseil municipal de la ville dans laquelle le comptoir ou sous-comptoir devra être établi ou prorogé. »

La garantie accordée par l'État et par la ville de Paris au comptoir d'escompte a cessé d'exister le 31 décembre 1854, sans avoir donné lieu à aucun recours.

En même temps que le Comptoir prenait une existence plus régulière, il modifiait ses statuts et prorogeait la durée de la société pour 30 ans, à dater du 18 mars 1857. De cet expédient destiné d'abord à durer jusqu'en 1851 et prorogé jusqu'en 1857 est sortie une maison de banque puissante, dont la constitution s'éloigne très-peu du droit commun.

Cependant elle conserve le monopole d'une masse considérable de prêts sur nantissement constitué à son profit par l'établissement des magasins généraux et des sous-comptoirs, mais il est remarquable que le chiffre de ces affaires monopolisées tend à décroître, soit naturellement, soit parce que les relations avec le sous-comptoir des entrepreneurs ont été transférées au Crédit foncier. Au contraire, les opérations libres et surtout les relations avec les départements et l'étranger prennent un accroissement rapide et fournissent au comptoir des bénéfices abondants achetés par de véritables services.

La nomination du premier et second directeurs est soumise à l'approbation du ministre des finances.

Les opérations du comptoir ont été étendues par les nouveaux statuts et définies dans les articles 9 et 10 que nous reproduisons ici textuellement :

« Art. 9. — Les opérations du comptoir consistent :

» 1° A escompter des effets de commerce payables à Paris, dans les départements et à l'étranger ; les engagements souscrits à l'ordre des sous-comptoirs de garantie créés auprès de lui ; les billets à son ordre, accompagnés de récépissés de dépôts de marchandises dans les magasins généraux agréés par l'État ; et, en général, toutes sortes d'engagements à ordre et à échéance fixe, résultant de transactions commerciales ou industrielles ;

» 2° A faire des avances sur rentes françaises, actions ou obligations d'entreprises industrielles ou de crédit, constituées en sociétés anonymes françaises, mais seulement jusqu'à concurrence des deux tiers de la valeur au cours de ces rentes ou actions, et à la condition que ces avances ne seraient faites que pour 90 jours au plus, et n'excéderaient jamais dans leur ensemble le cinquième du capital réalisé et la moitié de la réserve ;

» 3° A se charger de tous payements et recouvrements à Paris, dans les départements et à l'étranger ; à fournir et à accepter tous mandats, traites et lettres de change dont la couverture aurait été préalablement faite, soit en marchandises déposées dans les magasins généraux, soit en espèces, soit en valeurs agréées par le conseil d'escompte ; à se charger du recouvrement de tous arrérages de rentes ou intérêts et dividendes d'actions, de l'achat ou de la vente, pour le compte de tiers, et moyennant commission convenue, de toutes espèces de fonds publics et valeurs industrielles ;

» 4° A ouvrir toutes souscriptions à des emprunts publics ou autres et pour la réalisation de toutes sociétés anonymes, mais toujours pour le compte de tiers, et moyennant commission convenue, sous cette réserve qu'aucune souscription pour des emprunts sur fonds étrangers ou pour la réalisation de sociétés étrangères ne pourra avoir lieu sans l'autorisation du ministre des finances ;

» 5° A recevoir en compte courant et jusqu'à concurrence d'une fois et demie le capital réalisé, les fonds qui lui seraient versés, à un taux d'intérêt déterminé par le conseil d'administration, le solde au crédit de ces comptes courants ne pouvant jamais dépasser la limite fixée ;

» 6° Enfin, à recevoir en dépôt, moyennant un droit de garde, toutes espèces de titres et valeurs.

» Toutes autres opérations sont interdites.

» Art. 10. — Le comptoir n'admettra à l'escompte que des effets de commerce revêtus de deux signatures au moins, et dont l'échéance ne pourra excéder cent cinq jours pour le papier payable à Paris, et soixante-quinze jours pour le papier payable dans les départements.

» Pour les effets sur les départements, l'échéance pourra être étendue à quatre-vingt-dix jours, mais seulement à l'égard des effets payables sur les places où il existera une succursale de la Banque de France.

» Il ne sera admis à l'escompte aucun effet d'une échéance de moins de cinq jours. »

On remarquera dans ces articles deux limitations notables : 1° celle qui interdit au comptoir de faire des avances sur titres de réalisation aléatoire pour une somme supérieure au cinquième du capital réalisé et à la moitié de la réserve, c'est-à-dire, en ce moment, à un peu moins de 8 millions et demi ; 2° celle qui interdit au comptoir d'accepter en compte courant une somme supérieure à une fois et demie le capital réalisé, c'est-à-dire actuellement à 60 millions. La première de ces restrictions se justifie assez par elle-même pour que l'administration même du comptoir ait pu la proposer. Quand à la seconde, elle ressemble beaucoup à une concession faite par force à la Banque de France à laquelle elle profite au détriment du comptoir lui-même. C'est la première fois, à notre connaissance, qu'on limite la somme que la confiance des déposants peut mettre à la disposition d'une banque ou d'un banquier, et c'est un précédent très-menaçant pour le commerce de banque en général : jusqu'à présent on s'était contenté de prohiber ou de limiter les émissions de billets.

Toutefois, tout considéré, bien qu'on puisse regretter, d'une part, cette innovation, de l'autre l'introduction habituelle de quelques opérations dans le comptoir d'escompte, il y a lieu de se féliciter de voir enfin constituer en France, après tant d'années d'efforts inutiles, quelques banques de commerce en société anonyme. Pendant près de cinquante ans, en effet, le conseil d'État avait constamment refusé d'autoriser des sociétés anonymes ayant la banque d'escompte pour objet, sous le prétexte que l'on pouvait donner à toute opération commerciale, quelle qu'elle fût, la forme de l'escompte. Il est certain qu'on peut facilement donner la forme de l'escompte à des opérations autres que celles de banque, comme il est vrai que toute société anonyme peut s'engager frauduleusement dans des affaires étrangères à ses statuts, mais ce n'était pas un motif suffisant pour justifier les négations obstinées et systématiques du Conseil d'État. Ces négations, appuyées sur des doctrines étroites, mais favorables à des intérêts puissants ont empêché qu'il s'établît en France des banques solides et durables. Une grande banque de commerce ne peut être que l'œuvre du temps dans les conditions normales, et il n'y a de durable, dans notre société si mobile, que les établissements constitués sous la forme anonyme. Il est fort heureux que, grâce à la force des circonstances et à l'autorité des services rendus, le comptoir d'escompte de Paris ait fait une brèche dans la barrière élevée contre la liberté des banques par la routine bureaucratique.

Les divers comptoirs d'escompte fondés à la suite des décrets de 1848 se sont naturellement convertis en banques ordinaires constituées par société anonyme. Voici le nom des villes où ils sont établis et le chiffre de leur capital :

Alais.	1,000,000 fr.	Report. . .	3,900,000 fr.
Caen.	600,000	Mulhouse.	1,000,000
Colmar.	300,000	Saint-Jean-d'Angely. .	100,000
Lille.	2,000,000	Sainte-Marie-aux-Mines.	300,000
A reporter. . .	3,900,000 fr.	Total. . . .	5,300,000 fr.

CHAPITRE IV.

BANQUES DE CIRCULATION.

A quoi bon, dira-t-on peut-être, parler des banques de circulation? Elles n'ont jamais été nombreuses en France, et presque toujours elles y ont été soumises à l'autorisation préalable et au contrôle administratif. Aujourd'hui elles ont toutes été absorbées par la Banque de France, et les conditions qui se rattachent à ces établissements n'ont plus qu'un médiocre intérêt pratique. — Il est vrai; mais peut-être les idées qui ont jusqu'à présent dirigé nos législateurs, lorsqu'ils se sont occupés de banques de circulation, viendront-elles à changer : peut-être la facilité de fonder des établissements de ce genre ouvrira-t-elle quelque jour aux hommes qui s'occupent des opérations de banque des carrières nouvelles. Si un tel événement devait avoir lieu, les considérations que nous allons exposer acquerraient aussitôt un grand intérêt pratique. D'ailleurs, ne fût-ce qu'à titre d'instruction théorique, il serait utile de connaître les lois économiques sur lesquelles sont fondées des institutions que l'on peut considérer à juste titre comme le chef-d'œuvre de l'art du banquier et l'un des instruments les plus énergiques de la civilisation.

§ 1. — *En quoi les banques de circulation diffèrent des autres banques.*

Les banques de circulation joignent aux opérations ordinaires des banques du commerce l'émission de billets payables à vue et au porteur. Par cette émission, elles empruntent la somme exprimée par leurs billets à ceux qui les acceptent et qui s'en servent comme d'un équivalent de la monnaie métallique.

L'émission des billets à vue et au porteur constitue, au profit des banques, un dépôt exigible sur demande; mais comme le billet de banque remplit les fonctions de la monnaie, la continuation ou le retrait de ce dépôt sont déterminés par des causes différentes de celles qui déterminent la continuation ou le retrait des dépôts ordinaires.

Le dépôt ordinaire exigible sur demande est continué tant que le capitaliste a confiance en son banquier et n'a pas besoin de son capital; ce dépôt est retiré dès que le capitaliste cesse d'avoir confiance en son banquier ou dès qu'il trouve un emploi plus utile de son capital; en termes plus généraux, dès qu'il en a besoin. Le porteur du billet de banque, au contraire, n'a jamais besoin du capital exprimé par le billet pour un placement commercial ordinaire, puisqu'il peut acheter et payer par la remise du billet dont il est porteur, sans l'échanger contre espèces.

Dans trois circonstances seulement, le porteur du billet peut avoir besoin de monnaie métallique et demander le change:

1° Pour obtenir de la monnaie de moindre coupure, comme on change une pièce de 20 fr., lorsque l'on veut payer une somme inférieure à 20 fr.;

2° Pour aller faire des affaires dans une contrée où le billet de banque n'est pas reçu comme monnaie; pour acheter des grains, par exemple, en Russie, dans le Maroc, ou même en France, aux cultivateurs;

3° Pour disposer de la matière de la monnaie métallique et la transformer en bijoux, lingots, etc., ou pour l'exporter suivant les demandes du commerce.

Hors de ces trois cas, dont les deux derniers, on le voit, sont exceptionnels, le porteur du billet de banque n'a jamais besoin d'échanger ce billet contre espèces; il ne pourrait y être amené que par un défaut de confiance dans la solvabilité de la Banque. Sous ce rapport et sous ce rapport seulement, l'emprunt obtenu par l'émisson du billet-monnaie ressemble à celui qui résulte du dépôt ordinaire exigible sur demande. Encore pour motiver le change d'un billet, faut-il que le défaut de confiance existe non-seulement chez le porteur, mais aussi parmi ceux qui l'environnent. Tant que le billet circule, tant qu'il est reçu comme monnaie, le porteur, même défiant, n'a aucun intérêt à venir au change, à moins qu'il ne veuille thésauriser, conserver en caisse de l'or et de l'argent, sans en faire usage, comme cela se pratique dans les moments de panique.

Ainsi les capitaux fournis aux banques par les émissions de billets au porteur sont moins sujets à des retraits soudains que les dépôts exigibles sur demande et non productifs d'intérêt consentis par les particuliers. Ceux-ci ne gardent pas volontiers leurs fonds stériles dans les caisses des banques, et ils se hâtent de les retirer dès qu'ils en trouvent l'emploi. Les mêmes causes qui font apporter du papier à l'escompte font retirer les dépôts des particuliers. Au contraire, quelle que soit l'activité du travail et la multiplicité des affaires, les billets, qui remplissent les fonctions utiles de monnaie, sont toujours demandés et à l'état d'emploi, sans que jamais ni les caprices, ni les convenances personnelles en quelque sorte du commerce ordinaire en puissent amener à l'échange des sommes considérables.

Ainsi les émissions de billets à vue et au porteur qui fournissent à la banque le dépôt le plus variable, en apparence, et le plus incertain, lui donnent en réalité le dépôt le plus certain et le plus invariable. Ce n'est pas tout : les mouvements d'entrée et de sortie des capitaux représentés par les billets dans les banques bien accréditées s'opèrent en sens inverse du mouvement des dépôts particuliers, de manière à fournir une sorte de compensateur. En effet, lorsque l'activité des affaires rappelle les dépôts particuliers, les billets restent en circulation; lorsque les affaires languissent, les dépôts rentrent et le service monétaire emploie moins de billets; dans les crises commerciales, les dépôts affluent en même temps que la circulation des billets augmente. Une forte demande d'espèces pour l'exportation peut seule faire à la fois sortir les dépôts et rentrer les billets. Nous omettons à dessein, dans cette énumération, les paniques dont l'origine est politique et qui n'ont, par l'effet de leur nature même, ni loi fixe, ni mesure prévue.

A l'état normal, les banques de circulation, dont l'organisation est plus complète que celle des banques ordinaires, sont aussi plus faciles à administrer. Les dépôts particuliers exigibles sur demande sont sujets à des mouvements brusques et imprévus qui ne permettent au banquier de pourvoir à ses besoins de caisse qu'à force d'art et de précaution. Il est plus facile de prévoir les présentations au change des billets-monnaie que les retraits des dépôts, parce que ces retraits sont déterminés le plus souvent par des circonstances particulières et obscures, tandis que les présentations importantes de billets au change sont toujours déterminées par des causes générales et connues. La machine la plus parfaite est en même temps la plus facile à conduire, parce qu'elle se règle elle-même et qu'un peu d'attention suffit à celui qui en comprend le mécanisme.

Le directeur d'une banque de circulation doit s'attacher d'abord à obtenir la confiance du public : c'est la première condition de toute émission de billets. Cette confiance s'acquiert par les moyens ordinaires : l'importance du capital propre, une exactitude scrupuleuse à remplir ses engagements, l'intelligence apportée dans le choix des effets admis à l'escompte, la déterminent presque toujours. Si le portefeuille est bon, si l'exigibilité des effets qu'il contient est bien calculée de manière à fournir des rentrées suffisantes pour subvenir aux besoins probables, il est évident que le crédit de la banque ne peut pas être ébranlé. Supposons que ce crédit soit entier et mérité, que les valeurs en portefeuille soient saines et réalisables, et essayons de prévoir les exigences qui, dans cette situation, peuvent naître des émissions de billets ; essayons de constater les lois de leur circulation.

§ 2. — *Quelle est la limite des émissions.*

Une banque donnée peut-elle mettre et conserver en circulation autant de billets qu'il lui plaît ? Le vulgaire n'en doute pas, et les écrits de quelques économistes, les assertions de quelques hommes d'affaires éminents dans les enquêtes anglaises, les discours prononcés à diverses époques devant le parlement anglais ou à la tribune française semblent reproduire l'opinion vulgaire. Pourtant cette opinion est erronée : toute émission de billets a ses limites, que la science ne peut prévoir en chiffres, mais que l'expérience fait bientôt connaître ; ce sont les limites mêmes de la circulation monétaire, variables suivant les contrées et les habitudes commerciales, mais à peu près fixes dans chaque contrée, ou, pour parler plus exactement, sur chaque marché.

Il importe que le lecteur fixe bien son attention sur cette proposition si simple qu'elle passe ordinairement inaperçue, savoir : « Que chaque marché ayant l'habitude de faire une certaine quantité d'échanges, n'a besoin, pour les faire, que d'une certaine quantité de monnaie ; et que si cette quantité est dépassée, la monnaie se déprécie et est exportée. « Supposons un instant, dit J.-B. Say, que les communications intérieures d'un pays et l'état des richesses soient tels qu'ils exigent l'emploi constant de mille voitures de tout genre ; supposons que, par un système commercial quelconque, on parvînt à y faire entrer plus de voitures qu'il ne s'en détruirait annuellement, de manière qu'au bout d'un an il s'en trouvât quinze cents au lieu de mille : n'est-il pas évident qu'il y aurait dès lors cinq cents voitures inoccupées sous différentes remises, et que les propriétaires de ces voitures, plutôt que d'en laisser dormir la valeur, chercheraient à s'en défaire au rabais les uns des autres, et les feraient passer à l'étranger pour en tirer un meilleur parti ?

« Ces voitures sont le numéraire. On n'en a besoin que jusqu'à un certain point. »

Ce principe posé, supposons qu'il s'agisse de l'établissement d'une banque sur un marché quelconque où il n'en existe pas. Le service des échanges emploie habituellement sur ce marché une certaine quantité de monnaie d'or et d'argent que nous exprimerons par le nombre 100. Les émissions de banque pourront-elles atteindre, pourront-elles surpasser ce nombre?

Si l'on répandait tout à coup sur le marché une nouvelle somme de monnaie d'or et d'argent égale à 100, y resterait-elle? En aucune façon. Nous avons supposé que le service des échanges n'employait qu'une somme égale à 100 : les besoins de ce service n'ont point augmenté; partant, la demande reste la même et l'offre a doublé. Le prix de la monnaie baissera donc, ou, ce qui revient au même, le prix de toutes les marchandises s'élèvera, de telle sorte que les gens du dehors s'empresseront de venir vendre sur ce marché, où tout sera plus cher que sur le leur. En échange de leurs marchandises, ils emporteront de la monnaie jusqu'à ce que les cours aient repris leur niveau, c'est-à-dire jusqu'à ce que la monnaie qui aura été introduite sur le marché soit en totalité exportée ou employée à des usages industriels.

Au lieu de répandre de la monnaie d'or et d'argent, la banque répand des billets. Les choses se passeront-elles autrement? Non, sans doute. Ses émissions s'élèvent-elles à 30, 40, 50, le public les accepte volontiers parce qu'il trouve les billets plus commodes pour les échanges que des espèces : la monnaie d'or et d'argent qui se trouve en excédant des besoins, jusqu'à concurrence de la somme des billets émis, entre dans les caisses de la banque, et celle-ci peut continuer ses émissions.

Tout à coup le progrès de la circulation des billets s'arrête : plus la banque en émet, plus on lui en présente au change. Non pas qu'on doute de son crédit, mais la monnaie en circulation, espèces et papier, excède les besoins des échanges; les prix s'élèvent et le commerce tend à rétablir le niveau par l'exportation. Comme on ne peut exporter les billets, on se procure, par le change, de la monnaie métallique, dont l'exportation et l'emploi industriel sont toujours faciles.

Ce phénomène se produira bien avant que les émissions de billets aient atteint le chiffre de 100. Jamais, en effet, quelque acceptés qu'ils puissent être, les billets de banque ne remplacent la monnaie d'appoint. Si leur plus petite coupure est de 100 fr., il faut de la monnaie métallique pour effectuer tous les payements inférieurs à cette somme ; si les plus petits billets sont de 25 fr. ou même de 5 fr. les payements inférieurs à 25 fr. et à 5 fr. devront être faits en espèces. Ainsi les billets de banque remplacent une quantité de monnaie métallique plus ou moins considérable, selon leur coupure, mais toujours inférieure au chiffre total, 100 : ils ne pourront pas plus atteindre ce chiffre que l'eau ne peut s'élever d'un centimètre au-dessus de son niveau. Ce n'est pas la volonté des administrateurs de la banque qui détermine cette limite infranchissable des émissions, ce n'est pas le gouvernement, ce n'est ni Pierre, ni Paul, c'est tout le monde et ceux même qui s'en doutent le moins ; c'est le mouvement instinctif, spontané, irrésistible des affaires commerciales.

Soit qu'une seule banque jouisse du privilége exclusif d'émettre des billets, soit que plusieurs banques, stimulées par la concurrence, essayent de forcer les émissions, le résultat est exactement le même : il est impossible de dépasser le chiffre fixé par les besoins du service des échanges. S'il est une vérité démontrée [1] et presque triviale, c'est celle-ci, et pourtant on raisonne tous les jours comme si elle n'avait jamais été établie.

Que signifient maintenant toutes ces déclamations, dont on a rempli des volumes, sur ce qu'il y avait d'exorbitant à con-

[1] Voyez notamment la démonstration de J.-B. Say, *Traité d'économie politique*, liv. 1er, chap. 17 et 23. — Wilson, *Economist*, avril 1845, etc. Cependant M. Thiers disait sans hésiter, en 1840, dans la discussion de la loi sur le renouvellement du privilége de la Banque de France : » On s'est demandé s'il peut y avoir deux banques dans la même localité. *L'expérience* et la *science* ont condamné cela comme une *folie* : PARTOUT où il y a eu deux banques, elles se sont détruites l'une par l'autre. » — La science répond tout le contraire de ce que lui faisait dire M. Thiers pour le besoin de sa cause. Quant à l'expérience, voir ci-après les chapitres relatifs aux banques écossaises et aux banques américaines.

fier à des particuliers le pouvoir de battre monnaie, le droit régalien de disposer de la circulation du pays, etc? En frappant exclusivement la monnaie métallique, les gouvernements prétendent-ils eux-mêmes régler la quantité dont le commerce a besoin? Non; les gouvernements n'élèvent aucune prétention de ce genre : ils se bornent à constater que telle pièce d'or ou d'argent, fabriquée sur la demande du commerce, est frappée à tel titre et pèse tel poids. De même les banques de circulation affirment que les effets de leur portefeuille garantissent le payement sur demande de leurs billets-monnaie, et leur capital entier répond de l'exécution de leur engagement. Si elles battent monnaie par l'émission de leurs billets, il est certain du moins qu'il ne dépend pas d'elles de multiplier cette monnaie au delà des besoins commerciaux, de franchir la limite que ces besoins mêmes ont établie.

Pour qu'il fût possible de porter les émissions au delà de cette limite naturelle, il faudrait que les billets de banque cessassent d'être remboursables contre espèces ce qui ne peut avoir lieu que par une dérogation formelle à la loi commerciale par excellence, à la loi de contrats. Lorsque des actes de gouvernement autorisent de telles dérogations, on entre dans l'arbitraire : la banque de circulation proprement dite n'existe plus, et il ne reste à sa place qu'une fabrique de papier-monnaie bien ou mal administrée. Nous nous occuperons plus loin des établissements placés dans cette situation : ici nous ne parlons que des banques vraiment commerciales, dont les billets à vue et au porteur sont échangés contre espèces sur demande à bureau ouvert.

Le mécanisme de ces établissements repose tout entier sur le principe de la limite nécessaire des émissions, telle que nous venons de l'indiquer. Ce principe est la base même de leur existence, le point de repère sur lequel une direction intelligente règle toutes les opérations et tous les mouvements d'une banque de circulation.

§ 3. — *Comment les banques de circulation utilisent leur crédit.*

Il existe des banques de circulation qui jugent à propos de

n'user que par exception du crédit qu'elles obtiennent du public par les émissions de billets [1]; mais ces banques sont en petit nombre : on peut les comparer à un grand seigneur qui aurait pour son usage une belle et forte locomotive employée exclusivement à le conduire jusqu'à l'église du village, les dimanches et les jours de fêtes.

D'autres banques, en plus grand nombre, veulent user du crédit qu'elles obtiennent du public par l'émission de leurs billets et l'appliquer, autant qu'il est possible, à l'escompte des effets de commerce. C'est en observant bien leur marche et les résultats obtenus par elles qu'on parvient à bien comprendre en quoi consiste la puissance des banques de circulation.

Reprenons la supposition, faite plus haut, d'une banque de circulation qui ouvre ses opérations sur un marché où il n'existe aucun établissement de ce genre. La limite absolue de la circulation monétaire sera représentée par 100, et la limite des émissions possibles, d'après la coupure des billets, sera égale à 70. Nous faisons abstraction des dépôts particuliers ; nous supposons le crédit complet et le papier escompté de première valeur : la banque se forme au moyen d'un capital représenté par un portefeuille plein de papier à courts jours et commence ses opérations.

Elle emploie son capital propre à l'escompte et fait tous ses payements en billets au porteur. Comme elle reçoit d'abord en espèces, par les recouvrements, autant ou à peu près qu'elle paye en billets, le chiffre de la circulation n'est pas altéré : les émissions, par exemple, s'élèvent à 20, et une somme égale d'espèces entre dans les caisses de la banque. Lorsque les échéances du portefeuille et des effets remis à l'encaissement arrive et que le garçon de recette se présente chez les négociants, qu'elle monnaie lui donne-t-il? Des écus de préférence, d'abord parce qu'ils représentent encore

[1] Deux causes peuvent amener ces banques à pratiquer cette politique : ou elles sont trop considérables pour n'être pas forcées d'adopter une procédure méticuleuse et uniforme qui éloigne des demandes de crédit : ou elles ont pour actionnaires des banquiers, intéressés à ce que la Banque ne leur enlève pas des affaires qu'ils tiennent à conserver.

80 p. % dans la circulation et que les billets, plus commodes pour les échanges, sont préférés et recherchés. Les choses se passant ainsi, la banque augmente le chiffre de ses escomptes, et, par conséquent, ses émissions : peu à peu ses billets remplacent les espèces métalliques qui viennent successivement s'accumuler dans ses caisses jusqu'à la limite de 70.

Alors la banque se trouve dans une situation étrange : ses billets émis s'élèvent à la limite de 70, et cependant le crédit qu'elle obtient du public ne lui sert à rien, parce qu'elle n'a point prêté les capitaux ainsi obtenus : sa position, quant au produit, est semblable à celle d'un banquier qui aurait en caisse le montant de tous les dépôts exigibles sur demande que les particuliers lui auraient confiés.

La banque donc, voulant user de son crédit et en tirer bénéfice, augmente ses escomptes d'une quantité que nous supposerons égale à 15, et élève d'autant le chiffre de ses émissions. La circulation monétaire se trouve portée à 115, dont 30 en espèces indispensables aux petits payements et aux appoints, et 85 en billets. La monnaie se trouve dépréciée de 15 p. % environ, ou en d'autres termes, le prix des marchandises s'élève d'autant : aussitôt les marchandises du dehors viennent sur ce marché où les ventes sont avantageuses, et elles continuent jusqu'à ce que l'exportation des espèces ait rétabli l'équilibre des prix, c'est-à-dire jusqu'à ce que cette exportation ait atteint le chiffre de 15, excédant de la circulation sur les besoins.

Mais cette quantité de 15, prise tout entière sur la monnaie d'appoint, fait rechercher celle-ci et la rend insuffisante. Le public rétablit l'équibre en présentant des billets au change pour une somme équivalente, et les besoins de monnaie éprouvés par le marché sont régulièrement satisfaits. L'encaisse de la banque est réduit de 15 et ses émissions s'élèvent toujours à 70. Elle bénéficie d'un crédit de 15 représenté par une somme égale d'effets dans son portefeuille. Tout le monde s'en trouve bien : les présentateurs des effets escomptés, parce qu'ils ont obtenu les capitaux dont ils ont besoin ; la banque, parce que ces capitaux, qui ne lui coûtent rien, lui produisent un intérêt ; et le public, parce qu'il sent dans le mouvement général des affaires une plus grande facilité, due à l'accroissement des capitaux employés.

La banque ne trouvant pas encore qu'elle utilise assez son crédit, augmente de nouveau le chiffre de ses escomptes, soit d'une autre somme égale à 15. Les mêmes phénomènes que nous venons de décrire se reproduisent une seconde fois : hausse des prix, exportation de numéraire, présentation des billets au change jusqu'à ce que le total de la circulation monétaire soit ramené au pair des besoins, à 100. A ce moment l'encaisse de la banque se trouve diminué de 30, tandis que ses émissions de billets s'élèvent toujours à 70.

A mesure que la banque augmente ses escomptes, son encaisse métallique diminue, et il arrive un moment où elle doit craindre de ne pouvoir faire face aux demandes d'espèces. Alors, quelle que puisse être sa hardiesse ou même sa témérité, force lui est de ralentir ses opérations, d'escompter moins, jusqu'à ce que les échéances de son portefeuille, réduisant la circulation, aient ramené les espèces dans sa caisse.

Nous avons supposé, pour rendre la démonstration plus sensible, que la banque grossissait ses escomptes par masses de 15 et de propos délibéré. Dans la pratique, les choses ne se passent point ainsi : les émissions sont lentes, successives, faites sans aucun égard à la circulation, par le seul désir d'utiliser un capital dont on dispose : de même, elles s'arrêtent, lorsque la banque reconnaît, sous l'influence du sentiment de sa propre conservation, qu'elle a atteint les limites des émissions et qu'elle ne peut aller plus loin sans compromettre son existence. Ici encore l'intérêt privé se trouve gardien constitué de l'intérêt public. L'un et l'autre sont d'accord à exiger que la valeur de toute la portion disponible de la circulation monétaire soit employée, et en même temps que la somme et les proportions de la circulation monétaire, en billets et en papier, varient aussi peu que possible.

§ 4. — *Du rapport de l'encaisse aux émissions.*

On trouve dans l'histoire des banques de circulation des exemples d'extrême hardiesse et d'extrême prudence. La première utilise le plus de capital qu'elle peut et n'arrête les escomptes et les émissions que lorsque la nécessité l'y oblige ; la seconde est inquiète dès que l'encaisse commence à tomber au-dessous du chiffre des émissions et s'empresse bien vite de ralentir les escomptes. Entre ces deux extrémités, on trouve une infinité de degrés que l'on peut mesurer par la moyenne qui existe entre la moyenne commune des encaisses et la moyenne commune des billets en circulation. Ici le rapport est : billets 100, caisse 110 ; ailleurs, billets 100, caisse 50 ; ailleurs encore, billets 100, caisse 25, et ainsi de suite jusqu'à zéro caisse, idéal dont on peut se rapprocher sans jamais l'atteindre. A l'état normal, le rapport de l'encaisse aux émissions se règle par le développement accordé ou refusé aux escomptes.

Quel est le chiffre le plus convenable, le meilleur, auquel il convienne de fixer ce rapport? Faut-il porter l'encaisse, que l'on règle presque à volonté lorsqu'on use du crédit que donne la faculté d'émettre des billets à vue et au porteur, à 5, à 10, à 15, à 30, à 40 p. °/₀ de la somme des billets en circulation? Dans les enquêtes parlementaires, les directeurs de la Banque d'Angleterre ont répondu que le chiffre normal en principe était 33 p. °/₀. La Banque de France, a adopté, en théorie du moins, le même chiffre, qui était régulièrement inscrit dans les statuts des banques départementales, lorsqu'il y avait des banques départementales. Mais jamais on n'a dit en quoi et pourquoi ce rapport de 33 p. °/₀ était plus convenable qu'un autre.

Interrogeons l'expérience et cherchons au hasard sur le tableau suivant :

DÉSIGNATION.	DATE.	BILLETS.	ENCAISSE.	RAPPORT p. °/₀.
Banque de France.....	1852, 10 juin....	473,650,600 fr.	505,275,821 fr.	106,06
— de Belgique.........	1850, 31 déc.....	10,562,000	7,226,678	74,67
— de Gênes...........	1853, 20 avril ..	33,459,500	15,004,539	44,84
— de Savoie...........	— 15 —	1,097,650	859,346	78,28
— de Prusse...........	fin de 1851......	21,000,000 th.	23,114,279 th.	110,06
— d'Angleterre	1852, 26 octob..	23,256,672 l.	21,244,315 l.	91,34
Banques d'Écosse......	1845, février....	2,982,867	403,083	13,51
— —	1849, 24 mars ..	2,935,120	1,009,173	34,38
— d'Irlande	1849.	4,401,750	1,708,857	38,82
— du Massachusetts....	1838, février....	9,100,776 d.	1,701,460 d.	18,69
— —	1850, 2 février..	17,005,826	2,993,178	17.60
— du Connecticut......	1851, fin	6,639,884	774,861	11,66
— du Vermont.........	1851.	2,856,027	127,337	4,45

L'expérience, on le voit, ne répond pas, il s'en faut de beaucoup, d'une manière uniforme. Cependant ce n'est ni par des tentatives empiriques, ni sur les résultats d'un jour, que ces rapports sont établis. A quelques variations près qui n'ont pas d'importance, ils existent depuis environ 30 ans, pendant lesquels les banques d'Europe et celles de la Nouvelle-Angleterre ont également fonctionné d'une manière régulière et obtenu des résultats avantageux à leurs actionnaires. Tout ce qu'on peut en conclure, c'est qu'il n'y a point de rapport fixe qui convienne en tout temps et en tout pays.

Si les banques étaient complétement libres ou si celles d'Europe et d'Amérique se trouvaient dans des conditions absolument égales, on pourrait affirmer sur-le-champ que les banques américaines sont mieux administrées, puisqu'elles utilisent, pour elles et pour le public, une portion de capital qui reste stérile dans les caisses des banques européennes. Mais pour faire la part de ce qui est du fait de l'administration et de ce qui tient à la différence du milieu dans lequel les banques opèrent, il convient de chercher ce que les directeurs de la Banque d'Angleterre ont négligé d'expliquer dans leurs interrogatoires : quels sont les faits en considération desquels le rapport de la circulation à l'encaisse doit être établi ; en d'autres termes, quelles circonstances périodiques ou irrégulières peuvent provoquer une présentation extraordinaire de billets au change à la caisse d'une banque de circulation.

Nous avons déjà remarqué et énuméré les motifs qui font réclamer le change du billet de banque. Sur ces quatre motifs, il n'y en a que deux qui puissent déterminer une demande extraordinaire et considérable : 1° un changement d'opinion défavorable à la banque, une panique ; 2° un besoin subit d'espèces pour l'exportation. On peut donc poser en principe cette proposition : que plus une banque est exposée aux paniques et aux demandes d'espèces pour l'exportation, plus son encaisse, comparé à la somme de ces billets, doit être élevé. De ces deux sortes de demandes, on pourrait même en négliger une, la principale, lorsqu'il s'agit de banques anciennes et bien accréditées. Les paniques ordinaires n'atteignent pas leur crédit particulier ; et, lorsqu'on en vient à douter de tout crédit, l'expérience a trop bien établi que le plus fort encaisse était insuffisant, comme le prouve ce qui est arrivé à la Banque d'Angleterre en 1797, à la Banque de France en 1805, 1814 et 1848.

Les banques doivent calculer leur encaisse sur les demandes éventuelles d'espèces auxquelles elles peuvent être exposées par les besoins de l'exportation : c'est le principe admis et professé à la Banque d'Angleterre, qui prétend régler ses émissions sur le cours des changes, augmentant son encaisse lorsque les changes sont contraires, et son portefeuille lorsque les changes deviennent favorables. Hâtons-nous de dire toutefois que cette maxime est restée à l'état de théorie, et que, sauf quelques circonstances exceptionnelles, la Banque d'Angleterre a toujours accepté le bon papier qu'on lui a présenté, sans trop s'inquiéter du cours des changes et sans faire vendre ses consolidés ou ses bons de l'échiquier pour remplacer dans ses caisses les billets émis par l'escompte. Cependant, comme elle opère sur une monnaie d'or, plus sujette à l'exportation que la monnaie d'argent, il est certain que la Banque d'Angleterre est peut être, de toutes les banques du monde, celle qui est contrainte par ses besoins réels à garder le plus fort encaisse, par rapport au chiffre de ses billets en circulation.

Quant aux banques placées hors des grands marchés, elles sont en général moins exposées aux demandes pour l'exportation, au moins en Amérique, en Ecosse et partout où l'on est habitué à l'usage de la monnaie de papier. En France, au contraire, les banques départementales étaient exposées à de fortes demandes périodiques chaque fois que le commerce qui employait leurs billets allait aux achats dans la campagne, qui sous ce rapport pouvait être assimilée à un pays étranger.

Il n'y a ni règle, ni mesure fixe pour le rapport qui doit exister entre l'encaisse et les émissions de billets d'une banque de circulation, parce que les habitudes et les besoins du commerce varient en chaque pays, et même dans chaque localité. Mais dès qu'une banque a quelques années d'existence, il lui est bien facile, en mesurant les mouvements ascendants et descendants de son encaisse métallique, et en étudiant les causes de ces mouvements, de voir si elle a gardé en réserve des espèces dont elle pouvait se passer. Si, par exemple, son encaisse métallique, représenté par 100, a varié longtemps entre ce chiffre et 50, il est évident que la banque a conservé en caisse une somme de 40 environ, dont elle avait la faculté de disposer et qu'elle peut hardiment donner à cette somme un placement productif.

En effet, une fois qu'une banque a porté ses émissions au chiffre qu'il convient au public d'accepter et de conserver, soit qu'elle garde en caisse les espèces remplacées par ses billets, soit qu'elle en emploie la valeur aux escomptes et en provoque l'exportation ou la fonte, cette circonstance n'influe en rien sur les besoins de numéraire que le marché peut éprouver. Les habitudes du commerce restant les mêmes, il est probable qu'il aura à peu près les mêmes besoins, tant qu'il ne se produira aucun fait nouveau et considérable de nature à les faire changer. Il importe donc fort peu, quant au service monétaire, que le numéraire inutile soit dans la caisse de la banque ou aux antipodes, et il est fort important pour la banque et pour la production en général que l'on ne garde pas dans une cave une somme du numéraire dont on n'a nul besoin, comme un avare garde son trésor.

§ 5. — *Les banques peuvent-elles, par des émissions exagérées, causer des crises commerciales?*

Lorsqu'on étudie avec attention les principes de la circulation monétaire que nous venons d'exposer, on demeure convaincu *qu'une ou plusieurs banques de circulation, opérant sur un marché et ne commettant pas de fautes dans leurs escomptes, ne peuvent jamais émettre trop de billets, quels que soient leurs efforts dans ce but, parce que leurs émissions ont une limite naturelle et nécessaire*. Nous pouvons en conclure directement et d'une façon absolue que si les banques commettent des fautes, c'est toujours dans leurs placements et jamais dans leurs emprunts par billets ou autres. Cependant l'idée que les banques peuvent trop émettre est tellement répandue et on peut invoquer en sa faveur de telles autorités qu'il est utile d'insister encore.

On a soutenu, par exemple, en Angleterre, que les émissions de la Banque étaient la principale cause des crises commerciales, parce que, à la veille de chaque crise, les émissions de billets avaient augmenté. C'est sur cette opinion qu'est fondé l'acte de 1844, que défend encore lord Overstone, ci-devant sir Jones Loyd, un des premiers banquiers de Londres.

Ces émissions périodiques de la Banque sont très-faciles à expliquer. A la veille de toute crise, le taux de l'intérêt s'élève et les capitaux disponibles trouvent un emploi plus facile et plus avantageux qu'auparavant. En présence de ce phénomène précurseur qui est en quelque sorte le premier symptôme de la crise, les sommes versées à la Banque à titre de dépôt sont retirées sous forme de billets, ce qui augmente pour un moment la circulation. Mais ces billets, qui rentrent promptement par les recouvrements, n'exercent pas d'influence sur les prix qui dès l'instant où l'intérêt s'élève, commencent ordinairement à baisser. Au moment de la crise, du reste, le marché demande plus de monnaie qu'en temps ordinaire, pour remplir les engagements de crédit contractés en vue de ventes qui ne se réalisent pas, de telle sorte que les émissions faites en ce moment, loin de causer la crise, servent à l'amortir dans une certaine mesure.

Toute crise, on le sait de reste, est causée par des opérations fondées sur des espérances qui ne se réalisent point. La Banque peut y contribuer en prêtant, sous la forme d'escompte ou autrement, à ceux qui font ces opérations, ou à ceux sous le crédit desquels elles se font, mais non en émettant trop de billets. L'erreur, si erreur il y a, est commise dans les placements et non dans les émissions.

On peut dire que si la Banque n'offrait pas les capitaux dont elle dispose aux maisons solvables, ces maisons prendraient des capitaux qui, trouvant difficilement un emploi, s'engagent dans les spéculations. Ce reproche est fondé, mais que prouve-t-il? qu'il y a plus de capitaux offerts qu'on en a su bien placer: est-ce la faute de la Banque? Doit-on l'accuser d'avoir augmenté la somme des capitaux disponibles? De bonne foi, on ne le peut pas, car ce serait lui faire un crime des services qu'elle rend.

§ 6. — *Quelles affaires conviennent aux banques de circulation.*

Les ressources que l'émission des billets à vue et au porteur fournissent aux banques de circulation sont infiniment moins mobiles que les dépôts particuliers des banques de première classe. Une fois que le public est habitué à l'usage des billets-monnaie, il n'en demande jamais le change par fantaisie et par caprice. Une banque de circulation dont les affaires sont bien conduites peut compter sur la durée de son crédit de billets, tant que le commerce extérieur ou une panique politique ne feront pas accourir les porteurs à sa caisse. Elle peut donc faire, contrairement à l'opinion établie en France, des placements à plus longue échéance que les banques ordinaires qui opèrent sur des dépôts particuliers.

Lorsqu'une banque de circulation est ancienne, elle peut considérer son minimum de circulation comme un dépôt permanent, et faire avec les capitaux de ce dépôt des placements à long terme. Je ne dis pas qu'elle doive le faire, ni surtout qu'elle ne doive pas réfléchir beaucoup avant de s'engager dans cette voie ; mais seulement qu'il ne faut avoir sur ce point ni préjugés, ni craintes superstitieuses. Les banques d'Écosse prêtent couramment sur hypothèque, et celles des États-Unis n'y répugnent pas. La banque d'Angleterre et celle de France même ont fait, par dérogation à leurs statuts et par exception, quelques placements de ce genre, et cette circonstance n'a point altéré leur crédit.

L'expérience a prouvé bien d'autres choses que les théoriciens n'avaient pas même soupçonnées, et, par exemple, que les oscillations de caisse des banques de circulation établies dans des contrées agricoles étaient moindres que celles des banques de même nature établies dans des grands centres industriels et commerciaux. Comment s'en étonner? Les agriculteurs ne vont point faire des achats par masses au dehors, et ceux avec lesquels ils ont affaire étant habitués au crédit, il n'y a point par leur fait d'exportation d'espèces, partant point de présentation au change des billets émis par les banques. Les districts agricoles, où le crédit est ordinairement peu développé, ne connaissent point non plus les crises périodiques, si dangereuses pour les banques établies dans les grands centres commerciaux ou industriels.

C'est en vertu de ces principes que fonctionnent depuis un siècle avec un incomparable succès les banques d'Écosse, l'une des plus belles créations des temps modernes. Ces banques ont presque toutes leur principal établissement dans une grande ville, mais elles s'appuient sur un certain nombre de succursales répandues dans les campagnes où elles ont provoqué et secondé les progrès de l'industrie agricole et introduit les habitudes exactes du commerce en matière de crédit. Dans cette organisation, les succursales servent de point d'appui à la caisse centrale contre les grandes secousses commerciales, et la caisse centrale renouvelle sans cesse auprès des succursales l'impulsion et le mouvement.

Comment est-il possible, dit-on quelquefois en France avec un étonnement incrédule, comment est-il possible que le cultivateur écossais accepte les billets de banque et les préfère aux espèces, tandis que dans tout le reste de l'Europe le cultivateur se défie de ces billets et les repousse? Le cultivateur écossais accepte ces billets parce qu'ils n'ont jamais eu cours forcé et parce qu'il profite du crédit que les émissions procurent aux banques : débiteur de ces établissements, il n'a pas besoin qu'on lui fasse des discours sur leur solvabilité pour la connaître. N'a-t-il pas presque toujours en ses mains un capital prêté égal et bien supérieur à celui des billets qu'il accepte? S'il n'est pas débiteur lui-même, s'il n'a pas eu besoin de crédit, c'est un de ses parents, un de ses voisins, un homme qu'il connaît en un mot, qui l'a obtenu. D'ailleurs, si lui-même n'a pas eu recours au crédit des banques, il peut en avoir besoin à l'avenir.

Le fondateur d'une banque, c'est encore l'expérience qui le prouve, peut calculer exactement d'avance le marché sur lequel ses billets circuleront : ce sera celui même où il fera ses escomptes. Les billets s'étendront dans la même sphère que les escomptes et ne les dépasseront guère, quel que soit d'ailleurs le crédit d'une banque. On a pu s'en convaincre en France par le peu d'extension des émissions de la banque de

Paris, de ses succursales et des anciennes banques départementales. Si donc on veut étendre partout le crédit des billets de banque, on n'a qu'un moyen, mais il est sûr, c'est d'étendre partout les escomptes au moyen desquels l'émission de ces billets a lieu.

On a dit que les banques de circulation ne pouvaient être utilement introduites que dans les pays avancés en industrie et en civilisation. L'examen attentif des principes prouve le contraire : pour qu'elles puissent rendre des services dans un pays, il suffit que les contrats y soient respectés et que leur exécution y soit assurée. Les plus mauvaises habitudes commerciales, comme celles qui existent dans les pays coloniaux, ne sont pas même un obstacle insurmontable. En effet, une banque de circulation peut toujours escompter à un taux inférieur au cours de l'intérêt qui existe au moment de sa fondation, de manière à offrir à ceux qui font des affaires avec elle un avantage sensible et très-positif. Dès lors elle peut choisir ceux qu'elle admet à l'escompte, et repousser les maisons douteuses ou qui ont des habitudes d'inexactitude. Ces habitudes se corrigeront bientôt, lorsqu'elles constitueront pour ceux qui en sont affligés un désavantage évident. En général, toutes les difficultés qui s'opposent au développement d'une banque de circulation peuvent être tournées au commencement et surmontées dans la suite par l'abaissement du taux de l'escompte et la rigueur apportée dans les admissions.

Les banques de circulation peuvent faire toutes les opérations de banque sans exception, aussi bien celles de troisième classe que celles de première et de seconde. Elles ont une portion de leurs dépôts qui peut être considérée comme dépôt perpétuel ; une autre partie est à long terme dans les contrées où il y a des sorties périodiques de numéraire; enfin, elles ont des dépôts mobiles qui ne peuvent convenir qu'aux opérations de première classe. Les banques de circulation, une des dernières et des plus hautes combinaisons qui aient été trouvées pour l'administration du crédit, constituent un mécanisme savant et en même temps très-simple, très-fort, et qui peut facilement être adapté par une direction habile à toutes les localités et à tous les besoins.

Je n'ignore pas que ce court exposé des lois naturelles qui régissent les banques de circulation contredit des maximes passées en force de dogme en France, et même, quoique d'une manière moins absolue, en Angleterre. Mais en matière de banques, aussi bien qu'en physique et en mécanique, les faits seuls et les lois qui en résultent font autorité : les opinions individuelles les plus imposantes, les théories les plus ingénieuses, les principes de fantaisie les plus spécieux, ne peuvent prévaloir contre l'évidence des faits qu'une expérience positive a constatés.

Dans une autre partie de cet ouvrage, nous étudierons la question du privilége et de la concurrence, et toutes celles qui se rattachent à l'influence des banques de circulation sur les intérêts sociaux, et à l'action qu'elles exercent. Ici, nous avons voulu seulement énoncer les lois générales de la banque de circulation grande ou petite, telles qu'elles résultent, non de la volonté des particuliers ou des gouvernements, mais du mouvement spontané des affaires et de la force même des choses.

CHAPITRE V.

BANQUE DE FRANCE. — BANQUES DÉPARTEMENTALES.

La Banque de France n'est pas un établissement commercial seulement, c'est aussi et avant tout un instrument politique, une banque d'État; et pour bien faire comprendre l'économie générale de cet établissement, il est indispensable d'entrer dans quelques détails sur son origine, sur son histoire et sur sa constitution. Ces détails sont intéressants d'ailleurs, car depuis un demi-siècle la Banque de France a exercé sur le crédit commercial de ce pays une influence souveraine et sans contrôle, non-seulement par ses actes, mais par ses maximes qui ont été des dogmes pour l'administration, jusqu'au moment où, en 1848, cette Banque a fini par absorber toutes les banques de circulation qui existaient dans les départements.

La Révolution avait laissé la France sous le régime de la

liberté des banques, et aucune disposition législative ne gênait, à la fin du dernier siècle, l'émission des billets au porteur. Aussi dès que la catastrophe des assignats et des mandats territoriaux fut un fait accompli, dès que le gouvernemen cessa d'émettre du papier-monnaie, le crédit privé reparut. En 1796, une association de banquiers, formée sous le nom de *Caisse des comptes courants*, s'établit pour faire à Paris toutes les opérations de banque dont le commerce aurait besoin. L'intérêt courant était alors à 9 p. °/₀ sur la place de Paris : la caisse créa des billets à vue et au porteur dont l'émission lui permit d'abaisser à 6 p. °/₀ le taux des escomptes et le prix des autres opérations en proportion. Deux ans plus tard fut fondée, par une association de négociants, la Caisse d'escompte du commerce, et successivement plusieurs compagnies s'établirent, qui toutes émettaient des billets à vue au porteur.

Les choses allaient ainsi, sans abus ni plainte d'aucune part, lorsque, à la suite de la révolution du 18 brumaire, un arrêté des Consuls décida la formation d'une compagnie appelée à faire, sous le nom de *Banque de France*, le service du commerce, et aussi à devenir la banque de l'État. Ce n'était pas du commerce que venait l'initiative de la fondation nouvelle, et on peut supposer même d'après quelques témoignages dignes de foi que le commerce ne l'accueillit qu'avec une sorte de défiance. En effet on lit dans le premier compte rendu présenté aux actionnaires de la Banque, le 25 vendémiaire an IX (17 octobre 1800), le passage suivant :

« Les régents qui furent chargés de préparer son établissement (de la Banque de France), convaincus que, dans l'état de dispersion où se trouvent les capitaux, on se serait vainement flatté que les 30 millions qui doivent servir de fonds à la banque pussent se former d'une manière prompte par une simple réunion d'actionnaires, leur premier soin fut d'indiquer au gouvernement les points généraux de protection et d'adhésion propres à assurer le succès de l'établissement proposé.

» Le jour même de leur nomination, les régents adressèrent au ministre des finances une pétition tendant à obtenir des Consuls que la moitié des fonds provenant des cautionnements à fournir par les receveurs généraux des départements, et destinés par la loi du 6 frimaire dernier à l'amortissement de la dette publique et à la garantie des payements des mêmes receveurs généraux, fussent versés à la Banque de France. Un arrêté du 28 nivôse dernier (18 janvier 1800) accueillit cette demande, et 5 millions ont été versés à la Banque pour le prix de 5,000 actions inscrites au nom de la caisse d'amortissement.

» La Banque *recevant par là une première existence*, elle pouvait commencer des opérations en concurrence avec la Caisse des comptes courants qui existait alors ; mais la crainte de troubler le crédit de la place en divisant ainsi les ressources, détermina les régents à faire tous leurs efforts pour réunir deux établissements dont la rivalité pouvait être dangereuse. »

On conclut donc avec la Caisse des comptes courants ce qu'on a depuis appelé une *fusion*, et les travaux de la Banque s'ouvrirent le 1er ventôse (20 février 1800). Quinze jours après, un arrêté des Consuls ordonnait qu'on y versât les fonds déposés à la Caisse des réserves de la loterie nationale. Toute cette fondation fut, on le voit, laborieuse et obtenue au moyen du concours incessant du gouvernement. On peut supposer que M. Cretet fit beaucoup pour le succès sinon pour la création de la Banque, puisque le compte rendu mentionne ses services et propose « d'adresser des remercîments exprès et collectifs au citoyen Cretet, conseiller d'État et actionnaire. »

Quoi qu'il en soit, les versements de l'État et la suite d'affaires de la Caisse des comptes courants fournirent le premier fonds de la Banque de France. Cette Caisse apportait un portefeuille de six millons, cinq millions et demi d'espèces et son crédit sur le public pour l'émission des billets. Elle en avait en circulation ou dans ses caisses une somme de 20,780,327 fr. par coupures de 1,000 et de 500 francs. La Banque s'en servit dans les premiers temps : elle admit à l'escompte les effets à soixante jours ; la Caisse des comptes courants n'avait escompté jusqu'alors que le papier à quarante-cinq jours.

Un arrêté des Consuls du 23 thermidor chargeait la Banque du payement en numéraire des rentes et pensions pour le second semestre de l'an VIII. La Banque arrêta, de son côté, qu'elle aurait toujours en portefeuille au moins trois millions d'obligations des receveurs généraux. Ainsi elle resserrait chaque jour les liens qui l'attachaient au Gouvernement.

Cependant le capital de la Banque se formait difficilement. On voit par le compte rendu de l'an X que dans la première année 7,447 actions seulement avaient été prises à la suite de la fusion avec la Caisse des comptes courants : peu à peu le nombre des actions placées s'était élevé à 15,000, la moitié du capital porté aux statuts. Désormais les premières difficultés étaient franchies et le succès assuré. La somme des escomptes du papier de commerce s'était élevée en l'an IX à 89 millions et à 182 millions en l'an X. Le gouvernement avait souvent recours à la Banque, mais il s'en servait modérément et de manière à ne pas altérer le crédit qu'elle possédait.

L'an XI fut signalé par une légère crise commerciale. Personne n'en accusa les établissements de crédit qui existaient encore à Paris et qui émettaient des billets en concurrence avec la Banque de France ; aucun d'eux n'avait hésité un seul instant à remplir ses engagements. Toutefois la crise fournit le prétexte d'un changement radical dans le régime des banques. Une loi promulguée le 24 germinal an XI (14 avril 1803) contenait les dispositions suivantes :

« Art. 1er. L'association formée à Paris sous le nom de Banque de France aura le *privilége exclusif* d'émettre des billets de banque aux conditions énoncées dans la présente loi.

» Art. 30. La Caisse d'escompte du commerce, le Comptoir commercial, la Factorerie et autres associations qui ont émis des billets à Paris, ne pourront, à dater de la publication de la présente, en créer de nouveaux, et seront tous tenus de retirer ceux qu'ils ont en circulation d'ici au 1er vendémiaire prochain.

» Art. 31. Aucune banque ne pourra se former dans les départements que sous l'autorisation du Gouvernement qui pourra leur en accorder le privilége, et les émissions de ses billets ne pourront excéder la somme qu'il aura déterminée. Il ne pourra en être fabriqué ailleurs qu'à Paris. »

Le privilége accordé à la Banque avait une durée de 15 ans [1].

[1] Voici en quels termes cavaliers M. Thiers, qui ne s'était pas encore porté défenseur-juré de la propriété, racontait à la tribune, le 20 mai 1840, comment on était arrivé à la loi de germinal an XI : « Après deux ou trois ans, Napoléon reconnut que la rivalité des établissements qu'on avait laissé subsister à côté de la Banque *lui nuisait*, et *pourrait un jour* lui tendre des embûches. Par la loi de germinal an XI, il *supprima* les rivalités qui existaient contre l'établissement qu'il avait appelé

Cette loi de confiscation produisit, comme on peut le penser, une sensation profonde dans le monde commercial : le compte rendu de l'an XII en fait foi. Mais, comme le disait le président des actionnaires de la Banque devant l'assemblée générale, la loi de germinal était moins une loi commerciale qu'une loi politique. Il devenait évident que le Gouvernement, après avoir fondé la Banque, voulait s'en servir et en faire, non plus un simple agent commercial, mais l'instrument de son propre crédit. C'était dans ce but que le capital de l'établissement était porté, sans aucune nécessité commerciale, au chiffre de 45 millions; que le maximum des dividendes annuels était fixé à 6 p. °/₀, le surplus des bénéfices devant former un fonds de réserve et être colloqué en rentes qui ne pouvaient être aliénées que sous l'autorisation du Gouvernement.

Toutefois la Banque conservait encore sa forme extérieure et son organisation commerciale.

« Art. 15. La Banque sera administrée par quinze régents et surveillée par trois censeurs choisis entre tous les actionnaires par l'assemblée générale; les régents et censeurs réunis formeront le conseil général de la Banque.

» Art. 21. Le conseil nommera un comité central composé de trois régents; l'un d'eux sera nommé président, et, dans cette qualité, il présidera l'assemblée générale, le conseil général et tous les comités auxquels il jugera à propos d'assister. »

Les choses restèrent en cet état jusqu'en 1806.

Dans cette première période de son existence, la Banque ne professait point encore les maximes qui ont eu depuis dans ses conseils force de loi. Il n'était aucune opération de crédit qu'elle ne crût pouvoir entreprendre. « La Banque, disait le président de la première assemblée des actionnaires, la Banque pourrait escompter des effets souscrits par des propriétaires fonciers dont la solvabilité lui paraîtrait constante. » Elle payait intérêt sur dépôt : 5 p. °/₀ jusqu'à l'an XII, 4 p. °/₀ à dater de cette époque.

Banque de France, et lui donna le privilége *exclusif* d'émettre des billets au porteur. Par là, il montra qu'il avait deviné cette vérité *démontrée par l'expérience*, que deux banques, à côté l'une de l'autre, sont entraînées à se détruire; que c'est une rivalité mortelle, et ce fait est avéré *par la pratique*. » — Voir, pour l'*expérience et la pratique*, l'histoire des Banques d'Écosse et d'Amérique, liv. IV, chap. I et II.

En 1804, les relations de la Banque avec le Gouvernement devinrent difficiles. « On s'était proposé, dit M. Pelet [1], en fondant la Banque, de faire baisser l'intérêt de l'argent, et d'avoir surtout un établissement qui prît le papier du gouvernement et facilitât ses opérations.

« La Banque ne tarda pas à être en querelle avec Napoléon, qui croyait pouvoir imposer, dans les matières de crédit comme dans les autres, sa volonté absolue. Il adressa en l'an XII (1804) à une députation de la Banque de vifs reproches de ce qu'il y avait dans son sein un parti d'opposition qui empêchait qu'on n'escomptât les obligations des receveurs généraux, et qu'on ne donnât au commerce les facilités nécessaires. Le fait est que la Banque avait déjà pour 25 à 30 millions d'obligations du gouvernement et que les prétendus effets de commerce, pour lesquels elle s'était rendue difficile, étaient ceux d'Hervas, de Michel et autres fournisseurs, dont le papier n'était encore que du papier du gouvernement. »

A la fin de l'an XII, les bénéfices mis en réserve par la Banque avaient suffi à l'acquisition de 255,000 fr. de rentes. Elle avait avancé à l'État et au commerce des sommes considérables et fait venir d'Espagne des espèces métalliques pour une valeur de 101 millions. Mais ses découverts avec le trésor augmentaient, et l'opinion, alors ombrageuse en ces matières, s'en préoccupait. Tout à coup en 1805, le bruit se répand dans Paris que l'empereur a pris et emporté en Allemagne, pour alimenter sa caisse militaire, les réserves métalliques de la Banque; aussitôt les porteurs de billets s'alarment, s'effrayent et accourent en foule aux guichets pour y réclamer l'échange à grands cris.

La banque tint d'abord tête à l'orage et crut expédient de réduire ses escomptes, ce qui produisit aussitôt une crise commerciale. La panique devint plus forte, plus étendue, et la Banque, réduite à une suspension de payements, limita le remboursement de ses billets à 500,000 fr. par jour. La circulation descendit un moment à 48,334,000 fr., et les réserves métalliques à 1 million 136,000 fr.

[1] *Opinions de Napoléon sur divers sujets*, etc., *recueillis par un membre de son conseil d'État*, etc., par le baron Pelet (de la Lozère). Paris, 1833.

Voici en quels termes M. Pelet (de la Lozère), alors auditeur au conseil d'État et depuis ministre, parle de la crise de 1805 :

« Les billets perdirent jusqu'à 10 p. °/₀. L'ordre ne se rétablit qu'au bout d'un mois, par les rentrées de la Banque et par la confiance que les succès de l'armée firent renaître dans le crédit du gouvernement.

» Plusieurs causent concoururent à produire cette crise, notamment :

» L'accumulation, dans les mains de la Banque, d'un trop grand nombre d'obligations du gouvernement ou de ses fournisseurs ;

» L'obligation que le ministre imposa à la Banque, d'augmenter l'émission de ses billets pour favoriser les opérations des fournisseurs ;

» L'affluence des militaires et des employés qui vinrent prendre de l'argent à la Banque pour entrer en campagne [1]. »

Le compte rendu présenté aux actionnaires en fin d'exercice contient quelques renseignements curieux et de singulières théories : il nous apprend que les besoins ordinaires de la place de Paris à cette époque n'amenaient, par jour, à l'échange, en moyenne, que 500,000 fr. de billets environ. Les remboursements s'étaient élevés, sous l'empire de la panique, à un million et demi par jour. Le compte rendu concluait que toutes les demandes excédant 500,000 fr. par jour étaient l'effet de la malveillance et que la Banque avait fort bien fait de déjouer les malveillants en limitant à ce chiffre ses payements en espèces. Il ne disait rien de la peur

[1] *Opinions de Napoléon*, etc., déjà cité. Voici en quels termes M. Thiers expliquait cette crise, le 20 mai 1840, à la chambre des députés : « Tandis qu'on donnait à la Banque de France des obligations des receveurs généraux jusqu'à la somme de 60 millions, on avait pris, avec la permission du ministre du Trésor, dans les caisses mêmes des receveurs généraux et sur les lieux, tous les fonds qui s'y trouvaient, et, lorsque la Banque vint pour faire réaliser les 60 millions, elle trouva vides les caisses des receveurs généraux, qui lui déclarèrent que, par ordre du ministre des finances, ils avaient donné toutes les valeurs qu'ils avaient entre les mains aux banquiers qui faisaient les affaires de l'État. La Banque fut donc obligée de suspendre ses payements *par la faute du gouvernement*. »

C'est pourquoi Napoléon s'en prit *à la Banque* et brisa sa constitution pour lui donner celle qu'il affectionnait, dit M. Thiers, la constitution monarchique.

quant au public, ni de l'état des caisses quant à la Banque, et c'était là seulement que se trouvait l'explication bien naturelle de la conduite de l'un et de l'autre. La réduction des escomptes, à laquelle on a eu souvent recours en Angleterre, était une mesure déplorable, parce que, venant trop tard, elle précipitait la crise, et ajoutait des dangers réels à des périls imaginaires.

La panique avait tiré son origine de l'intimité des rapports qui existaient entre la Banque et le gouvernement. La loi du 22 avril 1806 vint rendre ces rapports plus intimes encore et compléter le changement que la Banque devait subir [1].

« Art. 10. La direction de toutes les affaires de la Banque, déléguée à son comité central par la loi du 24 germinal an xi, sera désormais excercée par un gouverneur de la Banque de France.

» Art. 11. Le gouverneur aura deux suppléants qui exerceront les fonctions qui leur seront par lui déléguées; ils auront le titre de premier et second sous-gouverneur. — Les sous-gouverneurs, dans l'ordre de leur nomination, rempliront les fonctions de gouverneur en cas de vacance, absence ou maladie.

» Art. 12. Le gouverneur et ses deux suppléants seront nommés par S. M. l'empereur. »

La même loi introduisit trois receveurs généraux parmi les quinze régents, régla les formes de l'administration intérieure de la Banque, et déféra au conseil d'État les infractions aux lois et règlements qui seraient commises par ses administrateurs. Son capital fut porté à 90 millions et son privilége prorogé pour vingt-cinq ans. Les deux tiers des bénéfices, destinés auparavant à l'acquisition de rentes inaliénables, furent ajoutés aux distributions annuelles de dividendes. Ces dernières dispositions étaient accordées aux actionnaires en compensation des droits que leur enlevait l'intervention directe du pouvoir dans les affaires de la Banque. Ils considérèrent aussi comme une compensation la nomination de M. Cretet aux fonctions de gouverneur : l'année suivante M. Cretet, devenu ministre, était remplacé par M. Jaubert.

[1] « Napoléon, dit M. Pelet, avait été fort alarmé de cette crise. Il s'occupa, sitôt après son retour, de donner à la Banque une nouvelle organisation. La loi du 22 avril 1806 doubla son capital pour qu'elle pût rendre plus de services au gouvernement, et plaça à sa tête un gouverneur et deux sous-gouverneurs à la nomination de l'empereur, pour qu'elle fût *plus dans sa main*. » — Voir à l'Appendice l'opinion exprimée par Napoléon au conseil d'État.

Un décret du 16 janvier 1808 établit les nouveaux statuts qui régissent encore la Banque, et le 18 mai de la même année, un autre décret autorisa des comptoirs dans les départements. Deux comptoirs furent ouverts dans les villes de Lyon et de Rouen le 10 janvier 1809, et un troisième à Lille, le 29 mai 1810. Ces établissements eurent peu de succès : les restrictions imposées par les statuts aux escomptes du commerce empêchaient que les portefeuilles se garnissent. Les villes les plus commerçantes ne produisaient pas encore assez de papier de première classe pour alimenter une banque chargée de grands frais d'administration. Après une expérience de quelques années, la Banque liquida ses trois comptoirs et renonça temporairement à étendre ses opérations sur les départements. Son capital ne pouvant trouver un emploi, elle obtint du ministre des finances l'autorisation de racheter une partie des actions émises et réduisit ainsi ce capital à 67,900,000 fr.

Les trois dernières années de l'Empire furent très-difficiles, même à Paris : cependant le crédit de la Banque était bien établi. « En aucun temps, dit le compte rendu de 1813, la circulation de la Banque ne s'était autant élevée : » elle avait atteint 130 millions : mais les affaires manquaient et le commerce n'apportait plus de papier à l'escompte. Au commencement de 1812, la Banque avait en caisse 114 millions espèces et 117 millions de billets en circulation : le portefeuille était réduit à 15 millions : il descendit dans le courant de la même année jusqu'à 10 millions, et si le Trésor n'avait pas apporté des valeurs à l'escompte, il eût été impossible de compléter le dividende [1]. Au commencement de 1813, le portefeuille commercial était monté à 45 millions : néanmoins l'encaisse métallique était descendu à 26 millions et demi et la circulation à 85 millions. Le commerce pressentait la chute de l'Empire, et la Banque s'acheminait vers une liquidation.

[1] Rapport des censeurs à l'Assemblée générale des actionnaires de 1814. — Ce chiffres ne concordent pas avec ceux qui ont été depuis fournis par la Banque et publiés par le ministre du commerce en 1835. Il est probable que la différence provient de ce que le papier des fournisseurs des armées est confondu avec le papier du commerce proprement dit dans le tableau publié en 1835, tandis que les

En effet, le 18 janvier 1814, la situation de cet établissement se résumait par les chiffres suivants :

PASSIF COMMERCIAL.		ACTIF COMMERCIAL.	
Billets.	38,326,500 fr.	Espèces.	14,354,000 fr.
Dépôts.	6,374,000	Portefeuille. . . .	31,331,000
	44,700,500 fr.		45,685,000 fr.

Le lendemain, 19 janvier, la Banque changeait contre espèces quatre millions et demi de ses billets. Quelques jours plus tard, l'encaisse était à 5 millions, la circulation à 10 millions, et les dépôts ou comptes courants à 1,300,000 fr.

Aussitôt que la crise politique fut passée, les affaires reprirent leur cours.

Pendant les premières années de la Restauration, l'organisation de la Banque fut souvent attaquée, non-seulement devant l'opinion, mais devant l'assemblée même des actionnaires, en janvier 1815, et devant les Chambres. Des propositions furent faites au pouvoir législatif pour supprimer le gouverneur et les sous-gouverneurs, pour rendre, comme on disait alors, à la Banque son indépendance, c'est-à-dire pour en faire un simple comptoir commercial. On proposait sagement de lui interdire d'établir des comptoirs dans les départements, de restreindre par une loi ses opérations à Paris : le Trésor lui remboursa le prêt fixe qu'elle lui avait fait, et elle n'eût, pendant quatre ans environ, qu'un gouverneur provisoire, choisi en quelque sorte par elle-même, dans la catastrophe de 1814, M. Laffitte.

Sous ce régime, elle eut à subir la grande crise de 1818, causée par les excès du commerce de spéculation et du commerce de marchandises. L'encaisse, qui, au mois de juillet, était de 117 millions, descendait le 8 octobre à 59, le 2 novembre à 37, quelques jours plus tard à 34 millions. Le crédit particulier de la banque ne fut cependant pas ébranlé, et le conseil général réduisit encore une fois, à tort peut-être, à 45 jours le terme des effets admis à l'escompte.

Bientôt tous les projets de changement dans l'organisation de la Banque furent abandonnés : elle resta banque d'État et

censeurs de 1814 avaient distingué l'une de l'autre dans leurs calculs les deux sortes de papier.

eût un gouverneur nommé par le roi, M. Gaudin. Cependant les idées tournaient à la liberté : Rouen avait obtenu une banque de circulation le 17 mai 1817 : Nantes eut la sienne le 11 mars 1818, Bordeaux le 23 novembre 1818. Après la Révolution de 1830, dont le crédit particulier de la Banque ne souffrit aucune atteinte, on autorisa successivement la fondation des banques suivantes : de Lyon, le 19 juin 1835; de Marseille, le 29 septembre de la même année; de Lille, le 29 juin 1836; du Havre, le 25 août 1837; de Toulouse, le 11 juin 1838. De son côté, la Banque, voyant le succès qu'obtenaient les banques départementales, tenta de nouveau de fonder des comptoirs. Elle en établit d'abord un à Reims, le 6 mai 1836; un à Saint-Etienne, le 17 juin, même année; un à Saint-Quentin, le 16 octobre 1837; un à Montpellier, le 19 janvier 1838; un à Grenoble, le 31 mars 1840, et un à Angoulême, le 24 avril de la même année. Ces comptoirs tiraient de leurs relations avec la Banque un grand avantage : ils pouvaient admettre à l'escompte et en recouvrement du papier sur plusieurs places, et en mai 1840, les deux tiers de leur portefeuille consistaient en effets sur Paris [1]. Les banques départementales, au contraire, soigneusement isolées par leurs statuts, n'avaient obtenu l'autorisation d'exister qu'avec peine, après des lenteurs infinies et à des conditions qui ne leur permettaient guère d'agir. Il leur était interdit notamment de faire aucune opération hors de la ville où elles étaient établies.

Aussi lorsque, en 1840, il fut question de renouveler le privilége de la Banque de France, qui expirait en 1843, huit banques départementales envoyèrent des délégués auprès de la Chambre des députés et y sollicitèrent la modification de leurs statuts. Elles demandaient notamment :

« 1° Que chaque banque pût escompter du papier payable dans toute ville où se trouverait une banque autorisée;

» 2° que les banques pussent payer réciproquement leurs billets à ordre, et escompter leurs billets aux porteurs, avec obligation d'équilibrer leurs comptes courants au moins une fois par mois;

[1] Rapport de M. Dufaure à la chambre des députés.

» 3° L'extension du rayon des comptes courants, avec obligation d'élire un domicile au siége de l'établissement;

» 4° La faculté d'escompter des effets à deux signatures, garanties par un dépôt d'actions de la banque qui admettait ces effets;

» 5° La faculté de recevoir en dépôt des sommes de 2,000 fr. et plus, pour le terme de deux mois au moins, et à un intérêt qui ne pourrait excéder 4 p. °/₀ par an;

» La faculté d'émettre des coupures de 100 fr. [1]. »

A ces demandes, dont une seule, la seconde, pouvait donner matière à des objections un peu fondées, la commission répondit par une fin de non-recevoir, en ajoutant doctoralement que « quelques-unes de ces demandes lui paraissaient contraires à la nature des banques et au but de leur institution. » La chambre passa outre.

Ces demandes cependant indiquaient nettement les obstacles qui s'opposaient, en France, au développement des banques de circulation. On autorisait ces établissements, il est vrai, mais à des conditions qui leur permettaient à peine d'exister dans les villes commerçantes et qui leur interdisaient l'entrée des villes moins populeuses et des campagnes. Ainsi on leur défendait d'une manière absolue : 1° l'escompte des effets à deux signatures; 2° la faculté de faire des opérations hors de la ville où elles étaient situées, d'avoir des correspondants et à plus forte raison des succursales; 3° de bonifier un intérêt aux dépôts qui leur seraient confiés; 4° d'émettre des billets de petites coupure. L'administration ne discutait point : elle se contentait de prescrire, et quelque absurdes que fussent ses interdictions, les banques devaient se soumettre.

M. le comte d'Esterno chargé quelque temps auparavant de solliciter l'autorisation de fonder une banque à Dijon, avait exposé dans une brochure spirituelle, qui restera comme un monument curieux de l'histoire des banques de circulation en France, la suite des négociations auxquelles il s'était livré [2]. Plus tard, les préjugés de l'administration en cette

[1] Rapport de M. Dufaure à la Chambre des députés.

[2] *Des Banques départementales en France*, etc. Paris, 1838.

matière n'avait rien perdu de leur force et de leur entêtement. Le 18 mars 1848, on lisait dans les observations faites sur une demande d'autorisation par le ministère du commerce : « Les dépôts faits dans les banques publiques ne portent pas intérêt, autrement ces établissements deviendraient de simples emprunteurs et dénatureraient leur caractère. En réalité, tout billet de banque qui circule est la représentation d'un prêt sans intérêt fait à la Banque. Le jour ou elle emprunterait à intérêt, sa circulation serait frappée de mort, et son existence deviendrait impossible. »

Si la discussion eût été admise, on aurait sans doute répondu qu'il n'y avait rien de commun entre les emprunts obtenus par dépôts et les emprunts obtenus par émission de billets; que les banques d'Écosse payaient intérêt sur dépôts depuis cent cinquante ans, sans que leur circulation fût frappée de mort; que les banques américaines payaient de même l'intérêt des fonds déposés pour longtemps, sans que leur circulation fût frappée de mort; que la Banque de France elle-même avait payé pendant longtemps un intérêt de 5, puis de 4 p. °/₀ sur les fonds déposés chez elle, sans que sa circulation eût été frappée de mort, etc., etc. Mais, avec l'administration on ne discute jamais, il faut se résigner et se soumettre.

La question posée au gouvernement par l'expiration du privilége de la Banque de France, était celle-ci : Fallait-il remettre à cet établissement le monopole du crédit par émission de billets? Fallait-il, au contraire, restreindre dans Paris le champs de ses opérations? L'utilité de la Banque de France comme banque d'État et du commerce de Paris n'était contestée par personne. Il n'en était pas de même de l'utilité de ses comptoirs et de son monopole étendu aux départements.

Selon l'usage de ce temps, la question fut éludée et la solution ajournée. La discussion de la loi du 30 juin 1840 prouva que les assemblées de cette époque ne se doutaient pas même de ce qu'était une banque de circulation [1]. Il fallut

[1] Le héros de cette discussion fut M. Thiers qui, après avoir dit qu'il n'y avait rien à apprendre en matière de banque; que tout était connu; qu'il avait, quant à

discuter jusqu'à l'opportunité de la publication trimestrielle d'un bilan de la banque de France, et on considéra l'article relatif à cette publication comme une grande innovation. Le privilége fut prorogé jusqu'à 1867, avec réserve pour le Gouvernement d'en changer les conditions auparavant, en 1855.

A dater de ce jour, on n'autorisa plus la création d'aucune banque départementale. La Banque de France continua de propager ses comptoirs; elle en établit successivement à Besançon, à Caen, à Châteauroux et à Clermont-Ferrand, en 1841 ; à Mulhouse, en 1843 ; au Mans, à Nîmes, à Strasbourg, à Valenciennes, en 1846. L'action de cette banque s'étendait tous les jours, et la fondation de chaque comptoir ajoutait à la puissance productive de tous les autres : d'ailleurs il semblait que le conseil général fût devenu insensible à l'insuccès et même aux pertes occasionnées quelquefois par la médiocrité des opérations.

Les affaires de la Banque étaient prospères : elle jouissait d'un crédit sans bornes et d'une considération à laquelle un prêt consenti à la Banque d'Angleterre donnait un nouveau relief, lorsque survinrent les crises mémorables de 1846, 1847 et 1848.

En 1846 la récolte des céréales fut médiocre dans la plupart des contrées de l'Europe, notamment en France et en Angleterre : les deux pays eurent recours aux achats de grains étrangers. Les importations de ce genre, on l'a déjà remarqué, viennent en surcroît des importations ordinaires et se soldent

lui, étudié à fond cette matière; ne craignait pas de jeter devant son auditoire des contre-vérités comme celles que nous avons citées plus haut, et celle-ci : « Il faut maintenir le système que *la nature des choses* a amené chez nous. »

La nature des choses! le mot est plaisant!

Le même orateur prouvait par les paroles suivantes qu'il ne connaissait ou ne voulait pas connaître les éléments de la question : « Tous les États réunis n'ont pas quatre milliards (de numéraire), et vous en avez trois à vous seuls!... Votre système de crédit est excellent! »

Le fait n'était pas vrai, et, s'il eût été vrai, il aurait prouvé que notre système de crédit était d'autant plus mauvais et arriéré que nous employions plus de numéraire.

Conclusion de M. Thiers : « Comme constitution, la Banque de France est ce qu'il y a de mieux imaginé. »

habituellement en espèces. Lorsqu'il se manifeste un déficit dans la récolte, les banques de circulation, quel que soit leur crédit, doivent toujours s'attendre à une demande extraordinaire d'espèces métalliques.

Bien que la disette de 1846 eût été appréciée dès le printemps et que le commerce eût aussitôt commencé d'acheter des blés au dehors, la Banque ne ressentit l'influence de ces opérations qu'en juillet. Il semble même qu'en ce temps, la diminution de l'encaisse n'alarmait pas encore le conseil général. En effet, « chaque année, dans le cours de l'été et de l'automne, 50 à 60 millions d'espèces sortent des caisses de la Banque et se dispersent dans les départements, où ils servent aux achats de soies, de laines, de vins, etc. Dès les premiers jours de décembre et quelquefois même dès la fin de novembre, ces espèces refluent vers Paris et viennent reprendre leur place. Depuis longtemps ce mouvement se reproduit avec une étonnante régularité [1]. » On put croire un moment que la diminution de l'encaisse métallique avait la même cause que les années précédentes; mais au bout de deux mois elle prit d'effrayantes proportions. Les réserves métalliques furent réduites :

En juillet 1846, de.	17,538,000 fr.
En août, de.	2,904,000
En septembre, de.	27,211,000
En octobre, de.	53,164,000
En novembre, de.	43,235,000
En décembre, de.	18,191,000
Du 1er au 14 janvier 1847, de.	10,604,000
Total.	172,847,000 fr.

Au 10 janvier 1847, les sorties d'espèces s'arrêtèrent. Elles avaient été excessives, tant que la demande pour l'exportation avait coïncidé avec la demande intérieure annuelle; elles avaient décru dès que l'époque de la rentrée annuelle était arrivée. L'encaisse, qui, dans les six premiers mois de l'année, s'était élevé de 208 à 252 millions, était descendu pendant les six derniers mois à 80 millions [2].

[1] Compte rendu présenté par M. d'Argout, gouverneur, en 1847.

[2] Compte rendu de 1848. — On peut considérer ce chiffre comme le *maximum*

La Banque eut recours aux moyens extraordinaires ; elle fit venir des départements, à grands frais, 5 millions d'espèces et acheta au dehors avec ses rentes 45 millions environ de lingots. Ces mesures, excellentes en elles-mêmes, furent inutiles. La cession de rentes 5 p. °/₀ et 3 p. °/₀ pour une somme d'environ 50 millions, payables en Russie, fut consentie au gouvernement russe lorsque le danger était entièrement passé, lorsque les encaisses étaient remontés à 110 millions : cette cession, qui eut pour effet de modifier le cours naturel des changes, fut plus utile au commerce des grains qu'à la Banque elle-même.

L'élévation du taux de l'escompte à 5 p. °/₀, décidée le 14 janvier 1847, au moment même où les encaisses commençaient à remonter, n'était justifiée par aucune nécessité. On invoqua à ce sujet l'exemple de l'Angleterre, qui en a donné quelquefois de bons et souvent aussi de mauvais. Les augmentations du taux de l'escompte, le rapprochement du terme obligatoire d'échéance des effets escomptés et les rejets arbitraires de bordereaux, conviennent peu à une banque privilégiée, surtout lorsque ces mesures sont tardives et ont pour effet, non de prévenir la crise, mais de l'aggraver. Lorsque son crédit est entier, et celui de la Banque de France en 1847 n'avait point souffert, elle ne doit jamais réduire ses émissions, de manière à exposer la place ou le pays à un déficit de la monnaie de papier en même temps qu'il souffre du déficit de la monnaie métallique. La Banque de France, qui, depuis le 1er juin 1820, avait tenu invariablement ses escomptes à 4 p. °/₀, eut beau les porter à 5 p. °/₀, les présentations ne diminuèrent pas, et jamais le portefeuille ne fut mieux garni que pendant l'année 1847. On sortait de la crise monétaire et on allait entrer dans la crise des capitaux.

Les importations de grains troublent la circulation des monnaies ; mais le déficit que ces importations viennent combler a des conséquences plus graves ; il dimiuue de toute la somme qu'il représente la masse des disponibles. De là vient que les importations de grains sont presque toujours suivies

de la réserve métallique nécessaire à la Banque de France, sauf les besoins des succursales acquises par elle depuis cette époque.

de près par les crises commerciales. En 1847, il y avait une autre cause de contraction du crédit dans les spéculations désordonnées qui avaient eu lieu depuis deux ans. Mais la Banque de France est administrée de telle façon qu'elle sent peu le choc de ces crises, lorsqu'elles ne sont compliquées ni par une panique, ni par une exportation de numéraire. Les effets de commerce, repoussés par les exigences statutaires de la Banque ou par le taux élevé de l'escompte, vont souvent, dans les temps ordinaires, chez les escompteurs : en temps de crise, ils viennent à la Banque de France, réserve dernière des banquiers de Paris. Les escomptes ne diminuèrent donc pas, à la Banque, en 1847 ; en décembre, elle en ramena le taux à 4 p. °/₀ et remplaça par des achats sur place les rentes qu'elle avait vendues à la Russie. Cette dernière mesure tendit à soutenir les cours et à faciliter la réalisation des réserves particulières. La Banque, du reste, n'engagea pas toutes ses ressources, puisque son encaisse atteignit 180 millions, et se trouvait, à la fin de l'année, au plus fort des escomptes, à 107 millions.

Le tableau suivant de la situation des principaux comptes de la Banque de France à la fin de chaque trimestre des années 1846 et 1847, peut donner une idée du mouvement des opérations durant cette période.

1846.	ESPÈCES.	PORTEFEUILLE	BILLETS.	DÉPOTS du Trésor	DÉPOTS particuliers.
Fin mars...........	202,530,000	144,822,500	263,576,500	126,277,180	49,344,800
Fin juin............	202,894,400	132,245,800	255,781,000	128,847,500	58,032,200
Fin septembre......	174,469,400	125,276,400	256,599,500	97,709,900	45,451,100
Fin décembre.......	71,040,200	188,257,100	257,983,500	48,296,600	61,565,300
1847.					
Fin mars...........	70,605,000	201,588,000	247,673,000	23,569,000	51,174,000
Fin juin............	95,464,000	167,607,000	231,907,000	84,785,000	44,763,000
Fin septembre......	94,444,000	172,630,000	229,264,000	66,567,000	49,687,000
Fin décembre.......	107,550,000	156,614,000	233,182,000	65,342,000	49,335,000

Dans ce tableau, digne d'une étude sérieuse, on remarque la fixité de la circulation de papier. Pendant que l'encaisse subissait une diminution de plus de moitié, cette circulation restait à peu près stationnaire et n'éprouvait, dans son plus grand écart, qu'une diminution de 34 millions, un huitième environ. La fixité des dépôts particuliers, durant cette période, est moins explicable; il semble que tout le mouvement de contraction et de gêne soit concentré sur le compte courant du trésor public.

La crise commerciale était en pleine activité au commencement de 1848, et elle menaçait les maisons de banque dont les ressources avaient été témérairement engagées, lorsque survint la révolution. J'ai déjà dit quel fut son contre-coup immédiat sur les affaires et à quel point les banquiers de Paris furent effrayés par ce choc [1]. La Banque de France résista vaillamment : elle comprit qu'on ne liquide point des opérations de crédit en pleine panique et qu'au milieu de la déroute générale, la hardiesse, l'audace même était de la prudence.

« Du 26 février au 15 mars, disait le gouverneur dans sa lettre au Gouvernement Provisoire, c'est-à-dire en 15 jours ouvrables, la Banque a escompté à Paris la somme de 110 millions. Sur 125 millions qu'elle devait au Trésor, elle en a remboursé 77. — Nous ne comprenons pas dans ce chiffre 11 millions mis à la disposition du Trésor dans divers comptoirs pour subvenir aux besoins urgents des services publics dans les départements du Var, des Bouches-du-Rhône, etc. De plus, la Banque a escompté 43 millions dans les villes où elle possède des comptoirs... Par les escomptes à Paris, elle a cherché à empêcher la suspension des payements des banques départementales de Rouen, du Havre... — La promptitude et la largeur des opérations de la Banque lui donnaient l'espoir de dominer la crise; elle s'en est flattée jusqu'à ce jour : elle y serait probablement parvenue sans les demandes provoquées par des besoins extraordinaires et exagérés par la peur. »

En effet la Banque se trouvait en présence d'une de ces paniques extrêmes et aveugles auxquelles on ne peut opposer ni la raison, ni le sens commun, ni l'habileté. Du 26 février au 14 mars au soir, l'encaisse de Paris était descendu de 140 millions à 70, et le lendemain au soir il était tombé à 59 millions : plus de 10 millions avaient été remboursés en un seul

[1] Voir page 190.

jour. Il fallait liquider ou suspendre le remboursement des billets.

Liquider était impossible : c'eût été une désertion et une désertion sans profit, car en cas de liquidation, quelle eût été la valeur du portefeuille de la Banque? D'ailleurs le gouvernement, envers lequel la Banque a toujours des devoirs à cause de son privilége, n'aurait pu permettre une telle retraite. Le conseil général demanda donc : 1° Que les billets de la Banque fussent considérés comme monnaie légale sur tout le territoire de la République ; 2° La faculté d'émettre des billets de 100 fr. en addition à ceux de 200 fr. autorisés par la loi du 10 juin 1847. Il demandait en même temps que le maximum des émissions de la Banque fût fixé à la somme de 350 millions, et que son bilan fût publié chaque semaine.

Ces mesures, qui furent consacrées par un décret du 15 mars, étaient fort habilement conçues. La première opposait à la peur un obstacle matériel : les billets de 100 fr. permettaient d'étendre les émissions, et le maximum fixé avec une prudence qui allait jusqu'à la timidité présentait une garantie contre les abus ordinaires des émissions de papier-monnaie. La publicité du bilan était un appel à l'opinon. Mais qu'on était loin des maximes professées par la Banque lors de la discussion de la loi de 1840 !

On proposa des émissions de billets de 50 et de 25 fr. Le conseil général, qui n'avait accédé qu'avec peine à l'émission de ceux de 100 fr. résista obstinément. Quelle était sa crainte? Ces billets auraient, a-t-on dit, « stimulé l'exportation des espèces qu'il fallait retenir en France et s'efforcer de faire reparaître [1]. » Les espèces à cette époque n'émigraient point : elles étaient accumulées, accaparées à l'intérieur dans chaque maison, dans chaque famille : l'émission des billets de 25 et de 50 fr. en 1848 n'aurait pas fait exporter un écu, et elle aurait facilité les transactions auxquelles la monnaie manquait d'autant plus à cette époque que l'encaisse de la Banque n'avait pas eu le temps de se rétablir entièrement des exportations de 1846.

La mesure violente de la suspension des payements en es-

[1] Compte rendu de 1849.

pèces ne pouvait réussir qu'à la condition d'être habilement soutenue. Il ne s'agissait pas de retenir les écus et de répondre à toutes les demandes avec des billets : il fallait fournir des espèces aux besoins réels, tels que payements de salaires, de solde, de subsistances : c'est ce que fit la Banque, et par ces moyens, par un appui intelligent donné au crédit industriel, elle eut, en quelques jours, raison de la panique, et put maintenir au pair le cours de ses billets. Le mouvement des bilans cependant était peu rassurant : du 15 mars au 27 avril, l'encaisse, il est vrai, n'était descendu que de 4 millions et demi ; mais le portefeuille proprement dit avait décru de 57 millions, les dépôts avaient baissé de 20 millions, le Trésor, créditeur de 42 millions au 15 mars, était débiteur de 23 au 27 avril ; enfin la somme des billets avait augmenté de 39 millions, et le chiffre des effets en souffrance s'élevait à 20 millions environ.

Le coup qui frappait la Banque de France atteignait aussi les banques départementales. Un décret du 26 mars accorda à leurs billets le titre et la qualité de monnaie légale dans les départements où elles étaient situées, et fixa le maximum de leurs émissions sans aucun égard au chiffre de leur capital.

Ce décret, sollicité sans réflexion par les banques, elles-mêmes, était presque inexécutable. Il établissait autant de monnaies locales qu'il y avait de banques et ces monnaies, dans l'état de suspension générale des affaires de crédit où on se trouvait et lorsque les recouvrements même étaient suspendus, ne pouvaient servir aux transports d'espèces : le service de la trésorerie en souffrait, puisque les fonds versés, par exemple, chez les comptables de la Seine-Inférieure en billets de la banque de Rouen ou de la banque du Havre n'avaient cours ni à Paris, ni même dans les départements limitrophes de celui de la Seine-Inférieure.

Lorsqu'un État a recours au papier-monnaie, le titre de ce papier doit être uniforme, comme celui de la monnaie métallique elle-même. Pour se tenir dans des conditions normales, il fallait refuser le cours forcé aux billets des banques départementales et leur faciliter l'échange de leur encaisse ou d'une portion de leur portefeuille contre des billets de la Banque de France. Alors, aux demandes de remboursement, ces banques auraient répondu par des payements en monnaie légale de papier, en billets de la Banque de France. C'était ainsi que les choses s'étaient passées en Angleterre de 1797 à 1821, et cette grande expérience avait pleinement confirmé les enseignements de la théorie.

Le gouvernement, bien qu'averti, prit une autre voie : il accorda d'abord le cours forcé aux billets des banques départementales et aboutit aux décrets des 27 avril et 2 mai 1848, à l'absorption de ces établissements par la Banque de France. Celle-ci acquit, au prix des risques imposés par la révolution, une position dominante et souveraine. Le décret du 2 mai 1848 faisait en sa faveur, dans les départements, plus et mieux que n'avait fait, à Paris, la loi du 24 germinal an XI.

Les banques départementales, méritaient-elles de périr? Avaient-elles compromis leur crédit par des opérations téméraires, par des spéculations hasardées? Nullement. Elles avaient respecté les limites étroites de leurs statuts, et il n'avait pas fallu moins qu'une révolution pour mettre leur existence en question. Voici les moyennes de situation de leurs principaux comptes pendant les sept années qui avaient précédé le décret de réunion :

ANNÉES.	ESPÈCES.	ESCOMPTES.	PRÊTS sur rentes.	BILLETS.	DÉPOTS.
1841..........	29,648,700	51,372,400	5,594,100	62,739,600	11,309,100
1842..........	32,407,000	55,763,000	5,209,500	66,928,500	12,760,000
1843..........	35,563,900	56,433,200	4,125,660	69,735,700	10,511,800
1844..........	36,637,085	64,243,779	3,721,709	74,276,620	11,262,763
1845..........	39,317,696	73,952,638	6,474,307	81,761,497	15,475,356
1846..........	43,733,736	77,235,933	1.887,286	86,507,892	16,046,951
1847..........	41,658,105	84,964,038	3,526,764	90,100,947	16,834,228

On voit par ce tableau que ces banques étaient en progrès, et que le progrès était régulier. Toutes, elles donnaient des bénéfices à leurs actionnaires : celle de Lyon, constituée au capital exigu de 2 millions, produisait 14, 62 p. °/₀ en 1841 ; 20, 73 p. °/₀ en 1844 ; 24, 40 p. °/₀ en 1846, et 28, 75 p. °/₀ en 1847. La moins productive était celle du Havre, dont le capital, un peu lourd, s'élevait à 4 millions. Toutefois elle avait distribué à ses actionnaires 5, 33 p. °/₀ en 1841 ; 6, 35 p. °/₀ en 1846, et 7, 76 p. °/₀ en 1847. Ces banques étaient, il est vrai, isolées par leurs statuts, de manière à ne pouvoir faire les opérations les plus commodes et les plus lucratives, les recouvrements au dehors. Mais il était étrange et souverainement injuste que cet isolement contre lequel elles n'avaient cessé de réclamer depuis leur fondation leur fût reproché par le gouvernement et la Banque de France [1].

Quoi qu'il en soit, après quelques difficultés tirées de la différence de valeur vénale des actions en 1847, la fusion eut lieu au pair, c'est-à-dire sur les bases les plus équitables, de manière à présenter aux actionnaires des banques départementales une légère compensation pécuniaire en échange des droits qu'on leur enlevait. Le capital de la Banque de France était porté de 67,900,000 fr. à 93,250,000 fr. : la limite de sa circulation était élevée de 350 à 452 millions, et elle acquérait un encaisse de 19,450,000. Mais la masse des effets en souffrance était à peu près égale, proportion gardée, à Paris et dans les départements : on en comptait pour 7,703,564 fr. dans le portefeuille des banques départementales.

La Banque entreprit résolûment de soutenir le crédit du commerce et celui de l'État. Au fond, le décret de réunion n'ajoutait rien à ses risques, et il lui ouvrait pour l'avenir de grandes perspectives. En effet, si la panique était la plus forte, la Banque était assez engagée par ses affaires de Paris pour ne pas s'en relever : si, au contraire, la Banque triomphait de la panique, les mêmes causes qui rendraient de la valeur à son portefeuille feraient revivre celui des banques départementales.

Le premier résultat du décret de réunion fut un accroissement considérable des mandats tirés de Paris sur les départements et des départements sur Paris. Le chiffre total de ces mandats ne s'était élevé qu'à 96 millions en 1847 : en 1848, il monta à 436 millions. Que d'affaires gênées par les statuts imposés aux anciennes banques départementales !

Pendant l'année 1848, la Banque fournit en espèces aux

[1] Voyez le rapport du ministre des finances, 2 mai 1848. — Compte rendu de la Banque, 1849.

particuliers ou au Trésor une somme de 506 millions. Le 31 mars, elle prêtait à l'État, sans intérêt, 50 millions contre dépôt de bons du Trésor de la République; le 5 mai, elle consentait à la Caisse des dépôts et consignations un prêt de 30 millions sur transfert de rentes; le 3 juin, elle ouvrait à l'État un crédit 150 millions, avec compensation des intérêts de part et d'autre en compte courant. Le gouvernement, après avoir usé de ce crédit jusqu'à concurrence de 50 millions, ayant jugé convenable de contracter l'emprunt onéreux du 24 juillet, la Banque s'empressa d'escompter la part qu'elle y avait souscrite et qui s'élevait à 22 millions et demi. La ville de Paris, celle de Marseille, le département de la Seine, les hospices de Paris et de Lyon trouvèrent en même temps auprès d'elle des crédits pour une somme d'environ 20 millions.

La situation des grandes usines métallurgiques était déplorable. Engagées pour des sommes considérables avec les compagnies de chemins de fer, elles voyaient à la fois suspendre leurs commandes et la réalisation de leurs créances : la Banque vint à leur secours et consentit en leur faveur des avances sur hypothèques pour une somme de 34 millions. Les prêts sur dépôts de marchandises s'élevèrent à 60 millions. Les effets en souffrance avaient atteint, à Paris, 57 millions, et 20,700,000 fr. dans les départements; en tout près de 78 millions : ils s'élevèrent même, un moment, jusqu'à la somme de 84 millions [1].

La Banque put supporter toutes ces charges sans élever beaucoup ses émissions de billets. Ceux de 200 fr. et de 100 fr. récemment introduits dans la circulation, y prirent une place de 80 à 90 millions qu'ils auraient obtenue dans les temps les plus calmes et avec l'échange à bureau ouvert contre espèces. Ces émissions, grâce à la diminution des escomptes du commerce dans les derniers mois de l'année, suffirent à toutes les opérations extraordinaires de 1848, sans que les billets de la Banque éprouvassent de dépréciation.

Depuis cette époque, la Banque a liquidé son fonds d'effets

[1] Compte rendu de 1849.

en souffrance et ses opérations hypothécaires ou avec l'État, et cette liquidation s'est faite de manière à honorer en même temps la Banque et ses débiteurs [1]. Une fois le premier moment de panique passé, le crédit des billets s'était rétabli : bientôt après, les espèces avaient reparu, et comme sous l'influence des prix élevés de 1848, la fabrication des espèces avait été fort active, les encaisses de la Banque ne tardèrent pas à devenir excessifs, sans que la circulation fiduciaire eût été réduite. Le public préférait même les billets, à ce point qu'à la fin de 1849, lorsque le décret du cours forcé était encore en vigueur, le commerce refusait les espèces qu'offrait la Banque et réclamait les billets qu'elle ne pouvait plus émettre, parce qu'elle avait atteint la limite légale de ses émissions. Il fallut élever par une loi le chiffre de cette limite de 452 millions à 525 : il est vrai que depuis le second semestre de 1848, la Banque avait repris de fait ses payements en espèces. La loi qui rétablit l'échange obligatoire des billets contre espèces a sanctionné un état de choses qui existait auparavant.

Les opérations de la Banque, depuis 1848 jusqu'à 1851, ont présenté la plus parfaite régularité et n'ont été remarquables que par l'abondance des encaisses et des dépôts particuliers. Le 2 octobre 1851, les encaisses avaient atteint 626 millions : ils avaient, pendant quelques jours, excédé de 110 millions la somme des billets. La moyenne de la circulation, qui, en comptant les banques départementales, s'était élevée en 1847 à 337,218,000 francs, atteignait en 1850, 491,827,900 fr. Au 10 juin 1852, la circulation montait à 612,421,700 fr. Si les billets de 25 et de 50 fr. avaient été émis, la circulation se serait élevée de quelques centaines de millions de plus, sans que personne en eût souffert.

Il est arrivé souvent à la Banque de ne pas trouver un emploi suffisant pour les capitaux dont elle dispose, et c'est encore ce qui lui arrivait en 1853 : en vain elle avait réduit à 3 p. °/₀ le taux de l'escompte, en vain le décret du 3 mars 1852, qui proroge son privilége jusqu'à 1867, l'au-

[1] A la fin de 1854, il ne restait en souffrance, sur le passif de 1848-49, qu'une somme de 1,215,000 fr.

torisait à faire des avances sur les actions et obligations de chemins de fer français; en vain celui du 22 mars 1852 l'autorisait à faire des avances sur les obligations de la ville de Paris; les affaires lui ont manqué presque jusque vers le milieu de 1853, et elle a été réduite à faire construire de nouvelles caves pour recevoir ses espèces.

Mais bientôt l'abaissement du taux de l'escompte et l'absorption des capitaux disponibles par l'émission de titres industriels, puis la guerre, ont donné de l'activité aux opérations de la Banque de France. Bientôt même, la guerre, avec ses emprunts et ses exportations d'espèces, coïncidant avec de mauvaises récoltes, ces opérations, notamment en ce qui touche le service monétaire, sont devenues laborieuses. L'ensemble des affaires avait atteint, en 1853, 3,964 millions; il s'est abaissé en 1854, à 3,888 millions et a pris ensuite une marche presque régulièrement ascendante.

Le tableau suivant indique quelle a été l'importance générale des affaires de la Banque et en particulier des escomptes pendant les sept dernières années. On y voit aussi le chiffre des virements qui se rapporte spécialement aux opérations de Bourse et celui des primes payées pour achat et transport de lingots ou d'espèces.

ANNÉES.	OPÉRATIONS.	ESCOMPTES.	VIREMENTS.	PRIMES ET FRAIS de transport d'espèces.
1855........	4,863,334,417	3,746,134,049	19,153,828,600	4,620,000
1856........	5,808,439,489	4,639,837,727	23,471,670,500	7,294,400
1857........	6,063,450,836	5,582,333,559	20,517,577,700	4,678,100
1858........	5,213,909,133	4,162,655,194	19,934,587,194	322,126
1859........	6,166,549,047	4,696,243,663	12,063,677,100	667,352
1860........	6,340,567,151	4,939,712,953	11,488,352,800	672,472
1861........	6,556,696,028	5,310,970,178	11,665,635,900	425,184
1862........	7,783,799,797	5,218,261,049	15,406,509,400	406,759

On est frappé tout d'abord en jetant les yeux sur ce tableau, d'une part, du peu de relation qui existe entre les affaires commerciales représentées par l'escompte et les affaires de Bourse, exprimées par le chiffre des virements. On est frappé surtout des proportions qu'ont atteint pendant certaines années les frais d'achat et de transport des lingots et des espèces.

Voici les bilans de la Banque à la seconde semaine de mai des neuf années qui ont suivi l'absorption des banques départementales et de 1863 :

	1848 (11 Mai)	1849 (10 Mai)	1850 (10 Mai)	1851 (15 Mai)	1852 (13 Mai)	1853 (12 Mai)	1854 (11 Mai)	1855 (10 Mai)	1856 (8 Mai)	1863 (15 Mai)
ACTIF.										
Espèces	92,031,450	338,698,330	472,571,549	556,170,364	598,035,792	511,785,905	411,887,929	421,225,089	287,652,134	394,641,094
Portefeuille	241,712 002	127,477,156	104,991,708	119,635,659	130,109,702	235,306,891	335,756,283	310,744,925	422,730,312	498,431,798
Avances sur lingots et monnaies	6,991,200	15,916,682	1,333,800	3,482,977	5,245,076	1,998,330	2,307,293	3,103,552	3,841,100	9,442 500
Avances sur effets publics	10,344,982	28,669,829	20,506,254	10,398,990	70,344,909	46,724,286	25,786,086	36,448,386	108,315,836	87 589 800
Avances sur actions et obligations de chemins de fer	»	»	»	»	8,754,455	72,079,309	50,753,220	79,171,500	54,916,750	90 872,300
Avances à l'État	30,000,000	100,000,000	100,000,000	100,000,000	125,000,000	75,000,000	100,000,000	65,000,000	100,000,000	60,000,000
Effets arriérés	44,151,324	10,337,957	1,498,658	»	»	»	98,001	»	»	»
Rentes de la réserve	10,000,000	10,000,000	10,000,000	10,000,000	10,000,000	10,000,000	10,000,000	12,980,750	12,980,750	112,980,750
Rentes, fonds disponibles	11,660,197	55,361,029	55,221,029	55,680,943	55,635,896	55,451,514	55,447,573	52,467,454	52,190,792	30,565,727
Immeubles des succursales	»	2,283,787	3,432,371	3,629,194	3,571,772	3,674,250	4,019,088	4,748,560	5,232,304	»
Hôtel et mobilier de la Banque	4,000,000	4,000,000	4,000,000	4,000,000	4,000,000	4,000,000	4,000,000	4,000,000	4,000,000	10,042 553
Dû par les succursales	14,470,000	»	»	»	»	»	»	»	»	»
Prêté à la ville de Paris, etc	»	9,000,000	»	»	20,000,000	»	»	»	»	»
Comptes divers	2,035,051	2,278,073	2,558,271	2,255,970	3,686,206	1,322,387	3,158,936	1,883,293	3,913,509	11,391,862
Total	487,416,206	704,013,845	776,086,437	865 204,116	1,034,384,408	1,017,342,872	1,003,193,409	993,773,509	1,055,173,487	1,305,958 384
PASSIF.										
Capital de la Banque	67,900,000	91,250,000	91,250,000	91,250,000	91,250,000	91,250,000	91,250,000	91,250,000	91,250,000	184,816 503
Réserve de la Banque	10,000,000	12,980,750	12,980,750	12,980,750	12,980,750	12,980,750	12,980 750	12,980,750	12,980,750	22,105,753
Réserve immobilière de la Banque	4,000,000	4,000,000	4,000,000	4,000,000	4,000,000	4,000,000	4,000,000	4,000,000	4,000,000	4 000,000
Billets au porteur en circulation	311,896,800	411,641,000	481,095,125	516,933,675	636,302,725	669,774,850	590,153,075	642,061,000	626,775,350	773,448 075
Billets à ordre	1,423,123	1,189,861	11,836,177	6,004,288	6,470,243	4,894,976	7,040,615	6,143,769	5,276,947	3 800,037
Récépissés	1,653,500	5,223,990	6,479,020	8,730,155	17,689,034	9,392,037	13,131,001	9,205,351	4,269,384	5,814 438
Compte courant du Trésor	13,292,037	34,950,212	34,753,345	105,558,965	87,895,718	73,681,587	74,589,499	52,298,398	90,956,251	94,866,955
Comptes courants	69,926,558	124,435,085	126,369,412	113,452,280	172,021,255	141,789,371	196,113,965	163,785,988	195,694,288	194,564,093
Traites à payer	1,571,728	11,956,804	»	»	»	»	»	»	»	»
Dividendes à payer	299,320	230,477	267,376	286,438	300,776	377,507	442,864	480,079	556,653	893 614
Escomptes et intérêts divers	4,179,920	4,598,632	3,729,686	4,899,627	3,346,567	5,312,733	11,065,130	8,030,010	15,514,152	12,612,819
Rentrées excédant l'évaluation des effets en souffrance	»	»	»	614,856	536,677	479,345	»	216,385	45,569	»
Comptes divers	1,363,220	537,034	3,325,546	357,082	1,590,663	3,409,696	2,426,510	3,321,779	7,855,143	9 036,141
Total	487,416,206	704,013,845	776,086,437	865,204,116	1,034,384,408	1,017,342,872	1,003,193,409	993,773,509	1,055,173,487	1,305,958,384

Depuis 1853, la Banque est entrée dans une période nouvelle durant laquelle cet établissement, abandonnant ses anciennes maximes, s'est aventuré avec plus de hardiesse dans les affaires et a marché d'un pas plus rapide vers son extrême développement. Ainsi, une de ses maximes était de maintenir le taux de l'escompte invariable ou à peu près et à restreindre ses opérations, quand il le jugeait convenable, par la réduction du temps à courir des effets admis à l'escompte. Depuis 1853, au contraire, les opérations s'étendent ou se restreignent par l'abaissement ou par l'élévation du taux de l'escompte qui a varié de 3 à 6 p. °/₀ par an jusqu'en 1857 et de 3 p. °/₀ à 10 p. °/₀ depuis que la loi du 9 juin 1857 a fait disparaître pour la Banque les limitations malencontreuses du taux de l'intérêt établies par les lois contre l'usure.

Cette même loi proroge pour trente ans, c'est-à-dire jusqu'à la fin de 1897 le privilége de la Banque, porte son capital à 182,500,000 fr. non compris le fonds de réserve, l'autorise à abaisser à 50 fr. la moindre coupure de ses billets et donne au gouvernement la faculté d'exiger qu'en 1867 la Banque établisse une succursale dans les départements où il n'en existerait pas. En même temps, elle autorise les avances sur obligations du crédit foncier.

La Banque a été obligée par la même loi à prêter à l'État une somme de 100 millions représentée par des inscriptions de rente 3 p. °/₀. Ainsi, en réalité, le capital commercial de la Banque a été réduit et le désir de maintenir les dividendes à l'ancien niveau, a dû stimuler son activité. Aussi a-t-elle, depuis cette époque, abordé des opérations qu'elle avait dédaignées auparavant, notamment l'émission de titres à la commission, qui, en 1858, 1859 et 1860 seulement a porté sur 800 millions d'obligations de chemins de fer.

Ce court exposé de l'histoire de la Banque de France peut faire comprendre, mieux que toute démonstration théorique, le caractère de cet établissement, les éventualités auxquelles doivent être préparés ceux qui le dirigent et les maximes en vertu desquelles ils doivent opérer. Jusqu'à ce jour, on a pu le remarquer, la Banque de France n'a rendu que par exception les services d'une banque de circulation : elle professe encore les maximes et suit les traditions d'une simple caisse des comptes courants : elle fonde ses bénéfices ordinaires sur l'usage gratuit des sommes que lui apportent les dépôts plutôt que sur les émissions de billets : celles-ci sont considérées par le conseil général comme une simple réserve.

C'est pourquoi la Banque n'a pas cherché à étendre la circulation de ses billets, soit par de petites coupures, soit par l'extension donnée aux placements. Elle aime les forts encaisses et semble s'être proposé pour tâche d'empêcher l'exportation ou l'emploi industriel d'un seul écu, de manière à toujours tenir en réserve une somme de monnaie métallique suffisante pour remplacer au besoin la circulation des billets.

La Banque a-t-elle tort ou raison? Est-il vrai que l'emploi de la monnaie de papier soit dangereux en France et qu'il faille conserver inactif tout le capital d'une circulation métallique? — Il est vrai que la place de Paris est exposée à des demandes annuelles et périodiques de numéraire pour les départements, et aux demandes extraordinaires que des importations de grains ou une longue série de changes contraires peuvent occasionner ; mais il est permis de juger excessives les précautions de la Banque de France en 1847, par exemple, en présence d'un encaisse de 70 à 80 millions, en pleine sécurité politique et au milieu de son crédit.

Quant aux crises politiques, aux paniques révolutionnaires, elles ne peuvent faire l'objet d'aucune prévision parce qu'elles ne sont pas, Dieu merci! un fait nécessaire et périodique. D'ailleurs lorsqu'elles se produisent, elles déjouent tous les calculs. En 1830, un encaisse ordinaire suffit à la Banque : en 1848, l'énorme encaisse qu'elle a possédé à d'autres époques ne l'aurait pas préservée des besoins auxquels pourvut le décret du 15 mars, et le meilleur portefeuille lui aurait laissé des effets en souffrance. Il n'y a jamais assez de numéraire lorsque les espèces restent enfouies ou bien oisives dans les caisses, dans les armoires, lorsque chaque particulier veut avoir sa réserve sous la main : il n'y a jamais de portefeuille dont l'échéance soit assurée, lorsque le commerçant redoute moins de subir un protêt que de se séparer d'une somme qu'il craint de ne pouvoir remplacer. Il n'existe aucun moyen de pourvoir à l'avance avec certitude à de telles éventualités.

On peut admettre toutefois que les maximes et les méthodes de la Banque sont convenables et seulement prudentes sur la place de Paris, où il est souvent utile au gouvernement et au commerce de trouver au besoin une forte réserve. Il n'en est pas de même dans les départements, où, à part quelques mouvements de numéraire réguliers et prévus, rien ne vient troubler le service des encaisses. Là, point d'exportations soudaines, ni de grandes crises : la vie y est lente et uniforme, les capitaux ne s'y déplacent guère; on pourrait donc y appliquer avec avantage des maximes contraires à celles de Paris et y rechercher les placements.

C'est ce que la Banque de France ne peut faire; la restriction des trois signatures, celle des 90 jours d'échéance et autres, qui, pour le service de Paris, sont nécessaires et convenables, opposent aux placements abondants qu'appellent les départements une insurmontable barrière. Il en est de même de la gratuité des comptes courants : ils ne conviennent pas dans les localités où le capitaliste, ne jouant point à la Bourse, a peu de besoins imprévus et ne demande pas mieux que de placer à long terme, pourvu qu'on lui assure un intérêt. D'ailleurs les détails de l'administration de la Banque sont trop étendus pour qu'elle puisse s'écarter d'un formalisme rigide, sans tomber aussitôt dans le désordre : elle est donc et doit être très-formaliste et c'est pourquoi elle ne peut utiliser des capitaux qui restent inactifs et inutiles au pays et à elle-même.

Le capital de la Banque de France s'élève aujourd'hui à 182,500,000 fr. représentés par 182,500 actions de 1,000 fr. nominatives et transférables, sur lesquelles il ne peut être fait aucun appel de fonds. La Banque possède en outre diverses réserves; ses immeubles, à Paris et dans les succursales, sont estimés à 9,874,061 fr. Le capital et les valeurs qui ne sont pas engagées dans les opérations de Banque proprement dites représentent ainsi, au bilan, une garantie éventuelle de 210,000,000 environ et servent de base au crédit, à peu près illimité, dont jouit cet établissement.

La Banque a une assemblée générale d'actionnaires à

laquelle sont admises les deux cents personnes qui possèdent le plus grand nombre d'actions depuis les six mois qui précèdent la convocation. Cette assemblée, qui représente l'universalité des propriétaires de la Banque, choisit, entre tous les actionnaires, quinze régents auxquels l'administration est confiée et trois censeurs chargés de surveiller les opérations. Trois régents doivent être pris parmi les receveurs généraux des finances.

La direction supérieure appartient à un gouverneur et à deux sous-gouverneurs nommés par le gouvernement. Le gouverneur doit justifier de la propriété de cent actions, et chacun des sous-gouverneurs de la propriété de cinquante actions qui, pendant toute la durée de leurs fonctions, sont inaliénables.

Le gouverneur, les sous-gouverneurs, les régents et les censeurs composent le conseil général de la Banque.

Les quinze régents et les trois censeurs sont répartis en cinq comités. Ces comités dont les noms indiquent les fonctions, sont : le comité d'escompte, le comité des billets, le comité des livres et portefeuilles, le comité des caisses, le comité des relations avec le Trésor et avec les receveurs généraux. Il doit y avoir, dans ce dernier comité, au moins deux receveurs généraux régents.

Le conseil d'escompte est composé de douze membres pris parmi les actionnaires exerçant le commerce à Paris. Ils sont nommés par les trois censeurs sur une liste triple de candidats présentée par le conseil général.

Le conseil général détermine le taux de l'escompte, les sommes à employer et les échéances au delà desquelles les effets ne sont point admis. — Les émissions de billets sont sous la surveillance spéciale des censeurs, et s'ils s'opposent unanimement à une nouvelle création, elle n'a pas lieu. Les coupures sont de 1,000 fr., 500 fr., 200 fr. et 100 fr.

La Banque ne peut faire d'autre commerce que celui des matières d'or et d'argent. Ses opérations consistent : 1° à escompter des effets de commerce dont l'échéance ne peut excéder trois mois et souscrits par des personnes notoirement solvables ; 2° à se charger de l'encaissement des effets qui lui sont remis; 3° à recevoir en compte courant les sommes qui lui sont versées par les particuliers et les établissements publics; 4° à faire des avances sur transfert de rentes, actions et obligations de chemins de fer français, obligations de la ville de Paris et du Crédit foncier; 5° à payer les dispositions faites sur elle ou les engagements pris à son domicile jusqu'à concurrence des sommes encaissées; 6° à tenir une caisse de dépôts volontaires pour tous titres, lingots et monnaies d'or et d'argent.

La Banque fait aussi des affaires sur dépôt de matières d'or et d'argent. Les récépissés des dépôts qu'elle délivre sont à terme ou à vue. Elle émet, pour faciliter les transports de fonds, des billets à terme et délivre des mandats de Paris sur les succursales, et des succursales sur Paris.

Les effets du commerce ne sont admis à l'escompte que lorsqu'ils sont garantis au moins par trois signatures ou par deux signatures et un transfert d'actions de la Banque ou d'effets publics français, d'actions de chemins de fer français, de récépissés de marchandises des Magasins généraux, d'obligations de la ville de Paris ou du Crédit foncier.

La Banque peut, avec l'autorisation du gouvernement, établir des comptoirs dans les départements, et elle possède le privilége *exclusif* d'émettre des billets à vue et au porteur, dans les villes où elle en a établi. Les fonds et les billets des comptoirs sont fournis par la Banque, et ces comptoirs ou succursales ne peuvent faire entre eux aucune affaire sans une autorisation expresse du conseil général.

Les comptoirs sont régis par un directeur, à la nomination du gouvernement, par des administrateurs dont le nombre peut varier de 6 à 15, et par trois censeurs. Ceux-ci sont nommés par le conseil général de la Banque et les administrateurs par le gouverneur, sur une liste double qui lui est présentée par l'assemblée des cinquante plus forts actionnaires de la localité dans laquelle le comptoir est établi, ou par le conseil général. Les opérations des comptoirs sont surveillées par des inspecteurs que nomme le gouverneur de la Banque. Du reste, leurs opérations sont limitées et les conditions de leurs escomptes sont réglées de la même manière que pour la Banque elle-même.

Au premier janvier 1863, la Banque avait cinquante-trois comptoirs ou succursales, dans les villes suivantes :

Agen,	Dijon,	Nice,
Amiens,	Dunkerque,	Nîmes,
Angers,	Flers,	Orléans,
Angoulême,	Grenoble,	Poitiers,
Annonay,	La Rochelle,	Reims,
Arras,	Laval,	Rennes,
Avignon,	Le Havre,	Rouen,
Bar-le-Duc.	Lille,	Saint-Étienne,
Bastia,	Limoges.	Saint-Lô,
Bayonne,	Lyon,	Saint-Quentin,
Besançon,	Le Mans,	Sedan,
Bordeaux,	Marseille,	Strasbourg,
Brest,	Metz,	Toulon,
Caen,	Montpellier,	Toulouse,
Carcassonne,	Mulhouse,	Tours,
Châlons-sur-Saône,	Nancy,	Troyes,
Châteauroux,	Nantes,	Valenciennes.
Clermont-Ferrand,	Nevers,	

L'ensemble des escomptes faits par les succursales a dépassé 3,152 millions pendant l'année 1862. La moyenne d'échéance des effets escomptés a été de 32 jours pour ceux sur Paris, de 46 jours pour ceux sur place, de 34 jours pour ceux d'une succursale sur l'autre. Mais ces moyennes varient considérablement d'une succursale à l'autre : ainsi celle des effets sur Paris a été de 66 jours à Saint-Lô et de 18 jours à Grenoble; celle des effets sur place, de 75 jours à Bastia et de 13 jours à Marseille; celle des effets d'une succursale à l'autre a été de 57 jours à Poitiers et de 18 jours à Rouen.

Les quatre grands comptes des succursales ont présenté, pour l'année 1860, les moyennes suivantes :

Billets.	21,960,000 fr.	Portefeuille. . . .	306,280,000 fr.
Comptes courants. .	36,330,000	Caisse.	353,580,000

Il est évident par ces chiffres que si les comptoirs fournissent au commerce de la monnaie de papier, ils n'empruntent pas pour lui la valeur de la monnaie métallique. La différence énorme que l'on remarque entre leur encaisse et leur circulation explique bien la nécessité où se trouve la Banque de faire de grandes dépenses en transports d'espèces. D'un autre côté, les moyennes d'échéance des effets escomptés attestent encore que ces comptoirs sont moins employés à l'escompte proprement dit qu'aux recouvrements de place en place. Cependant les succursales apportent à la Banque des affaires considérables, toujours croissantes et très-commerciales. A l'aspect de ce grand mouvement, on comprend tout ce qu'auraient pu être des banques départementales intelligentes et libres, qui auraient pu faire pénétrer les billets au porteur là où jamais les succursales de la Banque de France ne pourront les faire accepter.

La Banque, dispensée par le décret de 1852 de publier ses bilans, n'a pas voulu renoncer à une coutume utile sous tant de rapports, et elle publie tous les mois, depuis cette époque, son état de situation. On doit regretter que dans ces états le compte des succursales soit confondu avec celui de la Banque centrale, de manière à jeter plutôt de l'obscurité que de la lumière sur le mouvement des opérations qui ont eu lieu sur chacun des marchés où les comptoirs sont établis. Il en résulte que l'on peut facilement savoir quelles sont les oscillations de la circulation dans les districts les plus reculés de l'Écosse et de l'Irlande, tandis qu'on ignore l'importance de ces mouvements, à Lyon, à Marseille, à Bordeaux, sur nos premières places de commerce.

CHAPITRE VI.

BANQUES HYPOTHÉCAIRES.

Les prêts hypothécaires ne sont séparés des autres placements effectués par l'intermédiaire des banquiers par aucune ligne de démarcation absolue. Il est vrai que ces prêts reposent sur un gage difficile à réaliser et susceptible éventuellement d'une grande dépréciation, c'est pourquoi les banquiers chez lesquels les dépôts sont exigibles sur demande ou à courte échéance redoutent l'hypothèque et la fuient avec faison. Cependant la somme des prêts hypothécaires, évaluée à 5/6 de la somme des prêts de toute nature, donne lieu à une telle masse d'affaires qu'on a de tout temps fait des efforts pour introduire l'hypothèque en banque, pour en rendre la négociation facilc et courante.

La valeur de tout prêt dépend à la fois du caractère et des habitudes de l'emprunteur, de la nature et des propriétés économiques du gage. A ce double point de vue, les immeubles susceptibles de servir de base à des opérations hypothécaires se divisent en trois grandes classes : 1° les fonds de terre destinés à la culture. Ceux-ci sont quelquefois d'une réalisation difficile et ne donnent en tout temps qu'un revenu médiocre; mais leur marché est étendu et leur prix n'éprouve guère de grandes variations. 2° Les maisons urbaines, destinées à l'habitation ou à la location. Elles produisent en général un revenu plus élevé que les fonds de terre et sont d'une réalisation plus facile, mais leur prix subit parfois de grandes variations. 3° Enfin les immeubles industriels situés à la ville ou à la campagne. Leur revenu est très-variable et leur valeur en capital très-incertaine, parce qu'ils ne répondent qu'à des besoins restreints et capricieux par nature et ne trouvent que par occasion des acheteurs.

Ces immeubles et les maisons urbaines sont ceux qui fournissent la matière des placements hypothécaires les plus dangereux, et ce sont justement ceux sur lesquels les banquiers qui ont en leurs mains les dépôts à long terme consentent le plus souvent à prêter, parce que leurs prêts donnent ouverture à un compte courant commercial. Un manufacturier, un entrepreneur empruntent sur hypothèque et apportent au banquier qui a consenti le prêt leur compte courant commercial; il en est de même du propriétaire de mines et de carrières. L'agriculteur et le propriétaire de maisons de location qui n'ont point donné à leurs affaires la forme commerciale, n'ont aucun crédit hypothécaire chez le banquier, tandis qu'en Écosse et aux États-Unis, les banques de circulation prêtent couramment sur hypothèque aux propriétaires d'immeubles ruraux dont les opérations agricoles, conduites commercialement, donnent ouverture à un compte courant.

En France, les prêts hypothécaires sur immeubles ruraux et urbains ont été abandonnés dans un grand nombre de départements aux notaires et à des agents dont nous avons décrit ailleurs [1] les fonctions et la manière d'opérer. Les capitalistes apportent leurs fonds aux uns et aux autres, attendant souvent, chez les notaires surtout, d'avoir trouvé un placement à leur convenance pour obtenir un intérêt de leurs capitaux.

Les agents de placement reçoivent, pour prix de leur intervention dans les affaires, une commission tantôt directe, tantôt sous la forme de différence d'intérêt. Les notaires sont rémunérés d'abord par leurs honoraires et ensuite par des commissions spéciales, comme les agents, tantôt directement, tantôt à titre d'honoraires extraordinaires.

Les notaires et les agents de placement ont donc un intérêt évident et très-grand à ce que les prêts soient multipliés et, par conséquent, à ce qu'ils soient consentis à courte échéance et souvent renouvelés. La difficulté de transférer le contrat éloigne en même temps le capitaliste des prêts à long terme.

L'emprunteur cependant aurait besoin de garder longtemps les capitaux qui lui sont confiés. S'il veut les rembourser sur le produit de son travail et de son champ, devenu plus fécond par l'emploi des fonds empruntés, il lui faut de longues années; même lorsqu'il veut rembourser par une vente, il a besoin de temps, car les immeubles n'ont point de prix courant, et pour les vendre à des conditions avantageuses ou simplement convenables, il faut attendre une occasion. Aussi l'emprunteur est-il presque toujours forcé de renouveler son contrat à son grand dommage et sans profit pour le capitaliste.

On peut juger, par l'état suivant, des charges que la brièveté des prêts hypothécaires impose à la petite propriété rurale.

[1] Voir page 112 et suiv.

Frais pour une obligation de 300 francs.

Recette.	Certificat de conservation des hypothèques. . . .			2 fr.	00 c.
	Honoraires de la minute.			3	00
	Enregistrement.			3	50
	Timbre, expédition et minute.			1	60
	Honoraires pour l'expédition.			4	00
	Droit d'hypothèque et de timbre.			1	45
	Salaire du conservateur.			1	25
	Rédaction des bordereaux.			2	50
Remboursement.	Minute de la quittance.	3 fr.	00 c.	12	50
	Enregistrement.	1	65		
	Timbre, minute, expédition, extrait pour radiation d'hypothèque.	2	85		
	Honoraires (expédition et extrait).	4	00		
	Salaire du conservateur. . . .	1	00		
	Total.			31 fr.	60 c. [1]

Ainsi lorsqu'un emprunt de 300 fr. est consenti pour un an, les frais ajoutent plus de 10 p. °/。 à l'intérêt payé au capitaliste ; lorsque l'emprunt est pour deux ans, les frais ajoutent à l'intérêt plus de 5 p. °/。 et en portent ainsi les charges annuelles de 10 à 15 p. °/。 par an, indépendamment des commissions et honoraires extraordinaires.

M. d'Audiffret, après avoir publié l'état ci-dessus, ajoutait : « Il se fait en France (1838) 250,000 prêts hypothécaires de 300 fr. et au-dessus, dont la plus longue durée est de deux ans. »

La révélation de ces faits, l'énormité apparente de la dette hypothécaire, son importance réelle et la détresse des populations rurales ont fourni la matière d'un grand nombre de discours, d'écrits et de projets pour constituer ce qu'on est convenu d'appeler le *crédit foncier*. Au lieu de rattacher les prêts hypothécaires à l'ensemble des opérations de crédit auxquelles donnent lieu le commerce et l'industrie, on n'a songé qu'aux moyens de les isoler. Déjà, en 1820, on avait fondé, au capital de 30 millions, une caisse hypothécaire destinée au soulagement des propriétaires de terres. Cette caisse, dont

[1] *Examen des revenus publics*, par M. le marquis d'Audiffret.

il est inutile d'exposer le mécanisme, puisqu'elle a cessé d'exister, a liquidé après une courte existence de 30 ans environ.

Depuis plusieurs années, l'attention publique s'était portée sur les établissements fondés en Allemagne pour l'administration de la dette hypothécaire. La plupart de ces banques, établies par de grands propriétaires de terres qui avaient associé leur crédit et solidarisé leurs billets par la négociation d'obligations collectives, avaient, jusqu'à ce jour, évité l'expropriation et obtenu un taux d'intérêt modéré. Aussi, bien que la distribution de la propriété foncière et la nature de la terre, et les lois, et les usages fussent différents en France, on a proposé d'y introduire ces institutions.

Un décret du 28 février 1852 a ouvert la carrière aux expériences. Nous en reproduisons ici les principales dispositions :

« Art. 1er. Des sociétés de crédit foncier, ayant pour objet de fournir aux propriétaires d'immeubles qui voudront emprunter sur hypothèque la possibilité de se libérer au moyen d'annuités à long terme peuvent être autorisées par le président de la république, le Conseil d'État entendu. — Elles jouissent alors des droits et sont soumises aux règles déterminées par le présent décret.

» Art. 2. L'autorisation est accordée, soit à des sociétés d'emprunteurs, soit à des sociétés de prêteurs.

» Art. 3. Les sociétés sont restreintes à des circonscriptions territoriales que le décret d'autorisation déterminera.

» Art. 4. Les sociétés de crédit foncier ont le droit d'émettre des obligations ou lettres de gage.

» Art. 6. Les sociétés de crédit foncier ne peuvent prêter que sur première hypothèque. — Sont considérés comme faits sur première hypothèque les prêts au moyen desquels tous les créanciers antérieurs doivent être remboursés en capital et intérêts.—Dans ce cas, la société conserve entre ses mains une valeur suffisante pour opérer ce remboursement.

» Art. 7. Le prêt ne peut, en aucun cas, excéder la moitié de la valeur de la propriété; le minimum du prêt sera fixé par les statuts.

» Art. 10. L'emprunteur acquitte sa dette par annuités. Il a toujours le droit de se libérer par anticipation, soit en totalité, soit en partie.

» Art. 11. L'annuité comprend nécessairement : 1° l'intérêt stipulé, qui ne peut excéder 5 p. % — 2° la somme affectée à l'amortissement, laquelle ne peut être supérieure à 2 p. %, ni inférieure à 1 p. % du montant du prêt; 3° les frais d'administration, ainsi que les taxes déterminées par les statuts.

» Art. 13. Les obligations ou lettres de gage des sociétés de crédit foncier sont nominatives ou au porteur. Les obligations nominatives sont transmises par voie d'endossement, sans autre garantie que celle qui résulte de l'article 1693 du Code civil.

» Art. 14. La valeur des lettres de gage ne peut dépasser le montant des prêts. — Elles ne sont émises qu'après avoir été visées par un notaire et enregistrées. — Le visa est donné gratuitement par le notaire dépositaire de la minute de l'acte de prêt. — Il est fait mention sur la minute du nombre et du montant des lettres de gage visées. — Les lettres de gage doivent être enregistrées en même temps que l'acte de prêt. — L'enregistrement des lettres de gage a lieu au droit fixe de 10 centimes.

» Art. 15. Il ne peut être créé de lettres de gage inférieures à 100 fr.

» Art. 16. Les lettres de gage portent intérêt. — Dans le courant de chaque année il est procédé à leur remboursement au prorata de la rentrée des sommes affectées à l'amortissement.

» Art. 17. Les porteurs de lettres de gage n'ont d'autre action, pour le recouvrement des capitaux et intérêts exigibles, que celle qu'ils peuvent exercer directement contre la société. »

Par ce décret, le contrat hypothécaire mobilisé, devenu transférable sans frais avec la plus grande facilité, puisqu'il peut être au porteur, s'approprie à merveille aux prêts à long terme dont la condition indispensable est la substitution facile d'un prêteur à un autre, sans déboursés nouveaux, sans renouvellements. L'emprunteur n'aura plus affaire à un capitaliste capricieux, ni à un intermédiaire dont les intérêts sont opposés aux siens, mais à une société dont les intérêts ne lui sont pas contraires, dont les habitudes, les dispositions sont toujours égales et dont le but est toujours de prêter.

Mais les avantages que le décret du 28 février promet à l'emprunteur hypothécaire ne sont pas gratuits : en effet, ce décret confère aux sociétés de crédit foncier des avantages tout exceptionnels ; il crée en leur faveur une loi civile spéciale, une procédure sommaire dont la rapidité rappelle les formes qui assurent le crédit commercial.

« Art. 26. Les juges ne peuvent accorder aucun délai pour le payement des annuités.

» Art. 27. Ce payement ne peut être arrêté par aucune opposition.

» Art. 28. Les annuités non payées à l'échéance produisent intérêt de plein droit. — Il peut, en outre, être procédé par la société au sequestre et à la vente des biens hypothéqués, dans les formes et aux conditions prescrites par les articles suivants.

» Art. 29. En cas de retard du débiteur, la société peut, en vertu d'une ordonnance rendue sur requête par ce président du tribunal civil de première instance, et quinze jours après une mise en demeure, se mettre en possession des immeubles hypothéqués, aux frais et risques du débiteur en retard.

» Art. 30. Pendant la durée du sequestre, la société perçoit, nonobstant toute opposition ou saisie, le montant des revenus ou récoltes, et l'applique par privilége à l'acquittement des termes échus d'annuités et frais. — Ce privilége prend rang immédiatement après ceux qui sont attachés aux frais faits pour la conservation de la chose, aux frais de labours et de semences et aux droits du Trésor pour le recouvrement de l'impôt.

» Art. 31. En cas de contestation sur le compte du sequestre, il est statué par le tribunal comme en matière sommaire.

» Art. 32. Dans le même cas de non payement d'une annuité, et toutes les fois que, par suite de la détérioration de l'immeuble ou pour toute cause indiquée par les statuts, le capital intégral est devenu exigible, la vente de l'immeuble peut être poursuivie. — S'il y a contestation, il est statué par le tribunal de la situation des biens, comme en matière sommaire. — Le jugement n'est pas susceptible d'appel. »

La procédure d'expropriation établie dans les articles 33 et suivants du décret du 28 mars, abrége les délais et réduit les frais de réalisation par les voies judiciaires.

L'article 44 isole complétement les prêts hypothécaires des placements commerciaux. « Il est interdit aux sociétés de faire d'autres opérations que celles prévues par le présent décret. »

Plusieurs sociétés de crédit hypothécaire se formèrent aussitôt après le décret du 28 février, en petit nombre toutefois et non sans peine. Des obstacles considérables s'élevaient devant elles; d'une part la résistance des intermédiaires qu'elles menaçaient de remplacer et notamment des notaires; de l'autre, l'hésitation des emprunteurs, ou l'irrégularité d'un grand nombre de titres de propriétés et la défiance des capitalistes. Au commencement de 1853, il n'existait en tout que six sociétés de crédit hypothécaire : on espéra parvenir plus sûrement au but et mieux vaincre les difficultés en tendant au monopole : la société établie à Paris sous le nom de *Banque foncière* obtint le privilége exclusif d'opérer dans tous les départements où il n'existait pas de sociétés du même genre : elle prenait le nom de *Crédit foncier de France*, et le décret du 10 décembre 1852 lui assurait une subvention de 10 millions de francs devant être versés proportionnellement à l'importance des prêts effectués. Au prix de cette subvention, la société s'engageait à prêter jusqu'à concurrence de 200 millions à raison d'une annuité de 5 p. °/₀ par an pendant 50 ans.

Mais pour prêter cette somme, il fallait deux conditions : en premier lieu, que le Crédit Foncier en disposât, en second lieu, qu'elle fût demandée par des propriétaires qui remplissent les conditions exigées par les statuts, et, avant tout, qui eussent des titres de propriété réguliers. Ni l'une ni l'autre de ces conditions n'étant réalisée, on fit d'abord effort pour obtenir les capitaux. L'émission de 50,000 actions sur chacune desquelles 250 fr. seulement avaient été versés, avait fourni 12,500,000 fr. à la société : elle tenta d'émettre 200,000 obligations de 1,000 fr. chacune, portant intérêt à 3 p. °/₀, remboursables à 1,200 fr., et participant au tirage d'une loterie dont les lots, en 1853 et 1854, devaient s'élever à la somme de 1,200,000 fr. et à celle de 800,000 fr. dans les années suivantes.

La négociation de ces obligations a peu réussi. On créa d'abord, selon l'usage de la Bourse, des « promesses d'obligations » qui furent libérées de 200 fr. Une partie seulement parvint à se placer. Plus tard, on a introduit des coupures de 500 fr. et de 100 fr. portant le numéro du titre de 1,000 fr. dont elles n'étaient qu'une fraction : plus tard encore, on émettait des titres à 4 p. °/₀, remboursables sans prime, et des titres à 5 p. °/₀, remboursables aussi sans prime et ne prenant aucune part au tirage des lots.

Cependant le taux de l'intérêt s'élevait sous l'influence de la guerre, des mauvaises récoltes, des émissions de titres de toute sorte, et la négociation des obligations du Crédit Foncier devenait chaque jour plus difficile. D'autre part, les demandes d'emprunt étaient lentes, et l'irrégularité des titres de propriété continuait d'opposer aux opérations des difficultés considérables. Force était de renoncer au prêt de 200 millions moyennant annuité de 5 p. °/₀ pendant cinquante ans. Bien qu'on n'eût obtenu qu'une faible partie des capitaux demandés, ils ne trouvaient pas d'emploi, de telle sorte que la société de Paris pût faire des prêts assez importants à celles de Nevers et de Marseille.

La hausse du taux de l'intérêt motivait suffisamment celle de l'annuité qui a été portée, de 5 fr. à fr. 5,441 22, à fr. 5 65, à fr. 5 95 et à fr. 6 06 c.

Le 26 juin 1854, la Société hypothécaire de Paris fut placée dans les attributions du ministre des finances. Le 6 juillet de la même année, la constitution de cette Société fut encore modifiée et assimilée à peu près en tout à celle de la Banque de France, avec gouverneur et sous-gouverneurs nommés par le gouvernement. Le même décret autorisait le Crédit Foncier à faire, non-seulement des prêts sur annuités à long terme, mais des prêts à courte échéance, avec remboursement intégral, jusqu'à concurrence du capital fourni par le fonds social et les bénéfices. — Quelques jours auparavant, il avait absorbé, comme on avait pu depuis longtemps le prévoir, les Sociétés de Marseille et de Nevers ; son monopole était définivement constitué.

Depuis cette époque, le Crédit Foncier n'a pas cessé d'étendre le champ de ses opérations. La loi du 28 mai 1858 l'a substitué à l'État pour les prêts à faire en vue de drainage et aux droits et priviléges accordés au Trésor public par la loi du 17 juillet 1856. Le décret du 11 janvier 1860 étend son privilége à l'Algérie ; une loi du 19 mai de la même année le substitue au Comptoir d'escompte pour les opérations de cet établissement avec le sous-comptoir des entrepreneurs de bâtiments : la loi du 6 juillet suivant l'autorise à prêter aux communes et aux associations syndicales, avec ou sans affectation hypothécaire, et celle du 26 février 1862 autorise des prêts du même genre aux hospices et aux établissements publics quels qu'ils soient.

Enfin, le Crédit Foncier a étendu ses opérations au moyen de la création d'une société anonyme, légalement indépendante de la société-mère, mais qui a le même gouverneur, les mêmes propriétaires, et partant la même administration. Cette société, autorisée par décret du 16 février 1861, a commencé ses opérations le 1er avril de la même année, et porte le nom de *Crédit agricole*. L'État garantit à cette société, destinée à faire les opérations que le Crédit foncier ne peut faire, aux termes de ses statuts, un minimum d'intérêt de 4 p. °/₀, à condition que les pertes éprouvées ne figurent point dans les frais annuels, pour cinq ans, à dater de l'approbation des statuts. — L'article 2 des statuts résume ainsi l'objet de la société :

« La Société a pour objet de procurer des capitaux ou des crédits à l'agriculture *et aux industries qui s'y rattachent*, en faisant ou en facilitant par sa garantie l'escompte ou la négociation d'effets exigibles au plus tard à quatre-vingt-dix jours ;

» D'ouvrir des crédits ou de prêter à plus longue échéance, mais sans dépasser trois années, sur nantissement ou autre garantie spéciale;

» De recevoir des dépôts, avec ou sans intérêts, sans pouvoir excéder deux fois le capital réalisé ou représenté par des titres déposés dans la caisse de la Société, conformément à l'article 9 ci-après;

» D'ouvrir des comptes courants;

» D'opérer des recouvrements;

» Et de faire, avec l'autorisation du gouvernement, toutes autres opérations ayant pour but de favoriser le défrichement ou l'amélioration du sol, l'accroissement et la conservation de ses produits et le développement de l'industrie agricole.

» Elle peut, pour les besoins de ses opérations, créer et négocier des titres dont l'époque d'exigibilité ne pourra dépasser cinq ans, mais seulement en représentation et dans la limite des crédits ou prêts opérés. »

La société du Crédit agricole opère dans les départements par des correspondants choisis entre les maisons de banque déjà existantes et par des sous-comptoirs agricoles suscités en imitation des sous-comptoirs d'escompte. On comprend que, grâce à cette création, toutes les opérations de banque peuvent être entreprises par le Crédit Foncier. Nous n'en exceptons qu'avec difficulté l'émission des billets-monnaie, car le Crédit Foncier émet des bons de caisse à deux jours de vue : il est vrai que ces bons portent intérêt.

Cette société s'était préparée à ces hautes entreprises en modifiant encore une fois ses statuts le 31 août 1859. Les trois premiers articles des nouveaux statuts étaient conçus dans les termes suivants :

Art. 1er. La Société prend le nom de Crédit *Foncier de France*. Elle a pour objet : — 1° De prêter sur hypothèque aux propriétaires d'immeubles des sommes remboursables, soit à long terme par annuités, soit à court terme, avec ou sans amortissement; — 2° de créer et de négocier des *Obligations foncières* ou *lettres de gage* pour une valeur qui ne peut dépasser le montant des sommes dues par les emprunteurs. — Elle peut appliquer, avec l'autorisation du gouvernement, tout autre système ayant pour objet de faciliter les prêts sur immeubles, l'amélioration du sol, les progrès de l'agriculture et l'extinction de la dette foncière. — La Société peut traiter avec des compagnies d'assurances françaises ou étrangères pour favoriser la libération de l'emprunteur.

Art. 2. La Société est autorisée à recevoir, avec ou sans intérêts, des capitaux en dépôt. — Ces capitaux pourront être employés jusqu'à concurrence de la moitié de leur montant, et pour un terme qui n'excédera pas 90 jours, soit à faire, suivant les conditions délibérées en conseil d'administration, des avances sur les obligations émises par la Société, ou tous autres titres qui seraient reçus à la Banque de France comme garanties d'avances, soit en achats de bons du Trésor. — Le surplus sera intégralement versé au Trésor en compte courant, au taux d'intérêt qui sera fixé par le ministre des finances. — Les sommes que la Société pourra ainsi recevoir en dépôt ne pourront dépasser le chiffre déterminé par le ministre.

Art. 3. La durée de la Société est de 99 ans, à partir du 30 juillet 1852.

En même temps le Crédit Foncier portait son capital à 60 millions. Mais la réalisation de ce capital s'opérait lentement, car, au 31 décembre 1862, il n'avait été versé, de ce chef, que 21,111,450 fr. A la même date, il n'avait été versé que 4,022,921 fr. 93 c. sur le capital de 20 millions de la société du Crédit agricole.

Le premier prêt effectué par le Crédit foncier porte la date du 26 novembre 1852. Le tableau suivant indique la progression annuelle des prêts, celle des emprunts sous forme d'obligations foncières ou de dépôts et du capital de garantie :

ANNÉES.	CAPITAL VERSÉ.	PRÊTS.	DÉPÔTS.	OBLIGATIONS foncières.	OBLIGATIONS communales.	AVANCES au Trésor.
1853	13,077,200 »	26,711,508 »	» »	22,077,200 »	» »	1 308,685 »
1854	13,247,250 »	54,337,700 »	» »	54,566,450 »	» »	6.028,448 68
1855	13,315,371 60	66,903,350 »	» »	66,028,350 »	» »	4,280,109 87
1856	14,748,250 »	68,754,184 58	» »	63,092,050 »	» »	» »
1857	15,108,049 25	75,308,418 12	8,046,636 87	82 049,700 »	» »	9.592.764 91
1858	15,337,776 50	103,690,886 92	38,987,454 60	103,037,300 »	» »	34,201.376 98
1859	15,787,992 75	134,277,966 95	55,758,459 65	128,109,600 »	» »	40,848,032 91
1860	16,188,878 »	198,679,445 67	97,902,884 10	176,384,200 »	14,866,596 »	55,128.457 76
1861	16,891,311 61	306,035,084 04	57,061,275 70	259,148,200 »	45,607,350 »	26,366.920 39
1862	23,392,742 57	412,261,262 59	76,509,693 20	329,304,300 »	69,028.744 85	65 107,788 52

Au 30 juin 1863, les prêts s'étaient élevés à 522,476,289 fr. 78 c., et, déduction faite des remboursements effectués, l'ensemble des créances de ce chef possédées par le Crédit Foncier s'élevait à 488,489,623 fr. 56 c.

Au 31 décembre 1862, la situation du Crédit Foncier de France se résumait par le bilan suivant :

ACTIF.

Caisse et Portefeuille	18,192,336 27
Trésor et placements temp	65 107 788 52
Avances sur titres	13,853,711 06
Receveurs généraux	2,987 320 48
Credit agricole	7 465 451 59
Prets hypothécaires différés	10,778,500 »
Obligations fonc libérées part	5 280 300 »
Prêts à long terme	333 380,424 35
Prêts à court terme	1,498 000 »
Prêts aux comm. et établ. publ	76,879,362 41
Prêts pour drainage	503 475 83
Prêts en réalisation	7,792,761 50
Echu sur les prêts hypothécaires	626,163 45
— sur les prêts communaux	18,705 30
Hôtels de la Compagnie	5,572 782 52
Mobilier	213,523 96
Reescomptes	6.085 540 62
Divers	2,115,062 74
Total de l'Actif	558,351,210 60

PASSIF.

Capital social	21,111,450 »
Réserve statuaire	2 281,292 57
— immobilière	2,728,511 29
— de prévoyance	456,851 21
Provisions	1 083.528 65
Obligations foncieres	329,304 800 »
Obligations communales	69 028,744 85
Promesses d'Obligations	6,392,500 »
Prêts hypothécaires différés	11,272,324 86
Prêts communaux differés	19,015,746 85
Dépôts	76,509,693 20
Sous-Comptoir des Entrepreneurs	3,821,605 68
Correspondants	790,951 29
Caisse des Employés	149,811 25
Obligations a rembourser	1,536 100 »
Intérêts, primes, lots, etc	2,321,872 75
Dû sur le prix des immeubles	2,670 000 »
Divers	3,103,506 47
	554,399,290 92
Excédant de l'Actif sur le Passif	3,951,919 68
	558,351,210 60

Divers décrets rendus sur la demande de la société du Crédit Foncier ont pour objet d'améliorer la législation hypothécaire et de faire disparaître des abus invétérés. Ce ne sera pas le moindre des services rendus au public par cette société, et tout le monde en profitera.

Nous devons reproduire ici ceux des articles des statuts du Crédit Foncier de France qui intéressent le plus directement ses relations avec le public, et qui sont le plus propres à faire connaître la nature de ses opérations spéciales :

Art. 51. La Société fait des prêts hypothécaires de deux sortes : — les uns sont remboursables à long terme, par annuités calculées de manière à amortir la dette dans un délai de dix ans au moins, de soixante ans au plus. — Les autres sont remboursables à court terme, avec ou sans amortissement. — Ces prêts peuvent être faits, soit en numéraire, soit en obligations foncières ou lettres de gage [1].

Art. 52. La Société ne prête aux propriétaires d'immeubles que sur première hypothèque.

Art. 54. Ne sont point admis au bénéfice des prêts faits par la Société : — Les théâtres ; — les mines et les carrières ; — les immeubles indivis, si l'hypothèque n'est établie sur la totalité de ces immeubles du consentement de tous les copropriétaires ; — ceux dont l'usufruit et la nu-propriété ne sont pas réunis, à moins du consentement de tous les ayants-droit à l'établissement de l'hypothèque.

Art. 56. Le montant du prêt ne peut dépasser la moitié de la valeur de l'immeuble hypothéqué. — Il est au plus du tiers de la valeur pour les vignes, les bois et autres propriétés dont le revenu provient de plantations. — Les bâtiments des usines et fabriques ne sont estimés qu'en raison de leur valeur indépendante de leur affectation industrielle.

Art. 57. Dans aucun cas, l'annuité au service de laquelle l'emprunteur s'engage ne peut être supérieure au revenu total de la propriété.

Art. 59. L'annuité est payable en espèces. — Elle comprend : — L'intérêt ; — l'amortissement déterminé par le taux de l'intérêt et la durée du prêt ; — une allocation annuelle pour droits de commission et frais d'administration, qui ne peut excéder 60 centimes pour 100 fr., si ce n'est en vertu d'un décret impérial rendu en conseil d'état et sur la demande du conseil d'administration.

Art. 60. Les annuités sont payables par semestre, aux époques déterminées par le conseil d'administration. — Au moment du prêt, la Société retient sur le capital l'intérêt et l'allocation applicables au temps à courir jusqu'à la première échéance semestrielle.

Art. 61. Tout semestre non payé à l'échéance porte intérêt de plein droit et sans mise en demeure, au profit de la Société, sur le pied de 5 pour °/o par an. — Il en est de même des frais de poursuite liquidés ou taxés faits par la Société, pour arriver au recouvrement de ses créances, et ce, à partir du jour où ils ont été avancés

Art. 62. En outre, le défaut de paiement d'un semestre rend exigible la totalité de la dette un mois après la mise en demeure.

Art. 63. Les débiteurs ont le droit de se libérer par anticipation, en tout ou en partie. — Les remboursements anticipés sont effectués, au choix des débiteurs, soit

[1] Le Crédit Foncier ne réalise actuellement ses prêts à long terme qu'en obligations foncières.

en numéraire, soit en obligations foncières ou lettres de gage appartenant à l'émission indiquée par le contrat de prêt. — Ces obligations ou lettres de gage seront reçues au pair, quel que soit leur cours. — Les remboursements anticipés donnent lieu, au profit de la Société, à une indemnité (de 50 centimes par 100 fr.) du capital remboursé par anticipation. — Les fonds provenant des remboursements anticipés, effectués en numéraire, seront employés soit à amortir ou à racheter des obligations foncières ou lettres de gage, soit à effectuer de nouveaux prêts.

Art. 70. L'estimation des biens offerts en garantie a lieu d'après les titres, baux et autres renseignements fournis par le propriétaire qui demande à contracter l'emprunt. — La Société a le droit, en outre, de faire procéder à une estimation par experts. — Dans tous les cas, l'estimation est faite sur la double base du revenu net et du prix vénal.

Art. 74. Les obligations foncières créées par la Société sont nominatives ou au porteur.

Art. 76. Les obligations foncières ne peuvent dépasser le montant des engagements des emprunteurs.

Art. 78. Les porteurs des obligations foncières n'ont d'autre action pour le recouvrement des capitaux et intérêts exigibles que celle qu'ils peuvent exercer directement contre la Société.

Art. 82. — Les obligations foncières sont créées sans époque fixe d'exigibilité pour le capital. — Elles sont appelées au remboursement par voie de tirage au sort. — Chaque remboursement comprend le nombre d'obligations nécessaire pour opérer un amortissement tel que les obligations restant en circulation n'excèdent jamais les capitaux restant dus sur les prêts hypothécaires.

Art. 83. Il peut, avec l'autorisation du gouvernement, être attribué aux obligations des lots et des primes payables au moment du remboursement.

Art. 87. Les obligations foncières remboursées par suite du tirage au sort sont immédiatement frappées d'un timbre d'annulation. — Elles sont détruites en présence du gouverneur, d'un membre du conseil et de l'un des censeurs. — Il est dressé procès-verbal de cette opération.

Malgré ses dix ans d'existence, l'établissement du Crédit Foncier de France est trop récent et les vues de son administration ont été trop mobiles pour qu'on puisse juger de la portée de ses opérations et de la direction même qui les inspirera. On a fait à ce sujet beaucoup de conjectures qui ne peuvent trouver place dans un livre destiné seulement à l'exposé de théories éprouvées ou de faits constants. Attendons le commentaire que l'avenir réserve aux statuts de cet établissement : aussi bien ce n'est qu'après de longues années d'exercice que l'on peut apprécier la valeur réelle d'une institution hypothécaire, surtout lorsqu'elle paraît disposée à aborder les opérations de banque de toute espèce. Nous remarquerons toutefois que les emprunts hypothécaires au-dessous de 300 fr., qui sont si nombreux en ce pays, restent en fait, bien qu'ils aient cessé d'être interdits par les statuts, en dehors des opérations du Crédit Foncier de France, et demeurent soumis à l'empire des anciens usages et des anciennes lois.

CHAPITRE VII.

BANQUES COLONIALES.

Il existe sur le territoire extra-européen de la France d'autres banques d'une origine et d'une nature assez singulière dont nous devons dire quelques mots : ce sont les banques coloniales.

Lorsque, à la suite de l'émancipation des esclaves des colonies, la loi du 30 avril 1849 régla le mode de payement de l'indemnité allouée aux anciens maîtres, il fut décidé que le huitième de cette indemnité serait consacré à la formation d'établissements de crédit dans les colonies. Les parts d'indemnité inférieures à 1,000 fr. étaient seules exceptées de cette retenue.

La loi du 11 juillet 1851 pour l'organisation des banques coloniales fit un appel aux souscriptions particulières afin d'augmenter le premier fonds fourni par cette retenue forcée du huitième de l'indemnité, mais personne n'y répondit. En réalité, il n'y a jamais eu aux colonies françaises qu'un capital mobile très-médiocre, et l'esprit d'économie y est si faible qu'on a de la peine à y conserver même le capital en monnaie métallique indispensable aux échanges de chaque jour.

On passa outre cependant : la loi de 1849 avait décidé que le huitième de l'indemnité resterait sous la forme d'inscriptions de rente inaliénables pour la garantie des billets. C'était le cours forcé. La loi de 1851 statuait que les inscriptions pouvaient être engagées ou réalisées et rendait les billets convertibles. Trois millions en inscriptions de rente 5 p. % formaient le capital de chacune des trois banques de la Martinique, de la Guadeloupe et de la Réunion. Le capital de celle de la Guyane fut de 300,000 fr. et celui de la banque du Sénégal de 230,000 fr. Ces deux dernières n'ont reçu leur organisation que plus tard, à la fin de 1854.

Les banques coloniales sont des sociétés anonymes dont la durée est fixée à vingt ans et dont le capital est coupé en actions de 500 fr., nominatives, délivrées naturellement aux propriétaires du huitième de l'indemnité. Elles escomptent les effets de commerce à deux signatures ou avec une seule signature accompagnée, soit d'un connaissement, soit d'un récépissé de marchandises déposées dans les magasins publics, soit d'un engagement de récoltes pendantes, soit de transferts de rentes ou de dépôt de matières d'or et d'argent. Ce sont, à proprement parler, des banques de prêt sur gages. — Les directeurs, nommés par le gouvernement, doivent être propriétaires de vingt actions. Le conseil d'administration, dont chaque membre doit être propriétaire de dix actions, est nommé pour trois ans par l'assemblée générale des actionnaires. Il y a deux censeurs, nommés, l'un par le gouvernement, l'autre par l'assemblée générale des actionnaires parmi les propriétaires de dix actions. Une commission centrale de surveillance de ces banques a été instituée au ministère de la marine. Enfin le décret du 17 novembre 1852 a créé à Paris une agence centrale obligatoire pour les banques coloniales. On voit par ces détails à quel point la création et l'organisation de ces banques ont été artificielles.

Elles ont fonctionné cependant, parce que, par hasard, le ministre de la marine chargé de leur imprimer le mouvement était un commerçant intelligent. Il fallait d'abord avoir un capital roulant ; pour cela le ministre engagea une des trois inscriptions de rente, d'un million chacune, qui constituaient le capital de chacune des trois banques de la Martinique, de la Guadeloupe et de la Réunion, et obtint sur ce gage, à 4 p. % par an, une avance de 800,000 fr, par inscription, de la Caisse des dépôts et consignations. Les deux inscriptions restant à chaque banque demeurèrent à l'agence centrale, pour, au besoin, être engagées à la Banque de France. Par suite d'arrangements convenus, des comptes courants ont été ouverts à chacune des banques coloniales par la Banque de France et la Caisse des dépôts et consignations. Toutes valeurs de portefeuille sur l'Europe envoyées des colonies sont remises par l'agent central à la Banque de France, qui en opère le recouvrement, et toutes les dispositions de ces établissements sur l'Europe sont payables chez elle, après avoir été revêtues d'un visa de l'agent central qui en fait courir l'échéance. C'est l'agent central qui fait porter, lorsqu'il y a lieu, les fonds disponibles des banques coloniales, de la Banque de France, où ils ne portent pas intérêt, à la Caisse des dépôts et consignations, où ils en produisent un, et qui les rappelle, au besoin, à la Banque de France.

Ainsi, malgré la complication apparente du mécanisme administratif des banques coloniales, leur organisation est assez simple et leur action aussi facile que cela est possible avec des établissements en tutelle. Leur opération principale est le prêt sur gage, de produits coloniaux, sous diverses formes. Ce prêt, consenti aux colonies, est réalisable en Europe et revient naturellement par la vente de marchandises européennes dont le prix est versé en compte courant aux banques coloniales.

Les actions de ces banques pouvant être transférées en France, il en avait été transféré au 31 décembre 1854, savoir : 2,325 de la Martinique, 1,168 de la Guadeloupe et 170 de la Réunion. Il est probable que par suite de la différence qui existe, pour le taux de l'intérêt, entre la France et les colonies, la plupart de ces actions seront transférées en France. Alors les choses reviendront en quelque sorte à leur ancien état; le commerce des colonies sera fait par les capitaux de la métropole : seulement les prêts de capitaux auxquels il donnera lieu seront effectués à des conditions reconnues, publiques en quelque sorte, au lieu de rester dans les mains d'agents plus obscurs et moins autorisés, mais plus actifs peut-être.

Quoi qu'il en soit, les opérations des banques coloniales semblent avoir été dès leur début bien et commercialement conduites. La banque de la Réunion, par exemple, négocie aux maisons qui font le commerce de l'Inde en même temps que celui de cette île des dispositions sur la Banque de France, lesquelles viennent à présentation par la voie de Londres. La Banque de France est couverte du montant de ces dispositions par la remise que lui fait la banque de la Réunion de traites sur connaissement et sur France. Dans les quatre premiers mois de 1855, l'agence centrale avait reçu pour 1,392,795 fr. de ces traites.

Les opérations avaient commencé, à la Martinique, en janvier 1853, à la Guadeloupe, en février, à la Réunion, en juillet de la même année. Au 31 décembre 1854, le compte rendu des opérations des trois banques présentait les chiffres suivants :

	ESCOMPTE des Effets de commerce à 2 signatures.	COMPTES COURANTS.		COMPTE COURANT AVEC LA BANQUE DE FRANCE.	
		ENTRÉES.	SORTIES.	ENTRÉES.	SORTIES par mandats.
Martinique	14,451,942	14,367,600	13,977,567	5,263,661	5,072,296
Guadeloupe	9,732,004	9,633,184	9,161,758	5,866,308	5,901,548
Réunion	16,335,152	1,762,656	1,733,186	1,828,792	1,370,851
Total	40,519,098	25,763,440	24,872,511	12,958,761	12,344,695

On voit tout d'abord par ce tableau que les banques coloniales souffraient de l'exiguité du capital dont elles disposaient. Celle de la Martinique avait engagé une de ses inscriptions à la Banque de France et en avait obtenu une avance de 696,000 fr. Partout les conseils d'administration demandaient la réalisation du capital et luttaient, sur ce point, avec la commission de surveillance.

Au 30 juin 1860, la banque de la Martinique se trouvait engagée envers la Caisse des dépôts et consignations et la Banque de France pour 1,739,000 fr., et celle de la Guadeloupe pour 1,668,000 fr. Enfin, par des traités conclus en 1860 et 1861, le Comptoir d'escompte de Paris a ouvert un crédit de 4 millions à chacune des banques de la Martinique et de la Réunion, de 6 millions pour celle de la Guadeloupe et de 400,000 fr. pour celle de la Guyane.

Les escomptes n'avaient laissé, au 31 décembre 1854, aucun effet en souffrance : mais il n'en a pas été de même durant les années suivantes. Les avances sur récoltes pendantes, opération de premier ordre aux colonies où les capitaux sont si rares et si chers, avaient rencontré un obstacle dans la législation, un autre dans les intermédiaires, comme le Crédit foncier en France. Cependant la banque de la Martinique avait prêté 1,520,832 fr. de cette manière, et les recouvrements s'effectuaient bien. Pendant l'exercice 1860-61, les prêts de ce genre se sont élevés à 7,494,210, dont 863,050 fr. à la Martinique, 3,981,827 à la Guadeloupe et 2,649,333 à la Réunion.

Voici quels étaient au 30 juin 1861 les bilans des cinq banques coloniales :

	MARTINIQUE.	GUADELOUPE.	RÉUNION.	GUYANE.	SÉNÉGAL.
ACTIF.					
Espèces en caisse.....	2,258,489	1,758,375	3,074,578	284,906	146,871
Portefeuille...........	6,464,017	6,969,883	5,744,409	1,023,498	132,183
Effets en souffrance....	35,004	42,836	1,409	2,170	»
Crédits sur Paris......	2,923,014	5,042,917	1,210,466	»	87,269
Rentes 4 1/2...........	2,410,222	3,000,000	3,000,000	300,000	94,464
Prêts sur lingots......	348,812	»	»	11,642	206,421
Immeubles	198,966	»	369,988	»	»
Divers...............	288,607	57,706	1,654,846	105,584	13,158
Total...........	14,927,131	16,871,717	15,055,696	1,727,800	630,366
PASSIF.					
Billets...............	3,918,188	3,445,225	8,775,107	847,900	361,175
Comptes courants.....	539,006	700,278	6,527	37,754	»
Capital...............	3,000,000	3,000,000	3,000,000	300,000	218,015
Réserve...............	627,454	668,544	927,582	76,972	20,518
Dû à Paris...........	6,447,364	7,732,820	339,112	205,376	»
Divers...............	395,119	1,324,850	1,987,368	259,798	30,658
Total...........	14,927,131	16,871,717	15,055,696	1,727,800	630,366

La plus petite coupure des billets est de 25 fr.

L'examen de ces bilans suggérera sans aucun doute au lecteur des observations intéressantes, mais sur lesquelles la médiocrité des établissements auxquels elles se rapportent, ne nous permet pas d'insister.

En somme, l'action des banques coloniales semble avoir été fort utile, au moins au témoignage de la Commission de surveillance dans les rapports de laquelle nous avons pris les renseignements qui précèdent. « L'effet des banques, dit le premier rapport, a été en quelque sorte instantané sur les habitudes commerciales des colonies. La rigueur des conditions ordinairement faites aux emprunteurs avait fait perdre à beaucoup de ceux-ci les sages habitudes de la régularité dans l'exécution de leurs engagements. L'inflexibilité obligée et systématique des banques sur ce point et l'abaissement du taux de l'intérêt ont promptement désarmé toutes les prétentions, fait disparaître les inconvénients de cette situation, et ramené les uns à plus d'exactitude, les autres à plus de modération. »

CHAPITRE VIII.

BANQUES DE PLACEMENT ET DE SPÉCULATION.

Outre les banques de toute sorte que nous avons énumérées jusqu'ici et qui existent à des conditions diverses et plus où moins nombreuses dans presque toutes les localités des pays civilisés, il y en a d'autres qui n'ont pu se fonder jusqu'à ce jour que dans les grands centres d'affaires et de spéculation, particulièrement à Paris et à Londres : ce sont les banques spéciales de placement. Leurs fonctions consistent à recevoir en dépôt, d'une part, des fonds destinés à être placés en rentes ou effets publics, en valeurs industrielles, et d'autre part des inscriptions de rente, actions et autres titres destinés à être vendus.

Le banquier qui se livre aux opérations de cette sorte est strictement commissionnaire. Il achète ou vend pour le compte d'autrui, moyennant une commission convenue, et n'a point d'ailleurs à remplir d'autre engagement que celui de rendre compte des fonds ou des titres qui lui ont été confiés. Les capitalistes s'adressent à lui parce qu'ils savent que, plus habitué qu'eux aux achats et aux ventes de titres, et à l'appréciation des valeurs qui se cotent à la Bourse, il saura mieux qu'eux choisir celles de ces valeurs qu'il convient d'acheter ou de vendre, ou, s'ils ont fait leur choix, exécuter mieux qu'eux les ordres d'achat ou de vente.

En se bornant à leurs fonctions régulières, ces banques peuvent réaliser de beaux bénéfices. Grâce à la concentration artificielle des affaires de placement sur quelques grands marchés, les titres divers et si nombreux qui s'y négocient ne sont guère connus des capitalistes, et ceux-ci se trouvent en grand nombre sur ces marchés où on est parvenu à faire affluer presque tous les capitaux disponibles d'un grand pays. Les banques de placement et de spéculation n'ont besoin pour bénéficier ni d'une clientèle très-nombreuse, ni de relations très-étendues : elles ont peu de détails à surveiller, et tous leurs comptes se bornent en général à des comptes d'espèces. Quant au capital propre, elles pourraient à la grande rigueur s'en passer, et elles ne l'emploient en effet qu'à faciliter au besoin quelques opérations par des prêts sur dépôts de titres, reports ou déports ou autrement. Ces banques commencent dans les rangs des coulissiers qui vendent et achètent les titres en concurrence avec les agents de change et s'élèvent par degrés jusqu'au sommet de la hiérarchie financière.

Dans les degrés inférieurs, les banques de placement négocient fréquemment les titres en dehors de la Bourse et sans le ministère des agents de change. Lorsque le banquier qui fait ces opérations voit venir simultanément dans ses bureaux l'offre et la demande, il n'a pas besoin d'aller trouver deux agents de change pour conclure le marché : il n'en a pas besoin non plus, lorsqu'il sait où trouver le vendeur d'un titre qui lui est demandé ou l'acheteur d'un titre qu'il est chargé de vendre. Lorsqu'il s'agit de titres au porteur, l'affaire se consomme sans difficulté; lorsqu'il s'agit de titres transférables, il suffit que le vendeur et l'acheteur interviennent au transfert. Le privilége de l'agent de change n'est garanti que pour le cas spécial des inscriptions de rente nominatives. Il en résulte que le banquier de placement peut très-souvent se contenter d'un simple courtage et s'en contente en effet.

Il n'est guère d'homme qui obtienne plus de confiance que le banqnier de placement en obtient de sa clientèle. Comme l'agent de change, il reçoit habituellement des dépôts de fonds ou de titres qui sont bien souvent au porteur, pour des sommes considérables avec un mandat quelquefois très-étendu, Ainsi, on lui donne fréquemment des ordres d'acheter ou de vendre au mieux, sans limite de temps ni de prix, mandat d'acheter ou de vendre dans les limites de prix et de temps assez larges. Combien ne lui serait-il pas facile de garder pour son compte les meilleures opérations et de laisser au compte d'un client celles qui seraient moins bonnes, ou de placer des titres d'une valeur douteuse ! De toutes les branches du commerce de banque, il n'en est aucune qui expose la probité de celui qui s'y livre à de plus fortes épreuves. En effet, tandis que le banquier du commerce répond de toutes ses opérations, le banquier de placement ne répond du résultat intrinsèque d'aucune des siennes ; tant qu'il rend compte des fonds, des titres déposés chez lui et de l'exécution des ordres qui lui ont été donnés, il n'est et ne peut être responsable que de l'opinion. Il est vrai d'ajouter que sans le secours de l'opinion, il lui serait impossible d'établir et de conserver une clientèle.

Les banques de placement les plus humbles sont très-utiles pour la négociation des titres industriels qui représentent un petit capital, quelques centaines de mille francs, par exemple. Ces titres, dédaignés par le parquet et les grands spéculateurs, ne sont pas moins quelquefois des placements sérieux et recommandables. Leur concentration sur un seul marché où ils ne peuvent pas toujours être suffisamment connus et appréciés donne lieu sans doute à beaucoup d'abus ; mais, tant que les banquiers des provinces ne chercheront pas à les négocier, on devra s'estimer heureux de trouver dans les capitales des agents spéciaux qui s'occupent de leur négociation.

Il existe des banques de placement dont le capital propre est médiocre et presque nul ; il y en a dont le capital est de moyenne importance ; enfin on en compte un certain nombre dont le capital est considérable et très-supérieur à celui des banques de commerce. Ces grandes maisons désignées ordinairement sous le nom collectif de *haute banque*, jouent dans les affaires de placement et de spéculation un rôle qu'il importe de décrire avec soin. Elles sont en possession d'entreprendre à forfait et pour leur compte les soumissions d'emprunt, les fondations de compagnies industrielles et généralement toutes les affaires qui exigent la concentration de grands capitaux. Leurs fonctions consistent, comme nous l'avons déjà dit, à acheter les titres en gros et à les revendre au détail en bénéficiant sur la différence.

Essayons de rechercher les conditions nécessaires pour que

l'émission d'un titre donne des bénéfices assurés à la maison qui se charge de cette opération?

1° Il faut que cette maison jouisse d'un grand crédit sur la place; qu'on la juge en état de garder la plus grande partie de l'opération à son compte sans être embarrassée pour faire face aux engagements qui en résultent. Si le crédit de cette maison est appuyé sur l'issue heureuse de plusieurs affaires antérieures, il est encore plus certain : ces antécédents valent mieux même que la possession reconnue d'un grand capital.

2° Il est bon que dans ses opérations antérieures la maison ne se soit chargée que de l'émission de titres qui eussent une valeur intrinsèque. Bien que, une fois le titre négocié, le banquier qui l'a émis soit dégagé de toute responsabilité, la ruine des actionnaires ou des souscripteurs des opérations antérieures ferait peser sur lui une responsabilité morale très-légitime. Mais l'opinion, il faut le reconnaître, n'est pas fort exigeante sur ce point. Dans une affaire industrielle, par exemple, tant que le produit s'élève à 5 et même à 3 p. °/₀ du capital nominal, on se tient pour satisfait et l'on se résigne au fait accompli, lors même qu'on aurait acheté le titre à un prix double ou triple de ce capital. L'attention que quelques grandes maisons ont apportée à assurer à leurs titres une valeur intrinsèque a été une cause très-légitime de l'étendue et de la solidité de leur crédit, de leur puissance financière.

3° Enfin, et cette condition que nous énonçons au troisième rang aurait dû venir la première, il faut qu'il y ait sur le marché, ou à proximité du marché, une somme de capitaux disponibles suffisante pour couvrir les titres et solder les bénéfices. C'est un fait dont on ne peut constater et reconnaître l'existence que par conjecture et en tâtonnant, et un revirement d'opinion, une panique peut, on le sait, à chaque instant et tout d'un coup bouleverser le marché des capitaux disponibles.

Ces trois conditions remplies largement, il suffirait peut-être d'annoncer l'émission des titres à un prix convenable pour que les capitalistes vinssent les demander. Mais l'opération ne donnerait que des bénéfices moyens : elle durerait longtemps peut-être et pourrait être critiquée de manière à faire hésiter l'opinion, ce qui laisserait le banquier exposé aux éventualités. On emploie donc fréquemment pour éviter ces dangers et accélérer les négociations des moyens que nous allons tenter de décrire.

Le marché où se vendent les inscriptions de rente, actions et autres titres semblables ne ressemble guère aux marchés libres sur lesquels se vendent les marchandises. Le marché des titres est limité et réglementé : tous les efforts de la concurrence y sont concentrés dans l'espace étroit du parquet, dans un temps très-court, et toutes les opérations qui s'y font, ayant lieu par l'intermédiaire des agents de change, sont en quelque sorte anonymes. En cet état de choses, il suffit d'y créer un mouvement réel ou même apparent d'affaires pour y faire le cours d'un titre. Une supposition fera comprendre comment, par l'emploi de grands capitaux, on peut y parvenir avec profit.

La maison X fonde une compagnie anonyme pour l'établissement et l'exploitation d'un chemin de fer, au capital de 50 millions représentés par 100,000 actions de 500 fr. payables de suite. La maison étant accréditée, les demandes de titres au pair affluent chez elle de tous les côtés. Supposons qu'elle en distribue pour trois millions. Sur cette somme, un million est remis à des personnes dont l'approbation et la parole sont utiles au succès de l'affaire, mais qui n'ont pas assez de capitaux pour garder leurs actions, même peu de temps ; un million à des personnes placées dans les mêmes conditions, mais assez riches pour conserver leurs titres, et un million à des spéculateurs de Bourse. Chacune de ces personnes, à quelque catégorie qu'elle appartienne, attend, prévoit et surtout prédit de la manière la plus bruyante une hausse sur les actions : toute la puissance de son intérêt l'y porte. Le marché s'ouvre dans ces conditions, de manière à tenter les capitalistes. Hésitent-ils à accourir et le million des actionnaires de la première catégorie vient-il s'offrir sur le marché, la maison X l'achète sans hésiter à 10, 20, 30 p. °/₀ ou plus de prime. Les vendeurs sont enchantés d'avoir réalisé un bénéfice et le disent bien haut, sauf à regretter quelques jours plus tard de n'avoir pas attendu pour vendre à un cours plus élevé : soit qu'ils aient vendu soit qu'ils aient conservé leurs actions, leurs paroles sont utiles au crédit de l'affaire et attirent des capitaux. Les capitalistes hésitent-ils encore à acheter une valeur nouvelle, il existe un moyen ordinairement infaillible de les y amener : c'est de faire passer devant eux un grand mouvement d'affaires. Si le capitaliste voit vendre successivement dans une bourse vingt mille actions de la maison X, plus ou moins, à un prix qui oscille quelquefois, mais qui s'élève en somme, pendant huit, dix, quinze jours ou plus, pourra-t-il ne pas être tenté d'acheter? Un titre de 500 fr. qui se vend couramment aujourd'hui 600 fr. ne vaudra-t-il pas 650 fr. demain, 700 fr. après demain? Qui sait? En tout cas il vaut bien certainement 600 fr. puisqu'il se vend à ce prix, que la demande est égale ou un peu supérieure à l'offre, que des bénéfices considérables ont été déjà réalisés par des personnes qui ont acheté, revendu et touché les différences.

Or que s'est-il passé? La maison X a acheté et vendu en même temps; elle a créé ce tourbillon d'affaires dans lequel le capitaliste s'est laissé engager. Qui le sait? Personne. Certes les habiles s'en doutent, et peu leur importe; mais eux-mêmes n'en sont pas certains : car lorsque les agents de change sont allés chaque matin prendre les ordres de la maison X, elle a donné à un ou à deux d'entre eux l'ordre de vendre, et à quarante ou cinquante l'ordre d'acheter [1]. C'est ainsi que se passent les choses : à mesure que les capitalistes prennent ses valeurs, la maison X augmente ses ordres de vente ou diminue ses ordres d'achat, suivant le cours, non pas de jour en jour, mais de quart d'heure en quart d'heure, jusqu'à ce que tous ses titres ou la plus grande partie de ses titres soient écoulés.

Faisons le compte de l'opération en supposant que la prime ait été de 10 p. °/₀ ou de 50 fr. pendant les dix premières bourses et qu'elle se soit élevée ensuite en moyenne à 30 p. °/₀ ou 150 fr. jusqu'à la fin de l'opération. La maison X aura réalisé une prime de 150 fr. sur 94,000 actions, soit :

[1] Chaque agent de change ignore quels sont les ordres donnés à ses confrères et surtout par qui ces ordres ont été donnés. La loi, les règlements, l'usage, et plus encore son propre intérêt, lui commandent la discrétion.

14,100,000 f.

Pour obtenir ce résultat elle aura dépensé, savoir :

1° Prime de 10 p. °/° payée sur 1,000,000 aux souscripteurs nécessiteux.	100,000 fr.	1,700,000
2° Courtages d'achat et de vente sur une somme égale à huit fois le capital des actions émises à 650 fr. soit 2 p. °/° sur 61,100,000 fr.	1,222,000	
3° Frais d'administration, perte d'intérêts, etc. .	478,000	
Bénéfice net.		12,400,000 f.

Il n'y a évidemment rien de certain ni de fixe dans ces chiffres, que nous écrivons seulement comme exemple et pour rendre plus intelligibles la marche et les résultats de l'opération. Cette opération resterait fort belle, lors même qu'on décuplerait les premiers sacrifices d'actions cédées au pair, et que la prime moyenne de réalisation serait un peu moins élevée. Nous croyons toutefois que les bénéfices indiqués ci-dessus ne sont pas sans exemple. Seulement pour s'assurer le concours ou la neutralité des concurrents, il faut que la maison X leur cède une part de ses profits, car il leur suffirait d'acheter et de revendre en sens inverse de cette maison pour écraser les cours et faire échouer l'opération. Mais ce sacrifice est médiocre, et on peut le considérer comme nul, lorsque chacun fait à son tour des affaires semblables.

Si les gains sont proportionnellement un peu moindres dans les émissions des titres de bons emprunts publics, ces émissions sont, par compensation, plus faciles et plus promptes.

On comprend, sans qu'il soit nécessaire de revenir sur ce point, combien le mouvement des marchés à terme, qui tend à élever les cours ou que l'on peut toujours facilement ramener à la hausse au moyen des escomptes [1], favorise les émissions de titres.

Dans la supposition que nous venons de faire, nous avons pris pour exemple une affaire très-régulière, établie dans des conditions normales en quelque sorte. Mais en temps de spéculation, lorsqu'un mouvement de hausse a duré pendant

[1] Voir page 131.

quelques mois sur toutes les valeurs; lorsque des fortunes apparentes et éclatantes se sont élevées dans ce mouvement, les capitaux affluent de tous les côtés et de loin au marché des titres. Alors les émissions sont faciles, lucratives, et on emploie, pour les rendre et les maintenir telles, des moyens encore plus énergiques. Afin d'éviter toute interprétation oblique, prenons nos exemples dans l'histoire de Law, qui a importé en France les marchés à prime et la plupart des procédés employés depuis son époque sur le marché des titres.

Law employait, pour élever le cours des titres qu'il émettait, quelques moyens très-efficaces :

1° Il ne demandait au souscripteur de ses actions que le versement d'une partie médiocre du capital : ainsi pour obtenir un titre d'action de la Compagnie des Indes fondée en 1718, il n'était besoin de verser que 10 p. °/₀ ou 50 livres : pour obtenir une action de 5,000 livres de la troisième émission de la même Compagnie, il n'était besoin de verser effectivement que 500 livres. En effet, les fonds absorbés par les versements effectifs sont retirés du marché pour entrer dans l'entreprise à l'exécution de laquelle ils sont destinés, tandis que s'ils restent sur le marché, ils servent à fournir une matière aux primes et alimentent la hausse. D'ailleurs, moins il faut verser de fonds pour obtenir un titre, plus le nombre des acquéreurs est grand et plus le courtage des agents de change est élevé [1]; plus ils sont intéressés par conséquent à ce que les affaires soient abondantes sur ce titre.

Il est vrai qu'en laissant sur le marché les fonds qui, si on exigeait que le capital nominal fût versé de suite, pourraient être appelés dans une affaire, on nuit au succès de l'entreprise à laquelle les actions sont destinées. Mais il ne faut pas perdre de vue qu'il ne s'agit ici ni de l'intérêt des entreprises, ni de leur valeur intrinsèque, mais de spéculations faites sur la négociation des titres. On dit d'ailleurs et non sans raison que l'activité du jeu attire sur le marché des titres des capitaux qui, s'ils n'avaient eu cet appât, n'y seraient jamais venus.

[1] Voyez page 124 et 125.

2° Une fois le jeu établi et l'ardeur des capitaux bien provoquée, Law liait une opération nouvelle à une opération antérieure, de manière à élever la valeur des titres de celle-ci. Ainsi, pour obtenir au prix d'émission une action de la Compagnie des Indes, seconde série, il fallait être propriétaire de quatre actions de la première série. Pour obtenir au pair une action de la troisième série, il fallait justifier de la possession de cinq actions des créations antérieures, et c'est pourquoi les contemporains appelèrent les actions de la seconde et de la troisième série les *filles* et les *petites-filles*. En délivrant au pair, à cette condition, un titre qui se vendait bien au-dessus du pair, Law faisait rechercher avec une ardeur nouvelle d'anciens titres dont l'émission n'était pas terminée ou qui avaient été rachetés dans un moment de baisse. En soutenant, comme on dit, la valeur d'un seul titre, il élevait la valeur de deux ou trois autres titres dont il était détenteur.

3° Enfin Law avait l'art d'introduire fréquemment, de semaine en semaine en quelque sorte, de nouveaux éléments et de nouvelles péripéties dans ses opérations. Ainsi, pour ne parler que des plus importantes, il fondait d'abord une *Banque générale*, puis une *Compagnie d'Occident*, laquelle se transformait bientôt en *Compagnie des Indes*. La *Banque générale* devenait banque *royale;* la Compagnie d'Occident était propriétaire de la Louisiane et de tout le commerce avec l'Amérique du Nord, la Compagnie des Indes y joignit le monopole du commerce de l'Afrique et de l'Asie méridionale; elle acquérait un jour le monopole de la vente des tabacs, un autre jour une partie de la ferme des revenus publics, puis la ferme tout entière, puis la fabrication des monnaies, etc., etc. Mais cette manière d'opérer a plutôt pour but la spéculation que l'émission des titres proprement dite.

En effet la spéculation est facile en haute banque. La maison X, par exemple, ayant un capital propre de 50 millions placé en valeurs diverses, a réalisé en hausse 25 millions qui sont placés, soit à son compte courant à la Banque de France, soit en bons effets de commerce, soit en bons du Trésor à courte échéance. Elle jette les yeux sur un titre abandonné par la spéculation, ou qui appartient à une compagnie dont

M. X est directeur ou administrateur. En ce dernier cas, M. X sait, à n'en pas douter, que la compagnie à l'administration de laquelle il participe, va faire une opération qui élèvera la valeur de ses propres titres ou ceux de toute autre compagnie qui fait ses affaires avec elle. Il achète lentement et à petit bruit, en baisse, ces titres sur lesquels l'attention des capitalistes ne s'est pas portée, puis, lorsqu'il a fait son placement, le bruit prévu se répand : alors M. X opère à la hausse et la pousse jusqu'au moment où il peut revendre avec bénéfice ce qu'il vient d'acheter. Ces opérations, menées avec une prudence même médiocre sur des titres qui ont une valeur intrinsèque, ne peuvent manquer de produire un bénéfice considérable, d'autant qu'il n'est pas même nécessaire pour les faire de tenir à l'état de numéraire une somme bien forte. Ne peut-on pas emprunter couramment à la Banque de France, sur dépôt de rentes ou d'actions de chemins de fer? Ne peut-on pas se procurer par ce moyen des capitaux dont on peut se servir sans perdre un seul jour d'intérêt?

En outre, par la combinaison des conditions auxquelles se traitent les marchés à terme, une maison puissante qui a des capitaux et des titres, peut pousser à la hausse, au moyen des escomptes dans les premiers jours du mois, vendre des titres en liquidation à la faveur de cette hausse, et, au moment de la liquidation, forcer livraison, si elle a vendu ferme, et reporter elle-même les titres qu'elle livre, ou garder la prime, si elle a vendu par marché libre.

Il n'est pas nécessaire, ni même utile en haute banque, de faire des frais d'invention. Celui qui dirige des affaires de cet ordre n'a besoin de se préoccuper que d'une chose, de l'état du marché et de la masse des capitaux disponibles qui peuvent s'y trouver ou y être amenés. Une fois le courant établi, on ne doit pas craindre que les capitaux se rebutent, surtout lorsque le mouvement s'est étendu et a gagné les provinces. On a vu une maison qui voulait émettre une certaine masse de titres, vendre au commencement de la Bourse, à l'heure où les agents de change exécutent les ordres que les départements leur ont envoyés. Peu à peu les actions émises, pour lesquelles les capitalistes de Paris n'avaient pas un grand empressement, venaient à baisser de 15, 20, 30, 40 fr., et vers trois heures, il ne se faisait plus d'affaires sur cette valeur. A trois heures moins un quart, la demande reprenait tout à coup, pour de fortes sommes, et les prix se relevaient aussitôt, de manière à montrer aux départements, par la cote officielle, un cours de clôture de 5 ou 10 fr. plus élevé que le cours d'ouverture, afin de provoquer de nouveaux ordres. La maison qui avait fait vendre au commencement de la Bourse avait fait racheter à la fin. Par ce moyen très-simple répété souvent, cette maison a dû placer ses valeurs d'une manière fort avantageuse.

Un banquier parfaitement accrédité sur le marché produit une baisse par un moyen encore plus simple : il vient, selon son usage, à la Bourse : quelqu'un s'approche et lui demande assez haut pour être entendu : — M. X est-il preneur de tel titre? — Le banquier répond tout haut par un *non!* bien accentué : aussitôt le titre baisse de 1 fr. 50. Il n'y a personne de plus impressionnable parfois et parfois aussi personne de plus difficile à émouvoir que le public de la Bourse. Il faut du tact, de l'art et une grande connaissance du terrain, même à un capitaliste puissant, pour n'y pas commettre de fausses manœuvres.

Toutes les combinaisons ordinaires deviennent impossibles dès que l'on peut craindre de les voir déranger par des événements politiques ; mais c'est justement alors que les manœuvres fondées sur des nouvelles vraies ou fausses deviennent faciles. Toutes les combinaisons peuvent aussi rencontrer un obstacle dans l'épuisement des capitaux disponibles d'un pays ou dans une panique violente.

L'influence des opérations qui se font sur le marché des titres est immense. « Les jeux de Bourse, disait J.-B. Say, ont l'attrait de toutes les loteries : l'attrait que présente au joueur un gain rapide. On voit autour de soi des gens qui dépensent beaucoup, qui font une grande figure dans le monde ; on se flatte toujours d'avoir le même bonheur ou la même adresse ; on fixe ses regards sur l'appât brillant que vous offre la fortune ; on en est ébloui, et l'on ne voit pas l'abîme qui vous en sépare. Le nombre des familles qui, depuis quelques années, ont été ruinées par les spéculations de la Bourse est véritablement effrayant. Les loteries publiques portent leurs ravages parmi les indigents et souvent les conduisent au vol; les maisons de jeu données à ferme par la police ruinent les fortunes mitoyennes de la société; l'agiotage renverse les maisons de commerce et les grandes fortunes [1] ! »

On remarquera que les maisons désignées par l'appellation générique de haute banque n'ont en réalité du banquier que le nom. En effet, le banquier est un commissionnaire chargé d'une spécialité dans le commerce de marchandises pour lequel il fait des recouvrements, des emprunts et des prêts. Au contraire, les maisons de haute banque n'empruntent guère et ne travaillent que par exception avec le commerce de marchandises. Fortes de capitaux immenses, elles se portent tantôt sur une opération, tantôt sur une autre, selon les chances de gain qu'elles y voient, évitant de s'engager pour longtemps et de subir les risques et les soucis du commerce régulier. Toutes leurs combinaisons sont fondées sur la force d'attraction qu'exerce naturellement un puissant capital.

Ces maisons ne font point des opérations de banque [2] leur principale occupation : elles n'y cherchent qu'un moyen d'employer d'une manière sûre et pour un temps très-court leurs capitaux, chaque fois qu'ils ne trouvent pas un emploi plus lucratif. Ainsi elles font volontiers le commerce en gros des métaux précieux, les arbitrages et souvent même les réescomptes sur place, lorsque les banquiers escompteurs en ont besoin. Mais ces opérations ne sont qu'un pis-aller pour la haute banque, une distraction, en attendant mieux.

Les soumissions d'emprunts publics, les créations de compagnies industrielles lui conviennent davantage. Quelquefois aussi elle spécule sur les marchés à termes, dans lesquels elle trouve des gains assûrés.

Toutes les opérations de ces maisons ont un tour particu-

[1] *Cours complet d'Économie politique*, 8e partie, chap. xv.

[2] Elles prennent toutefois facilement les comptes courants de particuliers riches, non commerçants et placés de manière à leur fournir au besoin un point d'appui. Ces particuliers ont assez souvent, sans s'en occuper, une participation aux bénéfices de leur banquier auquel ils se trouvent ainsi attachés par les liens de la reconnaissance.

lier : elles tendent au monopole. La haute banque essaye toujours de s'emparer d'un des deux termes dont le rapport règle le prix courant de la marchandise sur laquelle elle opère : elle veut être maîtresse de l'offre et répandre seule sur le marché les quantités qu'il lui convient de réaliser, de manière à dominer toujours les prix. Le détenteur unique des titres d'un emprunt ou des actions d'une compagnie industrielle, jouit d'un véritable monopole, et c'est pourquoi ces titres sont recherchés par le grand capitaliste, qui peut à son choix les conserver quelque temps ou les vendre.

On a vu des maisons de haute banque rechercher le monopole des marchandises de première nécessité, d'un débit assuré, telles que les blés en temps de disette, les savons, les esprits, les cotons en laine, les sucres, etc. On en a vu acquérir pour quelque temps des hauts-fourneaux bien situés, à la veille d'une hausse de fer prévue et préparée par des opérations antérieures, et jusqu'à des vignobles auxquels la qualité supérieure de leurs produits assurait un monopole.

La Banque des États-Unis fit une affaire de ce genre, en 1838, lorsqu'elle entreprit d'acheter, pendant deux ans de suite, toute la récolte de coton en Amérique et de faire la loi aux manufactures de l'Europe. Elle échoua, parce que son capital et son crédit, qui dépassaient 170 millions de francs, ne purent suffire à une telle entreprise. Quelques maisons anglaises qui avaient opéré sur les blés en 1845 et en 1847 eurent le même sort : d'autres furent plus heureuses ou plus fortes.

Le succès de ces opérations n'est pas fondé sur les mêmes bases que celui des opérations du commerce ordinaire. Il ne s'agit pour la haute banque ni de s'ouvrir des débouchés, ni de se tenir jour par jour au courant des variations des prix, ni d'apporter de la simplicité et de l'économie dans son administration : il lui suffit de s'être assurée qu'aucun autre vendeur ne pourra, pendant le temps que durera l'opération, se présenter sur le marché.

Nous n'avons pas besoin de nous étendre davantage sur cette espèce de banque : elle est à la portée d'un bien petit nombre, et ses habitudes sortent entièrement des règles de la banque ordinaire et même de celles du commerce. Les spéculations auxquelles elle se livre sont habituellement très-lucratives ; mais elles ne sont pas sans danger. Elles peuvent être contrariées par des événements irrésistibles, tels que l'effet des saisons sur une récolte, une révolution, une grande crise commerciale, etc. Tant que les fonds de ces grands capitalistes sont au repos, dans les opérations de banque proprement dites, tous ces événements ne les mettent point en péril; mais s'il leur arrive d'être surpris en cours d'opérations[1], ils courent des dangers imminents qu'il est difficile de conjurer par les moyens réguliers.

CHAPITRE IX.

SOCIÉTÉ GÉNÉRALE DE CRÉDIT MOBILIER.

La banque de spéculation et de placement n'avait point encore été entreprise en France par l'association de petits capitaux dans une société anonyme. Le décret du 18 novembre 1852 a autorisé la fondation d'un établissement de ce genre sous la dénomination de *Société générale de crédit mobilier*. Cette Société est fondée pour quatre-vingt-dix-neuf ans, au capital de de 60 millions représentés par 120,000 actions de 500 francs.

Les opérations de la Société générale de crédit mobilier sont énumérées dans l'article 5 de ses statuts que nous reproduisons textuellement ici avec les articles suivants, qui en définissent jusqu'à un certain point quelques termes.

« Art. 5. — Les opérations de la Société consisteront : 1° A souscrire ou acquérir des effets publics, des actions ou des obligations dans les différentes entreprises industrielles ou de crédit, constituées en Sociétés anonymes, et notamment dans celles de chemins de fer, de canaux et de mines, et d'autres travaux publics, déjà fondées ou à fonder; — 2° A émettre, pour une somme égale à celle employée à ces souscriptions, ses propres obligations; — 3° A vendre ou donner en nantissement d'emprunts, tous effets, actions et obligations acquis, et à les échanger contre d'autres valeurs ; — 4° A soumissionner tous emprunts, à les céder et réaliser, ainsi que toutes entreprises de travaux publics; 5° — A prêter sur effets publics, sur dépôts d'actions et obligations, et à ouvrir des crédits en compte courant sur dépôts de ces diverses va-

[1] Voy. p. 116 et suiv.

leurs; — 6° A recevoir des sommes en compte courant; — 7° A opérer tous recouvrements pour le compte des compagnies sus-énoncées, à payer leurs coupons d'intérêts ou de dividendes, et généralement toutes autres dispositions; — 8° A tenir une caisse de dépôts pour tous les titres de ces entreprises.

» Art. 6. — Toutes autres opérations sont interdites. — Il est expressément entendu que la Société ne fera jamais de ventes à découvert, ni d'achats à prime.

» Art. 7. — Jusqu'à l'émission complète des actions représentant le capital social, les obligations créées par la Société ne pourront dépasser cinq fois le capital réalisé. — Après l'émission complète du fonds social, elles pourront atteindre une somme égale à dix fois le capital. — Elles devront toujours être représentées pour leur montant total par des effets publics, actions et obligations existant en portefeuille. — Elles ne pourront être créées payables à moins de quarante-cinq jours d'échéance ou de vue.

» Art. 8. — Le montant cumulé des sommes reçues en compte courant et des obligations créées à moins d'un an de terme ne pourra dépasser le double du capital réalisé.

Ainsi les opérations de cette Société sont spécialement celles de la banque de placement et de spéculation connue sous le nom de « haute banque. » Toutefois, la Société de crédit mobilier se distingue des maisons de ce genre par quelques traits assez remarquables. En premier lieu, elle s'interdit les opérations sur marchandises, de manière à ne pouvoir, comme les maisons placées sous la direction d'un seul homme, se retirer du commerce des titres pour se porter brusquement dans le commerce des marchandises, et le décret du 18 novembre lui interdit les emprunts étrangers, à moins qu'elle n'en ait obtenu la permission expresse du gouvernement. Par ces conditions même, la Société du crédit mobilier se trouve engagée à jamais dans les divers titres qui se négocient à la Bourse et plus spécialement dans les titres français. Quant à la commandite industrielle dont on a parlé quelquefois, elle ne rentre en aucune façon dans les attributions de la Société, à moins que l'on ne considère comme commandite l'émission et la négociation des actions d'une association industrielle.

Cette Société se distingue aussi des maisons particulières de haute banque par la faculté qui lui est accordée d'émettre, pour une somme *égale* à celle employée aux souscriptions et acquisitions de titres, ses propres obligations, jusqu'à une somme égale à dix fois le capital réalisé. Ainsi aujourd'hui la Société peut émettre des obligations jusqu'à concurrence de 600 millions. En d'autres termes, elle est autorisée à emprunter au public 600 millions, de manière à acquérir par ce moyen une puissance financière égale à celle des maisons particulières les plus puissantes.

Les théories économiques et sociales sur lesquelles la Société générale a été fondée sont fort vastes : elles ont été exposées, il y a trente ans environ, par M. Enfantin et une partie de l'école Saint-Simonienne à laquelle appartenait le fondateur principal de cette Société. Mais nous ne pourrions entrer dans l'examen de ces doctrines sans sortir de notre sujet. Il vaut mieux se borner à l'exposé des opérations connues de l'établissement.

Lorsqu'on jette un regard sur l'ensemble des opérations réalisées par la Société générale pendant les trois premières années de son existence, on voit qu'elle n'est pas encore sortie du cercle dans lequel se meuvent habituellement les grandes maisons de haute banque, et qui comprend l'émission de titres industriels, le jeu sur les différences et les reports.

En 1853, elle n'avait appelé que la moitié de son capital, 30 millions, et n'a rien créé. Son travail d'organisation a été conduit avec activité et intelligence, et en peu de mois elle avait obtenu, par les comptes courants, un crédit de plus de 60 millions. Cette somme appartenait en grande partie à des compagnies de chemins de fer, le reste à des joueurs de Bourse et, pour rester dans les statuts, la Société, qui avait commencé d'émettre des obligations à courte échéance fut obligée de les retirer et d'appeler le reste de son capital, dont plus de 56 millions étaient versés à la fin de l'année. Cependant, la Société ne restait pas oisive : si elle ne créait pas de nouvelles affaires, elle s'essayait en prenant part à l'émission d'obligations du Crédit Foncier, en négociant un emprunt de 30 millions de la compagnie du Grand-Central et un emprunt de 6 millions de la compagnie de la Vieille-Montagne. Elle opérait principalement sur les reports et sur le jeu des différences. Le total de ses bénéfices au 31 décembre était de 7,582,722 fr., dont 1,300,848 fr., avaient été produits par les reports, 2,303,050 francs par les émissions d'obligations, et 3,618,555 francs par les intérêts et bénéfices sur rentes, actions, etc. Les actions de chemins de fer avaient, seules, produit près de 3 millions. Les différences proprement dites avaient donné plus de 2 millions, et l'on concluait que le capital de l'entreprise avait dû être engagé sept fois et réalisé six fois.

En 1854, la Société générale créa trois entreprises nouvelles, savoir : la Société des immeubles de la rue de Rivoli, au capital de 24 millions ; la Société maritime, au capital de 30 millions, et la Société des chemins de fer autrichiens, au capital de 200 millions. Ses bénéfices, pendant cette année, s'élevèrent à 10,335,040 fr. Sur cette somme, les reports n'avaient fourni que 376,361 f., et les bénéfices sur émission 1,496,299 f. Les intérêts et différences avaient produit 8,368,541 fr., et on ne peut guère évaluer la part de ces dernières à moins de 4 millions.

En 1855, la Société émettait 18 millions d'actions du chemin de fer de l'Ouest, 28 millions d'obligations de celui du Midi, et 82 millions de l'emprunt de la Société autrichienne. Elle s'occupait aussi des émissions du chemin de fer de Saint-Rambert, du Central Suisse, de la canalisation de l'Èbre, de la fondation à l'étranger de sociétés semblables à elle. Au 31 décembre, l'actif de son compte profits et pertes s'élevait à 31,870,776 fr., dans lesquels 1,336,794 fr. appartenaient aux reports, 1,427,478 fr. aux commissions et intérêts d'avances, et 26,066,889 fr. aux différences presque exclusivement.

Ces résultats ont, sans aucun doute, été fort agréables aux actionnaires, mais ils suggèrent bien des réflexions ! La Société devait, disaient les prospectus, régulariser le cours des reports, et jamais ils n'ont été plus variables, ni plus élevés que depuis qu'elle existe : elle devait tendre à donner de l'uniformité à la valeur des titres, et jamais le marché n'a été plus violemment agité que dans ces dernières années. Qu'on imagine ce qu'ont dû coûter plus de 20 millions de différences réalisés pendant un an, en présence de la baisse générale des titres causée par l'élévation du taux de l'intérêt ! Il faut bien remarquer en effet que cette somme a été perdue par quelqu'un, que ce quelqu'un a supporté en outre la plus grande partie de la différence résultant de la baisse des titres et la somme très-considérable payée aux agents de change à titre de courtage pour obtenir un tel résultat. Que d'agitations, que de bouleversements dans les familles!

La Société générale avait déployé en même temps cet esprit de monopole qui est le trait distinctif des entreprises de haute banque ; elle avait centralisé, comme on dit, les mines de la Loire, les entreprises d'omnibus de Paris, les sociétés d'éclairage et préparé la centralisation des salines de l'est. Le compte rendu du 30 avril 1855 ne laissait, du reste, aucun doute sur les doctrines de la Société à cet égard : « En général, » y est-il dit, « quand nous touchons à une branche d'in» dustrie, nous désirons surtout obtenir son développement, » *non par voie de concurrence, mais par voie d'association et de* » *fusion.* » Quelles que fussent les réserves faites ensuite sur cette doctrine, les faits venaient présenter un commentaire sans équivoque.

La Société générale a pris part aux emprunts considérables contractés par le gouvernement pendant cette période ; elle a fait aussi, malgré ses statuts, une opération sur les grains dont les détails sont inconnus, mais qui avait pour but assez probablement d'abaisser le prix du pain pendant les années de disette, puisqu'elle a laissé au bilan une perte présumée de 500,000 fr. En général, si la lecture des comptes rendus de la Société ne satisfait pas toujours la curiosité, elle laisse l'impression d'une puissance qui dépasse les bornes d'une entreprise commerciale ordinaire et qui fait intervenir dans ses décisions des considérations tout autres que les considérations commerciales, réglant presque à volonté ses dividendes et pouvant à son gré donner aux capitaux mobiles du marché européen telle ou telle direction.

Les directeurs de la Société générale avaient voulu étendre à la fois et consolider cette puissance par l'émission de 240,000 obligations réservées aux actionnaires de l'entreprise sur lesquelles 200 fr. auraient été immédiatement versés. Cette mesure aurait fourni à la Société 48 millions à long terme qui seraient venus s'ajouter à son capital de 60 millions. L'annonce de cette opération, à laquelle un bénéfice réalisé de plus de 28 millions donnait une base solide, provoqua une hausse énorme, soudaine et facile à comprendre sur les actions. Le compte rendu nous apprend que cette hausse fut commentée par quelques personnes dans un sens peu favorable aux directeurs. « Ce que nous ne pouvions prévoir, dit-il, ce sont les calomnies dont ces mouvements dans le cours de nos actions ont été le signal et le prétexte. Qu'est-il besoin de le déclarer? Aucune des personnes qui ont l'honneur de diriger vos affaires ne s'est livrée, dans ces circonstances, à des opérations de hausse ou de baisse sur nos valeurs. »

L'émission des 240,000 obligations fut empêchée par le gouvernement qui, trouvant le marché surchargé de titres, ne voulait pas qu'on vînt faire encore de nouvelles émissions.

Pendant les sept années qui se sont écoulées depuis 1855, la Société du crédit mobilier a semblé abandonner les visées ambitieuses qu'on lui supposait : elle a opéré avec une prudence que la situation, presque toujours difficile, du marché des titres, rendait nécessaire. Durant cette période de son existence, du reste, cette Société n'est pas restée inactive; elle a pris une large part dans les emprunts publics, fondé une Société pour accélérer le travail de reconstruction de Paris et fondé à l'étranger de grandes entreprises de chemins de fer. Elle a donné d'ailleurs, dans ses affaires, une part plus grande aux reports et une part moindre aux spéculations sur les différences.

A considérer les opérations de cette société dans leur ensemble, on trouve qu'elle est restée fort en arrière de son programme et des espérances qu'elle avait suscitées. Au lieu de fonder une multitude d'entreprises nouvelles et de renouveler l'industrie française, comme par un coup de baguette, la Société n'a fait que réunir en grandes Compagnies un certain nombre d'entreprises déjà existantes, comme les Compagnies d'omnibus, les Compagnies d'éclairage de Paris et diverses Compagnies de chemins de fer. Les créations nouvelles n'ont porté à peu près que sur les chemins de fer, et, comme dans cette branche d'industrie, elle n'avait pas grand'chose à faire en France, elle a été réduite à chercher des affaires à l'étranger. Dans ses relations avec la Compagnie maritime, elle a commis de graves erreurs que couvrira peut-être la transformation de cette entreprise en Compagnie de paquebots transatlantiques.

Serait-il juste maintenant d'accuser, comme on le fait quelquefois, la Société du crédit mobilier de mauvaise gestion? Nous ne le pensons pas et il nous semble même que dans l'ordre d'idées et d'opérations où elle s'était placée, il lui était très-difficile d'opérer autrement et mieux. En premier lieu, elle ne peut absolument aborder les petites entreprises, ni même les moyennes, et ce sont les petites et moyennes entreprises qui constituent, en quelque sorte, toute l'industrie : en second lieu, en substituant une grande entreprise a plusieurs moyennes ou petites, on tombe dans les inconvénients connus des monopoles, tels que défaut de contrôle, gaspillages presque inévitables, insouciance et incurie des employés, de telle sorte que l'on perd par ces causes une force productive au moins égale à celle que l'on économise par la réduction des frais généraux. C'est pourquoi il nous semble que si la Société du crédit mobilier n'a pas rendu tous les services qu'on attendait d'elle, c'est plutôt par le vice de sa constitution que par la faute des directeurs. Ceux-là d'ailleurs, on doit le reconnaître, ont été contrariés depuis sept ans par des circonstances adverses : d'une part, ils se sont trouvés en présence d'un marché épuisé par des emprunts répétés, par des disettes, par des guerres ; de l'autre, il leur a été difficile d'éviter des engagements lourds et même dangereux, tels que ceux qu'ils avaient contractés avec la Société maritime et ceux qui les lient à la Société immobilière de Paris. Peut-être enfin ont-ils cédé un peu à l'attrait de la nouveauté et même du danger, ou à des considérations politiques, tant dans les entreprises que nous venons de mentionner que dans celles des magasins généraux et de la banque de Constantinople.

Quoi qu'il en soit, et malgré les dix exercices complets que compte aujourd'hui la Société du crédit mobilier, elle n'est pas assez vieille pour qu'on puisse la juger sans témérité. Sans doute elle a fait beaucoup d'affaires, remué les capitaux de toute l'Europe, et si elle a quelque peu sommeillé depuis le grand effort de 1855, il est clair qu'elle n'a réalisé qu'une partie minime de l'idéal conçu par son principal fondateur.

S'il ne s'était agi que de faire des dividendes sur les reports et sur les différences, l'administration de cette Société n'aurait pas eu besoin d'émettre 600 millions d'obligations ; mais elle n'avait pas trop de cette somme si elle se proposait de « multiplier les capitaux par l'association, d'étendre les bienfaits du crédit par une heureuse et sage application du principe fécond de la *mutualité* à toutes les professions, aux classes d'entrepreneurs d'industrie les moins favorisés par la fortune [1]. »

Il s'agirait en effet de quelque chose qui dépasserait la portée de toutes les opérations commerciales ordinaires, d'une transformation sociale dont nous n'avons pas à nous occuper ici.

Jusqu'à présent la Société générale est une entreprise de haute banque dont l'activité et la puissance dépassent tout ce qui a paru en Europe depuis Law, et qui sort sous beaucoup de rapports de la sphère commerciale dans laquelle nous devons nous renfermer. Le temps n'est pas venu, d'ailleurs, d'écrire cette page de notre histoire.

Voici quels étaient les bilans de la Société au 31 décembre de chacune des dix années qui se sont écoulées de 1853 à 1863 :

On y remarquera sans peine que le chiffre atteint par les comptes courants rend nécessaire l'accroissement du capital de la Société ou la création d'obligations à longue échéance. L'administration de la Société sent cette nécessité et l'a proclamée plusieurs fois, mais sans résultat jusqu'à ce jour. On sait assez quel danger présentent des dépôts, mobiles de leur nature, lorsque les capitaux qu'ils fournissent sont employés à l'acquisition de valeurs susceptibles d'une grande et prompte dépréciation en cas de panique.

[1] Compte rendu présenté le 23 avril 1856, p. 32.

	1853	1854	1855	1856	1857	1858	1859	1860	1861	1862
ACTIF.										
Rentes, actions et obligations.	37,259,649	57,460,092	101,178,739	92,064,865	83,563,991	81,961,731	76,948,167	123,304,941	96,858,484	147,900,116
Effets divers..................	37,834,769	46,300,403	46,532,489	6,375,010	10,982,332	4,625,119	8,046,564	16,342,868	6,586,890	11,887,213
Reports, avances, etc........	45,445,539	21,052,973	37,792,901	69,405,020	38,359,118	39,847,708	32,440,175	20,423,652	30,474,803	34,919,960
Immeuble et mobilier.	1,233,163	1,328,566	1,082,219	1,336,401	1,449,436	1,450,031	1,450,031	1,449,881	1,449,580	1,449,581
Dividendes à encaisser........	378,197	1,035,168	1,102,389	513,599	940,884	1,109,397	687,326	1,058,351	1,542,223	1,950,952
Caisses et C/ C/ à la Banque....	4,727,134	6,114,644	4,878,969	6,621,832	6,321,542	12,640,174	10,524,557	10,893,255	14,744,846	15,287,693
Total..........	126,878,451	133,291,846	192,567,706	176,316,727	141,616,803	141,634,160	130,066,820	173,474,948	150,656,796	213,395,535
PASSIF.										
Capital et réserve............	56,503,875	60,000,000	61,696,083	62,000,000	62,000,000	62,000,000	62,000,000	62,000,000	62,000,000	64,226,290
Comptes courants et obligations.	65,839,059	64,924,379	103,179,308	101,008,217	68,546,431	63,194,605	57,415,940	105,042,493	82,266,394	104,755,796
Dividendes arriérés...........	»	29,501	»	»	»	»	»	»	»	»
Effets à payer.................	370,165	»	»	951,475	25,374	18,213	34,397	27,262	15,274	3,907
Réescompte du portefeuille....	339,118	338,136	86,309	»	»	7,929	17,354	62,757	32,774	52,188
Divers.........................	234,073	»	772,648	326,164	3,911,264	3,989,716	5,895,168	»	»	16,824,300
Profits et pertes..............	3,594,161	7,979,830	26,833,358	12,030,871	7,133,734	12,423,697	4,703,961	6,342,436	6,342,354	30,533,054
Total..........	126,878,451	133,291,846	192,567,706	176,316,727	141,616,803	141,634,160	130,066,820	173,474,948	150,656,796	213,395,535

LIVRE IV.

Systèmes divers d'organisation générale des Banques. — Projets.

Les lois naturelles du crédit, les maximes fondamentales de l'art du banquier sont partout et toujours les mêmes ; mais elles ne reçoivent pas toujours et partout les mêmes applications. Comme tout établissement fondé sur les habitudes humaines, les banques dépendent du milieu social dans lequel elles fonctionnent. Pourrait-il en être autrement? Partout les dépôts suivent l'opinion et la coutume des capitalistes : partout les placements valent en raison de l'aptitude des emprunteurs et des ressources naturelles et sociales qu'offre le pays. Aussi chaque nation, selon son génie et ses tendances, a-t-elle établi moitié spontanément, moitié après réflexion, un système de crédit, une organisation générale des banques.

L'étude sommaire de cette organisation dans les pays étrangers et dans ceux surtout qui connaissent le mieux la pratique du crédit, l'exposé des principales questions qui s'y rattachent, de quelques projets et de quelques essais formeront la matière de ce quatrième livre. Bien qu'il semble au premier abord qu'une telle étude ne se rattache pas à la pratique proprement dite, il est certain qu'elle sert à faire ressortir les principes généraux de l'art du banquier, à indiquer dans quelle direction il doit chercher les perfectionnements et de quel côté sont les dangers à éviter.

CHAPITRE I.

BANQUES D'ÉCOSSE.

L'Écosse est séparée de l'Angleterre par ses lois et plus encore par ses habitudes industrielles et commerciales : elle se distingue surtout par la supériorité de ses banques.

On a commencé dans ce pays par le monopole. En 1695, un acte du parlement établit la Banque d'Écosse, et lui donna pour vingt ans le privilége de se livrer aux opérations de banque à l'exclusion de toute autre compagnie : à l'expiration des vingt ans, ce privilége ne fût point renouvelé. Depuis cette époque, il s'est établi en Écosse quelques banques « incorporées, » c'est-à-dire constituées dans une forme analogue à celle de nos sociétés anonymes, et un plus grand nombre selon le droit commun, sans privilége d'aucune espèce [1]. Un acte de 1765 défendit la circulation de billets payables, au choix du porteur, à vue sans intérêts, ou à six mois de la date d'émission avec un intérêt déterminé. D'ailleurs, jusqu'à l'année 1845, les banques d'Écosse ont émis librement et sans contrôle législatif d'aucune espèce des billets à vue et au porteur.

Ces banques ont subi les grandes crises du siècle dernier, notamment celles de 1793 et 1797, puis celles de 1810, 1818, 1825, 1839, 1847, sans modifier leur système et sans éprouver de perturbations considérables. En 1826, elles constataient avec un légitime orgueil que, dans l'espace de plus d'un siècle, les faillites de banques n'avaient fait perdre au public, en Écosse, qu'une somme de 36,000 *l.* Elles peuvent à juste titre se vanter d'être les doyennes et les plus éprouvées des ban-

[1] La transition du monopole à la liberté n'eût pas lieu, on peut le croire, sans une vive opposition de la Banque d'Écosse : elle cria, réclama, protesta, fit des efforts inouïs pour décrier les billets de sa rivale, la Banque royale, jusqu'à ce que celle-ci, forte de l'appui du gouvernement, força, par une présentation soudaine et considérable de billets, la Banque d'Écosse à suspendre ses paiements. Depuis cette époque, les deux établissements rivaux et ceux qui les ont suivis ont compris qu'il valait mieux vivre en paix et en liberté que de courir après le monopole.—Voyez *Lawson*, p. 410 et suiv.

ques de circulation ; ajoutons que ce sont les plus parfaites, puisqu'elles ont réalisé les opérations les plus difficiles et obtenu les plus beaux résultats.

On connaît la constitution économique de l'Écosse : quelques villes manufacturières ou commerçantes ; ailleurs, pas d'autre industrie que la pêche ou l'agriculture, aux prises avec toutes les difficultés naturelles, sur ce sol ingrat, si bien décrit par W. Scott : dans certaines contrées, la grande propriété ; dans d'autres, la petite ou la moyenne.

Les banques ont pris possession peu à peu de tous les points de ce territoire. Établies d'abord dans les grandes villes, comme Édimbourg et Glasgow, elles ont successivement porté jusque dans les villages 382 comptoirs ou succursales. Elles se sont emparées de l'opinion au point que le dernier paysan préfère leurs billets à l'or et n'hésite pas à leur confier ses petites épargnes, à se mettre avec elles en compte courant ; de telle sorte qu'elles fournissent au pays toute sa monnaie et administrent la totalité de ses fonds disponibles.

Certes de tels résultats n'ont été obtenus ni du premier coup, ni en peu de temps, ni sans efforts ; ils sont le prix d'une application intelligente et persévérante des véritables principes de l'art du banquier.

Les banques écossaises font, outre les opérations courantes, des crédits hypothécaires, des crédits à découvert sous caution solvable, et elles bonifient un intérêt aux capitalistes qui déposent des fonds chez elles. Cet intérêt s'est élevé jusqu'à 5 % sur des dépôts exigibles à volonté, et il est descendu jusqu'à 2, jusqu'à 1 1/2 p. %. A tout prendre cependant, l'intérêt est assez cher en Écosse, parce que les capitaux y trouvent habituellement un bon placement, et ceci doit être en grande partie attribué aux banques dont les opérations, conduites en vue d'un long avenir et fondées sur la prospérité réelle du pays, y ont multiplié les bons entrepreneurs.

Tant qu'elles ont restreint leurs opérations dans le commerce et dans les villes principales, ces banques ont été sujettes aux grandes oscillations de caisse, comme les banques établies en Angleterre et en France. Il existait à côté d'elles une population, celle des campagnes, qui n'acceptait point la monnaie de papier et dont les échanges amenaient fréquemment de grands déplacements d'espèces. Cet inconvénient a été senti par toutes les banques de circulation de l'Europe, mais celles d'Écosse sont les seules qui aient su faire disparaître l'obstacle. Par l'établissement de comptoirs ou succursales, elles sont parvenues à répandre sur tout le pays, d'une manière uniforme, leur monnaie de papier, si bien qu'aujourd'hui leurs plus grandes oscillations de caisse sont médiocres.

Chaque fois que leurs capitaux commençaient à surabonder, ces banques fondaient une succursale dans les proportions les plus modestes. Le directeur qu'elles envoyaient était un commis intelligent, actif, d'une probité et d'une capacité éprouvées, capable d'apprécier et de trouver les placements utiles. Il était ainsi conduit à reconnaître et à rechercher les aptitudes industrielles et agricoles du pays et de ses habitants, et à favoriser, par l'ouverture de crédits sur hypothèque ou sous caution, le développement des unes et des autres. Le cultivateur, appuyé sur la banque, améliorait sa terre et prospérait : ses voisins cherchaient à l'imiter, et bientôt une succursale, qui d'abord n'avait pas fait ses frais, donnait des bénéfices, trouvait des capitaux dans la contrée où elle était établie et y introduisait à la fois l'usage des comptes courants et des billets-monnaie. Le travail par lequel s'accomplissait un tel changement n'était pas l'exercice d'une aveugle routine, la mise en œuvre d'une sorte de mécanisme matériel; c'était l'emploi d'un jugement éclairé dans les placements consentis, l'exercice d'une haute intelligence appliquée aux affaires.

C'est sous la puissante influence de ces banques que l'Écosse a changé d'aspect, presque de forme, et que sa terre, pétrie et manufacturée en quelque sorte, est devenue l'une des plus fertiles et des mieux cultivées de l'univers; que la population agricole de ce pays a pris cette confiance en elle-même et cette intrépidité industrielle qui, dans les enquêtes parlementaires, contrastent d'une manière si saillante avec l'attitude des agriculteurs anglais.

On a dit, il est vrai, que les banques d'Écosse avaient fait maintes expropriations, soit par voie judiciaire, soit, plus sommairement encore, en usant des procurations de vendre à défaut de payement qui leur avaient été consenties par leurs débiteurs. Faut-il leur en faire un reproche? Ont-elles eu tort d'appliquer à la rigueur les usages du commerce à la propriété foncière? N'est-ce pas ainsi qu'elles ont imprimé aux populations rurales un vif sentiment de responsabilité personnelle et les habitudes vigilantes du commerce? N'ont-elles pas été utiles, par ces procédés rigides, au progrès de l'agriculture et à la prospérité du pays?

En 1849, les banques écossaises de circulation étaient au nombre de dix-huit; elles possédaient ensemble un capital de 11,681,997 *l.* et avaient en dépôt, à diverses conditions, une somme de 27,000,000 *l.* environ [1]. Depuis cette époque, les réunions ou les liquidations ont réduit leur nombre à treize. Voici le tableau détaillé de la moyenne de leur encaisse et de leur circulation, pendant les quatre semaines finissant au 25 juillet 1863:

NOMS DES BANQUES.	DATE de la FONDATION.	CAPITAL.	TOTAL des billets en circulation.	ESPÈCES.
Banque d'Écosse	1695	1,000,000	459,689	282,647
— Royale	1727	2,000,000	465,592	362,629
British linen Company	1746	1,000,000	487,878	244,138
Banque du Commerce	1810	600,000	515,175	278,184
— Nationale	1825	1,000,000	458,898	281,196
— de l'Union	1829	1,000,000	581,455	238,683
— d'Aberdeen (ville et comté)	1825	134,575	134,219	76,225
— du nord de l'Écosse	1836	191,352	204,832	82,066
— de Dundee	1763	60,000	45,397	23,950
— de Clydesdale	1838	807,380	349,082	127,370
— de Glasgow	1839	1,000,000	331,631	299,175
— Calédonienne	1838	125,000	76,718	36,843
— Centrale	1834	62,500	55,113	30,307
Totaux		8,960,807	4,165,679	2,363,413

On remarquera sans doute la modicité du chiffre de la circulation des banques d'Écosse, comparé à celui de leur capital et surtout à celui des dépôts. Si l'on s'imaginait qu'il suffit aux banques libres d'émettre des billets pour s'ouvrir sur le public un crédit illimité, on devrait s'étonner que les

[1] Lawson, *History of banking.*

banques écossaises, qui ont si longtemps joui de la liberté absolue, n'aient pas tenu en émission une plus grande quantité de billets. Cependant elles font tout ce qu'elles peuvent pour répandre des leurs : ainsi, par exemple, les billets émis par la banque-mère et par les succursales ne sont remboursables qu'à l'établissement central, et il n'y a par conséquent que treize bureaux de change contre 382 bureaux d'émission. En outre, les escomptes ont atteint la limite du possible, et la médiocrité même de l'encaisse des banques prouve bien qu'elles se sont arrêtées seulement à la dernière extrémité, qu'elles ont chassé et remplacé autant qu'elles ont pu la monnaie métallique.

Mais il n'y a point de crédit plus étroitement limité par la nature même des choses que celui qui résulte des émissions de billets. A mesure que ceux des banques d'Écosse pénétraient dans les campagnes à la suite de leurs comptoirs, les cultivateurs auxquels ces banques ouvraient des crédits ne gardaient plus de monnaie chez eux et prenaient l'habitude de faire sous forme de compte courant leurs recettes et leurs payements. Qu'avaient-ils besoin dès lors de monnaie, métallique ou autre ? Il ne s'en servaient plus que dans les petites transactions et faisaient par des mandats et virements tous leurs payements de quelque importance. C'est ainsi que ces banques, en empruntant autant qu'elles l'ont pu, la valeur de la monnaie métallique, ont limité elles-mêmes l'usage de toute espèce de monnaie : l'économie qu'elles ont réalisée en ce sens est au moins aussi utile à la population en général qu'aux banques elles-mêmes ; et, comme tous les progrès réguliers, celui-ci à profité à tout le monde.

Depuis que les banques de circulation se sont répandues par tout le pays, les nombreux efforts tentés pour élever le chiffre des billets-monnaie en émission ont échoué. On en verra la preuve matérielle dans le tableau suivant, où le nombre de banques d'Écosse se trouve rapproché du chiffre total des émissions :

ANNÉES.	NOMBRE des banques.	TOTAL des émissions.	ANNÉES.	NOMBRE des banques.	TOTAL des émissions.
1834[1]	21	3,497,795 *l.*	1839........	24-28	3,559,509 *l.*
1835........	»	3,457,899	1846[2]	18	3,996,858
1836........	»	3,657,431	1847........	»	3,732,482
1837........	22	3,560,242	1848........	»	3,570,112
1838........	23-24	3,688,410	1853[3]	17	3,612,710

Les Banques d'Écosse, on le voit par les chiffres cités plus haut, fondent principalement leur circulation de papier sur les petites coupures au-dessous de 5 livres, puisque ces petits billets sont aux autres dans le rapport de 2 à 1 au moins. En 1826, les théoriciens de Londres, qui, depuis cinquante ans, ont la manie de chercher dans l'administration des banques la cause des crises commerciales, faisaient rude guerre aux billets d'une livre, et ils entreprirent de les faire supprimer en Écosse. Une enquête fut ordonnée par le parlement, et le pays entier en quelque sorte vint alors déposer en faveur des petits billets-monnaie. Les banques elles-mêmes protestèrent par quelques observations pratiques et pleines de sens qui jettent une vive lumière, non-seulement sur leur système particulier, mais sur la théorie même du papier de circulation.

« Si l'on nous interdisait les billets au-dessous de 5 livres, disait le secrétaire d'une de ces banques devant le comité de la chambre des lords, nous serions réduits à diminuer le nombre de nos comptoirs, à cause de la dépense que nous imposeraient les fréquents envois d'or. Jamais ces comptoirs, qui font la portion difficile et périlleuse de nos affaires, ne parviendraient à couvrir leurs frais.

« Nous devrions retirer nos crédits sous caution, parce que notre but principal, lorsque nous les ouvrons, est de faciliter et de maintenir en circulation nos petits billets.

» Nous serions forcés de réduire l'intérêt que nous bonifions à nos déposants, parce qu'il nous faudrait avoir cons-

[1] Dernier samedi de novembre. — [2] 5 décembre. — [3] 22 janvier.

tamment en caisse de fortes sommes d'or pour parer aux oscillations, qui seraient fréquentes. Nous gardons toujours actuellement sous notre main une certaine quantité de petits billets fabriqués pour suffire aux demandes éventuelles, il nous faudrait garder en caisse une somme égale d'or et même une somme supérieure, car il faudrait plus d'or pour faire le service monétaire qu'on emploie actuellement de billets. »

Le directeur d'un comptoir écrivait : « La suppression des billets au-dessous de 5 livres serait ruineuse pour le pays, et je ne sais vraiment de quelle manière les affaires s'y feraient. Dans les Highlands, par exemple, nous vendons du grain, du bétail, du bois et du poisson. Le petit fermier conduit au marché trois ou quatre veaux de la valeur moyenne de 2 à 4 livres. Là, les nourrisseurs en achètent souvent deux ou trois cents, un à un, à leur convenance. Ce sont autant de payements de plus d'une livre et de moins de 5 livres, qui se font actuellement en papier, et qui devraient être effectués en or. Il faudrait à ces marchands des masses d'or et d'argent qu'ils ne trouveraient qu'avec peine auprès des banques, auxquelles une telle avance ne procurerait pas les avantages qui résultent actuellement pour elles de la circulation de leurs billets. Il en est de même pour le grain qui se vend sur nos marchés par petites parties, et pour les salaires qui se payent une fois par mois.

» La pêche du hareng sur nos côtes emploie plusieurs milliers d'hommes. A Lochfine seulement cette pêche a produit dans une saison 40,000 *l.*, et mille bateaux y sont employés habituellement. Le pêcheur vend chaque matin à des marchands le poisson qu'il a pris, et repart pour en chercher d'autre. La valeur du poisson ainsi vendu s'élève rarement à 5 livres, et il faudrait dans cette seule station de quoi payer en or le produit de mille bateaux environ. Et lorsqu'il s'agirait d'envoyer des fonds... »

Walter Scott, qui n'était pas seulement un grand romancier et un grand poëte, prit, lui aussi, dans une Revue, la défense des banques d'Écosse. « Si les Anglais se sentent malades, écrivait-il, qu'ils prennent médecine et ne viennent pas nous la faire prendre à nous qui nous portons bien... » Ses articles, remplis de sens et de raison, eurent un plein succès : le pays entier s'émut, et le parlement, comprenant qu'après tout les théories les plus spécieuses, même lorsqu'elles sont soutenues par les hommes les plus honorables devaient fléchir devant les faits, respecta les billets de petite coupure.

Mais les banques écossaises ne pouvaient longtemps échapper aux utopies de ce qu'on pourrait appeler l'école métallique anglaise. Par le bill étrange qu'il obtint du parlement en 1845, sir Robert Peel atteignit ces banques et leur imposa des restrictions nouvelles, la médecine dont avait parlé W. Scott. D'après cette loi, le droit d'émettre des billets à vue et au porteur est limité aux banques existant au 1er mai 1845, et le montant de la circulation de chacune d'elles ne doit pas dépasser la circulation moyenne de l'année expirée le 1er mai 1845. Chaque banque ne peut excéder ce maximum qu'à la condition d'avoir en caisse une somme de monnaie métallique égale à l'excédant de sa circulation de papier. A dater du 6 décembre 1845, toute banque doit déclarer chaque semaine à l'administration du timbre le montant de ses billets en circulation et de son encaisse métallique.

Les résultats de cette loi n'ont pas tardé à se faire sentir ; ils sont matériellement établis dans le tableau suivant de la somme de l'encaisse des banques et de la somme de leurs billets au second samedi de février, avant le bill de 1845 et depuis la mise en vigueur de ce bill :

ANNÉES.	BILLETS.	ESPÈCES.	ANNÉES.	BILLETS.	ESPÈCES.
1842........	2,740,515 *l.*	408,220 *l.*	1846........	3,097,930 *l.*	1,116,088 *l.*
1843........	2,552,267	481,102	1847........	3,533,346	1,280,597
1844........	2,690,969	422,968	1853........	3,540,005	1,189,614
1845........	2,962,867	403,083	1863........	4,165,679	2,363,413

Ainsi, avant la loi de 1845, l'encaisse des banques était à la circulation dans le rapport de 1 à 7, il n'y avait ni abus, ni réclamation. A dater de la mise à exécution de la loi, l'encaisse a augmenté dans le rapport de 3 à 4 environ : dans quel intérêt? au profit de qui? dans quel but? à quelle fin? Il serait difficile de le dire. Les banques ne valent pas mieux qu'auparavant, puisqu'elles n'avaient donné lieu à aucune plainte et qu'elles n'avaient jamais cessé de remplir leurs engagements. Le seul effet de cette loi a donc été de limiter leur puissance productive, en les condamnant à garder en caisse, sans aucune nécessité, 700,000 *l.* environ, soit 17,500,000 fr. Les opinions dogmatiques ont partout le même caractère : obstinées et aveugles, elles refusent de céder, même à l'évidence des faits.

Les banques écossaises n'avaient pas attendu la loi de 1845 pour prendre les moyens de limiter l'excès des émissions, ou, pour parler plus exactement, de retrancher le papier circulant sans nécessité. Afin d'assurer le crédit du billet-monnaie et d'habituer le public à s'en servir, elles reçoivent toutes depuis fort longtemps les billets les unes des autres. La Banque Royale, par exemple, accepte sans difficulté en payement d'un effet de son portefeuille ou dans un versement à sa caisse un billet de la Banque d'Aberdeen. Mais elle ne veut ni l'émettre en concurrence aux siens propres, ni le garder en caisse, ce qui équivaudrait à une ouverture de crédit à découvert à la Banque d'Aberdeen. C'est pour éviter cet inconvénient et pour faciliter cependant la circulation du papier que les banques d'Écosse ont pris ensemble un arrangement d'après lequel elles échangent entre elles deux fois par semaine ceux de leurs billets respectifs que le mouvement des affaires a mêlés et dispersés.

Le jeudi et le samedi, les délégués de toutes les banques de circulation se réunissent alternativement dans les bureaux de la Banque d'Écosse et de la Banque Royale, à Édimbourg. Là, chacun échange les billets des autres banques amenés dans ses mains par le mouvement des affaires contre ceux de sa banque, dispersés par le même mouvement dans les caisses des autres. Quelques instants suffisent à établir le compte de compensation, et les différences sont payées comptant en bons de l'échiquier, en or ou en billets de la Banque d'Angleterre.

Cet usage excellent remonte à l'année 1770; mais autrefois

les différences étaient soldées par une traite sur Londres à dix jours de vue. La pratique a fait ressortir l'inconvénient de cette espèce de règlement, et on est convenu que chaque banque déposerait au bureau d'échange commun un certain nombre de bons de l'échiquier, de 1,000 *l.* chacun qui servent à l'acquit des différences que chacune d'elles peut devoir. Ces bons sont pris au pair, quel que soit le cours au dehors, et mis hors du commerce par l'apposition d'un timbre particulier. Chaque banque doit maintenir entière la somme des bons de l'échiquier qui lui sert de cautionnement envers les autres, c'est-à-dire solder en espèces les différences dont elle est redevable. — Une compensation pareille des billets des diverses banques se fait en même temps à Glasgow, et les différences sont réglées le lendemain matin, de la même manière, à Édimbourg.

Aucune banque ne pourrait se soustraire à cet usage, sans voir aussitôt ses billets refusés par toutes les autres, discrédités et mis hors de la circulation.

Tels sont les traits principaux du système écossais, système régulier, complet, dans lequel tous les détails sont liés ensemble par un long usage de la liberté, par des habitudes que les banques ont créées, par des aptitudes qu'elles ont développées et sur lesquelles elles ont fondé leurs bénéfices. Les résultats obtenus par ce système sont admirables, mais il est juste d'observer que ces banques ne subissent aucune nécessité politique et n'ont point dans leur ressort commercial un de ces grands centres d'affaires et de catastrophes financières, tels que Londres, Paris, New-York.

CHAPITRE II.

BANQUES AMÉRICAINES [1].

Les États-Unis ont des banques de tout système. Sans parler des anciennes banques fédérales qui ont cessé d'exister, il y a des banques d'État, comme celle de la Caroline du Sud, des banques auxquelles le gouvernement fédéral confie son compte courant et des banques auxquelles il ne le confie pas, des banques privilégiées à l'européenne, dans les États du Sud, des banques légalement autorisées, mais libres en réalité sous un régime répressif, comme celles de la Nouvelle-Angleterre. Ces dernières, qui sont les plus fortes, les mieux conduites, les plus éprouvées, sont aussi les plus originales : elles forment un système digne à tous égards des plus sérieuses études.

Aux États-Unis, l'organisation des banques n'est pas considérée comme une simple affaire privée; le législateur et l'opinion s'en occupent un peu trop quelquefois, car ils changent très-fréquemment, dans la plupart des États, les conditions légales d'existence de ces établissements. Il suffit de jeter un coup d'œil sur le progrès des banques depuis 1811, pour comprendre l'intérêt qui s'attache à leur développement et l'importance de leur rôle dans les institutions sociales du pays.

On comptait dans l'Union américaine :

	BANQUES.	CAPITAL.
Le 1er janvier 1811,	89	52,610,601 dollars.
— 1815,	208	82,259,590 —
— 1816,	246	89,822,422 —

[1] J'avais d'abord essayé de mettre ce chapitre à jour, de manière à ce que le lecteur pût y trouver une description exacte de l'état actuel des banques Nord-Américaines. Mais je n'ai pas tardé à reconnaître l'insuffisance des documents que je pouvais me procurer, et il m'a semblé d'ailleurs que ce qui importait dans un livre de doctrine, c'était de montrer le régime de ces banques dans un état normal. Si la guerre civile qui désole depuis plusieurs années les États-Unis a introduit dans les affaires d'immenses perturbations, elle a du moins prouvé la solidité des banques de la Nouvelle-Angleterre qui ont résisté à cette terrible épreuve.

Le 1er janvier	1820,	308	137,110,611 dollars.
—	1830,	320	145,192,268 —
—	1835,	558	231,250,337 —
—	1837,	788	290,772,091 —
—	1851,	865	229,084,074 —
—	1854,	1208	301,376,071 —
—	1860,	1562	421,880,095 —

Une étude détaillée des conditions d'existence des banques dans l'Union américaine nous engagerait dans des détails infinis, et il serait d'ailleurs impossible de la faire complète. On publie chaque jour un grand nombre d'états de situation et de bilans de ces banques, mais ils nous semblent en général assez peu dignes de foi et très-incomplets. Toutefois nous devons soumettre à l'examen de ceux de nos lecteurs qui voudraient avoir une idée approximative de l'importance et de la constitution moyenne en quelque sorte des banques des États-Unis le tableau suivant, emprunté à un rapport officiel fait au Congrès, en 1854, par le secrétaire général de la trésorerie :

	1837	1843	1848	1851	1854
Nombre des banques....	634	577	622	731	1,059
— des succursales.	154	114	129	148	149
Total............	788	691	751	879	1,208
ACTIF.					
Portefeuille..........*d.*	525,115,702	254,544,937	344,476,582	413,756,799	607,297,428
Titres................	12,407,112	28,380,050	26,498,054	22,388,989	44,350,330
Immeubles.	19,064,451	22,826,807	20,530,955	20,219,724	22,367,472
Placements divers......	10,423,630	13,343,599	8,229,682	8,935,972	6,841,429
Dû par les banques.....	59,663,910	20,666,264	38,904,525	50,718,015	55,516,085
Billets d'autres banques.	36,533,527	13,306,617	16,427,716	17,196,083	22,659,066
Articles de Caisse......	5,366,500	6,578,375	10,489,822	15,341,196	25,579,253
Espèces...............	37,915,340	33,515,806	46,369,765	48,671,048	59,410,253
PASSIF.					
Capital..............*d.*	290,772,091	228,861,948	204,838,175	227,807,553	301,376,071
Billets...............	149,185,890	58,563,608	128,506,091	155,165,251	204,689,207
Dépôts...............	127,397,185	56,168,628	103,226,177	128,957,712	188,188,744
Dû à d'autres banques..	62,421,118	21,456,523	39,414,371	46,416,928	50,322,162
Divers...............	36,560,289	7,357,033	5,501,401	6,438,327	13,439,276

Ce tableau est imparfait sous plusieurs rapports. En premier lieu il ne comprend que les documents relatifs aux banques constituées en société anonyme, et il en manque quelques-unes : en second lieu, il ne donne pas de bilans complets, mais seulement quelques comptes principaux. Du reste, les documents sur lesquels il est établi ne se rapportent pas tous à la même date, et c'est pourquoi le compte des créances et dettes des banques des unes envers les autres ne se balance pas à l'actif et au passif. Quoi qu'il en soit, comme ce tableau est court et officiel, nous avons cru le reproduire.

On y remarquera sans doute l'extrême mobilité de régime des banques américaines en suivant les changements qu'elles ont subis en dix-sept ans, en comparant leur situation à la veille de la crise générale de 1838-39, et dans la crise partielle de 1854. La comparaison des chiffres de 1837 avec ceux de 1843 est surtout frappante : on aurait de la peine à croire, si cela n'était aussi positivement attesté, que le crédit de banque eût pu subir en quelques années, dans un pays quelconque, une contraction aussi considérable.

Le même rapport du secrétaire de la trésorerie divise l'Union américaine en cinq régions[1] et totalise de la manière suivante dans chacune d'elles les principaux comptes des banques en 1854.

	EST.	MOYENNE.	SUD.	SUD-OUEST.	OUEST.
Nombre des banques et succursales..........	297	454	116	92	152
ACTIF.					
Portefeuille..........*d.*	149,143,789	283,602,631	73,213,195	72,751,629	28,576,184
Titres.................	883,501	24,458,149	7,292,894	2,658,322	9,062,464
Immeubles............	2,015,838	6,993,606	9,490,007	3,078,778	789,243
Placements divers......	757,883	1,056,988	2,108,791	2,695,359	222,408
Dû par les banques.....	13,032,448	19,370,777	7,899,880	7,743,566	7,469,414
Billets d'autres banques.	7,336,184	7,536,523	3,164,870	1,974,371	2,647,348
Articles de caisse......	202,204	23,860,024	521,024	670,868	325,133
Espèces...............	6,370,360	22,845,551	8,776,876	16,117,957	5,099,509
PASSIF.					
Capital..........,.....*d.*	84,556,433	114,834,179	46,646,211	38,384,368	16,954,880
Billets.	49,396,107	61,116,263	40,854,139	33,258,965	20,063,733
Dépôts.	24,898,038	116,917,925	14,597,101	20,064,818	11,710,862
Dû à d'autres banques..	10,546,638	27,811,364	3,422,446	5,832,246	2,709,468
Divers................	1,765,563	5,956,919	1,305,636	2,897,091	1,514,067

[1] 1° Région de l'est, comprenant les États du Maine, New-Hampshire, Vermont, Massachusetts, Rhode-Island, Connecticut ;

Chacune des cinq régions dans lesquelles le rapport divise l'Union américaine présente une physionomie sociale distincte et un système de banque différent. La première, qui comprend la Nouvelle-Angleterre proprement dite, est la plus anciennement constituée et civilisée; la seconde contient trois grandes villes de commerce : New-York, Philadelphie et Baltimore; la troisième, les vieux États à esclaves; la quatrième et la cinquième renferment des sociétés en formation, l'une sur le modèle des États du Sud, l'autre d'après celui des États de l'Est.

Dans les deux premières régions, on remarque un fort capital, un grand nombre de banques, des opérations actives, une circulation qui n'a rien d'excessif : la première surtout abuse moins des crédits de banque à banque, elle a peu de dépôts et un encaisse très-faible. La seconde, qui opère dans les grandes villes, a beaucoup plus de dépôts et un plus fort encaisse : elle a aussi beaucoup plus de titres susceptibles de dépréciation, et d'immeubles.

Dans les deux régions suivantes, le nombre des banques diminue, leur capital est faible, leur portefeuille médiocre, leurs émissions beaucoup plus considérables relativement au capital. Les dépôts ont peu d'importance; l'encaisse est beaucoup plus fort dans celle du sud-ouest; dans l'une et dans l'autre région, on abuse du crédit de banque à banque. Enfin, la cinquième région présente un système sans solidité avec un capital faible, des émissions relativement excessives, des escomptes pauvres et un usage immodéré du crédit de banque. Il n'est pas étonnant que, dans la crise de 1854, cent vingt-deux banques appartenant presque toutes à ce groupe, et dont 85 dans le seul État d'Indiana, aient fait faillite.

2° Région moyenne : New-York, New-Jersey, Pensylvanie, Delaware, Maryland;

3° Région du sud : Virginie, Caroline du Nord, Caroline du Sud, Géorgie;

4° Région du sud-ouest : Alabama, Louisiane, Mississipi, Tennessee, Kentucky, Missouri;

5° Région de l'ouest : Illinois, Indiana, Ohio, Michigan, Wisconsin. — La Californie, la Floride, l'Arkansas et l'Iowa, n'avaient point de banque anonyme, non plus que les territoires du Nouveau-Mexique, d'Orégon, de Washington, d'Utah et de Minnesota. Le Texas n'en avait qu'une seule, peu importante, et qui n'avait pas envoyé de rapport.

Le relevé suivant est extrait d'une lettre du secrétaire de la trésorerie au président de la chambre des représentants, en date du 26 mars 1860, publiée dans les documents parlementaires.

Ce relevé comprend, sauf quelques exceptions insignifiantes, toutes les banques constituées en société anonyme en activité au 1er janvier 1860. A cette époque il n'y avait pas de banques de circulation en Californie, ni dans le Texas, l'Orégon, l'Arkansas, le territoire de Washington, Utah et le Nouveau Mexique. Dans le Mississipi il n'y avait qu'une petite banque à Yazoo : peut être il y en avait quelques-unes dans Minnesota et Nebraska, mais on peut les passer sous silence sans inconvénient à cause de leur médiocrité.

ÉTATS.	Nº des B.	CAPITAL.	ESCOMPTES.	FONDS publics.	IMMEUBLES	PLACEM. divers.	C/ C/ DÉB. d'autres Banques	BILLETS d'autres Banques.	GARANTIES de Caisses.	ESPÈCES.	BILLETS.	DÉPÔTS.	DU à d'autres Banques.	DETTES diverses.
Alabama	8	4 901,000	10,570,027	524,313	171,300	28,296	1 208 506	643,657	20,657	2 747,174	7 477,976	4 851,153	874,800	196 049
Connecticut	74	21,512,176	27,856,785	1,267,406	1,195,047	799,244	2 994,958	326,617	255 844	989 920	7,561,519	5 574 900	926,308	5 808
Delaware	12	1 640 775	3 150,215	4,750	83,182	»	411 982	122 125	103,862	208,924	1,135 772	976,226	102,166	»
Floride	2	300,000	464 630	100,025	»	»	25,853	24 580	»	32 876	183,640	129,518	5 114	»
Georgie	29	16 689 560	16,776,282	2 583 158	8,424,463	1,110,377	2 005,768	1,083,716	101 939	3 211,974	8,798 100	4,738,289	1,287 268	787 733
Illinois	74	5 251 225	387,229	9 826,691	92,429	1,679,277	3,201,416	343,269	39 397	223,812	8,981,723	697,037	26 533	552 338
Indiana	37	4 343 210	7 675 861	1,349,466	258,309	221,457	950,836	418,991	80,799	1 583 140	5,390 246	1,700 479	89 530	140 895
Iowa	12	460 450	724,228	101 849	»	49,308	248,817	213 661	»	255,545	563,806	527,378	16,689	25 036
Kansas (T.)	1	52,000	48 256	»	2,295	»	4,068	»	»	8,855	8,895	2,695	»	»
Kentucky	45	12 835,670	25,284 869	851,562	477,971	188,391	5 099,678	779,565	20 900	4,502,250	13 520,207	5 662 892	3,259,717	»
Louisiane	13	24 496,866	35,401 609	5,842,096	2,141 881	1,082,041	7,305,115	»	»	12,115,431	11 579 313	19,777 812	1,165,675	2,201,138
Maine	68	7.506,890	12 654 794	»	181,199	»	1,019,902	90 224	»	670,979	4,149,718	2 411,022	102,392	87,165
Maryland	31	12 568 962	20,898 762	848 283	505,179	41,500	1 657,016	1,897,218	»	2 779,418	4,106,869	8 874,180	1,324,740	357,195
Massachusetts	174	64,519 200	107,417 323	»	1,601,072	»	7,212 530	5,183,459	»	7,532,647	22 086 920	27,804,699	6,937 042	1,444,338
Michigan	4	755,465	892,949	192,831	130,861	36,119	120,372	44,644	23 871	24,175	222,197	375,397	13 969	76,206
Missouri	38	9,082,951	15 161,192	725,670	226,609	»	1,090,506	1 046 015	»	4 160 912	7 884,885	3 357,176	1,200,010	»
New-Hampshire	52	5,016,000	8,591 688	»	72,912	»	772,113	181 964	»	255 278	3,271 183	1,187 991	»	»
New-Jersey	49	7,884,412	14,909 174	962,911	446,202	590,884	2,395,028	662 196	»	940,700	4 811,832	5,741 465	1,141,664	»
New-York	303	111 441,320	200,351 332	26,897,874	8,725,526	1,418	12 524,249	2,261,723	17,376,750	20 921,545	29 959 506	104 070 273	28 807 429	3,059,277
Caroline du Nord	30	6,626,478	12 213 272	363 828	188 568	68,009	1,081,463	601,115	54 234	1 617 687	5,594,047	1,487,273	100,139	1 196 478
Ohio	52	6 690 839	11,100,462	2,153 552	718,913	961,720	2,667,763	898 337	157,378	1 828 640	7,983 889	4 039,614	790 568	144,781
Pensylvanie	90	25,565,582	50 327 157	2,513,674	1,719,136	685,561	3 073 210	4 277,399	»	8,378,474	13 132 892	26 167,843	3 837 554	975,192
Rhode-Sland	91	20,865,569	26 719,877	214,102	604,015	100,223	1 143 591	974 620	»	450 929	3 558 295	3 553 104	1,002 277	»
Caroline du Sud	20	14,962 062	27,801 912	2,994,688	681,245	1,455,488	1 592,644	443 478	»	2 324 921	11,475,634	4 165 615	1,499,218	1 417,837
Tennessee	34	8 067,037	11,751,019	1,233,432	595,759	84,355	2 613 910	495,362	932 092	2 267 710	5 538 378	4,324,799	264,627	462 420
Vermont	46	4,029,240	6 946,523	176,400	190,565	176,412	1,167 602	69 435	69,667	198 409	3 882,983	787,834	19,132	3,780
Virginie	65	16 005 156	24,975,792	3.584 078	1,019,032	433,423	2 756,047	1,294,093	29,838	2,943,652	9,812,197	7,729 652	1,138 32	34,600
Wisconsin	108	7,620,000	7,592 361	5,031 504	326,461	1,329,668	890 434	925 110	64,130	419,947	4,429,855	3,085,813	»	1,493 529
	1562	421 880 095	691,945 580	70 344 343	30,782,131	11,123 171	67 235 457	25,502 567	19,331,521	83,594 537	207,102,477	253,802,129	55 932,918	14 661 815

En Écosse, nous avons vu des banques puissantes s'étendre dans tout le pays au moyen de succursales ou plutôt d'agences nombreuses. Aux États-Unis, le régime des agences est moins répandu : on le trouve dans les États du Sud et de l'Ouest dont les banques, fondées par les capitalistes de New-York ou de la Nouvelle-Angleterre, cherchent à pénétrer par ce moyen dans toutes les parties du pays. Au Nord, la législation interdit les succursales ; aussi les 558 banques existant en 1835 n'en avaient-elles que 146. Dans la Nouvelle-Angleterre, les banques sont nombreuses, dispersées sur toute la surface du territoire : chacune opère pour son compte sous la loi commune, isolément, sans contrôle commercial d'aucune sorte, suivant la prudence et la capacité de ses directeurs.

Dans l'Etat de Pensylvanie, l'un de ceux où il se fait le plus d'affaires de crédit, et où était établie l'ancienne banque fédérale, les établissements de circulation semblent, extérieurement du moins, organisés à l'européenne. L'ensemble des bilans de ces banques, en novembre 1852, donnait les chiffres suivants :

Doit.		Avoir.	
Capital	19,213,154 *d.*	Portefeuille	42,855,700 *d.*
Billets	14,624,903	Espèces et bons du Trésor	7,840,500
C/ c/ de banques	5,681,325	C/ c/ et b/ d'autres banques	8,509,530
C/ c/ divers	22,048,741	Immeubles	992,952
Réserve	1,856,575	Hypothèques, etc	2,367,860
C/ divers	2,971,472	Rentes et actions	1,264,409
		C/ divers	2,565,149
	66,396,170 *d.*		66,396,170 *d.*

Les articles de caisse excédaient la moitié de la somme des billets, et la somme des dépôts excédaient le capital de manière à fournir aux banques leur principale ressource.

En novembre 1853, au terme du rapport officiel déjà cité, on comptait en Pensylvanie 61 banques et 5 succursales avec un capital de 19,768,864 *d.* Leurs billets s'élevaient à 17,420,348 *d.* et leurs dépôts à 22,747,991 *d.* Le portefeuille n'était que de 48,656,884 *d.* Les espèces et ce que le rapport appelle « articles de caisse » s'élevaient à 9,180,148 *d.*

Mais sans nous engager plus avant dans des citations de chiffres, étudions d'un peu plus près les mieux connues et peut-être les mieux réglées des banques américaines, celles du Massachusetts. En 1854 elles étaient au nombre de 148 dont 116 hors de Boston et 32 dans cette ville. Les principaux comptes de leur bilan présentaient en novembre les chiffres suivants :

Dans Boston, 32 banques.

Doit.		Avoir.	
Capital.	32,110,650 d.	Espèces.	3,422,696 d.
Billets.	8,535,116	Dû par d'autres banq. .	8,977,444
Dépôts.	14,570,929	Portefeuille	51,183,713
Dû à d'autres banq. . .	6,045,959		
	61,262,654 d.		63,583,853 d.

Hors de Boston, 116 banques.

Doit.		Avoir.	
Capital.	24,814,797 d.	Espèces.	961,402 d.
Billets.	16,705,836	Dû par d'autres banq. .	4,386,311
Dépôts.	5,952,827	Portefeuille	43,844,265
Dû à d'autres banq. . .	459,167		
	47,932,627 d.		49,191,978 d.

Il suffit de jeter un coup d'œil sur ce tableau pour voir que le chiffre du capital, comparé à celui des engagements, est beaucoup plus élevé dans les banques du Massachusetts que dans celles d'Écosse. Dans le Massachusetts, la circulation occupe, au débit, une place plus importante qu'en Écosse, et les dépôts une place moindre : l'encaisse conserve à peu près les mêmes proportions, mais il est toutefois un peu plus élevé en Amérique.

La circulation est moins bien réglée dans le Massachusetts qu'en Écosse, et on en trouve la cause au bilan. Les banques du Massachusetts, très-nombreuses, très-dispersées, n'ont pas su établir pour l'échange de leurs billets un système régulier et suivi ; c'est pourquoi l'on trouve au crédit de leur bilan une somme considérable de billets qui ne devraient pas y figurer. En effet les billets compris sous ce chiffre ne font point besoin aux affaires du pays ; ils représentent des crédits à découvert que les banques s'accordent irrégulièrement les unes aux autres et qui tendent à pousser dans le vide l'ensemble du système. L'isolement des banques les force également à se servir jusqu'à l'abus du crédit qu'elles s'accordent l'une à l'autre.

On voit aussi par ce bilan que la population du Massachusetts emploie, proportion gardée, plus de monnaie, métallique et autre, que la population de l'Écosse, et qu'elle fournit moins de dépôts; d'où l'on pourrait conjecturer que les habitudes de banque y sont moins généralement répandues. Cependant comme le capital de ces banques est supérieur en proportion à celui des banques d'Écosse, on peut supposer que les fonds qui, en Écosse, vont se placer en dépôts, se placent en actions de banque chez les Américains [1]. S'il en est ainsi, le système américain vaut mieux, sous ce rapport, que le système écossais, car un dépôt peut être retiré du marché d'un instant à l'autre, tandis que le capital d'une action de banque y occupe une position fixe et n'est jamais emporté par ces mouvements soudains de retrait qui produisent les crises financières.

On peut supposer aussi qu'en Amérique il existe moins de capitalistes proprement dits qu'en Écosse, et surtout moins de capitalistes oisifs. Dans un pays où les mœurs flétrissent l'oisiveté, même chez les hommes les plus riches, il est naturel de trouver moins de fonds déposés aux banques que dans un pays où les mœurs sont moins sévères. Ajoutons enfin que les banques d'Écosse bonifient plus ordinairement un intérêt à leurs déposants que celles du Massachusetts.

Celles-ci, on le voit, ne présentent pas au public de moindres garanties que les banques d'Écosse. Leurs défauts, leur mauvaise administration, s'il y en a, n'atteignent guère que leurs propriétaires. Ce n'est point par hasard qu'un tel système s'est établi : bien que les banques du Massachusetts, habilement administrées, eussent résisté aux grandes crises financières de l'Union, notamment à celle de 1814, une loi de la République leur imposa, en 1829, les conditions auxquelles elles ont été soumises presque jusqu'aujourd'hui. Cette loi

[1] On trouve une preuve à l'appui de cette supposition dans le compte-rendu officiel des banques du Massachusetts. On comptait en 1837, parmi les actionnaires des banques de cet État, 4,494 femmes, 1,168 *trustees*, administrateurs des fonds d'autrui, comme le sont chez nous les syndics des faillites; 536 tuteurs, 221 caisses d'épargne. L'ensemble des actions prises par ce qu'on pourrait appeler les capitaux invalides, s'élevait à 10 millions de dollars environ.

suivant l'usage honorable que les États-Unis ont établi, respectait les intérêts existants créés sous la foi libre des contrats; elle ne disposait que pour l'avenir, pour « toute banque qui voudrait s'établir ou changer ses statuts. »

« ART. 3. Aucune banque, excepté celles qui ont une charte aujourd'hui, ne pourra commencer ses opérations, c'est-à-dire escompter, prêter, émettre des billets ou promesses, jusqu'à ce que moitié au moins de son capital ait été versé en monnaie d'or ou d'argent, vérifié et compté par trois commissaires à la nomination du gouverneur, lesquels feront affirmer sous serment à la majorité des directeurs de ladite banque que ce capital a été bien et réellement versé par les actionnaires, pour libérer leurs actions et non pour autre cause. Procès-verbal de la prestation de serment sera dressé et remis au gouverneur (de la République). — Il est interdit à la banque de jamais prêter sur ses propres actions, avant qu'elles ne soient entièrement libérées et jusqu'à concurrence de moitié de leur valeur seulement.

» ART. 4. La somme de la circulation de la banque ne devra jamais excéder 25 pour 100 du capital réalisé, et aucune banque ne pourra faire prêt ou escompte, ni émettre des billets hors du siége principal de ses opérations.

» ART. 5. Les dettes de la banque autres que les dépôts proprement dits, ne devront jamais excéder le double du capital réalisé, et jamais ses prêts, sous toute forme, ne devront excéder le double de son capital.

» Art. 6. Les immeubles possédés par la banque ne devront jamais excéder en valeur 12 pour °/₀ du capital réalisé.

» ART. 7. Tout refus fait à la caisse de la banque, aux jours et heures où les bureaux sont ouverts, de payer en espèces un de ses billets fera courir à dater de ce jour même l'intérêt de la somme énoncée au billet au taux de 24 pour °/₀ par an, au profit du porteur.

» ART. 15. Chaque banque restera dans la ville ou cité où elle est, ou aura été établie, ou dans tel quartier de ville ou cité désigné par sa charte d'incorporation.

» ART. 16. A toute réquisition de la législature, toute banque sera tenue de prêter à l'État une somme égale au vingtième de son capital, remboursable, par portions égales, en cinq ans ou à un terme plus court, au choix du gouvernement, au taux de 5 pour °/₀.

» ART. 17. Un comité, nommé spécialement pour cet objet par la législature, aura le droit d'examiner les actes de toute banque autorisée dans cet État et d'inspecter librement ses livres ou portefeuilles et caisses. S'il résulte de son examen que la banque a manqué aux prescriptions de la loi, sa charte d'autorisation pourra être annulée et retirée. L'employé qui refuserait de remettre au comité, à toute réquisition, les livres, portefeuilles ou caisses, ou qui s'opposerait d'une manière quelconque à l'inspection du comité, serait coupable de délit, *misdemeanor*, et encourrait une amende de 10,000 dollars au plus et un emprisonnement de trois ans au plus.

» ART. 18. La République aura le droit, en tout cas, de prendre la moitié des actions de toute banque autorisée, d'en verser le montant et d'en percevoir les dividendes. En ce cas, le gouvernement nommera un nombre de directeurs proportionné au capital qu'il aura fourni.

» ART. 31. Si, pendant la durée des chartes d'autorisation données ou renouvelées sous l'empire de la présente loi, la législature accorde de nouveaux et plus grands priviléges à quelque banque, soit existante, soit nouvellement fondée, toutes les autres banques jouiront de droit des mêmes avantages et priviléges. »

L'article 20 établissait une taxe de 1/2 p. °/$_{0}$ sur le capital des banques. Les articles suivants prescrivaient l'envoi périodique des états de situation au secrétaire de la République et la publication de ces états par celui-ci.

Ce court extrait de la législation originale et remarquable de l'État de Massachusetts nous montre tout un système de restrictions bien plus sévère que celui auquel ont été soumises les banques d'Écosse, et que tout autre système répressif. On peut remarquer dans cette législation plusieurs conditions inutiles, quelques-unes dangereuses, comme, par exemple, l'obligation de prêter à l'État; mais on y chercherait vainement les niaiseries qu'on trouve à chaque article dans les lois anglaises et françaises sur cette matière.

Ainsi cette législation ne tend pas à empêcher, par les restrictions qu'elle établit, le service commercial de la banque de se faire régulièrement et avec activité; elle ne dit point, comme en Angleterre et autrefois en France : « Vous aurez toujours telle somme d'espèces en caisse, vous n'émettrez que telle somme de billets! Vous n'escompterez que du papier de commerce, et ce papier aura trois signatures, et vous ne prendrez que celle des négociants notoirement solvables! Vous ne payerez point d'intérêts à vos comptes courants! Vous n'aurez ni correspondants, ni recouvrements au dehors! etc. » La loi de Massachusetts tient un autre langage; elle dit aux banques : « Vous aurez un capital de tant, sur lequel devront se régler toutes vos opérations; ceci posé, une fois votre capital réellement versé et dûment vérifié, prêtez à qui il vous plaira, aux conditions que vous voudrez : c'est votre affaire. Je suppose que vous êtes majeurs et que vous tenez à la conservation de votre fortune; je ne m'occupe donc point de l'usage que vous en faites, et je tiens seulement à sauvegarder le public contre vos folies, à lui assurer des garanties, sans gêner vos opérations, sans vous empêcher de faire le service auquel vous êtes appelés. » Si ce langage est sévère, il est du moins pratique et sensé; il garantit aux créanciers des banques l'existence du capital réalisé; c'est le cautionnement que perdent les propriétaires en cas de mauvaise gestion.

Toutefois la disposition contenue dans les articles 4 et 15, qui domicilie et isole les banques les unes des autres, crée un obstacle sérieux à l'établissement d'un système solide de succursales. On peut supposer que cette disposition a été dictée par des considérations politiques plus ou moins sensées. En tous cas, il est certain qu'on ne pourrait la justifier par des considérations commerciales. Le système des succursales n'autorise en rien les abus; il permet les expériences; il permet que ces expériences soient faites par des hommes intelligents et bien placés, c'est-à-dire dans les meilleures conditions de succès, en même temps qu'il facilite l'emploi régulier des capitaux.

Les banques du Massachusetts prêtent, elles aussi, sur garanties immobilières et sur gages divers. Leur succès a été grand, car leurs dividendes ont varié entre 7 1/2 et 8 p. %, et elles n'ont point eu de catastrophes. Leurs actions sont généralement considérées comme le placement le plus sûr, le plus convenable pour les capitaux invalides, et, partant, comme celui dont l'intérêt doit être le moins élevé. C'est aussi auprès d'elles que l'État se réserve la falculté de placer s'il a des capitaux disponibles, et d'emprunter s'il éprouve des besoins.

L'examen approfondi de la constitution des banques de Massachusetts prouve combien il y a peu d'uniformité dans le régime de ces établissements dans les pays mêmes où le crédit est le mieux organisé. En effet, le tableau officiel de leur situation individuelle au 1er janvier 1853 présente les chiffres suivants :

Dans Boston............	32 banques :	Capital.................. ..	24,660,000 *d.*
Circulation.	8,304,594 *d.*	Rapport : 34,28 p. %.	
Espèces....	2,784,792		
Hors Boston............	105 banques :	Capital....................	18,610,500 *d.*
Circulation.	12,867,778 *d.*	Rapport : 6,05 p. %.	
Espèces....	778,990		

Mais ces rapports moyens sont très-variables dans l'une et l'autre catégorie des banques du Massachusetts. Dans Boston, il varie de 2,37 p. % à 84,03 p. % et, hors de Boston, de 2,01 p. %, à 18,97 p. %. Nous trouvons dans ces chiffres et dans les précédents, comme dans tous les comptes rendus locaux des banques américaines, la confirmation de ce que nous avons avancé contrairement à l'opinion dominante, savoir : qu'une banque de circulation peut se maintenir avec un encaisse moindre dans les campagnes que dans les grands centres de population.

Celles de New-York ont été bien moins prudentes et n'ont pas à beaucoup près offert au public la même sécurité que celles du Massachusetts. Établies sur une des places les plus orageuses qu'il y ait au monde, elles ne se sont pas garanties contre les oscillations de caisse qu'un grand commerce extérieur et des variations importantes dans le cours des changes occasionnent infailliblement. Un grand nombre de ces banques ont manqué, et leur chute a justifié dans une certaine mesure la prudence excessive des banques d'Angleterre et de France dans l'administration de leurs encaisses. Afin de préserver le public contre les faillites des banques et de maintenir entière sa confiance dans les billets-monnaie, l'Etat de New-York a décrété que les billets des banques en faillite seraient remboursés par le trésor public ; qu'afin de subvenir à cette dépense, on établirait un fonds commun au moyen d'une cotisation annuelle de 1/2 p. °/。 de leur capital que toutes les banques existantes seraient tenues de verser dans les caisses publiques.

Cet expédient étrange, qui établit entre les banques une assurance mutuelle contre leurs faillites, au profit du public, n'est pas parfaitement juste ; il fait payer les maisons bien gérées pour les fautes ou les imprudences des autres, et confond des responsabilités qui devraient rester distinctes. Mais il a été fort utile au porteur de billets : en effet, l'Etat avait dû payer jusqu'en 1851 pour les banques insolvables, une somme de 2,586,425 *d.*, et il restait créditeur du fonds commun, 700,000 *d.* environ. En septembre 1853, on comptait dans l'Etat de New-York 60 banques constituées en société anonyme, 169 associations pour faire la banque et 94 banquiers, au capital de 76,692,075 *d.* dont la circulation totale s'élevait à 32,427,022 *d.* Les dépôts étaient de 77,167,075 *d.* et le portefeuille de 145,767,770 *d.* Les espèces et articles de caisse montaient à 30,563,554 *d*. Ces chiffres suffisent à montrer combien le bilan de ces banques est établi dans des proportions différentes de celles que l'on peut constater dans les banques du Massachusetts.

Aux termes des diverses lois adoptées depuis 1838 par l'Etat de New-York [1], toute association de plus de trois personnes peut se former en société pour l'exploitation d'une banque; mais personne, individu ou corporation, ne peut émettre de billets-monnaie sans avoir au préalable déposé entre les mains du contrôleur de l'Etat une valeur de 100,000 dollars au moins, et en tous cas non inférieure à la somme des billets à émettre, soit en titres de la dette de l'Etat, soit en certificats d'hypothèques : les planches des billets restent aux mains du contrôleur qui, en cas de faillite, réalise le gage et en applique le prix au payement des billets-monnaie. Cette législation, plus convenable dans un Etat despotique éclairé, que dans une république, n'est autre chose qu'un monnayage de la dette publique : elle conduit directement au cours forcé, c'est-à-dire à l'arbitraire, parce que les titres de rentes ne sont convertibles en espèce dans les moments de crise qu'à des conditions fort onéreuses, et qu'il faut chercher ailleurs de quoi faire face aux demandes des porteurs de billets. Si c'est un cautionnement imposé aux banques dans l'intérêt des finances et du crédit de l'Etat, c'est une opération financière étrangère à notre sujet.

Cette législation, assez semblable au fond à celle qui régit la Banque d'Angleterre, a été introduite dans plusieurs Etats, notamment dans ceux qui ont été affligés par la crise de 1854. Les précautions prises contre les banques ont donné les résultats prévus par la théorie, favorisant les porteurs de billets aux dépens des autres créanciers, et causant aux banques une perte de plus de 13 millions de dollars sur la réalisation de titres achetés à 110 et vendus à 84.

Depuis 1860, les banques des États-Unis ont subi une épreuve incomparablement plus grave que toutes celles par les-

[1] Les lois faites sur les Banques dans cet État seul, de 1838 à 1851, étaient au nombre de *trente-trois*. On peut en conclure que les législateurs avaient peu réussi dans leur projet de morigéner les Banques par décret.

quelles elles avaient passé jusqu'alors, et elles y ont bien résisté. Il est probable qu'aucune des banques privilégiées dont on nous vante sans cesse la constitution et la sagesse, ne pourrait supporter une crise semblable à celle de l'épouvantable guerre civile qui désole l'Union américaine. Toutefois cette guerre et ses exigences ont fait adopter par le Congrès une législation nouvelle qui sacrifie les intérêts des banques et ceux du public au besoin de créer des ressources fiscales et aussi un peu à la manie de réglementer. L'expédient imaginé par les législateurs de New-York, sous le prétexte de garantir les porteurs de billets contre les banques, est devenu loi fédérale. On tend par là à convertir tout doucement les billets de banque en papier-monnaie émis au profit de l'État. Si cette mesure et la main-mise du gouvernement sur la propriété des banques amènent des désastres, il ne sera pas juste de les imputer à la liberté des banques : ils seront dus à l'action exorbitante de l'autorité.

Voici les principales dispositions de l'acte du 25 février 1863 :

Toute association de plus de cinq personnes peut librement établir une banque de circulation aux conditions suivantes :

Avant de commencer les opérations, la banque devra faire connaître en forme juridique : 1° le nom de la société ; 2° le territoire sur lequel elle se propose de travailler ; 3° son capital, qui ne pourra être moindre de 50,000 *d.*, ou de 100,000 *d.*, si elle s'établit dans une ville de plus de 10,000 âmes ; 4° les noms et domicile de ses actionnaires et le nombre d'actions appartenant à chacun ; 5° le jour à dater duquel commence la société. Copie de cette déclaration et de l'acte de société sera transmise à un fonctionnaire spécial désigné sous le nom de *contrôleur général de la circulation monétaire.*

30 pour °/₀ du capital devra être versé avant le commencement des opérations : le reste devra être payé par dividendes de 10 pour °/₀ échelonnés par deux mois jusqu'à versement intégral.

Le contrôleur général, officiellement averti, vérifiera si le capital a été versé effectivement, après quoi il devra délivrer l'autorisation de commencer les affaires.

En commençant ses opérations, toute banque devra déposer à la trésorerie fédérale une somme d'obligations des États-Unis productives d'intérêt, égale à un tiers au moins du capital versé et qui ne pourra excéder le chiffre de ce capital.

En échange de ce dépôt, le contrôleur général remettra à la banque des billets à vue et au porteur enregistrés et contresignés par lui, pour 90 pour °/₀ de la valeur courante des obligations déposées.

Le chiffre des billets circulants ne pourra excéder 300 millions de dollars, répartis en proportion de la population dans les États et territoires et dans le district de Colombie. — Les billets, gravés par les ordres du contrôleur général, seront aux coupures de 5, 10, 20, 100, 500 et 1,000 dollars, qu'il remettra conformément aux demandes des banques.

Les banques paieront à la trésorerie 1 pour °/ₒ par semestre sur le montant des billets qui leur seront fournis.

Les billets ainsi émis auront cours forcé, excepté pour le paiement des droits de douane et des intérêts de la dette publique entre toutes personnes autres que les banques qui les auront émis. — Les banques ne pourront émettre de billets à terme.

Les obligations déposées à la trésorerie seront affectées par privilége spécial, à la garantie des billets de banque.

Les banques devront adresser chaque trimestre au contrôleur-général un exposé de leur situation. Cet exposé sera publié. Si cet exposé était faux, ses auteurs encourraient la peine des parjures.

En cas de suspension de paiement des billets d'une banque notifié au contrôleur-général et constaté par lui, la trésorerie paiera les billets de la banque faillie et vendra les obligations déposées par elle.

Le contrôleur-général est constitué, de droit, syndic de la faillite des banques et exercera tous les pouvoirs qui accompagnent ce titre.

Les actionnaires ne pourront emprunter ou cautionner à la banque plus de 3/5 du capital versé et existant. Les actions ne pourront être vendues par l'actionnaire qui aura des engagements en souffrance envers la banque. — Les banques ne peuvent prendre en gage leurs propres actions qu'en cas de non paiement et comme sûreté dernière.

Les banques ne pourront acheter d'autres immeubles que : 1° ceux qu'elles occuperont pour leurs affaires; 2° ceux qui leur auront été hypothéqués de bonne foi ; 3° ceux qui leur auront été cédés en paiement de dettes antérieures, 4° ceux qu'elles achèteraient aux enchères publiques.

L'encaisse d'une banque ne pourra être moindre de 25 pour °/ₒ de la somme de ses billets et des comptes courants créditeurs.

(Cette disposition, soit dit en passant, nous semble tellement énorme après l'état de quasi liberté où se trouvaient les banques américaines, que nous doutons de son application).

En cas de violation des dispositions de cet acte, la société coupable de la violation est dissoute.

Le contrôleur-général pourra faire examiner les banques quand et comme il le jugera convenable. Les visiteurs envoyés par lui seront payés aux frais des banques visitées, à raison de 5 dollars par jour et 1 dollar par 25 milles, en cas de déplacement.

Le contrôleur-général présentera chaque année un rapport au congrès sur la situation des banques.

CHAPITRE III.

BANQUES ANGLAISES.

En Écosse et dans la Nouvelle-Angleterre, tout est banque de circulation. Aux États-Unis, on ne comprend guère qu'un banquier, qui a la faculté de recevoir les fonds d'autrui en compte courant ou en dépôt direct, n'ait pas également la faculté de s'en procurer par des émissions de billets au porteur. Les Américains, qui sont les derniers venus dans la civilisation, en ont pris tout d'abord les procédés les plus parfaits, sans se laisser égarer par les vieux préjugés : ils se servent sans hésiter des banques de circulation, comme ils construisent des chemins de fer tout d'abord, avant d'avoir des routes macadamisées ou même des chemins vicinaux. En Écosse, on est arrivé au même résultat par degrés et à la longue ; il n'y existe de maisons de banques privées qu'en petit nombre, et seulement dans les grandes villes.

Il en est autrement en Angleterre. Jusqu'à l'année 1844, le système de crédit de ce pays a été le même à peu près que celui de la France avant 1848. Au-dessus et au sommet de la hiérarchie s'élevait la Banque d'Angleterre, instrument politique puissant et éprouvé, dont le privilége repoussait à distance de Londres toute autre banque de circulation, et dont les succursales commençaient à menacer dans les comtés les établissements rivaux. Dans les provinces, on trouvait des banques particulières ou par actions, soumises à un régime répressif, mais dont la formation ne dépendait en aucune manière de l'administration publique.

§ 1. — *Banque d'Angleterre.*

Nous n'avons pas à raconter ici l'histoire de la Banque d'Angleterre fondée en 1694, ni à tenter l'analyse des actes du parlement qui la concernent, et dont l'indication seule remplit deux cents pages in-folio dans la table générale des statuts, ni à décrire son organisation [1]. C'est avant tout une Banque d'État, car son capital, de 14,553,000 *l.*, est tout entier placé en effets publics, et ses opérations les plus lucratives et les plus importantes ont été, de tout temps, celles qu'elle a faites avec l'État. Toutefois, elle reçoit les dépôts des particuliers, tient des comptes courants, fait des escomptes, délivre des mandats sur ses succursales, émet des billets à vue, des billets à sept jours de vue, et des billets à échéance plus longue. Mais ses opérations avec le commerce sont beaucoup moins importantes dans la masse de ses affaires qu'elles ne le sont dans la masse des affaires de la Banque de France. D'après la déposition de M. Palmer, alors gouverneur de la Banque d'Angleterre, dans l'enquête de 1833, les principales fonctions de cet établissement consistent « à fournir à la circulation les billets-monnaie qui y sont nécessaires, et à servir de centre de dépôt aux capitaux qui en ont besoin [2]. »

On ferait une lourde bibliothèque avec les volumes écrits de l'autre côté du détroit sur la circulation, sur les banques en général et sur le rôle de la Banque d'Angleterre dans les crises commerciales qui ont affligé la place de Londres. Chaque fois que le marché du crédit était troublé, ce qui arrivait fréquemment, on accusait la Banque d'Angleterre, et celle-ci ou ses partisans rejetaient le blâme sur les banques provinciales.

Dieu nous garde d'entrer dans l'exposé des théories nombreuses émises par nos voisins sur la circulation monétaire ! Il suffira de rappeler ici les faits qui ont préparé l'état de choses créé par le bill de 1844.

Chacun sait que la Banque d'Angleterre fut réduite par les événements et les nécessités politiques à suspendre le payement en espèces de ses billets, en février 1797. Durant toutes les guerres de la République et de l'Empire, elle fournit au gouvernement le papier-monnaie dont il eût besoin et lui donna la facilité de contracter ces emprunts dont la somme énorme a étonné le monde. Naturellement, pendant cette période, les émissions de la Banque d'Angleterre ne furent

[1] J'en ai indiqué les traits principaux dans la brochure intitulée : *Le Crédit et la Banque*. Paris, 1840.

[2] Question 181.

point réglées par les besoins du commerce, mais par ceux du gouvernement, qui étaient exorbitants. Les émissions de la Banque furent donc excessives, et comme la suspension de ses payements avait arrêté, si l'on peut ainsi dire, l'action du régulateur, les billets-monnaie se déprécièrent et eurent des alternatives de hausse et de baisse, selon que le gouvernement empruntait à la Banque ou lui faisait des remboursements.

Les tableaux suivants indiquent, le premier la dépréciation moyenne des billets de la Banque d'Angleterre pendant les vingt années de la période de suspension des payements ; le second qui sert de contrôle au premier, le prix de l'once d'or à 22 carats sur la place de Londres, et le cours du change sur Paris à trois jours de vue à certains jours de la même période. L'un et l'autre peuvent fournir un utile enseignement.

DATES.	DÉPRÉCIATION moyenne par 100 liv. sterl.	DATES.	PRIX de l'once d'or à 22 carats.	CHANGE sur Paris.
	l. s. d.		l. s. d.	
1801	8 7 8	1797, février, 24....	3 17 6	
1802	7 5 10	1801, — 27....	4 4 0	
1803-1809	2 13 2	1805, — 26....	4 0 0	25 12
1810	13 9 6	1809, — 28....	4 10 0	20 19
1811	7 16 1	1811, — 26....	4 13 6	17 16
1812	20 14 9	— août, 30....	4 17 6	18 02
1813	22 18 0	1812, février, 28....	4 15 0	19 16
1814	25 3 6	1814, — 22....	5 8 0	21 00
1815	19 14 3	— août, 23....	4 11 0	23 80
1816	16 14 3	1815, février, 28....	4 9 0	22 00
1817-1818	2 13 2	1816, — 27....	4 2 0	24 60
1819	4 9 0	1817, — 28....	3 18 6	25 40
1820	2 12 0	— août, 22....	4 0 6	24 30
1821	Pair.	1821, février, 27....	3 17 10 1/2	25 80

Pendant cette période de vingt-trois ans, on a pu dire et on a dit avec raison que la Banque battait monnaie et que ses opérations avaient pour effet d'élever ou d'abaisser arbitrairement le prix des marchandises et d'altérer les contrats. Les économistes, les journaux lui demandaient compte de l'usage qu'elle faisait d'un pouvoir exorbitant, et exigeaient qu'elle apportât dans ses émissions un certain art, de manière à ne pas troubler le marché. Les amis de la Banque disaient, et ont cru peut-être qu'elle avait cet art, tandis qu'en fait elle obéissait tout simplement aux demandes combinées du gouvernement et du commerce. Hâtons-nous de dire qu'elle n'était pas libre de faire autrement, et qu'il lui était impossible de ne pas suivre le mouvement des affaires.

Lorsque la Banque reprit ses payements en espèces, elle rentra dans l'état normal ; elle n'eut plus le pouvoir de battre monnaie et d'exercer sur les cours une influence arbitraire. Mais l'opinion ne perd pas facilement une habitude contractée pendant vingt-trois ans : après une discussion si longue, il existe des propositions passées en force de dogme, des arguments tout faits et tout prêts qu'on ne peut remplacer sans peine : on continua donc de rendre la Banque responsable de tout, et elle-même, soit par calcul ou autrement, accepta cette responsabilité de régulatrice souveraine des monnaies et des cours.

Autrefois la Banque d'Angleterre avait pour maxime « qu'elle ne pouvait émettre trop de billets en escomptant de bon papier de commerce. » Un de ses directeurs le dit naïvement dans l'enquête de 1833. C'était simple et commercial : avec les habitudes lentes et prudentes de la Banque, c'était la meilleure maxime pratique qu'elle pût adopter.

Mais cela ne suffit pas aux imaginations. On répugne même aujourd'hui à croire que la théorie des banques de circulation consiste en quelques règles très-simples, et on se livre volontiers sur ce sujet aux conceptions de la fantaisie. En France, l'opinion publique est discrète sur ce point; elle ne dit rien et n'en pense guère davantage. Il n'en est pas de même en Angleterre : dès que le marché du crédit est troublé, ce qui arrive souvent, les esprits s'enflamment ; on parle, on écrit à tort et à travers : on crée des théories savantes et compliquées, creuses quelquefois, mais ingénieuses, qui feraient honneur à un romancier ; et, les intérêts, les passions politiques aidant, Dieu sait où l'on va.

Dans le conflit des opinions opposées, il s'est formé une école qui a prétendu régler la circulation monétaire, décréter quelle proportion d'or, quelle proportion de papier y entrerait, et faire exécuter ses règlements par une seule banque, la Banque d'Angleterre.

Cette école peut être personnifiée par deux hommes éminents à divers titres et qui ont apporté dans la discussion des vues très-différentes et même opposées, Ricardo et Robert Peel. Cette école fit d'abord la guerre aux billets de petite coupure, et ces billets, qui avaient sauvé la Banque d'Angleterre d'une suspension en 1825, furent supprimés. En 1826, on commença à inquiéter les banques d'Ecosse au sujet des billets de petites coupures, et on autorisa la Banque d'Angleterre à jeter des succursales dans les comtés, ce qui fut le premier pas vers l'organisation d'un monopole.

L'acte qui conférait à la Banque cette autorisation réglait les conditions de l'établissement de banques par actions dans les comtés. Jusqu'à ce jour les amis de la Banque d'Angleterre avaient attribué toutes les crises aux opérations des banquiers provinciaux : à partir de ce jour ils les imputèrent régulièrement aux excès des banques par actions.

Enfin, en 1844, sir Robert Peel obtint du Parlement un bill qui fit triompher en partie les principes de l'école métallique, et qui est encore en vigueur aujourd'hui : « Il est expédient, dit le bill, de régler les émissions des billets à vue et au porteur » : en conséquence, il divise la Banque en deux départements, savoir : celui des émissions et celui des opérations de banque. Ce sont, dans l'esprit de la loi, deux établissements distincts et indépendants l'un de l'autre en quelque sorte. Le département des émissions a reçu l'encaisse métallique de la Banque et 14 millions sterling de valeurs sur lesquels 11,015,100 *l.* en effets publics : il peut émettre des billets jusqu'à concurrence de 14 millions de valeurs augmentés du montant de l'encaisse, sans variations en plus ou en moins : le public peut y acheter des billets au change fixe de 3 *l.* 17 *s.* 9 *d.* par once d'or, au titre de $\frac{11}{12}$ ou 22 carats, et de l'or en lingots au prix de 3 *l.* 17 *s.* 10 1/2 *d.* par once au même titre. — Le département des opérations de banque reçoit les billets du département des émissions de la même façon que le public, c'est-à-dire contre de l'or, et il agit d'ailleurs comme une banque particulière.

Le but des auteurs de l'acte de 1844 est facile à voir : ils ont voulu fixer d'une manière immuable la somme de la monnaie de papier en circulation : ils ont voulu que les variations exigées dans la quantité de monnaie courante par les besoins du commerce eussent lieu sur la monnaie métallique exclusivement. C'était, pensaient-ils, le meilleur moyen de prévenir les désordres causés par les émissions exagérées de monnaie de papier. Mais l'expérience est venue bien vite démentir cette théorie. A la fin de 1847, une crise causée par l'agiotage sur les chemins de fer et par des spéculations sur les grains, amena, selon l'usage, un accroissement dans les demandes d'escompte à la Banque d'Angleterre : le département des opérations de banque escompta bravement, tant qu'il eut des billets; mais, une fois arrivé au fond de sa caisse, force fut de refuser l'escompte. Aussitôt la consternation se répandit dans le commerce de Londres, et une panique était imminente lorsque le gouvernement comprit qu'il était temps de faire fléchir les théories devant la nécessité des faits : il suspendit, le 25 octobre, l'acte de 1844, et donna moyen à la Banque de satisfaire aux légitimes demandes d'escompte qui lui étaient adressées. Au bout d'un mois, toutes choses avaient repris leur cours.

Cette expérience décisive n'a pas converti l'école métallique : cette école n'a pas voulu comprendre combien il était téméraire de substituer un système monétaire rigide et uniforme à un système contractile et extensible, qui possède en lui-même un principe de compensation; elle a défendu l'acte de 1844 dans l'enquête mémorable faite en 1842, par ordre de la chambre des lords. Il est évident cependant qu'en s'obstinant à rester dans les termes de cet acte, le département des opérations de banque aurait été forcé de suspendre absolument les escomptes et d'inspirer au public des doutes sur la solvabilité de la Banque elle-même. De là à une panique de porteurs de billets, il n'y a pas loin, et il est probable que si le gouvernement n'avait pas autorisé la Banque à déroger aux prescriptions de l'acte de 1844, le remboursement même des billets aurait fini par être arrêté. Tel eût été le résultat presque infaillible de l'application des *vrais principes* de l'école métallique.

Mais ces principes, dont témoigne l'acte de 1844, n'y sont pas tous exprimés. Pour les appliquer entièrement, il faut étendre sur les trois royaumes le monopole de la Banque d'Angleterre comme banque de circulation, établir une sorte d'atelier de billets-monnaie avec droit de seigneuriage. Toutefois, comme il existe en Angleterre des intérêts puissants qui souffriraient d'une telle mesure, l'acte de 1844 a ménagé les transitions, et ses auteurs en ont habilement combiné les dispositions de la manière suivante :

A dater du jour de la promulgation de cet acte, aucune nouvelle banque de circulation ne peut être établie dans le Royaume-Uni : le *maximum* de circulation de chacune des banques existantes ne peut dépasser la *moyenne* de sa circulation en avril 1844. — Toute banque appartenant à moins de six associés, dans laquelle on voudrait introduire des associés nouveaux, perdrait le droit d'émettre des billets. — Si deux banques de circulation se réunissent, elles n'ont le droit d'émettre qu'autant de billets qu'en pouvait émettre l'une des deux. — Toute succursale des banques particulières doit prendre une licence séparée.

Au contraire, la Banque d'Angleterre peut augmenter ou réduire le chiffre de ses succursales sans que le chiffre légal de ses émissions soit changé, et si une banque particulière vient à liquider, la Banque d'Angleterre peut obtenir un Ordre en conseil qui l'autorise à ajouter à ses émissions les deux tiers de ce que la feue banque avait le droit d'émettre.

Les intentions qui ont dicté des dispositions semblables sont assez claires ; elles ont d'ailleurs été formulées dans la discussion. Peu de temps avant la loi, quarante-trois banquiers qui émettaient des billets avaient traité avec la Banque d'Angleterre pour cesser d'émettre, et l'article 23 de la loi ratifie le marché.

A la fin de 1848, vingt-un banquiers et six banques par actions avaient cessé d'émettre des billets, ce qui avait réduit de 416,378 *l.* le montant de la circulation autorisée. Voici le mouvement qui s'est opéré depuis cette époque jusqu'au 25 juillet 1863 dans cette circulation :

Banque d'Angleterre.	14,000,000 liv.
— particulières.	3,078,167
— par actions.	2,812,970
— d'Écosse.	4,165,679
— d'Irlande.	4,986,487
	29,043,303

La Banque d'Angleterre n'accorde la faculté de réescompter chez elle à aucune des banques qui survivent et continuent à émettre des billets.

Ainsi, par l'effet de cet ensemble des combinaisons des actes de 1844 et 1845 le total de l'emprunt fait par les banques du Royaume-Uni à la circulation monétaire ne peut plus augmenter à l'avenir, et il peut diminuer. Il doit même diminuer nécessairement, puisqu'il est impossible que toutes les banques conservent toujours la même puissance d'émission, et que, si l'une d'elles faiblit, il est interdit aux autres de prendre sa place. Le total des émissions réelles ne peut manquer d'être toujours inférieur au total des émissions autorisées. En outre, dans l'espace étroit où les banques sont renfermées, la Banque d'Angleterre a seule la faculté de s'étendre : le mouvement naturel des choses doit donc amener fatalement, un jour ou l'autre, la constitution de son monopole. Alors se trouvera réalisé, à quelques différences près, le plan de Ricardo [1].

La circulation monétaire subit naturellement de très-grandes variations sur la place de Londres; là le commerce demande tantôt plus, tantôt moins de monnaie, tantôt des billets, tantôt des espèces, selon des caprices fort raisonnables sans doute, mais souvent difficiles à prévoir. Cette mobilité du marché de Londres a plusieurs causes; l'unité monétaire est une pièce d'or, et chacun sait que le prix de ce métal est beaucoup moins fixe que celui de l'argent, que ses mouvements sont plus prompts dans le cours des changes. Depuis Ricardo, les directeurs de la Banque d'Angleterre ont prétendu qu'ils réglaient leurs émissions sur le cours des changes; mais, outre que leurs bilans publics démentaient leurs paroles, ils constataient bientôt eux-mêmes que les exportations d'or ne suivaient pas les cours des changes, et qu'elles avaient lieu souvent au moment même où les changes étaient favorables. C'est ce qu'on a remarqué notamment lors de l'exportation d'un million sterling, en 1829, à l'occasion de la guerre entre la Russie et la Turquie, et lors de l'exportation énorme et soudaine de 7 mil-

[1] Voir à l'Appendice, comme terme de comparaison, le plan original de Ricardo.

lions sterling, en 1831, pour la guerre de Pologne. Bien plus, l'enquête de 1833 mentionne des demandes extraordinaires de remboursement adressées à la Banque, au moment même où le commerce importait de l'or.

Les changes sont d'ailleurs agités sur la place de Londres, non-seulement par les causes ordinaires, mais aussi par des causes spéciales inconnues aux autres marchés. Parmi ces causes il suffit d'indiquer les placements à l'étranger, placements fréquents et qui ont absorbé quelquefois des sommes considérables.

La conséquence naturelle et commerciale de cet état de choses, c'est que la Banque d'Angleterre est peut-être, de toutes les Banques de circulation, celle qui doit garder en caisse la plus forte réserve métallique. Si elle veut aller plus loin et régler, comme on dit, la circulation, elle poursuit une chimère.

En effet la circulation se règle d'elle-même. Quelque puissante que soit une banque, elle n'a jamais d'action que sur ses propres escomptes; c'est par là, si toutefois elle peut les limiter à discrétion, qu'elle règle son encaisse en augmentant ou en diminuant ses émissions. Pour régler la circulation, il faudrait avoir au moins le monopole de l'escompte en même temps que celui des émissions; il faudrait pouvoir arrêter le commerce par des refus de crédit, lorsqu'il tend à la spéculation. Mais justement alors le commerce n'a pas besoin de la Banque d'Angleterre, il obtient du crédit à meilleur marché chez les banquiers proprement dits et chez les escompteurs. On vient à la Banque lorsque les sources ordinaires du crédit commencent à s'épuiser : faut-il qu'elle choisisse ce moment pour refuser l'escompte? Lorsque le mouvement de retraite est commencé, doit-elle charger à fond et précipiter la déroute, comme en 1825? Malgré tout le respect dû aux noms des chefs de l'école métallique, aucun homme d'affaires n'admettra une pareille conclusion.

Le bill de 1844 est fondé sur plusieurs erreurs de fait : il suppose que les banques peuvent augmenter leur circulation à volonté, ce qui n'est pas exact; que le commerce a besoin d'une quantité de monnaie toujours égale, ce qui n'est pas exact; enfin qu'une circulation métallique est plus sûre et moins variable qu'une circulation du papier convertible en espèces, ce qui n'est pas exact non plus. Ainsi ce bill est allé à l'encontre des lois naturelles qui régissent le mouvement réel du commerce, et, dès qu'il a subi le contrôle de l'expérience, on a pu reconnaître combien le régime qui en résultait était insuffisant et dangereux. L'enquête faite en 1848 et celle de 1862 ne laissent aucun doute sur ce point. Voici en quels termes s'exprimait le rapport de la première de la commission d'enquête de 1848 :

« Ceux qui ont cru que l'acte de 1844 empêcherait le retour périodique et successif de surexcitations, puis de crises commerciales, ont dû éprouver en voyant ce qui s'est passé en 1846 et 1847 un rude désappointement. Ceux qui croyaient que cet acte préviendrait les spéculations imprudentes, n'ont pas dû éprouver un désappointement moindre, puisque, au témoignage du gouverneur de la Banque, jamais la spéculation ne fût aussi excessive qu'en 1846 et au commencement de 1847. Ceux qui croyaient que l'acte garantirait le marché des fluctuations violentes de la valeur de l'argent, ont dû se détromper en voyant la différence entre le maximum et le minimum du taux de l'escompte qui, dans les années calamiteuses de 1837 et 1839, avait été de 2 1/4 à 2 3/4 p. °/₀, s'élever en 1847 à 6 3/4 p. °/₀. Ceux qui pensaient que désormais on ne verrait plus de faillites aussi nombreuses et aussi importantes ont dû trouver une réponse concluante, quand le gouverneur de la Banque à raconté comment, à Londres seulement, trente-trois grandes maisons avaient manqué pour une somme de 8,129,000 *l.* Si l'énormité des spéculations sur chemins de fer est un mal auquel un bon système de banques doit porter remède, le système n'est pas celui de l'acte de 1844, sous l'empire duquel, en deux ans et demi, la somme énorme de 76,390,000 *l.* a été dépensée en chemins de fer. Enfin si l'on a cru que l'acte de 1844 assurerait au commerce du crédit à des conditions modérées, on a dû changer d'opinion en présence des témoignages de l'enquête desquels il résulte qu'en 1847, le commerce a payé souvent, outre l'intérêt de 9 à 10 p. °/₀, une commission qui portait le prix du crédit à 10, à 20 à 30 p. °/₀ selon le temps que l'effet escompté avait à courir. »

Nous n'aurions pas autant insisté sur les défauts de l'acte de 1844, s'il n'était fondé sur des erreurs répandues en France et qui ont contribué en 1848 à faire décréter le monopole des banques de circulation. Désormais, les intérêts que ces erreurs protégent sont devenus tellement puissants, qu'on ne doit pas espérer une modification prochaine de l'opinion; l'expérience seule peut renverser l'autorité de l'école métallique; mais le devoir de l'écrivain, même isolé, est de protester au nom des principes et d'interrompre en quelque sorte la prescription que l'on voudrait faire prévaloir contre la vérité.

Revenons à l'exposé des faits :

A la fin de 1847, la Banque d'Angleterre avait treize succursales qui faisaient de médiocres affaires dans les villes où elles étaient établies. Leur circulation moyenne à vue et au porteur s'élevait à 6,527,740 *l.*, et leurs billets à sept et à vingt-un jours de vue à 242,734 *l.*; leurs dépôts ne dépassaient pas 1,200,000 *l.* Le bilan général de cette Banque, mis sous la forme des bilans ordinaires, présentait, au 25 juillet 1863, les chiffres suivants :

Doit.		Avoir.	
Capital et réserve. . . .	18,002,113 *l.*	Dette de l'État. . . .	14,475,000 *l.*
C/ c/ de l'État. . . .	6,126,668	Effets publics.	7,628,526
— des particuliers. .	13,005,322	Portefeuille.	21,952,601
Billets à vue.	21,321,300	Espèces.	15,081,152
— à sept jours. . .	681,876		
Total.	59,137,279 *l.*	Total.	59,137,279 *l.*

§ 2. — *Banques provinciales.*

A côté de la Banque d'Angleterre, il existe, comme nous l'avons déjà dit, des banques particulières de deux sortes dans les comtés, et d'autres banques à Londres. Dans les comtés on distingue les banques particulières, qui ne peuvent avoir plus de six associés, des banques par actions, *Joint stock banks*. Les unes et les autres pouvaient émettre, avant 1844, des billets-monnaie à la condition de prendre une licence de 30 *l.* payables annuellement, comme chez nous la patente. De ces banques, dans les deux catégories, les unes émettaient des billets-monnaie, les autres se bornaient aux opérations ordinaires de nos banquiers. Au 7 octobre 1848, on comptait en Angleterre et dans le pays de Galles 184 banques particulières de circulation, formant avec leurs succursales 375 bureaux d'émission et 66 banques par actions [1], ayant, avec leurs succursales, 407 bureaux. On en comptait 8 du même genre en Irlande avec 155 bureaux, et en totalisant les nombres pour les Trois-Royaumes on trouvait 277 banques de circulation et 1,354 bureaux d'émission.

Pendant les cinq années qui avaient précédé l'acte de 1844, la circulation des banques provinciales d'Angleterre tendait à se réduire à de justes limites, sous l'empire des mêmes causes qui ont réduit celle des banques d'Écosse. En 1839, cette circulation s'élevait à 11,715,527 *l.*; en 1843, elle n'était plus que de 7,667,916 *l.* Les banques dont le capital était trop faible disparaissaient, et les échanges de billets de banque à banque, devenus plus fréquents, éliminaient de la circulation le papier parasite. L'acte de 1844 devait précipiter le mouvement; aussi au 30 décembre 1848, la circulation des banques particulières s'élevait à 3,492,340 *l.*, et celle des banques par actions à 2,529,498 *l.*, en tout 6,021,838 *l.* [2] On peut supposer toutefois que lors même que cet acte n'aurait pas existé, la circulation des banques de comté n'aurait guère moins diminué. Ces banques échangent leurs billets-monnaie par correspondance ou par l'intermédiaire de leurs agents sur la place de Londres; les différences se règlent en papier à vue sur Londres.

§ 3. — *Banques d'Irlande.*

L'Irlande a sa banque privilégiée, établie en 1783, au capital de 600,000 *l.*, à l'instar de la Banque d'Angleterre, et

[1] Le 25 juillet 1863, il n'y avait plus que 142 banques particulières et 63 banques par actions qui émissent des billets.

[2] Au 25 juillet 1863, la circulation autorisée de ces banques s'élevait à 7,567,499 liv., et leur circulation effective à 5,807,263 liv.

favorisée comme celle-ci par les lois de 1844 et 1845 : il existe aussi dans le même pays des banques par actions dont quelques-unes ont leur chef-lieu à Londres et leurs succursales seulement en Irlande.

Le bilan de la Banque d'Irlande présentait au 12 février 1848 les chiffres suivants :

DOIT.			AVOIR.	
Billets de 5 *l.* et plus. . .		1,867,300	Effets publics.	3,785,800
— au-dessous de 5 *l.* .		1,232,900	Portefeuille.	3,142,300
Comptes courants :			Espèces.	808,500
de l'État. .	1,336,600	3,497,100		
— privés. . .	2,160,500			
		6,597,300		7,736,600

On reconnaît bien vite à ces chiffres la banque d'État qui fait à peu près autant d'affaires avec le gouvernement qu'avec le public, et qui, malgré son crédit incontesté, conserve un encaisse important.

Le tableau suivant de la circulation moyenne des banques d'Irlande pendant les quatre semaines expirées le 23 juillet 1863 peut donner une idée de leur constitution.

DÉSIGNATION DES BANQUES.	BILLETS de 5 liv. st. et au-dessus.	BILLETS au-dessous de 5 liv. sterl.	TOTAL DES BILLETS	ESPÈCES.
Banque d'Irlande.	1,467,700	889,650	2,357,350	508,229
— Provinciale.	383,501	392,446	735,947	416,366
— de Belfast.	81,475	207,579	289,054	209,833
— du Nord.	60,990	171,062	232,052	179,129
— d'Ulster.	113,241	205,323	318,564	139,160
— Nationale.	549,460	464,060	1,013,520	501,250
Totaux.	2,656,367	2,330,120	4,986,487	1,953,967

Comme les banques d'Écosse, celles d'Irlande servent à l'agriculture et lui fournissent des billets de petites coupures. Établies, pour la plupart, depuis 1825 seulement, dans un pays dont les habitudes n'avaient rien de commercial, au milieu d'une population pauvre, illettrée, divisée par les passions politiques et religieuses, elles ont rendu des services considérables ; mais comme elles n'ont pas encore pénétré jusqu'aux dernières couches de la société, elles sont obligées de conserver des encaisses que d'ailleurs les lois de 1844 et 1845 ne leur permettront guère de réduire. — Les banques d'Irlande acceptent réciproquement leurs billets en payement et les échangent chaque jour à Dublin, de la même manière que les banques d'Écosse à Edinbourg.

§ 4. — *Banques de Londres.*

Enfin les opérations de banque se font à Londres par des maisons particulières et par des sociétés d'actionnaires. Ni les unes ni les autres n'émettent de billets-monnaie, mais l'activité commerciale de Londres, la concentration sur cette place des capitaux roulants et des payements de tous les points du Royaume-Uni, assurent aux banquiers qui y sont établis un grand nombre de comptes courants de première classe et d'énormes opérations de caisse.

Les banquiers de la Cité se livrent exclusivement aux opérations commerciales; ce sont en quelque sorte les caissiers des négociants de Londres. En effet, eux seuls reçoivent et payent les sommes un peu importantes. Lorsque le négociant achète, il paye presque toujours avec un mandat sur son banquier : lorsqu'il vend, il est payé de la même manière. Chacun estime avec raison qu'une caisse est incommode à garder, que les recouvrements, même sur place, seraient pénibles et nécessiteraient l'emploi d'un personnel; qu'il est désagréable de compter de l'or ou des billets de banque, d'être exposé à se tromper et à être trompé, etc. En conséquence, ils ont chez le banquier un compte courant qui n'est en quelque sorte qu'un compte de caisse : le banquier ne se met jamais à découvert et ne paye point d'intérêt, même médiocre, sur la balance de ses comptes.

Les banquiers du West en opèrent sur la noblesse ; ils reçoivent des dépôts à long terme et prêtent sur hypothèque. Souvent leur caisse est tenue, comme celle des négociants, par les banquiers de la Cité.

Avec de telles habitudes, sur une place comme Londres, les opérations de caisse ont une importance exceptionnelle. Aussi a-t-on trouvé moyen de les simplifier beaucoup et d'économiser, pour les banquiers comme pour les particuliers, l'usage de la monnaie.

Les banquiers ont deux manières de faire leurs payements par compensation. La plupart d'entre eux sont en compte courant avec la Banque d'Angleterre, et acquittent par des mandats sur sa caisse les dispositions faites sur eux et présentées par cette banque. Un plus petit nombre, les plus anciens, ont établi une chambre de compensation, *Clearing house*, qui jouit depuis longtemps dans le monde commercial d'une certaine célébrité.

Chacune des maisons admises à la Chambre de compensation, située dans l'ancien hôtel des postes, Lombard street, a un bureau séparé : un livre spécial et un commis sont affectés par elle aux opérations de cette chambre. Vers onze heures du matin, le commis arrive, chargé des traites et mandats du portefeuille de sa maison, payables sur les autres banquiers qui partagent son privilége. On a inscrit l'acquit au dos des traites, et le nom du banquier présentateur en travers des mandats. Le commis remet dans le pupitre particulier de chaque maison les valeurs payables chez elle, prend note de celles qui se trouvent déposées dans le sien, et quitte la chambre à midi. Il revient à trois heures avec de nouvelles valeurs, les dépose de la même façon que le matin et prend note de celles qui ont été remises dans son pupitre. De trois à quatre heures, on lui envoie de la maison d'autres valeurs au fur et à mesure qu'elles arrivent : il continue de les distribuer et d'annoter celles qu'on lui remet. A quatre heures, les boîtes sont fermées et on ne reçoit plus aucun effet. Chacun fait l'addition de chaque compte et inscrit les balances sur une demi-feuille de papier destinée à cet usage et au milieu de laquelle sont inscrits les noms des membres de la chambre. Deux colonnes réglées à droite et à gauche sont destinées à recevoir l'inscription du solde, débiteur ou créditeur. Le commis inscrit ces soldes, puis il les collationne successivement avec chacun de ses confrères. Est-on d'accord, la chose est constatée par un paragraphe ; n'est-on pas d'accord, on vérifie jusqu'à ce que l'erreur soit découverte. Puis chacun fait l'addition des soldes créditeurs et débiteurs et reçoit ou paye la différence.

Les valeurs refusées sont remises dans la boîte de la maison qui les présente, avec une note indiquant les motifs du refus; « défaut d'avis, défaut de provision, etc. » Si la valeur a été présentée à la tournée du matin avant midi, elle est ordinairement retournée avant quatre heures; mais en tout cas, lorsqu'elle n'est pas retournée avant cinq heures, on la considère comme acceptée. Si elle est remise après quatre heures, on l'inscrit au crédit d'un compte et au débit de l'autre au verso de la feuille de balance.

A cinq heures tout est terminé : deux inspecteurs appointés certifient les payements et vérifient les comptes, lorsque les sommes à payer ne se trouvent pas égales à celles à recevoir, ce qui atteste une erreur positive : si les comptes se trouvent en règle, les payements et recettes se font par des dispositions sur la Banque d'Angleterre où chacune des maisons admises à la Chambre de compensation a un compte courant ouvert. Les liquidations s'opèrent ainsi comme entre les agents de change de la Bourse de Paris.

Les traites des comtés ne sont point acquittées immédiatement à la Chambre : on les présente le matin à la maison sur laquelle elles sont tirées, et on les échange contre des reçus qui passent en compensation dans l'après-midi. — Les mandats qui arrivent après quatre heures sont présentés immédiatement à l'acceptation pour la compensation du lendemain : si l'acceptation est refusée, le banquier porteur peut les retourner le soir même ou le lendemain matin à celui qui les a fournis.

L'utilité de la Chambre de compensation est évidente : c'est par elle que passent la plupart des nombreux mandats auxquels donnent lieu d'heure en heure les opérations de Bourse. Les jours de liquidation, on y a payé quelquefois, en écritures, jusqu'à 14 millions sterling. L'ensemble des opérations pendant l'année 1840 s'était élevé à la somme énorme de 974,401,000 *l.*, sur laquelle il n'avait été payé en billets de banque qu'un solde de 66,275,000 *l.*, ou 6, 80 p. °/₀ environ [1].

[1] Il ne faut pas se faire illusion sur ces chiffres ni croire à la lettre qu'ils repré-

Les banquiers qui forment la Chambre de compensation ne reçoivent et ne payent entre eux que par cette voie. Ils constituent une sorte de corporation soigneusement fermée dans laquelle il n'est pas facile d'être admis : les banquiers nouvellement établis, quel que soit le capital dont ils disposent et la capacité qu'ils apportent, en sont rigoureusement exclus, au grand dommage des affaires en général, et de ceux même qui les excluent. C'est à grand'peine et après plusieurs années de réclamations que les banques par actions sont parvenues, en juin 1854, à forcer en quelque sorte l'entrée de la Chambre de compensation.

En 1855, les banquiers de Londres étaient au nombre de cent cinq. On comptait dans la même ville six banques par actions, dont la première et la plus importante, celle de Londres et de Westminster, n'avait réussi à s'établir qu'après une opposition obstinée de la part de la Banque d'Angleterre et des anciennes maisons. Il a fallu plaider, obtenir des décisions du parlement et supporter de petites tracasseries sans nombre, pour faire reconnaître qu'une banque par actions avait le droit d'exister à Londres. Les banques par actions *(Joint stock banks)* qui, depuis vingt années ont surmonté la plupart des obstacles que leur opposaient la Banque d'Angleterre, d'un côté, et la législation de l'autre, ont enfin obtenu en 1862 la faculté de se constituer sous le principe de la responsabilité limitée. Grâce à ce principe elles ont pris et prennent actuellement un développement qui peut-être changera le caractère du système anglais. Mais il reste bien entendu que le privilége de la Banque d'Angleterre ne permet à aucune de ces banques ni à aucune autre, à 60 milles de la capitale, d'émettre des billets à vue et au porteur.

Ce serait une erreur de croire que toutes les opérations de

sentent des affaires réelles. La Chambre de compensation sert principalement à la liquidation des affaires de bourse. A Paris, ces liquidations s'opèrent d'abord entre agents de change, exactement comme à la *Clearing house*, et entre agent de change et client à la Banque de France. En 1847, les escomptes faits par cet établissement ont excédé de 885 millions ceux de 1852. Cependant les virements qui, en 1847, atteignaient à peine 8 milliards se sont élevés en 1852 à 15 milliards. Peut on dire que cette augmentation des virements représente une augmentation des affaires réelles ?

banque de Londres soient effectuées par les maisons que nous venons d'énumérer. Grâce à l'abondance des affaires que fournit cette place, on a trouvé avantageux d'y diviser, plus qu'ailleurs, le travail. Il y existe un grand nombre de courtiers d'escompte, *bill brokers*, qui négocient directement du papier de commerce auprès des capitalistes et quelquefois auprès des banquiers eux-mêmes. Les maisons qui se bornent aux arbitrages et dont quelques-unes sont de premier ordre ne sont point considérées comme maisons de banque, mais comme de simples négociants, parce qu'elles n'ont point de caisse et se servent, par conséquent, du ministère d'un banquier.

Si, maintenant, nous jetons un coup d'œil sur l'ensemble du système anglais, nous n'y trouvons pas à la base la même solidité qu'en Ecosse ou même que dans le Massachusetts. Une partie considérable de la population, les agriculteurs, reste presque étrangère aux opérations de banque : elle donne et obtient peu de crédit : il est vrai qu'en Angleterre les agriculteurs ne forment guère que le tiers de la population totale.

On remarque dans l'ensemble du système anglais beaucoup de dureté pour le capitaliste : il ne reçoit que par exception un intérêt sur les fonds déposés ou sur les soldes de compte courant : encore faut-il que son compte ait peu d'activité pour qu'il en retire un bénéfice, parce que dans les provinces chaque demande qu'il fait à la caisse de son banquier est frappée d'une commission. A Londres, cette commission n'existe pas, mais aussi les comptes courants ne rapportent aucun intérêt aux ayants comptes. Les habitudes de la population tendent à procurer aux banquiers, à Londres surtout, l'usage gratuit de capitaux abondants. Quelle que soit la mobilité des comptes courants, les sommes qu'ils représentent ne varient guère que dans les grandes crises.

Toutefois le placement des fonds ainsi obtenus est bien autrement dangereux et difficile que celui des fonds produits par l'émission de billets-monnaie. C'est la mobilité des comptes courants qui donne aux établissements de banque existant en Angleterre l'agitation et, si l'on peut ainsi dire, la *contractilité* qui les distinguent essentiellement. Avec une telle constitution, l'ensemble du système a besoin d'une réserve qui se trouve à la Banque d'Angleterre, sorte de clef de voûte sur laquelle tout vient s'appuyer dès qu'il se produit une secousse. Il est vrai que cette réserve coûte cher, parce que le monopole de la Banque d'Angleterre présente des obstacles presque insurmontables à tout établissement d'un système général de crédit plus solide : cette réserve coûtera plus cher encore, si le monopole s'étend, et supprime, comme on le pense, toute banque de circulation en Angleterre, s'il parvient à effectuer dans les affaires, chose rare chez nos voisins, un progrès rétrograde.

CHAPITRE IV.

BANQUES BELGES.

Il est peu de pays en Europe où l'on ait tenté avec autant de hardiesse et de persévérance qu'en Belgique de faire de grandes choses par l'association de petits capitaux. On y a procédé par voie de privilége, comme dans les autres Etats du continent, et on y fait de grands efforts pour donner au crédit un caractère impersonnel en quelque sorte. Mais, à la différence des pays qui ont procédé dans le même ordre d'idées, la Belgique, gouvernée par des hommes d'affaires intelligents et désireux de faire le bien, a vu ses établissements privilégiés montrer une activité presque digne des banques libres, et imprimer le mouvement aux affaires industrielles.

La plus ancienne, la plus importante des banques belges est la « Société Générale pour favoriser l'industrie nationale. » Fondé en 1822, avec les statuts qui conviennent à une banque exclusivement commerciale et de circulation, cet établissement est devenu peu a peu le centre de toutes les grandes affaires de crédit du pays, et il a fini par être surtout une banque de placement et de spéculation. Caissier de l'Etat, dépositaire des fonds amassés par l'épargne et la prévoyance, prêteur bien aussi sur hypothèque, sur fonds publics et sur marchandises, que sur papier de commerce, commanditaire et fondateur de presque toutes les grandes entreprises du pays, il émettait concurremment des billets-monnaie et des obligations à terme portant intérêt, et réunissait ainsi presque toutes les opérations de banque. La Société Générale a joui pendant longtemps d'un crédit en quelque sorte sans limites et d'une influence assez grande pour inspirer à un moment donné des soucis et des inquiétudes au Gouvernement. Alors fut fondée, à la date du 24 février 1835, en vue des mêmes opérations que faisait la Société Générale, et sur les mêmes bases théoriques, la « Banque de Belgique. »

Il y aurait pour les praticiens un grand profit à retirer d'une étude attentive et approfondie de l'histoire de ces deux banques : ils y trouveraient la confirmation la plus éclatante des enseignements de la théorie. Elles ont, l'une et l'autre, rendu de grands services, conduit des affaires importantes et inspiré des espérances presque infinies : elles ont été également impuissantes à résister aux épreuves auxquelles les établissements de crédit doivent toujours être préparés. L'une et l'autre avaient pris des engagements pour des sommes fixes et à échéance indéterminée, à l'exécution desquelles elles n'avaient pourvu que par la formation d'un actif immobilisé, exposé aux vicissitudes des réalisations. Il était impossible qu'elles ne fussent pas amenées par les crises à suspendre leurs payements.

Lorsque les difficultés relatives aux provinces du Limbourg et du Luxembourg firent craindre un moment que la Belgique fût exposée à la guerre, le crédit subit, à Bruxelles, une contraction violente, et les difficultés de la situation pesèrent particulièrement sur la Banque de Belgique. Sa fondation était récente, et son sort semblait lié à celui du nouveau gouvernement, tandis que sa puissante rivale, œuvre de l'ancien gouvernement des Pays-Bas, paraissait devoir résister à toutes les révolutions. La Société Générale voulut tirer avantage de cette situation pour accabler sa concurrente : le 4 décembre 1838, elle présenta au change un million de billets au porteur de la Banque de Belgique ; le 10, elle en présenta pour une somme de 1,200,000 fr., et le 15, pour 300,000 fr. La Banque de Belgique fut obligée de suspendre [1].

Il faut remarquer du reste que, dans cette crise, les fonds déposés en compte courant avaient été retirés avant les billets, et que le montant des billets était réclamé, non par le public, mais par une main ennemie. Les émissions de la Banque de Belgique avaient été si peu exagérées, qu'au 5 décembre 1838 il n'y avait pas tout à fait pour trois millions de ses billets en circulation.

Le gouvernement dût venir au secours de la Banque de Belgique dont l'embarras momentané porta un coup terrible aux entreprises qu'elle avait commanditées. Quant à la cause première de la catastrophe, elle n'était pas douteuse. L'homme éclairé qui dirigeait alors la Banque, l'indiquait formellement dans son rapport du 28 février 1839 : « L'administration, disait-il, a engagé les capitaux de manière à ne pas pouvoir les mobiliser promptement. Les prêts faits à l'industrie et ceux sur actions industrielles sont la cause la plus frappante de la gêne prolongée de la Banque. »

Cependant, la crise passée, la Banque de Belgique suivit à peu près les mêmes errements que par le passé, mais avec une grande timidité : la Société Générale s'engagea plus hardiment que jamais dans la voie qu'elle avait frayée. Aussi, dans la grande crise de 1848, les deux banques rivales eurent le même sort et furent réduites à implorer l'appui du gouvernement. Une loi du 20 mars 1848 donna cours forcé aux billets-monnaie de l'une et de l'autre, en fixant un maximum d'émission qu'il fallut bientôt élever, et en faisant servir à l'État l'intérêt des émissions supplémentaires. Le 26 décembre 1849, le ministre des finances se plaignait à la chambre des représentants de ce que l'État eût été réduit à cautionner ces deux établissements de crédit jusqu'à concurrence de la somme de 54 millions.

Alors on résolut de fonder, sur le modèle de la Banque de France, un établissement de réserve en quelque sorte : « la

[1] Rapport de M. de Brouckère à l'assemblée générale des actionnaires de la Banque de Belgique, le 28 février 1839.

Banque nationale. » Les statuts de cet établissement lui interdisent, dans les termes les plus formels, les opérations par lesquelles il pourrait immobiliser ses capitaux, et le restreignent en quelque sorte à l'escompte. La Banque nationale, fondée au capital effectif de 15 millions de francs, fournis par la Société Générale et par la Banque de Belgique [1], a obtenu, par des conventions successives du gouvernement avec les autres banques, le privilége exclusif d'émettre des billets à vue et au porteur, et à peu près aussi le monopole de l'escompte proprement dit. En vertu de la loi du 10 mai 1850, cette banque fait en même temps le service de caissier de l'État, moyennant une indemnité annuelle fixe de 200,000 fr. Mais comme, par la loi qui constitue la Banque nationale, un sixième des bénéfices excédant 6 p. °/₀, a été réservé à l'État (art. 7 de la loi), la Belgique obtient gratuitement [2], comme prix du privilége accordé à la Banque nationale, le service de centralisation et de mouvement des fonds du Trésor qui coûte si cher à la France.

La Banque nationale peut faire des recouvrements au dehors, et le papier fourni par ses recouvrements s'est élevé pendant l'année 1855 à la somme de 126,583,222 fr., ce qui faisait un tiers environ du portefeuille total. Les coupures de ses billets-monnaie sont de 1,000, de 500, de 100, de 50 et de 20 fr. : elles lui permettent de faire pénétrer ses billets bien plus profondément dans la circulation que ne pénètrent ceux de la Banque de France.

Au 31 décembre 1862, la Banque nationale avait une succursale à Anvers et vingt-cinq Comptoirs dans diverses localités. Son bilan, à la même époque, se résumait par les chiffres suivants :

[1] Le capital nominal de la Banque nationale est de 25 millions. Dix millions d'actions ont été attribués à la Société Générale, et quinze millions à la Banque de Belgique.

[2] La part de l'État dans les bénéfices de la Banque dépasse même la somme qu'il paye pour prix de son service de Trésorerie. En 1862, cette part s'est élevée à plus de 365,000 fr.

DOIT.		AVOIR.	
Capital et Réserve. . .	32,120,097 06	Portefeuille.	139,383,409 61
Billets.	122,474,420 »	Caisse.	73,692,108 79
Dépôts.	67,852,803 23	Fonds publics. . . .	6,810,876 04
Mandats à payer. . .	96,264 89	Prêts sur fonds publics.	3,759,913 86
Réescomptes et divid.	2,367,086 38	Immeubles et mobilier.	1,387,391 31
Trésor public. . . .	365,503 27	Divers.	318,032 50
Part de l'administr. .	75,557 28		
Total. . . .	225,351,732 11	Total. . . .	225,351,732 11

Le compte-rendu des opérations de la Société Générale et les tableaux qui y sont annexés contiennent un grand nombre de faits intéressants et dignes d'étude que les limites et le plan de cet ouvrage ne nous permettent ni d'énoncer, ni de discuter.

Au bout de quelques années, après une liquidation qui n'a pas été exempte de difficulté, la Société Générale se dégageait, par des réalisations fort heureuses, des embarras de 1848. La liquidation des affaires de la Banque de Belgique fut plus facile encore, parce que cet établissement, paralysé en quelque sorte par les souvenirs de 1838, avait opéré avec plus de précaution.

Voici comment la Société Générale et la Banque de Belgique résumaient leur situation dans les bilans arrêtés au 31 décembre 1862 et publiés à la suite des comptes-rendus des opérations de cette année.

PASSIF.	SOCIÉTÉ GÉNÉRALE.	BANQUE DE BELGIQUE.	ACTIF.	SOCIÉTÉ GÉNÉRALE.	BANQUE DE BELGIQUE.
Capital et Réserve....	70,439,979 04	30,164,536 22	Caisse..............	6,619,542 »	2,284,829 08
Dividendes et Int.....	4,284,949 28	2,413,934 78	Portefeuille.........	17 190 137 75	11,271,703 53
Billets..............	223,650 »	42,425 »	Valeurs mobilières...	8,339,861 42	1,256,600 »
Caisse d'épargne	18 431 926 57	»	Fonds publics........	5,418,630 80	2 483,962 58
Instit. de prévoyance.	299,144 35	»	Prêts et reports......	1.298,916 64	2,933,670 84
Obligations..........	26,406,000 »	10,592,900 »	Obligations et Actions.	78,825,858 28	24,804 980 19
Dépôts..............	11,039 250 95	15,464,931 10	Liquidations.........	567 327 23	»
Divers..............	629,213 78	7,691 02	C/ C/ débiteurs......	17,100,989 91	13,912,947 76
			Divers..............	1 395,949 94	237,724 14
	131,754,213 97	58,686,418 12		131,754,213 97	58 686,418 12

On voit par ces bilans que les billets au porteur qu'émettaient autrefois la Société Générale et la Banque de Belgique, et dont le cours forcé n'a cessé qu'en 1855, ne figurent plus que pour mémoire au passif de ces établissements. On en peut dire autant, quant à la Banque de Belgique, des fonds de Caisse d'épargne. La Société Générale continue de recevoir ces dépôts, si dangereux dans les moments de crise.

Le système belge, on le voit, n'est autre, à tout prendre, que le système français dirigé par un gouvernement d'hommes d'affaires intelligents et actifs. Il se distingue par des traits bien marqués des systèmes appliqués en Écosse et en Amérique. En Belgique, l'initiative est venue de l'État plutôt que des particuliers : aussi les opérations de banque ont-elles pris en ce pays, plus qu'en tout autre, la forme administrative. On y a négligé les petites entreprises et les petits entrepreneurs pour faire de grandes affaires et créer de grandes entreprises. Aussi les banques publiques ont-elles pénétré bien moins qu'ailleurs dans les habitudes et dans les affaires de la masse des populations. Il suffit pour se convaincre de ce fait de considérer le chiffre des billets en émission et de le comparer aux besoins d'une population nombreuse, dense et industrieuse comme celle de la Belgique.

Ce qui s'est passé dans les crises nous en fournit une autre preuve. En effet, bien qu'un homme fort éclairé ait dit devant une commission d'enquête du parlement anglais qu'il n'y avait aucun remède contre la présentation des billets au moment des crises politiques, on a pu remarquer que les banques d'Écosse avaient traversé sans chanceler depuis quatre-vingts ans plusieurs crises de ce genre. Nous en avons indiqué la cause : c'est que la population tout entière se sent intéressée à leurs affaires et notamment à la circulation de leurs billets. En Belgique, les banques sont des banques de capitalistes : leur but principal est de réunir les petits capitaux et de les placer par grandes masses, de manière à obtenir toujours des créations et des émissions de titres et à établir une industrie dont la constitution administrative semble avoir pour but les choses plutôt que les hommes. De là l'isolement dans lequel elles se sont trouvées, comme toutes les banques du continent européen, au moment des crises.

Sans doute il y avait dans la constitution même de la Société Générale et de la Banque de Belgique, comme banques de circulation, des vices nombreux, notamment l'immobilisation de leurs capitaux et leur prédilection pour des gages susceptibles d'une grande dépréciation. Mais ce n'est pas là qu'il faut chercher la cause de la suspension de leurs payements, puisque la Banque de France, qui jusque-là avait borné ses opérations à l'escompte du papier de commerce, a été, elle aussi, obligée de suspendre. C'est parce que, dans l'un et l'autre pays, chaque particulier n'avait pas un intérêt direct, personnel, bien compris et bien défini dans les affaires des banques publiques, et ceci justement par l'effet du monopole.

Cependant l'opinion publique a conclu, en Belgique aussi bien qu'en France, qu'il fallait concentrer et renforcer le monopole. « N'avons-nous pas la liberté des banques, s'écriait le ministre des finances dans l'exposé des motifs de la loi de 1850, n'avons-nous pas la liberté des banques? Quel bien en est-il résulté pour la circulation?... Combien de banques possédons-nous? il n'existe que quatre établissements émettant des billets, la Société Générale, la Banque de Belgique, la Banque de Flandre (à Gand), la Banque liégeoise, et... les affaires des banques comme établissements d'émission et d'escompte bien entendu ont été en général si restreintes... qu'il est rare de rencontrer des billets d'une banque locale dans une autre province, même limitrophe de celle où siége l'établissement qui les émet. Il en est même qui, en fait, ont renoncé entièrement à leurs émissions. »

Est-il bien vrai de dire qu'avant 1850 la Belgique était au régime de la liberté des banques? La Société Générale n'était-elle pas une création du gouvernement? n'avait-elle pas été fondée au moyen des ressources du domaine public et investie de priviléges exceptionnels? N'avait-elle pas pris sur les affaires un tel ascendant qu'il était impossible de rien tenter à côté d'elle et en dehors d'elle? Nous avons vu comment elle avait procédé avec la Banque de Belgique : à quelle guerre n'auraient pas été exposés des établissements plus faibles et qui n'auraient pas compté sur l'appui du gouvernement! L'influence de la Société Générale avait d'ailleurs appelé les capitaux à des opérations tout autres que l'escompte, aux placements industriels : son exemple, autant que son privilége, nuisait à la liberté.

Il est possible, du reste, que les habitudes des Belges comme celles des Français répugnent au développement d'un système de crédit étendu et solide : il est certain que la liberté ne pourrait donner dans l'un et l'autre pays des résultats très-utiles qu'au bout d'un temps assez long et à la suite d'expériences réitérées. Mais les difficultés tiennent uniquement à l'état et à la direction de l'opinion et non à la nature des choses.

En Belgique on s'est bien hâté de répéter, comme en France, l'incroyable assertion de M. Thiers : « C'est un projet insensé que celui de vouloir établir deux banques dans une même localité [1]. » Comme s'il n'existait pas, depuis plus d'un siècle, plusieurs banques de circulation à Édinbourg! comme si l'on n'en comptait pas trente au moins qui opèrent depuis plus de trente ans avec un grand succès dans la seule ville de Boston, bien moins importante que Bruxelles!

Ce qui est vrai, c'est la difficulté de faire exister ensemble deux banques privilégiées, non-seulement dans la même localité, mais dans le même pays. On en a fait l'expérience en Écosse au commencement du siècle passé, aux États-Unis, il y a quarante ans et plus récemment en Angleterre, en France et en Belgique. Le privilége est destructeur de sa nature : il tend volontiers à acquérir le monopole des affaires qui existent : il n'essaye presque jamais d'en faire de nouvelles. En Belgique même, où les banques privilégiées se sont montrées plus actives et plus hardies qu'en tout autre pays, il n'est pas certain qu'elles n'aient pas empêché plus d'affaires qu'elle n'en ont créé, et il est constant qu'elles ont donné à l'industrie une direction artificielle dont il n'y a pas lieu de se féliciter. Les progrès industriels de la Belgique sont incontestables, mais je crois qu'ils ont eu lieu plutôt malgré les banques que par les banques de Bruxelles.

Quoi qu'il en soit, l'ensemble du système étant accepté, la création de la Banque nationale est une amélioration incontestable. Partout où la Banque de placement et de spéculation a pris un développement, il est utile d'avoir une banque de réserve, un régulateur, parce qu'il faut s'attendre à des crises

[1] *Exposé des motifs de la loi de* 1850, par M. Frère Orban, ministre des finances.

profondes et fréquentes; mais il serait plus utile que les efforts des hommes d'affaires tendissent à faire pénétrer plus profondément dans la population l'usage des banques d'escompte et des billets-monnaie : on n'aurait pas été réduit à constituer par le privilége une Banque de réserve.

CHAPITRE V.

BANQUES ITALIENNES ET ESPAGNOLES.

§ 1. — *Banques italiennes.*

Les plus anciennes banques de l'Europe moderne étaient italiennes, et ce sont les Italiens qui ont inventé ou conservé et répandu dans le monde des procédés au moyen desquels s'établissent et fonctionnent la plupart des institutions de crédit. Toutefois l'Italie n'est pas actuellement, sous ce rapport, plus avancée que les autres pays. Celles des anciennes banques de dépôt qui avaient duré jusqu'à la fin du siècle dernier périrent dans la grande transformation sociale qui suivit la révolution française. La seule qui ait survécu est une banque appliquée spécialement au crédit foncier et dont on fait remonter l'origine au commencement du XVIIe siècle, époque antérieure à la fondation de la Banque d'Angleterre. C'est le *Monte dei Paschi*, de Sienne. Les autres établissements de crédit datent de ce siècle : les plus anciens, comme ceux des deux Siciles, qui reposent il est vrai sur des fondations antérieures, sont de 1816.

La Toscane, le seul Etat du royaume d'Italie, le Piémont excepté, qui eût introduit sur son territoire les institutions de crédit modernes, a une banque établie, comme celles des deux Siciles, sur d'anciennes fondations en 1816, puis refondue et reconstituée dans la forme moderne en 1857. Elle fonctionne à Florence et à Livourne et a le droit d'établir des succursales dans les autres villes de Toscane.

Voici quelle était sa situation à la fin de 1862 :

ACTIF.		PASSIF.	
Portefeuille............L.	21,835,250 68	Capital..............L.	10.000,000 »
Prêts sur gages..........	4,899,250 »	Billets en circulation......	27,726,468 »
Dû par le gouvernement..	6,680,000 »	Dépôts sans intérêts.......	384,699 40
Fonds publics............	390,364 »	Dépôts avec intérêts......	1,360 80
Espèces..................	6,065,388 60	Réescomptes, intérêts, etc.	1,596,259 50
Divers...................	459,173 46	Mandats à ordre..........	109,231 56
		Divers..................	511,406 49
Total...........	40,329,405 84	Total...........	40,329,405 84

En dehors du royaume d'Italie, à Rome, existe une *Banque de l'État pontifical*, constituée en 1851, dont le capital actuel s'élève à 684,800 écus romains, qui émet des billets aux coupures de 5, 10, 20, 50 et 200 écus. Cette banque, autorisée à faire toutes les opérations ordinaires des établissements de ce genre, a jusqu'à présent servi à l'état beaucoup plus qu'au commerce.

Il y a encore quelques autres banques moins importantes en diverses parties de l'Italie; mais la principale à tous égards est en Piémont. C'est de là qu'est parti le mouvement de rénovation des institutions de crédit en Italie.

Le Piémont n'a eu pendant longtemps d'autre industrie que l'agriculture, et d'autre commerce qu'un trafic de consommation peu important; mais, depuis la paix de 1815, il a fait, sous l'influence d'un gouvernement éclairé, des efforts considérables pour imprimer une activité plus grande à toutes les branches du travail national. Dans ce pays comme en Belgique et plus qu'en Belgique peut-être, le mouvement est venu d'en haut, du pouvoir politique. Il ne faut donc pas s'étonner que les idées et les préjugés qui existent en France, en matière de banques publiques, se soient implantés tout d'adord dans les États sardes et y aient pris racine.

Les premières tentatives pour fonder un établissement de crédit eurent pour objet de faire revivre, à Gênes, l'ancienne et célèbre banque de Saint-Georges, qui avait péri en 1797. Ces tentatives furent sans succès, et il n'y a pas lieu de le regretter, car la banque de Saint-Georges était appropriée à des mœurs et à des usages commerciaux qui ont cessé d'exister. Des lettres patentes du roi Charles Albert, en date du 16 mars 1844, autorisèrent la formation d'une société anonyme, au capital de 4 millions, pour l'établissement d'une banque de circulation, sous le nom de *Banque de Gênes*, et sous la surveillance d'un commissaire et d'un sous-commissaire royal. Cette banque reçut de l'État, en 1846 et pendant les années suivantes, une subvention de 4 millions, dont elle payait l'intérêt à raison de 2 p. °/₀. Le 16 octobre 1847, une autre banque de circulation était fondée à Turin, au capital de 4 millions. Mais les nécessités de la grande crise de 1848 ne permirent pas à celle-ci de se développer.

En 1848, les chambres ayant investi le gouvernement du roi de pouvoirs dictatoriaux, un emprunt de 20 millions fut résolu. La banque de Gênes dut fournir à l'État cette somme, à raison de 2 p. °/₀, sous la garantie d'une hypothèque spéciale sur les biens de l'Ordre des saints Maurice et Lazare. Le gouvernement avait donné cours forcé à ses billets; il l'autorisa à en émettre pour 20 millions de plus qu'elle n'y était autorisée auparavant, et à porter la plus petite coupure de ces billets de 250 fr. à 100 fr., à condition de ne pas émettre de billets de 100 fr. pour une somme supérieure au cinquième de la valeur totale du papier en circulation. Les 20 millions furent bientôt remboursés à la banque, et le payement des billets à vue et au porteur reprit dès la fin de l'année 1849.

Une ordonnance royale du 14 décembre 1849 autorisa les deux banques de Gênes et de Turin à se fondre en une seule, sous la dénomination de *Banque nationale*, avec bureau à Gênes et à Turin. La durée de la Société fut fixée à trente ans, à partir du 1er janvier 1850 et son capital à 8 millions : il fut porté plus tard à 32 millions.

Une loi du 26 avril 1852 avait autorisé la création d'une autre banque de circulation à Annecy, avec une succursale à Chambéry, sous le nom de *Banque de Savoie*, au capital de 1,600,000 fr. Ses statuts ont été calqués sur ceux de la Banque nationale. Cette *Banque de Savoie*, qui a parcouru une honorable, mais modeste carrière commerciale, se trouve aujourd'hui en France, et les garanties légales que lui assure l'annexion donnent lieu à une tentative dont nous ne connaissons pas encore le résultat, pour battre en brèche le privilége de la Banque de France.

Quant à la Banque nationale de Piémont, elle a suivi la fortune du Piémont lui-même et n'a cessé de grandir et d'envahir. Déjà, avant la dernière guerre, elle avait établi une succursale à Alexandrie. En 1856, elle s'obligeait à en établir une autre à Cagliari et à prêter au gouvernement une somme de 450,000 livres pour rembourser une sorte de papier-monnaie qui avait cours en Sardaigne. La succursale de Cagliari était autorisée à émettre pour 2 millions de billets de 20 francs.

Dans la même année 1856, il fallut, pour traverser la crise monétaire, autoriser la banque nationale à dépasser le maximum d'un tiers de l'encaisse que les statuts rédigés selon la routine avaient assigné à l'émission de ses billets.

Le 27 avril 1859, à l'occasion de la guerre avec l'Autriche, la Banque obtint le cours forcé de ses billets avec l'autorisation d'émettre 6 millions de billets de 20 francs, et ouvrit au gouvernement un crédit de 30 millions à 2 p. °/₀ Comme le gouvernement n'usa pas du crédit ouvert et que la Banque elle-même se conduisit avec prudence, son papier ne tomba que de quelques centimes au-dessous du pair, et les billets de 20 francs entrèrent sans difficulté dans la circulation.

Le 11 juin 1859, le cours forcé des billets de la Banque était étendu à tout le territoire occupé par les troupes sardes; on décrétait l'émission de nouvelles actions et l'établissement d'un siége (*sede*) de la Banque à Milan. Le capital de cet établissement fut alors porté à 40 millions. Ses statuts, modifiés par décret du 1er octobre, confièrent l'administration générale à un Conseil supérieur de neuf membres et l'exécution à un directeur général nommé par ce Conseil. Trois *siéges* furent établis à Turin, à Gênes et à Milan, et il fut décrété que les succursales seraient placées sous la surveillance d'un de ces trois siéges.

On comprend que ce système de *siéges* et cette forme fédérative en quelque sorte donnée à l'administration de la Banque, ont eu pour but de ménager les susceptibilités locales et d'arriver peu à peu et sans secousse à l'unité de banque pour toute l'Italie. C'est un système inspiré par la politique et essentiellement transitoire. Du reste, en même temps qu'on l'établissait, on imposait à la Banque la surveillance de commissaires royaux nommés auprès de chaque siége et de chaque succursale.

En même temps qu'elle s'étendait, la Banque reprenait le payement de ses billets en espèces et ouvrait au gouvernement un crédit de 18 millions. En 1860, elle fondait des succursales à Bergame, à Brescia, à Côme, à Modène, puis à Ancône et à Pérouse. Ensuite elle absorbait la Banque des quatre légations, de Bologne, puis celle de Parme, qui étaient remplacées par des succursales : des succursales étaient également établies à Ferrare, à Forli et à Ravenne.

Lors de l'annexion de Naples au royaume d'Italie, la question de la pluralité des banques fut très-sérieusement posée et discutée dans des négociations qui eurent lieu entre les promoteurs d'une banque napolitaine, le gouvernement et les représentants de la Banque nationale. La question fut tranchée un peu brusquement dans le sens de l'unité, sous l'influence de préoccupations politiques plutôt que par des considérations économiques. La Banque nationale fut simplement autorisée par un décret à établir un *siége* à Naples, avec succursales à Aquila, Bari, Catane, Catanzaro, Chieti, Foggia, Messine et Reggio : on autorisait aussi des succursales à Pavie, à Crémone et à Plaisance.

L'absorption de la Banque de Toscane n'est pas encore consommée ; mais elle est comprise dans un projet de réforme des statuts de la Banque nationale, par laquelle son capital doit être porté à 100 millions, en même temps qu'elle prendra le titre de *Banque d'Italie*.

Cette Banque a fait jusqu'à présent à peu près les mêmes opérations que la Banque de France ; elle y joint des prêts sur dépôts de soies brutes, et organsins ou trames, marchandise qui a toujours sur place un prix courant bien déterminé. Elle n'est pas astreinte à l'escompte du papier de place seulement et prend couramment celui sur Paris, Lyon, Marseille et Genève, qu'elle peut au choix de ses directeurs, recouvrer ou négocier. Elle peut aussi bonifier un intérêt à ses ayants-compte ; mais elle est assujettie à l'obligation des trois signatures, et à celle de garder en caisse une somme au moins égale à un tiers de celle des billets et des dépôts exigibles sur demande.

Voici quelle était, au 31 décembre 1862, la situation de la Banque nationale :

DOIT.		AVOIR	
Capital et réserve.......	34,919,812 72	Caisse..................	53,850,472 31
Billets au porteur........	112,725,812 40	Portefeuille............	109,271,264 54
— à ordre..........	2,538,276 96	Avances sur valeurs.....	28,504,745 06
Dépôts particuliers......	15,068,488 77	Immeubles...............	2,834,482 77
— du Trésor.......	4,798,142 38	Fonds publics...........	10,466,171 85
		Liquidation des banques de Bologne et de Nice..	2,375,563 10
Divers.................	42,887,653 40		
		Divers..................	5,635,487 »
Total............	212,938,186 63	Total............	212,938,186 63

Un décret royal piémontais, du 23 janvier 1853, avait autorisé la création d'un comptoir d'escompte, sous le nom de *Caisse du Commerce et de l'Industrie*. Cet établissement dont le capital est aujourd'hui de 8 millions escompte le papier à deux signatures, fait des avances sur titres de l'État ou des communes, sur actions industrielles, sur récépissés de marchandises, et prête à découvert sous caution solvable. Enfin, le 24 avril 1863, un décret royal a autorisé une société sous le titre de *Banque du Crédit italien*, sur le plan de notre Crédit mobilier [1].

La législation italienne, en matière de banques publiques, se rapproche beaucoup de la législation française et tend à devenir exactement semblable. On remarque, du reste, dans l'Italie moderne, les mêmes préjugés et le même esprit de monopole qu'en France; mêmes terreurs sur les abus possibles de la circulation des billets, sur les petites coupures; mêmes phrases sur la nécessité d'empêcher les abus des banques par des restrictions sur les signatures, sur l'encaisse, etc. Avec de telles idées on ne peut aboutir qu'au monopole, agréable jusqu'à un certain point pour ceux qui en jouissent, mais fatal aux intérêts du pays, parce qu'il ne peut pas distribuer le crédit avec la même largeur et la même intelligence que les banques nombreuses et empêche ces banques d'exister.

[1] Je dois les renseignements qui forment la matière de ce paragraphe à l'obligeance de M. Scialoja, ancien ministre de Naples, sénateur italien et l'un des économistes les plus distingués de notre temps.

§ 2. — *Banques espagnoles.*

L'Espagne, comme l'Italie, a eu de bonne heure des banques de dépôt au moyen âge, et celle de Barcelone a joui d'une certaine célébrité. Mais ces institutions avaient péri dans la décadence commerciale qui signala la domination de la maison d'Autriche. Dans le mouvement de renaissance du siècle dernier, on établit à Madrid la Banque de Saint-Charles. Les temps agités qui ont suivi ne permirent guère au crédit de se développer : cependant de nombreux essais ont été tentés et dans ces derniers temps l'Espagne a fait des efforts qui la mettent, sous ce rapport, au niveau des autres États du continent européen.

Ce qu'il y a de remarquable dans la législation de ce pays, c'est qu'elle ne semble pas inspirée par la fièvre de monopole qui semble avoir attaqué les législateurs de notre temps. L'Espagne a, il est vrai, une Banque de gouvernement, qui, après avoir longtemps porté le nom de Saint-Ferdinand, a pris en 1856 celui de *Banque d'Espagne*; mais cette banque ne jouit d'aucun privilége hors de Madrid et des villes où elle a des succursales. Il s'est établi et il peut s'établir d'autres banques : il suffit qu'elles soient autorisées par un règlement d'administration publique. Ce n'est pas la liberté : c'est à peu près le régime qui existait en France avant 1840.

La loi du 8 janvier 1856, qui régit la matière, exige qu'il n'y ait jamais dans une place de commerce plus d'une banque d'émission ; mais elle donne trois mois à ceux qui voudraient solliciter l'autorisation d'établir une banque particulière et n'admet la Banque d'Espagne à fonder des succursales qu'après ce délai de trois mois. — Les émissions de billets sont limitées au triple du capital et les banques sont obligées d'avoir en caisse au moins le tiers de la somme de leurs billets. Le minimum des coupures est fixé à 100 réaux (26 fr.).

Ce qu'il y a de plus grave, c'est que c'est le gouvernement qui nomme le gouverneur de la Banque d'Espagne et les commissaires royaux qui dirigent les banques particulières. Cette intervention de l'Etat dans l'administration d'intérêts particuliers est injustifiable en tout pays. Le moindre inconvénient qu'elle puisse avoir, c'est de faire payer des fonctionnaires inutiles, qui au lieu de servir au développement des affaires, les empêchent et apportent dans l'exercice de leurs attributions un esprit anti-commercial. Mais en France, en Italie, en Espagne, pays où la notion de la propriété privée ne s'est pas encore dégagée des obscurités du droit romain, on trouve tout simple de voir le gouvernement intervenir dans la gestion d'intérêts privés.

La Banque d'Espagne n'a créé jusqu'à ce jour que deux succursales, l'une à Valence, l'autre à Alicante. Il y a des banques particulières à Cadix, à Barcelone, à Séville, à Malaga, à la Corogne, à Santander, à Valladolid. Mais leur capital est encore médiocre et cependant jusqu'à ce jour il suffit aux affaires. Les banques espagnoles en sont encore à leurs premiers pas.

Voici quelle était la situation de la Banque d'Espagne au 31 décembre 1862 :

DOIT.			AVOIR.		
Capital et réserve. rx.	132,000,000	»	Caisse. . . . rx.	107,398,201	05
Billets.	208,380,900	»	Hôtel de monnaies. . .	15,297,605	26
Dépôts.	235,063,731	06	Portefeuille.	309,231,378	»
Dividendes.	3,699,959	80	Dettes div. du Trésor.	126,259,236	85
Profits et pertes. . .	15,925,941	77	Succursales.	29,015,818	17
Divers.	2,309,263	62	Immeub., meubles, etc.	6,549,548	03
			Divers.	3,628,008	89
Total. . . .	597,379,796	25	Total. . . .	597,379,796	25

Si le développement des banques de commerce a été lent et médiocre en Espagne, les banques de spéculation s'y sont propagées rapidement et avec un entrain sans exemple dans le reste de l'Europe. Ces banques ou Crédits mobiliers, comme on les appelle aujourd'hui, se sont constituées au nombre de cinq sous la forme de sociétés anonymes et se livrent, comme il est naturel, à un grand nombre d'opérations. Comme ces sociétés sont de fondation récente et que leurs opérations ne sont pas très-connues hors du pays qui en est le théâtre, il serait téméraire de porter un jugement sur elles. Ce qu'on peut dire avec toute raison, c'est que l'Espagne sera fort heureuse si ces opérations, multipliées et accumulées en peu de temps sur un étroit espace, ne donnent pas lieu à une crise violente, comme l'on en a vu dans tous les pays qui ont abordé les affaires de la même façon. Certes il vaut mieux procéder ainsi et se tromper que de ne rien faire : mais il aurait mieux valu peut-être aller plus lentement et laisser l'activité privée s'éveiller et devancer celle des sociétés anonymes.

CHAPITRE VI.

BANQUES ALLEMANDES.

Les institutions de crédit que la France possède sont fort imparfaites, et cependant elles sont égales ou supérieures à celles des autres peuples du continent, la Belgique exceptée. Encore, en Belgique, la concentration des instruments de crédit les plus puissants entre les mains du gouvernement ou des compagnies privilégiées est-elle un obstacle, même dans un pays dont le territoire est peu étendu. L'Espagne et l'Italie en sont encore aux débuts, et dans tout le Nord l'organisation des banques présente l'aspect d'une masse où tout est confondu. En Russie, en Suède, les banques de circulation n'ont guère servi à autre chose qu'à l'émission de papiers-monnaie de formes différentes et de titres divers, et les entreprises particulières ont été, comme il arrive toujours, comprimées par les entreprises privilégiées.

En Allemagne, deux sortes de banques s'élèvent au-dessus des banquiers particuliers : ce sont les associations de crédit foncier et les banques de circulation destinées à emprunter, au profit des gouvernements, la valeur de la monnaie métallique. Les sociétés de crédit foncier ont été formées, dans certaines localités, par le gouvernement ou avec son concours, dans d'autres, par des réunions de grands propriétaires qui ont engagé solidairement leurs biens aux porteurs des obligations négociées par les sociétés. Quelques-unes de ces banques foncières émettent des billets-monnaie. Jacob, dans son *Traité sur le commerce des grains* avait fait connaître celle du Mecklembourg ; l'ouvrage de M. de Royer, le volume si rempli de faits, publié par M. Josseaux, ont fourni depuis sur ce sujet tous les renseignements désirables.

La circulation des *Pfandbriefe*, lettres de gage ou obligations foncières, s'élevait récemment, d'après ce dernier auteur, à la somme de 540 millions de francs, répartis de la manière suivante entre les divers États de l'Allemagne.

Prusse.	368,3 millions de francs.
Hanovre	34,4
Mecklembourg.	15,0
Saxe.	3,7
Bavière.	30,0
Wurtemberg.	11,9
Hesse-Électorale.	38,0
Bade.	1.3
Nassau.	6,4
Gallicie.	11,4
	540,0 millions de francs.

Ces lettres de gage se placent chez les capitalistes en concurrence avec les titres d'emprunt et les actions de chemins de fer à un prix assez élevé. C'est le titre qu'on semble préférer à tous les autres, à conditions égales, dans la plupart des États de l'Allemagne.

Les banques hypothécaires restent encore aujourd'hui les établissements de crédit les plus originaux de l'Allemagne. Mais depuis dix ans on a fondé dans la plupart des États germaniques un grand nombre de banques affectées à des opérations plus générales, telles que escomptes, recouvrements, prêts sur nantissement et même émission de billets : on a établi en même temps un certain nombre de banques de spéculation ou Crédits mobiliers, et ce qui est plus intéressant, un très-grand nombre de petites banques destinées à faire aux ouvriers des prêts à découvert. On peut affirmer hardiment que l'Allemagne est de tous les pays de l'Europe celui qui, depuis dix ans, a developpé le plus d'activité, tenté le plus d'essais et fait les plus grands progrès dans l'usage du crédit.

Mais justement pour ce motif, les établissements de banque d'Allemagne n'ont pas encore les traits arrêtés et l'assiette solide des banques de quelques autres pays, tels que l'Angleterre et surtout l'Écosse. Tous les systèmes y sont simultanément essayés sans qu'on ait encore fait un choix définitif.

Les banques de circulation, qui n'étaient, il y a douze ans qu'au nombre de dix, étaient en 1860 au nombre de trente constituées au capital de 168,928,532 *th.* Au 31 décembre 1860, elles avaient en circulation une somme de 433,224,416 *th.* de billets, une somme de 132,991,580 *th.* en caisse, et une somme de 447,232,889 *th.* en portefeuille. Mais ces chiffres ne peuvent donner aucune idée de la constitution de ces banques, très-différentes les unes des autres et dont quelques-unes ont, autant que l'on peut en juger par un simple bilan, un caractère fort original.

La plus importante, mais en même temps la moins commerciale des banques allemandes est sans contredit la banque d'Autriche, dont le capital, égal à 72,923,060 *th.* s'élève presque à la moitié du capital de toutes les banques de circulation allemandes. Elle a 22 succursales et émet des billets de 5, 10, 100 et 1,000 *fl.* Au 31 décembre 1861, son portefeuille montait à 61,217,263 *fl.*; son encaisse à 159,384,320 *fl.*, ses billets à 468,874,423 *fl.* et ses dépôts à 99,646,692 *fl.*

La banque d'Autriche a été presque constamment depuis son origine une grande fabrique de papier-monnaie : elle a fait ou soutenu toutes les nombreuses et difficiles opérations financières du gouvernement autrichien, et ses affaires avec le commerce ne sont pour elle qu'un accessoire. Elle jouit d'ailleurs pour les émissions de billets d'un privilége rigoureux.

En Prusse, il n'y a pas de privilége semblable; mais seulement des restrictions assez étroites. Toutefois, à côté de la Banque nationale constituée au capital de 16,876,500 thalers. On comptait à la fin de 1860, huit banques locales, dont une à Berlin même, dont les capitaux réunis s'élevaient à 8,899,000 *th.*

Les banques les plus importantes de l'Allemage, en dehors de l'Autriche et de la Prusse, sont celle de Bavière, constituée au capital de 20 millions de florins, celle de Francfort, au capital de 10 millions de *fl.*, celle de Nassau, dont le capital dépasse 8 millions de *th.*, celles de Weimar et de Meiningen, au capital de 5 millions de *th.*, celles de Brême et de Hanovre, dont le capital dépasse 4 millions, celles de Dessau, de Leipzig, de Brunswick, de Sondershausen. Ces banques ont entre elles une certaine analogie, mais elles ne se ressemblent pas. On peut toutefois remarquer que leurs opérations sont moins spécialisées que dans les pays où les institutions de crédit sont plus anciennes. Ainsi la plupart d'entre elles se livrent aux prêts hypothécaires, et la Banque de Bavière fait en outre des assurances sur la vie et contre l'incendie.

L'Allemagne a été fort agitée pendant quelques années par l'enfantement de nouvelles banques et par l'agiotage. C'est ce qu'on appela la fièvre des banques. Pendant cette agitation, on abusa un peu de la société anonyme, mais au moins on s'en servit pour fonder des établissements utiles. L'abus qui alarma le plus le public fut l'émission prodigieuse de billets à laquelle si livrèrent certaines banques et surtout celles des petits États, au moyen de quelques artifices inutiles à rappeler. En réalité, il y avait quelque danger dans la permanence en circulation de billets, légalement convertibles en monnaie métallique, mais dont, en fait, la conversion présentait des difficultés sérieuses.

On pouvait sans peine remédier à cet abus au moyen d'un échange et d'une liquidation mutuelle de billets par les banques elles-mêmes, comme cela se pratique en Écosse, et les banques principales avaient en leurs mains tout pouvoir pour obliger à cet échange les banques des petits États. Mais on ne recourut pas à ce moyen : la question fût tranchée par une loi prussienne du 25 mai 1857, bientôt imitée dans les autres Etats, par laquelle on interdisait sur le territoire prussien la circulation des billets des banques étrangères. Cette mesure a peut-être prévenu une catastrophe; mais en privant le commerce d'une grande ressource. Il eût été infiniment préférable que les banques remédiassent à l'abus d'elles-mêmes : elles y auraient profité en définitive et auraient évité une restriction très-gênante pour le présent et pour l'avenir.

L'Allemagne a eu depuis dix ans l'honneur de fonder d'autres banques qui n'existent pas ailleurs et qui ont pris chez elle un développement suffisant pour appeler l'attention : ce sont les banques populaires établies sur l'initiative de

M. Schultze-Delitzsch, sous le nom de « banques d'avances. »

Ces banques sont des caisses d'épargne, fondées, alimentées et administrées par des ouvriers pour faire des avances à d'autres ouvriers. « Ces banques, dit leur fondateur, ont été établies sans le secours de capitalistes, d'administrateurs ou de protecteurs quelconques, par les efforts combinés de petits fabricants et d'ouvriers. Le capital dont elles disposent se forme d'actions souscrites par les associés et payables par cotisations mensuelles et de fonds prêtés à l'association par des tiers. Ces cotisations sont obligatoires pour les souscripteurs jusqu'à ce qu'elles aient complété une action, à laquelle un dividende est attribué. Ces associations ne font d'avances qu'à leurs membres. »

C'est, comme on le voit, une application de l'association ouvrière à la caisse d'épargne et une affectation très-heureuse des fonds de la caisse d'épargne aux opérations en apparence les plus périlleuses, quoique, en réalité, elles soient passablement sûres. Ces banques, étant fondées et administrées par des ouvriers, connaissent mieux que toutes les autres ceux auxquels elles prêtent et peuvent attendre de ceux-ci plus d'efforts, plus de volonté de remplir leurs engagements et plus de résignation en cas de rigueur que toutes les autres banques. Là est le principe de leur vie. Il ne pouvait se rencontrer dans aucune autre combinaison destinée à faire des avances aux ouvriers.

Les banques populaires sont-elles aussi exemptes de patronage que le dit leur fondateur? Cela est possible ; mais peu de personnes le croient : on pense généralement qu'une partie considérable des fonds déposés sont remis aux banques dans une intention de bienfaisance, d'autant plus louable qu'elle est réellement éclairée, puisqu'elle tend à fomenter dans la classe ouvrière, en même temps que l'esprit d'ordre et d'économie, le sentiment de l'indépendance et de la responsabilité individuelles.

M. Schultze-Delitzsch comptait à la fin de 1862 de cinq à six cents banques de prêts mutuels en Allemagne, dont deux cent quarante-trois lui avaient adressé leurs comptes. Ces deux cent quarante-trois banques comptaient soixante-neuf mille deux cent deux sociétaires dont les dividendes, intérêts payés, s'étaient élevés à 404,800 fr. Le capital et le fonds de réserve réunis s'élevaient à 10,811,765 f. et leurs dépôts à 12,903,875 f. Les avances faites aux sociétaires dans le courant de l'année avaient atteint le chiffre de 88,778,480 fr.

Jusqu'ici l'association ouvrière n'avait donné nulle part, si ce n'est peut-être en Angleterre, des résultats aussi remarquables. Toutefois nous ne pouvons insister sur ces banques dont l'influence sur les affaires est et sera toujours probablement fort restreinte.

Il n'y a point encore à proprement parler de système de banques allemandes; mais il y a un état de crédit particulier à l'Allemagne. En dehors de l'Autriche, qui semble aussi vouée que la France au monopole et aux restrictions, les banques de circulation naissent et grandissent en Allemagne, dans des conditions qui permettent d'en espérer beaucoup, et si elles ne se développent pas avec plus de rapidité, c'est plutôt faute de matière pour leurs opérations que par négligence de ceux qui les dirigent. Cependant il leur reste encore à spécialiser davantage leurs affaires, à user plus amplement dans leurs relations mutuelles de la liberté qu'elles ont et à conquérir une liberté plus grande.

CHAPITRE VII.

COMPARAISON DES DIVERS SYSTÈMES.

Il y a, dans tout système de crédit, trois choses à considérer, savoir : le procédé ou, si l'on peut s'exprimer ainsi, le mécanisme des banques, la manière de s'en servir ou l'art du banquier, enfin les habitudes commerciales de la société qui fournit la matière du crédit.

Le procédé ou, si l'on veut, l'instrument, la banque, a donné lieu à toute une série d'inventions et de perfectionnements. D'abord le capitaliste prête directement ; puis il s'établit un intermédiaire qui reçoit en dépôt et prête : on s'aperçoit qu'il existe toujours dans la société une somme de capitaux disponibles, et on s'exerce à l'utiliser, de manière à suffire cependant à toutes les demandes de remboursement; ensuite, dans les grands centres commerciaux, viennent les banques publiques de dépôt, qui, par des virements, économisent l'usage de la monnaie et le temps perdu à la vérifier et à la compter : enfin les banques de circulation empruntent la valeur de la monnaie métallique et lui substituent un agent moins cher, plus commode et dont les émissions se proportionnent plus facilement aux besoins du commerce que celles de la monnaie elle-même.

Tel a été l'ordre du progrès en matière de procédé : de tous les instruments de crédit dont l'usage est répandu, le plus parfait est la banque de circulation ; au-dessous est la banque de dépôt ordinaire, et il existe encore des contrées, en trop grand nombre, où l'on ne trouve de banque d'aucune sorte, où le prêteur cherche l'emprunteur et où l'emprunteur court après le prêteur.

On rencontre, il est vrai, des personnes qui déplorent l'existence du contrat de crédit : d'autres qui voudraient rester à l'état où il n'existe aucun intermédiaire entre le prêteur et l'emprunteur; d'autres accepteraient la banque de dépôt primitive, la banque de Pasion, et même à la rigueur nos banques de recouvrement avec comptes courants de banquier à banquier et les arbitrages. Un petit nombre seulement en France verraient volontiers s'introduire la liberté des banques de circulation : encore ne la verraient-ils s'établir ni sans crainte, ni sans arrière-pensée de péril.

On rencontre aussi des personnes qui contestent l'utilité des machines à vapeur et des chemins de fer et qui en déplorent l'usage : il en est qui ne montent qu'en tremblant sur un steamer ou dans un wagon, qui préféreraient volontiers une gabarre au steamer, une charrette à une voiture suspendue, et celle-ci au wagon.

Il ne faut donc pas s'étonner que l'on conteste la supériorité de la banque de circulation sur toutes les autres, ou même qu'on la considère comme un instrument nuisible, d'autant plus qu'elle échappe aux démonstrations matérielles, au moyen desquelles les ingénieurs sont parvenus à faire absoudre par la routine la vapeur et ses applications.

Les Écossais sont les premiers qui aient appris à se servir librement, et dans toutes les opérations, de la banque de circulation. Ils en ont obtenu les plus beaux résultats, et, avec le temps, ils ont popularisé les banques, c'est-à-dire les habitudes commerciales, dans toutes les localités, dans toutes les classes de la société. Tous les capitaux disponibles du pays ont été mis sur le marché, et toutes les aptitudes ont été admises à s'en servir. L'instrument lui-même s'est perfectionné, et les banques d'Écosse, qui ont habitué leurs commettants à se passer de monnaie métallique, sont presque celles qui, proportion gardée avec le chiffre de leurs opérations commerciales, ont émis le moins de monnaie de papier.

Les habitudes des Écossais, dit-on, favorisent le développement des banques de circulation. — Cela est vrai, mais il est certain que ces habitudes n'existaient pas, lorsque les banques ont commencé à fonctionner et même pendant les soixante premières années du siècle passé. Ces habitudes sont le résultat du travail opiniâtre des banques sur un des peuples les plus prudents de l'Europe, et peut-être le plus obstiné dans ses coutumes.

Dans le Nord des États-Unis, on applique d'une autre manière la banque de circulation. La direction y est moins expérimentée qu'en Écosse, l'art y est moindre, et une législation qui tient les banques dans l'isolement nuit à leur solidité. Il leur est plus difficile de pénétrer dans toutes les classes; elles émettent plus de billets-monnaie et éprouvent des oscillations de caisse plus sensibles. Cependant les habitudes de la population sont favorables aux banques : leurs actions sont considérées comme le placement le plus sûr qui existe dans le pays, et elles sont recherchées par les capitaux que l'on pourrait appeler invalides, ceux des mineurs, des femmes, des établissements publics.

Lorsque l'on compare le chiffre des principaux comptes des banques d'Écosse et de Massachusetts à la population du pays, on constate les résultats suivants :

ARTICLES DES BILANS.	PAR TÊTE D'HABITANTS.	
	Écosse [1].	Massachusetts.
	f. c.	f. c.
Capital	100 18	199 39
Portefeuille	(inconnu).	341 98
Dépôts	226 66	62 74
Billets	24 65	94 80
Espèces depuis 1845	8 47	16 17
Espèces avant 1845	3 38	

Les banques écossaises ne publient leur bilan qu'autant que la loi le prescrit, et c'est pourquoi nous n'avons pas le chiffre de leur portefeuille. Mais une étude, même superficielle, du tableau ci-dessus suffit pour montrer la différence profonde qui existe entre deux systèmes de banque, bons l'un et l'autre, bien que fondés sur des combinaisons diverses et presque opposées.

Il est remarquable que les deux contrées dans lesquelles l'usage des banques de circulation est le plus répandu, soient habitées par une population renommée auprès de ses voisins par une excessive prudence et par une grande ténacité d'habitudes. Dans l'un et l'autre pays, on considère la banque de dépôt, telle qu'elle existe en France, avec un petit capital, un petit portefeuille et d'énormes encaisses, comme un instrument imparfait, peu énergique et peu sûr, dont on ne se sert que par exception. La banque de circulation est appropriée, dans ces pays, à tous les besoins : on l'établit dans les plus petites proportious comme dans les plus grandes, dans les campagnes comme dans les villes.

On dit bien en Europe que les banques américaines n'ont aucune consistance, et cela peut être vrai pour celles des grandes villes et de quelques États du Sud ou des États de l'Ouest qui sont encore en formation ; mais cette assertion est complétement inexacte en ce qui touche la Nouvelle-Angle-

[1] Dans la formation de ce tableau, la population de l'Écosse, qui est de 3,013,700 âmes, a été évaluée en nombres ronds, pour la facilité du calcul, à 3,000,000 d'âmes et celle du Massachusetts, qui est de 994,499 à 1,000,000 d'âmes. La réduction des dollars a été faite, au change approximatif de 5 fr. 40, et celle des livres sterling au change de 25 fr. 20.

terre, où la situation des banques a subi le moins de révolutions que dans aucun État du continent européen. Quant aux banques d'Écosse, elles offrent une expérience de cent cinquante ans sans catastrophes : cette expérience ne devrait-elle pas suffire à convaincre les plus incrédules?

En Angleterre, la banque de circulation et l'art du banquier sont moins avancés. Dans les comtés comme en Irlande, une grande partie de la population reste étrangère aux banques et ne les connaît, ni comme lieux de dépôts, ni comme agences de placement. Les émissions de papier, comparées au chiffre du capital, sont plus fortes : elles éprouvent aussi des fluctuations plus considérables, et il est nécessaire de conserver un encaisse plus gros. En ce pays, d'ailleurs, les banques de circulation ne sont pas soumises aux influences commerciales : elles subissent l'influence des nécessités politiques, directement, par l'effet du privilége de la Banque d'Angleterre et de son cortége de restrictions; indirectement, par la concentration à la Bourse de Londres d'une masse énorme de capitaux engagés dans le jeu.

Il faut bien observer, en effet, que la concentration de ces capitaux et le genre d'emplois auxquels ils sont affectés est une des causes les plus actives qui puissent déterminer les grandes crises commerciales. Les capitaux employés par le commerce régulier varient peu en quantité et très-lentement; au contraire, les capitaux engagés dans le jeu et la spéculation sont tourmentés par de très-grands orages. Essayons de rendre sensible l'influence que leurs agitations apportent sur le marché commun.

Supposons que les capitaux engagés d'une manière permanente dans les spéculations de la Bourse de Londres s'élèvent à 300 millions de francs. Si les affaires auxquelles ils sont employés deviennent rares, c'est-à-dire si les cours sont calmes, s'il ne se crée pas de nouvelles valeurs industrielles ou d'État, ces capitaux sont réduits à jouer les uns contre les autres; et comme la perte d'un joueur compense nécessairement le gain de l'autre, un tel jeu ne peut guère durer. Dans ces moments de stagnation, une partie des 300 millions sera placée en fonds publics, l'autre en dépôt chez le banquier qui s'en servira pour escompter le papier du commerce régulier.

Mais on ne tarde pas, dans une telle situation, à créer de nouvelles valeurs, actions de chemins de fer, emprunts étrangers, etc. Les cours s'animent, et aussitôt les 300 millions s'engagent presque entièrement dans le jeu. Les propriétaires ou négociants qui avaient réalisé quelques épargnes et qui ne pouvaient les placer qu'à bas prix ou même gratuitement chez le banquier, alléchés par les chances du jeu, viennent se mêler aux spéculateurs de profession; leurs capitaux s'ajoutent aux 300 millions qui flottaient déjà sur la place et passent successivement, de l'emploi qu'ils avaient d'abord, dans les chemins de fer ou dans l'emprunt dont les titres sont émis à la Bourse. Plus le jeu est actif et prolongé, plus les capitaux et les capitalistes abandonnent les placements ordinaires pour y accourir.

Chacun sait avec quelle rapidité se multiplient les promesses dans les opérations de Bourse. A la suite d'une période de spéculation, il est impossible qu'une portion importante de ces promesses ne tombe pas en souffrance, parce que tous les spéculateurs ou la plupart, en jouant sur les différences, se trouvent avoir engagé plus de capitaux qu'ils n'en possèdent. Si, par exemple, avec un fonds ordinaire de 300 millions et 200 millions de capitaux étrangers, qui cherchent un placement sérieux, on engage définitivement 700 millions, il se manifeste un déficit de 200 millions qui doit être comblé d'une façon ou de l'autre. Qu'arrive-t-il alors? Il se produit, sur les valeurs qui forment la matière des engagements en souffrance et généralement sur toutes les valeurs qui se négocient à la Bourse, une baisse équivalente à près de 200 millions. D'autre part, et bien avant cette baisse, les spéculateurs engagés usent de tous leurs moyens de crédit légitimes ou autres, et s'en servent pour appeler à eux les fonds destinés au commerce de marchandises, chez les banquiers et ailleurs. Le déplacement de capitaux qui s'opère en cette circonstance produit tous les effets que nous avons décrits en parlant des crises commerciales [1].

[1] Voir p. 56 et suiv.

Il est bon de remarquer ici que les fonds destinés aux opérations de Bourse forment la plus grande partie des dépôts dont disposent les banquiers qui se livrent aux opérations de première classe, telles que nous les avons définies. Le spéculateur de Bourse est, de tous les capitalistes, celui qui doit être le plus disposé à consentir un compte courant sans intérêt. En effet, il n'attend son bénéfice ni de l'intérêt régulier, ni d'un long travail commercial; il fonde son espoir de gain sur une opération rapide, réalisée à la faveur d'une disponibilité constante, et le remboursement sur demande est la seule condition essentielle de son compte courant.

On comprend à quel point les opérations du banquier peuvent être affectées elles-mêmes par celles d'une clientèle de spéculateurs; il est obligé d'avoir toujours en caisse ou à la Banque d'Angleterre un compte courant improductif, de ne consacrer à l'escompte du papier de commerce qu'une petite partie de ses moyens et de réduire ses escomptes dès qu'il survient une crise. Ainsi il est appelé vers la Bourse, non par la spéculation peut-être, mais par des reports, par des avances à gros intérêt sur dépôt de rentes, d'actions industrielles, etc. Tout banquier n'est-il pas amené, par la force des choses, à faire le genre d'opérations qui convient le mieux à la nature de ses relations et de sa clientèle?

Telle est la cause réelle de presque toutes les crises commerciales de la place de Londres. S'il y en eut quelquefois dautres, provenant du commerce de marchandises, elles furent relativement peu actives, même en 1810. En 1825, en 1837, en 1847 même, les engagements excessifs et téméraires des spéculateurs du *Stock Exchange* ont exercé plus d'influence sur le marché du crédit que toute autre cause; la disette elle-même n'a été, dans la dernière crise, qu'une cause secondaire.

C'est cette présence des capitaux destinés au jeu, ce sont leurs opérations qui tiennent le marché du crédit dans une perpétuelle agitation sur les grandes places, telles que Londres, Paris, New-York, Amsterdam, etc. Aucun art du banquier ne peut ni prévenir, ni empêcher les oscillations énormes qui s'y produisent presque régulièrement et qui jettent la ruine parmi les entrepreneurs de commerce ou d'industrie. Grâce aux spéculations de Bourse, ceux-ci ne peuvent, sans péril, compter sur la durée d'un état de crédit donné, ni s'engager en conséquence, sans courir, eux qui ne voudraient pas jouer, les chances du jeu. Pas n'est besoin d'aller rechercher, comme les écrivains de l'école métallique, si ce sont les émissions de la Banque d'Angleterre qui ont fait le mal, ou si ce sont les émissions des banques provinciales. Le mal vient d'une cause plus prochaine, d'une révulsion soudaine du crédit résultant d'engagements excessifs contractés par la spéculation. Si les banques provinciales sont atteintes, c'est parce qu'elles-mêmes spéculent ou soutiennent des spéculateurs, ou comptent sur un crédit que le banquier de Londres est forcé tout à coup de fermer.

Mais cet état de choses légitime et rend jusqu'à un certain point nécessaire l'excessive prudence que les Américains ont quelquefois reprochée à la Banque d'Angleterre. Sur une place telle que Londres, il est bon de trouver un établissement de réserve qui vienne, au moment du besoin, appuyer, par un crédit intact et par des émissions de monnaie devenues utiles, le crédit chancelant des banquiers et du commerce lui-même. Il est bon que dans les temps ordinaires cet établissement ne dispose pas de la totalité de ses ressources, car s'il se trouvait engagé au moment de la crise, il n'existerait aucun moyen régulier d'en sortir, et il faudrait, par nécessité, recourir aux expédients extraordinaires.

Il est étrange qu'au lieu de se rendre à l'évidence de ces faits, l'école métallique et le gouvernement aient pris le parti d'embarrasser, par des restrictions au moins inutiles, la Banque d'Angleterre et les banques provinciales, comme si les opérations faites avec le commerce régulier, avec l'industrie et l'agriculture, pouvaient jamais causer des crises semblables à celles qui, de temps en temps, éclatent sur la place de Londres ! L'Angleterre a déjà son échange intérieur, ses appels d'espèces par des cultivateurs qui n'usent pas des billets de banque ; et au lieu de parer à cet inconvénient en répandant davantage les banques et les billets, on s'est appliqué à restreindre leur emploi.

Tout ce que nous avons dit de l'organisation générale du crédit en Angleterre trouve son application en France. Le système qui domine des deux côtés de la Manche est le même : seulement il est plus imparfait, plus irrégulier, en un mot plus conforme aux théories de l'école métallique, de ce côté du détroit. En 1848, nous sommes arrivés à l'unité de banque de circulation préparée en Angleterre par l'acte de 1844, et l'on applique dans cinquante-trois villes de commerce des statuts destinés à la place orageuse de Paris. Depuis longtemps on a déclaré chez nous que les banques de circulation étaient inapplicables à l'agriculture à laquelle on affecte les établissements spéciaux de crédit foncier.

Outre les préjugés déplorables qui règnent en France au sujet des banques de circulation, le développement du crédit trouve un obstacle dans l'organisation des finances de l'État et dans les habitudes qu'elle a créées. Le gouvernement reçoit le dépôt des fonds des Caisses d'épargne et de retraites : la Caisse des dépôts et consignations, qui lui appartient, bonifie un intérêt aux capitaux qui y sont volontairement déposés. Les opérations de banque du Trésor lui-même sont livrées exclusivement à des banquiers privilégiés, sous le nom de receveurs des finances, qui obtiennent à divers titres des avantages très-supérieurs aux profits moyens de banque. Non-seulement ils jouissent d'un intérêt élevé sur leurs avances toujours considérables, et qui, au 31 décembre 1858, s'élevaient à plus de 55 millions, mais ils reçoivent sur les divers mouvements et à divers titres, des commissions établies au cours qui existait en France il y a cinquante ans et très-supérieures à celles que perçoivent les banquiers. Les sommes inscrites au compte général des finances directement au profit des receveurs généraux, s'élèvent à une somme de plus de 10 millions, et ce n'est pas tout, pour un mouvement de fonds inférieur, en recette et en dépense, à trois milliards et demi.

Il résulte de cet état de choses que là où le receveur des finances est un homme actif qui veut se livrer aux opérations de banque, il a sur ses concurrents un avantage exceptionnel,

S'il se contente des bénéfices de ses fonctions, il enlève toujours une certaine quantité d'affaires.

En Belgique, nous l'avons vu, et en Angleterre, l'État n'a accordé le privilége d'émettre des billets de circulation qu'au prix de services de trésorerie plus ou moins étendus. En Belgique, le service de caissier de l'État est devenu à peu près gratuit. En Espagne même, où il n'existe sur ce point aucune organisation, où l'Etat fait des traites sur les comptables et les négocie comme un particulier, il est douteux que ce service coûte aussi cher qu'en France.

Dans le Massachusetts on exige des banques un fort capital, et elles disposent de tous les dépôts que fournit le pays. En Écosse, le capital est un peu moindre, mais les dépôts, plus abondants, portent presque toujours intérêt. Les banques écossaises sont favorables à leurs propriétaires et aux capitalistes : celles du Massachusetts sont plus favorables à l'emprunteur, parce que le capital prêté se trouvant, presque tout entier, engagé d'une manière permanente sous la forme d'actions, les conditions du crédit y sont plus égales. En Angleterre et en France, le système établi est moins favorable à la fois à l'entrepreneur et au capitaliste : à celui-ci il n'offre qu'un intérêt médiocre ou nul et des garanties insuffisantes ou du moins inconnues dans le capital du banquier : à l'entrepreneur il ne présente que des chances incertaines sur la durée des conditions de crédit. Le banquier lui-même est exposé aux oscillations de caisse que produisent les transports d'espèces à l'intérieur, et aux oscillations de capitaux qui résultent des mouvements de la place principale, Londres ou Paris. Ce système est donc celui de tous qui permet le moins au crédit de s'étendre, et qui est le plus contraire aux vrais intérêts du banquier, de l'entrepreneur et du capitaliste. En France, sur les trois quarts du territoire, le crédit est à l'état primitif : l'entrepreneur est obligé de chercher un capitaliste, tandis que celui-ci attend souvent un emprunteur, et les billets de la Banque n'ont pas cours dans les campagnes à 50 kilomètres de Paris. De là des habitudes déplorables, des préjugés anti-commerciaux, anti-industriels et des obstacles insurmontables opposés à l'esprit d'entreprise ; de là cette timidité commerciale et industrielle [1] qui contraste d'une manière si triste avec l'audace et la témérité déployées dans d'autres carrières par la nation française.

En France, les hommes aventurent facilement leurs vies, difficilement leur fortune. L'homme y est commun, les capitaux rares : l'homme y est l'accessoire des capitaux. En Angleterre et aux États-Unis, au contraire, les capitaux sont l'accessoire de l'homme : l'opinion ne s'émeut pas d'une perte de capitaux toujours facile à réparer.

On n'a pas encore bien compris en France que le placement des capitaux peut faire l'objet d'un métier spécial et difficile. Il en résulte que les capitaux un peu importants sont placés directement et trop souvent au hasard, par leurs propriétaires ou par des intermédiaires qui n'ont aucun intérêt à bien placer [2], tandis que les petits capitaux n'ont devant eux aucun placement commode et facile; que le crédit n'a un prix courant que dans un petit nombre de localités, et que ses fluctuations sur les marchés inférieurs ne sont point déterminées par l'opinion d'hommes d'affaires expérimentés, comme en Écosse ou en Amérique, mais par l'opinion souvent très-peu éclairée des capitalistes.

Il en résulte encore, et ceci n'est pas la conséquence la moins importante de l'état d'organisation ou plutôt de désorganisation où se trouve le crédit chez nous, que l'entrepreneur, empruntant à un particulier et non à un homme d'affaires, doit, pour obtenir la confiance du prêteur, employer des moyens appropriés au caractère de celui-ci, capter sa bienveillance et faire pour cela toute une étude fort étrangère à l'objet de son commerce. Que de placements ridicules, que d'entreprises mal conçues ou mal conduites ont eu pour origine des relations personnelles entre le prêteur et l'emprunteur!

Lorsque les placements sont effectués par un agent spécial

[1] En Californie, les Américains avaient donné un sobriquet significatif et mérité à nos compatriotes ; ils appelaient un Français un *nous-verrons*.

[2] A Bordeaux et à Marseille même il se faisait tout recemment encore un grand nombre de placements par des commissionnaires ou courtiers non responsables dont la fonction était de mettre en rapport le capitaliste et l'emprunteur.

intéressé à les faire bons, les choses se passent tout autrement, et il arrive presque toujours que les fonds placés reçoivent un emploi productif. Lorsque, dans un pays, le capital de banque destiné spécialement aux opérations de crédit, est élevé, l'ensemble des opérations de banque présente une assiette plus fixe que lorsqu'elles sont faites par des capitalistes ou au moyen des dépôts temporaires : lorsque ce capital de banque appartient à une compagnie, il est moins sujet à se retirer des affaires que lorsqu'il appartient à un seul homme. C'est par l'organisation des compagnies surtout que le système écossais et celui du Massachusetts sont supérieurs en force et en stabilité au système anglais et français.

Reste à comparer la valeur des diverses organisations au point de vue de la propagation des habitudes de banque et de crédit au sein des populations.

La population de l'Europe était presque toute occupée, il y a un siècle, à l'agriculture. Les progrès du commerce et de l'industrie, l'invention des machines, etc., ont introduit de nouveaux besoins. La consommation a augmenté, et, pour y suffire, il a fallu trouver de nouveaux moyens de production.

Les classes industrielles et commerciales ont pris l'initiative de ce mouvement : plus actives, plus intelligentes que les classes agricoles, elles ont pu, sans s'appauvrir, se procurer une aisance et un bien-être auparavant inconnus. La population agricole a voulu les imiter, mais bientôt les revenus des propriétaires ont été insuffisants dans les pays où la terre a été divisée : ailleurs même, le propriétaire oisif et vivant du fermage de la terre est descendu du rang qu'il occupait dans l'échelle sociale, et le laboureur, tout en améliorant sa condition matérielle, s'est senti plus pauvre.

Alors s'est produit un mouvement général vers le commerce, vers l'industrie et aussi vers les professions dites libérales et les fonctions publiques. Ceux qui se dirigeaient vers les professions libérales et les fonctions publiques ont pu garder impunément leurs anciennes coutumes ; mais ceux qui venaient au commerce et à l'industrie devaient en changer. Malheureusement les habitudes se forment avec lenteur, et les nouveaux venus dans la carrière industrielle y ont apporté trop souvent, avec leur activité et leurs capitaux, une grande inexpérience; trop souvent ils ont troublé, par leurs erreurs et leurs fautes, la marche du commerce et de l'industrie.

Cette transformation des habitudes de la population, cette distribution nouvelle des fonctions économiques a eu lieu dans toutes les parties de l'Europe, et le mouvement est encore bien loin de son terme. C'est peut-être la cause la plus active et la moins observée des perturbations industrielles et commerciales; car on peut attribuer avec justice à l'introduction dans le commerce d'hommes qui n'y sont pas habitués bien des erreurs et bien des revers. Un bon système de banques aurait épargné la plupart des fautes qui ont été commises, car le banquier, partout où on le rencontre, est appelé par la force même des choses à diriger, à encourager et à contrôler les nouveaux entrepreneurs et les nouvelles entreprises.

En Ecosse, les banques ont exercé sur les nouveaux venus dans le commerce une influence excellente : elles seules disposaient du crédit, et elle ne l'accordaient qu'à bon escient. Etablies en vue d'une longue existence, elles ont apporté dans toutes leurs opérations un esprit de suite et des principes fixes, dont le particulier le plus éclairé ne peut faire usage que dans les limites étroites de sa vie. Leurs comptoirs ont été des séminaires de banquiers habiles, instruits par une tradition savante dans l'art de faire des placements. Aussi, en Ecosse, le passage des habitudes agricoles aux habitudes commerciales a eu lieu sans secousse violente, et l'agriculture elle-même a emprunté à l'industrie ses allures et ses procédés.

En France, plusieurs banquiers, en divers temps et en divers départements, ont tenté ce qu'on pourrait appeler des défrichements commerciaux : ils ont favorisé, dans le rayon de leurs opérations, la création d'usines et de maisons de commerce. La plupart d'entre eux ont échoué ou n'ont obtenu qu'un médiocre succès, soit parce qu'ils avaient accordé des crédits à des entreprises mal combinées ou à des hommes peu propres aux affaires, soit parce qu'ils avaient eux-mêmes mal conduit leurs propres opérations et immobilisé leurs capitaux. Aucun d'eux, que je sache, n'avait songé à l'agriculture et ne l'avait considérée comme une industrie susceptible de donner des produits importants.

Du reste, quelques lumières et quelque application qu'un homme apporte dans une telle œuvre, il ne peut guère établir une tradition qui lui survive ; en tous cas, il n'a jamais autant de moyens qu'une compagnie d'appliquer longtemps les mêmes méthodes, et pour obtenir quelque résultat avec l'agriculture il faut toujours beaucoup de temps. Que d'obstacles d'ailleurs n'opposent pas d'une part la routine et l'ignorance, de l'autre l'absence de principes fixes, de sentiments pratiques et une éducation purement littéraire !

Grâce aux obstacles de toute sorte que la véritable banque, la banque du commerce, a rencontrés, elle s'est souvent découragée et n'a pas même usé des moyens qui restaient à sa disposition. Ainsi c'est à peine si, dans quelques départements du nord et de l'est de la France, on émet des obligations à quarante-cinq ou quatre-vingt-dix jours de vue, portant un intérêt médiocre : sur la plus grande partie du territoire, on n'a essayé ni de mobiliser, ni de régulariser les dépôts, ni de les rendre plus commodes, ni d'empêcher les capitaux de répondre aux appels de l'agiotage.

Un écrivain anglais, comparant, à propos de nos derniers emprunts, la situation respective de l'Angleterre et la France, quant aux capitaux mobiliers, faisait les observations suivantes : « Il n'y a pas un pays au monde, pas même les États-Unis, où les capitaux sans emploi soient moins abondants qu'en Angleterre : il n'est pas un pays où ils soient aussi abondants qu'en France... La perfection et les ramifications étendues de notre système de banques, une stricte économie dans l'emploi des capitaux, qui est le résultat de la concurrence, sont telles qu'on tient en tout temps le moins qu'on peut de capitaux inemployés... Ce n'est pas seulement dans chaque ville et dans chaque marché, mais presque dans chaque village du Royaume-Uni qu'il existe des banques ou des succursales qui reçoivent au jour le jour en dépôt chaque livre qui s'épargne par les hommes de toutes les classes, depuis le riche propriétaire jusqu'à l'humble marchand au détail. Ces dépôts accumulés ne profitent aux banques qu'autant qu'elles

les emploient, dans les contrées commerçantes et industrieuses, par des avances au commerce et à l'industrie, et de même, dans les cantons ruraux, par l'intermédiaire des courtiers de Londres. En France, au contraire, il y a peu de banques, et elles sont généralement concentrées dans les villes commerçantes et manufacturières. La grande masse des fonds nécessaires aux opérations du commerce et de l'agriculture, au lieu d'être déposée dans des banques où on peut les réclamer à volonté, est entassée en espèces dans des caisses et des armoires ; les épargnes annuelles, qui, chez un peuple si soigneux et si économe, doivent s'élever à de fortes sommes, sont ou accumulées dans les maisons, ou, pour plus de sûreté, placées chez un notaire où elles demeurent jusqu'à ce qu'il se présente une occasion de placement. Des millions de livres sterling qui, en Angleterre, seraient utilement employés, grâce à notre système de banques, à alimenter l'industrie et à étendre le commerce, restent oisifs en France et attendent un emploi sous la forme de pièces de 5 fr. Il est évident que plus le capital est économisé comme en Angleterre, plus le revenu doit être grand,... tandis qu'il n'est guère de pays où, proportionnellement au capital existant, le revenu soit moindre qu'en France[1] ! » — De là vient, concluait-il avec raison, que l'impôt est plus facile à augmenter en Angleterre qu'en France, et les emprunts plus faciles à couvrir en France qu'en Angleterre.

Bien que l'écrivain que nous venons de citer ait un peu exagéré la bonté du système anglais, ses observations sont très-justes dans leur ensemble. Il est certain que l'absence de banques bien conduites et assez nombreuses ayant rendu les placements locaux difficiles a été une des causes de ce grand et déplorable mouvement qui, de 1852 à 1856, a précipité vers la Bourse de Paris les capitaux qui, jusque-là, étaient restés ou enfouis, ou déposés chez les notaires. Ce mouvement, qui a produit sur la place de Paris tant de fortunes rapides et tant de symptômes de richesse croissante, a eu pour résultat immédiat de rendre plus difficiles les prêts hypothécaires et en

[1] *Économist*. du 13 octobre 1855.

général les placements locaux, les plus productifs pour le pays.

Dans la Nouvelle-Angleterre, les banques, à cause de leur isolement, ont moins de puissance de propagation qu'en Écosse, mais elles en ont moins besoin. Aux États-Unis, c'est la population commerciale qui a donné le ton, formé les habitudes, dirigé l'activité collective du peuple. Les mœurs commerciales existent partout et elles impriment à la société américaine cette activité que les étrangers admirent sans la bien comprendre et dont l'établissement des banques est le résultat plutôt que la cause.

En Écosse, l'instrument est plus fort et l'art plus grand qu'en Amérique ; dans l'un et dans l'autre pays l'état du crédit et de la banque est infiniment plus avancé qu'en France. Il ne faudrait pas se hâter d'en conclure qu'il suffit de transporter chez nous les institutions écossaises ou américaines pour obtenir les mêmes résultats. Chacun sait combien l'acclimatement de la moindre industrie sur un terrain nouveau est lent, difficile, dispendieux, et quels frais il a fallu faire pour introduire chez nous, par exemple, la fonderie d'acier et le laminage du fer. L'industrie du banquier qui opère sur les hommes et dont l'intelligence est le principal agent est bien autrement délicate et difficile à transplanter d'un pays à l'autre.

D'ailleurs un banquier, quelque habile qu'il soit, dépend toujours des habitudes de la population qui l'entoure ; la valeur de son portefeuille est toujours subordonnée à celle des opérations qui ont donné lieu à la création des effets qui s'y trouvent ; il est forcé de tenir compte aussi des dispositions des capitalistes qui ont des fonds déposés chez lui. Essayerait-il de faire en France les opérations hypothécaires fréquentes en Écosse et aux États-Unis ? Mais en Écosse, la terre considérée comme une usine par la majorité de la population, mise en valeur par des entrepreneurs nombreux et habiles, a un prix courant à peu près fixe ; aux États-Unis, il en est de même, et de plus, grâce au progrès de la population et à l'activité du travail, la valeur du sol augmente tous les jours, tandis qu'en France, la terre n'a point de prix courant, et si les chemins de fer ont généralement augmenté sa valeur, elle reste d'ailleurs stationnaire ou même diminue dans plusieurs contrées. Et si l'on considère les habitudes, quelle différence! En France, la ruine périodique des entrepreneurs les plus hardis a donné aux affaires une allure défiante; on attend un profit plutôt de l'occasion et de la puissance éventuelle des capitaux que d'un travail opiniâtre; chacun craint moins de perdre du temps et une occasion de travail que de faire une opération mal conçue. Aux États-Unis, où la confiance est plus grande, on craint moins de faire une opération mal conçue que de perdre du temps et du travail. Le banquier ne peut observer les mêmes coutumes, ni agir suivant les mêmes maximes, dans deux pays si différents et où les rapports de toutes choses sont établis en sens contraire.

Est-ce à dire pour cela que l'étude des procédés soit inutile et qu'il suffise de se renfermer dans l'observation de la routine? Non sans doute. Quels que soient les mouvements rétrogrades que subissent de temps en temps sur le continent européen l'industrie et le commerce, ils font chaque jour des progrès nouveaux. Les populations changent d'habitudes et reconnaissent davantage la loi du travail. Les commencements sont pénibles, car dans cette mêlée où chacun se précipite pour embrasser une profession, sans règles, sans principes arrêtés, sans éducation pratique, la confusion est grande et donne beau jeu aux naufrageurs de l'industrie. Mais peu à peu les habitudes commerciales, chèrement achetées, se propagent et se répandent, de manière à présenter aux entreprises de banque un champ fécond. Le jour où les barrières qui s'opposent à l'établissement des banques de circulation seront levées, et ce jour viendra sans doute comme est venu celui des chemins de fer, une vaste carrière s'ouvrira devant ceux qui se seront préparés à y entrer. D'ailleurs fussent-ils condamnés à rester dans les conditions actuelles, les hommes qui s'occupent d'opérations de banque retireraient encore un avantage de l'étude des procédés étrangers : ils s'y confirmeraient dans les vrais principes de leur art et seraient plus capables d'inventer ou du moins d'améliorer.

CHAPITRE VIII.

PROBLÈMES RELATIFS AUX BANQUES DE CIRCULATION.

Les préjugés les plus invétérés finissent par disparaître ; l'opinion se modifie et la législation elle-même se conforme, à la longue, au progrès des idées et de la science. Espérons que les restrictions établies par les lois de germinal an XI et de 1806 auront une fin et que les leçons de l'expérience finiront par être comprises : examinons donc comme une question libre les principaux problèmes pratiques auxquels donne lieu l'établissement d'un système de crédit fondé sur les banques de circulation.

Remarquons d'abord que la banque de circulation n'est pas nécessairement, comme on le croit en France, un grand établissement fondé par une société par actions et investi d'un privilége. La banque de circulation est un instrument susceptible des proportions les plus diverses ; il peut être manié par une compagnie ou par un particulier et fonctionner avec un grand ou un petit capital. Maint banquier, en Angleterre, émet des billets, quelquefois avec un capital bien inférieur à celui de la plupart de nos banquiers de départements, et, dans le Massachusetts même, avec la loi sévère que nous avons analysée, il n'est pas rare de rencontrer des banques au capital médiocre de 100,000 dollars. Il convient donc d'étudier, ne fût-ce que comme exercice, les divers projets auxquels ont donné lieu les banques de circulation et les conditions générales auxquelles leurs opérations pourraient être utilement soumises.

§ 1. — *La Banque d'État.*

On a soutenu en France, en Angleterre et même aux États-Unis, que le droit d'émettre des billets à vue et au porteur n'était autre chose que le droit régalien de battre monnaie réservé à l'État : on en a conclu que l'État seul devait fonder, posséder et administrer une banque de circulation [1].

Nous avons déjà combattu cette doctrine et établi que l'émission des billets-monnaie n'était qu'un emprunt sous une forme particulière et non point une émission de monnaie. Personne n'est forcé à recevoir le billet payable au porteur, et bien moins encore à le garder, à ne pas le changer contre espèces. Les droits régaliens, dont l'utilité est déjà fort contestable en matière de monnaie métallique, n'ont rien de commun avec les émissions de billets payables à vue et au porteur.

D'autres ont proposé la Banque d'État sous prétexte que les émissions de billets-monnaie constituaient une industrie lucrative dont il serait bon de conférer à l'État le monopole. Avec de telles idées, on irait bien vite au système de la communauté absolue, car si l'État devait prendre le monopole de toutes les industries lucratives, il absorberait, les unes après les autres, toutes les industries. Ce n'est pas ici le lieu de réfuter de pareilles doctrines: il suffit de rappeler que la communauté, établie au berceau même de la civilisation, a été détruite pièce à pièce par le mouvement naturel des idées et des intérêts, et remplacée par une responsabilité industrielle que chaque progrès social augmente. L'humanité a pensé que le travail abandonné à la liberté personnelle serait plus fécond et plus actif que sous une direction unique. « Athéniens, dit Lysias, ce que j'ai vous appartient; mais vous n'ignorez pas, je pense, que j'administrerai mon bien mieux que ceux qui administrent les propriétés de l'État. Vous me ferez tort en me rendant pauvre, et il se trouvera des hommes qui se partageront ce que vous m'aurez enlevé, comme ils ont partagé tant d'autres choses. »

S'il est vrai que l'administration d'un propriétaire soit préférable à celle de l'État, c'est surtout en matière de banque et de crédit. Il est facile à un gouvernement d'émettre des billets-monnaie, il ne lui pas aussi facile d'employer utilement le capital emprunté par ces émissions, de manière à posséder

[1] C'était la théorie de l'empereur Napoléon, de Law et celle d'un grand nombre d'auteurs de projets présentés dans les temps de crise, notamment en 1789 et années suivantes, en 1830, en 1848.

toujours un gage facilement réalisable de remboursement. Une administration bien conduite marche suivant un règlement ou plutôt suivant une consigne rigide et invariable à laquelle les opérations de banque ne sauraient être astreintes, surtout s'il s'agissait de les porter dans les campagnes. Une administration mal conduite accepterait de mauvaises valeurs ou se laisserait dominer par l'esprit de parti et sortirait de toutes les conditions commerciales. La Banque d'Etat ne peut être qu'une fabrique de papier-monnaie ou le premier pas dans un régime communiste.

§ 2. — *Une grande Compagnie.*

Le monopole d'une grande compagnie est établi de fait, sinon légalement en France; l'école métallique prépare à l'Angleterre les bienfaits du même régime, et on peut dire qu'il est accepté par l'opinion dominante de l'un et de l'autre côté du détroit. Cependant à ne considérer les choses qu'au point de vue purement commercial, ce monopole a les mêmes inconvénients que tous les autres : il empêche de faire les affaires et ne les fait pas, car une administration qui n'est pas stimulée par la concurrence sommeille bientôt et préfère les habitudes d'exclusion et de domination aux habitudes de travail.

D'ailleurs, toute machine administrative trop compliquée perd en frottement la plus grande partie de sa force et est sujette à des vices inévitables. En premier lieu, les agents peuvent avoir des intérêts opposés à ceux de la compagnie dont ils font partie : en banque surtout, la concurrence et l'opposition des intérêts est presque continuelle. Ensuite, une grande administration, nous l'avons déjà dit, a des allures rigides, des formes mécaniques en quelque sorte qui ne se plient pas facilement aux besoins du crédit. Il ne dépend de personne qu'il en soit autrement, car, après tout, les facultés d'un homme ont des bornes, et elles ne s'exercent dans toute leur plénitude que sous l'impulsion du sentiment de la responsabilité. Or dans une grande administration, personne n'est responsable : les chefs ne peuvent tout voir, et les subordonnés, enchaînés par les ordres qu'ils reçoivent, sont privés de toute liberté, de toute initiative. Une banque unique, et en général tout établissement commercial trop considérable, fonctionne plus chèrement et plus mal que des établissements d'une dimension moyenne. N'en citons qu'un exemple : il est assez concluant.

La banque départementale établie à Lyon avait distribué à ses actionnaires, sur un capital de deux millions, 14,62 p. °/₀ en 1841 ; 16,37 p. °/₀ en 1842 ; 20,73 p. °/₀ en 1844 ; 24,40 p. °/₀ en 1846 et 28,75 p. °/₀ en 1847. L'année suivante cette banque est réunie, comme toutes les autres, à la Banque de France, et elle acquiert ainsi la faculté de faire des opérations nouvelles, qui lui étaient auparavant interdites, d'escompter du papier sur Paris et sur les vingt-neuf places les plus importantes de France. Qu'arrive-t-il? En 1851, la succursale de Lyon ne fait pas ses frais! Elle présente une perte de 25,638 fr. [1]. La succursale d'Orléans, qui avait aussi, lorsqu'elle était banque départementale, donné des bénéfices fort beaux à ses actionnaires, n'a pas fait ses frais en 1851. En 1852, douze succursales n'ont pas fait leurs frais dans le premier semestre, et six succursales ne les ont pas faits dans le second. Toutes ensemble, elles n'ont donné à la Banque qu'un bénéfice de 1,800,000 fr. environ, chiffre médiocre en comparaison de ce qu'auraient gagné des banques libres. En présence de tels faits, tout argument n'est-il pas inutile?

Ajoutons qu'une banque unique se transforme avec la plus grande facilité et presque naturellement en banque d'État, soit en absorbant le gouvernement, soit en étant absorbée par lui. L'histoire est pleine d'exemples qui ne laissent aucun doute sur ce point : partout les banques privilégiées sont devenues en peu de temps banques d'État, de manière à ne présenter au public d'autre garantie que la prudence des gouvernements. De nos jours on a vu les deux premières banques d'émission établies dans l'Amérique du Sud, à Rio-

[1] Compte-rendu de 1852. L'augmentation spontanée des affaires a, depuis cette époque, rendu plus productives les succursales de la Banque. Il n'en est pas moins vrai que, placées dans les mêmes circonstances que des banques libres, elles rendent moins de services et gagnent moins.

Janeiro et à Buenos-Aires devenir ainsi des fabriques de papier-monnaie [1].

§ 3. — *Pluralité des banques.*

Reste la pluralité des banques, soit sous l'autorisation du gouvernement, soit sous un régime de liberté réglée, soit sous un régime de liberté absolue et de concurrence illimitée; ce qui constitue trois systèmes distincts.

1° De nombreuses banques de circulation répandues sur tout un territoire s'adapteront toujours mieux aux besoins du commerce et de l'industrie qu'une banque d'État ou une banque unique. L'administration de ces établissements sera plus active, plus habile, plus libre que celles des succursales d'une banque d'État, et elle tendra toujours à approprier les statuts aux coutumes de la localité dans laquelle chaque banque sera établie. Mais dès que les dividendes seront assurés, l'activité se ralentira si elle n'est stimulée par la concurrence.

La nécessité d'une autorisation préalable a d'ailleurs de grands inconvénients. Elle fait juger les projets de statuts d'une banque par des hommes qui ne savent pas, même en théorie, ce que c'est qu'une banque; qui sont étrangers au commerce, à ses habitudes, à ses besoins qu'ils connaissent à peine par ouï-dire : ce serait merveille si de tels hommes décidaient en connaisance de cause. Chose étrange! on ne s'aviserait jamais de faire examiner par le premier venu la capacité de ceux qui aspirent à être ingénieurs, ni de soumettre à l'approbation d'un administrateur ordinaire le plan d'une machine destinée à l'industrie. L'art du banquier cependant n'est ni moins spécial, ni moins difficile, ni moins positif, ni moins utile que celui de l'ingénieur : une banque est une machine tout aussi savante et plus délicate que les ma-

[1] Celle de Buenos-Aires, fondée en 1822, au capital d'un million de piastres, était absorbée au bout de deux ans, et émettait du papier à cours forcé qui a été un des fléaux du pays. Les émissions de ce papier s'élevaient, au 1er janvier 1856, à la somme exorbitante de 210,247,646 piastres (1,134 millions de francs). — Les émissions ayant continué, l'once d'or qui, en 1856, s'échangeait contre 370 piastres de papier en valait 452 en juin 1863.

chines de fer, de cuivre et d'acier. On n'en devine pas plus la marche et les lois, qu'on ne devine les lois de construction d'une machine à vapeur.

Une longue expérience a prouvé jusqu'où pouvait aller, en matière de banque, l'ignorance bureaucratique. On a souvent demandé, dans un autre temps, l'autorisation d'établir en France des banques de circulation. Les réponses ont presque toujours été négatives, ou si l'autorisation était accordée, il fallait que les banques subissent des restrictions très-sévères, qui les mettaient hors d'état d'agir, lorsqu'elles n'étaient pas placées dans de grands centres commerciaux. Les pièces relatives à l'autorisation de la banque de Dijon ont été publiées par M. d'Esterno; il faut les lire pour comprendre à quel degré d'ignorance et d'arbitraire peuvent arriver des hommes étrangers au commerce et habitués à voir toutes leurs opinions se convertir en lois.

Pendant plus de vingt-cinq ans, on n'a jamais pu faire inscrire dans les statuts d'une banque départementale les quatre conditions suivantes, indispensables à son succès dans les petites localités : 1° faculté d'escompter des effets à deux signatures; 2° faculté d'escompter du papier payable sur quelques autres places que celles où la banque était établie, et, par conséquent, d'avoir des correspondants au dehors; 3° faculté de payer intérêt sur dépôts sous certaines conditions déterminées; 4° faculté d'émettre des billets de petite coupure. Les bureaux ne discutaient pas et ne pouvaient discuter. Ils se contentaient de dire, par exemple, en forme dogmatique : « Les banques publiques ne portent point intérêt, etc. » Il fallait se résigner et se soumettre.

La pluralité des banques sous la nécessité de l'autorisation préalable est un chétif système, car l'autorisation empêche de faire et ne garantit, ni ne peut garantir quoi que ce soit, excepté la domination de la routine. Ce régime, toutefois serait encore, à tout prendre, plus fécond et meilleur que celui d'une banque de circulation unique, parce que l'esprit local et le sentiment des besoins commerciaux ont une vigueur et une persistance qui surmontent tous les obstacles.

2° Il vaudrait mieux donner au premier venu le droit

d'émettre des billets à vue et au porteur sous certaines conditions définies par la loi. Le législateur sans doute peut être ignorant comme le commun des hommes, chaque fois qu'il veut réglementer une matière spéciale, et l'expérience a prouvé que chez les peuples les plus éclairés, les hommes les plus éminents pouvaient commettre de grandes erreurs en matière de banque. Toutefois, en limitant avec soin le nombre des dispositions réglementaires, il serait possible de faire une loi utile ou tout au moins inoffensive. Il suffirait d'exiger des banques une garantie, une seule, celle que présente un capital important et effectivement réalisé : sur ce point, la loi du Massachusetts, sévère d'ailleurs à l'excès, est sage et sensée : malheureusement elle peut être éludée comme toute les dispositions réglementaires en matière de banque.

On doit supposer que le banquier sait mieux son métier que le législateur : celui-ci ne doit point réglementer ce qui est du métier; il doit se borner à prévenir la fraude, et il ne peut mieux y parvenir qu'en imposant au banquier un fort cautionnement envers le public, c'est-à-dire un fort capital. Si l'on pouvait faire garantir par un cautionnement le titre et le poids des monnaies de métal émises par les particuliers, hésiterait-on à donner au premier venu le droit de les frapper et de les émettre ?

Les vérifications officielles de portefeuille ne peuvent présenter au public aucune garantie : jamais il n'existera d'inspecteur capable d'estimer en passant ce que le banquier lui-même a tant de peine à apprécier, la valeur exacte et réelle d'un portefeuille. Or, c'est justement de la valeur du portefeuille que tout dépend, et s'il y a quelque fraude, quelque opération irrégulière, c'est dans le portefeuille ou dans les comptes courants qu'elle va se cacher.

3° A tout prendre, la liberté absolue vaudrait autant ou mieux que les règlements les plus sages. La transition seule et le premier établissement pourraient présenter quelques dangers, à cause des illusions étranges qui ont cours dans l'opinion commune sur les banques de circulation. On verrait peut-être une mine d'or ouverte dans la faculté d'émettre des billets au porteur. Mais, à la longue, l'expérience le prouve, les banques savent bien faire leur propre police, et elles y sont réduites par la nécessité de pourvoir à leur sûreté [1]. Qui aurait pensé, si un exemple éclatant n'en eût fourni la preuve, que les effets de la concurrence en matière de banque étaient la réduction de la circulation et de l'encaisse en même temps que l'accroissement du portefeuille et du capital propre ?

Que l'opinion est parfois bizarre ! Elle accepte sans hésitation qu'il soit permis au premier venu, avec ou sans capital propre, de prendre une patente de banquier, de recevoir des dépôts, d'ouvrir des comptes courants, de battre monnaie, comme on dit, par la création de lettres de change, et elle se refuse à permettre l'émission des billets au porteur. A Dieu ne plaise que je blâme la liberté qui est aujourd'hui tolérée ! Mais si l'on veut examiner les choses sans prévention, est-ce que les crédits que le banquier obtient des dépôts ne sont pas plus discrétionnaires, plus dangereux et moins limités que les crédits obtenus de l'émission de billets à vue et au porteur ? Le défaut de restitution des dépôts d'une banque peut ruiner plusieurs familles ; le défaut de remboursement des billets répartirait la perte sur un grand nombre de têtes, et la perte éprouvée par chacun serait minime. Les dépôts de banque n'ont aucune limite naturelle ; ils peuvent s'étendre indéfiniment : les crédits par émission, au contraire, sont limités par les besoins du marché, et le banquier, quelles que soient ses dispositions personnelles et quel que soit son crédit, est impuissant à franchir cette limite. Les dépôts peuvent être réclamés subitement, à l'improviste, par fortes sommes, même dans un état normal du commerce ; les billets ne sont

[1] On ne peut voir sans douleur les préjugés populaires, en matière de banques, partagés par des hommes dont il semblerait que la mission fût de les combattre. On lit dans le rapport présenté par M. Rossi à la chambre des pairs sur la loi de 1840 : « La libre concurrence en matière de banque est un danger que ne peuvent tolérer » les lois d'un peuple civilisé. Autant vaudrait permettre au premier venu d'émettre » au milieu de nos cités des débits de poisons, des fabriques de poudre à canon. »

Cette opinion est exprimée en termes violents : est-elle fondée ? Non, car si les émissions des banques ont une limite fatale, et cela est démontré, elles ne peuvent troubler la circulation monétaire. Elles peuvent seulement émettre leurs billets sur de mauvais gages et manquer à leurs engagements. Or elles sont retenues sur cette pente par toute la puissance de l'intérêt personnel, puisqu'elles ne peuvent s'y laisser aller sans se ruiner.

jamais présentés au remboursement que peu à peu, par degrés et par petites sommes, hors les cas de panique et de déroute. Les dépôts fournissent au banquier un crédit mobile, les billets lui offrent un crédit stable; et comme ce crédit porte sur une somme fixe, quel que soit le nombre des banques d'une localité, leur concurrence apporte au public de nouvelles garanties, celles de nouveaux capitaux propres, qui viennent prendre leur part aux emprunts par émission des billets-monnaie.

Mais le crédit par dépôts de banque est ancien, et le crédit par émission de billets est nouveau : on fait donc à celui-ci l'accueil réservé aux novateurs ; on l'enchaîne, on le repousse. Les dépôts de banque passent inaperçus, ils échappent à tout règlement [1] et même à toute critique. En effet, le monde les connaît et ils y ont acquis droit de cité, depuis le banquier Pasion, qui ne les avait pas inventés. Le crédit par émission de billets est suspect, parce qu'il était inconnu à Pasion et à ses prédécesseurs. Notre siècle, qui se vante souvent de l'indépendance de ses pensées, n'est guère moins assujetti à la routine que les siècles précédents; les progrès de la civilisation n'ont changé que les objets sur lesquels la routine est établie.

La liberté absolue serait le régime le plus fécond et le plus sûr qui pût être appliqué aux banques de circulation. Les dures leçons de l'expérience finiront sans aucun doute par l'imposer, comme elles ont imposé à l'industrie les machines les plus complètes et les plus parfaites. Mais l'opinion en est encore fort éloignée, et elle mettra sans doute bien longtemps à s'y habituer.

§ 4. — *De la séparation du crédit commercial et du credit foncier.*

Plusieurs États de l'Europe ont établi des banques de crédit foncier. Dans le Nord surtout, en Russie, en Suède, en Dane-

[1] Nous avons vu toutefois que les dépôts avaient été l'objet d'une disposition réglementaire dans les derniers statuts du comptoir d'escompte de Paris. C'est une innovation déplorable, un triste précédent.

mark, en Pologne et dans toute l'Allemagne, des associations de propriétaires ont fondé, avec ou sans le concours des gouvernements, des agences pour la négociation des emprunts hypothécaires ; la France vient d'imiter cet exemple.

Vaut-il mieux séparer le crédit foncier du crédit commercial proprement dit? Vaut-il mieux que des établissements mixtes satisfassent les besoins de l'un et de l'autre? Cette question, omise par la science, est posée par la pratique, et son importance est grande.

On peut négliger les grands centres de capitaux, d'affaires et d'aptitudes; là tout tend à la spécialité, parce que les administrations mixtes y excèdent sensiblement les facultés de quiconque voudrait les embrasser, et la division du travail s'y établit d'elle-même. Dans les localités isolées, dans les campagnes, il en est tout autrement; le travail est peu divisé parce qu'il faut réunir plusieurs spécialités pour suffire à l'activité d'un seul homme; on le voit par ce qui se passe dans le commerce, dans l'industrie, dans l'agriculture, et ce n'est ni la fantaisie, ni la coutume qui réunit ainsi les diverses espèces de travaux, c'est la nécessité.

Est-il possible à l'administration des affaires de crédit de suivre des lois différentes et de se diviser sans dommage, dans les campagnes, en deux branches distinctes? On peut en douter. Les agences de crédit foncier avec les statuts inflexibles, et la nécessité où elles sont placées de ne voir que l'hypothèque, auront de la peine à pénétrer aussi loin que le crédit peut aller, car elles ne peuvent avoir rien de personnel, et elles tiendront toujours moins compte de l'homme que de la terre. Elles laissent d'ailleurs en dehors de leurs opérations tout le crédit commercial qui ne peut suffire à lui seul à alimenter des banques de campagne.

Il y aurait une amélioration importante à introduire dans la législation qui établit des lettres de gage. Si l'émission de ces lettres était facultative à tout citoyen, sous certaines conditions déterminées, elle pourrait donner lieu à la création de banques fondées sur une combinaison nouvelle des procédés anciens et éprouvés. Ces banques se livreraient à toutes les opérations qui peuvent être faites sur le crédit dans les campagnes : elles tiendraient compte, à la fois ou tour à tour, de la personne et du gage, du cultivateur et de la terre, et, par une nouvelle organisation légale plus puissante que celle des banques d'Écosse elles-mêmes, tenteraient sur le continent ce que celles-ci ont réalisé avec tant de succès dans leur île.

Les crédits hypothécaire et personnel, s'ils restent isolés l'un de l'autre dans les campagnes, ne se développeront qu'avec une extrême difficulté. Réunis l'un à l'autre et combinés, ils se prêteraient un mutuel appui et se développeraient plus facilement. Et que l'on ne croie pas que la création et la prospérité des banques agricoles soient sans intérêt pour celles des villes : toute heure perdue pour le travail, soit par les capitaux, soit par les hommes, dans la Corrèze ou dans la Corse, prive tous les producteurs de France d'un débouché naturel pour leurs produits; tout obstacle opposé au progrès des opérations de banque, dans les contrées où ces opérations sont rares, restreint le rayon d'action des banques existantes et réduit la quantité du papier négociable, qui est la matière même sur laquelle elles opèrent.

CHAPITRE IX.

DES DIVERS SYSTÈMES MONÉTAIRES.

Les monnaies ont été introduites dans les échanges pour y servir de mesure [1] : en comparant la valeur des diverses marchandises à un seul type, à la marchandise-monnaie, les hommes ont tenté de donner à leurs transactions plus d'uniformité, en même temps qu'ils les rendaient plus faciles et opposaient le prix courant aux entreprises de la ruse et de la force dans les marchés isolés. Les monnaies sont donc d'autant plus parfaites que leur valeur est moins variable, qu'elles

[1] Sous la réserve posée, page 19 et suiv.

se rapprochent davantage du type idéal auquel se rapportent tous les contrats particuliers.

C'est pour avoir une monnaie de valeur moins variable que la plupart des peuples, après avoir pris pour commune mesure la denrée dont le commerce était le plus répandu parmi eux [1], sont venus à l'usage presque exclusif des métaux précieux.

A l'origine, la valeur de la monnaie dépendait exclusivement de la matière dont elle était faite. Plus tard, lorsque l'usage des monnaies s'est répandu et a vieilli dans les sociétés humaines, de manière à y devenir un besoin de première nécessité, cet usage est devenu lui-même l'une des causes principales de la valeur des monnaies.

§ 1. — *Monnaie métallique.*

La monnaie métallique tire à la fois sa valeur de la matière dont elle est faite et de l'usage auquel elle sert. Aussi la considère-t-on avec raison comme la seule monnaie régulière, la seule dont les variations soient à l'abri des caprices et des fantaisies des particuliers et des gouvernements, la seule dont les émissions soient toujours, à la longue, réglées exactement sur les besoins commerciaux.

Plusieurs métaux fournissent la matière des monnaies, et

[1] Voir sur les monnaies des anciens Russes et notamment sur l'emploi des fourrures comme monnaie, le tome IV du *Cours d'économie politique* de Storch. — Au commencement du XVIIe siècle, les planteurs des colonies anglaises de l'Amérique du Nord manquaient souvent d'espèces monnayées : alors les payements s'effectuaient au moyen de la marchandise qui avait le prix courant le mieux établi. En 1618, les payements furent faits en tabac dans la Virginie sur le pied de trois shillings la livre. En 1641, ils furent faits en blé dans le Massachusetts.

Le tabac de Virginie servit même à une emplette de femmes : « En 1620, dit un chroniqueur, sir Edward Sandys, trésorier de la Compagnie de Virginie, proposa d'envoyer une cargaison de femmes pour les planteurs qui en manquaient. La proposition fut approuvée, et 90 filles, jeunes et honnêtes, furent expédiées en Amérique : l'année suivante, on en expédia 60 autres, belles et bien recommandées à la Compagnie pour leur bonne éducation et leurs bonnes mœurs. Le prix courant d'une femme de la première expédition était de 100 livres de tabac; mais soit que l'article fût devenu rare, soit que les femmes de la deuxième expédition eussent plus de valeur, elles furent cédées au prix courant de 150 livres de tabac évaluées à 3 shillings la livre. Si une femme était achetée à crédit, la dette qui résultait de ce marché était privilégiée et primait toutes les autres. »

dans presque tous les pays des actes de l'autorité publique ont fixé le rapport de valeur dans lequel l'or et l'argent seraient employés à la fabrication des monnaies. En France, on le sait, la loi du 7 germinal an XI a décidé que l'or et l'argent seraient estimés en monnaie au rapport de valeur de 1 à 15 1/2, ou, en d'autres termes, qu'une pièce d'or du poids 6 grammes 451, serait reçue dans les payements comme l'équivalent de vingt pièces d'argent au même titre et du poids de 5 grammes.

On comprend assez que cette fixation légale n'empêche point le prix des deux métaux précieux de varier, non-seulement lorsqu'ils sont en barres, mais aussi lorsqu'ils sont sous forme de monnaie. Ainsi tantôt la valeur de l'or est supérieure et tantôt elle est inférieure au rapport de 15 1/2 à 1, établi par la loi de germinal an XI. Des hommes éminents ont pris texte de cette mobilité des cours pour critiquer la fixation légale d'un rapport de valeur, et quelques-uns ont pensé qu'il résulterait de cette fixation de grands inconvénients, si, comme il est probable, le prix de l'or venait à baisser bien au-dessous du rapport légal.

Cependant il est difficile, surtout chez les peuples qui répugnent à l'usage de la monnaie de papier, de se passer de monnaie d'or. Cette monnaie répond à des besoins spéciaux et légitimes qu'il serait difficile de satisfaire, s'il n'y avait pas un rapport de change officiel établi par la loi. Rien n'oblige, du reste, le commerce à employer dans telle proportion la monnaie d'or et dans telle autre la monnaie d'argent : l'établissement par la loi d'un rapport entre les deux métaux dans le change des monnaies donne seulement à l'acheteur ou au débiteur la faculté d'opter dans ses payements entre la monnaie d'or et la monnaie d'argent. On ne voit pas bien d'où pourrait sortir un danger réel de cette faculté d'opter accordée au commerce.

Qu'arrive-t-il, en effet? C'est que le commerce emploie et emploiera toujours de préférence celui des deux métaux qu'il trouvera tout à la fois le plus commode et le moins cher. Si le rapport de valeur fixé par la loi vient à changer dans les marchés et si le commerce substitue dans les payements un métal à l'autre, la fixation légale du rapport de change sert à modérer la rapidité du changement de valeur relative. En effet, si, comme on paraît le craindre, l'or remplace l'argent dans la circulation monétaire de la France, l'argent, privé de l'emploi considérable qu'il tire encore aujourd'hui de son usage comme monnaie, baissera de prix, en même temps que l'or, acquérant un emploi qu'il n'avait pas auparavant, perdra sa valeur moins rapidement. Quel dommage pourrait-il en résulter pour la communauté commerciale?

Si l'or, par exemple, au lieu de valoir 15 fois et demie l'argent, baissait jusqu'au rapport de 14 à 1, il est probable que l'argent ne servirait plus qu'aux appoints, et que les pièces de 5 fr. d'or et de 10 fr. prendraient dans la circulation presque toute la place qu'y occupent aujourd'hui les pièces de 5 fr. d'argent. La France aurait alors un état monétaire semblable, quoique non identique, à celui de l'Angleterre.

Car il ne faut pas s'y tromper : bien que la livre sterling, qui n'était, avant 1816, qu'une monnaie de banque, existe réellement aujourd'hui sous la forme d'une pièce d'or et serve de monnaie de compte, la véritable unité monétaire est la pièce d'argent, le shilling, commune mesure entre l'ancienne et la nouvelle pièce d'or, qui est la 21e partie de la guinée, et la 20e partie de la livre. Les besoins et les habitudes du commerce ont seuls fait préférer la livre, comme monnaie de compte, au shilling d'argent.

Il est certain qu'une circulation monétaire, dans laquelle l'or occupe la place principale, est sujette à plus de fluctuations qu'une circulation fondée sur l'argent. Mais qu'y faire? On ne peut empêcher que les deux métaux ne soient employés concurremment aux usages monétaires. En exclure l'or par la suppression de tout change légal et certain de ce métal contre l'argent serait une mesure qui blesserait les habitudes reçues et précipiterait la dépréciation de l'or, sans aucun avantage bien évident et bien distinct. Quant à la dépréciation de la monnaie métallique en général, par l'abondance de la production des mines d'or ou d'argent, c'est un fait purement commercial et inévitable dont le législateur n'a pas à s'occuper. Cette dépréciation, si elle a lieu, sera toujours assez lente pour ne pas troubler les contrats de manière à mettre en danger l'ordre public.

Nous n'avons pas besoin de nous occuper ici des altérations du titre et du poids des monnaies. Les gouvernements des peuples civilisés ont renoncé à cette pratique détestable ; ils ont compris qu'il n'y avait aucun bénéfice pour l'État, qui reçoit toujours autant qu'il paye, à diminuer la valeur réelle en conservant la valeur nominale des monnaies ; ils ont compris que cette espèce de faux-monnayage, autorisant les débiteurs à se libérer par le payement d'une partie seulement de leur dette, jetait dans tous les contrats une perturbation déplorable et qu'il importait d'éviter. Désormais on peut considérer le titre et le poids des monnaies comme quelque chose de fixe et qui ne subira guère de variations : on pourra créer des monnaies nouvelles ; probablement on ne changera plus le titre et le poids des anciennes.

§ 2. — *Monnaie de papier.*

Mais la plupart des peuples ont introduit, à côté de la monnaie métallique, une monnaie de papier : ce sont les billets de banque payables en espèces, à vue et au porteur. On sait quelles sont leurs propriétés, et comment ces billets remplacent et jettent hors de la circulation la monnaie métallique, et comment ils constituent un système monétaire mixte sur lequel on a beaucoup discuté.

Ce système, à ne le considérer qu'au point de vue monétaire, est-il meilleur que celui d'une circulation purement métallique ? Est-il plus mauvais ?

Il est inutile de parler ici des émissions excessives et sans motif qui ont préoccupé beaucoup d'esprits. La théorie nous enseigne, et ici la théorie est confirmée par la pratique, que la quantité de monnaie employée dans un pays est réglée uniquement par les besoins du commerce et ne peut s'élever au-dessus de la somme requise par ces besoins, sans qu'il y ait aussitôt une dépréciation. Or toute dépréciation des billets de banque au-dessous de la monnaie métallique occasionne une demande immédiate de remboursement qui modère les émissions des banques. On peut donc affirmer que le billet de banque, payable à vue en espèces, est toujours au pair, comme l'eau contenue dans deux vases communicants est toujours à la même hauteur dans l'un et dans l'autre.

Ainsi, la monnaie de papier a pour le porteur la même valeur que la monnaie métallique, et à l'usage, elle est presque toujours plus commode.

Ajoutons qu'avec un système mixte, lorsque la circulation monétaire se compose d'un papier convertible et d'espèces, le prix des monnaies est moins sujet aux variations que dans une circulation purement métallique.

En effet, les besoins et les usages du commerce, sur lesquels est réglée la quantité de monnaie en circulation, sont sujets à varier. Dans une crise purement commerciale, par exemple, les capitaux sous forme de monnaie sont l'objet d'une demande extraordinaire qui en élève le prix : le besoin de réaliser multiplie les échanges, et les capitaux appropriés subissent une baisse dont nous avons indiqué les lois [1]. La circulation monétaire est-elle purement métallique ? Elle ne peut se modifier d'un jour à l'autre : avant que le commerce ait importé du dehors des monnaies et des capitaux mobiliers, il s'écoule du temps, et pendant cette période les désastres se multiplient ; les réalisations se précipitent et se font à vil prix : le cours de la monnaie subit une hausse énorme qui finit de jeter du trouble sur le marché du crédit.

Lors, au contraire, que le marché jouit d'une circulation mixte en écus et en billets à vue et au porteur, il suffit à la banque ou aux banques d'escompter largement, de manière à augmenter les émissions pour rétablir l'équibre : la monnaie paraît sur le marché au moment même où elle y est demandée, de telle façon que son prix éprouve peu de variations. Tant que la crise dure, les billets émis en excédant restent dans la circulation : que la crise passe, ces billets, inutiles désormais, rentrent à la banque.

Cette propriété remarquable d'un système de circulation mixte mérite de fixer toute l'attention du lecteur, d'autant plus

[1] Livre Ier, ch. XIII et XIV.

qu'elle a été singulièrement méconnue par les théoriciens et surtout par Ricardo et par l'école métallique anglaise. Les actes de sir Robert Peel, dictés par cette école, en 1844 et 1845, ont eu pour effet immédiat de priver la Banque d'Angleterre de cette élasticité, si l'on peut ainsi dire, qui faisait le mérite principal de cet établissement et qui lui avait permis de rendre plusieurs fois des services signalés au commerce anglais. On s'en aperçut bien lorsque la crise de 1847 éleva tout à coup la demande des capitaux évalués en monnaie : sans en bien comprendre le motif et sous la seule inspiration de la nécessité, on suspendit l'acte de 1844, et la crise fut conjurée.

C'est par cette faculté d'augmenter soudain, au moment précis du besoin, la somme de la circulation monétaire que les banques mêmes qui utilisent le moins leurs émissions de billets comme les banques de France et d'Angleterre, sauvent quelquefois le commerce des dernières extrémités.

Il semble que ce soit un paradoxe de dire que le besoin de monnaie augmente tout à coup dans des proportions considérables sous l'empire de certaines circonstances. On croit généralement que la prévoyance du commerce, les importations, etc., suffisent à maintenir un équilibre constant entre l'offre et la demande, parce qu'on ne tient pas compte d'un grand élément des affaires humaines, du temps. Cependant il n'est pas un homme d'affaires un peu expérimenté qui n'ait vu quelqu'une de ces crises, et il suffit de jeter les yeux sur le tableau du cours de l'or monnayé et de l'or en barres, pendant la panique de 1848, pour voir à quel point les besoins sont impérieux en certaines circonstances, et combien les espérances les plus prochaines et les plus certaines suffisent peu à les satisfaire. En 1848, au moment où l'or en barres gagnait seulement 30 francs de prime par 1,000, où il pouvait sous *huit jours* être converti en monnaie, l'or monnayé se vendait 120 fr. par 1,000 ! Que représentait cette différence de prix? Huit jours d'attente, pas davantage.

Jamais la supériorité d'une circulation mixte sur une circulation purement métallique ne fut plus sensible que dans la grande crise qui, à la fin de 1825, bouleversa le marché de Londres. Des emprunts à l'étranger, des spéculations de toute sorte à l'intérieur, des jeux de Bourse avaient absorbé, pendant les années 1823 et 1824, la somme des capitaux disponibles sur la place de Londres [1]. L'ensemble de ces opérations avait donné lieu à des créations de papier dont une partie avait été escomptée par la Banque d'Angleterre. Les choses étaient en cet état, lorsque les besoins du change et peut-être des émissions de billets inopportunes firent sortir des caisses de la Banque six millions sterling; vers la fin d'avril 1825, cet établissement éprouva le besoin de restreindre sa circulation et réduisit brusquement ses escomptes. Les sorties d'espèces, qui avaient lieu par l'effet d'engagements antérieurs, ne cessèrent point : en septembre, l'encaisse, réduit encore de quatre millions de livres, ne s'élevait plus qu'à trois millions : la Banque restreignit encore ses émissions ou, en d'autres termes, réduisit ses escomptes.

On comprend que dans une situation aussi tendue que celle où se trouvait alors la place de Londres, lorsque chacun avait usé de son crédit jusqu'à l'extrémité, une réduction soudaine des escomptes dut produire des effets très-graves. Dès le commencement de novembre, la gêne fut grande : le 29, on apprit qu'une grande maison de banque venait de suspendre à Plymouth, puis d'autres à la suite : le 12 décembre, la maison Pole et Thornton, l'une des plus anciennes de la Cité, qui correspondait avec 47 banques provinciales, suspendit aussi et donna le signal d'une panique sans exemple ; le lendemain, une autre grande maison de la Cité, Burgess et Cie, suspendit

[1] On a calculé depuis la crise que le nombre des projets lancés en 1824 à la Bourse de Londres était de 243, au capital nominal de 248 millions sterling, sur lequel 43,062,608 livres étaient payées. Restait donc une dette connue et déclarée de 204,937,392 livres. En ajoutant à ces projets ceux qui s'étaient produits dans les provinces, on trouve que la somme demandée aux capitaux disponibles de l'Angleterre s'élevait à 350 millions sterling! La plupart de ces projets avaient pour but l'exploitation de mines d'or et d'argent en Amérique. Les actions jouirent presque toutes, durant l'année 1824, d'une prime fort élevée. Sans parler de la grande Compagnie d'assurance fondée par la maison Rotschild, l'action de 100 livres de la Compagnie anglo-mexicaine, sur laquelle 10 livres payées, jouissait au 10 décembre 1824 d'une prime de 33 livres, celle de la Colombienne, dans les mêmes conditions, gagnait 19 livres. La Compagnie de Real-del-Monte, dont l'action était de 400 livres, dont 70 payées, se cotait à 550 livres, puis à 1350 livres, le 11 janvier 1825. La Compagnie Mexicaine-Unie, dont l'action était de 40 livres, sur lesquelles 10 livres payées, jouissait d'une prime de 35 livres! — Voyez T. Tooke, *History of prices*.

également, puis deux ou trois autres, et la déroute fut universelle. « On ne regardait plus, disait un journal, si les effets présentés à l'escompte étaient bons ou mauvais ; il était impossible, à quelque condition que ce fût, d'obtenir des fonds. » Les caisses des banquiers étaient vides ; leurs réserves en rentes et billets de l'Échiquier irréalisables : ils assiégèrent la Banque, où ils ne trouvèrent, comme les jours précédents, que des refus obstinés.

Un jour encore s'écoula dans une sorte d'agonie : « La question, a dit depuis dans une enquête un des directeurs de la Banque, n'était plus de savoir qui manquerait, mais bien qui pourrait tenir ? » La panique de Londres avait son contrecoup dans tous les comtés.

Enfin, à la dernière extrémité, la Banque changea brusquement de système : elle escompta largement, fit des avances sur des titres de rentes et sur billets de l'Échiquier : une boîte dans laquelle on avait mis pour 600,000 *l.* de vieux billets de 5 livres [1] destinés, en exécution de la première loi de l'école métallique, à être retirés de la circulation, fut comme découverte dans les caisses : ces billets furent aussitôt répandus au dehors par des escomptes. Le mardi, il semblait que les émissions ne pussent être assez réduites ; le mercredi, il semblait qu'elles ne pussent être assez étendues ; et le samedi, l'encaisse métallique, les billets, tout était dehors.

On a dressé le tableau suivant du mouvement des émissions de la Banque dans cette période ; il est remarquable :

1825,	septembre,	3	19,028,060	1825,	décembre,	3	17,477,290
—	novembre,	5	18,497,400	—	—	10	18,037,960
—	—	12	18,031,860	—	—	17	23,942,810
—	—	19	17,594,280	—	—	24	25,611,800
—	—	26	17,464,880	—	—	31	25,709,410 [2]

L'effet de ce changement de système de la part des directeurs de la Banque fut prompt et excellent. Les payements reprirent aussitôt, et la liquidation s'opéra sans trop de désastres. Il n'y avait aucun doute sur la cause qui avait arrêté la panique : toutefois l'école metallique n'abandonna pas un

[1] V. Tooke, *History of prices.*

[2] Joplin's *Examination of the report of joint stock banks committee.*

iota de ses théories, et continua plus que jamais de faire la guerre aux billets de 5 livres.

Tels sont les avantages d'une circulation monétaire mixte dans laquelle le papier de banque occupe une place importante. Ces avantages, éprouvés plusieurs fois à Londres et à Paris, ont un prix inestimable sur ces places agitées.

Ne croyez pas toutefois, quoiqu'on le dise souvent, que les banques, en ce cas, créent des capitaux par leurs émissions. Le billet de banque n'est toujours qu'une promesse, mais une promesse dont le public a l'habitude de faire usage de monnaie. Par l'escompte et l'émission qui en est la suite, la Banque substitue son crédit à celui du banquier et du négociant dont elle a pris le papier. Sa promesse va de main en main, substituant à chaque payement le crédit de la Banque à celui d'un nouveau particulier: les compensations s'opèrent, les crédits s'éteignent jusqu'à ce qu'on arrive à l'emploi dans lequel le capital représenté par le billet va s'arrêter. Le billet, alors, par une voie ou par l'autre, rentre à la Banque, et tout reprend son assiette ordinaire. Le déplacement soudain de capitaux qui avait donné lieu à la crise commerciale s'est opéré par un déplacement de crédits.

§ 3. — *Papier-monnaie.*

Les billets de banque, payables à vue et au porteur, sont de la monnaie de papier : ils ne sont point du papier-monnaie. On a réservé ce nom à des titres sur lesquels le gouvernement qui les émet ou qui autorise leur émission, n'a stipulé aucune promesse de remboursement, ou n'a stipulé que des promesses auxquelles il a manqué.

La monnaie ordinaire tire sa valeur de la matière même dont elle est faite, et aussi de l'usage auquel elle sert. Le chiffon de papier auquel un gouvernement donne cours forcé de monnaie, ne tire aucune valeur de sa matière ; mais il peut servir à l'acquittement des créances existantes et au payement des contributions publiques : cela suffit pour lui conférer une valeur qu'il n'obtiendrait jamais auprès d'un peuple peu avancé dans la civilisation, chez lequel les créances particulières et les contributions publiques ont toujours assez peu d'importance.

La valeur de ce papier, résultant uniquement de l'usage auquel il sert, est limitée par cet usage même : si les émissions étaient médiocres, le papier-monnaie pourrait valoir autant que la monnaie métallique. Mais dès que les émissions excèdent le chiffre inconnu que l'usage et les besoins ont fixé, sa dépréciation commence, et suit, en raison directe, le progrès des émissions.

Si nous évaluons à 100 la quantité de papier-monnaie que comporte un marché d'après l'emploi dont ce papier est susceptible, toute émission qui excédera ce chiffre de 100, n'ajoutera rien à la valeur totale de la circulation : elle ne servira qu'à déprécier le papier-monnaie précédemment émis en même temps que le nouveau, dans une proportion facile à calculer d'avance. Si, par exemple, l'emploi utile du papier-monnaie égale 100, et que l'émission soit de 100, ce papier vaut la monnaie métallique, et on pourrait le convertir en billet échangeable à vue contre espèces, sans qu'il sortît pour cela de la circulation. Mais il est rare que le cours forcé de monnaie soit attribué à un papier sans intention d'en forcer les émissions : l'histoire n'en fournit peut-être qu'un seul exemple [1]. Supposons donc que les émissions soient portées à 125 : la totalité du papier émis ne vaut cependant que 100 : chaque billet perd une partie de sa valeur dans le rapport de 25 à 100 ou de 1 à 5 ; cinq francs en papier-monnaie, par exemple, ne vaudront plus que quatre francs de monnaie métallique. En ajoutant 25 à la somme du papier-monnaie en circulation, le gouvernement aura réduit dans la proportion de 1/5 chaque billet antérieurement émis, dans la main ou dans la caisse du porteur. Comme transfert de propriété, le résultat est le même que s'il avait pris de vive force 1/5 de toutes les sommes de papier-monnaie possédées par les particuliers.

Il faut observer que, dans la supposition faite ci-dessus, la somme de 25 émise en excès par le gouvernement perd, elle aussi, 1/5 de sa valeur, soit au change contre la monnaie

[1] Le décret qui donna cours forcé aux billets de la Banque de France, en 1848.

métallique, soit pour l'achat de services personnels ou de marchandises. Les émissions contiennent-elles et atteignent-elles en somme le chiffre de 150? La valeur totale du papier-monnaie n'a point varié : elle est toujours égale à 100. Les dernières émissions ont réduit la valeur de chaque billet en circulation dans le rapport de 100/150 : chaque billet perd donc 1/3 de sa valeur primitive, les derniers émis par le gouvernement, comme tous les autres.

Si les émissions continuent jusqu'à 200, jusqu'à 500, jusqu'à 1,000, la valeur de la somme totale du papier-monnaie n'en est point altérée; elle reste toujours égale à 100, tandis que la valeur de chaque billet est réduite exactement en raison des émissions, de telle sorte que chaque billet vaut seulement 1/2, 1/5, 1/10 de ce qu'il valait au commencement. Pour prendre un quart de la valeur de la somme du papier-monnaie lorsque les émissions ont atteint 1,000, il faut donc recourir à une émission nouvelle de 300, tandis qu'à l'origine, le même résultat eût été obtenu par une émission de 33. Ainsi plus les émissions ont excédé les besoins, plus la dépréciation est grande, moins les émissions de papier-monnaie produisent au gouvernement. On a vu deux fois en France, pendant le dernier siècle, jusqu'où pouvait conduire l'abus de cet expédient hasardé.

La plupart des créations de papier-monnaie sont faites avec promesse de payer plus tard en monnaie métallique le papier émis. Aussi les cours sont affectés non-seulement par l'abondance des émissions, mais aussi par la confiance qu'inspire le gouvernement duquel émane la promesse. Sans parler des incidents de l'histoire des assignats dont le nom seul soulève encore des passions, on peut voir par les variations du cours du *papier continental* émis par les États-Unis dans la guerre de l'Indépendance, que le prix de ce papier était affecté presque autant par les événements politiques que par l'abondance des émissions. En 1776, il figurait dans la circulation pour neuf millions de dollars et n'avait pas subi de dépréciation sensible; en avril 1778, les émissions s'élevaient à 30 millions : la dépréciation naturelle aurait donc dû être dans le rapport de 3 1/2 à 1; mais comme l'issue de la guerre était très-douteuse, six dollars de papier ne valaient plus qu'un dollar d'argent. En juin suivant, la France était intervenue, et la capitulation de Burgoyne assurait le succès de la cause américaine : alors, bien que les émissions eussent atteint 45 millions, le papier-monnaie n'était déprécié que dans le rapport de 4 à 1. Mais en février 1779, l'excès même des émissions fit penser que jamais ce papier ne serait remboursé, et la dépréciation fit des progrès rapides ; à la fin de l'année 1780, elle avait atteint la proportion de 80 à 1.

Le papier-monnaie ne peut fournir à un gouvernement que des ressources très-bornées, et il apporte dans les transactions privées des perturbations fréquentes et déplorables : il altère la fidélité due aux contrats ; il déplace de la manière la plus inégale et la plus arbitraire les fortunes particulières, et trouble bien autrement la société qu'une levée d'impôts équivalant aux capitaux obtenus par les émissions successives. L'impôt pourrait être dur, vexatoire, odieux ; il affecterait même les contrats de crédit en rendant les capitaux mobiliers plus rares et plus chers ; mais les créations successives de papier à cours forcé sont plus fâcheuses, parce qu'elles exercent la même influence sur le marché des capitaux mobiliers, et changent en même temps la valeur qu'il importe le plus de maintenir invariable, celle de la monnaie.

Cependant la plupart des gouvernements modernes ont eu recours au papier-monnaie qu'ils n'ont pas inventé. Ce moyen d'exaction ne fut pas inconnu aux anciens ; on s'en servit à Carthage [1], et Marco-Polo en trouva l'usage établi en Chine [2],

[1] « Les Carthaginois, dit Eschine le philosophe, se servent de la monnaie suivante : dans un petit morceau de cuir, ils enveloppent quelque chose de la grosseur d'une pièce de quatre drachmes ; mais ce que c'est que la chose enveloppée, voilà ce que savent seulement ceux qui l'ont confectionnée. Puis, cachetée, on la met en circulation ; et celui qui en possède le plus est regardé comme ayant le plus d'argent et étant le plus riche. Mais quelle que fût la quantité qu'en posséderait un homme chez nous, il n'en serait pas plus riche que s'il avait autant de cailloux. »

[2] « Dans la ville de Khan-Balikh (Péking), est la monnaie du grand Khan, qui pourrait passer pour posséder le secret des alchimistes, car il a l'art de produire de l'argent au moyen du procédé suivant : il fait enlever l'écorce des mûriers avec les feuilles desquels se nourrissent les vers à soie. On en prend la partie intérieure, celle qui touche le tronc de l'arbre, et on la pile dans un mortier, jusqu'à ce qu'elle soit réduite en une pâte dont on forme du papier semblable à celui que l'on obtient du

avant que les gouvernements européens y eussent songé et lorsqu'ils se bornaient à *amenuisier* la monnaie, c'est-à-dire à en abaisser le titre [1].

Les États-Unis pendant la guerre de l'Indépendance, et tous les peuples de l'Europe durant la guerre de la Révolution et de l'Empire, ont eu recours au papier-monnaie ; mais ils n'ont pas tous poussé les émissions à l'extrémité, de telle sorte que leurs billets ont conservé une valeur et sont restés dans le commerce en Angleterre, en Allemagne, en Russie.

Partout le papier-monnaie a été considéré à juste titre comme un expédient extrême et dangereux, comme une ressource dernière dans les temps difficiles. La science et l'opinion en ont proscrit la création toutes les fois que leur voix n'a pas été couverte par le cri de la nécessité. En effet, outre les inconvénients qui accompagnent ses émissions, à la paix même, le papier-monnaie laisse encore aux peuples qui l'ont employé un problème redoutable à résoudre, celui de savoir comment on reviendra à l'emploi exclusif de la monnaie commerciale, métallique et fiduciaire, ou même si on y reviendra.

Quelques pays, l'Autriche entre autres, ont conservé le papier-monnaie en suivant à peu près les procédés du grand

coton, mais plus foncé. Quand il est tout préparé, on le coupe par morceaux de différentes grandeurs, carrés, mais plus longs que larges, et qui sont censés valoir, les uns un denier tournois, les autres un gros de Venise, d'autres enfin 2, 5 et 10 gros, jusqu'à 10 besants d'or.

» Ce papier se fabrique avec autant de cérémonie que si c'était de la monnaie d'or et d'argent ; les divers officiers préposés à cet effet ont soin d'apposer dessus leurs noms, leurs cachets ; et, finalement, le garde du sceau royal trempe dans du vermillon le scel qui lui est confié, en marque tous les morceaux de papier pour achever de leur donner un caractère authentique. Quiconque contrefait la marque de ce sceau est puni de mort.

» Ce papier est ensuite répandu dans tous les domaines de S. M., et personne n'ose, *sous peine de la vie*, refuser de le recevoir en paiement. Les individus qui ont en leur possession du papier-monnaie détérioré par suite d'un long usage n'ont qu'à le porter à la Monnaie, où, moyennant un léger droit de 3 pour %, on leur en remet de neuf en échange. » *Marco Polo*. Koblaï-Khan, l'empereur dont parle Marco-Polo, fut bientôt obligé d'abolir son papier-monnaie. Le gouvernement chinois en a depuis cette époque créé plusieurs fois. — Voy. dans le *Journal asiatique*, les mémoires curieux de M. Ed. Biot sur le papier-monnaie chinois.

[1] Commines parle d'une monnaie de cuir mise en circulation par celui de nos rois qui falsifia le plus souvent les monnaies, le roi Jean.

Khan dont parle Marco-Polo. On reste ainsi sans peine, mais non sans dommage, dans le régime du papier-monnaie.

L'Angleterre et la Russie en sont sorties par deux voies opposées. L'Angleterre, sur l'initiative de sir Robert Peel, a réduit successivement les émissions des billets de banque, de manière à revenir au pair, puis elle a rétabli les payements, l'échange à bureau ouvert des billets contre espèces et transformé le papier-monnaie en monnaie de papier.

Cette transformation a eu sur tous les contrats des effets fort graves. Car si les émissions excessives de papier-monnaie diminuent la valeur de ce papier, la réduction des quantités émises augmente cette valeur de la même manière, mais en sens inverse. Les contrats se trouvent donc altérés au détriment des débiteurs, comme ils avaient été altérés, lors des émissions, aux dépens des créanciers, et une telle mesure doit nécessairement affecter en baisse la plupart des transactions.

L'empereur de Russie est revenu du papier-monnaie à la monnaie de papier par un moyen plus judicieux et plus équitable. Il a fondé une banque de circulation et de dépôt ; puis, par une déclaration en date du 1er juillet 1839, il a décidé que l'ancien rouble de papier serait échangé contre espèces ou contre billets de la banque impériale au cours de trois et demi pour un, c'est-à-dire au cours du jour où la déclaration était publiée. Ainsi la transition a eu lieu en Russie sans secousse et sans nouvelle altération de contrats. On ne pouvait conduire plus habilement les opérations qui ont mis fin au régime du papier-monnaie dans l'empire russe [1].

Ce court exposé des lois qui régissent les variations du papier-monnaie, suffit pour faire comprendre combien étaient exclusifs les projets de ceux qui, récemment, proposaient de mobiliser, au moyen d'un papier à cours forcé, la plupart des créances hypothécaires qui existaient en France. Il s'est agi d'une émission de deux et de trois milliards, somme très-supérieure aux besoins que le papier-monnaie peut satisfaire et dont la présence sur le marché aurait pro-

[1] Depuis que ces lignes ont été écrites, la Russie est revenue au régime du papier-monnaie.

duit une dépréciation soudaine et considérable, une grave altération des contrats au détriment des créanciers.

Mais ceux qui faisaient ces propositions étaient frappés des résultats déplorables d'une hausse énorme des capitaux mobiliers sous l'influence de la panique politique : ils voyaient chaque jour transférer des valeurs considérables, sans causes commerciales, des débiteurs aux créanciers, et ils voulaient établir une compensation qui, dans le moment où ils la demandaient, n'eût pas été injuste. Leurs projets excédaient le but ; l'inertie dans laquelle il convint au gouvernement d'alors de se tenir ne permit pas de l'atteindre : elle fut avantageuse, bien au delà de ce qu'exigeait la justice, aux capitalistes et aux créanciers en général. Il eût été peut-être heureux pour le pays que le gouvernement eût été forcé de demander à la Banque une avance de 2 ou 300 millions. Cette avance, dont l'effet immédiat eût été une légère dépréciation du billet-monnaie, aurait rétabli l'équilibre et permis la résolution des contrats dans des conditions équitables, de telle manière que la valeur rendue au créancier eût été égale à la valeur prêtée.

Le papier-monnaie offre des ressources proportionnellement plus considérables dans un pays demi-barbare que dans un pays civilisé, parce que dans le premier il faut plus de monnaie que dans le second pour effectuer une quantité d'échanges déterminée. Le papier à cours forcé remplace et chasse la monnaie métallique sans en économiser l'usage en aucune façon, et sans imprimer au commerce de nouvelles habitudes. La monnaie de papier qui se répand par la persuasion et non par la force, ne peut au contraire se propager qu'en changeant les habitudes, en introduisant l'usage des crédits de banque et en économisant l'usage de la monnaie. Aussi, lorsque le pa ier à cours forcé vient dans un pays civilisé remplacer la monnaie de papier, ses émissions sont restreintes par les limites étroites où était renfermé le papier de banque. Des banques de circulation nombreuses sont donc le meilleur préservatif qu'on puisse employer dans un pays contre les abus du papier-monnaie.

Encore une observation qui pourra servir à faire mieux

comprendre le caractère du papier-monnaie. Sa création produit les mêmes effets sur les contrats qu'un abaissement du titre des monnaies de métal. Toutefois, il y a cette différence que la dépréciation de ces monnaies a une limite dans la valeur même du métal fourni comme monnaie, tandis que la dépréciation du papier n'en a point et ne se trouve toujours, à la fin, réglée que par les émissions [1].

On peut assimiler au papier-monnaie les monnaies d'appoint, comme celle de cuivre, qui tirent de leur usage, et non de la matière avec laquelle elles sont faites, leur principale valeur. Mais ces monnaies, qui existent dans presque tous les pays, occupent dans les affaires une si petite place qu'elles ne fournissent guère la matière d'opérations de change ou de banque, et il n'y a pas lieu d'en parler ici. Cependant la monnaie de cuivre a donné moyen d'émettre du papier dont l'apparence est fiduciaire et qui, en réalité, a un cours forcé. Ainsi, lorsque le gouvernement, comme on l'a vu dans plusieurs États du nord de l'Europe, fonde une banque de circulation dont le papier est remboursable en monnaie de cuivre, il crée un papier-monnaie susceptible de se déprécier jusqu'à concurrence de la valeur intrinsèque du cuivre. Quelquefois même on a vu franchir cette limite, comme quand le gouvernement russe [2] défendit, sous des peines très-sévères, l'exportation et la fusion du cuivre, afin de pouvoir tenir plus de papier de banque en circulation.

CHAPITRE X.

BANQUES D'ÉCHANGE.

Jusqu'à ce jour, on a emprunté ou pris le capital représenté par la monnaie métallique au moyen de billets payables en espèces à vue, au porteur, ou par l'émission de papier à

[1] J'ai exposé avec un peu plus de développements la théorie du papier-monnaie dans l'article PAPIER-MONNAIE du *Dictionnaire de l'Économie politique*.

[2] Voir Storch, *Cours d'Économei politique*, t. IV.

cours forcé. Il semblait difficile d'imaginer un système mixte et intermédiaire qui ne consistât précisément ni à prendre de force, ni à emprunter de bonne volonté au public la valeur de la monnaie métallique. On l'a tenté cependant en imaginant la banque monétaire d'échange sur laquelle on a fait depuis vingt-cinq ans, en France surtout, des expériences nombreuses.

§ 1. — *Banque monétaire d'échange.*

La théorie de la banque d'échange, que nous appellerons *monétaire* pour la distinguer de l'autre, est fondée sur une idée très-spécieuse. « Puisque les services, a-t-on dit, se payent toujours avec des services; puisque la monnaie ne sert qu'en qualité d'intermédiaire dans les échanges, pourquoi cet intermédiaire ne serait-il pas supprimé? Pour y parvenir, il suffit d'évaluer les marchandises existantes, de les représenter et de les monnayer avec du papier au moyen duquel tous les échanges seraient effectués. Qu'on imagine, par exemple, un bazar où se trouvent réunies toutes les marchandises nécessaires à la consommation d'une agglomération d'hommes; élevons une banque au milieu de ce bazar, et qu'elle délivre à chacun en papier, après évaluation contradictoire, le montant de la marchandise qu'il produit. Tous les achats seront faits par l'intermédiaire de la banque à laquelle les payements seront effectués en billets. Ainsi la somme représentée par les billets sera toujours égale à celle des marchandises existantes, puisque toute consommation sera précédée d'une extinction équivalente des billets en circulation. »

Telle est, dans sa plus simple expression, la théorie de la banque monétaire d'échange. Elle a été exposée pour la première fois, du moins à ma connaissance, en 1818, par M. Fulcrand-Mazel, qui a fondé sur cette idée une banque d'échange à Paris en 1829 et une succursale à Marseille en 1832. Plus tard, au commencement de 1848, cette théorie était exposée avec éclat en Écosse par M. John Gray, et à Paris par M. Proudhon. Jamais on n'avait suivi avec une logique plus serrée que M. Gray les conséquences de l'axiome fondamental et incontes table : « Les services se payent avec des services [1].» L'imagination aussi est intervenue et a joué un grand rôle aussi bien dans les écrits de l'économiste écossais que dans ceux de M. Proudhon.

Leurs projets de banque d'échange étaient-ils réalisables ?

Passons sur les difficultés d'exécution, et supposons que tous les produits de la société, de l'humanité même, sont bien évalués, cotés, emmagasinés dans le bazar de la banque d'échange. Les opérations commencent ; mais quoi ! les prix sont toujours les mêmes, ou du moins ils ne varient jamais du jour de l'entrée au bazar au jour de la sortie, car s'ils varient un seul instant, la somme de la valeur des marchandises cesse de se trouver exactement égale à celle exprimée par les billets ; or, c'est sur cette égalité constante des deux sommes que toute la combinaison de la banque d'échange se trouve fondée. La fixité des prix depuis l'entrée au bazar jusqu'à consommation devrait-elle être décrétée ? Que ferait-on au moment où un accroissement de l'offre d'une marchandise ou la diminution de la demande rendrait nécessaire une baisse de prix ? Décidera-on que les marchandises, à l'entrée, seraient évaluées au nouveau cours et subiraient seules la baisse de prix? Mais alors personne ne voudrait des marchandises de même sorte, déposées antérieuremont au bazar, et, pour les vendre, il faudrait cacher les dernières venues et imposer à la fois à l'acheteur le prix et la marchandise. Ici évidemment on se trouve en face de l'impossible.

On peut, il est vrai, n'évaluer la marchandise déposée dans le bazar de la banque d'échange qu'à une portion de sa valeur, ou retenir, au compte du propriétaire, une somme de billets égale à une fraction, soit un quart, de la valeur, pour faire face aux variations de prix. En ce cas, le déposant se trouverait dans la situation du marchand qui emprunte au sous-comptoir d'escompte sur un certificat de dépôt, avec cette différence que le billet-monnaie de la banque n'aurait point, comme ceux des banques de circulation, une valeur certaine et presque fixe.

[1] *Lectures on the nature and use of money*, by John Gray, 1 vol. in-8°.

Si, au lieu de renfermer dans son bazar toute la société, la banque monétaire d'échange n'est qu'une maison libre opérant en face de la concurrence, voici sa destinée inévitable : ses billets qui représentent non de la monnaie, mais des marchandises, ne peuvent avoir un cours régulier au dehors qu'autant qu'on peut obtenir partout, contre ces billets, une valeur en marchandises ou en services égale à celle qu'on obtiendrait pour une même somme de monnaie, en un mot qu'autant qu'ils sont au pair de la monnaie métallique. S'ils tombaient au-dessous du pair, leur dépréciation emporterait celle de toutes les marchandises qu'ils représentent : tous les déposants souffriraient, et dans une égale proportion, des émissions de la banque ; ils seraient solidaires de ses opérations. Or le papier de la banque monétaire d'échange tomberait rapidement au-dessous du pair, par l'excellente raison que la somme des marchandises existantes en tout temps est bien supérieure à celle des monnaies dont on a besoin et dont on se sert. Dès que les émissions atteindraient la somme inconnue, mais certaine, fixée par les besoins des échanges, la dépréciation commencerait à se faire sentir au préjudice des porteurs de billets qui ne pourraient obtenir hors du bazar de la banque d'échange l'équivalent de la marchandise par eux déposée contre les billets-monnaie.

Enfin, la banque monétaire d'échange encouragerait la spéculation, c'est-à-dire l'achat ou la production de marchandises qui ne sont pas réclamées actuellement pour les besoins du marché. Le producteur, ou le marchand, dégagé de la responsabilité des réalisations, assuré d'obtenir en tout temps de sa marchandise un prix à peu près fixe, et, en tout cas, moins mobile que les prix courants actuels, ne serait pas averti à temps qu'il faut s'arrêter, parce que les débouchés manquent ; il surchargerait le marché : puis viendraient la crise commerciale et les catastrophes ; car je ne pense pas qu'on ait imaginé de prévenir par la banque d'échange les variations naturelles des prix qui résultent d'une opération libre, de la comparaison de l'offre et de la demande.

Pour comprendre jusqu'à quel point la spéculation pourrait être excitée par un établissement où on aurait la faculté de réaliser à l'instant le prix de la marchandise, il suffit de se rappeler que les fabriques et les manufactures ont un prix de revient variable en raison des quantités qu'elles produisent. Soient leurs frais généraux représentés par 10 : quelle que soit la production, ces frais n'augmentent guère; si donc la production est de 50, les frais généraux absorbent 1/5 du produit; si elle s'élève à 100, ils ne prélèvent plus que 1/10 ; si elle atteint 200, ils n'y figurent plus que pour 1/20, et ainsi de suite. La fabrication a donc un intérêt direct très-grand et très-senti à élever le chiffre de ses produits, et c'est justement ce qui donne un prix si grand aux débouchés. Où s'arrêterait la production industrielle, si elle croyait posséder un débouché certain et presque infini?

Le prêt sur dépôt de marchandises ou de rentes, malgré toutes les restrictions que la prudence des banquiers lui a imposées, encourage souvent la spéculation. On a vu dans le nord de l'Angleterre des marchands de blé remettre en nantissement leurs premiers achats, puis se servir des capitaux obtenus du banquier pour acheter encore, remettre en nantissement encore une fois et retourner aux achats, jusqu'à complet épuisement de leur crédit. Une baisse de prix entraînait la ruine des marchands de grains et celle de la banque puissante qui leur avait fait des avances.

On use en ce moment à Paris, de la même façon, des avances sur dépôts de rentes et d'actions de chemins de fer. Sur ces dernières, la Banque de France avance 60 p. °/₀, et le sous-comptoir 75 p. °/₀ de leur valeur au cours de la veille. Le spéculateur fait une première opération sur un capital propre ou un crédit de 100, puis il va au sous-comptoir où il obtient 75 p. °/₀ et fait une nouvelle opération sur laquelle il obtient 75 p. °/₀, ou, s'il est très-gêné par les formalités du sous-comptoir, 60 p. °/₀ à la Banque. Il va ainsi jusqu'à l'extrémité de son crédit. Avec un capital de 100, il parvient à emprunter rapidement par ce moyen : 1° 75; 2° 56,25; 3° 42,19; 4° 31,65; 5° 23,74; 6° 17,81; 7° 13,36; 8° 10,02; soit en tout 270,02, sur des opérations qui ne sont pas réalisées et dont la réalisation est soumise à des éventualités de hausse et de baisse. Le spéculateur ne doute pas, lui; il voit la hausse dans son imagination comme si elle existait, et il attend sans inquiétude les bénéfices qui doivent lui fournir le moyen de remplir ses engagements et de retirer ses titres ; mais si les cours viennent à changer, si la baisse survient?

Tels sont les dangers que font courir au prêteur et à l'emprunteur les prêts sur nantissement ou dépôts de titres. Ces dangers seraient plus grands et plus sensibles dans la banque d'échange de MM. Gray et Proudhon, parce qu'on y courrait à la fois ceux qui résultent de la variation du cours des marchandises et ceux de la variation des cours du papier : on n'aurait plus pour opérer ni base ni mesure.

M. Mazel et ceux qui, après lui, ont essayé de monnayer les marchandises, ont rencontré le même obstacle. Les *bons* généraux d'échange, payables en produits ou services des adhérents, qu'ils mettent en circulation, forment des engagements dont la réalisation est toujours difficile, parce que le porteur n'en connaît pas exactement les conditions. Il peut et doit arriver souvent, ou que le produit qu'on lui offre ne soit pas celui qu'il demande, ou que, soit le prix, soit la qualité, ne lui conviennent pas. Cependant le titre d'engagement dont il est détenteur est précis, rigoureux et doit être libéré. De là des difficultés énormes dans l'application, même avec de petits établissements. Combien, avec de grands établissements, ces difficultés ne seraient-elles pas plus considérables ! On s'apercevrait bien vite qu'on a eu tort de croire que la valeur des marchandises était en proportion directe de leur quantité et que la monnaie fiduciaire ne pouvait être en excès, lorsqu'elle représente une quantité donnée de marchandises existantes.

On ne peut monnayer sûrement ni la terre, ni des titres dont la valeur soit susceptible d'accroissement ou de diminution, ni des marchandises, mais seulement ce qui se rapproche le plus des conditions de la monnaie métallique, savoir des promesses exprimées en monnaie et à une échéance assez prochaine. Après tout, la banque de circulation ordinaire, telle qu'elle existe en Écosse et dans la Nouvelle-Angleterre, est encore l'instrument le plus sûr que l'on puisse employer pour emprunter à la circulation la valeur de la monnaie métallique. Lorsque cette monnaie est réduite dans un pays à la quantité de 3 fr. 38 c. par tête d'habitant, comme en Écosse, il n'est pas besoin de courir la chance de bouleverser tous les marchés et toutes les transactions pour emprunter cette somme : il vaut mieux se tenir aux moyens connus et éprouvés, qui exercent une influence utile sur la production et jusque sur l'âme du producteur.

§ 2. — *Banque d'échange simple.*

Cependant il est incontestable que les services et les produits se payent avec des services et des produits, et il y a quelque chose qui confond la raison dans le spectacle d'une société placée sous le coup d'une crise commerciale profonde. Quoi ! cette société possède les mêmes instruments de travail, les mêmes entrepreneurs, les mêmes ouvriers, en un mot la même puissance productive que la veille, et cependant le travail s'arrête, les débouchés se ferment, les transactions cessent, et une vague inquiétude agite toutes les âmes. Tous ceux qui ont des engagements à remplir et particulièrement les entrepreneurs d'industrie se trouvent ruinés par la baisse de prix de toutes les marchandises. Et d'où vient cette baisse ? Uniquement de la retraite de quelques capitaux sous forme de monnaie, car d'ailleurs les besoins et les goûts sont restés les mêmes. Évidemment une telle situation présente un problème à résoudre.

Il ne faut donc pas s'étonner qu'un grand nombre d'esprits se soient obstinés à travailler sur l'échange, à réfléchir, à expérimenter, afin d'y découvrir un procédé nouveau pour économiser l'usage de la monnaie et améliorer le contrat de crédit. Enfin M. Bonnard en a trouvé un.

Ce procédé n'est autre chose qu'une simplification des moyens employés par les banques monétaires d'échange, l'introduction du bon *particulier* d'échange négociable *sans garantie* de la banque. Un exemple en fera comprendre l'emploi et l'usage :

Un bottier a besoin de cuir ; il est bon ouvrier, laborieux, solvable même, mais son petit capital est tout entier engagé en chaussures fabriquées qui garnissent son magasin. Il pourrait bien acheter des cuirs à crédit chez un marchand ordinaire, mais celui-ci peut-être les lui vendrait plus cher, en raison du risque : d'ailleurs pour obtenir ces cuirs à crédit, il faudrait contracter une dette exigible en espèces, ce qui constitue pour le bottier l'engagement implicite d'avoir vendu à l'échéance assez de chaussures pour payer son billet et d'avoir pu en réserver le prix. En souscrivant ce billet, il contracte, ainsi que nous l'avons fait observer, quelque chose de plus qu'un engagement de crédit, un véritable marché à livrer dont chacun connaît les conséquences.

Au lieu de procéder ainsi, le bottier s'adresse à la banque d'échange et lui demande les cuirs dont il a besoin. Supposons un moment qu'elle les ait en magasin et qu'ils conviennent quant à la qualité et quant aux prix : le marché se conclut, soit pour une somme de 1,000 fr. La banque demande au bottier pour 1,000 fr. de bons payables en produits de son commerce et de son industrie.

Ces bons au porteur, à vue ou à terme convenu, sont signés par le bottier qui emporte son cuir. La banque, à laquelle le bottier a payé une commission, met ces bons dans son portefeuille. Elle procède successivement de la même manière avec des producteurs de toute profession, de manière à garnir son portefeuille de *bons* qui représentent des marchandises de toute espèce.

Lorsque tous les besoins viennent tour à tour se manifester à la banque, il arrive nécessairement qu'on lui demande des marchandises de son portefeuille, si l'on peut s'exprimer ainsi, et, sans aucun doute, des chaussures. Elle offre un *bon* du bottier auquel elle a fourni des cuirs, soit un bon de 10 fr. : c'est à celui qui traite avec elle de voir s'il lui convient de prendre de la chaussure chez le signataire du bon : il est libre de tout engagement. Accepte-t-il? La banque lui transmet le bon, *sans lui en garantir le payement* : il le reçoit comme marchandise et donne en échange ses propres bons.

Que devient maintenant ce bon de 10 fr.? Il ne produit aucun intérêt au porteur et ne lui est point garanti par la banque. Il est donc très-probable que le porteur, qui ne peut guère négocier ce titre, ne l'accepte que parce qu'il en a besoin, et qu'au lieu de le considérer comme monnaie il se hâtera de le réaliser. Il va chez le bottier et fait son emplette librement, choisit sa marchandise, en vérifie la qualité, en débat le prix comme à l'ordinaire, puis au moment de payer, il remet le bon, qui éteint, jusqu'à concurrence de 10 fr., la dette qu'il vient de contracter.

Dans cette suite de transactions, tout le monde a contracté librement, dans les conditions ordinaires du marché, en se servant de la monnaie courante comme commune mesure des évaluations. Le crédit et les signes fiduciaires à la création desquels il donne lieu ne se sont pas multipliés, car les bons d'échange souscrits par le bottier remplacent exactement le billet qu'il aurait souscrit à son marchand de cuirs. Mais il est bien plus avantageux pour lui de souscrire un engagement à la banque qu'au marchand de cuirs. En souscrivant les bons d'échange, il n'a pris qu'un engagement simple ; le marché à livrer qui résulte nécessairement de tout contrat de crédit, est bien moins onéreux pour lui, puisqu'il doit payer en celle de toutes les marchandises qu'il peut fournir le plus facilement et sur laquelle il réalise un bénéfice. C'est du débiteur de la banque d'échange qu'on peut dire à juste titre : *Qui paye ses dettes s'enrichit*. Le bottier dont nous avons parlé ne s'est point obligé à avoir vendu et réalisé mille francs de marchandises au jour de l'échéance ; au lieu d'avoir besoin de vendre d'abord et de payer ensuite, il vend et paye par une seule opération ; il ne peut devenir insolvable qu'autant qu'il cesserait de travailler ou qu'il dissiperait follement ou frauduleusement les produits de son travail, et ses ventes ne sont jamais forcées par la nécessité de faire face aux échéances. Plus il a d'échéances, au contraire, plus il est assuré d'avoir des débouchés et, par suite, un travail rétribué au cours; puisque la banque est intéressée à négocier promptement ses bons et que les porteurs ont intérêt à les consommer promptement.

Pas n'est besoin de dire que la banque a trois moyens de se procurer les marchandises qui lui sont demandées : 1° par l'achat direct au comptant, et dans ce cas elle jouit de la remise ordinaire du commissionnaire ; 2° en recevant des marchandises en consignation ou en nantissement avec mandat pour vendre ; 3° par les bons d'échange de son portefeuille. Dans tous les cas et sans rien innover aux usages du commerce, elle perçoit un droit de commission. Avec un capital médiocre, mis en œuvre par un homme habile et actif, il lui est facile de réaliser des bénéfices considérables.

Mais pour réussir dans la banque d'échange, il faut surmonter des difficultés pratiques très-grandes et qui ont une grande analogie avec celles que l'on rencontre dans les banques proprement dites. Il est vrai que tout bon sorti du portefeuille de la banque d'échange est éteint pour elle et ne laisse après lui aucun engagement éventuel, mais elle court le risque direct de voir les souscripteurs des bons de son portefeuille devenir insolvables : elle court en outre et surtout le risque de se laiser encombrer de marchandises d'une réalisation difficile. Il y faut, exactement comme dans les autres banques, avoir soin de tenir son capital disponible et actif, c'est-à-dire sous la forme de marchandises demandées et d'un débit facile, soit par leur nature même, soit à cause de la qualité et de la façon. Le directeur d'une banque d'échange doit donc en quelque sorte prévoir les besoins du public pour chaque espèce de marchandises, et y pourvoir, de manière à se tenir toujours au milieu du grand courant des échanges.

Or cet art n'est pas facile : pour le pratiquer avec succès, il faut une grande connaissance des besoins et des habitudes de la place sur laquelle on opère : il faut savoir accepter beaucoup d'affaires et en refuser un plus grand nombre, car, on doit le remarquer, le directeur d'une banque d'échange dispense jusqu'à un certain point ceux avec lesquels il fait affaire de la recherche des débouchés ; il se charge à ses risques et périls de leur en procurer, et dans la nouvelle division du travail qu'il vient introduire, il prend à sa charge une grande partie des soucis de la prévoyance. S'il s'encombre de marchandises d'un écoulement difficile, son capital se trouve immobilisé ou trop longtemps engagé et improductif : il éprouve le même embarras s'il acquiert en quantité trop grande des marchandises même dont le débit n'éprouverait d'ailleurs aucune difficulté.

Quant aux crédits à accorder, les principes de la banque d'échange ne diffèrent guère de ceux des banques proprement dites, si ce n'est en ceci que l'échange étend le crédit personnel plus loin, parce qu'il est infiniment plus facile au débiteur de se libérer en produits de son industrie que de toute autre manière.

En principe, la banque d'échange a des débiteurs, mais point de créanciers. Sans doute elle pourrait recevoir des dépôts et les rembourser à l'échéance, mais dans l'administration de ces dépôts elle courrait plus de danger que les banques ordinaires, parce que celles-ci ont en portefeuille des engagements exigibles en espèces, qui laissent toutes les chances de réalisation à la charge des signataires, tandis que l'actif de la banque d'échange est en marchandises, ce qui laisse à sa charge une partie des chances de réalisation. Elle ne peut accepter prudemment que des dépôts remboursables en bons d'échange, et ces bons, il faut le remarquer, n'ont pas un titre uniforme qui les rende propres à satisfaire aux convenances ordinaires des déposants. Mais toutes les opérations de placement dans lesquelles le banquier n'est que commissionnaire, s'adaptent à merveille aux banques d'échange.

L'usage des banques d'échange tendrait à économiser à la fois l'emploi de la monnaie et l'emploi des capitaux mobiliers évalués en monnaie. En effet, aux engagements de crédit exigibles en monnaie, elles substituent des engagements exigibles en marchandises diverses. Il en résulte que, dans l'hypothèse de la propagation de ces banques, si le marché du crédit vient à éprouver quelque perturbation, toutes les demandes des capitalistes n'auront pas pour objet une seule marchandise, qui est la monnaie ; par conséquent ces demandes ne tendront pas à élever le prix de la monnaie aux dépens de toutes les autres marchandises, bien au contraire. Ainsi les engagements résultant de l'usage des banques d'échange seraient en quelque sorte les compensateurs des engagements exigibles en monnaie, et autant la réalisation précipitée de ceux-ci abaisse le prix des marchandises, autant la réalisation de ceux-là tendrait à élever ce prix. Dans ce système d'échange, les prêts à long terme seuls seraient exigibles en monnaie ; les crédits commerciaux, exigibles en marchandises, ne seraient que médiocrement atteints par les crises qui pourraient survenir.

L'usage de la banque d'échange économise l'emploi des capitaux, en ce sens que ceux qui s'en servent peuvent exercer un commerce ou une industrie avec moins de capitaux que s'ils souscrivaient des engagements exigibles en monnaie. Ils n'ont besoin d'aucune réserve en fonds de caisse ou en crédit chez le banquier, pour subvenir à leurs échéances : il leur suffit, pour être en mesure de remplir leurs engagements, d'avoir de la marchandise demandée par la consommation. Ils peuvent avoir de la peine à trouver du crédit, à traiter avec la banque; mais une fois qu'ils ont obtenu ce crédit, ils n'ont plus qu'à travailler avec ardeur, sûrs qu'ils sont d'avoir un débouché pour les produits de leur travail, et sans crainte de se voir dépouillés par des méventes forcées, consenties sous le coup des échéances. Ce service vaut bien une commission.

Ainsi dans le mécanisme des affaires, la banque d'échange, sans attenter en quoi que ce soit aux droits du capital, et en lui ouvrant même des débouchés nouveaux par la mise en valeur des aptitudes productives, tend à améliorer surtout et à assurer les conditions du travail, à augmenter la liberté économique de celui qui travaille. A ce point de vue, son introduction dans les affaires a une immense portée, mais ce n'est pas ici le lieu d'insister sur cet ordre de considérations : nous préférons faire ressortir son caractère commercial et sa méthode générale.

Elle se présente au premier abord sous l'aspect d'un commerce de détail hérissé de difficultés, parce qu'il touche à toutes les marchandises, et, en effet, il est difficile d'y réussir si on craint les détails et si on n'a pas des connaissances très-variées sur les hommes et les choses du commerce. Mais ces connaissances n'ont pas un caractère proprement spécial : sur chaque marchandise, il suffit de pouvoir répondre à ces deux questions : « Dans quelles proportions se vend-elle et à quel prix? » Quant à l'homme, il suffit de savoir s'il sait acheter ou fabriquer et vendre, et s'il est de bonne foi. Mais le travail d'esprit du directeur d'une banque d'échange doit porter plus haut : il doit rechercher incessamment quelle est, dans le mouvement général des échanges, l'importance relative de telle marchandise et de tel homme qui la vend ou la produit. Il doit suivre avec soin les mouvements généraux de l'offre et de la demande, de la production et de la consommation, et chercher la solution de problèmes qui, jusqu'à ce jour, ont peu occupé le commerce, et qui ont été à peine posés par la science. Il faut donc apporter dans les opérations de la banque d'échange l'intelligence des généralités et une volonté qui ne soit ni intimidée, ni rebutée par le détail des affaires.

Le bon d'échange s'adapte avec une grande facilité aux besoins de la petite industrie. « Le bon du producteur primitif qui a reçu la matière première est transmis au second producteur, qui achève la transformation de cette matière ; celui du second producteur est transmis au marchand en gros ; celui du marchand en gros au marchand en détail, et celui de ce détaillant au consommateur, qui le paye aussi en produits de son industrie [1]. »

On peut observer que le crédit représenté par le bon d'échange court en sens inverse du crédit représenté par le papier de commerce ordinaire. Dans le commerce, le consommateur paye habituellement en numéraire et quelquefois en billets : en ce dernier cas, ces billets sont négociés par le marchand au détail, avec ses billets propres ou ses acceptations, au marchand en gros, par le marchand en gros au fabricant, par celui-ci à l'auteur de la première fabrication, et par celui-ci au producteur ou vendeur de la matière première, laquelle est souvent achetée au comptant par un capitaliste. Le crédit accordé au consommateur est à la charge du producteur : avec la banque d'échange, le crédit, au lieu de naître des affaires faites et réalisées, peut naître d'affaires à venir prochaines, et il se trouve accordé au producteur par le consommateur dont la banque tient en quelque sorte la place. En même temps que la banque d'échange étend le champ du crédit, elle en réduit l'usage, mais celui qu'elle procure tout directement au travail est plus fécond, comme l'engrais jeté dans la terre

[1] Compte-rendu de la Banque d'échange de Marseille, 1852.

est d'autant plus actif qu'il est plus rapproché des racines de la plante.

Est-ce à dire que la banque d'échange soit, comme le prétendent quelques personnes, une panacée sociale? En aucune façon. Il n'existe et il ne peut exister rien de pareil. La banque d'échange n'est qu'un procédé d'une application très-délicate et très-difficile, avec lequel nous ne sachons pas qu'un établissement quelconque ait encore réussi, bien que le succès ne soit pas impossible. Il est difficile que l'usage de cette banque se généralise, et cependant elle peut rendre des services utiles. Mais pour qu'elle produise tous les résultats qu'on est en droit d'en attendre, il faut qu'elle laisse chacun dans sa liberté, qu'elle abrége la durée des engagements en les simplifiant, en les réduisant à leur expression la plus élémentaire : il faut surtout qu'elle s'abstienne de vouloir remplacer la monnaie dans les évaluations, et qu'elle se contente de la rendre inutile dans les accumulations et dans les réserves.

LIVRE V.

Maximes et Notions pratiques.

On a réduit l'art de la guerre à un principe fondamental et à quelques maximes générales. Il serait facile de réduire l'art du banquier à quelques principes, de dire, par exemple, « que cet art consiste à se tenir toujours en mesure de remplir ses engagements, tout en obtenant des capitaux dont on dispose le produit le plus considérable que l'on peut ; » mais à quoi bon? Des préceptes si larges et si vagues n'ont jamais d'utilité dans la pratique ; ils s'appliquent uniquement à l'appréciation des faits accomplis, à ce que l'on pourrait appeler l'histoire et le raisonnement des opérations de banque.

Le commerce du banquier ressemble à tous les autres ; il s'en distingue seulement parce qu'il est plus commercial, si l'on peut ainsi dire, en ce sens que toutes les maximes, toutes les règles générales du commerce reçoivent en banque une application plus stricte que partout ailleurs.

Ainsi il est certain que tout commerçant doit proportionner ses entreprises au capital dont il dispose, et tenir ce capital d'autant plus réalisable qu'il se sert du crédit. Mais ce précepte s'applique plus strictement au banquier qu'à tout autre, parce que le crédit occupe dans ses affaires plus de place que dans celles de tout autre négociant.

Il y a du mérite à savoir proportionner ses affaires à son capital propre, et celui-ci aux ressources offertes par la localité dans laquelle on se place, aux débouchés probables, et l'un et l'autre à sa capacité personnelle ; mais ces proportions s'établissent plus souvent par hasard que par conseil, par expérience que par théorie, et les règles qu'on pourrait établir à ce sujet seraient inutiles.

CHAPITRE I.

CARACTÈRE, HABITUDES ET ADMINISTRATION DU BANQUIER.

§ 1. — *Caractère.*

Le banquier doit posséder, à un certain degré, les qualités qui distinguent tout homme d'affaires, depuis celui qui dirige un gouvernement jusqu'au dernier entrepreneur de commerce ou d'industrie : du jugement, du bon sens, de la fermeté, de la décision, une appréciation froide et calme, une intelligence ouverte et vigilante, peu d'imagination, beaucoup de mémoire et d'application. Celui qui a les nerfs irritables, l'imagination active, le cœur trop sensible, la mémoire défectueuse, l'intelligence ardente, inquiète, mobile, doit embrasser une autre profession. L'homme dont l'esprit est paresseux et lent à comprendre ou le caractère indécis, doit aussi éviter la banque, celui de tous les commerces qui supporte le moins la médiocrité.

Sur un sujet si délicat, l'opinion, même raisonnée du premier venu, ne saurait jamais avoir la même autorité que celle d'un praticien. Un homme de beaucoup d'esprit qui s'est élevé au premier rang, après avoir passé par les grades inférieurs de la profession, et dont la parole s'autorise d'une profession de trente-six ans, feu M. Gilbart, a énuméré dans les passages suivants les principales qualités nécessaires à un banquier, ou plutôt les faiblesses ou défauts contre lesquels il doit se tenir en garde.

« Un banquier n'a besoin d'être ni poëte, ni philosophe, ni savant, ni littérateur, ni orateur, ni homme d'État ; il n'a besoin de posséder aucun talent brillant qui le distingue du reste des hommes, et même il vaut mieux qu'il n'en possède point de ce genre. Il suffit qu'il ait à un haut degré cette qualité pratique appelée *sens commun*. Le talent du banquier résulte de l'assemblage d'un certain nombre de qualités dont aucune en particulier n'est éclatante, mais qu'il est rare de trouver réunies en la même personne. Ce serait une erreur de supposer que le commerce de banque est une routine, et qu'il ne faut, pour l'exercer, ni science, ni habileté. Le grand nombre de faillites qui ont eu lieu dans ce commerce depuis cinquante ans prouve que les bons banquiers sont aussi rares que les bons praticiens en tout autre genre. Le commerce de l'argent emploie des facultés intellectuelles d'un ordre élevé et très-utiles à la société, car la manière dont il est pratiqué exerce toujours une grande influence sur le bonheur de l'humanité.

» S'il est vrai qu'un homme sage, ou, en d'autres termes, doué de beaucoup de raison et de sens commun, ne soit pas nécessairement un homme de talent, il doit au moins n'avoir aucun défaut saillant.

» L'indécision est un grand défaut chez un banquier, qui doit savoir en toute question balancer rapidement le pour et le contre, et prendre une prompte résolution. On s'excuse ordinairement de l'irrésolution en invoquant l'utilité d'une mûre réflexion ; mais en réalité les gens indécis réfléchissent moins que les autres. Celui qui craint de se décider se fatigue bientôt d'une réflexion qui tend nécessairement à une conclusion, et il songe à autre chose, ou bien il cherche des motifs d'ajournement. Un esprit indécis conclut toujours à ajourner.

» Le défaut de fermeté n'est guère moins fâcheux. Lorsqu'un banquier, après avoir mûrement réfléchi et pesé le pour et le contre, a pris une résolution, il doit s'y tenir. Il doit savoir pourquoi il dit *non*, et lorsqu'il a dit *non*, il ne doit jamais revenir sur sa parole.

» La promptitude et l'étourderie sont encore de grands défauts. C'est folie de répondre avant d'avoir entendu. En écoutant, l'homme sage s'instruit et parvient aux bonnes résolutions.

» C'est encore un grand défaut de se laisser dominer par des préoccupations personnelles, ou de tempérament, ou d'habitude. Tout homme, et le banquier comme les autres, a ses faiblesses contre lesquelles il doit toujours se tenir en garde.

» C'est un grand avantage pour un banquier de se connaître lui-même, de savoir quelles sont ses qualités et quels sont ses défauts; s'il est porté par caractère à un excès de prudence ou à un excès de libéralité; si ses manières sont rudes ou avenantes; s'il est enclin à voir les choses par leur côté brillant ou par leur côté sombre; si les relations sociales exercent une bonne ou une mauvaise influence sur la manière dont il remplit ses devoirs; si les cadeaux et les civilités de ses habitués [1] ont quelque effet sur ses relations d'affaires. Lorsqu'il a éprouvé une perte, il doit rechercher si elle est un résultat du mouvement naturel des choses ou si elle a eu pour origine une faiblesse de son caractère, et se rappeler les cas dans lesquels il a manqué de fermeté, de discrétion, de jugement ou de persévérance, pour se tenir en garde à l'avenir.

» Mais s'il est inutile au banquier de connaître ses faiblesses, il ne lui est pas moins utile de les cacher à ses habitués. Les gens rusés qui ont souvent besoin d'argent trouvent bien vite le côté faible de leur banquier, et s'ils s'aperçoivent que les cajoleries, les flatteries, les commérages, les présents et les menaces leur donnent prise sur lui, il est bientôt à leur merci. C'est pourquoi un banquier fera bien de n'avoir pas de relations trop familières avec ceux qui sont en position de lui demander crédit pour de fortes sommes. »

Avant de s'engager dans la banque, il convient d'étudier avec soin la vocation et l'aptitude qu'on peut y apporter. S'il est vrai que ce commerce réserve une rémunération presque assurée aux travaux de l'homme actif et capable, celui qui s'y engage imprudemment n'y rencontre que des écueils presque inévitables, des désagréments sans nombre, des inquiétudes perpétuelles, et, en dernier résultat peut-être la ruine et le déshonneur.

Il n'est pas rare de voir des hommes, forts d'un capital propre important, et d'une certaine connaissance théorique des affaires, prendre, sans apprentissage préalable, le titre et la qualité de banquier. On ne peut guère imaginer une imprudence plus grande, car si la théorie des opérations de banque est simple et facile à comprendre, l'habitude et la routine

[1] J'ai traduit le mot *customer*, littéralement par *habitué* et non par *client*, mot ambitieux et peu commercial dont nous nous servons bien à tort en France.

même sont indispensables à celui qui veut réussir dans leur pratique quotidienne. On ne sait qu'à demi ce qu'on sait le mieux théoriquement, et d'ailleurs combien de détails échappent à la théorie! Elle ne peut enseigner, par exemple, ni à parcourir rapidement, ni à comprendre à première vue un compte courant, ni à compulser utilement des livres de banque en quelques instants, ni même à tirer des conclusions et des renseignements de la seule inspection d'un effet de commerce. Bien moins enseignera-t-elle des détails que l'habitude et le commerce des hommes peuvent seuls faire connaître. Ce sont des détails sans doute, mais leur importance est grande, et il ne serait pas difficile de citer tel homme qui, après s'être fait un nom dans la banque, a mal fini pour les avoir ignorés.

La théorie enseigne les principes généraux; elle enseigne comment les faits s'enchaînent; comment une inadvertance, une faute entraîne quelquefois les plus graves conséquences; comment le banquier peut être égaré, étourdi, entraîné par certaines circonstances: la théorie, en un mot, enseigne l'art d'observer et d'apprendre, mais on ne la possède bien, on n'a pour elle la confiance qu'elle mérite qu'après avoir été témoin d'un fait à l'appui de chaque précepte. Dans les arts d'application, l'homme ne finit d'apprendre que par une expérience personnelle; cette expérience, il vaut mieux l'acquérir au service d'autrui et sans risque pour personne que de la faire à ses risques propres, en s'exposant à perdre sa fortune et peut-être celle des personnes dont on a obtenu la confiance. Que d'hommes ne sont devenus propres aux affaires commerciales qu'après que la perte de leurs capitaux avait rendu leur capacité, chèrement acquise, inutile à eux-mêmes et à la société!

D'ailleurs le banquier est toujours obligé d'employer le travail d'autrui, d'avoir des collaborateurs sous ses ordres. Il lui importe infiniment de connaître les derniers détails de l'organisation d'un bureau, les mobiles qui impriment de l'activité à une réunion de commis, les causes qui donnent du zèle et de l'activité ou qui encouragent la paresse et l'insouciance. Savoir diriger le travail de plusieurs hommes est toujours un art difficile, important ; et, quoiqu'on en ait dit pour d'autres professions, il est utile, en banque, d'avoir obéi pour savoir commander.

Non pas que les qualités qui distinguent le banquier ou que la capacité commerciale s'acquièrent dans les bureaux, ni qu'une longue pratique des détails soit nécessaire à celui qui est destiné à diriger une maison : une longue pratique en toutes choses impose des habitudes et bientôt une routine, hors de laquelle l'homme, ossifié en quelque sorte, ne sait plus se mouvoir. S'il était possible de déterminer en quelques mots la durée de l'apprentissage nécessaire à qui veut être banquier, on dirait que cet apprentissage doit durer assez pour que le sujet apprenne tous les détails du métier, et assez peu pour qu'il ne prenne pas trop l'habitude de les pratiquer dans une position subalterne, de deux à cinq ans environ.

Il est quelquefois pénible de fonder une maison de banque ; il est plus souvent dangereux de prendre une suite d'affaires. Ni les chiffres énoncés aux livres, ni les prélèvements ou dividendes perçus, ni les inventaires, ne peuvent donner une idée exacte de la situation d'une maison de banque. Dans les autres branches de commerce, il suffit de jeter les yeux sur le livre de magasin pour pouvoir apprécier à peu près la valeur des marchandises : les résultats obtenus les années précédentes sont positifs ; quand aux créances et aux dettes, elles sont le plus souvent en petit nombre, et il est facile de les distraire, de les laisser au compte du cédant. Mais en banque, les dettes et les créances sont la matière même du commerce : le portefeuille est un vrai magasin dans lequel chaque effet a sa valeur exprimée. Est-ce bien sa valeur réelle ? Qui le sait? Quelquefois le banquier l'ignore lui-même : il ne sait pas que tel habitué, dont le compte présente les plus belles apparences, ne vit que par le crédit.

Le banquier sait bien, il est vrai, que tel compte se maintient uniquement par des renouvellements, depuis plusieurs années peut-être : mais celui qui se présente pour acquérir ignore cette circonstance, et souvent il ne peut l'apprendre que du hasard. A moins qu'il ne soit depuis longtemps dans la maison dont il prend la suite d'affaires; à moins qu'il n'en sache les habitudes, la clientèle et les secrets les plus cachés, il ne peut acquérir une suite d'affaires en connaissance de cause et sans s'exposer aux risques les plus graves.

En effet, il est bien rare qu'après un long exercice une maison de banque n'ait pas quelques *nourrissons*, comme disent les Anglais, c'est-à-dire des comptes qu'elle n'a pas osé fermer de peur d'ocasionner la faillite du client et d'être obligée de passer par profits et pertes quelque somme importante. Plus rarement encore une maison de banque ancienne est exempte d'engagements à long terme et difficiles à réaliser, tels que prêts sur immeubles, crédits ouverts légèrement sur garanties hypothécaires, etc. Un homme expérimenté tiendrait compte de tout cela en acquérant une suite d'affaires; mais les hommes expérimentés ne font une telle acquisition que lorsqu'ils ont une connaissance intime de la maison à laquelle ils veulent succéder et de la localité dans laquelle ils s'établissent.

Car c'est peu de chose de posséder même à fond la théorie de la banque et d'avoir du métier une expérience suffisante, si l'on ne connaît pas les mœurs, les habitudes, les routines, les préjugés du commerce avec lequel on va faire des affaires. Cette connaissance locale est indipensable, mais un homme intelligent l'acquiert facilement et vite.

§ 2. — *Habitudes et maximes.*

J'emprunte à l'écrivain déjà cité dans ce chapitre la plupart des préceptes techniques de l'art du banquier. On trouvera peut-être ses maximes eu peu minutieuses ; mais elles révèlent le praticien, et en appelant l'attention du lecteur sur des détails que la plupart des hommes dédaignent et négligent trop souvent, elles peuvent avoir une grande utilité.

« Un banquier, dit M. Gilbart, doit savoir choisir ses associés et collaborateurs, de manière à compenser par leurs qualités les défauts qu'il reconnait en lui-même. Il faut qu'il sache employer ses commis aux détails de ses affaires en se réservant toujours la surveillance et la direction de l'ensemble. On a vu des directeurs de banque user leur santé par un travail matériel excessif qu'ils auraient dû laisser à leurs commis, et négliger le travail intellectuel de la direction, au grand détriment de leurs affaires.

» Un banquier doit savoir économiser le temps, en assignant à chacun de ceux qui travaillent sous ses ordres des fonctions bien déterminées, en leur laissant une certaine latitude pour exercer leurs facultés, se former un jugement indépendant et se sentir responsables.

» Il économise encore le temps en adoptant dans ses occupations un ordre régulier. Il doit venir tous les jours à la même heure au bureau, y travailler tous les jours dans le même ordre et se retirer à la même heure. En observant cette routine, il évitera l'agitation morale et prendra des habitudes de calme, de travail et de décision qui lui permettront d'expédier beaucoup de besogne sans être jamais ahuri.

» Un banquier doit encore économiser le temps en ayant avec ses habitués et le public des communications aussi courtes que possible. Il ne doit jamais encourager la conversation sur un sujet autre que celui dont il est question, et il fera bien de recevoir son monde debout, afin qu'on reste moins longtemps à l'entretenir. Le mobilier du bureau doit être arrangé de manière que le siége destiné à l'habitué soit plutôt à côté de la porte qu'auprès du feu. Il est utile aussi que le bureau soit placé de manière à avoir une porte pour le public et une autre qui communique avec les bureaux des commis, afin de pouvoir, au besoin, vérifier à l'instant un compte, etc. Il n'est pas bon qu'un habitué qui présente des valeurs importantes à l'escompte, assiste à la délibération du banquier : il vaut donc mieux établir l'usage de la présentation préalable au bureau du principal commis, qui vient consulter le patron et rapporte sa réponse.

» Un banquier doit prendre des moyens pour obtenir et se rappeler les renseignements qu'il reçoit. Il ne doit tenir lui-même aucun livre, mais il doit toujours avoir à son bureau : 1° le livre des soldes généraux où est inscrit, semaine par semaine, le mouvement de ses affaires ; 2° le livre des soldes quotidiens où se trouve un relevé, jour par jour, de tous les comptes courants ; 3° le livre des soldes hebdomadaires sur les escomptes, prêts, etc., obtenus par chaque habitué durant la semaine précédente ; 4° le livre d'inspection où se trouve consigné le montant des valeurs souscrites par des personnes qui ne sont pas en compte avec lui ; 5° le livre d'informations où se trouvent des renseignements sur le caractère et la solvabilité des personnes avec lesquelles il est en relations d'affaires ; 6° enfin le mémorial où sont inscrits les arrangements particuliers faits avec chacun de ses habitués. Tout banquier ferait bien aussi d'avoir une liste de ses habitués, classés par profession, comme marchands de grains, de cuirs, etc. Il verrait d'un coup d'œil dans quelle classe sont ses relations, et quels événements peuvent apporter du gain ou de la perte dans tel ou tel commerce. Il trouverait aussi dans cette étude le moyen de juger si les effets que ses habitués lui présentent à l'escompte ont bien pour origine une opération de leur commerce ordinaire.

» Il importe beaucoup de tenir un livre de renseignements. Sans doute, un banquier dont la mémoire est forte et l'expérience grande, pourrait s'en passer. Mais la mémoire la meilleure peut tomber en défaut, et cela dans les occasions les plus importantes. D'ailleurs il arrive un jour ou l'autre que le banquier est absent, ne fût-ce qu'un moment, et il emporte sa mémoire avec lui...

» Un banquier peut obtenir des renseignements sur un commerçant, soit pour lui-même, soit pour un client, auprès du banquier de ce commerçant. Mais ces renseignements sont défectueux : le banquier auquel on les demande ne juge ordinairement de la solvabilité de ses habitués que d'après l'état de leur compte courant chez lui ; et si le compte se balance par un solde créditeur, les renseignemeuts fournis par lui sont toujours favorables. En outre, le banquier peut avoir intérêt à maintenir ou à étendre le crédit de son client, et à en dire, par suite, plus de bien qu'il n'en pense. Au contraire, les maisons qui exercent le même commerce se connaissent bien entre elles : le marchand en gros sait bien quelle est la solvabilité des marchands au détail qui font des affaires avec lui, et chaque banquier en a quelqu'un de chaque branche de commerce dans sa clientèle, auprès duquel il lui est facile de se renseigner. Il peut trouver aussi d'utiles indications sur les effets mêmes qui passent dans son portefeuille, s'il a le temps de les examiner.

» Il importe infiniment au banquier de se tenir au courant de la fortune et des affaires de ses habitués. L'habitué, lorsqu'il se met en compte, fournit lui-même quelques renseignements. Bientôt les livres en fournissent d'autres : le total du compte courant indique l'importance des affaires ; l'état des balances atteste si le négociant a ou n'a pas beaucoup de fonds disponibles ; les effets disent s'il a fait beaucoup d'affaires avec les mêmes maisons et si ces maisons sont bonnes. D'un autre côté, les acceptations du client indiquent l'espèce de gens auxquels il a affaire ou qui ont l'habitude de lui accorder du crédit. Mais le meilleur moyen de se renseigner est de voir l'homme. Ce moyen, comme tous les autres, peut tromper ; mais, en général, le port et les manières d'un homme témoignent de son caractère. Il y a des gens qui présentent toujours par l'intermédiaire de leurs employés les bordereaux à l'escompte, etc. C'est fort bien tant qu'ils n'ont pas besoin d'un crédit extraordinaire ; mais s'ils ont besoin d'un crédit qui dépasse les habitudes, le banquier doit faire venir le chef de la maison, et s'il a des doutes sur le caractère de son client, qu'il se rapporte à l'impression que produira la première entrevue : neuf fois sur dix, cette impression ne le trompera pas. Il n'est pas besoin d'étudier la phrénologie ou la physiognomonie pour apprécier exactement le caractère d'un homme avec lequel on cause d'affaires.

» Un banquier de province peut bien plus facilement être renseigné sur le caractère et la solvabilité de ses habitués que le banquier de la capitale. En province, tout le monde connaît les affaires de chacun, ses relations de famille, sa fortune, ses espérances et surtout ses habitudes.

» Un banquier doit se diriger dans ses affaires par des principes généraux : il doit savoir d'avance s'il veut ou ne veut pas faire des prêts sur hypothèques, sur contrats, sur connaissements, sur warants, s'il veut escompter du papier qui ait plus de trois mois à courir, etc., etc.

» Le grand avantage des principes généraux, c'est qu'ils économisent le temps. Lorsqu'un banquier répond à un habitué : « Il est contraire aux règles et principes de la maison de faire des avances sur connaissement, » il n'y a rien à répliquer. A défaut de principes généraux, il faudrait s'expliquer, causer et courir le risque d'être surpris par un interlocuteur habile et beau parleur. Le banquier qui s'est imposé une règle, écoute patiemment, sans changer de réponse ni de résolution.

» Il est utile à un banquier d'avoir des principes généraux, et plus il acquerra d'expérience, plus il en aura; mais il n'est pas utile de les exposer et de les discuter à tout propos. En général, en cas de refus, il vaut mieux ne pas motiver. La science de la banque est si peu répandue, que les explications du banquier ne seraient pas comprises. D'ailleurs quel raisonnement pourrait prouver à celui qui a besoin d'argent, que le banquier n'a pas tort de lui en refuser?... On peut toutefois, dans certains cas particuliers, s'écarter des principes généraux, mais il est bon de ne s'en écarter ni souvent, ni sans motifs graves.

» Dans les grandes villes, il vaut mieux prendre une ou deux branches d'affaires que de se livrer à toutes les opérations de banque. C'est ce qui se fait à Londres.

» Un banquier doit être prudent lorsqu'il ouvre un nouveau compte sur ses livres. Le nouveau client doit être présenté par quelque négociant dont il soit personnellement connu. Plus ce négociant sera considérable, plus la recommandation aura de poids. A celui qui se présenterait sans parrain, il faudrait demander de qui il se recommande, et en même temps l'interroger sur le genre d'affaires qu'il fait, et sur le crédit dont il présume avoir besoin. Il devra dire dans cet entretien de quelle espèce et de quel caractère sont les effets qu'il apporte à l'escompte, et donner tous les détails qui méritent une considération particulière. C'est une grande faute à un commerçant de fournir au banquier chez lequel il ouvre un compte des renseignements inexacts. Tout banquier craint les comptes douteux qui lui font soupçonner quelque fraude ou l'emploi de valeurs suspectes, et prend facilement ombrage. En général, il serait bon de ne jamais accepter le compte de celui qui a un autre banquier; on n'a le plus souvent deux banquiers que pour obtenir de l'un et de l'autre autant de crédit que l'on peut. Si le commerçant a quitté son banquier, il est bon de savoir pourquoi.

» C'est une mauvaise politique d'attirer à soi la clientèle des autres banquiers en ouvrant des crédits plus larges. C'est aussi le plus souvent une mauvaise politique d'avoir des clients éloignés dont on ne peut suivre les affaires...

» Un petit banquier ne doit pas avoir chez lui de gros comptes. Des banques, d'ailleurs bien administrées, ont été ruinées par un gros compte, En effet si ce compte a besoin de crédit, il absorbe les ressources du banquier et l'oblige à restreindre le crédit de ses autres clients ou d'avoir recours, soit au réescompte, soit à quelque autre mode d'emprunt. Le gros compte, fût-il toujours créditeur, aurait encore de grands inconvénients. Un petit banquier ne peut pas employer un dépôt considérable de manière à le retrouver en cas de besoin : et il est obligé, pour faire face aux demandes de remboursement, d'augmenter son encaisse beaucoup plus que ne l'augmenterait un gros banquier. Ainsi 100,000 *l.* déposées dans une maison qui a 2 millions de dépôts, ne donnent pas lieu à une augmentation d'encaisse. Mais si cette somme est placée chez un banquier dont les dépôts ne s'élevaient auparavant qu'à 300,000 *l.*, ce banquier doit élever son encaisse. On a vu de petites banques fort incommodées par le remboursement de sommes considérables qui avaient été déposées chez elles par des compagnies de chemins de fer.

» On peut diviser en cinq classes les effets présentés à l'escompte : — 1° Lettres tirées par les manufacturiers sur les marchands en gros ; — 2° Lettres des marchands en gros sur les marchands au détail ; — 3° Lettres du marchand au détail sur le consommateur ; — 4° Effets dont l'origine n'est point commerciale, mais dont la valeur est réelle, tels qu'assignations sur rentes et baux, sur débiteurs par contrats, etc. ; — 5° Cerfs volants ou effets de complaisance.

» Les effets des deux premières classes sont les meilleurs et ceux qui conviennent le mieux à l'escompte. Ceux de la troisième classe ne doivent pas être trop encouragés. Celui qui consent un billet ou une acceptation à son boucher, à son boulanger, à son tailleur, etc., est presque toujours un homme qui dépense plus qu'il n'a. Les gens rangés payent leurs fournisseurs argent comptant. Les effets de la quatrième classe ne doivent pas non plus être encouragés : ceux qui ne sont pas dans le commerce n'ont que faire avec le papier de commerce.

» L'escompte doit toujours être refusé aux effets de la dernière classe. Un banquier expérimenté les reconnaît facilement : ils énoncent des sommes rondes, aussi fortes que le timbre sur lequel ils sont inscrits le permet ; en général leur échéance est aussi éloignée que possible, et ils sont présentés à l'escompte aussitôt après le tirage. Les tireurs, accepteurs et endosseurs, sont souvent parents, amis, et ont des professions dont l'exercice ne donne point lieu à la création de papier de commerce entre eux.

» Dans les cas douteux, le banquier, avant d'escompter un effet, voudra consulter ses livres et y chercher une réponse aux questions suivantes : Quel est le caractère du client? La réponse est au livre de renseignements. Quelle est la balance ordinaire du compte? La réponse est au livre des comptes courants. Quel est le montant des escomptes déjà consentis à ce client? La réponse est au grand livre des escomptes. Puis viendront d'autres recherches : quel est le rapport du compte d'escompte au compte courant? Les effets escomptés étaient-ils sur un grand nombre de débiteurs ou sur un petit nombre? Ces effets ont-ils été escomptés sur le crédit du client ou sur celui des autres signataires? Ces effets sont-ils régulièrement payés? Ensuite viennent les recherches sur les secondes signatures, sur celle de l'accepteur. Voir le livre de renseignements. Quelles affaires peuvent avoir été faites entre le tireur et l'accepteur? Le tireur a-t-il déjà fourni des traites sur le même accepteur, et ont-elles été payées exactement? De ces traites, en reste-t-il à échoir et quand vient leur échéance?

» Il y a des signes précurseurs de faillite qu'un banquier doit savoir observer. Lorsque, par exemple, la balance du compte courant diminue en même temps que les escomptes augmentent ; lorsque les effets présentés à l'escompte portent des signatures suspectes ; lorsque les effets retournés ne sont retirés qu'avec lenteur, à la fin du jour ; le banquier doit se tenir en garde. Mais il doit se défier surtout des tirages croisés : dès qu'il en aperçoit, il faut aviser aux moyens de se débarrasser poliment du compte.

» Le banquier doit exiger que le compte courant soit proportionné à l'importance des escomptes. Si le solde est faible, le banquier doit conclure que son client est embarrassé dans ses affaires ou qu'il va plus loin que ne le lui permet son capital.

» Ce qu'on appelle « soigner un compte » est une opération qui demande quelquefois beaucoup de prudence, de tact et de persévérance. Un banquier, après avoir fait à un client des avances considérables, apprend tout à coup que ce client ne méritait pas sa confiance. S'il supprime le crédit accordé ou le suspend, le client manquera et le fera perdre. Il convient quelquefois, en ce cas, d'attendre, d'accepter les bonnes valeurs, de refuser les mauvaises, de demander de temps à autre des versements et des couvertures, de manière à se remettre peu à peu en sûreté. Quelquefois il vaut mieux offrir une augmentation de crédit moyennant bonnes garanties, mais il faut prendre garde aux garanties difficiles à réaliser. On a vu des banquiers qui avaient fait des avances sur des gages de ce genre, perdre plus que s'ils avaient tout d'abord accepté les chances d'une faillite du client. La plupart des banques qui sont tombées, ont péri pour n'avoir pas su regarder une perte en face : d'abord on avait ouvert un crédit avec imprudence, puis, pour ne pas compromettre les fonds avancés, on s'était engagé davantage, puis davantage, jusqu'à ce que le sort de la banque s'était lié à celui du client, et à la fin ils avaient succombé l'un et l'autre. »

On remarquera sans doute que, dans l'ensemble de ces préceptes, M. Gilbart semble supposer que le banquier est libre de faire ce qu'il veut, de prendre tel ou tel papier, de refuser tel ou tel autre. Cette liberté existe dans une certaine mesure à Paris, à Londres, et peut-être dans quelques autres grandes villes. Mais il en est autrement dans les villes de second, de troisième ordre et surtout dans les campagnes. Or il se fait, dans ces localités, un grand nombre d'opérations de banque, plus difficiles que celles des grandes places et qui demandent au banquier beaucoup de soin, d'intelligence et quelquefois d'invention. Les banques répandues dans les localités obscures sont nombreuses et dignes d'encouragement ou au moins de souvenir; ce sont en quelque sorte les pionniers de la civilisation commerciale qui mènent rude vie et endurent les fatigues au profit de tous; qui vont à la recherche des capitaux et de ce qui, dans les campagnes, est plus rare que les capitaux, des aptitudes commerciales ou industrielles.

Dans les villes même, il faut souvent traverser des temps fort durs, où les affaires sont rares et la concurrence ardente et aveugle. Il faut du travail pour se défendre des exigences des capitalistes, du travail pour fixer une clientèle capricieuse, mobile, oublieuse des services rendus; et dans ces situations quelquefois extrêmes, on ne conserve pas sans peine sa liberté. D'ailleurs les principes énoncés dans la citation ci-dessus sont sous tous les rapports irréprochables.

Il est une espèce de papier que M. Gilbart et les praticiens traitent avec trop de dédain, c'est le papier bourgeois, si l'on peut ainsi dire, tel que les lettres en recouvrement venant de personnes étrangères au commerce, envois de fonds, etc. Ce papier, il est vrai, n'est pas abondant, mais il est sûr, puisque jamais il ne vient à l'escompte. Il serait convenable de l'encourager, au lieu de lui opposer du dédain et des exigences élevées. Bien accueillir ce papier serait un moyen de populariser la banque et d'habituer toutes les classes de la société à s'en servir. Tel homme pour lequel on refuse ou dédaigne de faire un envoi de fonds ou un recouvrement viendrait bientôt peut-être déposer quelques épargnes chez le banquier; plus tard il y aurait un compte courant, il aimerait à payer et à recevoir par écritures, sans maniement de fonds, sans garder, pendant plusieurs mois dans une armoire, des écus qui ne sont utiles ni à lui-même, ni à qui que ce soit. On se plaint quelquefois de la répugnance qu'éprouvent les habitants de la campagne à aller en banque, à déposer leurs fonds : on peut être certain que cette répugnance n'est pas sans motifs et qu'il n'est pas impossible de la surmonter.

Je n'insisterai pas davantage sur les maximes et les préceptes pratiques; aussi bien la plupart de ces maximes se trouvent répandues dans tout le cours de cet ouvrage et rattachées aux principes qui leur servent de démonstration, d'après une méthode qui convient mieux à qui ne peut invoquer, comme M. Gilbart, l'autorité d'une longue expérience. J'emprunte encore une citation à cet auteur : elle se rapporte à la conduite que doit tenir le banquier en temps de crise. Les paniques dont il est ici question ne sont, fort heureusement, connues que sur les grandes places, à Londres et à Paris surtout; mais elles ont leur contre-coup dans les provinces et constituent un des fléaux contre lesquels il importe le plus au banquier de se tenir préparé.

« Une crise est toujours précédée d'une période de spéculation : il suit de là que le banquier qui veut traverser sans peine la crise doit être prudent en temps de spéculation. Il lui faut une grande fermeté pour cela, car il est bien plus difficile d'agir avec sagesse en temps de spéculation qu'en temps de crise. Mais si le banquier n'est pas sage en temps de spéculation, sa sagesse lui servira peu lorsque la crise sera venue.

» Lors donc que l'argent est abondant, que le prix des rentes est élevé, et que les autres banquiers ouvrent libéralement des crédits, il doit redoubler de précaution dans ses escomptes et dans les avances qu'il fait. Il ne faut pas que la crainte de garder des capitaux sans emploi ou d'offenser ses ayants-compte lui fasse oublier les vrais principes. C'est le moment de faire balancer les comptes débiteurs et dormants, d'éloigner les valeurs douteuses et les clients faibles; il ne faut plus alors faire que des placements à courte chéance sur des valeurs faciles à réaliser et peu sujettes à changer de prix sous l'effet de la crise. L'escompte du papier de commerce de premier ordre, même à un intérêt inime, les avances sur rentes ou autres valeurs sûres sont les meilleurs placements en pareil cas.

» Bientôt les affaires prennent un aspect menaçant; il faut alors refuser l'escompte aux effets inférieurs et tenir ses capitaux réalisables. Pour obtenir ce résultat, il convient de parcourir plus attentivement que jamais les livres, de rappeler les avances, de veiller à ce que les comptes courants soient bien couverts, de réduire les escomptes et d'éloigner les comptes inférieurs. Tout ceci doit être fait avec discrétion et jugement, de manière à faire porter les réductions sur les effets douteux ou qui n'appartiennent point à la clientèle ordinaire. Il faut aussi surveiller avec soin les comptes dont le solde créditeur n'est pas proportionné aux escomptes obtenus.

» Lorsque la crise arrive, les fonds sont demandés de trois côtés : 1° les ayants-compte réduisent leurs soldes créditeurs; les dépôts sont retirés, parce qu'alors les capitalistes peuvent trouver ailleurs un intérêt plus élevé ou sont tentés par le bas prix des rentes; 2° les demandes d'escomptes et d'avances augmentent, et elles viennent non-seulement de la petite clientèle dont le banquier peut ne pas se soucier, mais aussi de négociants riches qu'il a intérêt à obliger et qu'il désire obliger; 3° lui-même jugera qu'il est prudent de garder un encaisse plus fort pour subvenir aux demandes. Il faut donc que le banquier réalise sa réserve en commençant par les valeurs sur lesquelles il n'a pas de perte à subir.

» S'il a placé des fonds exigibles à volonté chez un escompteur, il les rappellera; s'il a prêté à la Bourse à courte échéance, il ne renouvellera point ses prêts; s'il a pris du papier d'escompteur, il le réalisera à échéance et n'escomptera plus. Si ces réalisations ne suffisent pas, qu'il vende ses rentes ou ses billets de l'échiquier ou qu'il les mette en gage. Le banquier de province qui a placé sa réserve en effets de commerce sera heureux alors de les réescompter, et plus heureux s'il peut les réescompter à des conditions qui ne soient pas trop dures.

» Lorsque la crise a commencé, il ne faut plus songer ni à réduire les avances ni à suspendre les escomptes. Il vaut mieux élever le taux de l'intérêt. Toute demande d'argent serait inutile et ferait croire que le banquier est court de fonds. La crise toutefois est un bon prétexte pour exiger des remboursements ou pour refuser des crédits à ceux auxquels on ne veut pas prêter du tout.

» En temps de crise, un banquier est obligé de refuser souvent et il doit apporter beaucoup de discrétion dans la forme de ses refus. Mais quelque polie que soit cette forme, il offensera. L'offensé se plaindra peut-être et répandra dans le public que le banquier est gêné, peut-être même que le banquier est sur le point de suspendre. C'est là la cause des bruits de faillite qui courent dans ces moments et qui, détruisant la confiance, augmentent la gêne.

» En temps de crise, on offrira plusieurs fois au banquier de porter chez lui un compte à condition qu'il fera certaines avances.

» Il doit examiner avec précaution une telle offre. Il est bien possible que tel négociant, dont le compte est important et bon, veuille quitter son banquier, parce que celui-ci n'est pas en mesure de suffire à ses besoins. Mais il est possible aussi que des marchands de peu d'importance prennent le prétexte de la *rareté de l'argent* pour demander un crédit que leur banquier n'a pas pu, disent-ils, leur accorder, et qu'en fait il n'a pas voulu leur accorder. C'est au banquier auquel ils s'adressent à voir et à réfléchir. En acceptant et en refusant cette offre, il court la chance de se tromper, mais s'il commet une erreur, il vaut mieux que ce soit par excès de prudence.

» Il y a peu de sagesse à vouloir attirer à soi la clientèle des autres banquiers, en temps de crise, par des offres de crédit. Le meilleur moyen d'acquérir de nouveaux clients, c'est de bien traiter ceux que l'on a. Il vaut mieux employer ses capitaux à soutenir de vieux amis qu'à en acquérir de nouveaux. Si vous en avez assez pour suffire aux deux emplois, c'est fort bien ! Encore faut-il ne prendre qu'avec prudence de nouveaux comptes, surtout s'il est nécessaire de faire les premières ouvertures. En temps de crise, le banquier verra venir quelques-uns de ses clients les plus riches qui, dans les temps ordinaires, négocient leur papier à l'escompteur chez lequel ils trouvaient des conditions plus douces. Si le banquier est obligé de réduire ses affaires dans la crise, il doit commencer par les clients de cette espèce. Mais s'il a des fonds et si le négociant est riche, le banquier acceptera le papier présenté et se contentera de percevoir un intérêt élevé en rappelant doucement au client ses anciennes infidélités. Les exhortations au bien font toujours plus d'effet lorsqu'elles viennent dans les temps d'affliction.

» ... En temps de crise, les ayants-compte auxquels le banquier bonifie un intérêt demanderont un intérêt plus élevé, ce qui est juste; mais il faut avoir soin, en faisant droit à cette demande, d'engager le capitaliste pour un temps déterminé. Autrement il ne tarderait pas à retirer ses fonds ou à exiger un taux d'intérêt que le banquier ne peut pas accepter sans imprudence. Le banquier qui consentirait, en temps de panique, à payer un taux d'intérêt élevé, inspirerait des doutes sur sa solvabilité, ce qui ferait retirer de chez lui plus de capitalistes que l'intérêt bonifié aux capitaux déposés n'y en retiendrait.

» ... Autant qu'on peut juger de l'avenir par l'expérience du passé, toute crise ou panique est suivie d'un reflux de capitaux. Le banquier aurait un grand intérêt à savoir à quel point précis changera le courant des affaires. Mais il ne peut pas le savoir et il vaut mieux suivre au jour le jour les événements que de s'engager dans des spéculations sur ce sujet. Toutefois, dès que le changement se dessine, le banquier fera sagement de placer tous ses fonds disponibles sur les valeurs réalisables dont il est probable que le prix ne tardera pas à s'élever, telles que billets de l'échiquier et rentes. Il sera libéral dans ses avances et réduira l'intérêt bonifié aux capitalistes. Qu'il soit prudent toutefois dans ses escomptes, car, bien que l'argent reparaisse, le commerce ne se relève qu'avec lenteur, et le contre-coup de la panique occasionne souvent des faillites : il convient donc de n'escompter en un tel temps que du papier de toute sûreté.

» Observons en finissant que, dans les temps de crise, le banquier doit plus que jamais prendre soin de sa santé et observer son régime, se tenir en garde contre l'humeur noire et les sombres pressentiments. Qu'il s'efforce de conserver son jugement calme, et en se préparant à tout, qu'il n'aille pas augmenter le mal en annonçant de plus grands malheurs. S'il se laisse abattre, il aura moins de force pour lutter contre les difficultés de sa position. Il refusera crédit, par exemple, à ses meilleurs clients, réalisera ses réserves à tout prix et en toute hâte pour fortifier outre mesure son encaisse. Cette façon d'agir aggrave la crise ; d'ailleurs la peur est contagieuse : un banquier triste effraye ceux auxquels il parle et augmente lui-même la panique. »

§ 3. — *Administration intérieure.*

Ici, plus que jamais, nous devons laisser la parole au praticien, voici quels sont ses préceptes :

Arrangements intérieurs. — « Il importe qu'une banque soit placée dans un des quartiers les plus beaux et les plus riches de la ville, et que la maison elle-même ait un bel aspect. Il ne faut pas même regarder de trop près aux dépenses d'établissement matériel, parce qu'elles sont une condition de succès. Il faut que le logement du banquier soit entièrement séparé des bureaux et ne communique avec eux, s'il est possible, que par une porte dont le banquier ait seul la clef, de manière à ne pas mettre sous les yeux du public la cuisine, le salon, les enfants et les nourrices.

» Le bureau, isolé du logement personnel du banquier, doit être spacieux, bien éclairé, bien aéré.

» Il doit être assez spacieux pour que les commis puissent travailler à l'aise. Il faut que le comptable ait la facilité de tenir plusieurs livres ouverts en même temps, parce qu'alors il travaille plus vite ; que les caissiers puissent se mouvoir à l'aise et qu'il y ait aussi de l'espace pour le public, car lorsqu'on est gêné on compte mal les espèces, et toute erreur commise prend beaucoup de temps aux caissiers par suite des explications avec le public auxquelles elle donne lieu. D'ailleurs l'espace est nécessaire à la santé des commis, auxquels il procure plus d'air respirable. On n'en a jamais trop dans un bureau où plusieurs personnes travaillent ensemble toute la journée et à la clarté des lampes.

» Le bureau doit être bien éclairé. Tout banquier sait que l'on commet moins d'erreurs dans les écritures de toute sorte en été qu'en hiver. Pour lire de mauvaises écritures, des signatures presque illisibles, pour reconnaître celles qui seraient fausses, il faut de la lumière. Si une portion du local est mal éclairée, il vaut mieux l'affecter au public qu'aux employés de la banque. Ceux-ci ont toujours besoin de lumière, ne fût-ce que pour se préserver de la tristesse et de l'humeur noire sous l'empire de laquelle on travaille peu et mal.

» On a écrit des volumes sur l'impureté de l'atmosphère des villes et sur la salubrité de l'air des champs. Si l'atmosphère des villes est impure, quel sera l'air d'un bureau dans lequel plusieurs personnes sont entassées, où brûlent des becs de gaz, et où l'entrée et la sortie d'un grand nombre de personnes soulèvent incessamment la poussière?... Le banquier qui néglige de faire aérer convenablement ses bureaux se verra souvent privé du travail de ses commis retenus chez eux par la maladie. »

Choix des commis. — « Dans le choix des employés, il faut considérer d'abord l'âge de celui qui se présente. A Londres, on prend ordinairement des jeunes gens de dix-neuf ans : ils sont employés d'abord aux recouvrements, et, par conséquent, il faut qu'ils soient assez forts pour se défendre en cas d'attaque... En Écosse, on prend des commis plus jeunes, mais leur emploi est différent.

» Il faut considérer ensuite à quelle classe de la société appartient le candidat. En général, ceux qui se présentent sortent des familles du commerce moyen, ou de familles de pasteurs, d'officiers, de fonctionnaires. Pendant la dernière guerre, les commis de banque sortaient presque tous du commerce, parce que les gentlemen obtenaient facilement des fonctions publiques; maintenant que ces fonctions sont d'un accès plus difficile, ils entrent volontiers chez le banquier. Chaque classe a ses avantages : les fils de famille ont, en général, une meilleure éducation littéraire et des manières plus polies, mais ils n'ont aucune idée des affaires et des habitudes d'affaires. Accoutumés à aller à la chasse et à la pêche avec les héritiers des familles riches, ils considèrent le travail de banque comme une corvée à laquelle ils se soumettent par nécessité, mais bien peu digne de la destinée à laquelle ils se croient appelés. Les fils de marchands, au contraire, habitués aux affaires, par les entretiens du foyer paternel, et sachant qu'ils doivent gagner leur vie, considèrent leur admission dans une banque comme un événement heureux et remplissent leurs fonctions de tout cœur.

» Il convient encore de rechercher d'où vient le candidat qui se présente et s'il a déjà été employé. Ceux qui sortent de l'école ne sont encore propres à rien et doivent être pris trois ou six mois à l'essai. Ceux qui ont passé deux ou trois ans chez un marchand sont les meilleurs. Ce n'est pas une recommandation d'avoir été clerc d'avoué ou commis de courtier. Ceux qui viennent des banques de la campagne et spécialement des banques d'Écosse, sont considérérés comme lents pour le travail de Londres.

» Il faut s'informer de la famille du candidat. Bien que ni l'honneur ni la probité ne se transmettent avec le sang, il est probable que des parents vertueux et religieux ont donné à leurs enfants une éducation vertueuse et religieuse, et on doit penser que le jeune homme habitué aux exemples de probité dans sa famille les reproduira dans sa vie. Une grande force morale est nécessaire pour remplir des emplois de confiance qui comportent une grande responsabilité, et cette force suppose des facultés intellectuelles d'un ordre élévé. »

Distribution du travail. — « La distribution du travail entre les commis est un objet important, mais l'expérience est le meilleur guide que l'on puisse consulter pour les arrangements de ce genre. On peut cependant formuler à ce sujet quelques principes généraux. Dans la distribution du travail, il convient de placer les employés de la comptabilité de manière à ce qu'ils contrôlent le travail des autres divisions. Il importe surtout de séparer la comptabilité proprement dite de la caisse, car si le même employé tenait la caisse et faisait la comptabilité, il lui serait facile, en cas d'erreur volontaire, de faire accorder les livres avec l'état de la caisse. Dans les grandes maisons, lorsqu'un livre sert de contrôle à un autre livre, il ne faut pas, autant que possible, les faire tenir par le même employé. Il n'est pas nécessaire d'être défiant envers les personnes, mais la défiance dans l'arrangement des fonctions est de la sagesse. Il convient donc que toute fraude qui serait commise par un employé puisse être constatée et révélée par le livre que tient un autre employé. Pour le même motif, il est bon que tout engagement, billet ou quittance, délivré au public, porte deux signatures, celle d'un caissier et celle d'un comptable.

» Il faut que le travail soit exactement divisé, de manière à ce que toute fonction soit dévolue à une personne déterminée, et que jamais un commis, blâmé pour avoir négligé de faire sa besogne, ne puisse dire : « Ce n'est pas mon affaire. » C'est pourquoi il ne faut jamais remettre un travail collectif à plusieurs commis, parce qu'alors chacun en ferait aussi peu que possible, et rien ne serait bien fait. S'il s'élève entre les commis une contestation sur leurs attributions respectives, il faut qu'il y ait près d'eux quelqu'un qui puisse trancher la difficulté sur-le-champ.

» Il existe trois grandes divisions dans les banques de Londres : la caisse, la comptabilité générale et les recouvrements. Le caissier n'est pas seulement un compteur d'argent ; il lui faut une grande mémoire pour se souvenir à peu près de l'état du compte de chaque habitué, de manière à pouvoir acquitter des mandats sans recourir trop souvent à celui qui tient les comptes courants. Il lui faut du coup d'œil pour pouvoir reconnaître les fausses signatures, un grand sang-froid au milieu de la foule qui se presse au guichet et même en face des reproches les moins mérités, de la politesse et de la prévenance pour le public en tout temps et en tout cas, parce que ce sont ses rapports avec le public qui contribuent à faire la bonne ou la mauvaise réputation de la banque.

» Les employés à la comptabilité doivent avoir une bonne écriture, écrire exactement les chiffres, travailler assidûment et ne pas craindre, dans les temps où les affaires pressent, de passer la soirée sur les livres. Mais il y a une grande différence entre les qualités nécessaires au simple commis et celles que doit posséder le chef de comptabilité.

» Celui-ci n'est pas un simple teneur de livres : autre chose est de tenir des livres, à l'avance réglés et préparés, autre chose est de former une combinaison d'écritures, d'établir une comptabilité appropriée aux opérations d'une maison. Encore lorsqu'une comptabilité est établie, un bon chef aura-t-il souvent l'occasion, en banque, de trouver une meilleure façon de passer certains articles, de faire des extraits qui ne ressortent pas immédiatement des livres, de débrouiller les comptes longs et compliqués, de les éclaircir et de les abréger. Une bonne tenue de livres et un chef à tête lucide auraient empêché plus d'une banque de suspendre ses payements.

» D'après ces données, il faut placer chacun dans la division pour laquelle il a le plus d'aptitude. »

Appointements. — « Dans toute banque, le salaire des plus jeunes est inférieur à celui des anciens. En Écosse, un commis de banque fait un apprentissage de trois années pendant lesquelles il reçoit peu de chose. Il n'en est pas de même à Londres, où un jeune commis reçoit au début 60 *l.* par an, et sa part dans les cadeaux de Noël, ou 80 *l.*, dans les banques par actions qui ont supprimé l'usage des étrennes données à leurs commis par le public. Mais partout les règles d'avancement sont variables, et il ne peut en être autrement. Quelques banquiers augmentent les appointements de chaque commis tous les ans, lors même qu'il n'aurait pas obtenu d'avancement, et, en ce cas, les appointements sont réglés exclusivement sur le nombre d'années de service ; d'autres ont une hiérarchie dans laquelle chaque grade correspond à un chiffre d'appointements, et alors le salaire dépend de l'avancement : d'autres combinent les deux systèmes et donnent un minimum de salaire au grade et un supplément annuel à l'ancienneté. Chaque système a ses avantages, mais il est une règle que nous voudrions faire prévaloir, ce serait de proportionner toujours l'augmentation des salaires aux profits de la maison. Si la banque prospère, les appointements des employés doivent être augmentés, et si elle éprouve des pertes, ils doivent partager son infortune. C'est le moyen de prévenir les effets du caprice de la part de la direction de la banque, et l'envie de la part des employés. Le taux des appointements doit toujours être fixé par une règle, jamais par la faveur.

» Maîtres, donnez à vos serviteurs ce qu'il est juste et équitable de leur donner, en vous souvenant que vous aussi avez un maître dans le ciel. Soyez justes dans vos distributions d'avancement, et choisissez ceux qui sont les plus dignes et les plus capables de remplir l'emploi auquel ils sont destinés. Soyez justes dans la fixation du salaire, et souvenez-vous qu'ayant plus de responsabilité que les serviteurs ordinaires, ils doivent être payés en conséquence. Soyez justes dans les promotions et ne laissez jamais supplanter le mérite par le patronage et le favoritisme. Soyez justes dans la quantité de travail que vous exigez : ayez assez d'employés pour qu'ils puissent accomplir leur tâche sans s'excéder de fatigue ; ne les faites pas veiller trop tard et ne leur refusez pas quelques congés utiles à leur santé et à leur récréation. Soyez justes dans vos reproches : que vos censures soient mesurées aux torts, et reconnaissez aussi facilement le mérite de vos commis que leurs défauts. Soyez justes dans vos pensions, et récompensez avec respect et libéralité vos vieux serviteurs : souvenez-vous qu'ils ont été jeunes et que vous avez eu le bénéfice de leurs services.

» Dans toutes les banques, les employés fournissent habituellement deux cautions de 500 *l.* chacune, et ces cautionnements sont plus élevés dans les grades supérieurs. En 1841, la banque d'Angleterre a renoncé au système des cautions et l'a remplacé par un autre système. Chaque employé souscrit en entrant 10 p. °/₀ de la somme pour laquelle il était tenu de fournir caution : les anciens ont souscrit pendant cinq ans 2 p. °/₀ de la même somme et le revenu de ce fonds fixé à 6,000 *l.* est versé à la caisse des veuves d'employés, fondation patronnée par la banque. Si les secours abaissaient cette somme au-dessous de 6,000 *l.*, on comblerait le déficit avec les arrérages des rentes qui forment cette dotation ; on recourrait à de nouvelles contributions, si le cautionnement commun devenait inférieur à 4,700 *l.*, mais jamais la contribution ne peut s'élever au-dessus de 2 p. °/₀ de l'ancien cautionnement personnel, et jamais la banque ne peut réclamer au fonds de garantie une somme supérieure au montant de cet ancien cautionnement. Les employés sont, en outre, personnellement engagés pour toute la somme dont ils seraient responsables, et le fonds de garantie n'est jamais qu'un cautionnement. — La retenue annuelle pendant cinq ans a été fixée à une livre. »

Discipline. — « Comme la discipline du bureau dépend principalement du commis-chef, la description de ses fonctions servira à expliquer celles des autres.

» Le commis-chef doit connaître à fond le bureau. Il doit aussi posséder certaines qualités morales, telles que le sang-froid, l'amour de l'ordre et de la régularité, le sentiment de la discipline joint à une grande bienveillance naturelle. Il doit surtout prêcher d'exemple.

» Les fonctions du commis-chef consistent : — à veiller à ce que les autres commis viennent au bureau le matin à heure fixe, à ce qu'ils ne s'absentent pas sans motif dans la journée et à ce qu'ils ne quittent pas la banque jusqu'à ce qu'ils aient rempli leur tâche ; à vérifier de temps en temps si les livres sont en bon ordre, et, s'ils n'y sont pas, à faire les avertissements et les remontrances nécessaires ; à voir pendant le jour si les guichets sont bien tenus de manière à ce que le public y soit à son aise ; à vérifier si les livrets des habitués sont bien et convenablement écrits, et, en cas de plainte, à examiner la chose et à s'expliquer avec l'habitué ; à voir, le matin de bonne heure, si la balance de la veille au soir est exacte, et si elle ne l'est pas, à venir le soir ou le lendemain, et à trouver le moyen d'empêcher la chose de se reproduire : à vérifier de temps en temps les caisses, et à faire, sur le résultat de la vérification, son rapport au banquier; à veiller à ce que tous les employés de la maison soient polis les uns envers les autres et envers le public, etc. »

« Il doit veiller d'une manière spéciale à ce que chacun arrive exactement à l'heure ; quelques banques ont établi une feuille de présence.

» L'exactitude est un signe du caractère. On peut conclure avec raison que celui qui est exact à l'heure remplit ses devoirs avec exactitude pendant le jour, qu'il a les habitudes les plus régulières et qu'il est le plus digne d'avancement. Les plus exacts sont ceux qui méritent le mieux d'obtenir des congés au besoin, car les autres prennent les leurs en détail chaque jour de l'année; chaque fois qu'un employé demande un congé, il est bon de voir s'il est exact à l'heure. Quant aux absences pour cause de maladie, on ne peut pas supposer qu'elles ne soient pas légitimes et qu'un employé se dise malade lorsqu'il ne l'est pas réellement; s'il s'en trouvait quelqu'un capable d'un tel mensonge, cette action indiquerait une telle absence de dignité personnelle qu'on ne devrait pas tolérer la présence de son auteur dans une banque. »

Vacances. — « Il est désirable, sous plusieurs rapports, que tous les employés d'une banque, et spécialement ceux qui sont chargés de la garde du portefeuille ou de la caisse, aient tous les ans une semaine ou deux au moins de vacances. Les vacances ne devraient pas même être facultatives; elles devraient être établies comme une règle fixe et placées à l'époque où elles ont le moins d'inconvénients dans la maison. La bienveillance et l'humanité devraient suffire à décider le patron à prendre ce parti; mais à défaut de ces sentiments, celui de l'intérêt personnel doit le faire accéder à toute demande légitime de vacances. En premier lieu, le défaut de récréation et de repos peut à la longue déterminer une maladie qui occasionne toujours un grand dérangement dans la maison, lorsqu'elle atteint un employé important. En ce cas la banque éprouve plus de dommage que si le congé avait été accordé. Ensuite les absences momentanées, lorsqu'elles sont prévues, améliorent la discipline du bureau; en effet l'absent est remplacé par celui qui le suit immédiatement en grade, et lorsque tous les employés se sont absentés, il y a dans la banque deux personnes au moins familiarisées avec chaque emploi, de telle sorte qu'en cas d'absence forcée d'un employé, pour cause de maladie ou autrement, le service est moins empêché. Ces absences rendent la banque plus indépendante des services de qui que ce soit, tandis qu'autrement si l'on est surpris par l'absence accidentelle d'un employé supérieur, l'embarras qui en résulte rend les services de cet employé plus apparents et ajoute même à leur importance effective. Les vacances qui le reposent et le rendent capable d'un meilleur service réel lui font sentir en même temps qu'il n'est pas indispensable.

» Ce n'est pas tout ; l'absence temporaire des employés est une garantie de plus de leur probité. Je connais des cas dans lesquels un employé supérieur a pu continuer durant plusieurs années des fraudes qu'une absence d'un jour aurait mises à découvert. Lorsqu'un commis a des vacances et qu'il sait qu'à une époque déterminée les valeurs dont il est dépositaire seront confiées à d'autres mains, cette prévision suffit pour l'éloigner d'une carrière dans laquelle son improbité ne pourrait tarder à être connue et punie. »

Déficits de caisse. « — Il ne faut pas s'attendre à ce qu'un caissier reçoive et paye durant des journées entières sans jamais commettre une erreur. Il y en aura toujours quelqu'une dont le caissier est responsable. Pour couvrir ces déficits, quelques banques accordent une indemnité, soit 20 ou 30 *l.* par an. D'autres supportent les déficits et se contentent d'un avertissement au caissier, lorsque l'erreur est grosse. Une exactitude supérieure sous ce rapport est considérée comme un mérite. Partout il est bien convenu que le caissier ne doit jamais se servir des fonds de la caisse, même temporairement, pour son usage personnel, ni avancer aucune somme, quelque faible qu'elle puisse être, aux autres commis, sans encourir un renvoi immédiat.

» Quelques banquiers renvoient ceux de leurs employés qui jouent à la Bourse. Les effets de cette espèce de jeu sont très-fâcheux, et il est impossible que des engagements de spéculation ne distraient pas un commis de ses devoirs. S'il perd, le voilà dans les dettes,... il ne s'appartient plus. »

Instruction. — « Quelle que soit l'aptitude naturelle d'un jeune homme qui débute dans la carrière, il ne faut pas attendre un bon service de sa part tant qu'il n'a pas acquis l'instruction pratique. Il y a une méthode bonne et une méthode mauvaise pour faire la plus simple opération : des habitudes d'incorrection ou de relâchement une fois acquises ne se perdent pas facilement. Lors donc qu'un jeune homme entre dans une banque, il convient de le mettre sous la direction d'un commis plus expérimenté, capable de lui enseigner les détails de la besogne dont il est chargé. Il est bon également que le chef de comptabilité ne soit pas trop surchargé de travail manuel, afin qu'il ait le temps de parcourir les bureaux, d'observer le travail de chacun et de donner les instructions qu'il pourra juger convenables et utiles. Les employés anciens et supérieurs doivent aussi être prêts à donner poliment et obligeamment aux débutants tous les conseils que ceux-ci pourront leur demander.

» Il y plusieurs manières de s'assurer du mérite d'un employé : la plus directe est l'examen des livres qu'il tient. On verra d'un coup d'œil s'ils sont propres, si l'écriture est bonne, s'il n'y a ni taches ni grattages, et s'ils indiquent du soin ou de la négligence. La promptitude est un signe d'habileté ; le commis qui compte vite, qui additionne en un instant une longue colonne de chiffres, est presque toujours un bon commis. La promptitude de la main prouve la lucidité du cerveau. Je ne dis pas qu'elle atteste un bon jugement, mais elle n'atteste pas non plus que le sujet en manque, et, chez un commis, elle est toujours un grand titre à la considération.

» L'opinion d'un confrère fournit aussi un bon moyen de constater la capacité d'un commis. Lorsque des hommes sont associés jour par jour, durant des années, au même travail, ils se connaissent bien les uns les autres. En général, l'opinion exprimée par un commis sur le mérite relatif de ses confrères est exacte.

» Pour que les commis acquièrent de bonnes habitudes, il faut qu'ils ne soient pas trop nombreux en proportion du travail qu'ils ont à faire. S'ils restent oisifs pendant une grande partie du jour, leur attention, leur intelligence, leur activité, diminueront bientôt, et ils ne tarderont pas à travailler moins aux heures même où ils seront occupés. La charge de chacun doit suffire à occuper toute l'activité de son esprit pendant la durée entière des heures de travail. Le banquier dont les commis ont le temps de lire au bureau des livres et des journaux, ou de plaisanter ou de se quereller, emploie trop de mains. En réduisant le nombre de ses employés, il obtiendra un meilleur service et il pourra augmenter les appointements de ceux qu'il aura conservés. Il vaut mieux répartir une même somme de salaires entre un petit nombre de travailleurs effectifs qu'entre un grand nombre de travailleurs médiocres.

» Afin de bien exercer les commis, il serait bon que le travail fût distribué de manière que chaque emploi préparât celui qui l'exerce aux travaux de l'emploi supérieur. En conséquence, il convient de donner au commis qui débute les fonctions qui demandent le moins d'instruction professionnelle et de le faire avancer par degrés, de manière à ce que chaque degré n'exige qu'un petit supplément d'instruction.

» Les absences périodiques ont cet avantage qu'elles procurent aux jeunes commis l'occasion d'apprendre à remplir l'emploi supérieur. Il se forme de nouveaux arrangements temporaires pour une division du travail différente et, les mains étant moins nombreuses, chacun est porté à travailler davantage. Il est utile aussi que les commis changent de temps en temps de rôle et de les encourager dans l'invention des moyens d'abréger le travail. Lorsqu'une banque a des succursales, il est bon de remplacer à l'occasion le commis absent de l'une par le commis pris dans une autre. Un bon inspecteur des succursales vérifiera la division de la caisse et celle de la comptabilité aussi bien que la direction, et s'il y remarque un perfectionnement, il l'introduira dans les autres succursales.

» Mais le meilleur stimulant pour les commis est un système impartial d'avancement. Il est bon que parfois un commis plus ancien ne puisse être promu à un emploi supérieur faute de capacité, afin que chacun comprenne bien qu'on ne tient compte que du mérite. Mais il faut que la supériorité du mérite de celui qui est promu soit apparente et évidente. Toutes les fois qu'un commis sera préféré à un autre par favoritisme ou par caprice, par l'influence des amis, des habitués, des actionnaires ou même par des qualités bonnes en elles-mêmes, mais qui n'ajoutent rien à sa capacité spéciale, son avancement produira des effets déplorables, lors même que ses titres seraient égaux à ceux de l'ancien auquel il est préféré.

» La balance quotidienne fournit un autre excellent moyen d'exercer les commis. Les livres sont balancés le soir avant que l'on quitte le bureau. Mais comme il s'est nécessairement glissé quelques erreurs dans les écritures de la journée, il faut passer un peu de temps à les découvrir. Le chiffre de l'erreur s'appelle *différence*, et les efforts que l'on fait pour rechercher l'erreur s'appellent *recherche de la différence*, et on dit que les commis employés à ce travail sont *sur la balance*. Dans les grands établissements, le nombre total des commis est divisé par quatre ; chaque quart se livre à son tour à la recherche de la différence, et les autres peuvent s'en aller de meilleure heure. Mais il n'est pas besoin d'un grand nombre pour faire ce travail : six personnes y suffisent dans une banque où l'on compte quarante-deux commis; les plus jeunes ne servent qu'à empêcher le travail. La recherche de la différence oblige non-seulement à travailler, mais à penser, et il n'est pas d'exercice plus propre à familiariser un commis avec le système général de la comptabilité et surtout avec la tenue des livres. On peut même dire que la recherche de la différence est pour un jeune homme, le seul moyen d'apprendre l'ensemble de la tenue des livres; c'est aussi le seul moyen qu'il ait de montrer son savoir-faire et sa promptitude à compter. Le commis qui fuit le travail de la balance perd la meilleure occasion d'apprendre et montre qu'il a conscience de son peu de capacité.

» Entre autres moyens de préparer les commis à remplir les emplois supérieurs, nous devons indiquer comme un des meilleurs la formation d'une bibliothèque professionnelle qui serait ouverte à tous les employés. En 1850, les employés de la Banque d'Angleterre se sont associés pour la création d'une bibliothèque. Les directeurs leur ont accordé trois pièces dans l'intérieur de l'édifice pour les livres, une salle de lecture, une salle de conférences, et ont souscrit 500 *l*. Plusieurs d'entre eux personnellement ont fait des cadeaux à la bibliothèque, en livres ou en argent. Le temps où l'on reprochait à un jeune homme d'aimer les livres, où l'on supposait que la lecture le rendrait impropre à l'accomplissement de ses devoirs spéciaux doit être passé. On sait maintenant que la culture de l'intelligence rend l'homme plus propre à tous les travaux auxquels il peut être employé. C'est un grand avantage pour une banque d'avoir des serviteurs instruits; leurs connaissances supérieures trouvent toujours un moyen de s'utiliser; l'habitude du travail intellectuel leur facilite l'habitude de travail dans les affaires; les moyens de jouissance qu'ils possèdent en eux-mêmes les préservent des plaisirs coûteux, qui sont les plus puissants excitatifs à la négligence et à l'improbité. Il est probable qu'un mouvement d'opinion se manifestera bientôt en faveur de l'éducation de tout le monde. Je crois que les banquiers feraient bien de seconder ce mouvement dans leurs localités respectives, et d'encourager, par leur assistance et leur influence, la formation d'établissements scientifiques. Ce serait un moyen de dépenser au profit de l'utilité commune l'énergie qui peut rester après les heures de travail, en ayant soin d'éviter toutes discussions politiques ou religieuses. Ils se procureraient ainsi des plaisirs honnêtes, élèveraient leur caractère dans l'estime publique et augmenteraient par suite leur influence et leur crédit.

» Nous avons parlé de cette espèce d'exercices qui fait les commis habiles. Mais comme dans les banques par actions un commis peut devenir directeur d'une succursale, il est bon de soumettre ceux d'entre eux qui se distinguent par leur aptitude et leur travail à un exercice qui les rende capables de remplir les fonctions de directeur. Ceci est plus difficile dans un grand établissement que dans un petit, car dans une banque où il y a quarante commis, chacun d'eux ne voit que la quarantième partie du travail, tandis que dans une banque où il y a dix commis, chacun d'eux en voit la dixième partie et peut acquérir une connaissance passable de l'ensemble. Une banque à succursales peut facilement préparer un commis déjà exercé à devenir directeur, en lui laissant remplacer à l'occasion le directeur d'une succursale.

» Les commis choisis pour cette espèce d'exercice doivent être des jeunes gens prompts et actifs dans l'accomplissement de leurs devoirs, d'un caractère fait et ferme, bien élevés et de bonnes manières, ayant une certaine instruction littéraire et le désir d'augmenter leur science et leurs talents. Il ne faut pas prendre pour cet emploi les jeunes gens qui sont entrés dans la banque en attendant mieux, mais ceux qui veulent rester dans la profession et y parvenir au plus haut degré de l'échelle. Par-dessus tout, il faut qu'ils aient l'habitude des affaires et du travail.

» Lorsqu'un commis est devenu directeur de succursale,

son éducation a besoin d'être complétée. Bacon observe que la lecture donne de la sagesse, l'écriture de l'exactitude, la conversation la promptitude et l'à-propos. Quelque science qu'il ait acquise par la lecture ou autrement, quelque exact qu'il puisse être, le directeur d'une succursale doit acquérir cette dernière qualité. Il doit apprendre à faire l'application de ce qu'il sait promptement et avec indépendance, mais en même temps avec sagesse. Cette habitude, il l'acquerra avec le temps. L'exercice de l'autorité sur les hommes donne de la maturité à l'intelligence, en même temps que la nécessité de prendre un parti sur-le-champ, en causant avec les habitués, tend à rendre le jugement plus prompt. Il n'est pas de profession dans laquelle l'expérience soit plus utile que dans celle de banquier; mais elle est moins utile encore par la science qu'elle apporte que par le perfectionnement de toutes les facultés. C'est par une pratique assidue que toutes les facultés humaines acquièrent de la force : les habitudes se forment par des actes répétés et ne peuvent se former d'aucune autre manière.

» Lorsqu'on prépare un jeune homme aux fonctions intelligentes du métier, il ne faut pas lui donner trop d'instruction sur les détails minutieux : il importe qu'il s'accoutume à penser par lui-même. Le talent d'un homme ne se développe jamais si on ne le laisse pas, jusqu'à un certain point, aller seul. Si à chaque difficulté il recourt à son chef et prend des instructions pour les exécuter à la lettre, il n'acquerra jamais cette décision et cette fermeté qui sont indispensables dans les emplois supérieurs. Les jeunes gens qui ont peu de volonté demandent un soin particulier : on fera bien de leur confier quelques détails inférieurs, sans instructions positives; et lorsqu'on examinera leur travail, de les louer, s'ils ont bien fait; de les instruire et non de les gronder, s'ils ont mal fait. La crainte du blâme et de la responsabilité déprime toutes les facultés mentales, et l'intelligence ne peut se développer complétement qu'avec l'indépendance du caractère. Il faut encourager cette indépendance dans les fonctions supérieures. Un banquier qui donne des instructions minutieuses sur tout, qui gronde lorsqu'on fait mal et ne loue jamais lorsqu'on fait bien, peut être lui-même un habile homme, mais il n'aura jamais d'employés forts, et il sera réduit à épuiser ses forces sur des objets d'une importance très-secondaire. »

Je cite en entier ce passage, bien que plusieurs des préceptest qui y sont contenus se rapportent à des habitudes autres que les nôtres et même à un état social différent. Il y a dans les maximes de ce genre, la part de l'application directe et la part de la comparaison. L'une peut être aussi profitable que l'autre.

On comprend du reste à merveille, en lisant ces préceptes minutieux fondés sur une observation exacte et délicate, ces études judicieuses sur l'éducation pratique et le gouvernement des hommes, pourquoi certaines entreprises, certaines opérations très-ordinaires chez nos voisins, sont inconnues chez nous : pourquoi par exemple leurs banques, leurs banquiers multiplient leurs agences et succursales, tandis qu'en France chaque maison est isolée et ne songe pas à s'étendre par cette voie.

L'importance accordée à l'instruction, le désir de la voir se répandre dans les masses ne sont pas moins remarquables de la part d'un praticien éclairé. Ce sentiment devrait être général dans la banque du commerce, car personne n'a plus d'intérêt qu'elle à voir se développer au sein des populations toutes les puissances productives qui y sont en germe et que l'ignorance tient enfouies. Le développement normal des affaires est une conséquence nécessaire de la diffusion des connaissances pratiques, et aucune classe de la société ne profiterait plus que les banquiers de cette diffusion. — Quant au reste des instructions que nous venons de citer, elles peuvent être l'objet d'utiles méditations, non-seulement pour ce qu'elles expriment, mais aussi et plus encore pour les réflexions qu'elles suggérent et dont la seule indication nous mènerait trop loin.

CHAPITRE II.

LÉGISLATION ET JURISPRUDENCE.

L'exposé des dispositions législatives et des décisions judiciaires relatives à la profession de banquier et aux effets de commerce fournirait la matière d'un traité spécial [1]. Ici, nous ne pouvons rapporter que très-sommairement les principes de la législation sur ce sujet et les principales décisions de la jurisprudence.

Qu'est-ce qu'un banquier? — La loi du 1er brumaire an VII assujettissait tout banquier à une patente dont le droit fixe était de 500 fr. Cette disposition a donné lieu à des contestations sur le sens légal du mot *banquier*. La jurisprudence a appliqué ce nom aux négociants qui font des opérations sur les lettres de change, leur commerce principal, et qui étendent ces opérations aux principales places de la France. Merlin appelle banquier « celui qui tient commerce de banque et fait commerce d'argent en faisant des traites et des remises de place à place. »

Les changeurs ne sont point considérés comme banquiers; un escompteur de billets sur place qui ne ferait ni recouvrements, ni arbitrages; celui qui se livrerait exclusivement à la commission de placement et aux opérations de Bourse ne seraient point non plus, aux termes de cette définition, considérés comme banquiers.

D'après la loi du 25 avril 1844, la patente des banquiers est fixée à 1,000 fr. pour Paris; à 500 fr. pour les villes de 50,000 âmes et au-dessus; à 400 fr. dans les villes de 30 à 50,000 âmes, et dans celles de 15 à 30,000 âmes qui ont un entrepôt réel; à 300 fr. dans les villes de 15 à 30,000 âmes et dans les villes inférieures où existerait un entrepôt réel; à 200 fr. dans les villes au-dessous de 15,000 âmes et dans lesquelles où il n'existe point d'entrepôt réel. Le droit proportionnel est d'un quinzième de la valeur locative de la maison d'habitation et des locaux servant à l'exploitation.

Quant à la juridiction, le banquier est justiciable du tribunal de commerce de son domicile principal ou de la ville où il

[1] Ce traité a été fait et bien fait depuis notre seconde édition, sous le titre de *Théorie légale des opérations de Banque*, par M. Eugène Paignon, avocat au conseil d'État et à la Cour de cassation. — Paris, Guillaumin, 1 vol. in-8°. L'auteur a étudié avec soin et en jurisconsulte expérimenté les diverses questions de droit et de jurisprudence qui intéressent les banquiers. Nous devons faire une réserve sur ses opinions en matière d'usure, opinions erronées, ce nous semble, mais conformes à la législation existante et aux idées qui dominent dans les tribunaux.

a un comptoir. Le contrat qui se forme entre lui et le particulier qui lui a donné une traite à encaisser ou à recouvrer est considéré comme un contrat commercial, et la preuve, en cas de contestation, peut être faite suivant les prescriptions du Code de commerce, c'est-à-dire par témoins, quelle que soit la somme, par la production des livres, etc.

Intérêts et commissions. — La jurisprudence a été longtemps incertaine sur l'application aux opérations de banque de la législation relative à la limitation du taux de l'intérêt. Toutefois, elle a décidé que l'escompte proprement dit ne devait pas être assimilé au prêt, et ne tombait point sous l'application des lois qui limitent le taux de l'intérêt ; mais elle considère l'avance faite sur un billet à une signature comme un prêt et non comme un escompte.

La jurisprudence laisse aux banquiers la liberté d'arrêter leurs comptes quand il leur convient et de capitaliser les intérêts à volonté entre eux, mais elle n'admet pas les mêmes principes dans les relations de banquier à particulier. La Cour de cassation a décidé que le compte, dans ce cas, pouvait être arrêté au bout de six mois avec capitalisation des intérêts : mais quelques Cours n'admettent la capitalisation qu'au bout de l'an.

La jurisprudence a été très-sévère envers les banquiers pour tout ce qui touche au droit de commission. Elle a décidé que ce droit ne pouvait être perçu que lorsqu'il y aurait eu des démarches à faire pour se procurer les sommes avancées. Le banquier, cependant, qui opère en général sur les fonds d'autrui, devrait être considéré comme un commissionnaire, lors même qu'il n'aurait pas fait de démarches spéciales. Tous ses actes de chaque jour sont en quelque sorte des démarches pour se procurer, comme dit la jurisprudence, les sommes avancées : peu importe que ces sommes lui aient été confiées par des tiers avec ou sans démarches spéciales.

Le droit de commission étant admis en principe sur les prêts proprement dits ou crédits à découvert, les tribunaux ont essayé d'en réglementer la perception. Ils ont prohibé, comme perception illégale d'intérêt, la commission perçue sur un solde de compte reporté à nouveau et décidé que le droit de commission n'était dû que pour chaque décaissement réel. Cependant le fonds de dépôt du banquier étant essentiellement mobile, le prêt ne peut être continué, le plus souvent, qu'avec les fonds d'un tiers qui est venu se substituer à celui qui avait fourni ceux du prêt primitif. Il y aurait donc lieu, même en se plaçant au point de vue de la jurisprudence, de percevoir un nouveau droit de commission. En réalité, les prêts à long terme sont de toute façon les plus onéreux pour le banquier; ce sont ceux qui lui imposent à la fois le plus de frais et le plus de risques : il serait donc juste qu'ils donnassent lieu, de la part de l'emprunteur, à une rétribution plus élevée que les escomptes proprement dits et que les prêts à courte échéance.

La jurisprudence a condamné la perception du droit de commission sur les écus reçus ou remis, sur les valeurs fournies par le banquier : elle permet en même temps la perception de ce droit sur les effets remis à l'encaissement ou en recouvrement. Dans le cas d'un prêt à 5 p. °/₀, les juges ont décidé que le droit de commission réclamé par le banquier ne devait pas être perçu, et ils ont porté l'intérêt à 6 p. °/₀ pour en tenir lieu. — Un arrêt du 12 mars 1851 accordait une commission, même sur solde du compte courant, de manière à porter l'intérêt à 7,25 p. °/₀ et disait : « Faire subir un retranchement à ce chiffre, ce serait, en quelque sorte, obliger les maisons de banque à cesser leurs opérations. »

Ces décisions n'ont pas été constantes et presque toujours la coutume, plus forte que la loi elle-même, a fixé les rapports du banquier avec ses habitués. Mais les rigueurs et les inégalités de la jurisprudence qui sont la conséquence inévitable des lois limitatives du taux de l'intérêt, ont toujours, quelque bonnes que puissent être les intentions des magistrats, un fâcheux résultat : elles troublent et inquiètent les transactions. En altérant les contrats, en empêchant les particuliers de compromettre sur leurs intérêts, les lois qui ont limité la rétribution due au prêteur ont ouvert la carrière à un arbitraire sans limites : elles ont mis la volonté du juge à la place du consentement des parties, ce qui est toujours fâcheux et surtout très-peu commercial.

Dans la pratique, les personnes qui emploient le ministère du banquier, débattent leurs intérêts avec lui et ne défèrent point aux tribunaux des conventions qu'elles-mêmes ont consenties. Souvent ces conventions sont l'objet d'un contrat commercial en forme qui s'établit par un échange de lettres. En arrêtant le détail des conditions de ce contrat, le banquier prudent doit tenir compte du caractère de celui envers lequel il s'engage et aussi des susceptibilités mêmes de la jurisprudence; car s'il convient à toute personne de fuir les procès, le banquier est, de tous les négociants, celui qui a le plus d'intérêt à en éviter les lenteurs et les incertitudes.

Comptes courants. — Les comptes courants ont été l'objet de plusieurs décisions importantes : 1° S'il n'y a convention contraire, les fonds déposés chez un banquier sont exigibles à volonté; 2° Les intérêts des comptes courants ne se prescrivent point par cinq ans, comme ceux des prêts ordinaires, mais seulement par trente ans; 3° L'hypothèque consentie en garantie d'un compte courant, régulièrement inscrite et conservée, couvre jusqu'à due concurrence le banquier de la totalité des avances faites au moment de la faillite ou de la déconfiture du client.

Cette dernière décision n'a pas été obtenue sans peine : on a soutenu pendant longtemps que l'hypothèque ne devait garantir que la créance existante au moment du contrat; que si, par exemple, le crédit ouvert était égal à 100 dont 50 seulement avaient été fournis au moment du contrat, l'hypothèque consentie au profit du banquier devait être réduite à 50, bien que ses avances s'élevassent à 100 au moment de la faillite ou déconfiture. Aujourd'hui les tribunaux semblent unanimes sur cette grave question : mais si le compte courant était continué au delà du temps fixé par le contrat hypothécaire, l'hypothèque ne vaudrait que pour la garantie du compte tel qu'il existait à l'époque fixée par le contrat pour l'expiration du crédit.

La jurisprudence a hésité un moment dans ses décisions sur les effets de la remise de valeurs en compte courant à l'égard des tiers. Le tribunal de commerce de Paris a décidé que « suivant les usages du commerce, les remises de valeurs de portefeuille ne sont portées au crédit de celui qui les souscrit et au débit de celui qui les reçoit que sous la réserve qu'elles seront payées à l'échéance. Cette condition est toujours sous-entendue. » La Cour de Nancy, jugeant dans le même sens, a décidé que « la remise des traites faites en compte courant (entre banquiers) ne constitue qu'une créance réalisable, conditionnelle et sauf encaissement. » En 1838, la Cour de cassation semblait adopter une doctrine contraire. « Les traites de commerce en compte courant, disait-elle, deviennent immédiatement la propriété de celui qui les accepte, et dès lors elles doivent être portées réellement et actuellement au crédit de celui qui les a transmises. Si celui-ci est tombé en faillite, l'endosseur (banquier) qui les a remboursées, par suite de non-payement, n'a d'autre recours à exercer que le droit de participer aux dividendes. » Mais le 10 mars 1852, elle jugeait par deux arrêts que « la déclaration de faillite (du cédant) ne peut avoir pour effet de rendre pure et simple une créance *conditionnelle de sa nature,* » même lorsque le banquier avait produit éventuellement à la faillite pour le montant des effets non échus.

Un récent arrêt de Paris, digne de fixer la jurisprudence, statuant sur des difficultés relatives aux effets d'une hypothèque consentie en garantie d'un compte courant, déclare que le compte courant forme un corps, un tout inséparable, dont toutes les parties, tous les éléments s'enchaînent entre eux et acquièrent un caractère essentiellement indivisible qui ne permet pas d'en détacher quelques parties pour y puiser des payements partiels, par voie de confusion, de compensation ou d'imputation.

En général, la jurisprudence tend à se fixer dans le sens commercial du respect dû aux contrats, toutes les fois que ces contrats n'attentent directement ni aux droits des tiers, ni à l'ordre public. Elle hésite seulement sur les matières qui se rattachent de près ou de loin aux lois qui limitent le taux de l'intérêt, créent et punissent le délit d'usure, parce qu'en effet ces lois établissent un système de principes arbitraires dont l'application soulève d'insurmontables difficultés.

Il a été jugé que le banquier qui laissait ses formules de

billets et lettres, son timbre, etc., à la disposition d'un commis, commettait une imprudence et était responsable à ce titre du dommage causé à un tiers par de faux effets créés et négociés par son commis.

Lettres et billets. — L'interprétation du contrat de change et des prescriptions légales relatives à la lettre de change et au billet à ordre a donné lieu à une multitude de décisions judiciaires. Il importe de rappeler ici les principes qui régissent cette matière et les questions principales que leur application a soulevées.

La lettre de change, dont nous avons indiqué déjà les caractères genéraux [1], exprime un contrat dont l'interprétation appartient essentiellement aux tribunaux de commerce, quelles que soient la profession et la qualité des signataires. Ces tribunaux ne peuvent accorder aucun délai au débiteur d'une lettre de change contre lequel la loi autorise non-seulement les voies ordinaires d'exécution, mais aussi la contrainte par corps. Un titre entouré d'une faveur si exceptionnelle a été soumis à des conditions de forme précises et régulières, à défaut desquelles il perd le caractère de lettre de change pour se transformer en *simple promesse.*

Les conditions dont la réunion est nécessaire pour que la lettre de change existe sont au nombre de huit et se trouvent énumérées en l'article 110 du Code de commerce :

« La lettre de change est *tirée d'un lieu à un autre*. Elle est *datée*. Elle énonce *la somme a payer*, *le nom* de celui qui doit payer, *l'époque et le lieu* où le payement doit s'effectuer, la *valeur fournie* en espèces, en marchandises, ou de toute autre manière. Elle est *à l'ordre* d'un tiers ou à l'ordre du tireur lui-même. Si elle est par première, deuxième, troisième, quatrième, etc., elle l'exprime. »

L'époque du payement peut être laissée à la volonté du preneur dans les cas où, aux termes de l'article 119 du Code de commerce, la lettre de change est tirée à plusieurs jours, mois ou usances de vue, c'est-à-dire d'acceptation, ou même à présentation. Mais afin d'éviter des abus qui s'étaient autrefois produits, l'article 160 a fixé les délais dans lesquels le porteur serait tenu de présenter les lettres à l'acceptation ou au payement, à peine de perdre son droit de recours contre les

[1] Voir page 89 et suiv.

endosseurs et le tireur. En France, ce délai s'étend à six mois.

Outre la formule que nous avons donnée page 89, les plus usitées sont les suivantes :

Paris, le 186 *B. p. fr.*

A trois mois de ce jour, veuillez payer par cette seule de change à M. ou à son ordre, la somme de valeur reçue comptant, que passerez suivant avis de

Signé :

A M. banquier

A Nantes.

Ces mots : *que passerez suivant avis de* ne sont pas nécessaires à la validité de la lettre, et ils n'ont aucun effet sur les engagements qui en résultent, mais ils expriment un usage fort utile. Dans la pratique, les lettres qui ont pour objet des sommes importantes, sont ordinairement précédées ou accompagnées d'une lettre d'avis par laquelle le tireur annonce au tiré la disposition qu'il fait sur lui et lui en expose les motifs qui se résument en une manière de *passer* écriture de la somme. De là la formule *que passerez*. Des lettres d'avis sont très-utiles et même indispensables pour éviter les contestations et les malentendus : on ne les néglige guère que lorsqu'il s'agit de petites sommes, et alors on formule : *que passerez avec ou sans avis* ou *que passerez sans autre avis.*

Lorsqu'une lettre de change est tirée à une grande distance et qu'elle court risque de s'égarer en route, le tireur en fait souvent plusieurs exemplaires qu'il libelle à peu près dans les termes suivants :

New-York, le 186 *B. p. fr.*

A soixante jours de vue, payez par cette première de change (la seconde et la troisième n'étant payées) à mon ordre la somme de valeur en moi-même que passerez suivant avis de

Signé :

A M. négociant

Au Havre.

Au lieu des mots « seconde et troisième » on écrit sur la seconde : « la première et la troisième » et sur la troisième : « la première et la seconde. » Les lettres tirées ainsi à trois exemplaires sont destinées à être envoyées par des courriers différents, afin que si l'une s'égare, l'autre parvienne à destination.

L'usage des lettres de change à plusieurs exemplaires a pour but principal d'éviter à la fois les protêts, les retours et les pertes de titres, de rendre les lettres facilement négociables en les faisant toujours accompagner de l'acceptation. Le désir d'éviter les protêts et les retours a fait imaginer d'autres combinaisons. Ainsi, on ajoute fréquemment à l'adresse indiquée au bas d'une lettre : « et au besoin à M. , ou au besoin à M. et à M. . » Dans la pratique, on appelle *besoin* cette recommandation inscrite sur une lettre, et on appelle recommandataire celui sur lequel elle est tirée « au besoin. »

On tire quelquefois des lettres de change à une ou plusieurs *usances* de date ou de vue. L'usance ou durée moyenne, fixée par l'usage, des effets de commerce, variait autrefois suivant les pays et les villes. En France, le Code de commerce la fixe à trente jours : une lettre tirée à deux usances de date ou de vue serait donc tirée à soixante jours de date ou de vue. A Londres, l'usance des lettres de France est de trente jours de date, celle des lettres d'Espagne, de deux mois ; celle des lettres de Livourne, Gênes et Venise, de trois mois. A Hambourg, l'usance des lettres de France, d'Angleterre et de Venise était de deux mois de date ; celle des lettres d'Anvers et de Nüremberg, de quinze jours de vue, etc. Ainsi l'usance variait en chaque pays et presque en chaque ville, ce qui surchargeait en pure perte, dans les négociations, la mémoire du banquier. Aujourd'hui, on se sert rarement de ce mot pour exprimer l'échéance d'une lettre : on préfère généralement les formules « à présentation, à plusieurs jours, à plusieurs mois de date ou de vue. »

Une lettre de change est un acte qui crée des engagements spéciaux et rigoureux. Elle ne peut être souscrite que par des personnes ayant la capacité de contracter. Voici, à ce sujet, les dispositions du Code de commerce :

« ART. 113. La signature des femmes et des filles non négociantes ou marchandes publiques sur lettres de change, ne vaut à leur égard que comme simple promesse.

» ART. 114. Les lettres de change souscrites par des mineurs non négociants sont nulles à leur égard, sauf les droits respectifs des parties, conformément à l'article 1312 du Code civil. »

Les femmes et les mineurs qui exercent un commerce ont seuls la même capacité que les majeurs pour souscrire des lettres de change. La jurisprudence a reconnu aussi la validité des lettres souscrites par la femme d'un marchand ou négociant, lorsqu'il était établi que celui-ci l'autorisait habituellement à souscrire pour lui. Mais le mari seul, en ce cas, est engagé par la signature de la femme, laquelle reste libre d'engagements.

Les agents de change et courtiers, aux termes de l'article 85 du Code de commerce, les avocats et magistrats, aux termes du décret de 1810, ne peuvent souscrire de lettres de change.

La lettre de change peut être tirée au domicile d'un tiers [1] et pour le compte d'un tiers [2]. La jurisprudence a même admis, ce qui est bien fort, qu'un mandataire pût tirer à son ordre personnel au compte de son mandant.

Plusieurs questions, soulevées presque toujours par des non-commerçants ou par l'emploi de lettres de change dans des transactions non-commerciales, ont donné lieu à diverses décisions de la jurisprudence. On a soutenu, par exemple, qu'il était nécessaire pour la validité d'une lettre de change qu'elle fût tirée d'une place de commerce et payable dans une autre place de commerce. Après quelques hésitations, les tribunaux ont décidé, conformément au Code et à la raison, qu'il suffisait que la lettre de change fût tirée d'un lieu sur un autre.

[1] Formule ordinaire :

A M. *négociant* *à Paris,*
pour payer au domicile de M.
à Versailles, rue *n°*

[2] Formule :

A *par ordre et pour le compte de M.*
négociant à *suivant sa procuration en date du*
enregistrée et légalisée, payez...

Et avant la signature :

Par procuration et pour le compte de M.

La jurisprudence a rendu aussi les décisions suivantes : 1° un effet souscrit par un non-commerçant et commençant par ces mots : « Je payerai, » bien qu'il réunisse d'ailleurs tous les caractères de la lettre de change, n'en est point une ; 2° la lettre de change peut être tirée sur le commis du tireur et sur le tireur lui-même, dans le cas où il aurait au dehors une succursale à laquelle la lettre serait payable ; 3° la lettre de change est valable, quoique de l'aveu du preneur, elle ait une autre cause que celle qui y est exprimée ; mais le défaut de cause annulerait la lettre ; 4° il n'y a point de lettre de change à l'ordre du tireur, si le premier endossement n'est daté d'un lieu autre que celui où la lettre doit être payée ; 5° le souscripteur même d'une lettre de change ne peut être admis à opposer au preneur de la lettre la supposition de lieu, à l'effet de faire déclarer cette lettre simple promesse ; 6° la supposition de lieu peut être prouvée par témoins entre les souscripteurs de la lettre.

Ajoutons que les tribunaux de commerce admettent très-rarement la preuve dans le cas où ces deux dernières questions sont presque toujours posées.

Acceptation. — Le tireur d'une lettre de change est garant de son acceptation. Jusqu'à l'acceptation, le tireur est le principal obligé ; à dater de l'acceptation les rôles changent : l'accepteur devient le débiteur principal de la lettre. — L'acceptation suppose la provision, c'est-à-dire l'existence d'une créance du tireur égale au montant de la lettre sur le tiré : l'acceptation établit même la preuve de la provision à l'égard des endosseurs.

Celui qui accepte une lettre de change contracte l'obligation d'en payer le montant. L'accepteur n'est pas restituable contre le porteur quand même le tireur aurait failli à son insu avant qu'il eût accepté. L'acceptation de la lettre à découvert ne constitue pas l'accepteur créancier du tireur ; s'il n'y a pas provision, elle ne constitue à son profit qu'une créance éventuelle qui ne peut établir un élément de compensation.

Lorsque l'acceptation d'une lettre à plusieurs jours ou mois de vue n'est pas datée, les délais pour le payement courent à partir de la date même de la lettre.

L'acceptation ne peut être conditionnelle, mais elle peut être restreinte quant à la somme acceptée. Dans ce cas, le porteur est tenu de faire protester la lettre de change pour le surplus. L'acceptation conditionnelle équivaut à un refus d'accepter et ne dispense pas le porteur de l'obligation de faire protester. L'acceptation ne peut avoir lieu par lettre missive; elle doit être inscrite sur le corps même de la lettre. — L'acceptation doit avoir lieu dans les vingt-quatre heures de la présentation.

La transmission d'une lettre de change, avec prière de faire accepter ou de protester en cas de besoin, impose au porteur une obligation rigoureuse de présenter à l'acceptation, de telle sorte qu'en cas de non-payement il devient responsable du défaut de payement à l'échéance.

Endossement. — L'endossement qui donne tant d'importance à la lettre de change, sert à en transmettre la propriété. L'endossement impose à celui qui le souscrit des obligations étroites. « Tous ceux, dit le Code de commerce, qui ont signé, accepté ou endossé une lettre de change, sont tenus à la garantie solidaire envers le porteur. » Pour être valable, l'endossement doit être *daté* et *signé;* il doit exprimer la valeur fournie et énoncer le nom de celui *à l'ordre* duquel il est passé.

Cependant les endossements signés en blanc ne sont pas rares dans le commerce. Dans certains cas, cette imperfection de l'endossement est due à la négligence; souvent elle a une autre cause. Un négociant, par exemple, présente un bordereau d'effets à l'escompte; il ignore s'ils seront admis ou refusés; dans l'incertitude, il inscrit sa signature en blanc, laissant au banquier le soin de compléter l'endossement, par l'apposition d'une griffe affectée à cet usage, sur les effets admis à l'escompte. Les endossements en blanc ont rarement donné matière à des abus graves; cependant les monuments de la jurisprudence en montrent quelques-uns.

Mais les endossements en blanc ont donné naissance à un grand nombre de contestations. Cet endossement peut être rempli d'une autre main que celle du signataire, notamment par le porteur. Cependant celui-ci omet quelquefois cette précaution : en ce cas, la jurisprudence considère l'endossement en blanc comme irrégulier et ne valant qu'à titre de procuration. Néanmoins cet endossement devient translatif de propriété lorsqu'on prouve que telle a été l'intention des parties, ou que le porteur prouve qu'il y a eu valeur fournie. Mais il faut prouver !

Le porteur de l'ordre en blanc ne peut substituer à un ordre simple qui résultait de l'intention des parties un aval ou une clause *sans frais* qui le dispense du protêt. — L'ordre ou endossement en blanc ne peut être rempli valablement qu'avant le décès du signataire. — Le porteur, en vertu d'un ordre en blanc, d'une lettre de change qui n'est ni payée, ni acceptée, peut en réclamer le montant contre son endosseur immédiat, s'il prouve qu'il en a fourni la valeur.

Sont considérés comme irréguliers, l'endossement non daté ou non causé, ou causé *valeur reçue ou entendue*, *valeur à ordre*, *valeur en recouvrement*, etc. Ils ne transfèrent pas la propriété de l'effet à celui au profit duquel l'endossement a été fait, alors même qu'il est prouvé que celui-ci en a remis la valeur à l'endosseur. — Le tiré, accepteur d'une lettre de change, ne peut être condamné à payer au tiers porteur par endossement irrégulier le montant de la lettre, lorsqu'il n'y a pas provision et que le tireur est en faillite. — L'énonciation « valeur en garantie, » dans l'endossement d'un billet, équivaut à celle de « valeur en compte » et transfère la propriété. Elle ne constitue pas un contrat de gage ou de nantissement. — Aux termes du Code de commerce, l'endossement qui n'est pas conforme aux prescriptions de l'art. 137 n'opère pas le transport de la propriété de l'effet endossé; il n'est qu'une procuration. Naturellement il a fallu que la jurisprudence réglât les conditions et les termes de cette procuration.

Le principe que l'endossement irrégulier ne vaut que comme procuration, peut être opposé par toutes personnes ayant intérêt à s'en prévaloir.

L'endossement irrégulier autorise le porteur mandataire à transférer la propriété de l'effet, dont il n'est pas lui-même propriétaire, par un endossement régulier qui est censé souscrit en exécution de son mandat. — Celui qui a reçu un effet avec endossement en blanc et qui l'a transmis par endossement régulier pour en poursuivre le payement comme subrogé au porteur qu'il a remboursé faute de payement à l'échéance.

Ces deux décisions de la jurisprudence rapprochent, autant qu'il est possible, la condition du porteur de l'endossement en blanc de celle du porteur d'un endossement régulier. Cependant les différences sont encore assez importantes, pour qu'il soit prudent de remplir toujours, de manière à les régulariser, les endossements en blanc, au moment même où on les reçoit.

Aux termes du Code de commerce, article 139 :

« Il est défendu d'antidater les ordres à peine de faux. »

Lorsque le papier sur lequel est écrite une lettre de change ne suffit pas à l'inscription des endossements, on est dans l'usage de coller au bout de cette lettre une bande de papier blanc, qu'on appelle *allonge* et sur laquelle les endossements successifs sont inscrits à la suite.

L'endossement ne transmet pas la propriété d'une lettre de change d'une manière absolue. On a vu, par exemple, la jurisprudence admettre des présomptions graves, précises et concordantes pour décider qu'un endossement avait eu pour but une mise en nantissement.

Devoirs du porteur. — Le banquier est rarement tireur, souvent endosseur, plus souvent encore porteur ou propriétaire de lettres de change. La loi et l'usage lui imposent à ce titre des devoirs spéciaux qu'il ne peut négliger sans inconvénient et que nous allons rapidement énumérer.

Le porteur peut réclamer l'acceptation dont le tireur et les endosseurs sont garants envers lui : la prudence le lui commande, la loi l'y invite, mais dans l'intérieur de la France l'usage le lui défend souvent. L'acceptation est de rigueur lorsque la lettre est à un ou plusieurs jours ou mois de vue, parce qu'il n'y a d'échéance certaine qu'après que la lettre a été acceptée. Mais tant que la présentation n'a pas eu lieu, le porteur conserve son droit de recours contre le tireur et les endosseurs qui pourraient éprouver un grave préjudice par suite de sa négligence. C'est pour les en garantir qu'a été fait l'art. 160, déjà cité, du Code de commerce.

Le porteur doit réclamer le payement au jour de l'échéance. Le jour suivant, à défaut de payement, il doit constater le fait par un protêt. Si l'échéance tombe un jour férié, le porteur doit présenter la veille et faire protester le lendemain du jour férié : il en est de même lorsque l'échéance tombe la veille d'un jour férié. A défaut de protêt au jour fixé par la loi, le porteur perdrait tout droit de garantie contre les endosseurs : il perdrait son droit de recours même contre le tireur, si celui-ci prouvait qu'il y avait provision à l'échéance.

Lorsque les endosseurs ont, comme peut le faire le tireur, indiqué le payement « au besoin » à leur domicile ou à celui d'un tiers, le porteur n'est pas obligé de faire le protêt à tous les besoins indiqués.

A l'étranger il existe encore des jours de grâce, résultat d'anciens usages et qui varient selon les lieux. Ainsi à Londres, le protêt n'a lieu que trois jours après l'échéance, ou deux jours, si le troisième est férié ; à Hambourg, le protêt n'a lieu que le dixième jour après l'échéance ; à Amsterdam, le protêt se fait le cinquième jour ; à Rome, le quinzième jour. Il suit de là que les lettres ne sont payables en chaque ville que le jour où le protêt peut être fait, ce qui oblige le banquier à tenir compte des jours de grâce accordés dans les divers pays et à les ajouter, dans les calculs relatifs aux négociations, au temps de l'échéance écrite sur la lettre. Au fond personne ne gagne rien à ces vieux usages ; ils n'ont pour résultat que d'exercer en pure perte la mémoire des hommes d'affaires et des comptables.

En France, dans la pratique, le banquier fait présenter les lettres et billets le jour de l'échéance, et, le soir, il fait remettre ceux qui n'ont pas été acquittés à son huissier et s'en rapporte à celui-ci du soin de faire les protêts en temps utile.

Une fois le protêt fait, le porteur peut exercer son recours contre le tireur et chacun des endosseurs, individuellement ou collectivement. Si le porteur exerce son recours contre son cédant, il doit lui dénoncer le protêt et, à défaut de remboursement, le faire citer en justice dans les quinze jours qui suivent la date du protêt : il perdrait son droit de recours, s'il laissait passer ce délai.

Dans la pratique, on évite, autant que possible, les dénonciations de protêt et les citations. On établit en général des relations telles que le remboursement soit effectué sans frais ni discussion par le plus prochain endosseur, et on n'applique à la rigueur les préceptes du Code de commerce que dans les cas de nécessité absolue, après faillite du cédant, par exemple, et des endosseurs précédents. Ces cas, heureusement, sont rares. Mais les délais fixés par le Code obligent le banquier à faire régulariser le remboursement, en espèces ou en compte, des effets retournés, dans un délai de quinze jours au plus.

Lorsqu'il faut suivre le recouvrement d'un effet protesté, exercer des recours à la rigueur, en un mot entrer dans les voies judiciaires, l'intervention de l'homme de loi devient nécessaire. Le banquier le plus instruit et le plus capable n'a jamais intérêt à se distraire de ses occupations habituelles pour suivre et diriger des procédures. Il doit d'abord faire tous ses efforts pour éviter les procès, mais s'il est assez malheureux pour en avoir, il doit s'en rapporter pour la procédure à l'homme de loi et marcher le plus rapidement qu'il le pourra vers une conclusion. Il n'a jamais assez de loisir pour embrasser la profession de plaideur.

Payement. — Celui qui paye une lettre de change avant l'échéance est responsable de la validité du payement. Celui qui paye une lettre de change à son échéance et sans opposition est présumé valablement libéré. Le porteur n'en peut recevoir le payement avant l'échéance. Ces trois dispositions montrent jusqu'à quel point le législateur a respecté et consacré la forme extérieure et les termes mêmes de la lettre de change, et combien il est prudent de ne jamais exécuter le contrat exprimé par un effet autrement que dans les termes mêmes où ce contrat est conçu.

Retours. — La retraite et le rechange sont peu usités dans la pratique. En général, chaque banquier retourne à ses confrères l'effet protesté avec l'original du protêt, et il ne réclame pas autre chose que ses déboursés réels, frais de protêt, ports de lettres, etc. L'effet est retourné en cet état, avec le compte des frais ou compte de retour, au tireur, auquel appartient de droit le soin de suivre les procédures. Cette habitude est à la fois convenable, juste et franchement commerciale.

Autrefois les comptes de retour, exigés suivant toutes les rigueurs du Code de commerce, s'élevaient à des sommes relativement importantes et venaient grossir, en pure perte pour le tireur, les frais de recouvrement. Aujourd'hui encore on voit de temps en temps des comptes de retour chargés de frais de change fictifs, de négociations dont le taux est arbitrairement fixé; mais en général, à l'intérieur surtout, le compte de retour a subi de grandes réductions. C'est un résultat dû à l'importance que les opérations de recouvrement ont prise, et à la multitude des petits effets que le commerce de gros et demi-gros verse dans la circulation. Avec les anciens comptes de retour, ces derniers recouvrements ne seraient pas possibles.

Par suite des habitudes irrégulières du commerce intérieur, les frais de recouvrement et les comptes de retour ont pris une grande importance dans les affaires du marchand en gros : le compte de retour ajouté avec rigueur aux frais des petites traites aurait souvent absorbé les bénéfices de l'opération à la suite de laquelle la traite avait été faite. On imagina d'abord, pour éviter cet inconvénient, de se passer de papier timbré et d'ajouter à la lettre de change la clause *sans frais*. Ces mots faisaient disparaître en même temps dans l'usage les obligations et les droits rigoureux des endosseurs et du porteur; car si celui-ci était toujours tenu de présenter à échéance et d'avertir les intéressés du défaut de payement, il ne pouvait donner date certaine à aucun de ses actes. Bientôt, à la suite de difficultés graves, les lettres sans frais sont devenues plus rares : la jurisprudence leur a été hostile, et enfin elles ont presque entièrement disparu depuis la promulgation de la loi de juin 1850, sur le timbre.

En même temps une autre formule commençait à s'introduire : c'était celle exprimée par ces mots : *protêt simple*, par laquelle le tireur ou l'un des endosseurs dispensait le porteur de toute formalité judiciaire autre que le protêt. Il est évident que cette formule implique de la part de son auteur l'obligation de rembourser avant quinzaine le montant de la lettre, et qu'à défaut de ce remboursement le porteur pourrait dénoncer le protêt pour conserver ses droits.

On emploie aussi fréquemment cette formule : *sans compte de retour*, par laquelle on impose aux endosseurs et au porteur, comme obligation rigoureuse, ce que l'usage avait déjà établi entre les maisons qui avaient entre elles des rapports suivis et de confiance, c'est-à-dire la suppression, au compte de retour, de tous les frais fictifs.

On a contesté la légalité des formules *protêt simple*, *sans compte de retour*, sous prétexte que la lettre de change avait un caractère absolu qu'il n'appartenait pas à un particulier de changer. Mais il est évident que la lettre de change, étant l'expression d'un contrat, peut être modifiée par la volonté des parties. Celui qui accepte une lettre en payement ou en compte, l'accepte dans les termes même où elle est conçue, tant que ces termes n'altèrent point le caractère essentiel de la lettre de échange, telle qu'elle est définie par le Code. Heureusement du reste le nombre des lettres acquittées est toujours beaucoup plus grand que celui des lettres protestées, et parmi celles-ci, la plupart sont remboursées promptement, à l'amiable, sans aucune intervention judiciaire. La pratique des affaires écarte plus d'abus que les lois et tribunaux [1].

On se plaint quelquefois de ce que les banquiers portent en compte un port de lettre pour chaque traite retournée, tandis qu'en réalité, ils ne déboursent que des ports de lettre collectifs. Ces réclamations, qui pouvaient avoir quelque fondement avant la réforme postale, ont perdu depuis cette réforme la plus grande partie de leur valeur. Du reste il serait assez difficile au banquier lui-même de faire un décompte rigoureusement exact, et, lorsqu'il retourne une lettre accompagnée

[1] Voici comment se formule habituellement le compte de retour :

A. GOUIN et Cie.	
Capital, frais et lettres. fr.	834 78 *
Ports de lettres de retour.	1 »
Retard.	» »
Total. . .	835 70
(*Port de lettre*).	» 70
	836 40

* Le chiffre de la lettre était de 833 fr. 90.

M. BAUDON et Cie, 324. 4000. 7 E.

CAISSE CENTRALE DU COMMERCE ET DES CHEMINS DE FER.	
M (Nom du cédant).	
Capital. . . . . fr. / Frais réclamés. . . .	421 » *
Lettres.	» 70
Valeur. . .	422 50
(*Port de lettre*). . . .	» 70
	423 20

* Chiffre de la lettre 418 fr.

du protêt en original, celui qui la reçoit n'a certes pas le droit de se plaindre qu'on lui réclame un port de lettre de 20 centimes.

Intervention. Aval. — Les tiers interviennent quelquefois dans les transactions auxquelles donne lieu la lettre de change. Un tiers, par exemple, accepte quelquefois, à défaut du tiré, pour l'honneur de la signature du tireur. Une lettre de change protestée faute de payement peut être acquittée par un tiers intervenant pour le tireur ou pour l'un des endosseurs. Cette intervention a pour effet de libérer du recours, dans le premier cas, tous les endosseurs, et, dans le second, les endosseurs qui viennent après celui au nom duquel l'intervention a eu lieu. Le tiers intervenant est subrogé aux droits et aux obligations du porteur.

Enfin on voit intervenir dans une lettre de change un tiers qui vient cautionner les engagements du tireur ou d'un endosseur. Ce cautionnement porte le nom d'*aval* et celui qui le consent s'appelle *donneur d'aval*. Le cautionnement, en ce cas, se formule ordinairement par les mots *pour aval*, inscrits à la suite de la signature du tireur ou de l'endosseur cautionné et suivie de la signature du donneur d'aval. L'aval peut être fourni par un acte séparé.

Le donneur d'aval est garant de tous les engagements de celui dont il cautionne la signature. Toutefois, aux termes de l'article 142 du Code de commerce, il peut ne donner son aval que sous certaines conditions, et il n'est pas rare de voir la formule suivante :

« *Je garantis le paiement de la somme de* *portée en la présente lettre de change, et à son échéance, sans me soumettre néanmoins à la contrainte par corps.*

Signé :

Le défaut de protêt et de dénonciation ne libère pas le donneur d'aval.

Billets à ordre. — Le Code de commerce définit dans les termes suivants les caractères essentiels du billet à ordre :

« ART. 188. Le billet à ordre est *daté*. Il énonce la *somme à payer*, le *nom* de celui à l'ordre de qui il est souscrit, l'*époque* à laquelle le paiement doit s'effectuer, la *valeur* qui a été *fournie* en espèces, en marchandises, en compte, ou de toute autre manière.

» ART. 187. Toutes les dispositions relatives aux lettres de change, et concernant l'échéance, l'endossement, la solidarité, l'aval, le paiement, le paiement par intervention, le protêt, les devoirs et droits du porteur, le rechange et les intérêts, sont applicables aux billets à ordre. »

Les contestations relatives au billet à ordre ne sont jugées par les tribunaux de commerce que lorsque le billet porte la signature de négociants ou qu'il a pour occasion une opération de commerce, trafic, change, banque ou courtage. Les souscripteurs du billet à ordre ne sont assujettis à la contrainte par corps que par exception et ils peuvent obtenir un délai devant le tribunal de commerce. Le billet d'un commerçant est censé fait pour son commerce.

Timbre. — Les lois sur le timbre s'appliquent également aux lettres de change et aux billets à ordre. Les premières étaient souvent éludées, par l'effet de la clause *sans frais*, avant la loi du 5 juin 1850. Mais depuis cette loi qui, en modifiant l'impôt sur les petits effets, a, jusqu'à un certain point, fait dépendre les engagements commerciaux de l'accomplissement des formalités fiscales, le timbre est devenu une condition presque essentielle et nécessaire de la validité des lettres et billets. Voici les dispositions principales de la loi du 5 juin 1850.

Par l'article 1er, le droit de timbre proportionnel sur les lettres de change, billets à ordre ou au porteur, mandats, traites et tous autres effets négociables ou de commerce, est fixé, savoir :

A cinq centimes, pour les effets de 100 fr. et au-dessous; — à dix centimes, pour ceux de 100 fr. à 200 fr.; — à quinze centimes, pour ceux de 200 à 300 fr.; — à vingt centimes, pour ceux de 300 à 400 fr.; — à vingt-cinq centimes, pour ceux de 400 à 500 fr.; — à cinquante centimes, pour ceux de 500 à 1,000 fr.; — à un franc, pour ceux de 1,000 à 2,000 fr.; — à un franc cinquante centimes, pour ceux de 2,000 à 3,000 fr.; — à deux francs pour ceux de 3,000 à 4,000, et ainsi de suite en suivant la même progression et sans fractions.

Les neuf articles suivants sont assez importants pour que nous les reproduisions ici textuellement :

« ART. 2. Celui qui reçoit du souscripteur un effet non-timbré conformément à l'article 1er est tenu de le faire viser pour timbre dans les quinze jours de sa date, et, dans tous les cas, avant toute négociation. Ce visa pour timbre sera soumis à un droit de 15 cent. pour 100 fr. ou fraction de 100 fr. qui s'ajoutera au montant de l'effet, nonobstant toute stipulation contraire.

» Art. 3. Les effets venant, soit de l'étranger, soit des îles ou des colonies dans lesquelles le timbre n'aurait pas encore été établi et payables en France, seront, avant qu'ils puissent y être négociés, acceptés ou acquittés, soumis au timbre et au visa pour timbre, et le droit sera payé d'après la quotité fixée par l'article 1er.

» Art. 4. En cas de contravention aux articles précédents, le souscripteur, l'accepteur, le bénéficiaire ou premier endosseur de l'effet non timbré ou non visé pour timbre seront passibles chacun d'une amende de 6 pour °/₀. A l'égard des effets compris en l'art. 3, outre l'application, s'il y a lieu, du paragraphe précédent, le premier des endosseurs résidant en France, et, à défaut d'endosseurs en France, le porteur, sera passible de l'amende de 6 p. °/₀. Si la contravention ne consiste que dans l'emploi d'un timbre inférieur à celui qui devait être employé, l'amende ne portera que sur la somme pour laquelle le droit de timbre n'aura pas été payé.

» Art. 5. Le porteur d'une lettre de change non timbrée, ou non visée pour timbre, conformément aux articles 1, 2 et 3, n'aura d'action, en cas de non-acceptation, que contre le tireur; en cas d'acceptation, il aura seulement action contre l'accepteur et contre le tireur, si ce dernier ne justifie pas qu'il y avait provision à l'échéance. Le porteur de tout autre effet sujet au timbre et non timbré et non visé pour timbre, conformément aux mêmes articles, n'aura d'action que contre le souscripteur. Toutes stipulations contraires sont nulles.

» Art. 6. Les contrevenants seront soumis solidairement au paiement du droit de timbre et des amendes prononcées par l'art. 4. Le porteur fera l'avance de ce droit et des amendes, sauf son recours contre ceux qui en seront passibles. Ce recours s'exercera devant la juridiction compétente pour connaître de l'action en remboursement de l'effet.

» Art. 7. Il est interdit à toutes personnes, à toutes sociétés, à tous établissements publics, d'encaisser ou de faire encaisser pour leur compte ou pour le compte d'autrui, même sans leur acquit, des effets de commerce non timbrés ou non visés pour timbre, sous peine d'une amende de 6 p. °/₀ du montant des effets encaissés.

» Art. 8. Toute mention ou convention de retour sans frais, soit sur le titre, soit en dehors du titre, sera nulle, si elle est relative à des effets non timbrés ou non visés pour timbre.

» Art. 9. Les dispositions de la présente loi seront applicables aux lettres de change, billets à ordre ou autres effets souscrits en France et payables hors de France.

» Art. 10. L'exemption du timbre accordée par l'article 6 de la loi du 1er mai 1822, aux duplicata de lettres de change, est maintenue. Toutefois, si la première, timbrée ou visée pour timbre, n'est pas jointe à celle mise en circulation et destinée à recevoir les endossements, le timbre ou visa pour timbre devra toujours être apposé sur cette dernière, sous les peines prescrites par la présente loi. »

En général, pour éviter les contraventions et les contestations de toute sorte, les banquiers qui se livrent aux recouvrements sur une grande échelle, imposent à leur clientèle des conditions uniformes en dehors desquelles ils n'acceptent aucun effet. Bien souvent, le banquier n'est pas libre d'imposer ses conditions et il subit jusqu'à un certain point celles de sa clientèle, parce que la concurrence l'y force. Comme exemple de conditions générales imposées par le banquier on peut citer celles auxquelles opère le Comptoir national d'escompte de Paris : la plupart d'entre elles sont purement commerciales; mais on en remarquera plusieurs qui n'ont d'autre but que d'éviter les procès et dont quelques-unes, notamment celle exprimée en l'article 6, peuvent à juste titre être considérées comme rigoureuses. En voici le texte :

OBSERVATIONS : *Les effets présentés à l'escompte doivent être timbrés, revêtus de deux signatures au moins, et résulter d'une opération commerciale.*

ART. 1er. — *Escompte.* Le taux de l'escompte sera établi par le Comptoir d'après celui de la Banque de France.

ART. 2. — *Échéances.* Les effets sur la province et ceux sur l'étranger, payables en francs effectifs, ne devront pas dépasser le terme de 60 jours.

Les effets à vue ou à courte échéance seront portés comme suit :

Ceux sur Paris, le lendemain de la remise ;

Ceux sur les chefs-lieux de département, 6 jours après la remise ;

Ceux sur les chefs-lieux d'arrondissement, de 6 à 10 jours après la remise ;

Ceux sur les autres places de la France, sur l'Algérie, la Belgique, la Suisse et le grand-duché de Luxembourg, de 6 à 30 jours après la remise.

Ceux sur les autres pays de l'étranger seront décomptés au taux de l'intérêt des places où ils sont payables, sans que ce taux puisse jamais être inférieur à celui du compte.

ART. 3. — *Changes et autres frais.* Les changes énumérés ci-après seront acquis au Comptoir sur tous les effets entrés dans son portefeuille, même sur les effets impayés, et sur ceux rendus faute d'acceptation ou sur la demande des cédants. Ils seront perçus sur un minimum de 100 francs, sauf les exceptions spécifiées dans le tarif. Une commission supplémentaire de 50 centimes sera prélevée sur les effets de 50 francs et au-dessous.

Et outre, seront à la charge des remettants :

1° Les frais d'exprès qui n'auront pu être évités, ainsi que ceux de correspondance nécessités par un envoi spécial d'effets échus à ou courte échéance, sans que dans ce cas le Comptoir soit responsable des protêts tardifs ;

2° La perte sur les encaissements en billon, suivant les localités ;

3° Les frais provenant d'une indication de domicile fautive ou douteuse;

4° Les frais de visa pour timbre sur les effets pour l'étranger ou en provenant;

5° Les frais d'envoi à l'acceptation ;

6° Enfin tous les frais supportés par le Comptoir dans l'intérêt de ses clients.

ART. 4. — *Ports de lettres.* Le Comptoir ne comptera sur les effets impayés que la taxe légale, soit : { 30 centimes pour ceux sans frais / 60 centimes pour ceux protestés } par chaque endos.

ART. 5. — *Négociation.* Les valeurs sur l'étranger, payables en monnaie étrangère, et cotées à la Bourse de Paris, seront négociées au cours de la place avec une commission de 1/8 en faveur du Comptoir.

ART. 6. — *Dispense de protêt. — Clauses de non-garantie pour défaut de formalités et poursuites.*

1° Le Comptoir est dispensé de protêt :

Pour les effets payables hors de France ;

Pour ceux payables en Corse et dans toute localité dépendant du territoire français et exigeant un parcours de mer ;

Pour ceux payables en Algérie, ailleurs que dans la ville d'Alger.

2° Il est déchargé de toute garantie de protêts tardifs ou irréguliers :

Pour les effets payables dans les bourgs et dans les villages ;

Pour ceux portant une indication fautive ou douteuse ;

Pour ceux dont l'échéance ne serait pas clairement indiquée ou serait prorogée ;

Pour ceux payables en foire ou à la suite des régiments ;

Pour ceux qui, à leur arrivée, n'auraient pas dix jours à courir, outre le délai nécessaire pour les faire parvenir au lieu de paiement ;

Et enfin dans tous les cas déterminés au présent tarif.

3° En cas de guerre, d'émeute, d'inondation, d'incendie, et généralement en cas d'événements de force majeure, ou de circonstances graves et imprévues, le Comptoir est dispensé de toutes diligences, même de la présentation au paiement des effets échus. Il se réserve la faculté de renvoyer ces valeurs, ainsi que celles non échues, en se bornant à signaler par correspondance les circonstances qui motivent ce renvoi.

4° Il est déchargé de toute garantie pour défaut de présentation à l'échéance, ou dans le délai fixé, des effets portant la recommandation de *sans frais* ou de ceux sur les localités dépourvues de moyens de recouvrement. Il n'est tenu, dans l'un et l'autre cas, à aucune justification pour constater le refus de paiement.

5° Il ne contracte aucune responsabilité à raison des effets qu'il est chargé de faire accepter.

6° Il ne répond pas de l'inexécution des recommandations faites à la suite des endos, et même, dans le cas où il aurait personnellement omis de les transmettre, les frais qui auraient été faits devront toujours lui être remboursés.

7° Il est affranchi des formalités mentionnées en l'article 165 du Code du commerce par le renvoi pur et simple des effets protestés, dans le délai de dénonciation.

On joint ordinairement à ces conditions générales un tarif des commissions de recouvrement ou des changes, comme on les appelle. Les conditions particulières ou exceptionnelles, qui modifient quelquefois le tarif général sont réglées par correspondance.

Négociations de bourse. — Les négociations de rentes et de titres divers ont donné lieu à des difficultés de plus d'un genre sur lesquelles la jurisprudence n'est point parfaitement fixée. Ainsi la responsabilité des agents de change n'est point exactement définie. En principe, l'agent de change n'est responsable à la rigueur qu'envers ses collègues pour les engagements qu'il contracte envers eux; mais il doit compte à son client du mandat qu'il a reçu de lui et duquel naissent plusieurs cas de responsabilité.

On estime avec raison que l'agent de change est responsable envers son client de l'exécution du marché dans lequel il ne lui a fait connaître ni le nom du particulier, ni le nom du confrère avec lequel il a traité. Dans ce cas, en effet, il n'y a d'autre preuve du marché que l'affirmation de l'agent de change, et il est juste qu'il en réponde. Mais lorsqu'il a fait connaître le confrère, ou le particulier avec lequel il a traité, l'agent de change cesse de répondre de la solvabilité de celui-ci. Le plus souvent l'agent de change ne fait connaître aucun nom, et il contracte avec son client dans les marchés à terme un engagement dont voici la formule :

LIQUIDATION *Fr.* 1,500 *Rente* 3 °/ₒ *à* *F.*
d

Paris, le 186

QUINZE CENTS *francs de rente* 3 *p.* °/ₒ *français, jouissance courante, livrables fin fixe, ou plus tôt, à volonté, contre le payement de la somme de*

Fait double.

LIQUIDATION 25 Actions *d* *à* *F.*
d

Paris, ce 186

25 Actions de Chemins de fer.
25 D° de Canaux.
25 Obligations de l'Emprunt Belge.
25 D° de l'Emprunt Romain.

VINGT-CINQ *Actions d jouissance courante, livrables en liquidation d ou plus tôt, à volonté, contre le payement de la somme de*

Fait double.

Par conséquent, dans la plupart des cas, l'agent est responsable. Dans les reports surtout il l'est presque toujours.

Dans les transferts de rente qui ne peuvent avoir lieu sans son ministère, l'agent de change répond, aux termes de l'arrêté du 27 prairial an X, de l'identité du propriétaire, de la vérité de sa signature et des pièces produites. Il ne répond pas de la capacité civile de son client.

Les créances contre un agent de change, résultant de faits de charge, sont privilégiées sur le cautionnement et même sur l'actif, grâce aux efforts combinés de la jurisprudence, de l'administration et de la chambre syndicale. Mais il est bien difficile de fixer la limite des créances pour faits de charge. — Le dépôt de fonds pour un achat au comptant constitue sans aucun doute une créance pour fait de charge. Toutefois si ce dépôt était ancien, s'il avait eu lieu en compte courant, la jurisprudence hésiterait à le reconnaître ou ne le reconnaîtrait point comme créance privilégiée. Il a été jugé aussi que, dans un report, l'inscription transférée au nom d'un agent de change qui en avait abusé ne constituait pas au profit du propriétaire de l'inscription une créance privilégiée pour fait de charge.

Les difficultés et les incertitudes de la jurisprudence sont plus grandes en ce qui touche les marchés à terme. Malgré les textes que nous avons déjà cités, la jurisprudence reconnaît en principe la validité du marché à terme à la condition qu'il soit sérieux, qu'il ne constitue pas un pari sur les différences. Mais à quels signes reconnaître que le marché à terme n'est pas un pari?— Des circonstances du marché! — On comprend quelle carrière est ouverte aux différences d'appréciation. Le tribunal de commerce de la Seine validait récemment un marché à terme, parce que l'acheteur, dans quelques marchés précédents, avait pris livraison des titres achetés, ce qui faisait de lui, pensait-on, un acheteur sérieux. Cette jurisprudence a quelque chose d'étrange en ce sens qu'elle tire la décision à intervenir sur une difficulté donnée de circonstances étrangères à l'affaire elle-même et surtout de la situation personnelle d'un des deux contractants. Aussi est-il prudent aux agents de change de compter médiocrement sur la jurisprudence et de prendre des mesures pour ne pas avoir besoin de recourir aux tribunaux.

Aussi bien si les tribunaux n'appliquent point et ne peuvent guère appliquer les articles du Code pénal qui punissent les paris de bourse comme un délit, ils refusent habituellement de reconnaître, comme illicite et contraire à l'ordre public et aux bonnes mœurs, le contrat établi sur le jeu des différences, et sur ce point certaines décisions de la jurisprudence ont poussé l'application du principe jusqu'à ses dernières conséquences.

En 1845, le tribunal de commerce de la Seine se déclarait incompétent à connaître de l'action en payement de différences dirigée par l'agent de change contre son client, parce que le marché de bourse à terme n'était pas à proprement parler un acte de commerce. La jurisprudence a décidé que quoique un spéculateur eût touché diverses sommes par suites de chances heureuses, il ne pouvait être contraint à payer plus tard ce qui lui était réclamé comme résultat de pertes, et que l'agent de change n'avait pas d'action contre lui, même pour ses droits de courtage, même pour ses avances. Bien plus, le client qui avait remis à son agent de change, à titre de couverture, des valeurs ou de l'argent, a été admis à réclamer ces valeurs ou ces fonds quoiqu'il dût et les frais de courtage et les différences, à moins qu'il n'y eût eu payement effectif, soit directement, soit par l'entrée des couvertures en compte courant chez l'agent de change, auquel cas il était décidé que le client n'avait droit qu'au solde.

Lorsque la jurisprudence considère un marché comme un jeu sur les différences, elle ne reconnaît point d'engagement personnel entre les agents de change, auxquels ces opérations sont formellement interdites par les lois.

Les reconnaissances ou obligations souscrites en payement de différences sont annulées par la jurisprudence s'il est prouvé qu'elles ont pour cause réelle un jeu de bourse. Les billets et lettres de commerce seraient également annulés; mais comme les droits du tiers porteur sont réservés nécessairement, dans tous les cas où il n'est pas prouvé que le tiers porteur connaissait la cause et l'origine de l'effet, il est facile d'éluder par là les rigueurs de la jurisprudence.

Toutefois il n'y a point de répétition possible en cas de payement volontaire par versement d'espèces, cession d'effets de commerce ou d'immeubles.

En ces matières, à parler franchement, il n'y a jusqu'à ce jour dans la jurisprudence, ni principes certains ni maximes fixes. Elle pourrait refuser sanction à tous les marchés d'effets publics à terme; mais du moment où elle en valide quelques-uns, il est bien difficile de déterminer le point ou le marché finit et où le jeu commence, d'établir une de ces distinctions précises qui ne laissent aucune place à l'arbitraire. Quant aux décisions exorbitantes que nous venons de rapporter, elles ne sont que l'application exacte des principes de la législation en matière de dettes de jeu.

CHAPITRE III.

COMPTABILITÉ GÉNÉRALE.

Il n'est pas nécessaire de faire ressortir l'importance de l'organisation générale de la comptabilité dans une maison de banque. En effet, un grand nombre d'opérations, les virements, par exemple, s'effectuent simplement par des écritures : les transferts de propriété, si nombreux et si importants, qui ont lieu chaque jour par l'intermédiaire du banquier, n'ont le plus souvent d'autre titre que des feuilles volantes et les inscriptions qui ont été faites sur ses livres. D'ailleurs le banquier a besoin d'une bonne comptabilité pour se reconnaître lui-même au milieu des opérations nombreuses et complexes auxquelles il se livre. Ceux qui, parce qu'ils opéraient dans une petite localité, parce qu'ils n'avaient pas d'associés, ou pour toute autre cause, ont cru pouvoir se passer d'une exacte comptabilité, n'ont pas tardé à s'en repentir.

D'un autre côté, il est incontestable qu'il y a dans certaines maisons un luxe de comptabilité, si l'on peut ainsi dire, une recherche minutieuse dans la constatation de tous les détails, qui occasionne des dépenses inutiles, des pertes de temps et de travail qu'il est bon d'éviter. En cette matière comme en toute autre il existe un milieu que la réflexion, l'habitude des affaires et le jugement peuvent indiquer, mais qui n'admet point de règles générales et que l'intelligence la plus déliée ne suffirait point à trouver, si elle n'était aidée par une expérience directe.

En pratique, la tenue des livres de banque ne présente point d'uniformité : chaque maison a la sienne, dans laquelle il s'introduit toujours quelques améliorations, quelques procédés nouveaux pour mieux résumer les opérations ou pour les résumer avec moins de travail. Le défaut d'uniformité dans la tenue des livres de banque dépend d'ailleurs, non-seulement du caractère, du tour d'intelligence des banquiers eux-mêmes ou de leurs principaux comptables, mais aussi de la différence des opérations, de la constitution même, si l'on peut ainsi s'exprimer, des diverses maisons de banque.

Il est donc impossible d'indiquer, même approximativement, les traits généraux de la comptabilité de banque. Cependant, pour en donner une idée, à titre de renseignement et d'exercice, essayons d'exposer les principes sur lesquels cette comptabilité est établie, particulièrement dans la banque de commerce pour laquelle la tenue des livres est plus difficile que pour toute autre.

En banque aussi bien que dans le commerce de marchandises, le but de la comptabilité est de résumer toutes les opérations, de manière à constater tous les détails, à en rendre la recherche facile, et, en même temps, à en présenter nettement les résultats généraux. On obtient tout ceci par des combinaisons de parties doubles, au moyen de livres tenus par ordre de temps et par ordre de matières ou de personnes, par un Journal et un Grand-Livre. Seulement en banque, le journal et le grand-livre se subdivisent, se décomposent et se résument tout autrement que dans le commerce de marchandises.

Les opérations de banque se divisent en diverses catégories, et, si l'on peut ainsi dire, par départements. On y distingue toujours deux grandes divisions quant aux entrées et aux sorties, la caisse et le portefeuille; deux grandes divisions quant aux personnes, les clients sur place et ceux du dehors, soit dans le pays, soit à l'étranger; puis des subdivisions proportionnées à l'importance des affaires de la maison. On y distingue aussi les divisions de la correspondance, du contentieux, des effets publics, des matières d'or et d'argent, des consignations, etc.

Les subdivisions doivent être calculées sur le chiffre total des affaires ou plutôt sur le nombre d'employés nécessaires pour tenir la comptabilité. On le comprendra mieux, si l'on examine avec attention une description générale des livres dont se servent la plupart des maisons de banque.

§ 1. — *Livres d'ordre en dehors de la comptabilité.*

On peut en compter quatre à la rigueur dont les deux premiers sont prescrits par le Code de commerce.

1° Le premier et le plus important est le livre de copies de lettres où sont copiées jour par jour ou plutôt transportées, au moyen de la presse à copier, toutes les lettres quc peut écrire sur place ou au dehors la maison de banque. Il est inutile d'insister sur l'importance de ce livre, commun aux autres commerçants et aux banquiers, sur lequel sont transcrits jour par jour et presque heure par heure tous les engagements, tels que tarifs, conditions de comptes courants, ordres, accusés de réception, avis, etc.

2° On considère aussi comme un livre la collection ou liasse de lettres reçues qui constatent les engagements de tiers envers la maison. Ces lettres, dépouillées, cotées et analysées jour par jour, sont réunies et classées, tantôt par ordre chronologique, tantôt par lettre alphabétique. Quelquefois on classe ensemble par ordre chronologique seulement la correspondance que l'on peut appeler courante, parce qu'elle se rapporte exclusivement aux affaires du jour. Dans cette catégorie se trouvent les avis simples de traites ou remises, dûment relevés sur les livres à ce destinés, sur lesquels, pour faciliter les recherches, il est toujours utile d'inscrire la date de l'avis. — Les tarifs, conditions de comptes courants, etc., peuvent être classés à part, par dossiers séparés et par noms de correspondants, selon l'ordre alphabétique, dans tel ou tel dossier et selon l'ordre chronologique dans le dossier lui-même.

Le livre de copies de lettres, qui est nécessairement tenu dans l'ordre chronologique, donne lieu souvent à un extrait ou plutôt à une subdivision qui correspond aux dossiers de lettres reçues et que l'on appelle avec raison « Livre d'Engagements. »

3° Livre de Renseignements. — Avant de se lier avec une

maison, avant d'ouvrir un compte, le banquier s'informe du caractère, de la fortune, de la situation d'affaires, des habitudes commerciales de la personne avec laquelle il va se mettre en relations. Les renseignements obtenus, résumés brièvement, quelquefois par un mot : « bon, médiocre, douteux, bon jusqu'à concurrence de, etc., » sont consignés sur un livre avec le nom de celui qui les a fournis. Dans quelques grandes maisons où les commis sont admis par nécessité à consulter le livre des renseignements, on inscrit sur une carte le nom de chaque client et le résumé des renseignements obtenus sur lui, avec un numéro de renvoi qui correspond au numéro sous lequel est inscrit le nom de celui qui a fourni le renseignement, sur un livre que le chef de la maison garde pour lui seul et ne communique à personne.

A la Banque de France, toute admission à l'escompte est précédée d'une présentation par deux parrains et d'un entretien personnel préliminaire avec l'un des principaux administrateurs. C'est sur cette triple donnée que sont établis les premiers renseignements.

4° Livre de Signatures. — La signature de tout ayant-compte est le plus souvent inscrite sur un livre à ce destiné, afin de servir de point de comparaison dans les cas douteux. C'est un moyen de vérification peu coûteux, que l'on néglige souvent, à tort, parce qu'il peut faire éviter les pertes et les procès qui peuvent naître de l'admission d'une pièce fausse.

§ 2. — *Comptabilité proprement dite.*

Il existe des maisons de banque dont la comptabilité est tenue par une ou deux personnes, il en est qui comptent plusieurs centaines d'employés. Les principes de la comptabilité des unes et des autres sont les mêmes, et ils ne diffèrent entre eux et de ceux du commerce ordinaire que par quelques détails. Lorsqu'on se rend bien compte de la tenue des livres d'une petite banque, il est facile de comprendre comment on parvient à recueillir, jour par jour, tout le détail des affaires d'une grande maison et à le centraliser aussitôt.

Si l'on réduit la comptabilité de banque à son expression la plus simple, aux proportions d'une maison tenue par un ou deux comptables, on peut la résumer dans les livres principaux suivants :

1° Un journal où sont réunies les opérations par ordre chronologique ;

2° Un livre des Comptes courants où elles sont résumées quant aux personnes, sous le nom de chacune, et classées sur le répertoire par ordre alphabétique ;

3° Un Grand-Livre où elles sont résumées et classées par ordre de matières, sous le chef des divers Comptes généraux ;

4° Un livre d'Inventaires timbré, coté et paraphé, aux termes du Code de commerce, et pouvant être produit en justice pour attester la sincérité des autres livres et de l'ensemble de toute la comptabilité.

Il est bien entendu que, pour fournir un contrôle perpétuel des écritures, qui est indispensable en banque, ces livres doivent être tenus en partie double.

Quelles que soient les opérations du banquier, elles se divisent par ordre de matières sous les chefs suivants : Caisse, Effets à recevoir, Effets à payer et Profits et Pertes, en la forme ordinaire, et en Comptes courants créditeurs ou débiteurs. Si donc on imagine une main-courante de caisse, une main-courante d'effets à recevoir, une main-courante d'effets à payer, de profits et pertes et de comptes courants, relevées sommairement au journal, analysées en grande partie au livre des comptes courants et résumées par un seul article pour chacune et jour par jour, au grand-livre, on a l'ensemble d'une comptabilité de banque régulière et bien tenue.

Mais il a fallu, pour faciliter les recherches et fournir à chaque instant au banquier des renseignements exacts, créer un certain nombre de livres auxiliaires : ils rentrent tous dans l'une des grandes divisions des affaires de banque, caisse, portefeuille, engagements actifs ou passifs, ainsi qu'il suit :

Caisse. — Main-courante de caisse. Ce livre se tient par ordre de temps. On inscrit en tête et au milieu de chaque page, à droite et à gauche, le quantième du mois ; sur la page de gauche où est placé le débit ou *Doit*, on inscrit, à mesure qu'elles sont versées, toutes les sommes, à quel titre que ce soit, qui entrent en espèces à la banque ; sur la page de droite où est placé le crédit ou *Avoir*, on inscrit de même toutes les sommes qui sortent en espèces de la banque. Ce livre est réglé sur les deux pages par une colonne verticale de francs et centimes ou colonne de caisse, à l'extrémité droite de la ligne. En France, on ne distingue guère entre eux les articles de caisse; ainsi on inscrit ensemble et pêle-mêle les écus, les billets de banque, les mandats à vue et sur place. A Londres, on distingue ces divers articles et l'on règle cette main-courante par trois colonnes de caisse à gauche, un espace libre et une colonne de caisse à l'extrémité droite de la ligne. Soit une somme versée en espèces, billet et mandat à vue : on inscrit les espèces dans la première colonne, les billets de banque dans la seconde, le mandat sur la troisième et le total à la colonne qui est à l'extrémité droite de la ligne. Si cette méthode était adoptée à Paris, on aurait une réglure ainsi qu'il suit et on y passerait de la manière suivante un versement de 4,275 fr. 50 c., soit 4,000 fr. en un mandat à vue sur place, 200 fr. billet de banque et 75 fr. 50 c. espèces :

						(N° du billet.)	(Indication de qui doit le mandat.)		
75	50	200	..	4,000	..	6500	la Banque de France.	4,275	50

A la sortie, comme on ne paye qu'en espèces et billets, la réglure ne fournit à gauche de la page que deux colonnes.

Cette manière de passer les articles de caisse présente cet avantage que lorsque le comptable est arrivé au bas de la page et qu'il additionne les colonnes, le total des sommes inscrites aux deux ou trois colonnes de gauche sert de preuve à l'addition de la colonne de droite. Elle sert aussi à vérifier la caisse, le soir, parce que la balance des deux colonnes de gauche, du crédit et du débit, donne un état détaillé des valeurs en caisse, soit espèces, soit billets de banque. Mais à Paris, où les billets de banque semblent moins sujets aux falsifications qu'à Londres, on n'a pas senti le besoin d'une pareille division. Le livre n'a donc que la colonne placée à droite du modèle de réglure établi ci-dessus. On ne prend pas les numéros des billets de banque et on les traite en tout comme espèces.

La main-courante que nous venons de décrire est celle d'une petite maison. Dans une maison plus grande, on la coupe en deux, on fait une main-courante de recette et une main-courante de dépense, ou, en d'autres termes, d'entrée et de sortie, de manière à permettre à deux employés d'y travailler à la fois. Ces deux employés ne peuvent-ils suffire au travail? On démembre une branche spéciale de recettes et dépenses, soit les fonds versés en dépôt à long terme ou à terme fixe, et on ouvre un livre et un guichet spécial pour cette espèce d'entrées et de sorties; mais les écritures ne changent pas, et le soir le total des articles, en recette et en dépense, peut être porté en une ligne à la caisse centrale. On comprend que la subdivision de la caisse peut aller aussi loin qu'on veut.

Les caissiers ont ordinairement un livret réglé en partie simple par une colonne de caisse à droite de la ligne sur lequel ils inscrivent les recettes à la page de gauche, les dépenses à celle de droite sommairement et en chiffres. Ce livret spécial n'entre, du reste, en aucune façon dans la comptabilité.

Le soir on fait la caisse, ou en d'autres termes on relève le solde de la main-courante, on vérifie les espèces ou billets en caisse, et s'il y a quelque discordance, on fait des recherches jusqu'à ce qu'on ait trouvé d'où elle provient, de manière à arrêter les livres le soir même; et, lorsque tout est d'accord, on inscrit le solde débiteur de caisse à la première ligne de la page de gauche pour le lendemain. Pour que le même livre ne soit pas interrompu, on relève, dans plusieurs maisons, une copie des articles de la journée qu'on remet, avec les pièces à l'appui, pour qu'ils soient reportés à la comptabilité générale. Il vaudrait mieux, ce semble, avoir un livre pour les jours pairs et un autre pour les jours impairs, sauf à inscrire chaque soir dans l'ordre chronologique et sur un livre spécial, d'après lequel se feraient les reports quotidiens, les soldes ou balances de caisse.

Par ces balances ou soldes, on relève facilement le chiffre

des entrées et des sorties de caisse. En effet, s'il n'existe d'erreur ni dans les écritures, ni dans la caisse, la somme du solde de la veille et des entrées du jour est nécessairement égale à celle du solde du jour et des sorties, et le total des espèces en caisse est exactement égal à la somme qui ressort en solde des livres.

On vérifie toutes les écritures de la main-courante de caisse en établissant cette balance.

La plupart des maisons passent les virements par mandats à vue et sur place par entrée et sortie de caisse; mais ces mandats sont rares dans les maisons particulières, et l'usage de ce moyen d'économiser la monnaie ne s'est pas encore répandu. En général, les négociants éprouvent une répugnance regrettable à se séparer de leur caisse et à remettre au banquier le soin de la tenir.

Effets. — Les effets peuvent être divisés en deux classes : 1° ceux qui, entrés par l'escompte ou par une remise en compte courant, appartiennent à la banque; 2° ceux qui sont remis à l'encaissement. En France, on ne les distingue guère dans la comptabilité, par suite des anciennes habitudes en matière de comptes courants et du peu d'importance des effets remis autrement que par des ayants-compte.

Livre d'entrée. — Aussi le plus souvent, quelle que soit la provenance des effets, on les inscrit sur un seul et même livre d'entrée. Ce livre est tenu par ordre chronologique. On le règle sur les deux pages dans le sens vertical et horizontal, de manière à couper la ligne en dix sections et à tracer une case par chaque section. Là on inscrit successivement et par case : 1° un numéro d'ordre que l'on transcrit en même temps sur l'effet; 2° une description sommaire mais complète de l'effet.

A la différence des autres livres, celui-ci porte une inscription indicative en tête de chaque colonne, soit à cause du grand nombre des colonnes qu'il contient, soit parce qu'il est ordinairement tenu par les commis débutants.

Ce livre, que l'on appelle quelquefois « livre des numéros, » contient, à l'extrémité de la ligne droite, deux colonnes destinées à l'indication de la sortie et de la personne à laquelle l'effet a été négocié, s'il y a lieu. Ce n'est pas tout : on tient encore un livre où chaque sortie d'effets est pointée avec les deux dernières colonnes du livre d'entrée.

Dans plusieurs maisons on tient un journal d'effets à recevoir où on inscrit chaque effet, soit à l'entrée, soit à la sortie. La balance donne le chiffre des effets en portefeuille. On en extrait, pour les renseignements, une sorte de grand-livre qui a son importance. Sur ce livre on ouvre une tête à chaque ayant-compte; on le crédite du montant de l'effet par lui fourni, et on indique le domicile du débiteur, l'échéance et la somme. Ou mieux encore : au lieu de diviser la page par moitié en *doit* et *avoir*, on la règle par une colonne de dates à gauche, un espace blanc, et à l'extrémité droite, trois colonnes de francs et centimes; sur la première sont inscrites les entrées en crédit, sur la seconde les sorties en débit, et sur la troisième les différences dans la forme indiquée au modèle ci-joint :

M. Claude, *négociant.*

DATES.		DÉSIGNATION.	SORTIES.		ENTRÉES.		SOLDE.	
Août..........	17	*Son B/ escompté ce jour ou s/ b/ composé des effets suiv. n° 5660 n° , n° , etc.........*	»	»	7,875	45		
Septembre.....	10	Par caisse..........................	1,785	60			6,089	85

En cas de réescompte des effets ou de remise en recouvrement, on peut ajouter une colonne indiquant cette espèce de sorties. Mais dès qu'on remet du papier à long terme, on n'a plus aucun moyen commode de constater qu'on est libre des risques de l'endossement.

Cette comptabilité, suivie à jour et même à l'heure dans les grandes maisons, tient le banquier au courant, sur simple inspection, de l'état réel de ses affaires avec l'ayant-compte, parce qu'elle met constamment le solde en évidence et indique d'un coup d'œil le montant des engagements escomptés ou passés en crédit au compte courant et non encore échus.

Mais ce livre n'appartient point à la comptabilité proprement dite; c'est plutôt un livre de renseignements. On peut en dire autant du Livre des Risques, où on inscrit, effet par effet, le montant des endossements consentis par la maison.

On peut ranger dans la même catégorie le Livre d'Échéances qui n'est qu'un livre d'ordre. Tous les jours de l'année, dimanches et fêtes exceptés, y sont inscrits en tête des pages, à des intervalles plus ou moins éloignés, suivant l'importance présumée des échéances. On donnera, par exemple, plus de pages aux 5, 10, 15, 20, 25 et fins de mois qu'aux jours ordinaires, plus de pages à tel mois qu'à tel autre. En somme, ce livre est une sorte d'agenda réglé par trois colonnes de francs et centimes à droite de la page. On y inscrit d'abord, le jour même de l'entrée, le numéro de l'effet, le nom du cédant, du souscripteur ou de l'accepteur, et le montant de la somme y exprimée. Puis, au jour de l'échéance, si l'effet est payé, on en rapporte le montant dans la seconde colonne; et s'il n'est pas payé, dans la troisième. L'effet impayé est retourné le jour même du protêt ou de la présentation, s'il est sans frais, au cédant qui en doit rembourser le montant ou reprendre l'effet et en donner récépissé, s'il a un compte créditeur. Dans le premier cas, il n'y a pas lieu de passer de nouvelles écritures ailleurs que sur le livret de service de caisse; dans le second, l'effet et les frais, s'il y en a, sont passés au débit du compte du cédant. Si l'effet reste à la banque, il passe sur un livre spécial d'effets en souffrance ou au remboursement.

Le livre d'effets à payer est un journal sur lequel on inscrit, à la date de leur échéance, les billets souscrits par la maison le jour même de leur création, les lettres acceptées le jour de l'acceptation. On n'est pas dans l'usage d'y inscrire les avis de correspondants qui, en effet, n'engagent pas la maison d'une manière formelle. Ils sont inscrits sommairement par sommes, avec les effets à payer proprement dits, sur un livre d'échéances réglé comme le livre d'échéances actives.

Par une exception remarquable, le livre d'effets à payer est tenu presque toujours à l'inverse des autres; le crédit est inscrit à gauche et le débit à droite, parce que ce livre est effectivement la reproduction de ceux des porteurs d'engagements de la maison dont le crédit constitue le débit de la maison et réciproquement.

Enfin l'on sépare ordinairement le compte profits et pertes en frais généraux de commerce et agios actifs ou passifs, changes et commissions. De là deux livres spéciaux, sur le premier desquels sont portés les appointements des employés, les réparations ou le loyer, les frais de bureau, d'entretien du mobilier, etc. Sur le second viennent se placer les escomptes, commissions et changes perçus ou payés par la maison. Il n'y aurait aucune irrégularité à considérer les effets à recevoir comme une marchandise et à se dispenser de passer jour par jour écriture des escomptes et agios. Si l'on suivait ce système, on insérerait, lors de l'inventaire, le montant des effets existants au crédit du compte et l'on balancerait par profits et pertes. Cette balance donnerait le montant des intérêts et agios, comme le solde du compte marchandises présente dans le commerce la somme perçue pour différence de prix; mais il vaut mieux, selon l'usage, relever jour par jour les intérêts et agios.

On comprend qu'il est facile de subdiviser en un très-grand nombre de livres, selon les matières et les besoins du service, tous les livres que nous avons énumérés. Le journal d'effets à recevoir peut être scindé, par exemple, par la distinction des effets sur place et des effets sur le dehors ou l'étranger, des effets sur nantissement de marchandises ou sur dépôt de titres, soit de rentes, d'actions ou autres valeurs.

En réduisant les livres auxiliaires à leur expression la plus simple, on trouve quatre journaux, correspondant aux quatre grands comptes généraux : Caisse, Effets à Recevoir ou Portefeuille, Effets à Payer et Profits et Pertes. Ces livres sont plus ou moins divisés, selon que la maison passe un nombre d'articles plus ou moins considérables; mais ces subdivisions ne changent point le caractère de ces livres et n'altèrent en rien l'exactitude de la comptabilité.

Le livre d'entrée des effets ou des numéros, celui de sortie, les deux livres d'échéances actives ou passives, le livre des risques ne sont que des livres d'ordre ou de renseignements généraux. Le livre d'entrée se subdivise, pour la facilité du travail, par ordre alphabétique. Ainsi on inscrit sur un même volume les effets sur lesquels le nom du cédant commence par les lettres de A à K, et dans un autre, les effets où le nom du cédant commence par les lettres de L à Z; et, s'il le faut, rien n'est plus facile que de subdiviser encore ces deux volumes.

Les mains-courantes des quatre grands comptes peuvent être divisées en deux volumes : sur le premier sont inscrites les opérations des lundis, mercredis et vendredis ; l'autre reçoit les opérations des mardis, jeudis et samedis. Par ce moyen, on a l'avantage de pouvoir relever, à la comptabilité générale, les opérations de la veille, sans embarrasser les employés qui tiennent les mains-courantes et qui travaillent sur un des deux volumes, lorsque la comptabilité relève les écritures de l'autre et réciproquement.

Journal. — Ce livre est réglé, comme dans le commerce, par une ou deux colonnes simples à gauche de la feuille sur lesquelles on inscrit en regard de chaque article le numéro de la feuille de la main-courante à laquelle il se rapporte et le folio du livre des comptes courants ; le premier de ces chiffres est inscrit au moment où on fait le journal ; le second, lorsqu'on le relève au livre des comptes courants. A droite de la page sont deux colonnes de caisse. Dans la première on inscrit en détail les sommes entrées ou sorties, et on reporte le total en un seul article par jour, à la seconde. Dans les grandes maisons, on inscrit au journal successivement les articles du crédit et ceux du débit que l'on totalise, de manière à voir, jour par jour, si les sommes sont égales, ce qui donne lieu à une vérification quotidienne.

Les articles inscrits sur le journal sont destinés à une double classification ; au livre des comptes courants, ils sont détaillés quant aux personnes ; au Grand-Livre ils sont résumés dans leurs résultats sous le chef des comptes généraux. Dans l'inscription des articles on peut donc négliger les détails qui ne se rapportent pas directement aux personnes et porter en résumé et par groupes tout ce qui se rapporte à la comptabilité intérieure sur laquelle les mains-courantes fournissent toujours, au besoin, tous les renseignements désirables. Ainsi pour l'inscription des effets d'un bordereau, il suffit d'indiquer le nom du cédant, l'échéance et le lieu de payement, c'est-à-dire la base des calculs relatifs au change ou à l'escompte. Encore peut-on se passer de ces détails si, comme plusieurs maisons bien tenues, on a une main-courante pour les bordereaux, sur laquelle sont établis les changes, commissions, etc., et si on a le soin de remettre chaque fois sur le livret de l'ayant-compte, ou sur une feuille volante qu'on lui remet, le résultat détaillé de la négociation. En ce cas, il suffit d'inscrire le nom et la somme, comme s'il s'agissait d'un article de caisse.

Il est évident que le Journal d'une maison importante ne peut pas être tenu par un seul comptable, à moins qu'on ne le réduise au résumé très-succinct des opérations de chaque jour. On divise ce livre, selon les besoins, en quatre journaux correspondant aux quatre grands comptes, ou en un plus grand nombre s'il le faut. Une fois la division admise, elle n'a plus de limites fixes. Sur chacun de ces démembrements du Journal, on classe les articles des mains-courantes en autant de chefs qu'il y a de comptes au Grand-Livre, c'est-à-dire en concordance avec la subdivision déjà introduite dans la comptabilité. Quelques maisons même n'ont point d'autre journal que les mains-courantes, sur lesquelles les articles sont indiqués et classés sommairement sur une feuille volante, au fur et à mesure des inscriptions, par l'employé même qui tient la main-courante. Lorsqu'il s'agit ensuite de relever ces premières écritures, soit au livre des Comptes courants, soit au Grand-Livre, on collationne et on pointe la feuille de classement avec la main-courante. On recherche la cause des discordances, s'il y en a; on s'assure qu'aucun article n'a été omis, puis on passe écriture.

Les journaux ou mains-courantes sont toujours tenus en deux volumes, afin de rendre le travail plus facile et de permettre à tous les commis de travailler en même temps.

Livre des Comptes courants. — C'est un grand-livre sur lequel chaque ayant-compte a une tête séparée sous laquelle on relève, d'après le journal, soit à son crédit, soit à son débit, chaque article entré ou sorti pour son compte.

Dans plusieurs maisons, le livre des comptes courants, au lieu d'être réglé par débit et crédit séparés, selon la méthode ordinaire, n'a que deux colonnes à gauche, l'une de dates pour les articles du crédit et du débit, l'autre pour l'inscription du folio du journal d'après lequel l'article est rapporté, et, à droite, une colonne d'échéances, une colonne indiquant le nombre des jours pendant lesquels l'intérêt a couru, puis deux colonnes de caisse destinées à recevoir les sommes qui expriment l'intérêt produit, soit au crédit, soit au débit[1]. Le compte ainsi tenu présente cet avantage, qu'à tout instant il offre à l'œil et à l'esprit un résultat net, clair et qui permet d'arrêter et de régler à volonté et sur-le-champ. — Dans les comptes courants sans intérêt réciproque, les trois premières colonnes à droite suffisent : elles présentent la balance des capitaux.

La plupart des banquiers relèvent la balance quotidienne de chaque compte courant sur un carnet que l'on appelle « Livre de situation. » La balance générale des comptes généraux se trouve au Grand-Livre.

Là, comme dans le commerce de marchandises, tout vient se résumer en totaux. Mais à la différence du Grand-Livre de commerce, il est utile que celui du banquier soit tenu par jour et au courant. En général, chaque livre auxiliaire a un compte ouvert au Grand-Livre, et comme chacun de ces livres ne fournit qu'une somme par jour, un total, les écritures du Grand-Livre ne sont jamais excessives.

Il y a des banquiers qui n'ont point de Grand-Livre et qui se contentent d'un livre de soldes qui leur présente jour par jour le mouvement de chacun des comptes généraux ou personnels qu'il leur plaît d'y inscrire; il y en a qui n'ont pas de journal proprement dit ou qui n'y portent le relevé des mains courantes que par totaux et par jour, comme au Grand-Livre, et qui, au moyen de signes de repère, relèvent directement, comme nous l'avons déjà dit, sur les mains-courantes le livre des comptes courants : il y en a, surtout en Angleterre, qui ont supprimé le livre des numéros. En outre, chaque chef de comptabilité a sa méthode et ses arrangements particuliers, comme chaque comptable a sa manière de calculer, de telle sorte qu'en dehors des principes fondamentaux de la comptabilité[2], il est impossible d'indiquer une règle générale.

Toutefois on peut dire que si le luxe de comptabilité est dis-

[1] Voir aussi les modèles ci-après, liv. IV, chap. III.

[2] Voir pour l'exposé de ces principes mon *Traité des entreprises industrielles, commerciales et agricoles*, liv. II, chap. VI.

pendieux, s'il a ses inconvénients, les lacunes en ont de bien plus grands et de bien plus coûteux encore. L'absence du Grand-Livre, par exemple, qui est le contrôle général de la comptabilité, ne permet point au banquier de suivre le mouvement d'ensemble de ses opérations et de chaque subdivision de ses affaires en particulier. Dans plusieurs maisons bien tenues, le Grand-Livre est relevé chaque semaine sur un carnet que l'on appelle Livre de soldes ou Semainier général, réglé sur quatre colonnes de caisse à droite, débit, crédit, soldes débiteurs et soldes créditeurs.

Au fond, la comptabilité du banquier diffère fort peu ou même ne diffère point de la comptabilité commerciale ordinaire. Son compte de capital, ses inventaires semestriels ou annuels ne diffèrent point non plus de ceux du commerce, et ils sont faciles, parce que l'inventaire des livres et de la caisse est fait, en quelque sorte, chaque jour; il n'est besoin de faire qu'un inventaire des portefeuilles et de solder les comptes. Il est vrai que dans les maisons importantes la vérification matérielle des portefeuilles est une grosse affaire. Quant aux écritures d'inventaires, elles ne présentent aucun caractère particulier.

Les banques par actions ont une comptabilité semblable à celle qui existe dans toutes les grandes sociétés dans lesquelles des livres spéciaux, tenus au besoin par des employés particuliers, constatent les versements, les transferts, les distributions de dividendes.

Les banques de circulation ont un livre spécial pour l'enregistrement des billets qu'elles émettent; il indique la date de l'émission, le numéro du billet inscrit à la souche et la somme La caisse est débitée par ce livre du montant des billets émis, et créditée de ceux qui rentrent et sont destinés à la destruction. Ceux-ci viennent au débit du compte « billets » dont la balance indique exactement le montant de la circulation. Ce livre spécial n'est qu'une subdivision du compte Effets à payer, et il est soumis aux mêmes règles que ce compte.

Les comptes de correspondants étrangers doivent contenir une double colonne de caisse, parce que les opérations qui y sont constatées sont presque toujours exprimées en deux sortes de monnaie. Si l'on remet, par exemple, des florins à Amsterdam, la remise est inscrite en florins dans une colonne de caisse intérieure, changée en francs au cours du jour ou au taux convenu, et ressortie à la colonne des francs et centimes. De même, si le correspondant envoie une remise en francs et centimes, elle est inscrite à la colonne à ce destinée et aussi en florins, au change courant ou convenu. Les différences, s'il y en a, se passent par profits et pertes, et les francs et les centimes seuls figurent à la comptabilité générale.

Nous avons supposé que les vérifications étaient quotidiennes et les écritures constamment à jour dans une banque. C'est qu'en effet les choses ne peuvent guère se passer autrement sans dommages sérieux. Quelques maisons placées dans des localités isolées, et dont les opérations sont rares et lentes, peuvent seules se soustraire à la nécessité de tenir à jour leurs écritures ; encore, pour ces maisons mêmes, la négligence a des inconvénients graves, et plus d'une fois elle a été chèrement expiée. Dans une maison vigilante, chaque matin, tous les articles inscrits la veille au journal sont collationnés par le chef de comptabilité ou sous sa direction avec les divers livres auxquels ils se rapportent ; le chef de comptabilité vérifie aussi l'inventaire de caisse, etc.

La journée commence par le dépouillement de la correspondance qui apporte des billets de banque, des remises, des avis : il faut que tous ces articles soient passés avant l'heure où le public fréquente les bureaux. Puis vient le public dont les communications remplissent la main-courante de caisse, le livre d'entrée, d'effets à recevoir, etc. Le soir, lorsque les bureaux sont fermés, il faut classer et résumer au journal, pointer et vérifier les mains-courantes. Le travail de la comptabilité est rude en banque ; il absorbe forcément toute la journée.

La manière d'établir des relations avec le public peut abréger beaucoup le travail de la comptabilité ou, tout au moins, l'accélérer et le simplifier. Autrefois, par exemple, et cet usage dure encore dans quelques départements, on portait au livre des comptes courants les remises des correspondants du dehors et ayants-compte en général, effet par effet, et on n'établissait les intérêts et les changes qu'au moment de relever les comptes. De là un travail extraordinaire et considérable à certaines époques de l'année et des chances d'erreurs nombreuses. On obvie aujourd'hui à ces inconvénients en faisant le travail presque jour par jour, et en le communiquant à mesure à l'intéressé.

Un bordereau est présenté. Aussitôt le comptable examine les effets qui le composent, constate qu'ils sont en forme et acceptables, et fait le décompte des intérêts, commission et change. Puis, selon les conventions, on crédite l'ayant-compte du montant du bordereau et on le débite de l'agio, ou bien on le crédite du net produit seulement, comme s'il avait versé la somme en espèces. Le compte des négociations, écrit sommairement sur le bordereau même, lequel est établi sur une feuille fournie et réglée à l'avance par le banquier, est transmis à l'ayant-compte qui peut le vérifier. Au livre des comptes courants, le comptable de la banque n'a plus que le net à inscrire.

La Banque de France, le Comptoir national et quelques maisons importantes donnent un livret à leurs ayants-compte. Mais il semble que les commerçants, soit négligence ou esprit de routine, répugnent à s'en servir et préfèrent des feuilles volantes. Il y aurait cependant avantage pour le négociant à avoir toujours sous sa main un état détaillé de son compte courant en capital. Quant aux intérêts, ils sont calculés bien plus facilement et plus vite, lorsqu'on débarrasse le compte du détail des remises et que tous les effets sont passés valeur au jour de la négociation. Cette manière de compter appliquée aux comptes de banquier à banquier abrége très-utilement les longues écritures des comptes courants.

Dans les villes où la Banque de France n'a pas de succursale, il faut encore tenir une petite comptabilité des recouvrements sur place. Il est vrai que cette comptabilité établie seulement sur des livrets, ne rentre pas dans les écritures générales. A Paris et dans les villes où la Banque de France a des succursales, les banquiers préfèrent avec raison avoir la majeure partie de leur caisse en compte courant à la Banque et charger cet établissement de tous leurs encaissements : la Banque fait ce service gratis. En ce cas, les effets à recouvrer ou, comme on les appelle, les effets au comptant, sont remis à la Banque quelques jours avant l'échéance, inscrits, valeur au lendemain de l'échéance, au crédit du compte courant, par caisse. Le montant des effets impayés doit être remboursé à la Banque, bien qu'elle ne l'ait pas avancé, parce que le compte courant du banquier en a été crédité chez elle.

Les effets remis en recouvrement par des particuliers sans compte ouvert au préalable, forment une branche peu importante et considérée en quelque sorte comme fortuite dans les affaires du banquier. Ils sont l'objet d'un livret auxiliaire où est inscrit le nom du déposant : les écritures de ce livre indiquent le numéro de l'effet, le montant de la somme y exprimée et l'époque où, en raison de l'échéance, le payement doit être effectué. On demande au déposant inconnu la consignation préalable du montant des frais éventuels du protêt, et on a soin, en adressant l'effet au correspondant qui doit le recouvrer, d'y joindre une note pour lui demander avis de recouvrement : il sait que l'effet doit être retourné aussitôt, s'il n'est acquitté; et s'il est acquitté, que le banquier cédant doit en être avisé sur-le-champ.

La comptabilité de la banque du commerce est plus difficile et plus compliquée que celle de la haute banque. Dans les maisons qui ont pour affaire principale les achats de titres, rentes, actions, obligations, etc., l'établissement de la comptabilité est très-simple, et on peut, à la rigueur, lui appliquer sans modification d'aucune sorte celle du commerce, car un titre de rente ou d'action n'est pas autre chose qu'une véritable marchandise.

Si le lecteur éprouvait le besoin d'obtenir des renseignements plus spéciaux et plus détaillés sur l'organisation de la comptabilité d'une maison d'importance moyenne, il les trouverait sans peine dans quelques opuscules courts et substantiels, publiés par M. H., ancien gérant de la maison de banque H. et Ce, de Nancy. Ces opuscules contiennent les principes généraux et le détail de la comptabilité de cette maison, dans laquelle quinze employés suffisaient à suivre un mouvement d'affaires où les détails abondent. Le trait le plus original de cette comptabilité est l'introduction d'un Journal-Grand-Livre, dans lequel les articles viennent se classer à la fois par ordre de temps et par ordre de matières. Ce livre, plus large que les Grands-Livres ordinaires, est réglé sur la moitié de la page de gauche comme un journal ordinaire, et en effet, toutes les opérations sont inscrites à la colonne de l'extrémité de cette demi-page, dont l'addition donne le total des affaires faites. La seconde moitié de la première page et la seconde sont réglées par dix doubles colonnes verticales, sur lesquelles on inscrit, tant au débit qu'au crédit, chaque article sous un des chefs suivants: 1° Comptes courants; 2° Caisse; 3° Portefeuille; 4° Bons de caisse[1]; 5° Mandats; 6° Débiteurs et Créanciers divers; 7° Agios; 8° Frais généraux; 9° Comptes de fonds; 10° Éventualités. A la fin de la page, la somme qui ressort de l'addition des crédits et de celle des débits des dix comptes, doit être égale à celle qui ressort de l'addition de la première colonne. On a ainsi, à la fin de chaque page, un premier contrôle, exactement comme dans les livres de caisse anglais dont nous avons indiqué la réglure et comme dans les livres de soldes bien établis. Les articles Comptes courants et Frais généraux se subdivisent ensuite sur un livre, que M. H. appelle le « petit Grand-Livre. »

L'emploi du Journal-Grand-Livre convient à merveille dans les petites maisons et dans les moyennes, dans toutes celles en un mot dont un seul employé peut tenir le journal. Dans les maisons où le journal se subdivise, il suffit d'additionner chaque jour le résultat des opérations sur chaque journal spécial, pour avoir le même contrôle partiel et provisoire que par l'emploi du Journal-Grand-Livre.

On peut trouver aussi dans les opuscules de M. H. d'excellents préceptes sur le règlement de la journée, la distribution du travail entre les employés et sur les détails de l'inventaire d'une maison de banque[2].

Nous ajoutons en terminant ce chapitre un exposé complet

[1] La maison H. et Ce émettait des bons de caisse payables à 45 et à 15 jours de vue, portant intérêt à des conditions déterminées; elle donnait un emploi productif aux fonds que ces émissions lui procuraient par des opérations de première classe.

[2] Voir à l'appendice n° 7 un long extrait de ces opuscules.

et détaillé de l'organisation d'une grande maison de banque destinée à faire des opérations de toute sorte, telle que cette organisation a été établie sur la place de Paris par un homme expérimenté, d'une capacité éprouvée et reconnue. Cet exposé d'une organisation, que chacun peut réduire et modifier à son gré, présente une collection de renseignements utiles pour les praticiens.

Bureau de la correspondance et secrétariat. — Un chef, employés, chargés :

1° De la correspondance relative aux propositions diverses, pour opérations et ouvertures de comptes de toutes natures, de faire connaître et de débattre, sur les indications du gérant, les conditions de la maison, la nature et l'importance des crédits et avances, soit sur garanties mobilières, soit sur garanties immobilières, et sur effets présentés à l'escompte : le tout sur les renseignements et tarifs fournis par le bureau des renseignements, celui du contentieux, le chef du portefeuille et celui de l'escompte ; 2° de la correspondance avec les actionnaires et de celle à laquelle donnera lieu la suite des opérations, des relations, des comptes et de leur développement ; 3° de la tenue et du classement des lettres copiées par la presse mécanique ; 4° du classement des lettres reçues et répondues ; 5° de la tenue du livre des adresses de tous les clients et correspondants de Paris, des départements et de l'étranger ; 6° de l'expédition de toutes lettres circulaires.

Nota. Le chef de correspondance sera appelé à l'ouverture des lettres reçues chaque jour et prendra note sur un cahier à ce destiné des noms des signataires desdites lettres. Il les numérotera, afin d'être ainsi informé du nombre des lettres qui doivent lui être remises par le chef de comptabilité et de réclamer celles qui viendraient à manquer.

Bureau des renseignements. — Un chef du bureau des renseignements et employés. — Ce chef sera chargé :

1° De la correspondance confidentielle à l'effet d'obtenir des renseignements exacts, quant à l'importance du crédit à accorder ; 2° d'inscrire, d'abord sur des fiches-cartons à ce destinées, ensuite sur les livres ou registres des renseignements, qui seront divisés en *AK* et *LZ*, les renseignements obtenus pour être consultés par la gérance, et afin qu'il soit toujours à même de donner, sur le crédit et la valeur de toutes les signatures dont seraient revêtus les effets présentés, tous les renseignements nécessaires ; 3° de classer et de conserver dans des cartons fermés la correspondance et les documents relatifs auxdits renseignements.

Bureau du contentieux. — Un chef du bureau du contentieux et employés. — Le chef du bureau du contentieux sera chargé :

1° De l'examen des demandes d'avances sur garanties mobilières et, après vérification des mémoires réglés, des créances liquides et de toutes autres valeurs données en nantissement, des droits et marchés, et enfin de la valeur des matériaux et marchandises en consignation, de la rédaction des actes relatifs à cette nature d'avances ; de faire classer dans des cartons spéciaux aux avances sur garanties mobilières toutes les pièces, titres, actes et documents concernant cette catégorie des opérations de la maison; 2° de l'examen des demandes d'avances sur garanties immobilières, de la rédaction des actes relatifs à cette nature d'avances, après les vérifications nécessaires, quant à la régularité et à la valeur des hypothèques, de faire classer dans des cartons spéciaux aux avances sur garanties immobilières toutes les pièces, titres, actes et documents concernant lesdites avances; 3° de l'enregistrement sur un registre spécial et de la conservation des oppositions ès-mains de la caisse, des significations de transports et autres actes extrajudiciaires sur lesquels il peut y avoir ouverture à litige; 4° de l'examen des actes de mutation, en cas de décès, faillites ou autres cas extraordinaires; 5° quand naîtra le contentieux pour effets échus protestés et en souffrance, de faire tenir au bureau un livre d'entrée desdits effets en souffrance, avec des colonnes indiquant le mode suivi pour le recouvrement desdits effets; 6° de faire classer dans des cartons tous les actes extrajudiciaires donnant lieu à des diligences pour la conservation des droits de la maison; 7° de suivre, régler et arrêter les comptes avec le notaire, l'huissier, les agréés et les avoués; 8° de la correspondance relative aux affaires litigieuses; 9° de la surveillance des faillites ou arrangements amiables, d'assister aux assemblées, de faire toute production de titres, etc..., 10° de la conservation et du classement dans des cartons spéciaux de tous titres et pièces ou renseignements, soit qu'ils se rapportent à des payements contentieux faits par la maison, soit qu'ils établissent pour ou contre elle des droits quelconques ou qu'ils aient terminé une difficulté.

Caisse. — Un caissier, un sous-caissier ou employé, un garçon de caisse. — Le caissier et l'employé de la caisse, chargés :

1° D'inscrire les sommes à recevoir et à payer aux livres d'échéances, recettes et dépenses, d'après le livre d'entrée des effets à recevoir pour les recettes, et d'après les bordereaux de nets produits pour les effets escomptés quant aux dépenses, et sur tous les autres documents qui devront être fournis au caissier par le bureau de la comptabilité, tant pour les recettes que pour les payements; 2° de recevoir et d'inscrire les effets et traites à accepter par la maison et de les transmettre au chef de comptabilité pour préparer les acceptations à signer; 3° de prendre note des *premières* à envoyer à l'acceptation à Paris, après les avoir fait timbrer, et de veiller à leur retrait; 4° de relever à la fin de chaque journée, d'après le livre d'échéances des dépenses, le montant des payements à effectuer le lendemain, ledit relevé à fournir au chef de comptabilité pour être retourné au caissier après avoir été soumis au visa du gérant; 5° de relever en même temps, d'après le livre d'échéances des recettes, le montant des effets à encaisser le lendemain, ou le montant de toute autre nature d'encaissement à effectuer; 6° de tenir le livre de caisse en partie simple, c'est-à-dire par recettes et dépenses; 7° de préparer et faire signer par tous les clients effectuant un versement à la caisse, un bordereau conformément à l'imprimé qui sera disposé à cet effet; 8° de remplir le reçu à délivrer au client ayant fait le versement et le faire signer par le gérant; 9° de retirer reçu de tout payement effectué, soit pour payement de net produit de bordereau de l'escompte, soit pour toute autre cause, après visa du gérant, 10° de tenir au courant le carnet avec la Banque de France; c'est-à-dire d'inscrire au crédit de la Banque le montant des mandats, signés du gérant, tirés sur elle, et d'avoir soin de faire inscrire sur ledit carnet, par la Banque, soit le montant des versements espèces qui seraient faits à la Banque, soit le montant des effets remis au comptant, soit le net produit des effets remis à l'escompte; 11° de noter chaque jour sur un livre *ad hoc* le montant des ports de lettres et des timbres; 12° de fournir chaque jour sur les 4 heures 1/2, au chef de comptabilité, le relevé de toutes les recettes et dépenses de la journée, accompagné des bordereaux de versements ou recettes, et de toutes les pièces justificatives des dépenses; avec indication du solde en caisse; 13° de remettre chaque jour, sur les 4 heures 1/2 au plus tard, à la gérance, la composition du solde en caisse, conformément à l'état de situation imprimé qui sera remis à cet effet au caissier.

Nota. — Il devra toujours y avoir à la caisse du papier timbré pour billets ou traites de 500 jusqu'à 10,000 fr., pour les billets à faire souscrire par ceux auxquels seront faites des avances sur garanties mobilières et immobilières. Le caissier indiquera, sur un carnet *ad hoc*, les timbres dont il aura fait remise et le motif.

Il fera en outre timbrer de 1,000 à 10,000 fr. du papier avec vignette spéciale pour la maison destiné à recevoir les dispositions que celle-ci pourra faire, par suite de ses crédits, avances ou relations avec des clients ou des correspondants dans les départements.

Bureau du portefeuille. — Un chef du bureau du portefeuille, chargé :

De tenir un cahier indiquant, en résumé, l'entrée de chaque jour, en nombre d'effets et sommes, soit provenant de l'escompte, soit des remises apportées par le courrier, avec indication résumée des effets sortis chaque jour, soit remis à la caisse, soit négociés à la Banque et à divers, de manière que le solde des effets en portefeuille soit ainsi constaté chaque jour.

Afin que le chef du portefeuille puisse savoir l'importance des effets entrés chaque jour et qui doivent lui être remis par le chef de l'entrée, en ce qui concerne les effets escomptés, aussitôt leur admission par le conseil d'escompte, le chef de l'escompte lui transmettra le nombre et le montant des effets escomptés, 1° sur Paris, 2° sur les départements.

Quant aux effets reçus par la correspondance, les lettres, après avoir été ouvertes par le gérant, lui seront remises, pour qu'il note les effets contenus dans chaque lettre dont la rentrée dans le portefeuille devra être faite dans la journée.

Il sera chargé de retirer les traites adressées à la maison seulement pour en obtenir l'acceptation, et après les avoir inscrites sur un cahier *ad hoc*, de les remettre au caissier pour suivre le nécessaire.

Lorsque la traite sera en règle, ce dernier la retournera au chef du portefeuille qui la remettra à la correspondance avec l'indication du correspondant auquel elle devra être adressée.

Le chef du portefeuille devra classer les effets dans des boîtes en ferblanc, par catégorie et par échéance. Il devra avoir : 1° une boîte pour les effets sur Paris susceptibles d'être remis à l'escompte à la Banque ; 2° une pour les effets n'étant revêtus que d'une seule signature à l'ordre direct de la maison, susceptibles d'être négociés à des banquiers, ou d'être directement encaissés par elle ; 3° une boîte pour les effets payables dans les départements.

Le chef du portefeuille est chargé de donner à la comptabilité : 1° les effets destinés à être remis à l'escompte à la Banque de France, pour en faire la sortie et le décompte ; 2° ceux destinés à être négociés à des banquiers pour en faire également la sortie et le décompte : 3° pour en faire la sortie au moins trois jours avant l'échéance, les effets dont le caissier sera chargé de faire faire l'encaissement, soit en les remettant au comptant à la Banque, soit en les faisant encaisser par le garçon de caisse. Un bordereau desdits effets, dressé à la comptabilité, bureau de la sortie, indiquant le nombre, l'échéance et le montant desdits effets est remis au caissier.

Le chef du portefeuille doit visiter chaque matin la boîte des effets sur les départements, pour les faire sortir toujours dix jours au moins avant l'échéance avec indication du correspondant à débiter.

L'inventaire détaillé du portefeuille devra être fait tous les trois mois : l'exactitude de cet inventaire sera contrôlée par le relevé détaillé, d'après le livre d'entrée, des effets non sortis à la date où il se fera.

Pour ne pas arrêter le travail courant, les employés de l'entrée et de la sortie feront leurs relevés le samedi soir, et le dimanche les additions des relevés faits sur les livres d'entrée et ceux sur les effets du portefeuille.

Le compte effets à recevoir au Grand-Livre est arrêté à la même époque et doit présenter un solde conforme, en nombre d'effets et en somme, au total du relevé du portefeuille.

Bureau de la comptabilité générale. — Un chef de la comptabilité chargé :

De la direction et de la surveillance des bureaux ci-après et de tenir notamment le journal de Correspondance, comprenant toutes les premières écritures en partie double, autre que les journaux de caisses et les journaux d'entrée et de sortie des effets.

Bureau de l'escompte. — Un chef de l'escompte et un employé sous sa direction.

Il sera chargé de recevoir les effets accompagnés du bordereau qui seront présentés à l'escompte. — Il préparera la feuille de présentation de chaque jour accompagnée des effets, pour le conseil d'escompte. — Il assistera au conseil d'escompte pour placer la fiche d'admission paraphée par le gérant, sur les effets de chaque déposant qui seront admis à l'escompte. — Il apposera une fiche sur les effets rejetés du bordereau présenté, sans qu'il soit besoin en les rendant au client de faire connaître les motifs de non-admission. — Il fera le bordereau et le décompte des effets admis conformément aux tarifs et conditions. Les calculs seront faits à la fois et par lui et par l'employé sous sa direction.

La feuille d'escompte de chaque journée sera faite en double ; l'une indiquant le nombre des effets remis par chaque client, le montant brut, l'agio, soit l'intérêt, la commission et le change pour les effets sur les départements, enfin le net produit à payer, pour être, après le visa du gérant, remis à la caisse, pour que le caissier note sur son livre d'échéances-dépenses les sommes nettes à payer à chaque présentation ; l'autre pour noter les nets produits sur les livres d'entrée, et servir à la rédaction du journal d'entrée.

Chaque bordereau d'escompte est fait en double ; l'un pour être remis au client, l'autre pour être classé dans un carton à cet effet. — La feuille d'escompte de chaque journée, destinée à la comptabilité, doit être également classée dans un carton spécial.

Les deux employés de l'escompte sont chargés de faire le calcul des intérêts des effets remis par la maison, soit à la Banque de France, soit aux banquiers; l'un sur le livre de sortie négociations, l'autre sur les bordereaux fournis par la Banque et sur ceux qui seront préparés pour la négociation aux banquiers. Ils sont en outre chargés de la tenue des comptes courants, l'un des livres de A à K, l'autre des livres de L à Z.

Formalités relatives à la feuille de présentation des effets. — Dès que les effets sont déposés à la comptabilité, bureau de l'escompte, ils doivent être remis au bureau des renseignements, qui remplit un tableau ou bordereau desdits effets, dont le modèle sera fourni par le chef de comptabilité, indiquant le nom du présentateur, son crédit par des chiffres de convention, le nom du souscripteur ou du tiré accepteur, celui du bénéficiaire et l'échéance. Cette première partie du bordereau remplie,

…au des renseignements remet les effets aux employés de l'escompte, …reau au chef de comptabilité qui fait remplir par l'employé chargé du …isque, la deuxième partie, celle indiquant l'importance des effets à échoir …nt les mêmes signatures que celles présentées à l'escompte. Cet état ainsi com…té est rendu au chef des renseignements qui le présente au gérant. Il retire cet état pour le classer dans un carton *ad hoc*. — La feuille de présentation est en outre accompagnée de la situation, d'après le livre de risques tenu à la comptabilité, de chacun de ceux qui déposent des effets à l'escompte, indiquant mois par mois le montant des effets déjà escomptés restant à échoir au jour de la présentation.

Effets sur l'étranger présentés à la négociation. — Nul doute que, soit par suite des relations avec les correspondants de province, soit par présentation à l'escompte, la maison se trouvera appelée à recevoir et à faire la négociation des effets sur l'étranger. Dans ce cas les bordereaux et les calculs seront faits par le chef de comptabilité et le chef de l'escompte : ils seront chiffrés conformément à la cote de la Bourse, sous la déduction de la commission convenue ou indiquée dans les tarifs. A cet effet ladite cote devra être remise chaque jour au chef de comptabilité. Ce dernier, lorsque commencera cette nature de négociations, fera disposer un livre d'entrée et de sortie des effets sur l'étranger qui sera tenu à la comptabilité.

Les effets sur l'étranger se tirant ordinairement par *première* et *seconde*, souvent par *troisième* et quelquefois par *quatrième*, le chef de l'escompte sera tenu d'inscrire et de conserver dans un carton les *deuxièmes*, *troisièmes* et *quatrièmes* remises avec les *premières* par les correspondants et autres, pour être négociées pour leur compte, afin de les fournir au besoin aux termes des avals. Il devra en outre inscrire et conserver les *premières* acceptées remises par les correspondants pour être tenues à la disposition des *secondes* et des *troisièmes*, et faire noter au débit de qui de droit les frais de ports de lettres et timbres auxquels ces remises pourraient donner lieu.

Comptes de retour. — Dès que seront établies les relations avec des correspondants de province et de l'étranger, et qu'aura lieu la négociation d'effets sur l'étranger, les traites non payées et protestées pourront donner lieu à des comptes de retour. Dans ce cas, le chef de l'escompte établira lesdits comptes de retour, à faire signer par l'agent de change, sur un imprimé timbré, disposé à cet effet.

Bureau des billets transférables, dépendant de la caisse. — Un sous-chef et employés, chargés :

1° D'enregistrer, sur un livre à ce destiné, toutes les décisions relatives à la création, à l'émission et à l'annulation des billets transférables ; 2° de constater l'entrée en caisse, par ordre de dates, de numéros et d'échéances, desdits billets ; de constater également la sortie de la caisse, soit l'émission ou la mise en circulation ; 3° de constater, sur un registre spécial, la rentrée desdits billets, soit ceux remboursés ; 4° d'enregistrer ceux retirés définitivement de la circulation et à cet effet annulés en vertu de délibération ; 5° enfin de suivre et surveiller, suivant les indications et instructions des gérants, toutes les opérations concernant lesdits billets ; de tenir tous registres, à souches ou autres, devant servir de contrôle, et permettant d'empêcher ou de reconnaître toute contrefaçon et toute fraude.

Bureau des consignations et marchandises. — Un chef et employés, chargés :

1° D'examiner et analyser, pour les soumettre aux gérants, les demandes adressées pour obtenir des avances sur consignations ; 2° de faire expertiser les marchandises offertes à la consignation, et de prendre, en raison de l'évaluation, l'autorisation du gérant, sur la somme à avancer; 3° de s'entendre avec le chef du bureau du contentieux pour la rédaction de l'acte de nantissement; 4° de tenir les livres d'entrée et de sortie des marchandises consignées et autres livres de détail nécessités par lesdites opérations; 5° de veiller à l'entretien et à la conservation des marchandises, et, s'il y a lieu, aux assurances; 6° de s'occuper, le cas échéant, de leur vente et livraison, et de dresser les factures; d'en régler le montant avec les consignations, sous la déduction des frais et commissions; 7° d'inscrire sur un registre à ce destiné lesdits factures et règlements; 8° d'examiner les demandes d'avances sur connaissements, de s'entendre avec le chef du bureau du contentieux, sur tout ce qu'il convient de rechercher, de constater et de connaître, pour la sécurité, la régularité et la validité de l'opération; de faire toute correspondance à cet égard; 9° de s'occuper, sur l'autorisation des gérants, de l'exécution des ordres d'achat et de vente par commission de toutes marchandises; de tenir, pour les opérations, des registres séparés de ceux concernant les consignations; 10° de recueillir et classer les cotes concernant le cours des denrées coloniales et autres marchandises.

Bureau des rentes et actions. — Un chef et employés, chargés :

1° De la tenue du livre d'inscription des actions de la maison; 2° d'inscrire et faire régulariser le transfert desdites actions; 3° d'établir des décomptes et états d'émargement pour les intérêts des actions à acquitter tous les six mois aux actionnaires; 4° d'inscrire les ordres de vente et d'achats de rentes, actions et autres effets publics, donnés par les correspondants, et d'en remettre la note au gérant, qui les fera exécuter par l'agent de change; 5° de tenir l'entrée et la sortie de toutes les rentes, actions et valeurs, appartenant à la maison ou déposées par les actionnaires et correspondants; 6° de préparer les bordereaux et quittances, pour la perception des semestres de rentes et valeurs diverses appartenant, soit à la maison, soit aux clients et correspondants; 7° de faire délivrer, lorsqu'il y aura lieu, par le notaire de la maison et de recevoir les procurations pour vendre et acheter des effets publics; 8° de recevoir et classer, dans un portefeuille à ce destiné, les inscriptions de rentes confiées à la maison, pour en recevoir les semestres; de préparer les extraits desdites inscriptions à signer par le gérant, tenant lieu de récépissé; de retirer tout reçu desdits extraits; 9° de tenir les registres des opérations de bourse, soit pour les affaires au comptant, soit pour celles à terme, exécutées pour compte des correspondants; 10° de fournir à la correspondance la note de toutes les opérations et ordres à exécuter, pour en donner avis aux correspondants; 11° de recevoir et vérifier les comptes des agents de change, avant de les transmettre au bureau de la comptabilité générale, pour en passer écriture; 12° de recevoir des procurations, brevets et titres pour traitements et pensions, soit à recouvrer au crédit de divers, soit remis en garantie d'avances faites; de veiller à l'exécution des formalites pour toucher au Trésor ou autres caisses.

LIVRES PRINCIPAUX. *Livres journaux.* — Pour les motifs déjà donnés tous les livres journaux sont divisés en pairs et impairs.

Pour rendre plus faciles et plus certains les reports aux grands-livres, ils sont subdivisés en journaux d'entrée et de sortie, pour la caisse et les effets à recevoir. Il y aura :

1° Un journal dit de correspondance, pair et impair, comprenant toutes les écritures autres que celles de caisse et d'effets à recevoir. Ce journal principal sera tenu par le chef de la comptabilité. — 2° Un journal de caisse, recettes, pair et impair.— 3° Un journal de caisse, dépenses, pair et impair. Ces deux derniers journaux seront tenus par l'un des employés de l'escompte. — 4° Un journal effets à recevoir entrée, pair et impair. — 5° Un journal d'effets à recevoir sortie, pair et impair. Ces deux journaux seront tenus par le chef de l'escompte. Ce dernier et l'employé sous sa direction pourront, tant que les opérations de la maison n'auront pas encore pris les développements qu'elles doivent promptement avoir, tenir les quatre livres journaux ci-dessus; mais il est probable que la nécessité d'un employé spécial pour les rédiger ne tardera pas à se faire sentir.

Livres des comptes courants. — Il y aura des comptes ouverts aux grands livres *A K* et *L Z*, intitulés : *M. N....., son compte d'escompte*, pour tous ceux qui présenteront des effets à l'escompte, dont le net produit sera porté à leur crédit pour être tenu à leur disposition. Cette catégorie ne figurera pas sur les livres des comptes courants, on n'y inscrira que les crédits spéciaux et les relations de banque et les dispositions respectives du correspondant qui est dehors.

Les livres de comptes courants seront divisés en quatre : deux pour les noms de la lettre *A* à *K*, et deux pour ceux de la lettre *L* à *Z*. Les deux premiers de *A* à *K* seront tenus par le chef de l'escompte, qui devra les arrêter tous les trois mois en intérêts, commissions et changes.— Les deux derniers livres de *L* à *Z* seront tenus par l'employé sous sa direction, qui devra également les arrêter tous les trois mois.

GRANDS-LIVRES. — Il y aura un employé chargé des reports aux grands-livres divisés en quatre et d'établir les balances semestrielles.

I. *Grand-livre des comptes généraux.* — Le grand-livre des comptes généraux contiendra notamment les comptes ci-après, savoir :

Actif. — 1° Le compte capital ; 2° le compte de caisse ; 3° le compte de Banque de France; 4° le compte d'effets à recevoir ; 5° le compte d'effets sur l'étranger ; enfin tous les comptes de rentes, d'actions diverses et de valeurs qui feraient momentanément partie de l'actif, soit comme placement, soit comme provenant de nantissements; 6° le compte de frais de premier établissement. Ce compte doit être crédité d'un amortissement annuel. Ce livre contiendra en outre les comptes transitoires de celui de profits et pertes qui doivent être transportés au débit de ce dernier compte à chaque balance semestrielle tels que: 7° frais de commerce; 8° appointements; 9° compte de courtages.

Passif. — 10° Compte d'effets à payer; 11° fonds capital réalisable; 12° capital de garantie et de réserve; 13° intérêts et commissions. Ce dernier compte à transporter au crédit de profits et pertes lors de la balance semestrielle; 14° compte de profits et pertes; 15° compte de réserve, etc...

II et III. *Deux grands-livres* de *A* à *K* et de *L* à *Z*. Ces deux grands-livres sont destinés aux reports des articles relatifs aux comptes d'escomptes et aux comptes courants.

IV. *Un grand-livre divers.* — Ce grand-livre est destiné aux reports des articles concernant des effets escomptés, et aux reports de toute opération accidentelle immédiatement soldée.

LIVRES AUXILIAIRES.— Entrée et sortie des effets.— Un chef pour diriger l'entrée et la sortie des effets, et surveiller le pointage et l'inscription sur le livre d'entrée des effets sortis. — Trois employés sous sa direction.

Entrée. Dès que le chef de l'escompte aura terminé le calcul des bordereaux présentés à l'escompte, il apposera sur les effets remis par chaque client une fiche préparée à cet effet indiquant le nombre d'effets, le remettant à créditer et le montant brut des effets qu'il remettra au chef de l'entrée.

Ce dernier devra vérifier et coter lesdits effets, c'est-à-dire s'assurer si la somme en toutes lettres est conforme à la somme en chiffres, et dans ce cas la poser à l'encre rouge, ainsi que l'échéance. Quand les effets sont payables en province, il doit répéter en encre rouge et en tête la ville et le département. Il doit remplir, s'ils étaient restés en blanc, les endos qui précéderaient la signature du remettant : il doit également, après qu'il a vérifié que la dernière signature est celle indiquée sur la fiche à créditer, remplir au moyen de la griffe l'endos au nom de la maison.

Ces examens et vérifications étant terminés, il doit classer les fiches accompagnées des effets par lettres alphabétiques, quant aux noms, de *A* à *K* et de *L* à *Z*. Si l'entrée se fait un jour pair, il se reporte au livre pair, série *A*, pour savoir le numéro à placer sur les effets, de *A* à *K*; il appose sur chaque effet la griffe destinée à recevoir la série et le numéro; ce travail terminé, il donne tous les effets dont les comptes à créditer sont de la lettre *A* à la lettre *K*, à l'employé chargé de l'entrée de la série *A*. — Après avoir opéré de la même manière quant aux effets des comptes à créditer de la lettre *L* à la lettre *Z*, il les remet à l'employé chargé de l'entrée de la série *B*.

L'entrée terminée sur les deux livres, il retire les effets de la journée et, après avoir vérifié qu'il a un nombre égal à celui porté sur la feuille de l'escompte, il rend lesdits effets au chef du portefeuille.

Le chef de l'entrée et de la sortie doit noter sur les livres d'entrée; dans une colonne réservée à cet effet, le net produit des remises de chaque client, d'après les feuilles fournies par le chef de l'escompte.

Les livres d'entrée sont divisés en pair et impair, afin que, lorsque le jour est impair, les livres du jour pair soient disponibles pour la rédaction du livre-journal d'effets à recevoir et pour le report au livre des comptes courants.

Chaque journée d'entrée a deux séries, l'une de *A* à *K*, l'autre de *L* à *Z*, pour faciliter, d'une part, les reports par les deux employés des comptes courants dont l'un, chargé du report des comptes courants de la lettre *A* à *K*, prend le livre d'entrée de cette série, et l'autre, chargé des reports de la lettre *L* à *Z*, prend à son tour le livre d'entrée de cette dernière série; et, d'autre part, les reports aux grands-livres également divisés en *A K* et *L Z*, attendu que, sur le livre-journal, tous les comptes de la lettre *A* à la lettre *K* sont crédités à la suite les uns des autres et qu'il en est de même pour les comptes de la lettre *L* à la lettre *Z*.

Sortie. — Les livres de sortie des effets à recevoir sont divisés en deux catégories, pour les jours pairs et impairs, soit 4 livres : — 1° négociations à la Banque et à divers; — 2° effets remis à la caisse et aux correspondants.

Avant de remettre aux employés de la sortie les effets négociés à la Banque et à divers, le chef de l'entrée et de la sortie doit vérifier s'ils sont bien par ordre d'échéances, en commençant par la plus courte : c'est ce qu'il aurait soin de faire, s'il ne les recevait pas du portefeuille ainsi classés. Il fera lui-même le bordereau des effets sur l'imprimé fourni par la Banque. Il fera également le bordereau des effets négociés à divers banquiers. — Les livres de négociations à la Banque et à divers, ainsi que les bordereaux d'escompte préparés seront immédiatement remis aux employés de l'escompte, chargés de faire le calcul des intérêts à 3 et à 4 p. %.

Il est essentiel de recommander aux employés de la sortie de biffer le numéro de l'entrée au moment où ils inscrivent la sortie des effets.

Quant aux effets remis à la caisse pour en opérer l'encaissement, le chef de l'entrée et de la sortie fera lui-même le bordereau indiquant le payeur de l'effet, l'échéance et la somme. Ce bordereau contiendra les mêmes détails que ceux qui seront sur le livre de sortie pair ou impair, sauf la série et les numéros qui sont inutiles pour le caissier auquel seront en même temps remis lesdits effets à recevoir.

Pointage de la sortie des effets à recevoir et annotation sur le livre d'entrée.—

Tous les matins le chef de l'entrée et de la sortie doit désigner deux employés sous sa direction pour faire le pointage de la sortie ; c'est-à-dire conformément à la série et aux numéros, se reporter au livre d'entrée pour remplir les colonnes destinées à indiquer la sortie, le folio et la somme. On a adopté un signe pour indiquer sur le livre de sortie que l'effet, sorti par négociation ou autrement, est annoté sur le livre d'entrée. Les mêmes employés prendront, tous les matins, le livre d'échéances-recettes du caissier, pour y noter, quant aux effets sortis, le folio (f°) du livre de sortie. Ils le renverront tout de suite à la caisse.

Livre des risques. — Ce livre des risques, destiné à constater la situation et l'importance des effets à échoir, sera tenu par le chef de l'entrée et de la sortie : cet employé établira, à l'appui de chaque feuille de présentation à l'escompte, d'après le livre des risques, la situation de chacun des présentateurs portés sur ladite feuille, avec indication du montant des effets à échoir par échéance.

Livre des effets à payer. — *Acceptations.* — Ce livre sera tenu par le chef de l'entrée et de la sortie.

LIVRE VI.

Arithmétique des Opérations de banque.

Lorsqu'il s'agit d'appliquer l'arithmétique aux opérations de banque, la théorie perd une grande partie de son importance et cède le pas à la pratique. Ce n'est pas que les principes aient moins d'empire, ni que les banquiers aient une arithmétique particulière ; mais une longue habitude des chiffres et des calculs appliqués aux mêmes opérations donne seule cette promptitude et cette sûreté qui sont indispensables aux praticiens et qu'on a vainement essayé d'enseigner dans les livres.

Pour ne citer qu'un exemple bien simple, comment enseigner théoriquement le moyen d'établir, par une seule opération écrite, avec sa preuve faite, une balance de caisse? Soient en caisse 200,000 fr. On a reçu dans la journée 150,000 fr., et on en a payé 170,000 ; quel est le reste? La théorie établit l'opération ainsi qu'il suit :

	200,000	
	150,000	
	350,000	
A retrancher	170,000	
Reste	180,000	ou $x = 200,000 + 150,000 - 170,000$.

Le praticien sait, par la théorie elle-même, que la différence cherchée, ajoutée au nombre qui exprime les payements effectués dans la journée, est égale à la somme du reste de la veille et de la recette du jour, et il pose ses chiffres de la manière suivante :

Solde de la veille	200,000	170,000	dépense du jour,
Recette du jour	150,000	180,000	reste en caisse.
	350,000	350,000	

Du reste, personne ne s'occupe, même en qualité de petit commis, des opérations de banque, sans connaître les éléments de l'art de compter, et quiconque est engagé dans ces opérations, emploie la plus grande partie de son temps à faire des chiffres. Le banquier, même lorsqu'il n'a pas passé par les emplois inférieurs avant d'être chef de maison, est obligé par métier à consacrer tant de temps à en lire qu'il ne peut manquer d'être habitué à tous les calculs employés dans l'exercice de sa profession.

Je ne viendrai donc point, après tant d'ouvrages spéciaux et bien faits sur la matière, essayer un traité d'arithmétique appliquée à la banque. Mais pour n'omettre rien d'essentiel, j'ai cru devoir exposer dans cet ouvrage la théorie arithmétique des principales opérations usitées en banque, de manière à les rendre intelligibles même aux gens du monde et à rappeler les principes à ceux qui débutent dans la carrière.

CHAPITRE I.

CALCUL DES INTÉRÊTS ET DES ESCOMPTES.

On fait les calculs relatifs aux intérêts, aux escomptes et généralement presque tous ceux employés en banque, par l'application de la théorie des proportions, par des règles de trois. Quiconque se destine à la pratique de la banque doit posséder à fond cette partie de l'arithmétique.

§ 1. — *Intérêt annuel.*

Il s'agit, par exemple, de trouver l'intérêt produit par 2,450 fr. placés à 4 p. °/₀ pendant un an. On obtient cet intérêt au moyen de la proportion suivante :

$$100 : 4 :: 2450 : y$$

de laquelle on déduit la règle de trois :

$$y = \frac{2450 \times 4}{100} = 98$$

Ce qui est vrai pour le taux de 4 p. °/₀ serait vrai pour tout autre taux : donc, en principe :

Pour trouver l'intérêt que produirait en un an une somme quelconque placée à un taux quelconque d'intérêt, il faut *multiplier cette somme par le chiffre qui exprime ce taux et diviser par* 100 ; on a pour quotient le chiffre cherché.

En représentant la somme par C, le taux de l'intérêt par p. °/₀ et l'intérêt cherché par *i*, on exprime cet intérêt par la formule :

$$i = \frac{C \times p.°/_0}{100}$$

On arrive à la même conclusion par un raisonnement plus simple en employant ce qu'on appelle la méthode de réduction à l'unité, quand on travaille sur un système monétaire décimal. En effet dans ce système un centime, par exemple, ou centième est l'intérêt d'un franc pour un an à 1 p. °/₀ et généralement l'intérêt d'un franc pendant un an est d'autant de centimes qu'il y a d'unités dans le chiffre qui exprime le taux de l'intérêt. Ainsi toute somme placée à 6 p. °/₀ rapporte par an autant de fois six centimes qu'elle contient de francs. Or, on obtient ce nombre en multipliant la somme par le chiffre qui exprime le taux de l'intérêt, et, comme le produit se compose de centimes, il suffit de le diviser par cent en séparant deux chiffres à droite pour obtenir l'intérêt cherché.

§ 2. — *Intérêt d'une somme donnée à un taux et pendant un nombre de jours donnés.*

Trouver l'intérêt de 2,450 fr. placés à 4 p. °/₀ pendant 27 jours.

L'annéc se compose de 365 jours : si l'on connaissait l'intérêt que produisent en un an 2,450 fr., intérêt que nous désignerons par *y*, on pourrait établir la proportion suivante :

$$365 : y :: 27 : x$$

Mais s'il fallait d'abord chercher l'intérêt de la somme pendant un an, puis recourir à la règle de trois :

$$x = \frac{27 \times y}{365}$$

le calcul serait trop long. On est parvenu à le simplifier par la combinaison des deux proportions ci-dessus de la manière suivante :

$$100 : 4 :: 2450 : y$$
$$365 : y :: 27 : x$$

En multipliant ces deux proportions terme à terme, on obtient celle-ci :

$$100 \times 365 : 4 \times y :: 2450 \times 27 : y \times x.$$

Si l'on supprime le facteur commun et inconnu y de l'un et de l'autre conséquent de cette proportion, on ne la détruit point, puisque le produit des extrêmes reste égal à celui des moyens, et l'on a la proportion suivante :

$$100 \times 365 : 4 :: 2450 \times 27 : x$$

de laquelle on déduit la règle de trois :

$$x = \frac{4 \times 2450 \times 27}{100 \times 365} = 7 \text{ fr. } 24.$$

Mais ce mode de calculer était encore bien lent. On l'a simplifié par l'application de ce principe que les deux rapports qui composent une proportion étant égaux, on trouve le terme inconnu en divisant le terme connu par le rapport connu en opérant la règle de trois par la division. En effet, dans la proportion :

$$100 \times 365 : 4 :: 2450 \times 27 : x$$

on peut observer que le premier rapport $100 \times 365 : 4$, revient dans tous les calculs qui ont pour base le même taux d'intérêt, soit 4 %, quels que soient la somme et le nombre des jours proposés. On a donc cherché, une fois pour toutes, quel tait ce rapport, soit : $\frac{100 \times 365}{4}$ ou, calcul fait, 9125. En divisant par ce nombre le terme connu du second rapport, 2450 × 27, c'est-à-dire 66150, on doit avoir pour produit l'inconnu x, l'intérêt demandé. L'opération se fait donc ainsi :

```
  2450
    27
 -----
 17150
 4900
 ----------
 66150 | 9125
  22750 |------
   45000   7,24
    8500
```

L'intérêt de 2450 fr. à 4 °/o pendant 27 jours est donc égal à 7 fr. 24 c., plus une fraction qui excède visiblement 1/2 centime. Cet intérêt peut donc être évalué à 7 fr. 25.

En général et quelle que soit la somme dont on cherche l'intérêt, quel que soit le nombre de jours pendant lequel cet intérêt court, quel que soit le taux auquel la somme est placée.

On trouve l'intérêt, pendant un nombre de jours donné, *en multipliant la somme par le nombre des jours et en divisant le produit par le rapport qui existe entre* 36500 *et le nombre qui exprime le taux de l'intérêt*, soit 4, 5, 6, ou plus ou moins p. °/o.

Ces rapports, relevés une fois pour toutes, et gravés dans la mémoire de tous les praticiens, ont pris le nom de *diviseurs fixes*, parce qu'en effet ils ne changent pas et sont employés, toutes les fois qu'il s'agit de faire des calculs sur le même taux d'intérêt.

La multiplication de la somme par le nombre des jours pendant lesquels l'intérêt a couru donne un produit qui représente la somme dont l'intérêt pendant un jour serait égal à celui de la somme proposée pendant le nombre de jours qui a couru. Ainsi, dans l'exemple ci-dessus, l'intérêt pendant un jour, de 66150, qui contient 27 fois 2450, est égal à l'intérêt de 2450 pendant 27 jours. Il s'agit donc toujours, en définitive, de chercher l'intérêt d'une somme donnée et désormais connue ou du moins facile à obtenir, pendant un jour.

Parmi ceux qui s'occupent de calculs d'intérêts, ce produit de la somme par le nombre des jours s'appelle le *nombre* par excellence, parce qu'il est en quelque sorte le point de départ des opérations et qu'on en fait un très-grand usage dans l'établissement des comptes courants.

Dans la pratique, on abrége les calculs employés plus haut, lesquels seraient encore fort longs, 1° en supposant que l'année n'a que 360 jours, ce qui arrondit le rapport du premier terme de la proportion, c'est-à-dire le diviseur fixe; 2° en retranchant les deux derniers chiffres à droite du *nombre* qui ne donnent au quotient que des fractions de centime et les deux derniers chiffres à droite du diviseur.

Ceci posé, on sait que le diviseur fixe pour 3 p. °/₀ est 12,000 ; pour 4 p. °/₀, 9,000 ; pour 4 1/2 p. °/₀, 8,000 ; pour 5 p. °/₀, 7,200 ; pour 6 p. °/₀, 6,000 ; pour 7 1/2 p. °/₀ 4,800 ; pour 8 p. °/₀, 4,500 ; pour 9 p. °/₀, 4,000, etc.

Si l'on applique ces deux moyens de simplification à l'exemple ci-dessus, on aura pour diviseur du produit de la multiplication de la somme par le nombre des jours, le rapport $\frac{100 \times 360}{4} = 9,000$. Alors l'opération se posera ainsi qu'il suit : $\frac{66150}{9000}$ ou, en retranchant les deux derniers chiffres à droite des deux termes,

```
661 | 90
310   7,34
 400
  40
```

On remarquera que le quotient ainsi obtenu est un peu plus élevé que celui qui résulterait d'un calcul rigoureux. Cela tient à ce qu'en banque on compte 360 jours dans l'année au lieu de 365 ou 366. Le jour d'intérêt, au lieu de représenter 1/365 ou 1/366 de l'intérêt annuel, est compté pour 1/360. — Souvent, pour compenser cette différence, on porte tous les mois à 30 jours, douzième de 360.

Dans l'exemple ci-dessus, le dernier chiffre retranché à droite du produit de la somme par le nombre des jours, 66,150, était un 5. Afin de réduire l'erreur volontaire que l'on commet par le retranchement des chiffres qui expriment des fractions de centime, on aurait pu ajouter une unité au dernier chiffre conservé et prendre pour dividende 662 : on aurait dû ajouter cette unité, si le chiffre retranché avait été supérieur à 5 : on ne l'ajoute jamais, s'il est inférieur à ce nombre.

Mais comme les diviseurs que donnent les divers taux d'intérêt ne sont pas tous des nombres aussi commodes dans le calcul que 9,000, on a pris le parti de calculer toujours l'intérêt par 6,000, diviseur fixe pour le taux de 6 p. °/₀, et de défalquer du produit 1/6, s'il s'agit de 5 p. °/₀; 1/3, s'il s'agit de 4 p. °/₀; 1/12, s'il s'agit de 5 1/2, et ainsi de suite. Enfin, au lieu de diviser le *nombre* par 6,000, on retranche deux chiffres à droite du dividende et on divise par 60.

Cette manière de calculer l'intérêt d'une somme donnée pendant un certain nombre de jours est connue sous le nom de *méthode des diviseurs fixes*, parce que, pour toutes les sommes prêtées à un taux d'intérêt, le diviseur est le même et il suffit de le placer une fois pour toutes dans sa mémoire pour être dispensé de le rechercher ensuite. Cette méthode a été longtemps seule employée en banque, et c'est par elle que l'on obtient la démonstration de toutes les autres méthodes relatives au calcul des intérêts.

La méthode des diviseurs fixes et la proportion fondamentale sur laquelle elle est établie, ont conduit à la découverte de deux autres méthodes, celle par les multiplicateurs et celle par les parties aliquotes. La première, qui a servi à la formation de la plupart des livres d'intérêt ou comptes faits, consiste à multiplier le *nombre*, ou produit de la multiplication de la somme par le chiffre des jours où l'intérêt court, par une fraction dont le numérateur est le chiffre qui exprime le taux de l'intérêt et le dénominateur 36,000. Ainsi avec les données de l'exemple employé ci-dessus, l'intérêt de 2,450 francs pendant 27 jours est égal à

$$2450 \times 27 \times \frac{4}{36000} \text{ soit : } x = \frac{66150 \times 4}{36000} = 7{,}35.$$

A proprement parler, l'opération est la même que par les diviseurs fixes : il n'y a de différence que dans l'ordre des calculs et la disposition des chiffres.

Les fractions ordinaires fixes ont été réduites, par un grand nombre de praticiens, en décimales pour la rapidité des calculs, et elles ont fourni le moyen d'obtenir des résultats prompts, mais surchargés de chiffres, et, par conséquent, de chances d'erreurs.

On connaît, par ce qui précède, l'origine du rapport $\frac{4}{36000}$ et l'on sait que la multiplication d'un nombre par une fraction équivaut à sa multiplication par le rapport qu'exprime cette fraction. Il est donc inutile d'insister sur cette méthode dite *des multiplicateurs*, qui, d'ailleurs, est peu employée.

Les praticiens préfèrent avec raison *la méthode des parties aliquotes*, qui les dispense de chercher le *nombre*, ou, en d'autres termes, de multiplier la somme par le nombre des jours, et ils disent :

« L'intérêt pendant un jour de toute somme égale au diviseur fixe, est inévitablement égale à 1 fr ; puisque la division de ce nombre par le diviseur fixe qui lui est égal donne toujours 1 au quotient. Ainsi l'intérêt de 9,000 fr. pendant un jour à 4 p.°/₀, est égal à 1 fr., puisque pour obtenir cet intérêt, il faudrait diviser 9,000 par 9,000, ce qui donnerait 1 au quotient. Donc le centième de 9,000, qui est 90, rapporte par jour le centième de 1 fr., soit 1 centime.

» Et puisque le centième du diviseur fixe exprime la somme qui rapporterait un centime d'intérêt par jour, il suit de là que ce centième des diviseurs exprime le nombre de jours qui, au même taux, équivaudraient à 1 fr. d'intérêt sur la somme proposée. »

Ainsi, faisant l'application de ces principes à l'exemple posé ci-dessus, on dit : « le centième du diviseur fixe pour le taux de 4 p. °/₀ qui est 9,000, est 90, chiffre qui exprime, en centimes, l'intérêt de 9,000 fr. pendant un jour, ou, en francs, l'intérêt de la même somme pendant 90 jours. Si donc on divise 2,450 par 100, on a pour quotient l'intérêt de cette somme à 4 p. °/₀ pendant 90 jours. » De là il est facile de déduire l'intérêt pour un nombre de jours donné.

On demande l'intérêt de 2,450 fr. à 4 p. °/₀ pendant 27 jours ;

2450
24,50, intérêt de 90 jours,
8,16, intérêt de 30 jours,
81, intérêt de 3 jours, étant déduit de 8,16, intérêt de 30 jours,
on a 7,35, intérêt cherché.

Les praticiens abrégent encore en faisant rouler tous leurs calculs sur le même nombre dans lequel ils peuvent facilement trouver les parties aliquotes qui se rapprochent le plus de l'intérêt cherché. Ils ont pris pour type l'intérêt de 6 p. °/₀ dont le diviseur fixe est 6,000 et correspond à 60 jours d'intérêt. Ce nombre présente plusieurs avantages. D'un côté, le nombre de jours pour lesquels il faut calculer l'intérêt en banque est inférieur à 90, limite des échéances admises par la Banque de France. En outre, le nombre 60 est riche en sous-multiples décimaux et duodécimaux : il se divise avec la même facilité par 2, par 3, par 4, par 5, par 6, par 12, par 15, par 20, par 30, de manière à faciliter d'une manière admirable la décomposition en parties aliquotes. Une fois l'intérêt à 6. p °/₀ trouvé, on obtient l'intérêt à 5 en retranchant un sixième de la somme obtenue, l'intérêt à 4 ressort par le retranchement d'un tiers l'intérêt à 3 par le retranchement de moitié ; les 1/2 p. °/₀ s'évaluent en 12es, le 1/3 p. °/₀ en 18es, et ainsi de suite.

On a remarqué seulement que pour employer avec fruit cette méthode, il était nécessaire de savoir couramment la table de multiplication, non pas seulement jusqu'à 10, mais jusqu'à 18.

Soit, par exemple, à chercher l'intérêt de 3,554 fr. pendant cinq jours à 4 p. °/₀, le praticien dira : « L'intérêt de 3,554 fr. à 6 p. °/₀ pour 60 jours égale 1 p. °/₀, soit 35,54 ; cinq est le 12e de 60, donc en divisant 35,54 par 12, j'ai l'intérêt pendant cinq jours à 6 p. °/₀, et si de cet intérêt je retranche un tiers, j'ai l'intérêt cherché. L'opération s'établit ensuite de la manière suivante :

3554
35,54
2,96
98
1,98

Les employés de banque, habitués à faire pendant toute la

journée et durant des années les mêmes calculs sur les mêmes chiffres, lesquels sont toujours fort simples, acquièrent une routine excellente qui prévient les erreurs et réduit tous les comptes d'intérêt à un acte en quelque sorte mécanique et qui s'accomplit avec une extrême rapidité.

Cette méthode est préférable aussi pour le calcul mental, parce qu'elle réduit les calculs à des termes simples toujours identiques qui ne surchargent pas la mémoire. Or le calcul mental est important surtout pour le chef de maison qui, dans les offres de négociations, dans les conditions, tarifs, changes de toute sorte qu'il peut être appelé à discuter verbalement, veut se rendre compte en un instant et sans le secours de la plume des propositions qui lui sont faites et des combinaisons qui peuvent en résulter. La facilité à calculer mentalement est une sorte de sixième sens qu'on pourrait appeler le sens arithmétique : le banquier en a besoin tous les jours et doit l'acquérir par le travail, s'il n'en est naturellement doué.

§ 3. — *Règle d'escompte.*

Escompte. — En France, on ne calcule pas l'escompte autrement que l'intérêt. Ainsi l'escompte d'un effet sur place de 2,450 fr. à 27 jours d'échéance et à 4 p. °/₀ se calcule exactement de la même manière que l'intérêt de la même somme pour le même temps. En d'autres termes, on est dans l'usage de compter l'intérêt en dehors, c'est-à-dire de bonifier sur-le-champ à l'escompteur l'intérêt tel qu'il serait dû au bout du terme, ce qui fait courir à son profit l'intérêt de l'intérêt. Tel est l'usage, telles les conditions sur lesquelles sont conclus et reposent actuellement tous les contrats.

Donc pour trouver l'escompte à 4 p. °/₀ d'un effet sur place de 2,450 fr. à 27 jours d'échéance, on fera la règle d'intérêt :

$$\frac{2450 \times 27}{9000} \text{ ou } \frac{661}{90} = 7 \text{ fr. } 35$$

que l'on retranchera de la somme totale, soit :

$$\begin{array}{r} 2450\ 00 \\ 7\ 35 \\ \hline 2442\ 65 \end{array}$$

que l'escompteur donnera contre remise de l'effet,

Lorsqu'il y a plusieurs effets présentés à l'escompte, leur réunion forme ce qu'on appelle *un bordereau*, parce que l'état des effets et leur échéance sont établis par le présentateur sur une feuille volante, en résumé, de manière à faire un petit compte ou bordereau, en forme de facture. Par exemple, la présentation au 1er novembre de cinq effets sur place à échéances diverses pourra être formulée ainsi qu'il suit :

Fr.		Nombre de jours.
500	au 15 novembre.	15
750	au 25 décembre.	55
1,800	au 20 janvier.	81
1,025	au 12 janvier.	73
340	au 15 décembre.	45
Total 4,415		

En général, le présentateur ne fait pas lui-même le calcul d'escompte, mais il fournit son bordereau, comme ci-dessus, sur une formule imprimée et réglée que le banquier lui remet au commencement des opérations. Ce bordereau, qui accompagne les effets, en indique le montant et l'échéance. Chez le banquier, on inscrit dans une colonne à ce destinée le compte d'intérêt ou d'escompte qui, déduit de la somme des effets, donne le net produit que l'escompteur met à la disposition de son client.

Le bordereau d'escompte se complète chez le banquier de la manière suivante :

L. B. X. ET Cie.

Paris, 1er novembre 1863.

Escompté à M. Robert et Ce, à 4 p. °/o valeur ce jour.

500		15	courant,	15	»	83
750		25	décembre,	55	4	58
1,800		20	janvier,	81	16	20
1,025		12	janvier,	73	8	31
340		15	décembre,	45	1	70
4,415						
31	62 agio.					
4,383	38 net produit.					

Nous empruntons à un bon traité d'arithmétique commerciale la règle d'escompte, telle qu'on l'emploie dans quelques pays étrangers :

« L'escompte en dedans ne se prend en France que lorsqu'il y a convention spéciale et dans des cas particuliers ; mais il est usité dans plusieurs pays étrangers.

» L'escompte n'est au fond qu'un intérêt qui ne doit être retenu que pour la somme que l'on paye à l'avance et non pour celle que l'on reçoit plus tard en compensation et qui se compose de la somme avancée, plus de l'intérêt acquis par ce retard.

» Exemple. — Un effet de 6,000 fr. est escompté pour un an à 6. p. $^{0}/_{0}$: quel est l'escompte ?

Escompte en dehors :

100 : 6 :: 6000 : x= . . . . . . 360 fr.

Escompte en dedans :

106 : 6 :: 6000 : x= 329 62

20 38 différence.

```
36000 | 106
  420   339,62
 1020
   660
    240
     28
```

» Cette différence n'est autre chose que l'escompte de l'escompte[1]. »

D'accord : mais le calcul est infiniment plus long, et il vaut mieux, même pour l'emprunteur, procéder par réduction du taux nominal de l'escompte que d'adopter la méthode arithmétique employée à l'étranger. De quelque manière que l'on compte, l'intérêt réel sera réglé, non par l'arithmétique, mais par la concurrence de ceux qui prêtent ; et moins leur arithmétique sera compliquée, moins ils auront de frais ; moins ils auront de frais, plus il leur sera facile d'escompter à bon marché.

§ 4. — *Calculs relatifs à la rente et aux reports.*

On veut faire un report ou acheter de la rente, et il s'agit de

[1] *Traité complet d'Arithmétique théorique et pratique à l'usage des négociants*, par MM. Fréd. Wantzell et J. Garnier.

savoir à quel taux le placement projeté produira intérêt. En d'autres termes, le capital et l'intérêt produit étant donnés, le temps étant évalué à un an, il faut trouver le taux d'intérêt auquel le capital a été placé.

Soit le cours de la rente 3 p. °/. à 84 fr. au 1er décembre, quel intérêt rapporterait-elle à celui qui en achèterait ? L'intérêt 3 p. °/. étant fixe, quel que soit le cours de la rente, il est évident qu'il existe entre le cours et le taux réel de l'intérêt un rapport inverse ; que plus le prix est élevé, plus l'intérêt est bas et réciproquement. De ce rapport résulte directement la proportion

$$84 : 3 :: 100 : x$$

d'où l'on déduit la règle de trois

$$x = \frac{100 \times 3}{84} = 3 \text{ fr. } 57$$

ou en termes généraux, si l'on représente le capital par C. et l'intérêt nominal par I :

$$C : I :: 100 : x \text{ ou } x = \frac{100 \times I}{C}$$

Si l'achat est effectué le 1er décembre, l'acheteur a un semestre à toucher au 22, soit 1 fr. 50 pour 3 fr. de rente. Mais il faut observer que cette somme ne vient point, à proprement parler, en addition de l'intérêt produit, puisqu'elle se capitalise par les cours, de telle sorte qu'aussitôt le coupon détaché, la rente, restant au même prix réel, est cotée 1 fr. 50 moins cher que la veille. On a donc acheté à 82 fr. 50, sous bonification de 1 fr. 50, valeur au 22, et il faut établir le calcul en conséquence, sur le cours de 82 fr. 50, sous déduction des 22 jours et de l'intérêt à percevoir ; mais de tels calculs ne sont presque jamais employés dans la pratique, et il y a plusieurs manières de les faire.

La plus simple serait de déduire le semestre à toucher de la somme principale, soit dans l'exemple ci-dessus 1 fr. 50 de 84 fr., et d'évaluer le taux de l'intérêt annuel de la différence, qui est 82 fr. 50 : c'est ce qu'on fait en disant :

$$x = \frac{100 \times 3}{82{,}50} = 3{,}63.$$

Puis on évaluerait, par les moyens ordinaires, l'intérêt de 84 à 3 fr. 63 p. °/₀ pendant 22 jours et cet intérêt, déduit de 1 fr. 50, donnerait le résultat net de l'opération. On aurait d'une part une somme placée à 3,57 p. °/₀ indéfiniment, de l'autre, une somme à toucher au 22, et dont l'escompte serait toujours facile à évaluer par les moyens ordinaires.

Les calculs relatifs aux reports ont une plus grande utilité pratique.

Du 1er décembre, un acheteur de 3 p. °/₀ à 84 veut reporter son opération à la liquidation suivante, soit à un mois. Il offre 1 fr. pour le report [1]. Quel taux d'intérêt représente cette offre?

En termes ordinaires, il s'agit d'avancer 84 fr. pendant un mois et de recevoir 1 fr. pour prix de cette avance.

Des principes exposés sur le calcul des intérêts par jour d'une somme donnée, resulte la formule suivante.

$$x=\frac{1\times36000}{84\times30}=14,28 \text{ p. °/₀}.$$

Un praticien aurait dit : 1 p. °/₀ pour 30 jours représente 12 p. °/₀ par an sur une somme de 100 fr., donc l'intérêt cherché est à 12 comme 100 est à 84, c'est-à-dire en raison inverse de la somme ; donc :

$$84 : 100 :: 12 : x=\frac{100\times12}{84}=14,28.$$

Le calcul du taux d'intérêt offert par les reports sur actions est fondé sur les mêmes principes.

Un acheteur d'actions de Saint-Germain à 1495 fr. veut reporter son opération à la liquidation suivante, soit du 1er au 15 décembre. Il offre 20 fr. de report [2]. Il s'agit de savoir à quel taux d'intérêt 1495 fr. qui produisent 20 fr. en quinze jours se trouvent placés.

On obtient toujours facilement ce taux par la formule générale.

$$\text{p. °/₀}=\frac{I\times36000}{C\times\text{jours}}$$

[1] Cours du 1er décembre 1852. — [2] Cours du 1er décembre 1852.

Soit dans notre exemple,

$$\text{p. }^{\circ}/_{\circ}=\frac{20\times 36000}{1495\times 15}=32,10\text{ p. }^{\circ}/_{\circ}.$$

Un praticien aurait dit : L'intérêt de 1495 fr. pendant 60 jours à 6 p.°/₀ serait 14 fr. 95, et pendant 15 jours 3 fr. 73, soit 3 fr. 74, à cause de la fraction qui reste par la division de 14 fr. 95 par 4 ; donc :

$$3,74 : 20 :: 6 : x=\frac{6\times 20}{3,74}=32,08\text{ p. }^{\circ}/_{\circ}.$$

Ainsi, pour tous ou presque tous les cas qui se présentent, la méthode des parties aliquotes fournit des solutions abrégées et le plus souvent des règles de trois simples. Cependant, pour certains nombres, la méthode générale directe est encore la plus avantageuse.

§ 5. — *Commissions.*

Les changes de place ou frais de recouvrement, les prêts, donnent souvent lieu à la perception d'un droit de commission invariable, quel que soit le temps que l'effet ait à courir. Ce change ou cette commission sont habituellement de 1/2, 1/4, 1/8, 3/4, 4/5, 5/6. Depuis quelque temps, le Comptoir d'escompte de Paris et la Banque de France s'efforcent d'introduire dans ces calculs l'emploi des décimales, soit 0.1, 0.2, 0.3, etc. ; mais l'on a presque partout conservé l'usage des anciennes fractions.

Tout calcul de commission se réduit à une règle de trois simple.

Soit demandé à combien s'élève un droit de change ou de commission de 1/2 sur une somme de 3,625 fr., on a la proportion suivante :

$$100 : 1/2 :: 3625 : x=18,12.$$

Lorsque le numérateur de la fraction est 1, il suffit pour obtenir le chiffre cherché, de diviser la somme par le dénominateur et de diviser le quotient par 100. Ainsi dans l'exemple ci-dessus, on divise 3,625 par deux, et ensuite on divise par 100 le quotient 1812.

L'emploi des décimales substituerait à cette opération une multiplication ordinaire suivie d'une division par 1,000, ou plutôt une division par 1,000, suivie d'une multiplication dans laquelle le multiplicateur n'aurait qu'un seul chiffre. Ainsi, en employant le même exemple, on aurait la proportion suivante :

$$100 : 0{,}5 :: 3625 : x.$$

D'où se déduit la règle de trois :

$$x = \frac{0.5 \times 3625}{100} = \frac{5 \times 3625}{1000} = 18{,}125.$$

S'il fallait chercher à combien s'élève le droit de commission perçu à 2/3 sur une lettre de 4,535 fr., on aurait la proportion :

$$100 : 2/3 :: 4535 : x$$

D'où la règle de trois :

$$x = \frac{2/3 \times 4535}{100} = \frac{2 \times 4535}{3 \times 100} = 30{,}23.$$

Par les décimales, l'opération est aussi prompte, lorsqu'on a des sous-multiples de 1,000, tels que $1/8 = 0{,}125$, $1/4 = 0{,}250$, $1/2 = 0{,}500$, $1/5 = 0{,}200$. Elle serait plus prompte, si l'on renonçait d'une manière générale aux fractions ordinaires pour compter par un ou plusieurs dixièmes. Alors, en effet, il suffirait de chercher 1/10 p. °/₀ ou 1 p. °/₀₀, toujours facile à obtenir par le retranchement de trois chiffres à droite, et de multiplier par le numérateur de la fraction proposée. Soit à calculer une commission ou un change de 3/10 p. °/₀ sur une lettre de 7,850 fr. : on obtient 1/10 en divisant par 1,000, c'est-à-dire en retranchant trois chiffres à droite, et on a 7 fr. 85 qui, multipliés par 3, donnent le produit cherché 23 fr. 55. Mais tant que l'on conservera l'usage des fractions irréductibles en décimales, telles que 1/3, 1/6, etc., il vaudra mieux employer la méthode ordinaire.

La pratique conserve obstinément les anciennes fractions, et ce n'est pas sans raison. En effet, par la méthode des parties aliquotes, à laquelle tout le monde est habitué, dans la banque, on a bientôt trouvé le montant d'un change à l'intérieur ou d'une commission. On sait qu'en divisant tout nombre par 100, on a l'intérêt de soixante jours à 6 p. %, soit 1 p. %. Lors donc que les changes ou commissions donnent une fraction telle que 1/2, 1/3, 1/4, on n'a qu'à diviser le centième ou 1 p. % par 2, par 3 ou par 4, etc. Si le total des changes ou commissions excède 1 p. % d'une fraction, on ajoute à 1 p. %, toujours facile à obtenir par la division de la somme par cent, un demi, un tiers ou un quart de la somme obtenue.

Ainsi, pour connaître le produit donné par une commission de 2/3 p. % sur une somme de 7,565 fr., par exemple, il faudrait se livrer, par la méthode ordinaire, à des calculs assez longs. Par la méthode des parties aliquotes, il suffit de dire :

75 65 = 1 p. %.
25 21 = 1/3 p. %.
50 42 = 2/3 p. %.

Le chiffre cherché est obtenu par une division, avec un seul chiffre, 3, au diviseur, et une addition. On ne doit pas compter comme une opération la division primitive de la somme par cent.

La commission ou le change sont calculés au moment même de la négociation, et, dans les maisons les mieux tenues, rapportés sur les livres, dans une colonne spéciale au livre des bordereaux, qui est réglé de la manière suivante : 1° une colonne de caisse pour recevoir les sommes ; 2° une colonne simple où on inscrit le taux de la commission ou du change ; 3° une petite colonne de caisse qui reçoit le produit de la commission ou du change ; 4° puis un espace pour établir le nom de la ville où l'effet est payable ; 5° une colonne pour l'échéance ; 6° une colonne où est inscrit le nombre des jours, et une colonne de caisse où est porté le produit de l'escompte. La commission ou change et l'intérêt, totalisés sous le nom commun d'agio, sont défalqués de la somme principale, et une soustraction donne le net produit du bordereau, dont le compte du cédant est crédité au livre des comptes courants, ou dont on lui remet le montant, s'il n'a pas de compte ouvert à la banque.

Le bordereau, qui n'est qu'une reproduction du livre, est remis au présentateur dans la forme suivante :

L. B. X. et Cie.

Paris, 1er novembre 1863.

Négocié à M. Robert et Ce, à 6 p. °/₀, valeur ce jour.

SOMMES.		CHANGE.		PRODUIT.		VILLES.	ÉCHÉANCE.		JOURS.	INTÉRÊTS.	
1,545	50		1/10	1	52	Avignon.	15	novembre.	15	3	86
2,664	09		1/2	13	32	Ancenis.	à	vue...........	»	6	66
13,220	00		1/10	13	22	Bordeaux......	27	novembre.	27	59	49
7,230	00		1/3	24	40	Quimper.	28	janvier 1864...	89	107	24
1,040	25	1	1/4	13	00	La Haye.......	15	décembre... .	45	7	80
550	18	1	1/2	8	25	Utrecht.	25	janvier 1864...	86	7	88
220	75	1		2	20	Gênes.	12	d°	73	2	68
335	45		1/2	1	67	Liége..........	5	décembre.	35	1	96
157	90		1/2	0	78	Mons..........	25	novembre.	25	0	65
26,964	12			78	08					198	22
				198	22						
276	30	agio.									
26,687	82	net.									

Dans un grand nombre de maisons, on préfère, selon l'ancienne méthode, totaliser le montant des effets passibles du même prélèvement à titre de change, commission ou courtage, et ne faire qu'une opération pour le total. En ce cas, le bordereau de négociation est établi dans la forme suivante :

L. B. X. et Cie.

Paris, 1er novembre 1863.

Négocié à M. Robert et Ce, à 6 p. °/₀, valeur ce jour.

SOMMES.		CHANGE.		VILLES.	ÉCHÉANCES.		JOURS.	INTÉRÊTS.	
1,545	50		1/10	Avignon.	15	novembre.	15	3	86
2,664	09		1/2	Ancenis..	»	vue...........		6	66
13,220	00		1/10	Bordeaux..................	27	novembre.	27	59	49
7,230	00		1/3	Quimper...................	28	janvier 1864...	89	107	24
1,040	25	1	1/4	La Haye...................	15	décembre.....	45	7	80
550	18	1	1/2	Utrecht...................	25	janvier 1864...	86	7	88
220	75	1		Gênes.....................	12	d°	73	2	68
335	45		1/2	Liége.....................	5	décembre.	35	1	96
157	90		1/2	Mons......................	25	novembre.	25	0	65
26,964	12			1/10 p. °/₀ s/fr.		14,765 50		14	76
276	31	agios.		1/2 p. °/₀ s/fr.		3,157 44		15	78
26,687	81	net.		1/3 p. °/₀ s/fr.		7,230 00		24	10
				1 1/4 p. °/₀ s/fr.		1,040 25		13	00
				1 1/2 p. °/₀ s/fr.		550 18		8	25
				1 p. °/₀ s/fr.		220 75		2	20
								276	31

La différence de 1 centime que l'on peut remarquer à la somme du net produit résulte des fractions de centime négligées par la première méthode et totalisées par la seconde.

Sur le bordereau ci-dessus, on coterait à côté, en avant du nom des villes étrangères où chaque effet est payable, le taux du change auquel la monnaie est évaluée et les timbres étrangers dont les effets sont passibles.

A l'intérieur et dans tous les pays où le système monétaire français a été introduit, le change se cote à tant pour cent; on en ajoute le montant aux commissions et courtages ou on l'en retranche, et on évalue le tout par une seule et même opération. Au lieu de dire 1/4, 1/8, 1/2, par exemple, on établira, par la même opération, le calcul sur 7/8.

CHAPITRE II.

DES COMPTES COURANTS.

Le compte courant de banque est le résumé sommaire de toutes les transactions qui ont lieu entre deux banquiers ou entre un banquier et son client, pendant toute la durée de la période comprise dans ce compte.

Il y a des comptes courants sans intérêt de part ni d'autre; ainsi, à la Banque de France, les déposants ne reçoivent aucun intérêt des sommes qu'ils ont déposées, et la Banque ne leur fait aucune avance autrement que par l'escompte ou par prêt sur dépôt d'effets publics, matières d'or ou d'argent, actions de chemins de fer. L'ayant-compte est toujours créditeur et ne bonifie aucun intérêt contre la Banque. Il en résulte que le compte courant proprement dit ne donne jamais lieu à un calcul d'intérêts et qu'il se réduit à une balance de capitaux, qui varie à mesure que l'ayant-compte tire ou remet.

Le compte courant avec intérêt présente de plus grandes difficultés, particulièrement lorsque ses éléments se composent, comme c'est le cas habituel en banque, d'effets de commerce à diverses échéances.

§ 1. — *Comptes courants par escompte et soldes ou par la méthode directe.*

Toute somme reçue ou payée en compte courant porte intérêt au taux convenu au profit de celui qui la verse, soit à dater du jour où elle est réellement versée, soit à un autre terme fixé par les conventions. Ainsi, par exemple, 1,000 fr. espèces, versés aujourd'hui en compte courant chez un banquier, ne produisent quelquefois intérêt que 10, 20 jours ou plus après le versement ; si les effets sont admis directement et sans escompte préalable en compte courant, un effet sur place à 45 jours, quoique remis aujourd'hui, ne portera intérêt, au plus tôt, que dans 45 jours. En matière de compte courant, l'époque où une somme commence à devenir productive d'intérêt, à quelque titre que ce soit, se nomme *échéance*. L'intérêt court du jour de l'échéance au jour où le compte est arrêté. Si l'arrêté a lieu le 31 décembre, par exemple, l'effet, quelle que soit la date de son entrée et de son encaissement, dont le montant entre en valeur au 15 novembre, ne porte intérêt que pendant 46 jours ; la somme avancée le 20 décembre, ou les valeurs antérieurement fournies et réalisables à cette échéance ne produisent intérêt que pendant 11 jours.

Afin de simplifier les comptes courants, dans les maisons surtout qui font les recouvrements et par les mains desquelles il passe un grand nombre de petits effets, chaque remise de valeurs de la part de l'ayant-compte est escomptée au jour de la remise, et le net produit seul est porté au crédit en compte courant. Cette manière de passer écriture fait supporter à l'ayant-compte l'escompte des effets même dont il n'aurait pas touché le montant, de sorte que l'intérêt court contre lui sur la somme brute énoncée en son bordereau, tandis qu'il ne court à son profit que sur le net produit. Ajoutons que le plus souvent, sinon toujours, le taux de l'intérêt n'est pas le même de part et d'autre. Mais cette manière de passer écriture abrége tellement les comptes, qu'elle est préférable à toute autre, et il convient de l'inscrire toujours dans les conditions générales du compte courant, sauf compensation équitable accordée à l'ayant-compte. La compensation est facile : ainsi, l'intérêt qui court en faveur du banquier est ordinairement un peu plus élevé que celui qui court en faveur de l'ayant-compte. Rien n'est plus simple que de réduire ou de supprimer la différence, et de convenir que le produit net de chaque remise sera seul inscrit au crédit de l'ayant-compte.

De banquier à banquier, il n'est pas même besoin de s'occuper de cette difficulté, puisque les comptes se balancent le plus souvent par une suite de remises réciproques, de telle sorte que, par les éléments mêmes du compte, les différences étant tantôt en faveur de l'un, tantôt en faveur de l'autre, se compensent naturellement.

Cependant on tient encore un grand nombre de comptes courants en forme de comptes d'effets, si l'on peut ainsi dire, avec écriture de chaque effet séparé, valeur à son échéance, de telle sorte que la tenue de ces comptes prend encore, chez la plupart des banquiers, un temps considérable.

Il ne peut en être autrement lorsqu'on reporte au livre des comptes courants tout le détail des traites et des remises ; qu'au lieu d'inscrire le net produit de chaque bordereau, on recommence à établir effet par effet tout le détail du compte et que les opérations faites et inscrites jour par jour ne deviennent définitives que le jour où le compte est arrêté.

Quoi qu'il en soit, l'arithmétique est toujours la même. Pour établir un compte courant du 1er juillet au 31 décembre, par exemple, on peut faire au crédit et au débit le décompte de l'intérêt produit par chaque somme le jour de l'échéance au 31 décembre, additionner ensuite les comptes partiels, balancer la somme de ceux du débit avec la somme de ceux du crédit, ajouter la différence aux capitaux de celui auquel elle appartient et balancer le tout.

En effet, l'intérêt d'une somme versée, valeur au 1er novembre, a bien couru, au profit de celui qui l'a versée, jusqu'au 31 décembre, et ainsi des autres sommes. Le compte des intérêts réciproques se solde nécessairement par la différence des intérêts courus au débit et des intérêts courus au crédit. Cette différence est le seul chiffre qu'il importe de connaître, puisqu'elle est l'objet même du compte.

Pour abréger le calcul, au lieu de rechercher et d'inscrire successivement au crédit et au débit l'intérêt de chaque somme entrée en compte, on recherche seulement le *nombre*, c'est-à-dire le produit de chaque somme multipliée par le nombre des jours pendant lesquels son intérêt a couru : en d'autres termes, la somme dont l'intérêt pendant un jour serait égal à l'intérêt cherché. On inscrit successivement chacun des *nombres* obtenus dans une colonne spéciale.

Le jour où l'on règle le compte, soit le 31 décembre, l'addition de la colonne des *nombres*, tant au crédit qu'au débit, donne une somme égale à celle dont l'intérêt pendant un jour serait égal à la somme des intérêts courus au profit de chaque somme, tant au crédit qu'au débit : donc en cherchant l'intérêt de la somme des *nombres*, au crédit et au débit, par la division indiquée plus haut [1], on aurait le montant de l'intérêt dû à chacune des deux parties du compte : une soustraction ferait ressortir la différence cherchée.

Mais il est plus simple encore lorsque l'intérêt convenu est le même au crédit et au débit, de relever d'abord la différence des *nombres* et de calculer l'intérêt sur cette différence. En effet, par ce moyen, qui n'altère en rien le résultat définitif, on ne fait qu'une division au lieu de deux, et avec un dividende plus petit.

Avec ce procédé, dans un compte courant composé seulement de cent articles, on ne fait qu'une division au lieu de cent, et on n'achète cet avantage qu'au prix de l'addition des *nombres*, plus élevée, il est vrai, que l'addition de l'intérêt produit par chaque somme.

Voyons d'abord en quoi consiste le compte courant dans son état le plus simple ; ensuite nous examinerons les complications qu'y introduit la pratique et les méthodes les plus générales et les plus commodes pour les simplifier.

Supposons entre deux banquiers A et B un compte courant dont tous les articles soient établis, valeur au jour d'entrée,

[1] Voir pages 509 et suivantes.

comme si c'étaient des versements effectifs d'espèces. On comprend assez qu'au moyen de l'escompte, tout article, billets, traite ou remise, peut être ramené à telle échéance que l'on veut, et notamment à l'échéance du jour où il entre aux livres. C'est par un escompte effectif que la Banque de France et la plupart des grandes maisons de banque ramènent au jour d'entrée l'échéance de tous les effets de commerce que leur remettent les ayants-compte. Rien n'est donc plus simple que de ramener tous les articles à l'échéance d'entrée par un escompte fictif.

Donc A et B ont ensemble un compte courant. Nous tenons les livres de A, et nous y trouvons B créditeur, suivant inventaire fait le 31 décembre, de fr. 3,000. Cette somme est portée entrée au 1er janvier, sur un livre réglé, comme le modèle *A* ci-joint.

(A) *B. et Ce, banquiers à Z. Leur compte au 31 juillet, à 5 et 6 %.*

DATES.		SOMMES.				LIBELLÉ des opérations.	SOLDES.				JOURS.	NOMBRES.	
		Doit.		Avoir.			Doit.		Avoir.			Doit. 5 0/0	Avoir. 6 0/0
Janvier	1er			3,000	»	Solde ancien.			3,000	»	74		2,220
Mars	15	1,800	»			N/ r/ valeur à ce jour.			1,200	»	24		288
Avril	8	3,500	»			N/ r/ v/ à ce jour.	2,300	»			17	391	
Do	25	2,470	50			N/ r/ v/ à ce jour.	4,770	50			20	954	
Mai	15			5,750	80	S/ r/ à recouvrer.			980	30	33		323
Juin	17	1,500	»			N/ r/ valeur à ce jour.	519	70			38	197	
Juillet	25			2,880	»	S/ r/ à recouvrer.			2,360	30	6		141
		21	41	49	53	Intérêts.							
		2,388	42			Solde créd. au 31 juil.						1,542	2,972
		11,680	33	11,680	33								

Le 15 mars, A débite B d'une remise de fr. 1,800. En réalité, A, est demeuré débiteur de B pour fr. 3,000, du 1er janvier au 15 mars, et il lui doit l'intérêt de cette somme, balance effective du compte courant pendant tout ce temps. Au 15 mars donc, on compte les jours, au nombre de 74, qui se sont écoulés depuis le 1er janvier, et on inscrit le chiffre 74 à la colonne destinée à le recevoir. Puis, pour calculer le montant de l'intérêt dû à B, on multiplie la somme, qui est 3,000 par 74, et on obtient pour produit le *nombre* 222,000. Deux colonnes sont destinées sur le livre à recevoir l'indication des intérêts qui ont couru, au profit des ayants-compte : on peut calculer sur-le-champ ces intérêts au taux convenu, et les inscrire dans la colonne du crédit, ou se contenter d'y inscrire le premier élément du calcul de ces intérêts, le *nombre*, divisé par 100, par le retranchement de deux chiffres à droite. On inscrit donc à la colonne destinée à recevoir les *nombres* du crédit, le chiffre de 2,220.

Au 15 mars, la balance du compte n'est plus de fr. 3,000, puisque B a été débité de fr. 1,800. La balance est de fr. 1,200, encore en sa faveur, qui portent intérêt de ce jour à celui où le compte est modifié par l'entrée d'un nouvel article : on ne peut qu'alors relever le nombre de jours pendant lesquels l'intérêt a couru, et inscrire le *nombre*.

Le 8 avril, A débite B d'une remise de fr. 3,500. Du 15 mars à ce jour, 24 jours se sont écoulés pendant lesquels l'intérêt est dû à B, sur une somme de fr. 1,200. On relève le *nombre*, qui est 288, et on l'inscrit au-dessous du précédent, dans la même colonne. Puis on fait la balance des capitaux, qui est de fr. 2,300, en faveur de A, et on inscrit cette somme au débit de B contre lequel elle porte intérêt.

Le 25 avril, nouvelle remise de fr. 2,470.50, au débit de B. L'intérêt de la balance de fr. 2,300 a couru contre lui pendant 17 jours : on relève le *nombre*, qui est 391, et on l'inscrit dans la colonne du débit. On fait à nouveau la balance, et elle se trouve de fr. 4,770.50 en faveur de A.

Le 15 mai, B fait une remise d'effets à recouvrer, de l'importance de fr. 5,750.80. Du 25 avril à ce jour, la balance de fr. 4,770.50 avait porté intérêt contre lui pendant 20 jours. On relève donc le *nombre* 954, que l'on inscrit à son débit. Puis on inscrit la nouvelle balance qui est de fr. 980.30 à son crédit.

Le 17 juin, remise de 1,500 au débit de B. Jusqu'à ce jour, la balance de fr. 980.30 avait porté intérêt en sa faveur durant 33 jours : on relève le *nombre* 323, et on l'inscrit à son crédit; puis on trouve une nouvelle balance de fr. 519.70 en faveur de A. Elle porte intérêt jusqu'au 25 juillet, pendant 38 jours, ce qui donne le *nombre* 197, que l'on inscrit au débit du compte.

Le 25 juillet, B ayant fait une remise de fr. 2,880, la balance du compte est de fr. 2,360.30, en sa faveur, et si on règle le compte au 31 juillet, elle a porté intérêt pendant

6 jours, qui donnent le *nombre* de 141, que l'on inscrit au crédit de B.

En cet état, le règlement du compte est extrêmement simple : si l'intérêt court au même taux au profit des deux ayants-compte, on fait la somme des *nombres* du crédit et celle des *nombres* du débit ; on les balance et on obtient 1,440, en faveur du crédit. On divise cette somme par le diviseur fixe, correspondant au taux d'intérêt convenu, et on porte cet intérêt au crédit du compte. Si, comme nous le supposons, le taux de l'intérêt est différent, on fait l'addition des *nombres* du débit et on trouve 1,542, qui, divisés par 72, diviseur correspondant au taux de 5 °/₀, donne fr. 21.41. On additionne les nombres du crédit et on trouve 2,972, qui, divisés par 60, diviseur correspondant au taux de 6 °/₀, donnent fr. 49.53. On peut, ou balancer les intérêts et inscrire la différence seulement au crédit, ou porter les deux sommes, l'une au débit, l'autre au crédit, et balancer le compte dans la forme ordinaire.

Dans les maisons où l'on se sert des livres appelés *comptes faits*, *barêmes*, etc., on cherche immédiatement l'intérêt de chaque balance et on l'inscrit directement, sans s'occuper du *nombre*. On fait de même dans les maisons où les employés ayant l'habitude de calculer très-rapidement l'intérêt de toute somme pendant un nombre de jours donnés et à un taux donné, par la méthode des parties aliquotes, ne prennent jamais la peine de chercher le *nombre*. Alors, quand on règle le compte, on balance d'abord les intérêts et on porte le solde, selon le cas, au crédit ou au débit, puis on balance les capitaux comme à l'ordinaire. Voici la forme que prendrait, en ce cas, le compte qui nous a déjà servi d'exemple :

(B) *B. et Cᵉ, banquiers à Z. Leur compte à 5 et 6 °/₀, au 31 juillet.*

DATES.		SOMMES. Doit.		SOMMES. Avoir.		LIBELLÉ des opérations.	SOLDES. Doit.		SOLDES. Avoir.		JOURS.	INTÉRÊTS. Doit. 5 0/0		INTÉRÊTS. Avoir. 6 0/0	
Janvier	1ᵉʳ	f.	c.	3,000	»	Solde de compte.	f.	c.	3,000	»	74			37	»
Mars	15	1,800	»			N/ r/ valeur à ce jour.			1,200	»	24			4	80
Avril	8	3,500	»			N/ r/ v/ a ce jour.	2.300	»			17	5	43		
Dᵒ	25	2,470	50			N/ r/ v/ à ce jour.	4.770	50			20	13	25		
Mai	15			5.750	80	S/ r/ à recouvrer.			980	30	33			5	38
Juin	17	1,500	»			N/ r/ v/ a ce jour.	519	70			38	2	73		
Juillet	25			2,880	»	S/ r/ à recouvrer.			2,360	30	6			2	35
				28	12	Balance des intérêts.						28	12		
		2,388	42			Solde créd. au 31 juil.									
		11,658	92	11,658	92							49	53	49	53

Cette manière de tenir les comptes en relevant la balance lors de chaque entrée, et en calculant l'intérêt produit par cette balance jusqu'à l'entrée suivante, est sans contredit la plus intelligible, la plus commode et la plus simple des méthodes, et on peut l'appeler par excellence méthode vraie et directe, à la différence de toutes les autres, qui ont quelque chose de fictif et d'indirect. Mais on ne peut profiter de tous les avantages qu'elle comporte qu'à la condition de réduire, par l'escompte, tous les articles, valeur au jour d'entrée. C'est ce qu'on fait très-souvent en banque.

Non-seulement cette manière de tenir les comptes courants est la meilleure à tous égards, mais c'est la seule qui s'applique exactement aux comptes courants dans lesquels l'intérêt qui court n'est pas le même au crédit et au débit; la seule qui admette, sans altération de la forme des écritures, un changement du taux d'intérêt pendant la durée du compte; la seule enfin qui présente à chaque instant la situation du compte.

§ 2. — *Modifications de cette méthode par les échelettes et les échéances communes.*

Mais cette méthode, toujours facile et claire d'ailleurs, se complique d'une multitude de détails lorsqu'on veut tenir le compte sans escompter les remises et en inscrivant tous les bordereaux aux livres. Quelques maisons, en très-petit nombre en France, qui la pratiquent, inscrivent les bordereaux en capital à leur date d'entrée et de sortie, et ne font le calcul des intérêts qu'au moment de relever le compte, et sans inscrire aux livres autre chose que le résultat. Tous ces calculs se font alors sur des feuilles volantes, inconvénient très-grave, même quand on en tient copie et qu'on la communique à l'ayant-compte. Alors on dispose les remises par ordre d'échéance, sans tenir compte de la date d'entrée, et on relève les intérêts des balances, comme nous l'avons fait dans les exemples précédents. C'est ainsi que l'on procède généralement dans plusieurs pays de l'Europe Les praticiens donnent aux comptes ainsi établis le nom de comptes par *échelettes*.

Toutefois, pour résumer un peu les détails de ce travail, on a imaginé de donner, comme on dit, une échéance commune aux divers effets qui composent un bordereau. Cette opération consiste en réalité à chercher une échéance telle qu'en la prenant pour point de départ, l'intérêt de la somme totale des effets qui composent un bordereau soit égal à l'intérêt que ces effets doivent porter réellement. Soit, par exemple, un bordereau composé de trois effets : l'un de fr. 100 au 15 février, l'autre de fr. 1,500 au 20 février, le troisième de fr. 2,400 au 5 mars. Si nous voulons chercher l'échéance commune ou moyenne de ces trois effets au 1er février, nous trouvons que le premier a 15 jours à courir, le second, 20, le troisième, 33. Les *nombres* correspondant à ces trois échéances sont : pour le premier, 15,000 ; pour le second, 30,000 ; pour le dernier, 79,200. Étant donné le *nombre*, si on le divise par la somme exprimée à l'effet, on doit avoir pour quotient l'échéance. En effet, le *nombre* est le produit d'une multiplication dont les deux facteurs sont la somme et l'échéance. Donc, si l'on additionne ensemble les trois *nombres* et qu'on divise leur total par le total des effets qui composent le bordereau, on obtient pour quotient une échéance qui donne, pour le total du bordereau, le même intérêt que celui obtenu du calcul des échéances des divers effets. Ainsi, dans notre exemple, le total des *nombres* est 124,200 ; nous obtenons ce qu'on appelle l'échéance commune des trois effets en divisant ce total par la somme des trois effets, qui est fr. 4,900, ce qui donne pour quotient 25.34. L'intérêt de 4,900 fr. pendant 25.34 jours est égal à l'intérêt des trois effets pendant le temps qu'ils ont réellement à courir. Dans la pratique, on néglige les fractions de moins d'une demi-journée et on compte la journée entière lorsque la fraction dépasse une demi-journée, c'est-à-dire 0.5. L'échéance du bordereau que nous avons pris pour exemple peut donc, sans inconvénient grave, être portée à 25 jours du 1er février; et au lieu de s'occuper de l'échéance de chacun des trois effets, on dira que la somme, qui est 4,900 fr., échoit au 25 février, que l'on appelle l'échéance commune.

Ces échéances communes écartent des détails infinis; mais elles causent autant de travail et présentent autant de chances d'erreur que l'escompte, en laissant subsister bien des complications, à cause du chevauchement des échéances qui se présente dans presque tous les comptes courants. On est alors réduit à ramener encore, par des escomptes, les échéances à un terme de comparaison commun.

Prenons pour exemple le compte courant C, ci-contre, nous y trouverons à l'actif un solde fr. 10,000, au 1er janvier. Ce solde porte intérêt jusqu'au 5, jour où il est réduit à 6,500. Tout va jusque-là comme dans les exemples précédents. Le 15 janvier, l'ayant-compte remet un bordereau composé de quatre effets à échéances diverses, donnant en total 7,962 fr. 50 c. L'échéance commune ou moyenne de cette somme est au 13 février : il n'y a lieu de balancer le compte qu'à cette échéance ou lorsque survient une entrée ou sortie nouvelle, qui a lieu le 20 janvier : ce jour, 7,000 fr. doivent être portés au débit et une balance est nécessaire. Pour l'obtenir exacte, il suffit de ramener le bordereau de fr. 7,962.50, valeur au 20 janvier, ce qui se fait en calculant l'intérêt des vingt-quatre jours qui séparent le 20 janvier du 13 février, et en le portant au débit du compte.

Reste la question de savoir si cet intérêt, le taux convenu étant de 6 p. °/. au débit et de 5 p. °/₀ au crédit, doit être calculé à l'un ou à l'autre taux. En équité, tant que le solde est créditeur, cet intérêt doit être de 5 p. °/₀; mais c'est une occasion de complications et d'erreurs qu'une convention peut faire disparaître.

On pourrait aussi, tant que le solde est créditeur, ramener les articles du débit, les 7,000 fr. du 20 janvier, par exemple, à l'échéance du 13 février, en calculant l'intérêt de cette somme à 6 °/₀ pendant quatorze jours et en le portant au débit. Mais il aurait fallu, pour cela, amener jusqu'au 13 février l'échéance de l'ancien solde de 6,500 fr. En ce cas, on ramènerait, par un escompte à 6 p. °/₀, les 3,450 fr. portés au débit le 29 janvier à la même échéance du 3 février, sauf à se trouver dans les embarras d'un long décompte le 1er février, par l'entrée au débit de 4,900 fr. qui balancent le compte par un solde débiteur. On évite ces embarras en ramenant à l'échéance du 20 janvier la remise dont l'échéance était au 13 février, puis on balance en la forme ordinaire les 29 janvier, 1er et 15 février et 1er mars.

Le 5 mars, nouvelle remise en cinq effets à échéances diverses et de l'importance de fr. 11,654.65 dont l'échéance commune est au 28 mars. A cette date, nulle nouvelle entrée n'étant survenue, on balance par fr. 1,797.15, créditeur, et si l'on veut régler compte au 31, il suffit de porter au crédit

(G) *X. et Cie, banquiers à Y, leur compte*

DATES d'entrée.		SOMMES. Doit.		Avoir.		ÉCHÉANCES communes.	DÉTAIL DES SOMMES. Doit.	Avoir.		ÉCHÉANCES du détail.
Janvier	1			10000	»					
id.	5	3500	»							
								2129	40	31 Janvier.
								1350	20	25 id.
								3697	15	28 Février.
id.	15			7962	50	13 Février.		785	75	15 id.
id.	20	7000	»							
id.	29	3450	»							
Février	1	4900	»							
id.	15	3970	»							
Mars	1	5000	»							
								5480	70	20 Mars.
								1255	50	15 id.
								386	20	10 id.
								545	40	12 id.
Mars	5			11654	65	28 mars.		3987	15	15 Avril.
		22	01							
		1765	30							
		29607	31	29607	31					

l'intérêt de cette balance pendant les 3 jours et de solder en la forme ordinaire.

On comprend sans peine qu'au lieu de prendre des échéances communes, toujours un peu inexactes à cause des fractions que l'on est obligé de négliger, il serait beaucoup plus simple d'escompter les bordereaux ou jour de leur entrée. On n'aurait pas plus de calculs à faire et on éviterait les escomptes multipliés et féconds en chances d'erreur qu'exigent les chevauchements d'échéance. On pourrait, si l'on tenait à faire figurer au compte tout le détail des bordereaux, le maintenir dans la forme du compte C et porter l'intérêt des escomptes à la colonne du crédit ou du débit, selon qu'il appartient. Si, par la convention constitutive du compte, on avait résolu les difficultés résultant des taux différents d'intérêt ou si le taux était le même au crédit et au débit, il serait plus commode de porter aux colonnes où sont inscrits les intérêts (compte C) les *nombres* de chacun des effets qui figurent aux bordereaux.

Il y a, comme on voit, cinq ou six manières de raisonner et d'établir un compte par cette méthode; mais il n'y a jamais qu'un seul procédé à employer : c'est l'escompte, par lequel on ramène les sommes que l'on veut balancer à la même

au 31 mars, intérêt à 6 et 5 °/o.

JOURS.	LIBELLÉ DES OPÉRATIONS.	SOLDES. Doit.		SOLDES. Avoir.		JOURS.	INTÉRÊTS 6 0/0 Doit.		INTÉRÊTS 5 0/0 Avoir.	
	Solde de c/			10000	»	5			6	94
	Son reçu.			6500	»	20			18	05
16										
10										
14										
31	Sa remise.									
	Son reçu			7430		9			9	27
	S/ r/			3960	65	2			4	09
	S/ r/.............	919	35			15	2	28		
	S/ r/.............	4889	35			13	10	50		
	S/ r/.............	9889	35			28	45	31		
15										
10										
5										
7										
11	S/ remise.			1765	30	3			0	73
	Balance des intérêts.								22	01
	Solde créditeur au 31 mars									
							58	09	58	09

échéance, en portant le produit de l'escompte au profit de qui de droit.

Cette méthode, directe et la plus commode, lorsque, par l'escompte, on ramène l'échéance de tous les articles du compte courant au jour de leur entrée, n'a pas prévalu en France. On lui a préféré une méthode qui a semblé plus large et plus simple et qui, très-imparfaite au commencement, s'est ensuite fort améliorée. Nous allons l'exposer d'abord dans son état primitif, en premier lieu, parce qu'un certain nombre de maisons l'emploient encore ainsi, et puis parce qu'il sera plus facile d'exposer ensuite les modifications qu'elle a subies et qui constituent ce qu'on appelle la nouvelle méthode. L'une et l'autre sont fondées sur cette convention, très-fréquemment adoptée dans la pratique des maisons d'escompte et de recouvrement, de l'égalité du taux d'intérêt au crédit et au débit du compte courant.

§ 3. — *Comptes-courants avec égalité d'intérêt de part et d'autre. Méthodes françaises.*

Ancienne méthode. Les colonnes du livre des comptes courants sont disposées dans l'ordre suivant : on inscrit d'abord de gauche à droite la date d'entrée, puis la somme, le détail de la somme, le taux du change ou commission, le lieu où chaque effet est payable ou d'où il revient, ou la nature de l'entrée, puis l'échéance de chaque somme, le nombre de jours pendant lequel on doit calculer l'intérêt. A la dernière colonne de droite, les uns, ceux qui se servent de barèmes ou comptes faits et ceux qui emploient la méthode des parties aliquotes, inscrivent l'intérêt qui a couru pour chaque somme; les autres, la plupart, inscrivent le *nombre.* Cette manière de régler le livre, dont on peut voir un modèle au tableau D, est la même au débit et au crédit.

Dans ce système, on suppose que toute somme entrée soit au débit, soit au crédit, porte intérêt du jour de son échéance au jour du règlement de compte. En effet, si les sommes inscrites, tant au débit qu'au crédit, portent le même intérêt, il importe peu de faire des balances à chaque entrée, puisque la balance des sommes d'intérêts se trouve exactement la même qu'on aurait obtenue en fin de compte par des opérations multipliées.

Soit un compte courant ouvert le 1er mai, et composé d'un article, 1,000 fr. au débit, échéance du 10 mai, et d'un article, 1,500 fr., au crédit, échéance du 25 mai. On règle le compte au 31 mai. En réalité, il se compose : au débit, de 1,000 fr., portant intérêt du 10 au 25 mai, soit 15 jours, en *nombres* 15,000; au crédit, de l'intérêt de la balance, qui est 500 fr., du 25 au 31 mai, pendant 6 jours, soit en *nombres* 3,000. La balance des *nombres* donne 12,000 en faveur du débit.

Par la méthode que nous exposons, on suppose que les 1,000 fr. du débit ont porté intérêt du 10 au 20 mai; mais, par contre, on suppose que les 1,500 fr. du crédit, et non plus la balance de 500 fr. seulement, portent intérêt du 25 au 31 mai. Ainsi, on fait porter intérêt indûment pendant 6 jours aux 1,000 fr. du débit et à une somme égale au crédit, ce qui n'altère pas la balance. On a aux *nombres* du débit, 21,000; à ceux du crédit, 9,000; balance, 12,000, comme dans le premier cas. On n'a besoin de s'occuper ni de soldes, ni d'échéances communes, ni de ramener telle ou telle somme à une échéance déterminée : tous les calculs sont simples et uniformes, d'autant plus que, dans la pratique, on supprime deux chiffres à droite de chaque *nombre*, et deux chiffres à droite du diviseur fixe. En effet, il faudrait que les fractions négligées s'élevassent à 6000 pour occasionner une erreur de 1 fr. au taux de 6 p. °/₀, qu'elles s'élevassent à 7200 pour occasionner une erreur de 1 fr. au taux de 5 p. °/₀, et à un chiffre plus élevé pour un taux moindre. Il faut observer que ces fractions étant négligées également au débit et au crédit, il faudrait que cette erreur de 6000 ou de 7200 existât sur la différence, chance peu probable, et en vue de laquelle il n'est pas nécessaire de compliquer les écritures. Les deux chiffres de droite étant écartés des *nombres*, on les écarte du diviseur fixe et on divise par 60, si le taux de l'intérêt est de 6 p. °/₀, par 72, s'il est de 5 p. °/₀, etc.

Ceci posé, on établit le compte comme au tableau D ci-joint, dans lequel nous allons prendre un exemple.

Ce compte est ouvert à nouveau le 1er juillet et fermé le 31 du même mois. Le premier article qui s'y présente est un solde débiteur de fr. 5,000, qui porte intérêt durant 31 jours, ce qui donne pour *nombre* 1,550, que l'on inscrit à la colonne des *nombres*. Le 2 juillet, entrée d'une remise de fr. 6,378.60, au crédit, en cinq effets à diverses échéances. Le premier de ces effets est de fr. 2,345, sur Strasbourg, au 28 juillet : on l'inscrit dans la colonne destinée à recevoir le détail des bordereaux; dans la colonne suivante, on indique la place où il est recouvrable; dans la suivante, le change dont il est chargé, puis l'échéance, le nombre de jours pendant lesquels il porte intérêt, et enfin le *nombre*, qui est 70. On en fait de même pour les autres effets, et on porte le total de la remise à la colonne qui suit celle où l'on inscrit la date d'entrée. Le 5 juillet, on paie une traite de fr. 1,500 de l'ayant-compte; on l'inscrit à son débit, ainsi que l'échéance, le nombre de jours pendant lesquels l'intérêt court, et enfin le *nombre*.—Le 7, retour d'un effet remis antérieurement par l'ayant-compte : on ajoute au capital de cet effet tous les frais dont il est chargé, tels que ports de lettres, frais de protêt ou autres jours d'intérêts courus, et on le fait entrer au compte comme un décaissement

(D) DOIT. *Z. et Cᵒ, banquiers à X,*

DATES d'entrée.		SOMMES		DÉTAIL.		LIBELLÉ	CHANGES et commiss.	ÉCHÉANCES	JOURS.	NOMBRES
Juillet	1	5000 f	» c			Solde ancien.............		1 juillet.	31	1550
id.	5	1500	»			S/ t/ s/ s/...............		5 id.	26	390
id.	7	506	75			Ret/ d'Aix................		7 id.	24	122
				340	50	Briançon..................	5/8	15 id.	16	55
				775	70	Moulins...................	3/8	13 id.	18	140
				435	»	Marseille.................	1/4	21 id.	10	44
				210	»	Barcelonnette.............	5/8	19 id.	12	25
id.	10	2885	20	1124	»	Chinon....................	1/4	30 id.	1	11
				2385	20	Blois.....................	3/8	17 id.	14	334
id.	12	2588	25	203	05	Loches....................	1/4	26 id.	5	10
				1727	10	Bruxelles.................	1/4	20 id.	11	190
				134	»	Vendôme	3/8	21 id.	10	13
				653	40	Beaugency.................	3/8	22 id.	9	58
id.	15	373	70	1223	20	Lyon......................	1/4	20 id.	11	135
				1892	90	Zurich....................	1/2	5 août.	5	95
id.	25	584	05	3954	15	Turin.....................	3/4	10 id.	10	395
						Nombres rouges............	....	....	......	117
		1	90			Intérêt à 6 0/0.				3194
				10	39	Change à 1/4 s/ 4159.75				
				10	15	— à 5/8 s/ 1624 »				
				42	39	— à 3/8 s/ 11303.40				
				26	40	— à 3/4 s/ 3520 »				
				7	55	— à 1 1/4 s/ 624.10				
		119	49	22	61	— à 7/8 s/ 2583 »				
		4686	31			Solde créditeur au 31 juil.				
		26884	65							

effectif d'espèces. Ensuite on poursuit de la même manière l'inscription des articles au fur et à mesure de leur entrée.

Mais, au 22 juillet, nous voyons entrer au crédit du compte trois effets dont l'un échoit le 5, l'autre le 2, l'autre le 3 août, c'est-à-dire postérieurement au jour où le compte doit être réglé. Il est évident que ces effets ne rapportent aucun intérêt pendant la durée du compte : il est évident même qu'ils ne peuvent pas être admis pour la totalité de leur capital, puisque le jour du règlement leur échéance n'est pas arrivée. Pour les faire entrer régulièrement en compte, il est nécessaire de les ramener à l'échéance du jour du règlement, par un escompte : afin d'y parvenir, on compte le nombre de jours qui sépare leur échéance du jour du règlement et on relève le *nombre*, qui doit être inscrit, non au crédit, mais au débit du cédant, et additionné avec les *nombres* de ce débit. Dans la pratique, on l'inscrit cependant à la suite de l'effet, mais à l'encre rouge, ce qui lui a fait donner le nom de *nombre rouge*. Nous en trouvons deux autres au débit le 25 juillet.

Lorsqu'on veut régler le compte, on fait l'addition des *nombres* de chaque colonne, sans tenir compte des *nombres rouges*; puis on additionne ensemble les nombres rouges du

leur compte au 31 juillet. AVOIR.

DATES d'entrée.		SOMMES. f.	c.	DÉTAIL.		LIBELLÉ.	CHANGES et commiss.	ÉCHÉANCES.	JOURS.	NOMBRES.
				2345	»	Strasbourg	1/4	28 juillet.	3	70
				371	50	Nancy	1/4	9 id.	22	82
				990	»	Briey	5/8	25 id.	6	59
				787	10	Sarreguemines	3/8	12 id.	19	150
Juillet	2	6378	60	1885	»	Mirecourt	3/8	24 id.	17	182
				634	»	Amsterdam	5/8	20 id.	11	70
id.	4	1129	»	495	»	Aix-la-Chapelle	3/4	17 id.	14	69
				5954	»	Londres	3/8	26 id.	5	298
id.	8	7297	25	1443	25	Genève	1/4	21 id.	10	144
id.	11	3000	»			N/ t/	....	20 id.	11	330
id.	19	2395	»			Ret/ de n/r s/ Blois	....	18 id.	13	311
				282	30	Jersey	3/8	5 août.	5	14
				624	10	Utrecht	1 1/4	2 id.	2	12
				2588	»	Cologne	7/8	25 juillet.	6	155
id.	22	6514	40	3025	»	Trèves	3/4	3 août.	3	94
						Nombres rouges	....	....	......	490
						Balance des nombres	....	....	......	834
				13	04	Change à 1/4 s/ 5219.10				
				3	43	— à 5/8 s/ 550.50				3194
				14	81	— à 3/8 s/ 3948.30				
				9	46	— à 1/2 s/ 1892.90				
		70	40	29	66	— à 3/4 s/ 3954.15				
		26884	65							

débit et on en porte le total au crédit, tandis qu'on porte au débit le total de ceux du crédit, après quoi on procède à l'addition et à la balance.

Ainsi, dans notre exemple, nous avons en *nombres rouges* : au débit, 490; au crédit, 117. Nous additionnons les 117 de la colonne du crédit avec les *nombres* de la colonne du débit, et les 490 de la colonne du débit avec les *nombres* de la colonne du crédit, et nous relevons 834, comme balance définitive des *nombres*. L'intérêt du compte étant supposé à 6 °/₀, on divise cette balance par 60 et on obtient directement le chiffre de fr. 13.90, solde des intérêts.

Ensuite, lorsqu'il y a lieu, comme dans notre compte, on relève les changes. On additionne ensemble, sur une feuille volante, les sommes passibles du même change, soit 1/4, par exemple; on calcule le produit de ce change et on le porte au compte, dans la forme que nous indiquons. Seulement, il faut bien observer que les changes étant dus par le cédant des effets, comme les intérêts des *nombres rouges*, ceux des effets du crédit doivent être portés au débit, et réciproquement ceux des effets du débit doivent être portés au crédit, après quoi on balance le compte en la forme ordinaire.

Laissons de côté le calcul des changes et commissions, qui se fait ou peut se faire de la même manière et dans la même forme avec toutes les méthodes, et examinons celle-ci. Ses avantages et ses inconvénients sont bien apparents. Au lieu de calculer l'intérêt partiel de chaque effet ou de chercher des échéances communes et de faire de nombreuses balances, on se contente de relever les *nombres*, de les additionner et de chercher l'intérêt sur la balance des sommes, après quoi on solde le compte sans difficulté. Mais cet avantage est acheté par des inconvénients graves : 1° Pour relever les jours et les nombres, il faut connaître le jour du règlement de compte : or, ce jour étant à venir, est toujours incertain; on peut fermer le compte avant le jour présumé; si on relève d'avance les jours et les nombres, on peut avoir fait un travail inutile, et si on ne les relève pas, on accumule une quantité énorme de travail pour les fins de trimestre ou de semestre; 2° les *nombres rouges*, très-fréquents à cause des remises de fin de trimestre ou de semestre, sont une cause incessante d'erreurs, parce qu'ils exigent de la part des comptables une attention vigilante à laquelle ceux-ci ne sont pas habitués.

Dans le temps où cette méthode était en usage, un grand nombre de maisons attendaient la fin du trimestre ou du semestre pour remplir la colonne des jours et celle des *nombres*. Si l'ayant-compte demandait à fermer avant la fin du trimestre ou du semestre, on réglait son compte au jour où on se trouvait. Mais il fallait faire un travail en dehors du travail courant, et vers la fin du semestre ou du trimestre, un mois, six semaines à l'avance, employer les commis à relever, sur des feuilles réglées à cet effet, le compte de chacun, sauf à ne rapporter sur les livres les jours et les nombres qu'à la fin du trimestre ou du semestre, lorsque l'époque à venir sur laquelle tous les calculs étaient fondés était arrivée. C'était une grande cause de désordre dans la discipline des bureaux, dans la comptabilité et dans les relations avec la clientèle.

Méthode nouvelle. C'est pour obvier à ces inconvénients que l'on a péniblement introduit dans la banque, il y a quelques cinquante ans, la méthode dite nouvelle, que l'on appelle aussi quelquefois *rétrograde* ou *indirecte* et qui est actuellement la plus employée. En réalité, elle n'est pas plus indirecte que la méthode ancienne : celle-ci procède par l'addition, au compte, des intérêts produits par chaque article du jour de son entrée à un jour déterminé, pris dans l'avenir. La méthode nouvelle procède par soustraction des intérêts que devrait chaque effet pour être ramené par l'escompte à une échéance prise à un jour passé, qui est généralement celui de l'ouverture du compte : elle consiste à prendre pour point de départ un jour antérieur à la plus ancienne échéance comprise dans le compte, ou le jour même de cette échéance, à déduire de chaque article compris dans le compte, tant au crédit qu'au débit, les intérêts nécessaires pour le porter en valeur au jour fixé comme point de départ, puis à relever la balance des capitaux et à en porter en compte l'intérêt depuis le premier jour jusqu'à celui où l'on règle le compte.

Un exemple fera comprendre la simplicité de cette méthode. Soit un compte courant composé de deux articles : l'un au débit, l'autre au crédit, le premier de 1,000 fr., le second de 1,500 fr., entrés l'un et l'autre le 5 juillet et portant également intérêt à 6 p. °/₀. Si l'on voulait régler le compte au 31 juillet, il suffirait de faire la balance des capitaux qui est 500 fr., d'en calculer l'intérêt du 5 au 31 juillet, soit 2 fr. 16 c., de l'inscrire au crédit du compte que l'on solderait ensuite par 502 fr. 16 c. Le résultat serait le même si, conformément à l'ancienne méthode, on calculait l'intérêt de 1,000 fr., d'une part, de 1,500 fr., de l'autre, et si l'on en relevait ensuite la différence pour l'inscrire seule au crédit du compte. On aurait encore le même résultat si, prenant pour point de départ le 1er juillet ou tout autre jour antérieur, on escomptait à ce jour l'un et l'autre article, c'est-à-dire si on en déduisait l'intérêt courant entre le 1er juillet et le jour de l'échéance, et si, ensuite, on prenait l'intérêt de la balance. On sait qu'en comptabilité, porter une somme au débit équivaut à la retrancher du débit, et réciproquement. Ainsi, dans notre exemple, si l'on voulait faire partir le compte du 1er juillet, on aurait en *nombres*, au débit, 1,000 × 5 = 5,000, et au crédit 1,500 × 5 = 7,500. En inscrivant à la colonne des *nombres* 5,000 au crédit et 7,500 au débit, on aurait ramené les deux articles, valeur au 1er juillet : on obtiendrait sans peine le compte définitif en relevant le *nombre* destiné à donner l'intérêt de la balance depuis le 1er juillet jusqu'au jour, quel qu'il pût être, du règlement du compte, en ajoutant ce *nombre* à la colonne des *nombres* à retrancher du crédit de celui qui doit la balance. Par l'ancienne méthode, on aurait, dans notre exemple, au débit, 1,000 × 26 = 26,000 ; au crédit, 1,500 × 26 = 39,000; solde des deux *nombres*, 13,000, représentant l'intérêt en faveur du crédit. Par la nouvelle méthode, on ramène les deux articles, valeur au 1er juillet, ce qui donne au débit, 1,000 × 5 = 5,000, à porter à la colonne des *nombres* du crédit et au crédit, 1,500 × 5 = 7,500 à porter à la colonne des *nombres* du débit ; puis on solde les capitaux et on prend l'intérêt de ce solde, soit 500 fr. du 1er au 31 juillet, 31 jours, en *nombres*, 500 × 31 = 15,500. Si l'on porte ce *nombre* avec les 5,000 de la colonne du crédit et que l'on balance, l'on a 5,000 + 15,500 — 7,500 = 13,000, balance déjà trouvée par l'ancienne méthode, et qu'on aurait obtenue directement en balançant les capitaux au 5 juillet, et en cherchant le *nombre* du solde de 500 fr. : on aurait eu, en effet, 500 × 26 = 13,000, nombre sur lequel on calcule l'intérêt.

Les mêmes raisonnements s'appliquent avec une extrême facilité aux comptes courants composés généralement d'articles à échéances diverses. Modifions un peu notre hypothèse : supposons qu'au lieu de se composer de deux articles ayant la même échéance, le 5 juillet, les deux articles aient une échéance différente, le premier, de 1,000 fr. au débit, valeur au 5 juillet, et le second, de 1,500 fr. au crédit, valeur au 20 juillet. Il s'agit de régler le compte au 31 juillet; nous prenons le 5 de ce mois pour point de départ et nous disons :

« Si les deux capitaux étaient valeur au 5, il suffirait de prendre la balance, soit fr. 500, d'en calculer l'intérêt à 6 p. °/₀ jusqu'au 31 juillet, de porter cet intérêt au crédit et de solder le compte. Pour procéder ainsi, que faut-il faire? Tout simplement ramener à l'échéance du 5 juillet l'article qui échoit au 20, ce qui est facile, en en retranchant l'intérêt qu'il *n'a pas* porté, du 5 au 20 juillet. » On cherche le *nombre*, en multipliant le capital par le chiffre des jours écoulés, du 5 au 20, et on a : 1,500 × 15 = 22,500 ; puis, on calcule l'intérêt à 6 p.°/₀ et l'on trouve fr. 3.75 que l'on peut, soit retrancher de la somme de fr. 1,500, soit, ce qui revient exactement au même, ajouter au capital du débit, qui, dans notre exemple, est fr. 1,000. Ensuite, on solde le compte comme si les deux capitaux avaient eu la même échéance, ainsi que nous l'avons indiqué plus haut.

La multiplicité des articles et des échéances, tant au crédit qu'au débit, n'altère en rien cette méthode, qui consiste à ramener, par l'escompte, tous les capitaux à l'échéance adoptée pour point de départ. Seulement, dans la pratique et pour abréger, au lieu d'escompter séparément chaque article, tant au débit qu'au crédit, on relève le *nombre* que donne son échéance et on l'inscrit sur la même ligne, dans une colonne à ce destinée ; puis, lorsqu'on veut régler le compte, on additionne ensemble les nombres de la colonne du débit, d'une part, et, de l'autre, ceux de la colonne du crédit, et on en relève la balance qui, seule, est nécessaire au règlement du compte et sur laquelle, seule, on calcule les intérêts.

Les *nombres* de la colonne du débit correspondent aux intérêts *à déduire* des capitaux du débit pour les ramener à l'échéance commune : les *nombres* de la colonne du crédit correspondent également aux intérêts qu'il faut *déduire* des capitaux du crédit pour les ramener à l'échéance commune. Au lieu de faire la soustraction de part et d'autre, on peut porter les intérêts résultant des *nombres* du débit à la colonne du crédit, et les intérêts résultant des *nombres* du crédit à la colonne du débit, et comme, pour abréger, on relève la balance des *nombres*, il suffit de porter l'intérêt qui ressort de cette balance à la colonne du débit, si la balance est en faveur des *nombres* inscrits au crédit et à la colonne du crédit, si elle est en faveur des *nombres* inscrits au débit. Il suffit ensuite de relever la balance des capitaux, d'en calculer l'intérêt, du jour de l'échéance à laquelle tous les articles ont été ramenés au jour du règlement de compte et d'ajouter cet intérêt au profit de celui qui se trouve créditeur de la balance.

Nous allons prendre pour exemple le compte que nous avons déjà dressé par l'ancienne méthode et qui se trouve au tableau E ci-après, établi selon la nouvelle. On remarquera tout d'abord que la réglure des livres est la même dans l'une et dans l'autre : les dates d'entrée, les sommes, le détail des bordereaux, les lieux de recouvrement, les changes, les échéances, les jours d'intérêt à calculer, et enfin les *nombres*, se placent dans le même ordre. La seule différence consiste en ce que l'on calcule les intérêts sur les jours écoulés entre un jour, qui est ordinairement celui de l'ouverture du compte, et celui de l'échéance.

(E) DOIT. *Z. et Cᵉ, banquiers à X,*

DATES. d'entrée.		SOMMES.		DÉTAIL.		LIBELLÉ.	CHANGES et commiss.	ÉCHÉANCES	JOURS.	NOMBRES
Juillet	1	5000 fr	»			Solde ancien.		1 juillet.		
id.	5	1500	»			S/ t/ s/ n/.		5 id.	5	75
id.	7	506	75			Ret. d'Aix.		7 id.	7	35
				340	50	Briançon.	5/8	15 id.	15	51
				775	70	Moulins.	3/8	13 id.	13	101
				435	»	Marseille.	1/4	21 id.	21	91
				210	»	Barcelonnette.	5/8	19 id.	19	40
id.	10	2885	20	1124	»	Chinon.	1/4	30 id.	30	337
				2385	20	Blois.	3/8	17 id.	17	405
id.	12	2568	25	203	05	Loches.	1/4	26 id.	26	53
				1727	10	Bruxelles..	1/4	20 id.	20	345
				134	»	Vendôme.	3/8	21 id.	21	28
				653	40	Beaugency.	3/8	22 id	22	144
id	15	3787	70	1223	20	Lyon.	1/4	20 id.	20	245
				1892	90	Zurich.	1/2	5 août.	36	681
id.	25	5847	05	3954	15	Turin.	3/4	10 id	41	1621
						Balance des capit., 4749.30.			31	1472
		13	90			Balance des nombres.				834
				10	39	Change à 1/4 sur 4159.75				
				10	15	— à 5/8 s/ 1624				6558
				42	39	— à 3/8 s/ 11303.40				
				26	40	— à 3/4 s/ 3520				
		119	49	7	55	— à 1 1/4 s/ 624.10				
				22	61	— à 7/8 s/ 2583				
		4686	31			Solde créditeur au 31 juillet.				
		26884	65							

Ainsi, dans notre exemple, le compte est ouvert le 1ᵉʳ juillet, par un solde de 5,000 fr. au débit. Cette somme, étant en valeur et portant intérêt du 1ᵉʳ juillet, n'est passible d'aucun escompte. Il n'en est pas de même de la remise de fr. 6,378.60, qui figure au crédit à la date du 2 juillet : les cinq effets, à échéances diverses dont elle se compose, doivent être ramenés valeur au 1ᵉʳ juillet, pour pouvoir être balancés en capital dès qu'on jugera convenable de régler le compte. L'effet de fr. 2,345 sur Strasbourg échoit le 28 juillet : il faut donc en déduire l'intérêt de 28 jours pour le ramener en valeur au 1ᵉʳ juillet; on relève en conséquence le *nombre* qui doit donner cet intérêt, soit 657, et on l'inscrit à la colonne des *nombres*. On fait de même pour les autres effets, passibles respectivement d'un escompte de 9, 25, 12 et 24 jours, qui donnent les *nombres* 33, 247, 94 et 452. On opère de même sur les bordereaux du 4 et du 8, au crédit ; sur le décaissement du 5, sur le retour du 7, au débit, et généralement sur toutes les sommes qui entrent en compte, jusqu'au jour du règlement.

Le moment de régler, quel qu'il soit, étant arrivé, la colonne des *nombres* du crédit correspond à l'escompte, dont les sommes qui y figurent seraient passibles pour entrer en valeur au 1er juillet. De même, la colonne des *nombres* du crédit donne le montant de l'escompte dont sont passibles les som-

leur compte au 31 juillet. AVOIR.

DATES d'entrée.		SOMMES. f.	c.	DÉTAIL.		LIBELLÉ.	CHANGES et commiss.	ÉCHÉANCES	JOURS.	NOMBRES
				2345	»	Strasbourg.	1/4	28 juillet.	28	657
				371	50	Nancy.	1/4	9 id.	9	33
				990	»	Briey.	5/8	25 id.	25	247
				787	10	Sarreguemines.	3/8	12 id.	12	94
Juillet.	2	6378	60	1885	»	Mirecourt.	3/8	24 id.	24	452
				634	»	Amsterdam.	5/8	20 id.	20	127
id.	4	1129	»	495	»	Aix-la-Chapelle.	3/4	17 id.	17	84
				5954	»	Londres.	3/8	26 id.	26	1548
id.	8	7397	25	1448	25	Genève.	1/4	21 id.	21	303
id.	11	3000	»			N/ V/.		20 id.	20	600
id.	19	2395	»			Ret/de n/ r/ s/ Blois.		18 id.	18	431
				282	30	Jersey.	3/4	5 août.	36	102
				624	10	Utrecht.	1 1/4	2 id.	33	206
				2583	»	Cologne.	7/8	25 juillet	25	646
id.	22	6514	40	3025	»	Trèves.	3/4	3 août.	34	1028
				13	04	Change à 1/4 s/ 5219.10				
				3	43	— à 5/8 s/ 550.50.				
				14	81	— à 3/8 s/ 3948.30.				
				9	46	— à 1/2 s/ 1892.90.				
		70	40	29	66	— à 3/4 s/ 3954.15.				6558
		26834	65							

mes qui y figurent pour entrer en valeur à cette même date, du 1er juillet. Mais retrancher une somme du débit ou la porter au crédit donne exactement le même résultat, comme retrancher une somme de crédit ou la porter au débit. D'ailleurs on ne cherche qu'une balance, et en faisant celle des *nombres* on verrait lequel, du débit ou du crédit, doit en rester chargé, après quoi, toutes les valeurs entrées au compte y figureraient également valeur au 1er juillet. Il suffit alors, pour obtenir la balance définitive des intérêts, de calculer ceux qu'a produits la balance des capitaux, depuis le 1er juillet, date de toutes les échéances, jusqu'au jour du règlement de compte,

Au lieu de séparer cette opération en deux fois, on inscrit tout simplement le *nombre* que donne la balance des capitaux au bas de la colonne de ceux qui doivent être portés en faveur de celui auquel appartient la balance ; puis on fait l'addition et le solde des *nombres*, et on porte l'intérêt qui en résulte au crédit de qui de droit. On ajoute, tant au crédit qu'au débit, les changes, commissions, courtages, etc., et on solde le compte.

Les avantages de cette méthode nouvelle, qui procède par l'escompte, comme la méthode directe, sont très-considérables et très-apparents. On peut en indiquer trois principaux : 1° elle permet d'établir sur les livres, à l'instant même de chaque remise ou somme versée, le calcul des jours et celui des *nombres*, ce qui répartit le travail également sur toute l'année ; 2° elle permet d'arrêter le compte précisément au jour que l'on veut, sans ajouter sur les livres autre chose que l'arrêté et le solde ; 3° elle permet d'éviter facilement l'emploi des *nombres rouges*.

Il faudrait des *nombres rouges* cependant, si l'on voulait porter en compte directement des articles antérieurs à la date choisie pour point de départ, des articles omis au compte précédent, par exemple, ou des retours, dans les maisons où on tient les écritures par compte d'effets. Mais ces articles, très-peu nombreux, peuvent être portés valeur au jour de l'entrée : il suffit pour cela d'ajouter au montant de l'effet retourné les changes, intérêts et frais de toute sorte dont il se trouve chargé jusqu'à ce jour, et d'ajouter les intérêts gagnés par l'article omis, depuis le jour de son échéance, jusqu'au jour de l'entrée en compte. Si on préférait, toutefois, procéder par *nombres rouges*, la chose serait facile : on calculerait les jours, depuis l'échéance de l'article, jusqu'à l'échéance commune, et l'on porterait le *nombre*, lequel correspond à un intérêt qui doit être *ajouté* au capital, à la colonne où se trouvent les *nombres* qui doivent y être ajoutés, et à la colonne opposée on l'inscrirait à l'encre rouge. Mais le motif qui avait fait adopter les *nombres rouges*, dans la méthode par addition, n'existe pas dans la méthode par soustraction, puisque, par la première, on ne pouvait faire de calculs d'intérêts qu'au moment de régler le compte, tandis que la seconde permet de faire tous les calculs préliminaires à la date même de l'entrée de chaque article, et qu'il n'y a nulle raison d'ajourner un travail qui peut être fait à l'instant même. Dans la pratique, la méthode par soustraction est presque la seule employée, et les maisons vigilantes n'y emploient jamais les *nombres rouges*.

L'établissement des comptes courants par *nombres*, addition des colonnes, balance des sommes et division du solde par le diviseur correspondant au taux d'intérêt, n'est praticable que dans le cas où l'intérêt qui court au profit de l'une et l'autre partie est le même. C'est ce qui existe souvent entre banquiers d'escompte et de recouvrement ; mais, entre banquier et négociant, il est rare que l'intérêt coure au même taux pour l'un et pour l'autre. On stipulera, par exemple, que l'intérêt courra à 5 °/₀ au profit de l'ayant-compte, et 6 °/₀ au profit du banquier. Les stipulations du même genre sont très-fréquentes entre les maisons de haute banque et les banquiers inférieurs, et entre les maisons de banque établies sur des places où le taux courant de l'intérêt n'est pas le même.

En ce cas même, on suit très-souvent, pour la tenue des comptes courants, la méthode décrite précédemment. Mais il suffit de réfléchir un moment aux éléments de cette méthode pour voir qu'elle ne peut s'appliquer exactement aux comptes courants dans lesquels l'intérêt n'est pas le même de part et d'autre. Un exemple rendra sensible l'erreur, volontaire ou involontaire, des maisons qui l'appliquent aux comptes courants dans lesquels l'intérêt n'est pas le même au crédit et au débit du compte.

Supposons entre Jean et Robert, qui tient les livres, un compte courant qui n'ait qu'un article au crédit et un article au débit, soit, au crédit 25,000 fr., valeur au 1er septembre, et au débit, 10,000 fr., valeur au 1er juillet : le compte est arrêté au 31 décembre; l'intérêt court au profit de Jean à 5 °/₀, et à 6 °/₀ au profit de Robert. Si l'on établit le compte d'après la méthode indiquée ci-dessus, on trouve au débit, à la colonne des jours, 184, et à celle des *nombres*, 18,400 : au crédit, 122 jours, et à la colonne des *nombres* 30,500. En divisant 18,400 par 60, diviseur correspondant à 6 °/₀, on obtient pour quotient 306 fr. 66 c., et en divisant 30,500 par 72, diviseur correspondant à 5 %, on a pour quotient 423 fr. 62 c.: différence des deux quotients : 116 fr. 96 c., somme qui représenterait l'intérêt dû à Jean.

Mais en examinant le compte de plus près, on s'aperçoit bien vite qu'au 1er septembre l'intérêt des 10,000 fr. fournis le 1er juillet cessait de courir contre Jean, lequel avait à son crédit 25,000 fr. Le compte vrai se compose évidemment : 1° au débit, de l'intérêt de 10,000 fr. à 6 % jusqu'au 1er septembre ; 2° au crédit, de l'intérêt de 15,000 fr. à 5 % jusqu'au 31 décembre. Il ne s'agit plus, comme dans les comptes où l'intérêt court de part et d'autre au même taux, d'obtenir une différence en fin de compte, mais de constater une différence réelle des capitaux et l'intérêt de cette différence au profit de qui il appartient. Pour obtenir l'intérêt au débit, on multiplie 10,000 par 62, nombre des jours pendant lesquels il a couru, et l'on obtient pour produit 6,200, qui, divisés par 60, donnent au quotient 103 fr. 33 c. Pour obtenir l'intérêt de 15,000 fr., du 1er septembre au 31 décembre, on multiplie cette somme par 122, nombre de jours pendant lesquels cet intérêt a couru, et l'on a pour produit 18,300 qui, divisé par 72, donne un quotient de 254 fr. 16 c. La différence entre cette somme et 103 fr. 33 c., montant des intérêts au débit, est 150 fr. 83 c., balance réelle du compte d'intérêts. Par l'autre méthode, on avait obtenu 116 fr. 96 c., somme inférieure à celle-ci de 33 fr. 87 c. Cette différence entre les deux résultats vient de ce que l'on aurait compté l'intérêt de 10,000 fr. à 6 % contre Jean, tandis qu'on ne comptait qu'à 5 % l'intérêt de la même somme à son profit pendant 122 jours.

On peut sans doute trouver plus commode de régler les comptes par cette méthode, la plus simple et la plus uniforme de toutes, et on peut par une convention, accepter d'avance cette manière de régler, qui grève d'un supplément d'intérêt celui au profit duquel l'intérêt court à un taux moindre. Il y perd d'autant moins en ce cas qu'il reste plus constamment à découvert et qu'il remet moins, et le supplément d'intérêt qu'il supporte est une des charges de l'espèce de commandite dont il profite.

Si les deux méthodes, ancienne et nouvelle, que l'on pratique généralement en France, ne sont pas applicables rigoureusement aux comptes courants dans lesquels le taux de l'intérêt qui court n'est pas le même de part et d'autre, elles ne doivent pas s'appliquer, à plus forte raison, à ceux dans lesquels l'intérêt court au profit de l'un des ayants-compte seulement, ce qui est le comble de l'inégalité.

En définitive, hors le cas d'égalité d'intérêts de part et d'autre, il n'y a pas d'autre méthode vraie, directe et sûre que la méthode par escomptes et soldes successifs que nous avons exposée au commencement de ce chapitre ; elle prévaut généralement dans les places commerçantes du nord de l'Europe, mais n'a pu encore s'acclimater en France, soit à cause de l'attention soutenue qu'elle exige de la part des comptables, soit parce que les banquiers capitalistes et commanditaires croient avoir intérêt à se servir en tous cas de la méthode rétrograde. Cette dernière opinion est évidemment erronée, parce que le taux de l'intérêt se règle en définitive par le jeu de l'offre et de la demande : celui qui consent à payer un peu plus que le taux nominal par l'emploi d'une méthode vicieuse consentirait tout aussi bien à payer un taux nominal un peu plus élevé, 1/8, 1/5 ou 1/4 °/₀ par exemple, si la méthode employée dans le règlement du compte était plus exacte ; et il y aurait évidemment plus de franchise dans cette manière d'opérer.

§ 4. — *Modifications possibles lorsque les intérêts ne courent pas au même taux.*

On pourrait, du reste, simplifier un peu la méthode par soldes, conserver en l'employant la physionomie de nos comptes courants, et éviter les feuilles volantes, tout en profitant de son exactitude. Il suffirait, tout en conservant le détail des remises, changes, faux frais, etc., comme aujourd'hui, de ramener chaque remise, valeur au jour de son entrée, par un escompte que l'on relèverait non en *nombres*, mais en francs et centimes, et que l'on porterait à une colonne spéciale, conformément au tableau F ci-contre, où nous établissons le compte un peu modifié, qui nous a déjà servi d'exemple au tableau C.

Dans ce compte, on inscrit en la forme ordinaire les soldes

de 10,000 et de 6,500 par lesquels il commence, on en relève les intérêts à 5 °/₀, et on les porte au crédit. Le 15 janvier, entre une remise de fr. 7,962, 50 en quatre effets à échéances diverses. On compte les jours d'intérêt dont ils sont passibles pour être ramenés valeur au jour d'entrée ; on relève cet intérêt et on le porte au débit de celui qui est crédité du montant des effets, c'est-à-dire, dans notre exemple, au débit du

(F) *A. B. et Cie, leur compte courant*

DATE d'entrée.		DOIT. Sommes.		DOIT. Détail.		AVOIR. Sommes.		AVOIR. Détail.		ÉCHÉANCES.	JOURS.
Janvier	1					10000	»				
id.	5	3500	»								
								2129	40	31 janvier.	16
								1350	20	25 id.	10
								3697	15	28 février.	44
								785	75	15 id.	31
id.	15					7962	50				
				3545	»					23 janvier.	8
				3455	»					27 id.	7
id.	20	7000	»								
id.	29	3450	»								
Février.	1	4900	»								
id.	15	3970	»								
				2000	»					20 mars.	20
				785	»					15 id.	15
				2215	»					5 avril.	36
Mars	1	5000									
								5480	70	20 mars.	15
								1255	50	15 id.	10
								931	30	11 id.	6
								3987	15	15 avril.	41
id.	5					11654	65				
		15	49								
				45	66						
		52	41	6	75						
						30	»				
		4759	25								
		29647	15			29647	15				

compte. Il n'y a qu'une difficulté, mais elle est réelle ; auquel des deux taux d'intérêt qui courent au compte cet escompte doit-il être fait ? à 6 ou à 5 °/₀ ? Une convention peut et doit résoudre cette question à l'ouverture du compte, et nous supposons qu'il est convenu que les escomptes ont toujours lieu à 5 °/₀. S'il n'y avait pas de convention, l'escompte des bordereaux devrait être calculé à 5 ou 6 °/₀, selon que le présentateur du bordereau aurait un solde créditeur ou débiteur. Ainsi, au 15 janvier, A. B. et Cie étant créditeurs, s'escomptent en réalité leur remise à eux-mêmes aux taux d'intérêt le plus bas des deux, à 5 °/°.

Le 20 janvier autre remise, mais au débit de A. B. et Cie cette fois, de l'importance de fr. 7,000, en deux effets à échéances diverses. Il s'agit de l'escompter au jour d'entrée, comme la précédente : à quel taux ? à 5 p. °/₀ évidemment, puisque dans l'établissement du compte il est convenu que l'intérêt ne court jamais qu'à 5 °/₀ contre le présentateur. La remise étant au débit du compte, on porte au crédit les intérêts dont elle doit

à 6 et 5 °/₀ au 31 mars.

LIBELLÉ.	CHANGES. Doit.	CHANGES. Avoir	SOLDES. Doit.		SOLDES. Avoir.		JOURS.	INTÉRÊTS. 6 0/0. Doit.		INTÉRÊTS. 5 0/0 Avoir.	
Solde à nouveau.					10000	»	5			6	94
S/ t/ s/ n/.					6500	»	10			9	02
Bourges..............	1/4							4	73		
Commercy............	1/2							1	87		
Orléans..............	1/4							22	59		
Romorantin..........	1/4							3	37		
					14462	50	5			10	04
Chartres..............		1/4								3	98
Alençon..............		1/4								3	49
			887		7462	50	2			9	32
S/ t/ s/ n/............			4857		4012	50	9			1	11
S/ t/ s/ n/............				50			15	2	21		
S/ t/ s/ n/............				50			13	10	52		
Sens..................		1/4								5	55
Alençon..............		1/4								1	63
Dijon.................		1/4								17	17
			9857	50			5	8	21		
Châlons-s/-S/.........	1/4							11	41		
Troyes................	1/4							1	74		
Vesoul................	1/4							0	77		
Lille..................	1/4							22	70		
					1797	50	26			6	48
Balance des intérêts.										15	49
								90	12	90	12
Changes à 1/4 s. 18266.95.											
— à 1/2 s/ 1350.20.											
Changes à 1/4 sur 12000.											
Solde créditeur au 31 m.											

être diminuée, et on poursuit le calcul des balances et des intérêts qu'elles rapportent, comme dans nos premiers exemples, en comptant à 5 °/₀ l'intérêt des soldes créditeurs, et à 6 °/₀ l'intérêt des soldes débiteurs. De même les remises du 1er et du 5 mars ne présentent aucune difficulté nouvelle.

Le solde du compte s'effectue de la façon la plus simple. On relève d'abord la balance des intérêts et on la porte au compte de qui de droit ; ensuite, on relève les changes, commissions et courtages, et on balance le compte dans la forme ordinaire.

Cette manière de tenir le compte, fort simple et très-exacte, s'applique aux comptes à tous les taux d'intérêt, et admet même sans peine un changement de taux pendant la durée du compte. Elle présente moins de détails et de chances d'erreur que celle qui consiste à rechercher des échéances communes, en même temps qu'elle permet de porter sur le livre tous les détails du compte, et dispense, par conséquent, de la nécessité de recourir à la main-courante pour en fournir copie au correspondant. Nous avons supposé, dans notre exemple, qu'il était convenu que l'escompte des remises aurait lieu, tant au crédit qu'au débit, à 5 p. °/₀; on pourrait convenir qu'il serait à 5 ou bien à 6 au crédit et à 5 au débit, ou à tout autre taux sans qu'il fût nécessaire de changer la forme du compte.

Il n'y a qu'une manière simple et claire d'établir les comptes courants lorsque le taux d'intérêt n'est pas le même de part et d'autre : c'est celle qui consiste à réduire au préalable, par l'escompte, tout le papier entré et sorti en articles de caisse, et à faire ensuite le décompte des intérêts dus de part et d'autre. Si le banquier est un commissionnaire pour le placement des capitaux, il est aussi, et avant tout, un caissier qui achète et vend du papier de commerce, mais dont toutes les opérations doivent être faites au comptant et passées à l'instant même en résultats définitifs.

C'est ainsi que la banque est comprise à Amsterdam, à Londres, à Paris, partout ou l'on fait des opérations considérables, partout où l'on ne peut rester dans le provisoire et dans l'à peu près, sans tomber aussitôt dans le désordre. Établir les comptes courants à intérêts inégaux comme si l'intérêt courait au même taux de part et d'autre, c'est tromper son client ou se tromper soi-même. Établir séparément et péniblement sur un petit bout de papier volant un compte d'intérêt isolé du compte géneral, c'est s'exposer à des chances d'erreur si nombreuses que le comptable le plus exercé n'est jamais assuré d'y échapper.

Au contraire, en supprimant par l'escompte, au crédit et au débit, les articles de papier, en laissant sur les livres spéciaux auxquels on doit les inscrire les tirages, les acceptations et les remises, on dégage le compte courant de toute espèce de nuages et on se procure un moyen facile d'en suivre et d'en contrôler, jour par jour, les mouvements, puisque l'on obtient par une seule soustraction le montant de chaque balance. En outre, si le taux de l'intérêt convenu vient à changer par des conventions nouvelles, il suffit, lorsqu'on relève directement les intérêts, d'annoter ce changement à sa date et d'établir en conséquence tous les calculs postérieurs. Ni la tenue, ni l'aspect du compte ne sont altérés.

Aux nombreux avantages que nous avons énumérés, cette méthode en présente un qui est peut-être supérieur à tous les autres : elle ne permet ni retard ni négligence, et oblige le banquier à liquider complétement chaque opération au moment même où il la fait, où elle est bien présente à son esprit, et à ne jamais renvoyer à l'avenir le travail qui appartient au présent.

Les conventions et conditions sur lesquelles sont établies les divers comptes courants de banque sont variées et varient nécessairement chaque jour, et avec elles bien souvent la manière de tenir les comptes. Il n'y a et ne peut avoir en cette matière nulle uniformité, et nul ne saurait avoir la prétention de donner des règles et méthodes fixes et inflexibles. Toutefois la méthode par soldes, outre que c'est celle qui emploie le moins de fictions et qui est la plus vraie, offre un avantage important, c'est de permettre aux comptables de faire leur travail au jour le jour et de l'inscrire en résultats définitifs, comme aussi de le retarder, si les circonstances l'exigent, en même temps qu'elle se prête avec une extrême facilité à tous les changements qui peuvent survenir dans les conditions du compte courant. C'est à la fois la seule méthode qui présente à tout instant à l'œil, sans écritures spéciales, la balance de chaque compte que le banquier est obligé de rechercher à tout instant. Elle est incontestablement préférable dans tous les comptes où l'intérêt ne court pas au même taux au crédit et au débit; mais dans les comptes où le taux d'intérêt est le même de part et d'autre, la méthode dite indirecte ou rétrograde, est plus simple et emploie des procédés plus uniformes.

Dans les maisons d'escompte et de recouvrement où les détails abondent, il y aurait avantage à escompter effectivement les remises au jour d'entrée, à en déduire les commissions, courtages, etc., et à ne porter que le net au compte courant.

Alors la méthode par soldes serait préférable en tout cas, parce qu'elle serait dégagée de toute difficulté. Voici comment procèdent les maisons qui ont adopté ce système. A la ligne d'entrée de chaque bordereau, on inscrit, pour faciliter les recherches, le folio de la main-courante où il se trouve nécessairement inscrit. Afin de rendre les recherches plus rares et moins nécessaires, on remet à l'ayant-compte un livret sur lequel on inscrit à chaque remise tous les calculs de mise au net du bordereau; de telle sorte que l'ayant-compte auquel on remet le livret le lendemain ou le surlendemain puisse examiner et vérifier le travail. En ce cas, les recherches ne sont nécessaires qu'en cas de contestation; et alors l'ayant-compte produit son livret ou si, par exception, il l'a perdu, on recherche à la main courante tous les détails du compte dont le relevé trimestriel, semestriel ou annuel ne donne que la copie du livre, c'est-à-dire les résultats généraux sans détails.

Cette manière de tenir les comptes courants sur place est bien préférable à celle qui est le plus généralement pratiquée chez nous. En premier lieu, elle donne moins d'écritures. En effet, le détail des bordereaux se trouve dans l'un et l'autre système à la main courante : chez nous, on le recopie sur des feuilles volantes, délivrées à l'ayant-compte, ce qui équivaut exactement au travail de tenue du livret. Mais chez nous on reproduit au livre des comptes courants tout le détail des comptes, et on le recopie à chaque règlement pour le communiquer à l'ayant-compte, tandis que, dans l'autre système, on n'inscrit et on ne relève que le net, abrégeant ainsi ces écritures énormes qui accablent les commis des banques d'escompte et de recouvrement à la fin des trimestres ou des semestres.

Pour les ayants-comptes du dehors, qui sont généralement ou des banquiers ou des négociants éclairés, la correspondance remplace le livret; et tout le détail des bordereaux se trouve non-seulement à la main-courante, mais encore au livre de décalque de la correspondance.

D'autres maisons ont d'autres usages et d'autres convenances dans l'examen desquelles il serait inutile d'entrer, ainsi que dans le détail des conditions très-variées de l'établissement des divers comptes courants. On convient, par exemple, que les effets inférieurs à un chiffre donné seront passibles des mêmes escomptes, changes et commissions que s'ils s'élevaient à ce chiffre; que les effets ayant plus d'un certain nombre de jours à courir seront passibles d'une commission extraordinaire, etc.; que le solde débiteur du compte sera passible de tel intérêt jusqu'à tel chiffre et d'un intérêt supérieur, s'il s'élève plus haut. Ici il suffit de constater les méthodes généralement employées et les usages les plus communs.

On comprend quelquefois dans les comptes courants les effets tirés ou endossés *valeur en recouvrement* dont la propriété n'est pas acquise au banquier et dont la remise ne constitue, au profit du cédant, aucun droit de disposer du montant de ces effets. Il y a dans cette manière de tenir les écritures une confusion de droit et de fait, qui peut donner lieu à des difficultés regrettables. On évite sans peine cette confusion, en même temps qu'on établit une comptabilité plus correcte en ouvrant au cédant de valeurs en recouvrement deux comptes distincts, l'un intitulé : « X. Son compte de recouvrement » crédité des effets remis et débité des sommes encaissées, lorsque ces effets sont payés; l'autre intitulé : « X. Son compte d'espèces » ou simplement « X. » crédité des sommes entrées soit par suite de recouvrement d'effets, soit à tout autre titre. C'est là le compte courant proprement dit et c'est le seul, puisque le compte de recouvrement ne peut jamais donner lieu à la perception d'aucun intérêt, soit pour, soit contre l'ayant-compte.

On peut appliquer avec avantage le même système d'écritures aux comptes courants un peu indéterminés de quelques maisons de province qui reçoivent en compte les effets remis sans les escompter formellement. Tous les effets seraient, à leur entrée, passés à un compte de recouvrement du cédant, puis, à mesure que le cédant prendrait des fonds, les effets seraient escomptés et leur produit passé au débit du compte de recouvrement et au crédit du compte courant, devrait maintenir ce dernier toujours créditeur. Mais il est évident que ces comptes à conditions indéterminées ou mal déterminées sont une cause constante de difficultés et de danger : il convient de les éviter le plus possible, de manière à ce que tout effet soit, le jour même de sa remise, escompté ou mis en recouvrement, c'est-à-dire acquis au banquier ou mis en dépôt entre ses mains.

CHAPITRE III.

CHANGES.

On distingue, dans la pratique, les changes en deux classes, changes intérieurs et changes étrangers.

Les changes intérieurs portant sur des sommes exprimées en même monnaie sont formulés ou peuvent toujours être formulés en tant pour cent. Ainsi on dira que le change sur Lyon est à un quart de bénéfice ou de perte, c'est-à-dire que 100 fr. payables à Lyon se négocient à Paris à 100 fr. 25 c. ou à 99 f. 75 c.

Les calculs relatifs à cette espèce de change sont toujours très-faciles, soit qu'on les fasse mentalement ou à la plume, grâce aux décimales et à ce que le change, exprimé en tant pour cent, se calcule comme une commission ou un courtage de banque, c'est-à-dire de la manière la plus connue de quiconque a travaillé, en quelque emploi que ce soit, dans une maison de banque.

Les changes intérieurs ne fournissent aujourd'hui matière qu'à un petit nombre de négociations. En effet, il est bien rare que leur taux diffère du chiffre de la commission de recouvrement, tel qu'il est fixé par le tarif des diverses maisons de banque. En général, ces variations oscillent entre le chiffre de cette commission, lequel, pour les grandes places de France, est fixé à 1 pour 1,000, et le pair simple. Encore les négociations ne portent-elles que sur les effets à moins de dix jours ou à long terme, parce que la Banque de France prend au pair ceux qui lui sont remis dix jours avant échéance sur les villes où elle a des succursales.

Dans les opérations sur les changes extérieurs, les sommes

sont exprimées en monnaies autres que celles du pays dans lequel on opère. Il faut donc nécessairement, pour s'y livrer, connaître le rapport de la valeur qui existe entre les diverses monnaies et les bases sur lesquelles sont établis les divers systèmes monétaires ; car, bien que le cours des changes varie sous l'influence des causes commerciales précédemment indiquées, il a toujours un régulateur dans le pair intrinsèque des diverses monnaies et dans les frais que leur transport pourrait coûter.

On appelle *pair intrinsèque* ou simplement *pair*, l'égalité de valeur entre deux monnaies. Cette égalité se déduit de la comparaison que l'on fait de la quantité de métal fin contenu dans chaque espèce de monnaie et dans celle à laquelle on la compare.

Veut-on, par exemple, avoir la valeur au pair du souverain d'or d'Angleterre comparé à la pièce de 20 fr. de France ? On sait que ce souverain est au titre de 22 carats ou 11/12 (916 2/3 millièmes), c'est-à-dire que sur 1,000 parties dont il se compose, il y en a 916 2/3 d'or fin et 83 1/3 de cuivre, et que 1,869 souverains pèsent au poids droit exactement 40 livres troy de 373,24195 grammes. Par conséquent le souverain pèse 7,9880567 grammes et contient gr. 7,322385 de fin.

La monnaie d'or de France est de fr. 3,100 par kilogramme au titre de 900, soit fr. 3 4/9 par gramme d'or fin. Par conséquent, le souverain d'or vaut en monnaie d'or de France fr. 25,221549.

Le shilling qui pèse 5,65518 grammes au titre de 925, contient en argent pur 5,23104 gr.; le franc, au titre de 900, pèse 5 gr. et contient 4, 5 gr. de fin. On obtient facilement l'évaluation du shilling anglais ou le pair par la règle de trois qui résulte de la proportion suivante :

$$4{,}5 : 1 \text{ fr.} :: 5{,}23104 : x = 1 \text{ fr. } 16{,}245.$$

On remarque que 1 fr. 16 est moindre que le vingtième de 25 fr. 2215, valeur du souverain au pair de l'or, quoique le change légal du souverain et du shilling soit fixé par les lois anglaises dans le rapport de 1 à 20. Cette différence tient à ce que le change légal de l'or contre l'argent n'est pas établi au même rapport de valeur en France et en Angleterre.

Les monnaies ont un titre légal et un titre réel d'après lequel on les change à l'hôtel des monnaies et dans le commerce des métaux précieux. Ce titre commercial est fondé sur la différence inévitable qui existe entre le titre réel et le titre de fabrication. On comprend, en effet, que quelque exact et soigneux que soit le fabricant, il ne peut jamais atteindre, soit pour l'alliage, soit pour le poids, la précision mathématique du tarif légal. Partout la loi a prévu des incorrections et en a limité le chiffre sous les noms de *remède* ou de *tolérance*. Lorsque les monnaies fabriquées sont mises dans la circulation, on tient compte du remède ou de la tolérance et l'on établit en conséquence le tarif, que nous appellerons commercial, d'après lequel les monnaies sont reçues au change, comme matière, aux hôtels des monnaies.

En France, on le sait, l'Etat est propriétaire des hôtels des monnaies ; il fournit les coins ; mais il abandonne la fabrication à un entrepreneur particulier chargé de l'entretien et du remplacement des machines, lequel retient pour les frais 6 fr. 70 c. [1] par kilogramme d'or, et 1 fr. 50 c. par kilogramme d'argent au titre de 900/1000. Depuis longtemps, les directeurs des monnaies ont trouvé avantageux de devenir acquéreurs de lingots et de fabriquer pour leur propre compte.

D'après les diverses lois sur la matière, l'unité monétaire en France est le franc, pièce d'argent au titre de 900 et du poids légal de 5 grammes. Les multiples et sous-multiples du franc en monnaies réelles sont :

En or : . . .	la Pièce de	100 fr.	pesant	grammes	32.2581
	—	50	—	—	16.1290
	—	40	—	—	12.9032
	—	20	—	—	6.4516
	—	10	—	—	3.2258
		5	—	—	1.6129
En argent : .	—	5	—	—	25
		2	—	—	10
		0.50	—	—	2.5000
		0.25	—	—	1.2500
		0.20	—	—	1

[1] Tarif du 5 avril 1854.

En bronze :	La Pièce de	0.10	pesant	grammes	10
	—	0.05	—	—	5
		0.01	—	—	1

Toutes les pièces d'or et d'argent sont au titre de 900 ou 9/10 de fin, avec une tolérance sur les pièces d'or de 2/1000 pour le poids et pour le titre, en dedans et en dehors [1]. En d'autres termes, ces pièces sont admises à l'essayage et répandues dans la circulation, pourvu que leur titre et leur poids réel ne soient ni supérieurs ni inférieurs de plus de 2/1000 au poids et au titre égal. La tolérance sur les pièces de 5 fr. d'argent est de 3/1000; de 5/1000, sur celles de 1 et 2 fr.; de 7/1000, sur celles de 50 c.; de 10/1000, sur celles de 25 et 20 c. et de 20/1000, sur celles de bronze. Les anciennes monnaies, frappées avant la loi du 28 thermidor an III, ont cessé d'avoir cours depuis le 1er janvier 1853 [2].

Des ouvrages spéciaux ont été faits sur les titres, poids, remèdes, tolérances, etc., des monnaies étrangères [3]. Les changeurs et ceux des banquiers qui font le commerce des matières d'or et d'argent, peuvent les consulter avec avantage. Il ne nous appartient de rappeler ici que ce qui est élémentaire et dont la connaissance est indispensable à tous.

En France, la proportion de l'or à l'argent est 15,5 : 1 ; de l'or au cuivre, 3100 : 1 ; de l'argent au bronze, 20 : 1. Dans les autres pays, le rapport légal de l'or à l'argent n'est pas le même qu'en France. Ainsi, en Angleterre, il est 14,28 : 1 ; en Belgique 15,79 : 1 ; en Espagne, 15,767 : 1 ; en Portugal, 15,48 : 1 ; en Prusse, 15,69 : 1 ; en Russie, 15 : 1 ; ailleurs d'autres rapports encore.

D'après le titre, le taux de fabrication et le change de l'or contre l'argent établis par les lois monétaires de la France, le

[1] Les décrets de 1854 ont fixé la tolérance de poids à 1/1000 pour les pièces de 100 francs, et à 3 millièmes pour celles de 5 fr. en or.

[2] Voir à l'Appendice la quantité de monnaie frappée en France d'après le nouveau système.

[3] Notamment l'*Encyclopédie des Monnaies*, de M. Bonneville, et le *Nouveau Manuel* de Nelkenbrecher, traduit et revu par M. J.-M. Deschamps, ouvrage apprécié par les praticiens et dans lequel on trouve les renseignements les plus précis et les plus complets sur la matière des changes.

kilogramme d'or fin vaut 3,437 fr. et le kilogramme d'argent fin 220 fr. 50.

Depuis la loi du 19 brumaire an VI, il y a trois titres légaux pour les ouvrages d'or, savoir :

1er titre marqué au chiffre 1, 920/1,000;
2e titre. 2, 840/1,000;
3e titre. . . . . 3, 750/1,000.

Il y a deux titres pour les ouvrages d'argent, savoir :

1er titre marqué au chiffre 1, 950/1,000;
2e titre. . . . . 2, 800/1,000.

La tolérance est de 3 millièmes pour l'or et de 5 millièmes pour l'argent.

On distingue les monnaies en plusieurs catégories et spécialement en monnaies *réelles* et monnaies *de banque*, monnaies *de compte* et monnaies *de change*.

Les monnaies réelles sont celles qui existent réellement en or ou en argent, comme le franc, et les diverses pièces qui ont cours en France et au dehors. Les monnaies de banque n'ont pas d'existence réelle, mais elles n'ont pas pour cela une valeur arbitraire. S'il convenait, par exemple, au commerce de supposer l'existence d'une pièce d'argent de 8 grammes au titre de 900; si la Banque de France recevait en dépôt les lingots d'argent évalués en cette monnaie idéale, sous déduction de 1 1/2 par kilogramme pour frais de fabrication, et de 1/4 ou 1/5 p. °/₀ de frais de garde, soins pour le monnayage, etc., il est évident que tous les ayants-compte de la Banque pourraient recevoir et payer, par des virements, en cette monnaie, sans qu'elle existât réellement. Il n'y aurait rien de fictif dans les opérations, soit en recette, soit en dépense. En effet, si l'on voulait transformer la monnaie de Banque en monnaie réelle, on n'aurait qu'à la transporter à l'hôtel des monnaies et à la faire frapper en pièces de 5 francs : la Banque et chacun de ses ayants-compte auraient aussitôt le moyen de liquider leurs engagements en monnaie courante.

La supposition que nous venons de faire gratuitement pour Paris s'est réalisée dans plusieurs villes de l'Europe, notamment à Amsterdam et à Hambourg. Dans cette dernière ville, tout ayant-compte à la Banque est crédité de 27 5/8 marcs de banque contre le dépôt d'un marc de Cologne, soit Gr. 233,769 d'argent fin, et débité, lorsqu'il retire ce dépôt, de 27 3/4 marcs de banque pour chaque marc de poids qu'il retire.

On comprend assez que la monnaie de banque a été imaginée pour éviter les inconvénients du faux-monnayage officiel et les difficultés du change de diverses monnaies étrangères dans les villes dont le territoire était peu étendu. La monnaie de banque ou monnaie d'écriture a pu avoir cours par une simple convention des principaux négociants d'une ville, et bientôt l'usage s'en est répandu même au dehors, parce que cette monnaie, n'ayant point d'existence réelle, avait une fixité de titre et de poids incomparable et ne pouvait être altérée.

La livre sterling était une monnaie de ce genre, et elle a eu cours bien avant que la loi de 1818 lui eût donné la forme réelle du souverain d'or. Le marc banco de Hambourg est la principale monnaie de ce genre qui ait cours encore aujourd'hui.

La monnaie de compte est celle par laquelle toutes les sommes sont exprimées dans les transactions et dans les écritures du commerce. Quel que soit le nombre des pièces de monnaie réelle données et reçues en payement en chaque pays, il y en a toujours une qui est préférée pour les écritures et les transactions, et par laquelle toutes les sommes sont énoncées. Ainsi, en France, la monnaie de compte se compose de la pièce de 1 fr. et de la pièce de 1 cent., ou, comme on dit, *on compte en France par francs et centimes*. On voit tout d'abord que cette expression ne veut pas dire que la monnaie de compte soit la plus employée dans les payements et recettes, car en France le centime est rare et la pièce de 1 fr. n'est employée que comme appoint de la pièce de 5 fr. Celle-ci prévaut dans l'usage, mais non dans les écritures, parce qu'en effet, la pièce de 1 fr., qui a moins de valeur et qui se subdivise décimalement en centimes, est infiniment plus commode dans les comptes. L'Angleterre compte par livres, shillings et pence : sur les livres de commerce, chaque colonne de caisse se compose donc de trois compartiments ; et comme la livre se divise en 20 shillings et chacun de ceux-ci en 12 pence, il faut souvent faire des réductions qui sont bien plus compliquées que celles qui résultent du système décimal. Ajoutons que la dernière subdivision, le dernier équivalent, le denier ou penny, de 10 centimes environ, ne permet pas, aussi bien que le centime, de rapprocher les comptes de l'exactitude mathématique.

La monnaie de change est celle qui est employée dans l'évaluation du change avec les monnaies étrangères. Autrefois il n'était pas rare que la monnaie de change fût différente de la monnaie de compte et de la monnaie réelle. Naguère encore, dans la cote du change entre Paris et Amsterdam, on employait l'ancien écu de 3 livres de France qui n'existait plus, ni comme monnaie rélle, ni comme monnaie de compte. Pourquoi ? parce que telle était l'habitude. Mais chaque jour ces distinctions de monnaies diverses qui surchargeaient la mémoire des employés de banque et embarrassaient quelquefois la comptabilité, tendent à disparaître et l'unité s'établit. En France, par exemple, le franc est à la fois monnaie réelle, monnaie de compte et monnaie de change, de même qu'en Angleterre la livre sterling et ses subdivisions.

Quelquefois la monnaie de compte est, soit une monnaie de banque, soit une ancienne monnaie réelle, hors cours, mais qui s'évalue, par un change tacite, en monnaie réelle et courante.

Voici un tableau des monnaies de compte employées sur les principales places de commerce : les villes de la Suisse, du royaume d'Italie et de la Belgique n'y figurent point, parce qu'elles ont la même monnaie de compte que la France. En Allemagne, il n'y a guère plus que deux monnaies, le thaler de Prusse et le florin de l'Allemagne du sud : la plupart des places du commerce comptent comme Berlin et comme Vienne ; la plupart des places espagnoles de l'Amérique du sud ont conservé l'ancienne piastre et comptent comme Mexico. Il est triste d'ajouter que, le Chili excepté, la plupart des républiques hispano-américaines sont infestées de monnaies qui n'ont ni le poids, ni le titre indiqués par la loi, de telle sorte qu'il n'y a point à proprement parler de pair du change fixe en présence d'une fabrication de monnaie sans uniformité. La piastre du Chili pèse 25 grammes à 900/1000 de fin et se subdivise en centavos, de telle sorte que cette piastre est identique à notre pièce de 5 fr., et le centavo identique à notre pièce de 5 centimes.

TABLEAU *des Monnaies de compte des principales places de commerce.*

PLACES.	MÉTAUX.	DÉNOMINATION.	POIDS.	TITRE.	CHANGE au pair.		SUBDIVISIONS.
			gramm.		fr.	c.	
Amsterdam	argent	florin	10,766	945	2	12	100 cents.
Athènes	»	drachme	4,477	900	0	89.5	100 lepta.
Berlin	»	thaler ou rixdale	18,519	900	3	70	30 silbergros ou 360 pfennigs.
Bogota	»	piastre	25,000	900	5	»	100 centavos.
Buenos-Ayres	or	once	27,100	868	84	»	16 patacons ou piastres fortes.
Calcutta	argent	roupie	10,692	916 2/3	2	39	16 annas ou 192 pices.
Constantinople	»	piastre	1,203	833 1/3	0	23	40 paras.
Copenhague	»	rigsbankdaler	14,447	875	2	81	96 shillings.
Francfort-sur-Mein	»	florin	10,582	900	2	12	60 kreutzers ou 240 pfennigs.
Hambourg	»	marc banco	......	....	1	88	16 schellings.
Lisbonne	»	cruzade de 1,000 reis	1,773	916 2/3	5	60	
Londres	or	pound sterling	7,988	916 2/3	25	22	20 shillings ou 240 pence.
Madrid	»	doublon	8,335	900	25	84	100 réaux.
	argent	piastre peso fuerte [1]	26,291	900	5	25	20 réaux.
	»	réal	1,314	900	0	26	100 centimas.
Mexico	»	piastre peso duro	27,000	903	5	41	8 réaux à 40 deniers, 20 grains.
Montevideo	»	patacon	27,000	875	5	25	8 réaux.
New-York	»	demi-dollar [2]	12,441	900	2	49	50 cents.
	or	dollar, 1849	1,671	900	5	18	100 dito.
Paris	argent	franc	5,000	900	1	00	100 centimes.
Saint-Pétersbourg	»	rouble	20,732	868	4	00	100 copecks.
Rio-Janeiro	»	milreis	12,747	916 2/3	2	60	C'est la 1/2 piastre forte.
Rome	»	écu	......	917	5	38	100 bajocchi.
Stockholm	»	rixdaler	8,484	750	1	44	100 ores.
Valparaiso	»	peso	25,000	900	5	00	100 centavos.
Vienne	»	florin	12,346	900	2	47	100 neukreutzers.

[1] On se sert couramment en Espagne de la pièce de 5 fr. au change de 19 réaux. — [2] Loi du 21 février 1853 qui établit en fait entre l'or et l'argent un rapport de valeur de 14.80 : 1.

Pour changer l'une contre l'autre deux monnaies différentes il faut nécessairement prendre l'une des deux pour terme de comparaison. Lorsque nous faisons le change de notre plus grosse pièce d'or avec le franc, nous disons qu'*elle vaut cent francs*. Dans la comparaison que fait notre esprit il y a un terme fixe, c'est la pièce d'or. Soit que le rapport de valeur qui existe entre la pièce d'or et la pièce d'argent varie par l'enchérissement ou la dépréciation de l'une ou de l'autre, nous disons que la pièce d'or vaut tel ou tel nombre de francs, plus ou moins : la pièce d'or reste comme un terme fixe de comparaison. Dans le langage du change, ce terme fixe s'appelle *le certain* ; le terme variable de comparaison se nomme *l'incertain*. On comprend assez que l'un n'est en réalité ni plus certain, ni plus incertain que l'autre, et que ces mots se rapportent au rôle de l'une ou de l'autre monnaie dans la comparaison. Ainsi lorsqu'on dit qu'une livre sterling vaut 25 fr. 22 c., *plus ou moins*, la livre sterling est le terme fixe, le point de comparaison, ou, pour tout dire en un mot, le certain. Si elle venait à se déprécier, comme à l'époque du papier-monnaie, à subir des variations de 15, 20, 25 p. %, on dirait que le change est à 22, à 20, à 18 fr., mais la livre sterling n'en serait pas moins *le certain*, le terme invariable de comparaison ; le franc, qui n'aurait éprouvé aucune variation, n'en serait pas moins *l'incertain*.

On dit qu'une place donne le certain à une autre, lorsque c'est la monnaie de la première qui sert de terme de comparaison entre les deux places. Londres donne donc le certain à Paris, et réciproquement Paris lui donne l'incertain. Autrefois ces rapports, fixés par d'anciens usages, étaient tels, qu'en général les monnaies les plus vieilles, les plus anciennement connues, donnaient le certain aux plus modernes. Aujourd'hui on prend presque toujours pour terme fixe, pour certain, celle des deux monnaies dont la valeur est la plus élevée, parce qu'il est plus facile, par ce moyen, de constater et de suivre les plus petites variations du change.

Sur les cotes de change des diverses places, on n'inscrit souvent que l'*incertain ;* on suppose que tous les intéressés connaissent, et ont fixé dans leur mémoire *le certain*. Ainsi on dira que le change de Paris à Londres est de 25 fr. 26 c. ce qui signifie simplement qu'une livre sterling vaut à Paris 25 fr. 26 c.

Il y a des changes directs et des changes indirects. Le change direct est celui qui est inscrit sur la cote. Le change indirect est celui qui résulte d'une place à une autre par une troisième. On peut changer des francs en livres sterling directement à Paris et à Londres ; on peut changer indirectement, soit par Hambourg, en changeant des francs en marcs banco et des marcs banco en livres sterling ou réciproquement. Ainsi lorsque les cotes de change établissent que la livre sterling changée directement vaut 25 fr. 05, qu'elle vaut à Hambourg 13 marcs 4 shellings, et que le marc banco vaut 1 fr. 90 ; on trouve, en réduisant la livre sterling en marcs et ceux-ci en francs, que par change indirect de Hambourg la livre sterling vaut 25 fr. 17 c.

Du change indirect résulte le pair dit politique ou proportionnel, qui, dans l'exemple cité plus haut, serait un cours tel que le change de la livre sterling par Hambourg donnât le même résultat que le change direct.

On voit que cette espèce de pair est aussi variable, que le pair intrinsèque, fondé sur le rapport des quantités de fin contenues dans les diverses monnaies, est fixe et invariable. Dans la pratique, du reste, le pair intrinsèque n'est utile à connaître que lorsqu'on fait des opérations de change pour vendre ou acheter des monnaies comme matières d'or et d'argent. Quant au pair proportionnel, ainsi défini [1], ce n'est qu'un degré sur l'échelle des innombrables variations des changes indirects sur lesquels on calcule et on opère tous les jours.

Il n'est pas besoin de rappeler qu'on appelle *traite* une lettre de change tirée ; *remise*, une lettre de change négociée ; *acceptation*, une lettre de change acceptée ; qu'une lettre de change représente la monnaie dans laquelle elle est exprimée ; que tirer (lorsqu'il n'existe antérieurement ni dette ni créance) équivaut à vendre, et que remettre équivaut à acheter. Tout

[1] Quelques auteurs et un grand nombre de praticiens confondent le pair proportionnel avec le change indirect lui-même. Ce n'est qu'une affaire de nomenclature trop peu importante pour qu'il soit utile d'insister sur ce sujet.

ceci a été dit dans le cours de cet ouvrage ou résulte immédiatement de ce qui y a été dit. Il est évident, en effet, que celui qui fait sur Londres une traite de 100 livres sterling et qui la négocie sur quelque place que ce soit, vend 100 livres sterling, tandis que celui qui fait une remise de 100 livres sterling achète cette somme de celui auquel il la remet, puisque la somme est en effet passée à son crédit sur les livres du banquier auquel est faite la remise, et qu'il a droit de niveler son compte par une traite, c'est-à-dire par une vente de cette somme de monnaie.

L'arithmétique des changes se présente à l'œil comme quelque chose de difficile et d'effroyable. En réalité elle est fort simple. Cependant la pratique de changes s'acquiert lentement à cause du grand nombre et de la variété des connaissances qui sont nécessaires pour s'y livrer utilement. Il faut connaître en effet le nom, la matière, les subdivisions, le pair intrinsèque de toutes les monnaies des principales places cambistes, se rappeler exactement le *certain*, sous-entendu sur chaque cote des changes, savoir comment les diverses places changent entre elles. Ces connaissances positives et qui ne s'acquièrent pas en un jour, sont indépendantes de l'arithmétique. Il faut en outre à celui qui veut spéculer sur les changes une connaissance approfondie des causes générales qui peuvent faire varier les cours, soit en hausse soit en baisse, et ces causes ne sont autres que l'ensemble du mouvement commercial entre les divers pays, etc. L'arithmétique n'est donc qu'un accessoire dans les opérations qui se font journellement sur les changes.

Encore l'action du temps et de la civilisation a-t-elle merveilleusement simplifié l'arithmétique des changes. Depuis trente ans environ, les opérations sur les changes se sont presque toutes concentrées sur les places de Londres et de Paris, et sur quelques places accessoires, telles que Hambourg, Amsterdam, Livourne, Vienne, Pétersbourg. Les villes cambistes telles qu'Augsbourg ou Auguste, comme on l'appelait en banque depuis les premiers banquiers lombards, ont perdu presque toute leur importance spéciale. En même temps plusieurs États, comme la Hollande et bientôt l'Espagne, le Portugal ont perfectionné leur système monétaire et y ont introduit système décimal. Les décimales ont été admises dans les calculs, même dans les pays où elles n'étaient pas représentées par des monnaies réelles : le commerce, sur ce point, a pris les devants sur les gouvernements.

Enfin on tend de toutes parts à changer l'une contre l'autre les monnaies de compte de chaque pays, et à négliger les anciennes monnaies de change, et l'on cote les changes eux-mêmes, à Paris surtout, de manière à faire prévaloir le système décimal.

Ainsi déjà les changes avec la Belgique, la Suisse et le royaume d'Italie sont devenus en quelque sorte intérieurs, pour les banquiers de France, et l'on ne change pas avec Anvers, Bâle, Genève ou Turin et Gênes autrement qu'avec Lyon et Marseille. Pour les places qui ont un système monétaire différent du nôtre, on a pris la monnaie de compte de chaque pays et on l'a comparée à la nôtre, de telle sorte qu'aujourd'hui, pour parler l'ancien langage, Paris donne partout l'incertain. Voici quelle y est actuellement la cote officielle.

Changes de Paris.

Amsterdam.	214 fr.	plus ou	moins p.	100 florins.
Hambourg.	188	—	—	100 marcs.
Berlin.	371	—	—	100 thalers.
Londres.	25.21	—	—	1 liv. sterling.
Madrid. . . . . . / Cadix.	525	—	—	100 piastres de 1848.
Vienne. . . . . / Trieste.	260	—	—	100 fl. d'Autriche O. W.
Auguste.	215	—	—	100 fl. S. W.
Francfort.	215	—	—	100 fl. id.
Pétersbourg.	400	—	—	100 roubles.

Bien que les autres places ne comptent pas toutes avec Paris comme Paris compte avec elles, qu'Amsterdam, par exemple, donne 56 florins plus ou moins pour 120 fr. tandis que Paris donne 214 fr. plus ou moins pour 100 florins, les réductions sont devenues, presque partout, infiniment plus faciles qu'autrefois.

Voici les changes ordinaires de Londres, de Hambourg et d'Amsterdam.

Changes de Londres.

Amsterdam.	11 florins, plus ou moins p. 1 liv. sterling.
Copenhague.	9 thalers rixbanq. — —
Hambourg.	13,64 marcs banco. — —
Paris.	25,21 francs. — —
Francfort.	117,93 fl. pied de 24 pour 10 liv. sterl.
Vienne. Trieste.	10,45 florins. 1 —
Pétersbourg.	37,58 pence pour 1 rouble d'argent.
Madrid. Cadix.	49 pence — 1 piastre forte.
Livourne. Milan. Gênes. Naples. Palerme. Messine.	25,22 lire — 1 livre sterl.
Lisbonne.	52,72 pence — 1 milreis.
Rio-Janeiro.	30 pence — 1 milreis effectif.
Calcutta. Bombay. Madras.	25 pence — 1 roupie.

Changes de Hambourg.

Londres.	13,63 marcs b° p. 1 livre sterling.
Paris. Gênes. Livourne.	188 francs p. 100 marcs banco.
Péterbourg.	34,17 schel. b° p. 1 rouble d'argent.
Madrid. Cadix.	43,05 — p. 1 piastre forte.
Lisbonne. Porto.	47 — p. 1 milreis.
Amsterdam.	35,06 florins p. 40 marcs b°.
Anvers.	188 francs p. 100 —
Francfort-sur-Mein.	90 florins p. — —
Augsbourg.	150 — p. 200 —
Prague. Vienne. Trieste.	176 fl. conv. p. — —
Breslau. Berlin. Leipzig.	154 thalers p. 300 —

Changes d'Amsterdam.

Paris.	fl. 56,70 pour 120 francs.
Madrid ou Cadix.	244 — 100 piastres.

Lisbonne.	45,89	—	40 crusades de 400 reis.
Londres.	10,88	—	1 livre sterling.
Gênes. . . . . . / Livourne. . . . . / Naples.	46,81	—	100 livres neuves.
Francfort.	101,34	—	100 florins pied de 24.
Vienne et Augsbourg. . .	36,49	—	30 —
Pétersbourg.	187,10	—	100 roubles d'argent.
Hambourg.	35,05	—	40 marcs banco [1].

Tous les calculs relatifs aux changes se réduisent à évaluer la monnaie du pays où l'on est en monnaie de tel ou tel autre pays sur lequel on veut vendre ou sur lequel on veut acquérir une lettre, par voie directe ou par voie indirecte.

Les changes par voie directe se calculent ordinairement par des multiplications et des divisions. Ainsi pour changer des francs en livres sterling, on divise la somme des francs par le nombre qui exprime le change, soit 25 fr. 05. En général, pour évaluer les francs en monnaies étrangères, il faut diviser, parce que les unités de change des pays etrangers valent plus d'un franc.

La réduction des francs en fractions de la monnaie de change, dans les pays qui n'ont pas encore adopté le système décimal, comme l'Angleterre, Hambourg, etc., impose des calculs plus compliqués. Soit donnée une traite de 4,000 fr. à changer en monnaie anglaise, au cours de 25,05. Ce nombre 25,05 exprime la livre sterling en un nombre de même sorte que les 4,000, mais avec deux décimales : il faut donc ajouter deux zéros à droite de 4,000 et diviser par 25,05, ainsi qu'il suit :

```
4000 00 | 25,05
1495 0  |-------
 242 50 | 159 l.
  17 05
```

On trouve au quotient 159 et un reste de 17,05 centimes qu'il faut réduire en shillings. Comme le shilling n'est que le vingtième de la livre, il faut diviser par 20 les 25,05 ou conserver ce nombre au diviseur et multiplier le reste de la pre-

[1] J'ai laissé subsister ici les cotes de la 1re édition. On trouvera à l'Appendice les feuilles de Bourse ou cours officiels complets et actuels des deux grandes places cambistes, Londres et Paris, et la liste des valeurs qui se négocient sur l'une et sur l'autre.

mière division par 20. Si l'on prend ce dernier parti, on continue l'opération de la manière suivante :

```
 1705
   20
-------
34100 | 25,05
      |------
 9050   13 sh.
 1535
```

Soit au quotient 13 shillings et un reste indivisible 1535 qui exprime des vingtièmes de centime. Pour le réduire en deniers ou pence sterling qui valent un douzième du shilling, il faut, ou diviser par 12 le diviseur 25,05, ou multiplier le reste par 12 et conserver encore le même diviseur. On continue donc :

```
  1535
    12
------
  3070
 1535
------
 18420 | 25,05
       |------
   885   7 d.
```

On a pour quotient 7 pence plus un reste indivisible 885. Si l'on voulait continuer l'opération et obtenir des farthings dont 4 = 1 pence, on multiplierait le reste par 4 et l'on continuerait à diviser par 25,05. Mais comme dans le commerce on ne compte jamais au delà d'un penny, il convient de négliger ce reste. On dit donc : 4,000 fr. = 159 *l.* 13 *sh.* 7 *d.* sterling.

S'agit-il, au contraire, de réduire en francs une somme exprimée en monnaie anglaise, il faut faire l'opération inverse, c'est-à-dire mettre des multiplications à la place des divisions, et plus clairement encore, procéder par des règles de trois. Soit à réduire en francs la somme de 159 *l.* 13 *sh.* 7 *d.* au change de 25,05. Une première multiplication de 159 par 25,05 donne la réduction des livres en francs, soit :

```
     159
   25,05
--------
     795
   795
  318
--------
 3982,95
```

On a 3,982 fr. 95 cent. Reste à évaluer en francs et à ajouter à cette somme celle que représentent les shillings et les deniers ou pence. Le shilling est le 20e de la livre, donc :

$$20\ sh.\ :\ 25{,}05\ ::\ 13\ :\ x.$$

Donc :

$$x = \frac{25{,}05 \times 13}{20} = 16\ \text{f.}\ 28.$$

De même, pour réduire les pence en monnaie de France, on dit :

$$240\ \text{pence}\ :\ 25{,}05\ ::\ 7\ :\ x.$$

Ou, ce qui revient au même :

$$x = \frac{25{,}05 \times 7}{240} = 0{,}73.$$

On ajoute ensuite les trois nombres successivement obtenus. soit :

3982 f.	95
16	28
0	73
3999	96

La différence de 4 centimes entre cette somme et 4,000 fr. provient des fractions négligées dans l'une et l'autre opération, comme dans la pratique.

On aurait pu encore changer 159 *l.* 13 *sh.* 7 *d.* en monnaie de France en réduisant d'abord cette somme en pence, soit :

$$159 \times 20 \times 12 + 13 \times 12 + 7 = 38323.$$

Puis en posant la proportion :

$$240\ :\ 25{,}05\ ::\ 38323\ :\ x.$$

D'où l'on déduit :

$$x = \frac{25{,}05 \times 38323}{240} = 3999\ \text{f.}\ 96.$$

Il y a plusieurs autres manières d'effectuer ces sortes de changes ; mais, quelque voie que l'on prenne, les calculs sont toujours assez longs pour faire bien apprécier les avantages d'un système monétaire décimal.

Le calcul des changes par voie indirecte n'est guère plus difficile que celui-ci, lorqu'on se borne à comparer entre elles, selon l'usage, lès unités de change. On le fait par le moyen de la règle de trois composée, dite règle conjointe, qui résulte de la combinaison de deux ou plusieurs proportions.

Soit une remise de 3,000 marcs à négocier à Amsterdam et dont on veut évaluer le produit en francs, le change d'Amsterdam avec Hambourg étant à fl. 35 1/4 pour 40 marcs et avec Paris à fl. 56 1/4 pour 120 francs.

On a les proportions suivantes :

40 marcs : 35 fl. 1/4 :: 3000 marcs : y florins.
56 florins 1/4 : 120 f. :: y florins : x francs

Si l'on multiplie terme par terme les deux proportions ci-dessus, les produits, on le sait, formeront encore une proportion, soit :.

$$40\times56\ 1/4 : 35\ 1/4\times120 :: 3000\times y : y\times x.$$

Dans les deux derniers termes de cette proportion se trouve le facteur commun y que l'on peut éliminer sans que le rapport soit changé, et, par conséquent, sans que la proportion soit altérée. On l'élimine et on déduit la règle de trois :

$$x=\frac{35\ 1/4\times120\times3000}{40\times56\ 1/4}=5640 \text{ fr.}$$

Dans cet exemple, on peut le remarquer, l'évaluation du change indirect est aussi facile que possible, parce que les deux monnaies française et hollandaise ont dans les changes une mesure commune, le marc. Si elles n'avaient pas de mesure commune, les calculs seraient un peu plus longs, mais toujours fondés sur les mêmes principes.

Soit à changer à Londres une remise de 6,000 roubles, le change de Londres avec Paris étant à 25,25; et celui de Londres avec Saint-Pétersbourg à 38 pence 1/4 pour un rouble. On dirait :

1 rouble : 38 1/4 pence :: 6000 roubles : y pence.
240 pence : 1 l. st. :: y pence : z l. st.
1 l. st. : 25,25 :: z l. st. : x fr.

Si l'on multiplie terme à terme ces trois proportions, leurs produits forment encore proportion, et l'on a :

$$1\times240\times1 : 38\ 1/4\times1\times25{,}25 :: 6000\times y\times z : y\times z\times x.$$

En éliminant des deux derniers termes les deux facteurs communs y et z, on n'altère pas la proportion et l'on a :

$$1\times240\times1 : 38\ 1/4\times1\times25{,}25 :: 6000 : x.$$

D'où l'on déduit :

$$x=\frac{38\ 1/4\times1\times25{,}25\times6000}{1\times240\times1}=24145 \text{ fr. } 31 \text{ c.}$$

Dans la pratique, on suppose toujours l'élimination des facteurs communs effectuée, et l'on écrit :

1 rouble : 38 1/4 pence
240 pence : 1 livre sterling
1 livre sterling : 25,25 francs
:: 6000 roubles : x francs.

Ou pour la conjointe précédente :

40 marcs : 35 1/4 florins
56 1/4 florins : 120 francs
:: 3000 marcs : x francs.

On n'emploie presque jamais d'autre opération que la règle de trois dans les calculs relatifs aux changes.

CHAPITRE IV.

ARBITRAGES.

Les arbitrages de banque ont pour but de trouver la voie la plus avantageuse pour tirer et pour remettre des lettres de change sur les places étrangères. On donne à cette opération le nom d'arbitrage parce que en s'y livrant le banquier fait un choix.

Il y a des opérations d'arbitrage qui naissent directement de celles du commerce de marchandises lui-même; il y en a qui sont l'objet d'un commerce spécial très-légitime. Dans les premières, il s'agit de tirer ou de remettre, c'est-à-dire de recouvrer une somme déterminée ou de la payer aux conditions les plus avantageuses. Dans les autres, on spécule directement sur le cours des changes, avec liberté, sans être tenu par aucun engagement de recouvrer ou de payer, ou, en d'autres termes, de tirer ou de remettre.

1° Cas où il s'agit de tirer ou de remettre une somme déterminée.

S'agit-il de tirer sur Londres, ou, en d'autres termes, de recouvrer une somme à Londres, on cherche si par quelque voie indirecte la livre sterling produira un plus grand nombre de francs que par la voie directe, ce qui se fait par le change indirect de la livre sterling avec diverses places, ou même en échangeant la livre sterling contre une autre monnaie, celle-ci contre une troisième et celle-ci en francs. En prenant l'exemple déjà cité ci-dessus, où la livre sterling vaudrait 25 fr. 13 à Hambourg, tandis qu'elle ne vaudrait que 25 fr. 05 à Paris ou à Londres, il serait plus avantageux de négocier la traite sur Londres à Hambourg et d'en reprendre le montant en papier sur Paris au change de 190.

S'il s'agissait, au contraire, de remettre, c'est-à-dire de payer à Londres, il serait plus avantageux de remettre directement que de prendre la voie de Hambourg.

En termes généraux, lorsqu'on a besoin de tirer, on cherche, d'après le cours des changes, quelle est la place sur laquelle la monnaie que l'on veut vendre se vend le plus cher, et lorsqu'il s'agit de remettre, c'est-à-dire de payer, on cherche, toujours d'après le cours des changes, quelle est la place sur laquelle la monnaie que l'on doit est à meilleur marché. En un mot la question est toujours d'acheter au meilleur marché et de vendre au meilleur prix que l'on peut.

Dans toutes les opérations relatives à ce que l'on appelle le premier cas des arbitrages, il ne s'agit que de comparer les résultats de divers changes indirects et de choisir le plus avantageux.

Soit une somme de 1,000 livres sterling à payer de Paris à Londres. Il s'agira de l'y payer au meilleur marché possible, de vérifier si, par une voie indirecte, par l'intermédiaire de telle ou telle place de commerce, on pourrait éteindre la dette de 1,000 livres en déboursant un moindre nombre de francs que par le change direct, par l'achat, sur la place de Paris, d'une lettre sur Londres.

Les cours sont cotés ainsi qu'il suit :

Cours du Change.

Londres,	25	fr. p. 1 livre st.	Paris,	25	fr. p. 1 livre st.
Amsterdam,	213	fr. p. 100 florins.	Amsterdam,	11.17	florins, 1 l. st.
Hambourg,	190	fr, p. 100 marcs.	Hambourg,	18.4	marcs 4 schel. b/ p. 1 l.
Livourne,		1/2 p. 100 prime.	Livourne,	25.67	liv. st. p. 1 liv. sterl.
Pétersbourg,	397	fr. p. 100 roubles.	Pétersbourg,	39	pence p. 1 rouble.
Etc.			Etc.		

Il s'agit de déterminer le cours de la livre sterling proportionnellement aux monnaies des places indiquées ci-dessus, en d'autres termes, de rechercher successivement le cours de la livre, proportionnellement au franc, en monnaie d'Amsterdam, de Hambourg, de Saint-Pétersbourg, etc., et de choisir ou *arbitrer* la voie par laquelle on veut faire le payement de 1,000 livres sterling.

On obtient, comme nous l'avons vu, le change indirect entre Paris et Londres, par Hambourg, au moyen de la conjointe suivante :

Entre Paris et Londres, par Hambourg.

1 livre sterling : 212 schellings banco,
1,600 schellings : 190 francs,
:: 1 livre sterl. : $x = 25$ fr. 13.

Entre Paris et Londres, par Livourne.

1 livre sterling = 25,67.

Entre Paris et Londres, par Saint-Pétersbourg.

1 l. : 240 pence,
39 pence : 1 rouble,
100 roubles : 397 francs,
:: 1 liv. : $x = 24{,}43$

Entre Paris et Londres, par Amsterdam.

1 l. st. : 11.17 florins,
100 florins : 213 francs,
:: 1 livre st. : $x = 23.79$.

Par ces opérations successives, on reconnaît promptement que la voie la plus avantageuse pour payer à Londres, ou, ce qui revient au même, pour remettre à Londres, est la voie d'Amsterdam, c'est-à-dire en changeant d'abord des francs contre des florins d'Amsterdam et ceux-ci contre des livres sterling.

S'il s'agissait au contraire de recouvrer à Londres la même somme de 1,000 livres sterling, il est évident que la voie la plus avantageuse serait celle de Livourne, puisque c'est celle par laquelle on obtiendrait la plus forte somme en francs et centimes pour une somme donnée de livres sterling.

On pourrait de même calculer un arbitrage par deux ou plusieurs places intermédiaires.

Mais tout arbitrage se complique des frais de change et de commission qu'il faut payer aux banquiers par l'intermédiaire desquels passent soit les traites, soit les remises. Il faut donc faire entrer la commission dans le calcul de l'arbitrage ainsi que les faux frais, tels que ports de lettres, etc. Dans la pratique, on évalue le tout à tant pour cent et on ajoute le chiffre au prix de l'arbitrage.

2° Cas où l'on est libre de tirer ou de remettre à volonté.

Un négociant, aussi bien qu'un banquier, peut avoir besoin de tirer ou de remettre sur une place étrangère. Aussi quelques maisons du commerce de marchandises font-elles ce que les cambistes appellent les arbitrages du premier cas; elles achètent et vendent des lettres sur les places étrangères. Mais la plupart des négociants, mieux avisés, laissent aux banquiers le soin de faire les arbitrages et réservent pour leur commerce ordinaire le temps et l'application dont ils disposent. Entre les banquiers, il en est quelques-uns qui non-seulement achètent et vendent les lettres sur l'étranger, mais qui ont sur les principales places de commerce des correspondants avec des crédits ouverts, de manière à pouvoir à volonté, s'ils y trouvent leur intérêt, créer des traites ou des remises. En d'autres termes, ils font sur les changes, outre la commission, des opérations directes.

En arithmétique, ces opérations se réduisent toujours à une recherche sur le pair proportionnel des changes, sur la différence du cours de telle monnaie entre telle place ou telle autre.

Il faut bien observer que celui qui veut faire une spéculation sur les changes agit librement, sans être contraint de faire un payement ou de recouvrer une somme à tel ou tel jour déterminé, en une monnaie fixée d'avance. Il peut tirer ou remettre à volonté, choisir, pour formuler sa lettre ou son ordre, telle monnaie qu'il lui plaît. Bien qu'il réside à Paris, il peut changer, s'il le trouve bon, des florins de Vienne contre des piastres de Madrid, et celles-ci contre des roubles ou des livres sterling. Toutefois cette liberté a des bornes dans la nécessité de changer un peu plus tôt ou un peu plus tard ces monnaies étrangères contre des francs. La nécessité est d'autant plus éloignée que le banquier jouit auprès de ses correspondants d'un plus grand crédit, et si ce crédit est illimité, on peut dire que la liberté du banquier est complète.

Les cambistes ont formulé pour les spéculations sur les changes ce qu'ils appellent quatre maximes fondamentales dans les termes suivants :

1° « Pour *tirer* sur une place étrangère qui donne *le certain*, le prix du change le plus haut est le plus avantageux. »

Celui qui tire vend : donc plus la monnaie qu'il vend est évaluée haut, plus il gagne.

2° « Pour *tirer* sur une place étrangère qui donne *l'incertain*, le prix du change le plus bas est le plus avantageux. » En effet, on change la monnaie exprimée par l'incertain contre celle qui exprime le certain : moins la monnaie que l'on achète est coûteuse et plus on gagne.

3° « Pour faire des *remises*, sur une place étrangère qui donne *le certain*, le prix du change le plus bas est le plus avantageux. » Qui remet achète, et il s'agit pour lui d'acheter à bon marché : ce qui a lieu lorsqu'il achète la monnaie du certain à bas prix.

4° « Pour faire des *remises* sur une place étrangère qui donne *l'incertain*, le prix le plus haut est le plus avantageux. » Toujours pour le même motif que ci-dessus.

Il est assez difficile de comprendre l'utilité de ces maximes, simples et presque naïves, qui semblent empruntées à l'école et dont l'homme d'affaires n'a aucun besoin. Mais elles sont enseignées depuis si longtemps et avec tant de solennité, que nous n'avons pas voulu les omettre.

Pour spéculer sur les changes, il faut se rendre exactement compte du sens des cours. On parvient à les comparer ensemble et à les réduire promptement à une mesure commune par la pratique, lorsque l'on jouit d'une excellente mémoire et qu'on est organisé pour les affaires. On raconte que feu M. Nathan Meyer Rotschild, de Londres, concluait chaque jour ses affaires de change, qui étaient immenses, couramment, en causant, sans prendre de notes, au pied d'une des colonnes du *Stock exchange* et qu'en rentrant, il dictait le détail des opérations qu'il avait faites, sans erreur ni omission, de manière à ce qu'on pût en passer écriture sur-le-champ. Peu d'hommes assurément sont doués de facultés semblables : d'ailleurs, avant d'en venir là, il faut commencer, comme tout le monde, par l'arithmétique. Il s'agit toujours de trouver le pair proportionnel de la monnaie sur laquelle on veut opérer, et de plusieurs monnaies, si l'on n'a pas de dessein arrêté sur telle ou telle place. Ceci revient toujours aux opérations indiquées plus haut.

Ceux qui désireraient un plus grand nombre d'exemples et d'exercices pratiques les trouveront dans le *Traité du change et des arbitrages*, de M. Ch. Le Touzé. Ils y trouveront également tous les exercices relatifs aux arbitrages sur matières d'or et d'argent. L'auteur de ce livre est un praticien et son travail est assez récent pour que les renseignements nombreux qu'il contient n'aient pas trop vieilli.

Là s'arrête l'arithmétique : on comprend qu'elle n'a rien à voir dans les convenances pour opérer sur telle ou telle ville, avec tel ou tel correspondant : elle ne peut pas indiquer quelle est la profondeur du cours, si l'on peut s'exprimer, c'est-à-dire combien il pourrait supporter d'achats ou de ventes sans variations sensibles et quelles sont ses chances de durée.

Ainsi, pour opérer une spéculation en connaissance de cause, il faut savoir, par exemple si un achat important de livres sterling à Vienne n'élèverait pas le cours sur cette place, et si une vente importante à Milan n'y ferait pas baisser la valeur de la livre, etc. Or, ce sont toutes ces considérations très-complexes, et sur lesquelles on ne peut être fixé qu'à la suite d'une longue expérience et par des relations sûres, qui doivent décider à faire ou à ne faire pas l'opération.

Quant aux opérations combinées et multipliées auxquelles peuvent donner lieu les spéculations sur les changes, elles sortent complétement de notre sujet. C'est une matière sur laquelle il n'y a point de théorie certaine, pas plus que sur les opérations particulières de tel ou tel commerce déterminé. Quels que soient les ordres de banque, composés ou simples, fondés ou non sur une circulation de papier, il faut en dernière analyse conclure par un achat ou par une vente de monnaie, ou plus exactement, par le change d'une monnaie pour une autre, et, en ce qui touche l'arithmétique, on ne sort pas de la règle conjointe.

Les commissions et les calculs auxquels elles donnent lieu ont même perdu depuis quelque temps une grande partie de leur ancienne importance. Les spéculations sur les changes deviennent rares, et lorsqu'un banquier en fait une, c'est, ordinairement, de compte à demi avec un de ses correspondants. La plupart des opérations de change roulent sur les payements et recouvrements de commerce de marchandises.

Les arbitrages entre les monnaies et les matières d'or, qui tenaient autrefois une grande place dans les affaires des banquiers cambistes, ne sont plus qu'une opération exceptionnelle depuis la découverte des mines de la Californie et de l'Australie. Les matières d'argent ont fait l'objet d'un commerce plus actif depuis quelque temps, et on a changé contre de l'or des pièces de 5 fr. pour les convertir en roupies.

Les monnaies qui servaient le plus habituellement au commerce des matières d'or et d'argent, étaient les onces d'or ou quadruples et les piastres d'Espagne. Aujourd'hui la poudre d'or fait concurrence aux quadruples, et les pièces de 5 fr. viennent presque partout remplacer les piastres.

Dans les arbitrages de monnaies et de matières d'or et d'argent, on calcule exactement la valeur intrinsèque des premières, et on les compare aux métaux précieux ; on juge, on arbitre, s'il est avantageux de changer les unes contre les autres. La règle conjointe, au lieu de porter sur les monnaies et sur les chiffres des cours, portera sur le change de divers poids et mesures et sur l'évaluation du fin contenu dans les monnaies.

On trouvera peut-être que l'arithmétique de banque, ainsi réduite à quelques opérations qui se reproduisent sans cesse, soit dans les comptes d'intérêt, soit dans les comptes courants, soit dans les arbitrages, est une arithmétique fort simple. En effet, en théorie, la connaissance approfondie des proportions et des applications immédiates qui s'en déduisent est suffisante pour bien comprendre toutes les opérations usitées en banque. Mais comprendre est une chose et pratiquer en est une autre. On peut bien connaître la théorie et faire exactement toutes les opérations ; c'est peu si l'on ne les fait vite, dans la forme qu'elles doivent recevoir sur les livres, de manière à rendre le résultat saillant. C'est peu même de calculer exactement et vite, la plume à la main et dans l'isolement ; il faut encore savoir calculer de tête, sans livre, ni plume, dans son bureau et à la promenade, dans la rue même et en entretenant une conversation, de manière à pouvoir embrasser d'un coup d'œil une offre de négociation, en apprécier tous les détails et y répondre en quelques instants. Une longue expérience et une aptitude mnémonique spéciale peuvent seules enseigner les secrets de l'arithmétique mentale. Ce serait folie de prétendre l'enseigner dans un livre.

FIN.

PETIT DICTIONNAIRE

DES

PRINCIPAUX TERMES DE BANQUE.

Acceptation. — Engagement écrit de celui sur lequel une lettre de change est tirée de la payer à l'échéance. Cet engagement se formule ordinairement par le mot *accepté* inscrit sur le recto de la lettre et suivi de la signature de l'acceptant. — On appelle aussi la lettre de change acceptée *une acceptation* : on dit, par exemple : « Je vous offre une acceptation de tel banquier ou négociant. »

Acquit. — Reconnaissance écrite du payement opéré : elle se formule ordinairement par les mots *pour acquit*, suivis quelquefois de la date et toujours de la signature de celui qui reçoit les fonds, au bas des factures et au dos des billets, mandats et lettres de change. Celui qui écrit cette reconnaissance *donne son acquit*. — On dit aussi payer, verser des fonds, ou négocier des effets *à l'acquit* d'un tiers, lorsque le versement ou la négociation ont eu lieu au compte de ce tiers.

Agent de change. — Officier public commissionné dans les villes où il existe une Bourse pour faire exclusivement, au compte d'autrui, les négociations des effets publics, lettre de change et autres papiers commerçables, et d'en constater le cours. Dans la pratique, les agents de change ont abandonné les négociations des lettres et effets de commerce qui sont faites par des courtiers libres.

Agio. — Différence entre la valeur nominale et la valeur réelle des monnaies. Mille francs en pièces de 20 francs, par exemple, valent 1,004 fr. en argent, plus ou moins : on dit que les 4 fr. sont l'*agio de l'or*. Lorsqu'il s'agit de comparer le prix courant de la monnaie d'un pays à celle d'un autre pays, celui de la livre sterling au franc par exemple, l'agio prend habituellement le nom de *prix du change*.— On appelle aussi *agio* la différence entre le titre ou montant d'un effet de commerce et son produit à l'escompte. — Le mot *agio* sert enfin quelquefois à désigner un supplément d'intérêt qui se paye à chaque renouvellement d'un effet présenté à l'escompte et qui s'ajoute aux droits de commission et de courtage.

Agiotage. — C'est la spéculation appliquée au cours des fonds publics, des actions industrielles, etc., le pari qui s'établit sur la différence des cours.

Arbitrage. — Comparaison et combinaison de plusieurs opérations par lesquelles on choisit la voie la plus avantageuse pour tirer ou remettre les lettres de change sur une place étrangère. Les arbitrages sont une branche du commerce de banque et on dit : *faire les arbitrages*, comme on dit : *faire l'escompte, les recouvrements, etc.* On appelle aussi *arbitrage* l'opération qui consiste à échanger un titre contre un autre à la Bourse.

Assignation. — Acte par lequel un particulier donne une créance, ou un revenu en garantie ou en payement d'une somme prêtée. On donne assignation sur ses revenus, sur les arrérages d'une rente, sur un banquier, etc. Ce mot, fort usité autrefois, est à peu près hors d'usage.

Aval. — C'est le cautionnement d'un ou de plusieurs engagements commerciaux. Il peut être donné par un acte séparé par un ou plusieurs billets ou lettres de change. La forme de cautionnement par aval peut être employée pour le tireur, pour l'accepteur ou pour l'endosseur d'une lettre de change. En cas d'inexécution des engagements, le donneur d'aval est tenu aux mêmes obligations que celui dont il a cautionné la signature et se trouve en quelque sorte substitué à son lieu et place. — L'aval se formule habituellement par les mots *bon pour aval*, inscrits à la suite de la signature cautionnée et suivis de celle du donneur d'aval. On donne dans la pratique de Paris le nom d'*aval* à la facture que remet au banquier acheteur le banquier vendeur d'une ou plusieurs lettres de change sur l'étranger.

Avis. — Avertissement écrit, adressé au négociant, au banquier sur lequel une lettre de change est tirée, de la création de cette lettre de change avec indication de la date de l'échéance. On appelle *lettre d'avis* ou simplement *avis* la lettre qui contient cet avertissement.

Aviser quelqu'un, c'est lui adresser une lettre d'avis. Cette lettre n'est pas de rigueur, et beaucoup de lettres de change sont tirées *avec* ou *sans avis* ou *sans autre avis ;* mais il est plus régulier d'aviser celui avec lequel on est en compte de chaque disposition que l'on fait sur lui.

Balance. — On donne souvent ce nom à la différence qui existe entre la somme du crédit et la somme du débit ou solde d'un compte. On dit indifféremment : ce compte se solde ou se balance par 1,000 fr. au crédit, ou'au débit, ou la balance de ce compte est de 1,000 fr. — On appelle aussi balance ou *bilan* le compte résumé que fait un commerçant à des époques déterminées et qui présente en quelques lignes le résultat général de toutes ses affaires.

Banque. — Maison de commerce où on vend et achète des valeurs de commerce, titres de rente d'État et hypothécaires, actions, monnaies, matières d'or et d'argent, etc. En France, on ne donne ordinairement le nom de banque qu'aux établissements par actions, publics ou particuliers.

Banquier. — Est un négociant qui se livre principalement à une ou plusieurs des opérations que nous avons décrites sous le nom d'Opérations de Banque.

Billet. — Promesse de payer une somme indiquée, à une époque fixe et à une personne déterminée. Le billet commercial est ordinairement à ordre et susceptible d'endossement. Ce titre est soumis, quant aux effets de l'endossement, à l'échéance, au payement et au protêt, aux mêmes règles que la lettre de change. — Le billet commercial est quelquefois souscrit au porteur.

Billet de Banque. — Promesse émise par une banque de payer à vue et au porteur une somme déterminée. Ce billet, considéré comme monnaie, circule librement par la volonté des porteurs qui peuvent à tout instant l'échanger contre espèces. Lorsqu'on a décrété que le billet de banque aurait cours forcé, il est devenu papier-monnaie, et les payements faits en billets de Banque étaient libératoires indépendamment de la volonté des créanciers.

Bordereau. — Note explicative et détaillée, article par article. Le bordereau de caisse, par exemple, est une note où sont indiquées un à un les payements et recouvrements à faire dans la journée. Le bordereau d'escompte est un catalogue méthodique et détaillé des billets, lettres de change ou valeurs présentées à l'escompte. On dit souvent : « escompter un bordereau, négocier un bordereau, » au lieu de : escompter, négocier les valeurs énumérées sur le bordereau.

Bourse. — Marché public où doivent être négociés exclusivement, aux termes de la loi, les effets publics, lettres de change, etc.

Broche. — Effets de commerce de petite valeur. On donne ordinairement ce nom à tous ceux dont le montant est inférieur à 500 francs, et quelquefois à tous ceux au-dessous de 1,000 francs. Les effets au-dessus de 1,000 fr. s'appellent des *quatre chiffres*.

Brouillard. — On appelle, dans le commerce, *brouillard* ou *main-courante* le livre sur lequel on inscrit toutes les affaires d'une maison aussitôt et à mesure qu'elles s'effectuent.

Cambiste. — Celui qui spécule ou qui écrit sur le cours des changes.

Carnet. — Livre sur lequel les agents de change doivent constater, à l'instant et à mesure qu'ils les effectuent, les négociations dont ils sont chargés.

Cédant. — Celui qui, soit comme tireur, soit comme endosseur, négocie et par conséquent *cède* un effet de commerce.

Certain. — Lorsque l'on compare ensemble les monnaies de deux pays, on prend nécessairement l'une des deux comme unité ou terme de comparaison. C'est cette unité que l'on appelle « le certain. » En matière de change, l'usage a fixé les monnaies qui, entre deux places, sont prises comme unités et forment le certain. Lorsqu'on dit, par exemple, que le change entre Paris et Londres est à 25.37, c'est la livre sterling qui est l'unité et qui vaut 25 fr. 37 cent. On dit en ce cas que Londres « donne le certain, » c'est-à-dire le terme de comparaison qui est toujours sous-entendu dans le cours des changes. Par contre Paris donne l'incertain, c'est-à-dire le terme comparé et dont l'expression varie.

Certificat. — Lorsque des marchandises sont remises dans les magasins de dépôt, l'administration de ces magasins en délivre un reçu qui porte indifféremment le nom de *certificat* ou de *récépissé* et qui se négocie au besoin. On fait habituellement des avances sur cette espèce de valeurs.

Change. — Le change des monnaies est l'échange d'une monnaie contre une autre. — Le prix du change est la différence qui existe en plus ou en moins entre la valeur d'un effet de commerce au lieu où il se négocie et sa valeur au lieu où il est payable. On dit que le change est favorable lorsque la différence est en moins, et contraire lorsqu'elle est en plus.

Commission. — En banque, ce mot désigne ordinairement le prix d'une opération faite pour le compte d'un tiers, d'un arbitrage ou d'une négociation, par exemple.

Compte. — État détaillé des affaires qu'un négociant fait avec un autre.

Compte courant. — On donne spécialement ce nom aux comptes de banque dont les remises en espèces ou titres fiduciaires forment la matière ordinaire et qui donnent lieu le plus souvent à des calculs d'intérêt. — On *arrête* un compte lorsque tous les calculs sont rapportés et arrêtés à une époque déterminée : on *solde* un compte, lorsqu'on balance les sommes inscrites au crédit et au débit, au figuré, lorsqu'on en règle ou lorsqu'on en paye la différence : on *ferme* un compte, lorsqu'on cesse d'avoir avec le client des relations d'affaires.

Compte de retour. — C'est celui qui doit accompagner la retraite d'une lettre de change protestée ; il contient l'état des sommes dont le remboursement doit être fait par le tireur ou les endosseurs.

CONNAISSEMENT. — C'est, si l'on peut ainsi dire, la lettre de voiture du capitaine de navire. La forme et les effets du connaissement sont déterminés par les art. 281 et suivants du Code de commerce. Le connaissement, comme représentation des marchandises chargées sur un navire, sert assez souvent de gage à certains prêts, particulièrement sur les places qui font le commerce des Antilles.

COURTAGE. — Droit perçu à la suite d'une opération faite au nom et pour le compte d'un tiers et, par exemple, à la suite d'une vente ou d'un achat d'effets publics par un agent de change.

COUVERTURE. — Remise fournie à un banquier pour balancer un compte courant dont le solde constate de sa part un *découvert* ou une avance sans gage ni garantie. — On dit dans le même sens : *couvrir* un banquier, au lieu de fournir une remise. — A la Bourse on dit de même *couvrir un agent de change* ou que l'agent de change exige une *couverture*. — On dit dans un autre sens *vendre à découvert*, ce qui signifie vendre un titre dont on n'est pas propriétaire et qu'on ne peut livrer par conséquent qu'en l'achetant dans l'intervalle de la vente au jour de la liquidation.

CRÉDIT. — Se dit de la confiance par l'effet de laquelle on prête des capitaux à quelqu'un, sous quelque forme que ce soit. On dit d'un négociant qu'il a ou n'a pas de crédit, lorsque sa position ou son caractère inspirent ou n'inspirent pas cette confiance. Ouvrir un crédit à quelqu'un, c'est s'obliger à prêter sur demande à la personne désignée, une somme, à des conditions déterminées. En comptabilité, le *crédit* est synonyme d'*avoir* : il désigne la partie d'un compte où sont inscrites les valeurs fournies par la personne dont le nom est inscrit en tête du compte.

DÉCOUVERT. — Être à découvert, c'est avoir avancé en compte courant sans être garanti par une remise. V. *Couverture*. — Vendre à découvert à la Bourse, c'est vendre un titre dont on n'est pas propriétaire, que l'on ne peut livrer, au besoin, qu'après l'avoir acheté.

DÉLÉGATION. — Acte par lequel un débiteur donne à son créancier un autre débiteur qui se charge de le payer. C'est par délégation que sont transférées les créances régies par la loi civile.

DÉPORT. — C'est, en terme de Bourse, un prêt de titre consenti moyennant indemnité, à un vendeur à découvert d'une liquidation à l'autre. Le déport est l'inverse du report.

DISPOSITION. — Se dit de tout ordre de payer, quelle qu'en soit la forme, adressé à un banquier par celui qui a un compte ouvert chez lui : « J'accueillerai vos dispositions, je ferai honneur à vos dispositions » signifie : « Je payerai sur vos ordres. »

DONT UN, DONT 50 C., ETC. — Se dit dans un marché à prime pour exprimer le montant de la prime payée.

ÉCHÉANCE. — Instant précis où un effet de commerce doit être payé. — Un papier à longue échéance est celui dont la réalisation en espèces est éloignée.

EFFETS DE COMMERCE. — Nom générique des lettres de change, mandats et billets à ordre transmissibles par endossement.

EFFETS PUBLICS. — Nom générique des titres fiduciaires émanés du gouvernement, tels que rentes, bons du trésor, etc. On a donné ce nom, par extension, aux titres d'emprunt de la ville de Paris, puis aux actions des sociétés anonymes autorisées par le gouvernement.

Encaissement. — Recouvrement sur place et mise en caisse de la somme représentée par un effet de commerce.

Endos. — Donner son endos ou endosser un effet de commerce sont synonymes.

Endossement. — Transmission de la propriété d'un effet de commerce par un ordre signé au dos de l'effet.

Escompte. — Opération de banque qui consiste à payer par anticipation le montant d'un effet non encore échu, sous déduction d'une somme convenue pour intérêt, change ou frais de recouvrement. — Dans les jeux de Bourse, l'escompte est l'exercice de la faculté laissée à l'acquéreur de rentes par marché ferme, de se les faire livrer cinq jours après avoir prévenu le vendeur.

Espèces. — Monnaies d'or ou d'argent.

Exécution, exécuter. — Lorsque les agents de change cessent d'avoir confiance dans la solvabilité d'un spéculateur de Bourse et qu'ils ramènent à exécution tous les engagements pris par lui, on dit que ce spéculateur est exécuté. — On dit en ce sens : « On a fait de nombreuses exécutions à la liquidation d'hier : on comptait au nombre des exécutés MM. x. y. z. »

Incertain. — Dans la comparaison de deux monnaies, celle qui n'est pas prise pour unité de comparaison est l'incertain. Lorsqu'on dit qu'une livre sterling vaut 25 fr. 21 cent., plus ou moins, la livre sterling est le certain et la monnaie française l'incertain. — On dit par suite : Paris donne l'incertain à Londres, et Londres le certain à Paris.

Intérêt. — Prix de l'usage d'un capital emprunté.

Jours de grace. — Jours ajoutés par l'usage à l'échéance des lettres de change sur certaines places de commerce.

Lettre de change. — Ordre écrit de payer, donné d'un lieu à un autre. Cet ordre implique, de la part de celui qui le donne, l'engagement de payer lui-même la somme énoncée sur la lettre de change, si, au jour indiqué, celui auquel l'ordre est donné ne paye pas. La lettre de change se transmet par endossement.

Lettre de crédit. — Lettre par laquelle un banquier invite ses correspondants à fournir au porteur les sommes dont il pourra avoir besoin jusqu'à concurrence d'un chiffre déterminé, et à se rembourser des avances ainsi faites sur l'auteur de la lettre. Il y a des lettres de crédit dites *circulaires* adressées à un certain nombre de correspondants et détaillées en bons que le bénéficiaire peut à son gré présenter dans une ville ou dans une autre.

Lettre de gage. — Nom que portent en Allemagne les obligations des sociétés de crédit foncier. On donne quelquefois ce nom aux obligations émises par la société de crédit foncier établie en France.

Lettre de voiture. — Lettre remise au voiturier ou au commissionnaire de roulage par l'expéditeur d'une marchandise. Cette lettre, adressée au destinataire, porte indication du nombre et du poids des colis et le prix du transport qu'il est tenu de payer. Les effets du contrat dont la lettre de voiture est l'expression, sont définis par le Code de commerce, art. 101. Quelquefois la lettre de voiture, considérée comme titre fiduciaire, fournit la matière d'un prêt.

Main-courante. — V. *Brouillard.*

Mandat. — Lettre de change non susceptible d'acceptation.

Marché ferme. — A la Bourse, c'est le marché dont la conclusion est renvoyée à une époque déterminée avec engagement réciproque et déterminé de la part du vendeur et de la part de l'acheteur.

Marché libre ou a prime. — Celui dans lequel l'un des contractants se réserve la faculté de se dégager au prix de l'abandon d'une somme déterminée, qu'on appelle *prime*.

Monnaie. — Médaille d'or, d'argent ou de cuivre, d'un poids et d'un titre déterminés et certifiés par le coin de l'État dans lequel elle a été frappée et qui sert à la comparaison des valeurs dans les échanges. — On appelle monnaie de papier les billets au porteur qui, dans l'usage, remplacent les monnaies effectives d'or et d'argent.

Nantissement. — Remise d'une marchandise en gage d'un prêt. Les formes et les effets du nantissement sont réglés par le Code civil, art. 2,073 et suivants.

Négociation. — On appelle négociation le trafic des lettres et billets de change contre des effets de même nature, ou contre des espèces. Une négociation de papier contre papier s'appelle « un parcontre. »

Numéraire. — Monnaie, quelle que soit sa forme ou sa matière, espèces ou papier.

Pair. — En matière de rentes, d'actions, etc., le pair est le prix nominal d'émission. La rente 4 1/2 est au pair lorsque 4 fr. 50 de rentes se vendent 100 francs. Une action de 500 francs est au pair lorsque son prix courant est de 500 fr. — En matière de change, on distingue le *pair intrinsèque* et le *pair proportionnel*. Le pair intrinsèque est le rapport qui existe entre la quantité de fin que contiennent les deux monnaies que l'on compare. Ainsi le pair intrinsèque de la livre sterling comparée au franc est 25 fr. 22 cent. Le pair proportionnel est le rapport d'égalité qui résulte de l'évaluation du change de deux places par l'intermédaire d'une ou de plusieurs autres.

Papier de commerce, ou papier. — V. *Effets de commerce*.

Papier-monnaie. — Nom des titres auxquels une loi donne cours forcé de monnaie, c'est-à-dire la propriété d'être reçus en payement de toutes créances.

Perte. — Différence en moins entre le pair d'un titre et son prix courant. Une action de 500 fr. qui se vend 400 fr., se négocie à 100 fr. de perte. — La différence en plus s'appelle *prime*.

Preneur. — Celui au profit duquel sont faits ou endossés une lettre de change, un mandat ou un billet à ordre. — On appelle aussi *preneur* celui qui achète un titre à la Bourse. « Êtes-vous preneur de Saint-Germain, de Strasbourg? etc., » est une locution dont on se sert à tout instant.

Présentation. — Production d'une lettre de change ou d'un billet à ordre au tiré ou au souscripteur, pour l'acceptation de la lettre ou pour le payement de la lettre ou du billet, à l'échéance.

Prime. — Somme avancée à titre d'arrhes dans un marché d'effets publics ou d'actions à terme et que l'acheteur abandonne à son cédant, si, au terme fixé, il juge convenable de renoncer à son marché. — On donne aussi le nom de prime à la différence en plus qui existe entre le pair d'un titre et son cours. Ainsi l'on dit que des actions de 500 fr., qui se vendent 800 fr., jouissent d'une prime de 300 fr. — On appelle aussi prime l'agio ou différence qui existe entre la valeur nominale et la valeur réelle des monnaies de divers métaux, et quand, par exemple, 1,000 fr. en pièces de 5 fr. d'argent s'échangent contre 1,005 fr. en pièces d'or, on dit qu'il y a une prime de 5 fr. par 1,000 sur l'argent.

PROTÊT. — Acte par lequel il est constaté, par ministère d'huissier, qu'une lettre de change, un mandat ou un billet, présentés à l'échéance, n'ont point été payés, ou qu'une lettre de change présentée à l'acceptation, n'a point été acceptée.

PROVISION. — Valeur fournie au tiré par le tireur avant l'échéance de la lettre de change tirée sur lui.

RECHANGE. — Lettre de change tirée sur l'endosseur ou le tireur d'une lettre de change qui n'a pas été payée à l'échéance.

RECOUVREMENT. — Réception du montant d'un effet de commerce des mains de celui qui le doit. — Remettre des valeurs en recouvrement ou à l'encaissement, c'est charger le banquier de les présenter à l'échéance, d'en toucher le montant ou de les faire protester, si besoin est, en temps utile.

REMISE. — On donne ce nom à la lettre de change, lorsquelle est transmise par endossement, et, par extension, à la transmission par endossement d'un ou de plusieurs effets de commerce, quelle que soit leur forme.

RENOUVELLEMENT. — Substitution d'un engagement à échoir à un engagement échu.

REPORT. — Renvoi d'un marché échu à une époque ultérieure. — On appelle aussi *report* la somme au prix de laquelle un marché est renvoyé d'un terme à un autre. — Enfin on appelle *report* la différence du comptant au cours à terme, à la Bourse.

RESCRIPTION. — Ordre de payer à un tiers une somme déterminée sans change de place, par exemple d'un négociant à son banquier. (Peu usité.)

RETOUR. — Lorsqu'un effet de commerce, non payé à l'échéance, est présenté à celui qui l'a remis, on dit qu'il est retourné, et l'effet lui-même prend le nom de *retour*.

ROUGES (nombres). — Lorsqu'on règle un compte d'intérêt, on écrit à l'encre rouge les nombres destinés à servir au calcul de l'intérêt des sommes dont l'échéance est postérieure à celle fixée pour l'arrêté de compte. Lorsque les nombres écrits à l'encre noire sont portés au débit, ceux à l'encre rouge sont portés au crédit du compte, et réciproquement. V. L. VI, Chap. II.

SOLDE. — Différence entre la somme du crédit et la somme du débit d'un compte. Selon que cette différence est en faveur du crédit ou du débit, on dit que le solde est *créditeur* ou *débiteur*.

SPÉCULATION. — Opération de commerce faite en vue d'un changement prévu dans le prix courant de la marchandise qui en fait l'objet. Elle se distingue des opérations ordinaires en ce que celles-ci sont faites en vue des prix existants et pour la satisfaction des besoins actuels ou habituels. On spécule sur toutes marchandises, notamment, en banque, sur les changes, sur les inscriptions de rente et sur les valeurs industrielles.

TIRAGE EN L'AIR. — Créations de lettres de change sur une personne qui ne doit rien à l'auteur du tirage ou sur une personne supposée.

TIRÉ. — Celui auquel une lettre de change est adressée.

TIRER. — Faire une lettre de change. Tirer sur quelqu'un, c'est lui adresser une lettre de change, un ordre de payer.

Tireur. — Celui qui fait ou tire une lettre de change.

Titre. — Rapport du fin à l'alliage des monnaies. En France, le titre est de 900, ce qui signifie que les monnaies se composent de 9/10 de fin et de 1/10 d'alliage.

Tolérance. — Différence entre le titre réel et le titre légal, entre le poids réel et le poids légal ou *droit* des monnaies. La tolérance est fixée par la loi : si la différence excédait le chiffre fixé, les pièces de monnaie seraient rebutées à l'essai.

Traite. — C'est le nom que l'on donne à la lettre de change, relativement à celui qui en est l'auteur. Faire traite et tirer sont synonymes.

Un parcontre. — Négociation de lettres ou billets de change contre d'autres lettres ou billets de change.

Usance. — C'était originairement le terme ordinaire auquel les lettres de change étaient tirées d'une place sur une autre ou d'un pays sur l'autre. Les usances étaient très-variables. Ainsi une lettre tirée de France sur Londres *à une usance* était payable à trente jours ; si elle venait d'Espagne, à deux mois ; et de Venise, Gênes et Livourne, à trois mois.

Usure. — Prélèvement d'un intérêt qui excède le taux fixé par la loi : en France 5 p. °/o en matière civile, 6 p. °/o en matière commerciale. L'habitude d'usure est un délit puni par la loi du 3 septembre 1807.

Valeurs. — On donne ce nom, en banque, aux lettres et billets à ordre indifféremment. Remettre des valeurs, c'est transmettre la propriété d'effets de commerce, quelle que soit leur forme. — Par extension, on a donné le nom générique de *valeurs* aux titres qui se négocient à la Bourse.

Valeurs de complaisance ou de circulation. — Ce sont des effets qui n'ont pour cause aucune opération commerciale préalable entre deux négociants et qui se soldent les uns par les autres. La création d'effets semblables est un expédient auquel ont parfois recours les négociants gênés dans leurs affaires ou qui veulent excéder la force de leur capital.

Warrants. — Certificats d'emmagasinage délivrés par les diverses compagnies de docks qui existent en Angleterre aux négociants qui leur déposent des marchandises. Ces certificats sont un titre sur lequel les banquiers consentent souvent à faire des avances.

APPENDICE

N° 1. — (*Renvoi de la page 223*).

La loi du 22 avril 1806 régit encore aujourd'hui en France les banques de circulation. Il est donc intéressant de connaître quelle était, sur les banques en général et sur la Banque de France en particulier, l'opinion du principal auteur de cette loi, l'empereur Napoléon. Voici en quels termes instructifs il s'exprimait dans les deux séances du Conseil d'État dans lesquelles fut discuté le projet de loi :

Séance du 27 *mars* 1806.

« Je consens à ce que le chef de la Banque soit appelé *gouverneur*, si cela peut lui faire plaisir, car les titres ne coûtent rien.

» Je consens également à ce que son traitement soit aussi élevé qu'on voudra, puisque c'est la Banque qui doit payer; on peut le fixer, si l'on veut, à soixante mille francs. Quant à la proposition d'exiger que le gouverneur soit hors des affaires, je pense que, quelque parti qu'on prenne, on empêchera difficilement les chefs de la Banque d'abuser de la connaissance qu'ils auront des opérations du gouvernement et du mouvement des fonds.

» Ainsi dans la dernière crise de la Banque, après que le conseil des régents eut décidé d'acheter des piastres, plusieurs régents sortirent, firent acheter des piastres pour leur compte et les revendirent deux heures après à la Banque avec un gros bénéfice.

» Je distingue dans la Banque trois pouvoirs :

» Celui des deux cents actionnaires qui composent le comité;

» Celui du conseil, composé des régents et autres;

» Celui du gouverneur et de ses deux suppléants.

» Il faut que la loi d'organisation se compose de titres correspondants à ces trois pouvoirs.

» Je ne conçois clairement, dans les opérations de la Banque, que l'escompte, et j'attribue la dernière crise de cet établissement, la plus forte qu'on ait éprouvée depuis Law, à ce que l'escompte a été mal fait. Un même banquier a eu la faculté de se faire escompter jusqu'à sept ou huit millions, tandis qu'aucune maison ne devrait avoir un crédit plus fort que 900,000 fr. ou un million. On devrait surtout s'interdire d'escompter les billets de circulation; la crise a été fort heureusement attribuée à de prétendues demandes que le gouvernement aurait faites à la Banque pour les dépenses de l'armée; cette idée a fait prendre patience; mais le fait est que le gouvernement n'avait pas pris un sou à la Banque. La Banque n'appartient pas seulement aux actionnaires, elle appartient aussi à l'État, puisqu'il lui donne le privilége de battre monnaie. L'assemblée des plus forts actionnaires n'est qu'un corps électoral semblable aux colléges électoraux composés des plus imposés. Rien ne serait plus funeste que de les considérer comme propriétaires exclusifs de la Banque, car leurs intérêts sont souvent en opposition avec ceux de l'établissement; l'action dont ils sont porteurs a pour effet de les intéresser à cet établissement comme un titre de propriété foncière intéresse les membres du collége électoral au bien de l'État; mais elle ne leur donne pas toujours l'intelligence de leurs intérêts; il arrive même souvent que l'intérêt de l'actionnaire n'est pas celui de l'action.

» Je veux que la Banque soit assez dans la main du gouvernement et n'y soit pas trop. Je ne demande pas qu'elle lui prête de l'argent, mais qu'elle lui procure des facilités pour réaliser, à bon marché, ses revenus, aux époques et dans les lieux convenables. Je ne demande en cela rien d'onéreux à la Banque, puisque les obligations du Trésor sont le meilleur papier qu'elle puisse avoir. Les placements sur un gouvernement quelconque sont toujours meilleurs que les placements sur quelque banquier que ce soit; une grande révolution capable d'entraîner la banqueroute de l'État est un événement qui ne se répète qu'après deux au trois siècles, et cette banqueroute entraîne toujours celle des particuliers. Mais ceux-ci font banqueroute bien plus fréquemment; je connais deux frères qui ont placé chacun trois cent mille francs avant la Révolution, l'un chez un banquier, l'autre sur l'Hôtel-de-Ville de Paris. Le premier a tout perdu, tandis que le second a conservé 5,000 fr. de rente, et n'a pas cessé de recevoir toujours quelque chose en bons, en mandats, etc. Les banquiers les plus accrédités finissent par faire banqueroute, témoin M. Récamier, qui donnera tout au plus dix p. °/ₒ à ses créanciers; il a le bonheur avec cela de recevoir des visites de condoléance.

» Quant à moi, depuis mon avénement au gouvernement, je n'ai occasionné aucune banqueroute; j'en ai au contraire supporté beaucoup. Un fournisseur me doit aujourd'hui trente millions, tel autre vingt, tel autre dix. On ne peut traiter de banqueroute le non-payement des traites de Saint-Domingue, car une partie de ces traites porte : *reçu comptant*, et un procès-verbal du payeur atteste que rien n'a été payé. Une autre partie a été souscrite pour des marchandises qu'on a évaluées trois ou quatre fois leur valeur; il en a été tiré dans un seul jour pour 60 millions. Un des porteurs de ces traites, appelé au serment, a confessé qu'il n'a rien payé. Le gouvernement, d'ailleurs, comme les particuliers, est passible seulement des traites qu'il a acceptées; on n'en citerait pas une de celles-là que le Trésor n'ait acquittées. Je suis convaincu que ce sont les banquiers eux-mêmes qui ont causé la crise de la Banque : les uns ne cherchent qu'à s'enrichir aux dépens du gouvernement; les autres sont entraînés par de faux systèmes, témoin l'écrit de M. Dupont de Nemours : je ne me suis pas donné la peine de lire son opuscule, tant je suis persuadé qu'on ne doit pas faire la moindre attention à ces faux systèmes.

Séance du 2 avril 1806.

» Il n'y a pas en ce moment de banque en France; il n'y en aura pas de quelques années, parce que la France manque d'hommes qui sachent ce que c'est qu'une banque. C'est une race d'hommes à créer. Je ne vois pas pourquoi les régents répugnent à recevoir un traitement; leur travail est un travail comme un autre; il vaut mieux au reste ne pas déterminer le taux des traitements dans la loi, et en laisser la fixation à l'empereur, qui les règlera tous les ans et les fera payer sur les fonds de réserve. Quant à la nomination du gouverneur, je ne veux point présenter des candidats au commité des actionnaires. Ce serait restreindre la liberté de mon choix et me mettre dans une position avilissante vis-à-vis de ce comité. Si je consens à me mettre, en certains cas, dans cette position vis-à-vis du sénat, c'est parce qu'il représente la nation, qui est la source de toute force et de tout pouvoir. Je pourrais tout au plus consentir à ce que le comité désignât un gouverneur et soumît ce choix à mon approbation; cela se fait ainsi pour les places d'académicien; mais je dois être le maître dans tout ce dont je me mêle, et surtout dans ce qui regarde la Banque, qui est bien plus à l'empereur qu'aux actionnaires, puisqu'elle bat monnaie.

» La Banque a failli tomber dans les mains d'un envoyé de M. Pitt, M. Talon; il a fallu détourner par la force un danger qui provenait du peu d'influence de l'autorité publique dans les élections de la Banque.

» Il faut mettre dans l'administration de cet établissement une classe d'hommes étrangère à la Banque. Il y a des cas où soixante mille francs seront trop peu pour le gouverneur : c'est par l'argent qu'il faut tenir les hommes à argent.

» La part du gouvernement dans le projet de loi, est ce qu'elle doit être : il n'a point l'initiative de l'escompte; mais il a un droit de censure et d'opposition; il faut dire qu'il ne pourra créer de nouvelle matière d'escompte.

» En stipulant que le portefeuille du gouverneur et celui des sous-gouverneurs seront exclus de l'escompte, on peut se dispenser de leur demander le serment de renoncer aux affaires [1].

N° 2. — (*Renvoi de la page 322.*)

A la première lecture, il semble que le plan de banque publié par Ricardo diffère beaucoup du régime établi en Angleterre par les bills de sir Robert Peel. En effet, Ricardo proposait une banque d'État, et on a conservé la banque d'Angleterre; Ricardo ne voulait qu'une banque de circulation dans le Royaume-Uni, et il en reste encore un certain nombre dans la Grande-Bretagne. Mais ces deux points ne sont qu'un accessoire dans le plan du célèbre économiste. Ce qui constitue l'originalité de son projet, c'est la limitation exacte de la circulation fiduciaire, la prohibition d'émettre les billets au porteur autrement que contre dépôt de matières d'or, au delà d'une certaine somme : c'est aussi le trait caractéristique et distinctif du régime établi par sir Robert Peel.

Projet d'établissement d'une banque nationale, par Ricardo.

» Je proposerais d'organiser l'établissement d'une banque nationale sur un plan analogue à celui qui va suivre :

1° Il sera procédé à la nomination de cinq commissaires entre les mains des-

[1] *Opinions de Napoléon*, etc., par le baron Pelet (de la Lozère).

quels reposera exclusivement le pouvoir d'émettre toute la monnaie de papier du pays.

» 2° A l'expiration de la charte de la Banque d'Angleterre en 1833, les commissaires émettront pour 15 millions de monnaie de papier représentant le capital de la Banque prêté à l'État et destinés à acquitter cette dette. L'intérêt annuel de 3 p. % cessera et sera annulé à partir de cette époque.

» 3° Les commissaires répartiront en même temps 10 millions de papier de la manière suivante : ils consacreront telle partie de cette somme qu'ils jugeront convenable, à acheter des lingots d'or, soit à la Banque, soit à des particuliers. Puis dans un délai de six mois à partir du jour mentionné ci-dessus, ils rachèteront cette partie de la dette du gouvernement envers la Banque, qui consiste en bons de l'échiquier : ces bons, ainsi rachetés; demeureront à la disposition des commissaires.

» 4° Dans le plus court délai possible après l'expiration de sa charte, la Banque sera tenue de retirer tous ses billets en circulation, et de les acquitter au moyen des nouveaux billets émis par le gouvernement. Elle ne les paiera pas en or, mais elle devra constamment avoir en réserve une masse de nouveaux billets égale au montant de ses propres engagements restés dans la circulation.

» 5° Les billets de la Banque d'Angleterre continueront à avoir cours six mois après l'expiration de la Charte ; à partir de cette époque, ils ne seront plus reçus par le gouvernement en payement des contributions.

» 6° Dans les six mois qui suivront l'expiration de la charte de la Banque, les billets des banques provinciales cesseront d'avoir cours, et les divers établissements qui les auront émis seront astreints, comme la Banque d'Angleterre, à l'obligation de les payer en billets du gouvernement. Ils auront d'ailleurs le privilége d'acquitter leur papier en monnaie d'or, s'ils le préfèrent.

» 7° Pour accroître la sécurité des porteurs de billets du gouvernement résidant en province, il sera établi, dans les différentes villes, des agents spécialement destinés à vérifier, sur demande, l'authenticité des billets, et à la certifier en y apposant leurs signatures. Revêtus de cette sanction, les billets ne seront plus convertibles que dans le district où ils ont été ainsi garantis.

» 8° Les billets émis au sein d'un district ou portant la signature d'un agent du district, ne seront pas remboursables en d'autres lieux ; mais en déposant une certaine quantité de billets au bureau du district où ils ont été primitivement émis ou revêtus ultérieurement du *visa*, conformément à l'article ci-dessus, on pourra obtenir sur toute autre province, une traite payable dans les billets mêmes de cette province.

» 9° Les billets émis en province ne seront pas remboursables en numéraire dans le lieu de l'émission. Mais on pourra échanger ce papier contre une traite sur Londre, qui sera payable indifféremment en espèces ou en billets de Londres au gré de la personne qui présentera la traite.

» 10° Toute personne qui déposera des espèces ou des billets de Londres au bureau de la métropole, pourra obtenir, en échange, une traite payable dans les billets de telle province qui sere désignée lors de la remise de la traite. De plus, tout dépôt d'espèces, fait à cette même agence, donne droit à une somme équivalente de billets de Londres.

» 11° Les commissaires, à Londres, seront obligés d'acheter à un prix qui ne descendra jamais au-dessous de 3 l. 17 sh. 6 d. l'once, toutes les quantités d'or au titre (916 2/3 millièmes) qui leur seraient offertes et qui excéderaient cent onces en poids.

» 12° Dès le jour de la création de la Banque nationale, les commissaires seront tenus de rembourser leurs billets et leurs traites, sur demande, en espèces d'or.

» 13° Dans la première période de l'établissement de la Banque nationale, on pourra émettre des billets d'une livre, destinés aux personnes qui, préférant ces billets inférieurs au numéraire, désireraient les obtenir en échange de billets d'une coupure supérieure. Cette mesure ne sera en vigueur, relativement à la métropole, que pendant une année; mais, pour tous les districts provinciaux, elle sera permanente.

» 14° Il demeure bien entendu que, dans les districts provinciaux, les agents ne seront jamais contraints à donner des billets en échange d'espèces, ou réciproquement des espèces contre des billets.

» 15° Pour tous les services publics, les commissaires feront les fonctions d'un banquier général, de la même manière que la Banque d'Angleterre aujourd'hui ; mais il leur sera interdit d'étendre ces fonctions à des compagnies ou à des individus, quels qu'ils soient. »

N° 3. — *Valeurs cotées à la Bourse de Paris* [1].

Rentes. — Au premier rang des titres inscrits sur la cote officielle se trouvent les rentes françaises. Ces rentes sont perpétuelles et rachetables, et nous avons déjà indiqué leurs diverses dénominations et les époques auxquelles sont payés les arrérages. Dans l'administration des finances on distingue les rentes *immobilisées*, parce qu'elles appartiennent aux communes, établissements publics, etc., et les rentes *mobilisées* qui sont possédées par des particuliers. On inscrit aussi la profession des propriétaires auxquels appartiennent les rentes mobilisées.

Voici quel était au 1er janvier 1856 le chiffre de chaque espèce de rentes, immobilisées et mobilisées, et le montant des inscriptions au porteur et appartenant à des banquiers ou à des agents de change :

4 1/2 pour cent.

Rentes immobilisées. . .	31,812 135	Au porteur.	5,909,040
— mobilisées. . . .	140,204,590	Banquiers.	354,448
Total.	172,016,725	Agents de change. . .	220,960

4 pour cent.

Rentes immobilisées. . .	640,258	Au porteur.	71,420
— mobilisées. . .	1,713,310	Banquiers.	10,800
Total.	2,353,568	Agents de changes. . .	1,746

[1] Depuis notre précédente édition, M. Courtois fils a publié sous le titre de *Manuel des fonds publics et des sociétés par actions*, un volume de 750 pages dans lequel le lecteur pourra trouver tous les renseignements désirables sur les valeurs si nombreuses et si diverses qui se négocient à la Bourse de Paris.

3 *pour cent.*

Rentes immobilisées. . .	22,960,282	Au porteur.	10,172,810
— mobilisées. . .	87,337,950	Banquiers.	1,898,043
Total.	110,298,232	Agents de change. . .	1,161,019

Total des rentes.

Rentes immobilisées. . .	55,412,675	Au porteur.	16,153,270
— mobilisées. . .	229,255,850	Banquiers.	2,263,291
Total.	284,668,525	Agents de change. . . .	1,383,735

Voici le tableau du cours le plus haut et du cours le plus bas des rentes françaises pendant les 63 dernières années.

ANNÉES.	5 p. %.		ANNÉES.	5 p. %.	
	Plus haut.	Plus bas.		Plus haut.	Plus bas.
1798	24.25	9.00	1812	83.60	76.50
1799	22.50	7.00	1813	80.20	47.50
1800	44.00	17.38	1814	80.00	45.00
1801	68.00	39.50	1815	84.65	52.80
1802	59.00	50.15	1816	64.40	54.30
1803	66.60	47.00	1817	69.00	55.05
1804	59.75	52.20	1818	80.00	60.00
1805	63.30	51.90	1819	73.15	64.85
1806	77.00	60.40	1820	79.60	70.10
1807	93.40	71.30	1821	90.65	73.75
1808	88.15	78.10	1822	95.00	82.35
1809	84.00	76.25	1823	98.65	75.50
1810	84.50	78.40	1824	104.80	93.00
1811	83.40	77.70			

ANNÉES.	5 p. %.		3 p. %.		ANNÉES.	5 p. %.		3 p. %.	
	Plus haut.	Plus bas.	Plus haut.	Plus bas.		Plus haut	Plus bas	Plus haut.	Plus bas.
1825	106.25	90.50	76.35	59.80	1845	122.85	116.50	86.40	80.90
1826	101.05	95.75	72.15	63.00	1846	123.60	116.00	85.00	80.40
1827	104.70	98.50	73.70	66.15	1847	119.10	113.35	80.80	74.65
1828	109.00	101.25	76.10	66.80	1848	117.50	50.00	75.20	32.50
1829	110.65	106.50	86.10	73.95	1849	92.70	74.00	58.50	44.70
1830	109.85	84.50	85.35	55.00	1850	97.40	86.70	58.80	54.00
1831	98.80	74.75	70.50	46.00	1851	103.00	89.10	67.00	54.50
1832	99.85	92.00	71.00	62.00	1852	106.50	99.10	86.00	64.00
1833	105.50	99.65	80.50	70.00		4 1/2 p. %.		3 p. %.	
1834	107.00	103.70	80.00	73.75					
1835	110 30	106.40	82.35	76.75	1852	107.00	99.45	»	»
1836	110.30	103.20	82.20	76.85	1853	106.70	98.75	82.15	71.70
1837	111.00	106.25	81.45	77.75	1854	101.00	88.00	76.35	61.50
1838	111.85	107.05	82.20	78.15	1855	99.40	89.75	71.75	63.20
1839	112.85	108.25	82.50	77.80	1856	97.00	89.50	75.45	61.50
1840	119.40	100.30	86 65	65.90	1857	87.50	82.75	71 10	65.85
1841	117.05	110.45	80.60	75.60	1858	91.50	82.75	74.95	67.50
1842	123.10	116.00	82.25	76.60	1859	97.25	88.10	72.50	60.50
1843	123.70	119.60	83.20	78.70	1860	96.50	95 00	71.40	67.10
1844	126.30	118.10	85.65	79.75	1861	95.75	90 00	70.15	66.80

Bons du Trésor. — Les bons du Trésor à diverses échéances s'élevaient au 1er janvier 1856 à la somme de 268,503,540 fr. 20 c. On sait que l'intérêt bonifié par l'État à ces bons varie selon le cours du marché.

Emprunts étrangers. — Les titres au porteur de quelques emprunts étrangers figurent sur la cote officielle. Ils doivent cette faveur au nom de la maison par laquelle ils ont été souscrits. Parmi ceux qui sont officiellement cotés à la Bourse de Paris, on remarque : 1° les 4 1/2 p. °/₀ belges dont les arrérages sont payés en novembre et en mai, et les 2 1/2 p. °/₀ en janvier et en juillet; 2° les 5 p. °/₀ italien dont les arrérages sont payés en janvier et juillet; 3° les 3 p. °/₀ espagnols aux mêmes dates; 4° les 5 p. °/₀ autrichiens de 1853 et les *métalliques* ainsi nommés, parce qu'il est stipulé au contrat d'emprunt que les arrérages seront payés en monnaie métallique et non en papier-monnaie.

Chemins de fer. — Les actions et obligations des chemins de fer français fournissent la matière d'un très-grand nombre de négociations.

Actions des établissements de crédit. — Nous avons décrit dans une autre partie de ce livre la constitution de la Banque de France, du Comptoir national, du Crédit Foncier et du Crédit Mobilier, les principales sociétés dont les titres figurent sur la cote officielle. Les dividendes de la Banque de France sont payés par semestre, le 1er janvier et le 1er juillet.

Il existe plusieurs cotes des valeurs qui se négocient à la Bourse de Paris. La plus importante est la cote officielle rédigée par les soins de la compagnie des agents de change, en exécution des lois et règlements. Elle remplit quatre pages in-8° et ne contient que les titres sur lesquels il se fait le plus d'affaires. Les entreprises industrielles et commerciales considèrent comme une faveur leur inscription sur cette cote, et elles font souvent des efforts pour l'obtenir ; mais elles n'y ont aucun droit nécessaire, et la compagnie des agents de change dispose sur ce point d'un pouvoir arbitraire illimité.

Nous reproduisons ici une copie de cette cote, telle qu'elle est rédigée actuellement.

COMPAGNIE DES AGENTS DE CHANGE.

COURS AUTHENTIQUE

SEUL OFFICIEL.

BOURSE DE PARIS

— *Samedi* 31 *Octobre* 1863 —

Abréviations. — *P.* Prime, *fin c.* fin courant, *fin p.* fin prochain, *d.* 1, *d.* 50, dont un, dont 50 cent. *d.* 20, dont 20 fr. par action.

REPORTS Liquidation à l'autre.	RENTES FRANÇAISES.	AU COMPTANT.	TERME.	1er Crs	Plus Haut.	Pl. Bas.	Dern. Cs
			en liq.				
27 1/2 25			fin ct.	67 10	67 15	67 05	67 [illegible]
			Pe f. c.		d1		[illegible]
	3 %, jouis. 1er oct. 1863.	67f15 20 10	Pe f. c.		d25		[illegible]
			Pe f. p.	67 40	67 55 d1	67 75	67 [illegible]
			Pe f. p.	68	67 85d25		[illegible]
			en liq.				
	4 1/2 %, j. 22 sept. 1863.	95f20 40	au 31.				
			en liq.				
	4 %, j. 22 sept. 1863.......		fin ct.				
			en liq.				
	Obligations du Trésor.......	447 50	au 31.				
	Int. 20 f., j. jet. r. 500f. an.		Pe f. c.		d25		[illegible]
	finiss. en 1869 (tout payé).		......				
			......				
	Bons du Trésor.............		......				
			......				
			......				
			......				
			......				
	Banq. de France, j. jet. 1863.	3350	en liq.				
			au 31.				
	Dép. Seine, Emp. 1857 j. jet.	225 226 25	en liq.				
	VILLE.		au 31.				
	Obl. 1852, 5 %, j. jet. 1863.	1127 50	en liq.				
	do 1855-60, j. sep. 63, r. 500f	415 416 25 417 50	au 31.				
			au 31.				
			en liq.				
5 f. 50	Créd. Fonc. de France, j. jet.		au 31.	1300 »			1295 »
	act. estamp. 500 f., 250 f. p.	1295	Pe 31.		d20		[illegible]
			en liq.				
	do act. nles 500f. 250f. p. j. jer	1240 1245	au 31.	1255 »			
	do Promess. d'obl. foncières,		Pe 31.		d20		[illegible]
	1000 f. 3 %, j. mai, 200 f p.	1090	au 31.				
	do Oblig. 500f, 4 %, j. mai.	482 50 483 75	......				
	do 10es, 4 %, j. mai 1863....	98f75	......				
	do Oblig. 500f. 3 %, j. mai.	452 50	......				
	do 10es 3 %, j. nov. 1862...	93f75	......				
	do Obl. comles, 3 %, j. mai,		......				
	émises à 430 f., tout payé..	410	......				
	do 5es d'Oblig. 3 %, j. mai		......				
	1863, tout payé...........	81f25	......				
			......				
	Crédit Foncier colonial, act.		au 31.	745 »			742 50
	500 f., 125 f p. j. oct. 1863.	745 747 50 750	Pe 31.		d20		[illegible]
	Crédit agricole, a. 500 f. 100f.		Pe 30 p		d20		
	p., j. juil. 63, 150 f. *garantis*		en liq.				
	par dép. de val. ou espèces.		au 31.		d20		
			......				
	Soc. gén. Crédit indust. et		......				
	coml, j. mai 63, act.		en liq.				
	500 f., 125 f. p.......	715	au 31.	717 50			715 »
	Soc. de Dépôts et comptes		Pe 31.				
	courants, ac. 500f., 125f. p.	555 552 50	au 31.				
	Sous-Compr. du Commerce		en liq.				
	et de l'Industrie, j. oct 63,		au 31.				
	act. 500 f., 125 f. payés:...	537 50 540	Pe 31.		d20		[illegible]
5 f. 25 5 f.	Soc. génér. Crédit Mobilier,		en liq.				
	j. juil. 1863, estampillé.	1112 50 1111 25 1115 1120	au 31.	1112 50	1117 50	1102 50	1110 »
		1115 1113 75 1110	Pe 31.		d20		[illegible]
		1107 50 1115 1105 1103 75	Pe 30 p.		d40		[illegible]
		1110	Pe 50 p.	1150 »	1167 50d20	1130 »	1170 [illegible]
			en liq.		d20		
	Comptoir d'Esc., j. août 63..	755	au 31.				
			Pe 31.				[illegible]
			en liq.				
2 f. 25	Orléans estamp., j. oct. 1863.	960	au 31.	960 »	960 »	978 75	960 »

REPORTS Liquidation à l'autre.	RENTES FRANÇAISES.	AU COMPTANT.	TERME.	1er Crs.	Plus Haut.	Pl. Bas.	Dern. Crs.
2 f. 75			Pe 31.		d20		d10
			Pe 30 p.		d20		d10
	do nouvelles, act. de		en liq.				
3 f.	500 f. 225 f p., j. oct. 1863.	815	au 31.	813 75			812 50
			Pe 31.		d20		d10
			en liq.				
2 f. 50	Nord, jouis. juillet 1863.....	977 50 975	au 31.	978 75			977 50
			Pe 31.		d5		d10
			en liq.				
1 f.	Est, jouis. mai 1863........	507 50 506 75	au 31.	508 75			507 50
			Pe 31.		d20		d10
			en liq.				
3 f. 50	Paris à Lyon et Méd., est.,	953 75 955 956 25	au 31.	953 75	955 »	952 50	952 50
	j nov 1863.	Hr, rep. 4 f	Pe 31.				d10
	Do non estamp	et fin p. 970 d10	en liq.				
	j mai 1863.	1007 50	au 31.				
2 f. 50	Do nouv. 300 f. pay ,		en liq.				
	j. mai 1864..............	912 50 910	au 31.	912 50			
75 f. 50	Midi j. juillet 1863.........	497 50	au 31.	690 »	700 »	690 »	690 »
			Pe 31.		Pe 30 p d5	705 »	712 50d10
			en liq.				d10
pair	Ouest, jouis. oct. 1863......	515	au 31.				
			Pe 31.		d20		
	Lyon à Genève, j. jer 1860..	498 75	en liq.				
	(*A-compte 5 fr., nov.* 1862.)		au 31.				
	Dauphiné, j. juillet 1863....		au 31.				
	Ardennes et l'Oise, j. 15 jt 63	477 50	au 31.	477 50			
			en liq.				
			en liq.				
			au 31.				
	Versailles (r. g.), j. fév. 1861.		en liq.				
	Algériens, j. fév. 1863......		au 31.				
	(*Act.* 500 *f.*, 125 *f. payés.*)		en liq.				
	Bessèges à Alais, j. jet 1863.		au 31.				
	Ce des Ch. fer des Charentes		au 31.				
	ac. 500f. 250f p. j. 1er août 63	488 75 487 50	Pe 31.		d20		d10
	Mess. imp. service marit., j.		au 31.	1700 »			1705 »
	juin 1863 (ex-coup. no 15).	850	Pe 31.		d20		
8 f.	Ce Parisne du Gaz, j. oct. t. p.	1700 1705 1702 50 1705	au 31.				
			en liq.				d10
	do do do	1702 50	au 31.				
	(400 *f. payés*).		en liq.				
pair	Canal maritime de Suèze, ac.		au 31.	500			492 50
	500 f., 200 f. p. j. jet 1863..	500 498 75 497 50 495	en liq.				
2 f. 50	Ce générale Transatlantique,	492 50 490	au 31.	518 75	521 25	518 75	520 »
	act. 500 f. t. p. j. jet 1863.	515	Pe 31.		d20		d10
			Pe 31 p		d20		d10
	Ch. fer et Docks de St-Ouen		au 31.				
	t. p., j. juillet 1863......	395	Pe 31 p				
			fin c..				
		Valeurs étrangères.	fin c..		d25		
			en liq.				
22 1/2 20	Italien, 5 °/o, j. jet 1863....	72f40 50 30 45 40	fin c..	73 20	73 30	73 20	73 25
	grosses coup 500f *et* 1000f		Pe f. c.		d25		d50
			Pe f. p.		d1	73 75	73 80d50
	do *petites coup.* 50 à 500f, j. jt	72f65	au 31.				
			....				
	do do *au-dessous de* 50f	74f50	....				
	do 3 °/o, j. oct. 1863........		en liq.				
	Italien Emp. 5 °/o, 1863....		fin c..	73			
	60 °/o *payés*, j. jet 1863.		Pe f. c.				d50
	grosses coup. 500f. *et au-des*	73f	Pe f. p.				
	do *petites coup de* 50 à 500 f.		fin c..		d25		
	do do *au-dessous de* 50 f.		....				
			....				
	Autrich. L 1852, 5 °/o, j. jet.		....				
	do do 1859, 5 °/o, do.		Pe 31 p				
	do métalliq. 5 °/o, j. mai 63.		Pe 31 p				
	Rente de Naples, ducats, j.		fin c..				
	15 janvier 1863...........		en liq.				
	E Portugais, 3 °/o, 1853, j. jet		fin c..				
	do 1856-57-59-60 do.		en liq.				
	Espagne 3 °/o, ext., 52-56 j. jt		fin c..				
	do intérieure, do....	53	fin c..				
	do différ. conv. do....	48 3/8	en liq.				
	do passives nouv.....		fin c..				
			en liq.				
	Emprunt Russe, 5 °/o, 1862,		au 31.				
	tout payé, j. mai.........	92 1/2	en liq.				
			au 31.	413 75	415 »	412 50	412 50
	Soc. Autrich., j. juil. 1863..	410	Pe 31.		d5		d10
			Pe 30 p		d20		d30
			en liq.				
2 f. 50	Sud Autrich.-Lombard, j.		au 31.	561 25	562 50	561 25	56 12
2 f. 75	mai 1863 (act. 500 f. t. p.).	562 50 561 25 562 50	Pe 31 p		d5f		571 25d10
		Hr, 560	en liq.				

REPORTS Liquidation à l'autre.	RENTES FRANÇAISES.	AU COMPTANT.	TERME.	1er Crs.	Plus Haut.	Pl. Bas
2 f.	Vict.-Emmanuel, j. jet 1863.	415 413 75	au 31.	415 »	415 »	412 50
	act. 500 f., tout payé.....		Pe 31 p		d20	
		Petites coup. 415	au 31.			
			Pe 31 p			
	Grande Comp. Russes, j. jet		en liq.		d20	
	1863 (act. 500 f., t p.),..		au 31.			
			Pe 31 p			
2f 25 2 f.	Romains, j. oct. 1863.......	405 408 25 407 50	en liq.			
	(Act. 500 f., t. p.)		au 31.	405 »		
			Pe 31.		d20	
	Guill -Luxemb , j juil 1862.		au 31.			
	(Act. 500 f., t. p.)		Pe 31.		d20	
			en liq.			
3 f. 25	**Crédit Mob. Espagnol j jet**		au 31.	673 75	678 75	673 75
2 f. 75	**1863 (ac. 500 f., t. p.).**	673 75 675 680 677 50	Pe 31.		d20	
			Pe 31 p	695 »	690 »d20	707 50
			en liq.			
1 f. 75	**dº ac. nouv 200f p j. jet 63.**	596 25 595 596 25 597 50	au 31.	593 75	596 25	591 25
			Pe 31.			
			Pe 30 p			
1f 50 2 f.	**Saragosse, j. juillet 1863...**	635	au 31.	635 »	637 50	632 50
	(Act. 500 f., t. p)		au 31.			
			Pe f. p.			
	Séville, Xérès, Cadix, j jet.	480 482 50	en liq.			
	(Tout paye.)		au 31.			
			en liq.			
2 f. 50	**Nord de l'Espagne, j. juil...**	540 541 25 540	au 31.	540 »		
2 f. 75	*(Act 500 f, t p.)*		Pe 31 p			
			en liq.			
	Saragosse à Pampelune, j.		au 31.			
	jet 1863, ac. 500 f., t p....	405	Pe 31.			
			en liq.			
	Saragosse à Barcelone, j. jer		au 31.	340 »		
	1862, ac. 525 f., t. p	340 Hr, fin c 341 25	en liq.			
		Petites coup 340	au 31.			
	Cordoue à Séville, j. jet, t. p.		Pe 31.			
			Pe 31.			
	Portugais, Comp Royale, j		en liq.			
	juil 1863, t p....	501 25	au 31.	500 »		

OBLIGATIONS.

Bons du canal des Houillères de la Sarre........................	
(int. 4 º/o, et amortis, en 12 ans, gar. par l'Etat)...............	
Marseille, int. 5 º/o, garanti par l'Etat, remb. à 1,000 fr., jouis. juillet 1863..................	
Remboursables à 1,250 fr.	
Versailles, r. d. 5 º/o. 43, j. jet 63	
St-Germain, 1842-49 dº ..	
Orléans, 1842, 5 º/o, j jet 63	
dº 1848, 5 º/o dº	
Rouen, 1845, 4 º/o, j. jet 63	
dº 47-49. 5 º/o, j juin 63	990
Havre, 1846, 5 º/o, j sept 63	
dº 1848, 6 º/o, j. jet 1863	
Strasbourg à Bâle, 43, j oct 63	
Lyon, 5 º/o, j oct 1863 ..	1055
Avignon à Marseille, 5 º/o, j. jet. 1863....................	995
Ouest, 1852-54, j. jet. 1863....	
dº 1853 dº	
dº **1855, j. juin 1863 ....**	
(Int. garant par l'Etat).	
Teste, 5 º/o, j jet	
Montereau, 5 º/o, j. jet .	496 25 495
St-Etienne, j jet	
Est, **1852 54 56, j. juin 63, remb.** à 650 fr	497 50
Rembours. à 500 f. R. à 625 f.	
Bâle, 5 º/o, j. jet. 63 (g p. l'Est).	
Méditerranée, j oct , int 25 f et remb gar par l'Etat .	
Rhône et Loire, 4 º/o, j jet. 63	
Salines de l'Est, j jet . .	
Bourbonnais, 3 º/o j jet 63	302 50 303 75
(Gar par Lyon, Orleans, Grand-Central).	
Méditerranée, 1852-1855, 3 º/o, gar. par l'Etat, j. jet. 1663..	
Nord, 3 º/o, j. jet. 1863.. .	306 25 305
Orléans, 3 º/o, j. jet. 1853	300 301 25
Rhône et Loire, 3 º/o, j. jet. 63	
(Int. gar. par l'Etat).	

Grand-Central, 1855, j. jet. 63.	300 301 25
Remboursables à 500 fr.	
Lyon à Genève, 1865. j. jet. 63.	
(Int. gar. par l'Etat.)	
Lyon à Genève, 57, j. jet. 63.	
Lyon, 1855, j. oct. 1863......	300 301 25
Paris-Lyon-Méditer., 3 º/o, j. jet. 1863.....................	300
Ouest, j. jet. 1863............	295 296 25
(Int. gar. par l'Etat.)	
Ouest 1855. 4 º/o, j. jet. Int. gar. par l'Etat...............	
Midi, 3 º/o, j. jet. 1863, int. gar. par l'Etat	**296 25 297 50**
Est, 3 º/o, j. juin 1863.......	296 25 295
Ardennes, 3 º/o, j. jet. int. gar. par l'Etat...............	296 25
Dauphiné, 3 º/o, j. jet. int. gar. par l'Etat.............	297 50
Bességes à Alais, 3 º/o, j. oct. 63	
Victor-Emmanuel, 3 º/o, j. oct. 1863, t. p..................	281 25
(Int. gar. par France et Italie.)	
Orsay, 4 º/o, j. mai, 1863, gar. par Orléans................	
Boulogne, 4 º/o, j. août 1862.	
Dieuse, j. jet...................	
Charleroi à Erquelines...........	286 25
Ville.	
Caisse de la Boulanger, (Bons).	
Caisse des Tr. publics (Bons).	
3 Ponts, annuités municipales.	
Pont, Port et Gare de Grenelle.	
Canaux.	
Canal de jonction de la Sambre à l'Oise................	
3 Canaux......................	
4 canaux appareillés, j. oct. 63	
dº act. de jouis. juin 63	
Aire à la Bassée..............	
Bourgogne. 1,000 fr. j. oct. 63.	
dº act. indem., j juin 63	
Arles à Bouc, j. oct. 1863.....	

COMPAGNIES ANONYMES.

Lin Maberly, jouis sept. 1863.....	480

Soc. Immobilière, act. 500 f. t. p. j. juillet 1863	565 536 25 535 537 538 75 536 25 530 528 75 527 530 527
Ce Immob. de Paris, ob. 500 fr. 3 °/o j. jet 63 t. p.	265
Ce d'Assur. la France (Incendie).	
Ce d'Assur. générale La Grêle...	
Ce d'Assur générale incendie....	
L'Union (Vie)	
Assurances générales Maritimes...	

FONDS ÉTRANGERS

(2e partie)

Emprunt Belge :

4 1/2 °/o, 1844, j. mai 1863	
4 1/2 °/o, 1855 do	
4 1/2 °/o, 1857-1860, j. mai 1863.	
4 1/2 °/o, 1860, 40 °/o à ver, j. mai 1863	
4 °/o, 1836, j. jet 1863	
3 °/o, 1838, j. août 1863	
Dette active, j. jet 1863	
2 1/2 °/o, j jet 1863	
Emprunt 1853, ville de Bruxelles.	
do 1856 do	
do 1862 do j. juin 1863.	98f
Société Immobilière de Belgique, act. 500 f., 200 f. p. j. fév. 1864.	600
Oblig. ville de Liége	
Emprunt Romain, j. juin 1863	78 3/4 Hr, 79 1
Emprunt d'Haïti, j. jet 1863	
Espagne, 3 °/o, extér., 1841, j. jet.	
Espag. { Intér., 3 °/o, pet. c. j. jet.	52
Espag. { Extre, 1841, 3 °/o, do do.	
Espag. { Extre, 52-56, 3 °/o, do do.	52

Obligations du Piémont :

1834, 4 °/o, j. jet, 1863	
1849, 4 °/o, j. oct. 1863	
1851, 4 °/o, j août 1863	
Piémont, certific. anglais, 5 °/o, j. juin	
Emprunt Toscan, 3 °/o	
Emprunt Russe, 4 1/2 °/o, 1850 j. jet 1863	
Emp. Autric. 1860, Ob. 500 florins. j mai 1863	
Emp. Autric 5e, j. mai 1863	
Emp. Ottom, 1860, t. p jet 1863.	763 75
Obl de l'Empt Ottoman, 63 (300 f. p)) jet 1863	252 50 251 25 250 248 75
2 1/2 °/o. Hollandais, j. jet 1863, certif. franç	

CHANGE.	A VUE Papier.	A VUE Argent.	90 JOURS. Papier.	90 JOURS. Argent
Amsterdam	213 3/8	213 1/4	211 5/8	211 1/2
Anvers	pair	99 7/8	....	....
Hambourg	188 3/8	188 1/8	186 7/8	186 3/4
Berlin	....	....	370 1/2	....
Londres	25 22 1/2	25 17 1/2	24 24	25 20
Madrid	5 19	5 20	5 13	5 14
Barcelone	5 24	5 23	5 17	5 16 1/2
Cadix	5 19	3 20	5 13	5 14
Bilbao	....	....	....	....
Lisbonne	....	....	5 55	5 54
Porto	....	....	5 55	5 54
Gênes	99 7/8	99 5/8	98 3/4	98 5/8
Livourne	99 3/4	99 1/2	98 3/4	98 5 8
Naples	99 3/4	99 5/8	98 3/4	98 5/8
Palerme	....	....	....	....
Messine	....	....	....	....
Vienne	....	....	221 1/2	221
Trieste	....	....	221 1/2	220 1/2
Venise	....	....	....	244
Milan	100	99 7/8	98 3/4	98 5/8
Auguste	....	....	....	....
Francfort	....	....	212 3/8	212 1/4
Pétersbourg	388 3/4	388 1/2	382 1/2	....
Rome	....	....	5 22	5 21

MATIÈRES D'OR, ETC.

Or en barre, à 1000/1000. Le kilog 3,434 f 44 c	1 50 à 2 °/oo pme.
Argent en barre, à 1000/1000. Le kilog 218 f. 89 c	21 à 23 °/oo pme.

..s de 40 à 20 fr., agio	1 50	à	2	°/oo.
..raples espagnols	83 75	à	84	»
do colombiens et mexicains	80 50	à	81	»
Ducats de Hollande et d'Autriche	11 70	à	11	
Piastres à colonnes Ferdinand.	5 45	à	5	
do mexicaines	5 80	à	5	
Souverains anglais	25 12 1/2	à		
Bancknotes	25 12 1/2	à	25 75	1
..gles d'Amérique (5 dollars),	25 80	à	25 95	

Le Syndic, MOREAU.

24 Octobre, BOURSE DE VIENNE.

Métalliques.

Crédit Autrichien.

Chemins de fer Autrichiens.

Change sur Londres. { Demande. Offre.

Change sur Paris. { Demande. Offre.

VALEURS DIVERSES.

Ch. de fer d'Orléans, j. oct. 1863.	
do Ouest Suisse, t. p., j. mai 1860	75 f 77f50 76f25
do Hainaut, Flandres a. 500 fr. j. fév. 1861 (200 fr. p.)	
Société anonyme des Mines et ch. de fer de Carmeaux, j. mai 1863.	
Ch. fer Taragone à Reus, j. oct., t. p.	
do Montblanch à Reus, act. 500 fr., t. p. j. oct. 1863	
do Lyon à la Croix-Rousse, act. 500 fr., t. p., j. jet 1863	
do Romains, act., trentenaires privilégiées, 6 °/o, act. 500 fr., t. p., j. oct. Ligne d'Italie, a 500 f. t. p j. jet.	217 50
do Lyon à Sathonay, a. 500 fr., t. p., j. jet 1863	
Act. de la Compe générale de crédit en Espagne, act. 500 fr, t. p, j jer 1863	
Orléans, act de jouis., j. oct. 1863.	
do do do estamp.	
Est do do	
Oblig. Autrich., 3 °/o, j. sept. 1863.	
do Lombard., 3 °/o, j. jet, r. 500 fr., t. p.	262 50 263 75
do Saragosse, 3 °/o, j. jet, remb. 500 fr.	271 25 272 50
do Romaines, 3 °/o, r. 500 fr., j. jet t. p.	290
do Cordoue à Séville, 500 fr., 3 °/o. j. jet	262 50
do Séville, Xérès, Cadix, 3 °/o remb 500 fr., en 47 ans, j. 15 jet 1863	291 25
do 3 °/o, r. 500 fr., en 94 ans, j. mai 1863	260 261 25
do Sarag. à Pampelune 3 °/o r. 500 fr., j. oct	245 246 25
do N. de l'Es 3 °/o r 500f j oc.	258 75 260
do Monblanch à Reus, 3 °/o, j oct 1863	
do Ch fer ligne d'Italie, 3 °/o, émis à 248 f. t p. r 500 f. j. jet 1863	240
do Ch de fer Portugais, Ce Royale, 3 °/o, j jet 1862.	255 256 25
do do Guill. Luxemb., 3 °/o, j. mai	
do do Lyon à la Croix-Rousse, 3 °/o, remb. à 500 f. j. jet 1863	
do Messag. Imp. services maritimes remb. à 500 fr., t p., j. oct 1863	
do Ville de Lille, 3 °/o, j av. 63.	

t p., r. 100 fr.	93f75 95f
dº Ville de Marseille, 1852 (1000 f, 5 º/º), j. jet 1863.	
dº dº 1862 (500 fr., 5 º/º), j. jet 1863.	
dº dº 1862 (100 fr., 5 º/º), j. jet 1863.	
dº Ville de Roubaix et Tourcoing, oblig. de 50 f. t p., remb. en 55 ans, tirage : 1er fév. et 1er août. . . .	38f75
dº Ville de Rouen, oblig. de 1250 f. remb. au pair, t. p., j. jet 1863	
dº Ville de Bordeaux, obligat. 100 fr., r. au pair, tout payé, j. nov. 1863.	
dº De l'Aveyron, 6 º/º, j. jet 1863.	
dº Cº Parisienne du gaz, j. jet 1863.	480
Ob. Crédit colonial, 500 fr., t. p., j. août 1863.	475
Société Crédit Mobilier Italien, act. 500 fr., 200 fr., p. j. juin 1863	
S. gle de Commerce et d'Industrie, établie à Amsterdam, a. 540 fr., 270 fr., p j., mai 1863.	581 25 582 50
Banque Ottomane, act. de 500 fr., 250 fr., p., j 31 déc. 1862. . . .	705
Banque de Crédit et de dépôts des Pays Bas, 40 º/º p., j mai 1863.	617 50 618 75 620
Banque de Crédit Italien, act de 500 fr., 250 fr., p. j. 6 juin 1863	
Empr. Tunisien 7 º/º, obl 500 fr., remb au pair, j. mai 1863. . . .	
Caisse gle des ch. de fer (ex-1er répart).	58f75 57f50
Caisse Béchet j. jet 1863.	
Comptr Bonnard et Cº, j. exercice 1861.	58f75
Caisse Lécuyer, j. janvier 1862.	
S.-Comptr des Entrepreneurs, j jet 1863	248 75 250 252 50 230 248 75
Comptoir de l'Agriculture, actions 500 fr., 200 fr , p. j. jet 1863. .	
Zinc V.-Montagne, 10º d'ac., j. 11 mai 1863	275
dº Obl. 500 f, 5 º/º, jet 1862.	
Zinc de Silésie, j. nov. 1861. . . .	105
Mines de la Loire, j. 16 oct 1862.	
Mines de Montrambert dº . . .	
Mines de Rive-de-Gier dº . . .	
Mines de Saint-Etienne dº . . .	
Mines de Campagnac, ac., 1000 fr. t. p j. jet 1863.	
Mines Grand-Combe, a , j. jet 1863	
dº Obligat. j. oct. 1863.	
Salines de l'Est, j. 15 oct. 1863. .	
Mines de Mouzaïas.	15f 12f75
L'approuague, act. 100 fr. t. p. .	130 131 25 127 50
Cail, act. de 500 fr., j. oct. 1863. .	
dº Oblig., 5º/º, émises à 400 f.	

r 450 fr. en 11 ans, t. p. j jet 1863	
Aciéries Petin, Gaudet et Cº, j. déc. 1862.	
Forges de Commentry, j. 15 oct. 1863.	
Forges de la Basse-Indre.	
Forges et Fonderies d'Alais. . . .	
Société immobilière des Boulevards du Temple, ac 500 f t. p. j jet 63.	435
Entrepôts et magasins généraux de Paris, act. de 1/25,000, t. p. j jet 1863.	625
Docks et Entrepôts de Marseille, a. 500 fr. tout p. j. jet 1863. (coup nº 3)	712 50 715 710
dº Oblig. 3 º/º, j. jet 1863, t. p.	
Docks et Entrepôts du Havre act. de 1/8,000, t. p , j. mai 63.	
dº Ob. 3 º/º, r. 500 fr émises à 280 fr., j. jet 1863. . . .	
Cº du Marché du Temple, 350 fr., p., j. jet 1863.	
Soc. l'Approvisionnement, actions 500 fr , 200 fr. p , j. jet 1863. .	
Comp. gén. des Eaux, j. jet 1863.	
dº Obl. r 500 fr., j. oct.	
Eaux de Seine purifiées et eaux gazeuses, a. 100 f., t p. j. jer 60.	
So. gén. des Omnib., ac., j. jet 63.	1002 50
dº Ob. 500f., 5 º/º, p. j. jet 63.	470
dº Act. de jouiss., j. jet 1863	
Cº Lyonnaise des Omnib. j. oc. 63.	
Omnibus de Londres, j. avr. t p.. .	67f50
Cº Imp. Voit de Paris, j. juin 63. Ex-1er dividende, 1862.	100 98f75
Gaz de Marseille et Mines de Portes et Sénéchas, r. à 600f j. oct. 63.	511 25 512 50 510
Union des Gaz, a. 250 f., j. août 63.	
dº Obl. de 250 fr., t p j. jet 62.	
Cº centrale d'éclairº pour le gaz, j. oct. 63	
Gaz gén. de Paris, act. 500 f, t. p. .	
Cº gén. de Bruxelles, pour l'éclairage et le chauffage par le gaz, act. 500 f. 250 f. p..	500
Cº du Touage de la Basse-Seine et de l'Oise, 500 f., t. p., j. jet 63.	
Cº du Touage de Conflans à la mer, act. 500 f. t. p., j. jet 1863.	505 507 50 510
Cohin et Cº j. oct 1862.	
Cº de la Taillerie impér. de diamants, act. 500 f, t. p., j. jer 63. .	
Nu-Propriétaires, act. 1000f, j. jer.	
Cº Française de Réassurances cont l'Incendie, act 5000f (1000f ver.)	
Caisse gén. des Familles, actions de 2500 f 500 f. p., j. jer 1862. .	
Act des deux Cirques, j jet 1863.	
Télégraphe sous-marin.	
Compagnie de Stéarinerie.	
Papeterie d'Essonnes.	
Polders de l'Ouest, act. 500 f. t. p.	
Société Chollet et Cº, act. 100 f. .	

Cours de Compensation.

3 º/º 67 f. 90 4 1/2 95 f. 80

Banque de France.

Escompte : 5 º/º.

Bons du Trésor.

5 º/º à 1 an.

4 1/2 º/º de 6 à 11 mois.

4 º/º de 3 à 5 mois.

N° 4. — *Stock-Exchange ou Bourse de Londres.*

Il n'y a point, à proprement parler, d'agents de change privilégiés à la Bourse de Londres auxquels soit réservé le monopole des transferts de rentes. Mais les ventes et achats ordinaires sont faits par une association qui ressemble assez bien à une société secrète, dans un local où le public n'est pas admis, dans Capel-Court, près de la Banque d'Angleterre. Le nombre des membres de l'association s'est élevé jusqu'à 800 ; il est aujourd'hui de 600 environ, sous l'inspection d'un syndicat composé de trente personnes.

Au nombre des membres de l'association se trouvent non-seulement les agents de change ou courtiers proprement dits, mais aussi ce que nous appelons à Paris banquiers de placement et de spéculation [1]. Les premiers portent le nom de *stock-brokers*, les seconds celui de *stock-jobbers*. Ceux-ci sont des marchands de titres dont la profession consiste à en acheter ou à en vendre pour leur propre compte sous une commission variable.

« La constitution du *Stock-Exchange*, dit M. Francis [2], est simple. Il est gouverné par un comité de 28 membres avec un président et un vice-président élus annuellement. Ce comité a le droit absolu de chasser, de suspendre ou de réprimander; ses décisions sont sans appel, et, comme dit le règlement, « doivent être exécutées. » L'expulsion ne peut être prononcée que par une assemblée où assistent douze membres au moins et à la majorité des deux tiers des voix. Nul n'est reçu membre du Stock-Exchange s'il est escompteur, marchand de papier, commis dans toute autre maison que dans celle d'un membre de la société, ou dans les affaires, soit en son nom particulier, soit au nom de sa femme. Quiconque demande à être reçu membre de la société doit être

[1] A Londres le nom de banquier suppose toujours et principalement les fonctions de caissier, celles du banquier de commerce de première classe. L'escompteur proprement dit s'appelle *bill-broker*, celui qui spécule sur les lettres de change du dehors et sur les arbitrages est un négociant, *merchant;* le banquier qui fait la commission de placement et de spéculation est *stock-jobber*.

[2] *Chronicle and characters of the Stock-Exchange.*

recommandé par trois personnes appartenant à la société depuis deux ans et qui doivent le cautionner, pour deux ans, pour 300 livres chacune. Les membres de la société ne doivent point contracter d'association entre eux.

» Les prix des fonds autres que les actions de la banque est coté sans dividende.

» La commission pour l'achat et la vente des fonds anglais est de 2 shillings 6 *d.* (1/8) pour 100 livres, et, pour les actions de 1 shilling 3 *d.* au-dessous de 5 livres; de 2 *sh.* 6 *d.* de 5 à 20 *l.*; de 5 *sh.* de 20 à 50 *l.*; de 10 *sh.* par cent livres au-dessus de 50 livres. »

Les marchés à terme et les spéculations ont, comme en France, leurs règles, leurs usages et aussi leur langue. Celui qui achète des fonds sans avoir de quoi les payer et pour spéculer à la hausse sur la différence, s'appelle un taureau, *a bull* (il lève la tête). Le spéculateur à la baisse est un ours, *a bear* (il baisse la tête). Celui qui, faute de remplir ses engagements, est exécuté, est un canard estropié, *a lame duck* (il fait le plongeon). Le rapport s'appelle *continuation* et le déport *backardation*. La loi ne reconnaît pas plus en Angleterre qu'en France les dettes résultant du jeu sur les différences. Elle ne reconnaît pas non plus les ordres donnés verbalement aux *stock-brokers*, et la jurisprudence a constaté sur cette matière de singuliers abus.

Les valeurs qui forment la matière de la plupart des transactions du Stock-Exchange sont les titres, autrefois si nombreux et si divers, de la dette publique anglaise. Le 5 janvier 1849, la dette publique fixe d'Angleterre et d'Irlande était évaluée en capital à 774 millions sterling, et le service des intérêts absorbait annuellement 27,699,000 livres sterling. Les bills de l'échiquier s'élevaient à la somme de 17,794,700 livres, de sorte que l'ensemble de la dette excédait 791 millions sterling (19,775 millions de francs).

On a fait aussi beaucoup d'affaires au Stock-Exchange sur les titres, actions ou obligations des chemins de fer, qui étaient en 1849 au nombre de 319. Les actions industrielles de toute sorte, les emprunts étrangers, les grandes affaires industrielles faites à l'extérieur et auxquelles quelque maison puissante est intéressée fournissent aussi la matière de négociations nombreuses et importantes.

Voici la forme ordinaire de la cote des titres à la Bourse de Londres.

Cours des fonds à Londres

(20 octobre 1863).

Consolidés 3 p. °/o au comptant			de 93	à 93 1/8
— — à terme			93 1/4	93 1/4
Obligations autrichiennes	5	p. °/o	»	»
— brésiliennes	5	—	99	101
— —	4 1/2	—	90 1/2	91 1/2
— de Buenos-Ayres	6	—	92	94
— — différés	3	—	37	39
— de Matanzas et Sabanilla	7	—	101	103
— chiliennes	6	—	»	»
— —	3	—	»	»
— —	4 1/2	—	87	89
— danoises	4	—	88	90
— égyptiennes	7	—	100	101
— grecques	5	—	30 3/4	31 1/4
— — coupons		—	14 1/2	15
— italiennes	5	—	80 1/2	81 1/2
— mexicaines	3	—	41 1/4	41 1/2
— de la Nouvelle-Grenade	2	—	32 1/2	33
— — différées			9 1/2	10
— péruviennes	4 1/2	—	87 1/2	88 1/2
— portugaises	3	—	49	49 1/2
— — de 1862	3	—	48 1/2	49
— russes	5	—	93 1/2	94 1/2
— —	4 1/2	—	90 1/2	91 1/2
— —	3	—	58	59
— — de 1862	5	—	93	93 1/2
— sardes	5	—	89	90
— espagnoles	3	—	54 1/2	55
— — nouvelles différées	3	—	48 1/2	49
— — passives		—	36	36 1/2
— turques	6	—	92	93
— — de 1858	6	—	70 1/2	71
— — garanties	4	—	102	104
— Venezuéla	3	—	25 1/2	26
— —	6	—	61 1/2	62 1/2
— —	1 1/2	—	13	14
Dividendes non payables à Londres.				
Rentes hollandaises	2 1/2	—	64 1/2	65 1/2
— italiennes	5		72 1/4	72 1/2
— turques consolidées	6	—	53 3/4	54 1/4
Valeurs américaines.				
Obligations des États-Unis	6	—	70	74
— — payables en 1868	6	—	72	74
— —	5	—	58	62
— de Maryland	5	—	73	76
— de Massachusets	5	—	87	89
— de Pensylvanie	5	—	60	63
— — payables en 1877	5	—	65	68
— de Virginie	6	—	35	40
— —	5	—	43	48

Actions de l'Érié de 100 *d.*			de 66	à 68
Obligations —	7	p. °/ₒ	62	66
— 1re hypothèque.	7	—	70	75
— 5e —	7	—	68	72
— Illinois central.	6	—	82	84
— de 100 *d.*	7	—	74	76
Chemin de fer de Panama, 1re hypothèque.	7	—	101	103
— — 2e —	7	—	102	104

Diverses.

5 p. °/ₒ de l'Inde	107 1/2	108
5 1/2 — —	116 3/4	117 1/4
6 — du Canada	104	105
5 — —	92	94
6 — de Victoria	108	110
Eaux de Berlin, actions de 10 *l.*	9 3/8	9 5/8

Actions de chemins étrangers.

Chemin d'Anvers à Rotterdam		8 3/4	9 1/4
— hollandais du Rhin.	prime.	2 1/8	2 3/8
— de l'Est français.		19 1/2	20 1/2
— Grand-Luxembourg		13 1/8	13 7/8
— du Nord français.		38 1/2	39 1/2
— de Smyrne à Aidin.		12	13
— de Paris à Lyon et Méditerranée.		37 1/2	38 1/2
— de Paris à Orléans.		38	40
— royal danois.		16	18
— de Sambre-et-Meuse.		9 1/2	10
— Sud-Autrichien et Lombard-Vénitien.		22 1/4	22 1/2
— du Sud français.		27 1/2	28 1/2
— de Turin à Savone		15	17
— de l'Ouest et du Nord-Ouest français.		20	21

Obligations.

Du Grand-Luxembourg.	5	p. °/ₒ sur	4 *l.*	3 7/8	4 1/8
— —		—	20 *l.*	19 1/2	20 1/2
De la Havane et Matanzas.	7	—	100 *l.*	101	103
Du Nord de France.	3	—	20 *l*	11 3/4	12 1/4
De Smyrne à Aidin.	6	—	100 *l.*	88	92
De Paris à Lyon et Méditerranée.	3	—	20 *l.*	11 3/4	12 1/4
Sud-Autrichien et Lombard-Vénitien.	3	—	20 *l.*	10 3/8	10 5/8
Sud-Italien.	3	—	20 *l.*	9 1/4	9 1/2

CHANGES.

	PAPIER.		ARGENT.		
Amsterdam, 3 mois	11.19	1/4	11.79	1/2	florins pour 1 livre sterling.
Id. à courts jours	11.17		11 17	1/2	id.
Anvers, 3 mois	25.55		25.57	1/2	francs, p. 1 *l. st.*
Hambourg	13.8	1/4	13.8	3/4	marcs de banque, p. 1 *l. st.*
Copenhague	9.9		9.10		rixthalers de banque, p. 1 *l. st.*
Paris, 3 mois	25.50		25. 55		francs, p. 1 *l. st.*
Id. à courts jours	25.22	1/2	25.30		id.
Marseille, 3 mois	25.52	1/2	25.55		id.
Francfort-sur-le-Mein	119	1/8	119	1/4	florins, S. W. p. 10 *l. st.*
Vienne	11.40		11.45		id. O. W. p. 1 *l. st.*
Pétersbourg	36	3/8	36	1/4	pence pour 1 rouble.
Barcelone	49		48	7/8	id. p. 1 peso fuerte de 1848.
Cadix	48	7/8	48	3/4	id.
Livourne. 3 mois	25.62	1/2	25.67	1/2	lire, p. 1 *l. st.*
Milan	25.62	1/2	25.67	1/2	id.
Naples	25.62	1/2	25.67	1/2	id.
Messine	25.62	1/2	25.67	1/2	id.
Lisbonne	52	7/8	52	3/4	pence, p. 1 milreis.
Oporto	53		52	7/8	id.
New-York, 60 jours	»		»		

Londres étant la place du monde où les capitaux sont le plus abondants et le moins chers, les négociants de toutes les places sur lesquelles l'intérêt est élevé, telles que celles d'Asie et d'Amérique, viennent à Londres chercher du crédit. Il en résulte que Londres et l'Europe en général ne tirent que par exception sur ces places qui remettent du papier à plus ou moins longue échéance. Par suite, il n'existe point, à proprement parler, de change de Londres sur ces places; mais on cote celui des places d'Amérique et d'Asie sur l'Angleterre au départ des derniers paquebots. Ainsi l'on cotait il n'y a pas longtemps.

La Havane, à 14 p. °/₀ de prime sur le change fixe de 4 *sh.* 6 *d.* par piastre à 90 jours de vue; — *Rio-Janeiro*, à 28 pence pour 1 milreis effectif à 90 jours de vue; — *San-Francisco*, à 47 pence pour un dollar, 60 jours de vue; — *Valparaiso*, 46 1/2 pence pour une piastre, 60 jours de vue; *Singapore*, 4 *sh.* 7 *d.* à 6 mois de vue; — *Hong-Kong*, 4 *sh.* 11 *d.* pour une piastre à 6 mois de vue, etc.

On comprend que ces chiffres expriment moins la cote des changes proprement dits que le prix de la commandite des capitaux anglais. Ainsi cote-t-on les pays où on se sert de la monnaie anglaise, tels que l'île Maurice, Ceylan, Sydney, à tant p. °/₀ *d'escompte*[1]. Ainsi l'on dit : *Ceylan*, 6 mois, 7 p. °/₀ d'escompte; *Sydney*, 30 jours de vue, 8 p. °/₀ d'escompte.

Escompte 4 °/₀.

Or en barres, l'once à 22 carats 77 shill. 9 pence à 77 *sh.* 10 1/2.
1/2 impériales russes, l'once, 77, 71/2 à 78.
Piastres mexicaines, l'once, 5/3.
Argent en barres, l'once à 925/1000 5 1 3/8 à 5 1 7/10.

N° 5. — *Bourse de New-York.*

Toutes les valeurs qui se négocient à la Bourse de New-York se cotent, lorsqu'elles sont au pair, à 100, et à un chiffre supérieur ou inférieur à 100, selon qu'elles sont au-

[1] Les Anglais disent, du reste, que le papier se négocie avec *prime* ou sous *escompte* là où nous disons qu'il se négocie avec bénéfice ou perte.

dessous ou au-dessus du pair, comme les rentes à la Bourse de Paris. Ainsi, au lieu de coter comme chez nous à 800 des actions émises à 500 fr., qui se vendent 800 fr., on les coterait à 160.

Voici quelques-uns des principaux titres autrefois cotés à cette Bourse avec leur cours au 6 juin 1853, en commençant par les emprunts de l'Union, tous contractés sous la forme d'obligations remboursables.

6	pour cent	des États-Unis,	remboursables en	1856. . . .	107 1/2	108
			—	1862. . . .	114 1/4	115
			—	1868. . . .	120 1/2	120 3/4
5			—	1865. . . .	107 1/2	108
6		de l'état de New-York. .	—	1862. . . .	114	116 1/2
5 1/2	—	—	—	1865. . . .	110 1/2	
5	—	—	—	1858. . . .	105	
6	—	de l'Ohio.	—	1875. . . .	117 1/2	119
5	—	de Pensylvanie.	—	1882. . . .	100 1/2	101 3/4
6	—	du Kentucky.	—	1872. . . .	110 1/4	
6	—	de Virginie.	—	1886. . . .	108	109
6	—	de Missouri	—	1872. . . .	104 1/2	105 1/4
7	—	de Californie.	—	1870. . . .	86	87
5	—	de la ville de New-York.	—	1890. . . .	104 1/2	
6	—	de Pittsburg.	—	1871. . . .	101 1/2	102

Actions.

Chemin de fer	de New-Jersey.	142	
—	d'Utica et Schenectady.	195	
—	de New-York et New-Haven.	107	108
—	de Harlem.	64 1/2	65
—	de Panama.	119	120
—	de Baltimore et Ohio.	77 3/4	78 3/4

Changes.

	Pair.		Cours du 6 juin
Londres [1]. . . .	108 3/4	. . . .	109 1/8
Paris.	518	centimes pour 1 dollar.	515
Amsterdam. . . .	40 1/2	cents pour 1 florin.	41 1/8
Francfort. . . .	41	—	41
Brême.	80	cents pour un rixdale [2].	79 3/8
Hambourg. . . .	35 1/4	cents pour 1 marc banco.	36 3/8
Anvers.	518	centimes pour 1 dollar.	516 1/4

Depuis la guerre civile et le papier-monnaie, les cotes de la Bourse de New-York ont naturellement changé d'aspect, mais

[1] Le change de New-York sur Londres se cote au pair imaginaire de 4 shillings six pence par dollar (ancien) ou de 40 dollars pour 9 *l.* sterling ou de 444 *dol.* 44 cents pour 100 *l.* sterling, ce pair est représenté par 100; mais le pair réel est à 108 3/4, soit 4 *shill.* 2 *d.* pour un dollar (ancien) ou 4 *doll.* 85 cents pour 1 *l.* sterling.

[2] Argent courant = 72 gros = 4 fr. 23

la manière de coter est restée la même. Ainsi on disait vers la fin d'octobre 1863 : prime sur l'or, 47 1/2 p. °/o; Londres, 160 à 161 Paris; 3.55 à 3.50. On voit par cette cote que le papier-monnaie perdait plus de 46 p. °/o. Son cours variait naturellement selon le montant des sommes émises et selon les nouvelles du théâtre de la guerre.

N° 6. — *Tableau des fabrications d'espèces d'or et d'argent faites en France depuis l'établissement du système décimal.*

(De 1795 à 1861 inclus.)

DÉSIGNATION DES TITRES.	OR.	ARGENT.	TOTAL.
Première République (Hercule).....	»	106,237,255.00	106,237,255.00
Bonaparte et Napoléon Bonaparte..	528,024,440	887,830,055.50	1,415,854,495.50
Louis XVIII.....................	389,333,060	614,830,109.75	1,004,163,169.75
Charles X.......................	52,918,920	632,511,320.50	685,430,240.50
Louis-Philippe..................	215,912,860	1,756,938,883.00	1,972,851,133.00
Deuxième République (Hercule pour l'argent et le génie pour l'or)....	56,921,220	259,628,845.00	316,550,065.00
République (tête de la liberté).....	370,361,640	199,619,436.60	569,981,076.60
Louis Bonaparte et Napoléon III....	4,098,438,260	196,193,088.70	4,294,631,348.70
	5,711,910,340	4,653,788,444.05	10,365,698,784.05

et comme il suit quant à l'importance nominale des pièces frappées :

	OR.	ARGENT.	
Pièces de 100 francs	34,651,400	»	»
— 50 —	38,219,250	»	»
— 40 —	204,432,360	»	»
— 20 —	4,594,458,740	»	»
— 10 —	696,742,380	»	»
— 5 —	143,406,210	4,434,279,270.00	»
— 2 —	»	72,972,442.00	»
— 1 —	»	89,352,586.00	»
— » 50 centimes.......	»	43,855,455.00	»
— » 25 —	»	7,671,101.25	»
— » 20 —	»	5,657,589.80	»
	5,711,910,340	4,653,788,444.05	»

L'échéance des *bons de monnaie* était autrefois de huit jours; mais, en 1854, l'importance des versements de matières a fait porter, pendant un certain temps, cette échéance de 40 à 50 jours. Elle était de 71 jours en août 1853.

N° 7. — *Description de la Comptabilité de la maison H. et Ce, de Nancy.*

La comptabilité de la maison H. et Ce de Nancy, nous a semblé remarquable à la fois par sa simplicité, par ses nombreux contrôles, et par l'ensemble d'habitudes et de méthodes sur lesquelles elle est fondée. Nous avons cru qu'il serait utile et agréable pour nos lecteurs d'en connaître une description générale un peu détaillée, et c'est pourquoi nous reproduisons ici, avec l'autorisation de l'auteur, des extraits importants de deux brochures dans lesquelles M. H., qui a créé et dirigé depuis longues années cette comptabilité, en donne lui-même la description.

« *Livres composant notre Bibliothèque commerciale.*

2 Livres matricules pour la copie des effets à leur entrée;
16 *Id.* divisionnaires *id.* *id.* par échéance;
7 Agendas;
1 Livre de Caisse;
1 *Id.* de Portefeuille;
1 Brouillard;
2 Mains-courantes;
1 Journal Grand-Livre;
1 Livre de préparation de la journée.

1 Livre de balance par jour, par quinzaine, par mois et par trimestre.
1 Petit Grand-Livre:
5 Livres de comptes courants;
1 *Id.* à Souche pour nos bons de caisse;
1 *Id.* à Souche pour nos reçus;
2 *Id.* à Souche pour nos mandats;
2 *Id.* d'avis pour nos mandats;
1 *Id.* de Débiteurs et Créanciers divers;
1 *Id.* Échéancier;
1 *Id.* pour les lettres de crédit;
1 *Id.* pour la préparation du courrier;
1 *Id.* pour l'extrait des lettres reçues;
10 *Id.* pour le rencontre hebdomadaire des chemises avec les comptes courants.

1 Registre de délibérations;
1 *Id.* à Souche des actions;
1 Livre d'adresses par noms propres de personnes;
1 *Id.* . . . . . . *Id.* . . . de villes;
1 Mémorial;

1 Registre à souche pour la demande de renseignements;
1 Livre de cotes pour les changes sur la France;
1 *Id.* . . . *Id.* . . *Id.* sur l'étranger;
1 Livre pour la fixation des crédits;
1 Copie de lettres pour servir seulement aux lettres confidentielles.
1 Livre devant servir à signaler les opérations faites hors des limites, ou mieux dit, hors des prévisions du traité, et qui pourront donner lieu à un bill d'indemnité, ou à une censure de la part des actionnaires : ce livre jusqu'ici en blanc.

» Afin de favoriser la manœuvre aux 15 employés qui tiennent nos livres, la première division des volumes dont la nomenclature est ci-dessus existe sous deux tomes dont l'un sous le n° 1, sert aux écritures du jour, et l'autre sous le n° 2, aux écritures du lendemain.

» Les jours fériés et les dimanches étant toujours réunis au jour suivant pour la régularisation des écritures, les tomes n° 1 servent constamment les lundi, mercredi et vendredi, et ceux n° 2, les mardi, jeudi et samedi.

» *Les* 23 *Comptes généraux.*

Comptes courants de Nancy.
Id. de Paris.
Id. des départements, de la lettre A à K.
Id. *id.* de *id.* L à Z.
Id. de l'Extérieur.

Caisse.
Portefeuille.
Bons de Caisse.
Nos Mandats.
Agios.

Appointements des Employés.
Dépenses diverses.
Ports de lettres.

Débiteurs et Créanciers divers.
Le capital réalisé.
Le Fonds de réserve.
Les Fonds particuliers du Gérant.
Dividendes d'Intérêt et de Bénéfice.
Actions de la Banque de France.
Mobilier.
Éventualités.
Balance de sortie.
Balance d'entrée.

» Les trois accolades figurées au présent état désignent les trois comptes collectifs qui résument au journal Grand-Livre, sous les noms de Comptes-Courants, Frais Généraux et Compte de fonds, les comptes individuels qu'embrassent ces accolades.

» Le journal Grand-Livre ne déployant que 10 colonnes, on a établi un petit Grand-Livre qui, subdivisant plusieurs comptes déjà divisés, forme le complément du journal Grand-Livre à 23 comptes généraux.

Emplois et Fonctions dans notre Comptabilité.

ATTRIBUTIONS.	
DIVISIONNAIRES.	SOUS-DIVISIONNAIRES.
Caisse.	Arrêté du livre de caisse à la fin de chaque jour. Encaissement des effets échus sur Nancy et la banlieue. Nécessaires aux effets protestables et à ceux sujets à l'acceptation. La confection des bons de caisse. Les comptes avec les huissiers du dedans et du dehors. Les envois d'espèces. La note de nos payements.
Portefeuille.	Classement à l'entrée dans les huit portefeuilles. Le tri à la sortie pour l'expédition du courrier. Petit contrôle de chaque jour et grand contrôle de la semaine du livre de portefeuille.
Comptes courants.	La situation préparatoire des remettants de la veille. Les écritures de chaque jour faites par les cinq employés qui tiennent les cinq livres de comptes courants; ces écritures embrassent: La reprise, à l'ouverture de chaque journée, des postes passés la veille au brouillard et à la caisse. Transport aux crédits des comptes sur les lettres reçues. Transport aux débits des comptes d'après les agendas. Supputation *des nombres* aux sommes posées la veille. La confection des extraits qui doivent suivre les comptes aux livres. L'addition chaque soir des sommes portées dans la journée au débit et au crédit de chacun des cinq livres et les chiffres de leur balance. Les additions tous les samedis du débit et du crédit tout entier de chaque compte pour en transporter l'état nominatif aux cinq premiers livres des situations hebdomadaires.

ATTRIBUTIONS.	
DIVISIONNAIRES.	SOUS-DIVISIONNAIRES.
Comptes courants.	Un autre relevé des positions de chaque correspondant, à l'aide des matériaux qui existent dans sa chemise ou son dossier; pour l'état, être dressé aux cinq deuxièmes livres des situations hebdomadaires.
Comptabilité et divers.	Les écritures à tous nos livres auxiliaires. Les bordereaux de négociations. La confection des comptes de retour. L'apposition des bulletins aux effets en souffrance. L'apposition de notre estampille aux effets reçus. Le décalque des lettres, etc., etc., etc.
Copie des effets.	Entrée de chaque jour aux livres matricules. Entrée de chaque jour aux livres divisionnaires. Sortie de chaque jour à ces derniers. L'addition des montants égaux de l'entree de chaque jour aux livres matricules et aux livres divisionnaires. Vérification à la fin de chaque mois de la sortie tout entière des numéros inscrits aux copies d'effets divisionnaires épuisés.
Courriers expédiés.	Préparation des effets pour le courrier. Huit fonctions diverses décrites au déblai du portefeuille. Les decalques de notre dernière lettre et de celle qui a précédé, classés en deux chemises, de l'ordre respectif établi pour les mouvements du jour et pour ceux du trimestre.
Journal grand-livre.	Préparation en détail de l'article unique pour la journée. Même travail en gros. Mise au net des préparations. Le petit Grand-Livre Le livre de récapitulation.

ATTRIBUTIONS.	
DIVISIONNAIRES.	SOUS-DIVISIONNAIRES.
Contrôle de chaque jour.	De la caisse. Des avis des livres de mandats avec le J^{al} Gr.-Liv. Des opérat^{ns} par Cte des D^{rs} et C^{rs} divers, *id.* Des bons de Cie *id.* Des cinq livres de c^{tes} courants, *id.* Des calculs aux brouillards exécutés autrement qu'ils n'avaient été faits d'abord. De l'ensemble des opérations par l'article de la journée au journal Grand-Livre. Rencontre en sommes et quantités des effets entrés aux livres matricules et de ceux figurant au débit du portefeuille. Rencontre des effets à leur sortie par les chiffres des agendas et du livre de portefeuille. Plus, une foule de contrôles partiels qui ressortiront à

ATTRIBUTIONS.	
DIVISIONNAIRES.	SOUS-DIVISIONNAIRES.
Contrôle de chaque jour.	la fin de ce travail. Cette matière devant former un appendice aux deux cahiers du Code écrit.
Contrôle hebdomadaire.	Des effets effectifs avec le livre de portefeuille. Des chemises avec les comptes courants. Des comptes courants avec le journal Grand-Livre.
Contrôle de chaque quinzaine.	Le résumé des débiteurs et créanciers divers, de nos mandats et des bons de caisse avec la balance de quinzaine du journal Gr.-Livre.
Archives.	Mise en ordre, à la fin de chaque trimestre, des chemises, des pièces de caisse, des extraits de comptes reçus, des registres et des cahiers épuisés retirés de couvertures qui doivent servir encore.

La direction de l'établissement ou l'emploi du chef, qui n'est pas encore précisément à l'état de sinécure, a aussi ses fonctions que quelques-uns qualifieraient improprement de prérogatives.

Le gérant ayant retenu l'initiative sur tous les cas nouveaux, fortuits ou extraordinaires, il est littéralement attaché à la glèbe ; c'est lui seul qui rompt le cachet à toutes les lettres reçues ; il les a lues la veille et les relit le lendemain. Il se sature également de la lecture des lettres répondues ; il a dans ses attributions spéciales, le contentieux, le maniement du portefeuille de courtage, la négociation des fonds d'état étrangers, la signature des bons de caisse, et le contrôle incessant sur toutes les matières ardues.

C'est lui qui fait la correspondance confidentielle et qui annote au livre des fixations de crédit les degrés de confiance ; c'est enfin lui qui doit maintenir l'équilibre entre la caisse, le portefeuille et les engagements de la Société.

» REMBLAI DU PORTEFEUILLE. Le courrier reçu, il sera compté et le port sera inscrit à la caisse, avec la mention du nombre de lettres qu'il comprendra.

» Les lettres seront toujours ouvertes par M. *H.* qui, après avoir pris connaissance de leur contenu, formulera ses notes de premier jet, sous la signature de la lettre reçue, sauf à rectifier ses notes dans l'examen plus froid qu'il fera des mêmes lettres lorsqu'elles passeront de nouveau sous ses yeux le lendemain matin.

» La lettre lue, elle sera fermée en deux, pour contenir dans tout leur déploiement, les effets qui y étaient serrés, puis elle sera logée à sa case dans le portefeuille dit de première mise : ce portefeuille se divise en sept compartiments, aux sept objets qui suivent :

» 1° Les lettres du dedans et du dehors provenant de personnes ayant compte ouvert au comptoir, et reçues depuis la veille à deux heures jusqu'à huit heures et demie du matin ;

» 2° Les effets entrés dans le même intervalle de temps que ceux ci-dessus provenant de divers, à créditer par le compte de débiteurs et créanciers divers ; plus ceux reçus de clients ayant compte ouvert au comptoir, et qui auront été remis pour être escomptés par bordereaux spéciaux, le net produit devant être réglé soit en écus, soit en crédit valeur comptant.

» Les écritures au brouillard ou à la caisse précéderont toujours l'entrée au portefeuille des effets insérés dans la deuxième case. Ces écritures se feront sur les livres du jour où les effets seront copiés ;

» 3° Les lettres de même provenance que celles indiquées au n° 1, mais qui auront été reçues depuis huit heures et demie du matin jusqu'à deux heures après-midi ;

» 4° Les effets de même nature que ceux indiqués au n° 2 et qui sont entrés dans le même intervalle que ceux qui précèdent, c'est-à-dire de huit heures et demie jusqu'à deux heures.

» Les remises contenues dans la fournée des lettres reçues, ainsi que les effets entrés par caisse et par brouillard qui seront placés aux cases n°s 1 et 2 du portefeuille, fourniront la matière d'un premier roulement qui commencera à huit heures et demie ; celles logées aux cases n°s 3 et 4, donneront lieu au deuxième roulement qui s'effectuera à partir de deux heures;

» 5° Effets rentrés de la première copie aux livres matricules et qui ont été crédités par compte courant ;

6° Effets rentrés de la première copie aux livres matricules et dont les numéros sont à porter au brouillard ou à la caisse, ces effets distinctifs des autres par le bulletin fixé sur chacun d'eux ;

» 7° Effets de la journée dont les écritures à l'entrée sont entièrement faites : ils ne séjourneront là qu'un instant, attendu qu'ils seront repris immédiatement par l'employé commis à la garde des portefeuilles. »

« *Nécessaires à remplir pour la régularisation des effets à leur entrée.* — Inscrire sur un livre *ad hoc* intitulé : *extrait des lettres*, le nombre total des lettres de la fournée; mentionner celles sans objet ou ne contenant point de valeurs, vérifier si les protêts ont été faits à bonne date et si les retours impayés des effets à vue, échus et sans frais, nous parviennent avant le temps de la prescription que nous avons déterminé pour ces sortes d'effets. Retirer des remises, les effets dépassant quarante-cinq jours qui sont endossés à notre ordre, ainsi que les billets de banque, en soustrayant à la lettre le montant de ces effets du total de la remise annoncée ; sortir encore des lettres les effets qui nous sont adressés pour l'acceptation ou qu'on nous retourne déjà acceptés, les premières de change ou les seules de change, à disposition des porteurs des deuxièmes ou des copies, en un mot, toutes les valeurs qui ne donnent pas lieu à un crédit au livre de compte courant. Dans ce nombre sont naturellement comprises celles qui nous sont adressées par bordereaux hors compte; que ces bordereaux soient faits par les correspondants ou qu'ils soient à confectionner par nous.

» Diviser le reste par lots, pour chaque nature de comptes courants, dont voici la nomenclature :

» Comptes courants de Nancy.

» Comptes courants de Paris.

» Comptes courants des Départements de la lettre A à K.

» Comptes courants des. . . *id.* . . . *id.* . L à Z.

» Comptes courants de l'Extérieur.

» Les effets achetés par caisse, ceux reçus des rentiers à portefeuille qui remettent du papier court pour être échangé contre du papier long, ceux donnant lieu à des bordereaux hors compte, ceux impayés sur Nancy après la transformation par la caisse de ces effets échus en effets en souffrance, ceux enfin apportés par des inconnus, pour n'être réglés qu'après avis de recouvrement, fourniront la matière d'un sixième lot; ces effets n'étant pas, comme les autres, susceptibles d'être portés aux livres de comptes courants, ne rouleront dans le mouvement que pour être copiés. Les dits effets dont les uns sont achetés par caisse, et les autres passés au brouillard par postes sommaires ou par bordereaux, seront toujours épinglés d'un bulletin portant les lettres C ou B.

» Annexer le bulletin imprimé aux effets en souffrance (nous donnons cette épithète aux effets revenus impayés avec ou sans protêt), indiquer sur ce bulletin les ports de lettres à récupérer aux effets indiqués sans frais, les bénéfices des comptes de retour aux effets revenus avec protêt et qui comporteront ces comptes de retour, enfin les bénéfices des retraites faites sur nous, afin que tous les effets qui nous échoient dans ces diverses conditions soient copiés, non pas pour la valeur qu'ils ont à leur entrée, mais bien pour celle qu'ils auront à leur sortie.

» De règle générale, les renvois d'effets en souffrance se feront à ceux des endosseurs que nous connaissons et qui libèrent le plus grand nombre d'obligés à l'effet.

» Inscrire encore à l'extrait de lettres, la quantité des effets compris dans chaque lot distinct, en faire nos bulletins détachés, faire poser notre estampille à lunettes et répartir ensuite les lettres, leur contenu, et les bulletins aux employés respectifs chargés des divers comptes courants.

» L'estampeur aura l'attention de choisir une place vide sur la surface de l'effet, pour faire ressortir notre timbre, et au lieu de le poser de nouveau, il bâtonnera nos deux numéros sur le timbre préexistant, lorsque l'effet passera en nos mains pour une deuxième fois; ce sera sur les bulletins qui y seront déjà annexés, qu'il l'appliquera aux effets en souffrance, et ce sera sur des bulletins qu'il fixera lui-même qu'il l'imprimera aux bons aux porteurs et aux coupures de rente de fonds d'état.

» Il n'y aura transcription immédiate aux comptes courants que de la remise en billets que contiendra chaque lettre, tous autres crédits et les débits s'il y a lieu, devant être passés par le brouillard lors de la rentrée des lettres.

» Lorsqu'il y aura des différences entre les sommes effectivement reçues et celles accusées par le remettant, elles seront relevées à la lettre par l'employé qui crédite aux comptes courants.

» Une attention de haute importance de la part de ce dernier sera de reconnaître, au simple examen de la lettre du correspondant, si les lettres que celui-ci confirme ou celles dont il accuse réception sont conformes aux crédits et aux débits qui précèdent immédiatement l'écriture qu'il va passer au livre des comptes courants; dans ce cas, il le constate en posant au-dessous de la lettre, ce signe *C/D*; dans le cas contraire il en fait une mention spéciale, également placée au-dessous de la signature.

» Successivement et lorsque la transcription aux comptes courants aura été faite, les effets, les lettres et les bulletins passeront aux employés tenant les deux copies d'effets matricules, l'un pour Paris, Nancy et l'extérieur, et l'autre pour les départements; les effets composant le sixième lot et qui seront aussi accompagnés de leur bulletin, pouvant être indifféremment copiés sur l'un ou sur l'autre des deux livres matricules, ils seront transcrits sur celui des deux le moins chargé.

» Les employés chargés de la copie des effets aux livres matricules, joindront au bulletin accompagnant chaque part, un autre bulletin où ils inscriront en détail les ports de lettres récupérés.

» La copie des effets en souffrance aux registres matricules se fera sans égard au tracé des livres; on y relatera l'ancien numéro, l'échéance, le nom et la ville du correspondant sur qui l'effet sera à récupérer.

» On se servira d'encre rouge pour poser sur l'effet, au-dessus des numéros anciens qui auront été bâtonnés, les numéros nouveaux sous lesquels certains effets qui reviennent à nos mains en deuxième et en troisième fois, donnent lieu à de nouvelles écritures.

» Lorsque le bulletin portant la lettre C ou B, qui est annexé à un effet ou à la collection de plusieurs effets portera de plus le nom d'une personne, ce nom devra être porté à la colonne d'observation dans la copie aux livres matricules. Il en sera de même des effets qui nous arrivent avec un endossement pseudonyme.

» Au fur et à mesure qu'une série sera épuisée au copie d'effets, il sera inscrit sur le bulletin appartenant à cette série, la mention des numéros de suite de leur entrée. Cette annotation se fera dans le sommaire qui suit: du numéro 600 à 670. Une annotation du même genre sera faite aussi à la lettre pour indiquer les numéros sous lesquels les effets de la remise ont été copiés.

» Cette première opération épuisée, les lettres, les effets, les bulletins primitifs et ceux qui y auront été joints pour les ports de lettres reviendront à l'employé ordonnateur du mouvement, qui après avoir confronté le nombre des effets avec celui porté à chaque bulletin, débitera le portefeuille par autant de postes d'écritures qu'il y aura de bulletins.

» Cette écriture qui sera passée aux livres des mains courantes, uniquement créés pour cet objet, se libellera dans ce sommaire.

A Nébel à Strasbourg,

600 à 610, 11 effets. . . . . . . fr. 1,500.

» Le portefeuille sera aussi débité, aux mêmes livres des mains-courantes et à la fin de chacun des articles respectifs, auxquels donne lieu le roulement en train, des sommes qui fournissent le crédit, des comptes de ports de lettres et qui se composent :

» 1° Des bénéfices des retraites sur nous;

» 2° *Dito*, des comptes de retour que nous faisons;

» 3° *Dito*, des ports de lettres récupérés sur les effets impayés et indiqués sans frais.

» L'écriture aux mains-courantes passée, les lettres seront vidées et tous les effets de courrier étant pêle-mêle, ils donneront lieu à un nouveau classement pour servir à la seconde copie aux livres divisionnaires dont suit la nomenclature :

Effets échus, à vue et à tant de jours de vue.	Effets du 5e mois suivant.
Effets en souffrance.	Id. 6e id.
Effets dépassant 13 mois.	Id. 7e id.
Effets du mois courant.	Id. 8e id.
Effets du mois suivant.	Id. 9e id.
Effets du 2e id.	Id. 10e id.
Id. 3e id.	Id. 11e id.
Id. 4e id.	Id. 12e id.

» Aux effets sortis des lettres, on joindra ceux dont les écritures ont été passées par brouillard et par caisse, après toutefois avoir rempli à ces deux livres la lacune existant du numéro.

» Le numéro matricule suffisant à l'écriture des effets à leur entrée, il sera toujours placé à nos livres dans l'intervalle des deux copies de ces effets passés par brouillard et par caisse.

» Lorsque tous les effets seront divisés dans les seize catégories ci-dessus, on vérifiera par le groupe des effets en souffrance le nombre des chiffres inscrits au bulletin des ports de lettres récupérés.

» Ce classement fait et les nécessaires qui précèdent étant remplis, on portera à l'extrait des lettres la quantité d'effets de chaque lot, et on transcrira sur autant de bulletins, les mêmes chiffres de ces quantités d'effets.

» Les employés chargés de copier les effets aux livres divisionnaires ayant terminé leur travail, les effets et les bulletins reviendront de nouveau à l'employé chargé du roulement, ce dernier, après les avoir vérifiés, les versera au portefeuille de première mise, case n° 7.

» Le mouvement qu'on vient de décrire, s'exécutera deux fois dans chaque journée; celui du matin sera achevé pour midi, et celui de deux heures se prolongera rarement au delà de l'instant où commence le mouvement à l'effet contraire, celui du déblai du portefeuille.

» Les effets entrant le dimanche ou un jour férié avec ou sans lettre chômeront toute la journée aux cases numéros 1 et 2, à moins d'échéances imminentes; le roulement du lendemain matin ayant donc le double de portée, devra être doublé d'activité pour s'épuiser à midi comme celui des autres jours. Dans ce cas de surcharge, il y aura deux employés pour ordonner le mouvement.

» Les additions des postes divers aux mains-courantes, jointes à la somme des effets entrés par brouillard et par caisse, fournissent le chiffre total de chaque journée, pour l'entrée ou le débit du portefeuille.

» Déblai du Portefeuille par le courrier. Les lettres reçues de la veille servent à former l'état nominatif de tous les correspondants qui ont écrit; cet état, qui est dressé au livre intitulé : *Situations pour le courrier*, est rempli des positions approximatives qu'on a composées avec les matériaux compris dans les chemises de ces remettants de la veille; ledit état, quoique n'offrant que les mouvements d'une ou deux journées, est presque suffisant chez nous où nous avons pour principe de couvrir immédiatement.

» C'est à l'aide de ce tableau du jour, de celui de la veille et des quelques lacunes qui restent aux tableaux des jours antérieurs, qu'on compose la partie du courrier en couverture. C'est en fouillant les cent cellules des trois portefeuilles du dehors qu'on complète l'opération du grand déblai du portefeuille, opération qui se renouvelle au comptoir trois fois par semaine.

» L'employé ou le chef, chaque fois que celui-ci n'en sera pas empêché, régularise ainsi ce mouvement. Il compose des remises auxquelles il annexe des bulletins portant le nom du destinataire et la quantité des effets ; sur ce bulletin, il indique les quelques recommandations particulières, telles que celles relatives à un endossement à dater de l'étranger, ou à laisser en blanc, celles indiquant certains effets à retourner sans écritures, et ceux à débiter par bordereaux d'escompte, etc., etc., etc. Sur ces bulletins on indique encore, quand il y a lieu, la recommandation de répondre à une lettre reçue le même jour; puis il crédite nominativement le livre de portefeuille de la quantité des effets composant chaque remise partielle; les montants en somme desdites remises ne devant être portés à ce livre que le lendemain sur le vu du décalque des lettres

» Ce préalable exécuté, les paquets sont remis à l'officine, où, figurément, l'on peut dire qu'on broche sur or, puisque dans cet atelier, dont la séance du travail ne dure que deux heures, on met en œuvre jusqu'à 300,000 francs de valeurs : la masse des paquets est donc jetée sur la plate-forme du bureau octogone, qui doit être entièrement libre d'aucun livre ni d'aucun papier.

» Le feu du courrier forçant à une diligence extrême, c'est toute affaire cessante qu'une majeure partie du bureau doit y être employée de trois à cinq heures, temps rigoureusement juste pour suffire parfois à l'expédition de 100 lettres. On ne peut donc pas procéder dans ce mouvement avec une régularité constante. Il arrivera que les lettres seront faites avant les écritures, et *vice versâ;* il arrivera que les bordereaux d'effets aux lettres seront faits par les confectionnaires de la lettre ou par un autre; enfin dans l'imminence de la fermeture de la boîte aux lettres, on scindera quelquefois la finale de l'opération, par des envois successifs à la poste.

» Cette opération comprend deux objets principaux, savoir :

» La confection de la lettre et les écritures aux livres.

» Plusieurs mouvements qui s'exécutent avant, pendant et après n'en sont que les accessoires.

» *Les lettres.* — Faire le bordereau des effets ou d'escompte sur le vu des effets; composer, à la lettre, la situation d'après les matériaux existant à la chemise ; remplir les blancs à l'imprimé de la lettre, enfin dire les deux mots de texte, quand la lettre y donne lieu.

» *Les écritures à nos livres.* — Les effets sortants sont destinés pour Nancy, Paris, les départements et l'extérieur ; ils sont généralement remis au taux du compte courant ; alors on débite par agenda; dans les cas exceptionnels où ils sont remis à un taux d'intérêt inférieur à celui des comptes, ils donnent lieu à un bordereau d'escompte qui est passé par brouillard.

» Inscrire aux agendas respectifs sur le vu des effets, faire le décompte au brouillard, quand toute la remise ou partie de la remise seulement le comporte, et passer à ce dernier livre les écritures relatives au crédit des mandats avisés le même jour, aux ports de lettres extraordinaires, occasionnés par l'envoi exprès, de valeurs exigibles à une échéance du lendemain, ou payables sur des lieux de traverse.

» *Opérations accessoires.* — Imprimer, au moyen des diverses griffes, l'endossement avec les variantes de recommandation.

» Remplir les endossements et mettre les *au besoin :*

» Décalquer les lettres ;

» Les signer ainsi que les effets ;

» Les plier et y mettre l'adresse ;

» Les cacheter et les revêtir de notre timbre ;

» Contrôler à la suscription le nom des personnes, des villes et le département.

» Rencontrer nominativement les adresses des lettres avec les débits aux agendas et au brouillard ; enfin les porter en toute hâte à la poste.

» L'attention dominante dans cette manœuvre, dont l'encombrement ne doit nuire en rien à sa parfaite exécution, c'est que le bulletin qui a été originairement fixé aux effets, accompagne ces effets et la lettre dans toutes les phases qu'ils parcourent ; ces bulletins seront de deux dimensions, les grands serviront pour y mettre le texte un peu développé qu'on aura à transcrire à la lettre.

» *La lettre.* — *Le Bordereau des effets à la lettre.* — Le bordereau des effets sur la lettre est une simple opération qui consiste à incrire les effets composant la remise; on commence par les retours qu'on fait précéder de la lettre majuscule

R, puis les effets échus et à vue, et enfin le reste de la remise dans l'ordre des dates.

» Dans le cas où toute la remise, ou partie seulement donnerait lieu à un décompte, on en fera un bordereau d'escompte, et le net produit qui en ressort sera suivi de ces mots : *valeur ce jour* ou *tel jour*, pour fixer l'époque du débit.

» Cela fait, on mentionne sur le bulletin le chiffre ou les chiffres du bordereau des effets ou des bordereaux d'escompte, et de tous deux si la remise est complexe.

» Le contrôle de cette opération se fait naturellement par les chiffres *semblables*, qui doivent figurer l'un sous l'autre au bulletin, savoir : ceux placés par l'employé qui a inscrit la remise sur la lettre et ceux produits par les autres employés qui ont passé les écritures aux agendas et au brouillard.

» Ces bordereaux d'effets ou d'escompte aux lettres pourront être faits par celui qui confectionne le reste de la lettre, ou par un employé désigné *ad hoc*. Celui chargé du brouillard, pourra, dans ses instants vides, composer des bordereaux d'effets. Ce nécessaire ne sera exécuté par d'autres que ceux composant les lettres, qu'autant que la remise qui y donnera lieu comprendra au moins huit ou dix effets. Il est expressément recommandé que le bordereau à une lettre ne soit pas fait par le même employé qui aura débité, par agenda ou par brouillard, les effets compris à cette lettre.

» *La situation aux lettres.* — La situation réclame plus d'attention, parce qu'elle n'est vérifiée qu'au delà du départ du courrier.

» C'est au moyen de notre dernier décalque, de la lettre ou des lettres reçues qui sont demeurées sans réponse, et enfin du tableau qui existe dans chaque chemise, que ces situations sont bâties. La grande attention sera donc d'éviter les équivoques dans les débits et les crédits, on repassera les additions; et la balance qui se produit par la soustraction du plus petit total sur le plus grand, sera toujours précédée d'un V ou d'un N majuscule écrit bien distinctement, selon que cette balance sera en faveur du correspondant ou en notre faveur.

» Quant aux sommes reprises à la colonne intérieure du tableau, elles donneront lieu à un poste au brouillard, puisqu'on rendra effectives des écritures qui ne figuraient jusque-là que pour mémoire ; ce poste sera dicté par celui faisant la situation, à l'employé qui sera de service au brouillard pendant le courrier.

» *Le corps de la lettre.* — C'est encore au moyen des matériaux contenus aux chemises, qu'on remplira partie des blancs à l'imprimé de la lettre ; ainsi ce sera sur le vu de notre dernière lettre, dont le décalque est à la chemise, qu'on confirmera, s'il y a lieu, nos précédentes lettres ; l'on aura aussi sous les yeux les dernières lettres reçues pour en accuser réception.

» On remplira la date et le nom du correspondant auquel on écrit ; enfin on posera les chiffres en sommes et quantités de notre remise du jour.

» *Le texte aux lettres.* — Hors le cas banal des mandats à aviser, des ports de lettres à réclamer et autres objets aussi fréquents, le texte sera copié sur le bulletin appliqué aux effets, si déjà il n'avait été composé par M. H. sur la lettre à répondre elle-même lors de sa réception.

» *Les écritures du Courrier.* — *Les écritures aux agendas.* — Plusieurs employés seront chargés de débiter aux divers agendas ; ils mettront les effets dans leur ordre de date, lorsque l'écriture de ces effets précédera la confection du bordereau à la lettre; ils indiqueront soigneusement si ces effets sont des retours et leur valeur.

ceux à vue et échus seront confondus sous la même désignation d'effets à vue ; les échéances, les lieux de payement et souvent le département seront indiqués ; et comme nous débitons sous deux bonifications différentes, nos remises dépassant 20 jours d'échéance sur Paris ou Lyon, selon que ces remises sont sur papier libre ou sur timbre ; on signalera les dernières au moyen de la lettre T. L'addition faite, ils en poseront le chiffre au bulletin ; ce chiffre suivra ou précédera le chiffre semblable qu'aura déjà posé ou que posera sur le même bulletin celui chargé de faire le bordereau à la lettre ; c'est là que réside le contrôle essentiel de l'opération ; aussi est-il enjoint aux employés de ne jamais copier ces additions les unes sur les autres.

» *Les écritures au brouillard.* — Un employé tient le brouillard, pour passer les rares écritures auxquelles donne lieu la régularisation des postes intérieurs des tableaux. Il est aussi chargé de faire au même livre les bordereaux d'escompte, et comme ces bordereaux se font sur le vu des effets et que ces effets ne marchent pas sans le bulletin, il inscrira audit bulletin en premier ou en deuxième ordre, le net produit du décompte et la valeur à tel jour. Il contrôlera ou sera contrôlé par celui qui aura fait ou qui fera la même opération à la lettre. Ce mouvement, comme plusieurs autres qui roulent dans le tourbillon de notre marche, et qui consiste à faire recommencer une opération, au lieu de vérifier cette opération déjà faite et surtout mise en jeu dans les circonstances où il faut des contrôles à la minute.

» Les bordereaux hors compte deviendront successivement plus rares, lorsque la marche introduite chez nous, et qui consiste à débiter ou créditer un certain nombre de jours avant ou après l'échéance, sera universellement adoptée.

» *Divers nécessaires du Courrier, en dehors des mouvements essentiels pour la confection des écritures et des lettres.* — Un employé sera mis à la presse pour imprimer au moyen des diverses griffes qui existent :

» *Payez à l'ordre, etc., Sans frais, Protêt simple, par Procuration, etc.*

» Il évitera d'intervertir la place d'aucun bulletin ; il aura aussi la plus grande attention de n'imprimer à côté de notre signature que les mêmes recommandations qui accompagnent la signature de ceux qui nous précèdent immédiatement.

» Pour obtenir une impression plus nette, il trempera deux heures à l'avance le nombre des feuilles de papier qui sera jugé nécessaire pour le courrier ; le même employé tirera les décalques des lettres, mais auparavant il s'assurera que les bulletins sont remplis des chiffres posés à la lettre et à nos livres, et que le corps de la lettre est également rempli.

» Ce sera lui aussi qui cachettera les lettres lorsqu'elles seront fermées et adressées, et qui y appliquera notre timbre.

» Un employé reprendra les effets, au sortir de l'estampille, pour remplir les vides à l'endossement imprimé. Il s'assurera de l'exactitude des recommandations jointes à cet endossement, et mettra les *au besoin*, là où il sera nécessaire.

» Au fur et à mesure qu'au sortir de la presse, chaque lettre aura été ressoudée avec la remise qu'elle porte et son bulletin, et que s'y trouveront joints les effets retournés sans écritures, les notes de redressement, les extraits de comptes courants, les bulletins pour renseignements, etc., elle sera apportée à la signature à M. *H.* ou à son fondé de pouvoir. Ce nécessaire rempli, chaque lot sera encore recomposé de nouveau dans son tout et seulement à l'opération du pliage, où l'on vérifiera, et par le bordereau des effets et par les effets eux-mêmes, et enfin par le bulletin ce que comprend la remise, on détachera ce bulletin qui sera logé dans une boite.

» Le pliage et l'adresse seront faits autant que possible par des employés *ad hoc*. Celui chargé de remplir les endossements concourra à cette opération.

» Toutes les lettres étant réunies, on vérifiera par voie d'appel avec les employés qui auront passé les écritures aux agendas et au brouillard ; celui tenant ce dernier livre, fera une double croix aux remises dont partie seulement aurait été passée par bordereau d'escompte.

» Cet appel fini, le pointage terminé et après constatation qu'il n'y a point de lacune aux lettres ni aux livres, on comptera le nombre des lettres et des postes d'écriture pointés, ayant égard à celles de ces lettres qui n'ont donné lieu à aucune écriture.

» On comptera également les décalques qui seront tous rassemblés, et au besoin on s'aiderait encore des bulletins. Les décalques seront vérifiés et corrigés s'il y a lieu le lendemain matin, puis seront soumis à l'examen de M. *H*. La dernière opération du courrier sera de faire vérifier, par qui en sera chargé, les suscriptions des lettres qui devront toujours être lisiblement écrites ; immédiatement après quoi toutes les lettres du courrier seront portées à la poste, où elles devront parvenir plutôt un quart d'heure avant la fermeture de la boîte, qu'une minute trop tard.

» Il n'y aura, proprement dit, chez nous, que trois courriers par semaine, savoir : les mardi, jeudi et samedi.

» On n'écrira les quatre autres jours de la semaine que pour répondre à des demandes urgentes ou pour donner cours immédiat à des échéances brûlantes.

» L'instant du courrier sera de trois à cinq ou six heures du soir, selon la saison ; cependant ne seront jetées à la boîte avant cinq ou six heures que les lettres partant par ce courrier ; celles à destination de Paris ou la route, ne seront pliées qu'au delà de huit heures, lorsque nous aurons reçu nous-mêmes le courrier du soir.

» Les additions aux cinq agendas qui servent à débiter dans l'opération du courrier, jointes à celles que produisent les deux autres agendas qui servent à relever distinctement les effets sortis par caisse et par brouillard, fournissent les chiffres de chaque jour du débit et du crédit du portefeuille.

Extrait de la brochure intitulée : FICHES MNÉMONIQUES

» Les premières écritures se passent au livre des Comptes-Courants, à la Caisse, au Brouillard et aux fragments du Brouillard, savoir le livre des Mains-courantes et celui des Agendas.

» Chaque soir, toutes les écritures de la journée sont reprises aux quatre derniers de ces livres par un employé, qui prépare, sur une feuille volante, l'article historiant cette journée ; au même instant, un autre employé compose le même article, dans un style différent ; c'est après la confrontation des chiffres de tous deux, que cette feuille arrive aux mains du commis qui burine au Journal Grand-Livre. Le fini des écritures doit suivre immédiatement leur ébauche, puisque de ce fini seulement est tirée la conclusion du récit de la journée et de cette conclusion le balancier qui sert au Gérant pour équilibrer les mouvements de la journée suivante. — C'est en effet du Journal Grand-Livre qu'on reprend, pour porter au livre de récapitulation, livre sur lequel sont résumés les mouvements de chaque journée [1].

[1] Le livre de récapitulation du Journal Grand-Livre relève encore les statistiques d'affaires de la quinzaine, du mois et de tous les mois écoulés dans l'exercice en train.

» A ce Journal Grand-Livre posent onze colonnes, une pour le total des affaires, et dix, par débit et crédit, pour les dix Comptes généraux qui fonctionnent dans notre comptabilité.

» Les Comptes-Courants, qui forment l'une de ces divisions, comprennent cinq catégories : la 1re pour Nancy, la 2e pour Paris, la 3e pour les départements de la lettre A à K, la 4e pour les départements de la lettre L à Z, et la 5e pour l'Étranger; chaque catégorie a un livre particulier, qui est tenu par un employé spécial; ces catégories existent également au Journal Grand-Livre, elles sont tranchées lors de l'inscription à ce livre, par la formation de cinq groupes dans chacun des groupes principaux des débits et des crédits par compte.

» Deux fois par jour on distribue aux cinq employés qui sont chargés des Comptes-Courants, les lettres reçues qui contiennent des remises, pour ces remises, être portées, tout d'abord, sur les livres des Comptes-Courants, au crédit respectif de chaque remettant; les mêmes lettres sont réunies ensuite et reprises par un autre employé, qui débite le portefeuille aux Mains-Courantes; cette deuxième écriture se fait sommairement, le livre des Mains-Courantes étant surtout institué dans notre comptabilité, pour fournir un matériel tout prêt lors de la confection de la feuille de journée.

» Deux fois par jour aussi, nous expédions des lettres contenant des remises; au fur et à mesure qu'elles sont faites on les distribue de même en cinq lots, pour débiter les clients auxquels nous les adressons; ce nécessaire ne se fait pas immédiatement aux Comptes-Courants, mais bien aux Agendas de chaque catégorie, et c'est seulement après le départ du courrier que chaque employé prend l'Agenda qui lui appartient pour porter aux livres des Comptes-Courants.

» Les écritures passées la veille par Caisse et par Brouillard, sont dictées chaque matin aux cinq employés tenant les comptes; un commis est préposé à cet effet.

» Le lendemain, et lorsque déjà les écritures de la veille sont portées au Journal Grand-Livre, l'employé contrôleur se fait remettre par ceux de ses collègues chargés des Comptes-Courants, le relevé, en débit et crédit, de leurs postes de cette journée de la veille; il en compare les chiffres avec ceux que lui-même a repris en détail aux Journal Grand-Livre, et s'il y a une différence il la signale sur-le-champ; cette petite opération de chaque jour annihile chez nous les éventualités de pointages, qui existent chez les autres, lorsqu'on balance les livres ou qu'on solde les comptes.

» Nos livres de Comptes-Courantes étant tracés de manière à pouvoir y placer les intérêts et les changes, les employés qui les tiennent supputent les jours et les nombres, au fur et à mesure que les comptes s'avançent; l'employé qui confectionne les extraits, tenant aussi son travail à jour, il n'y a plus, lorsqu'arrive la fin du trimestre, qu'à clore les comptes et à les expédier.

» La copie des effets se fait sur deux registres, l'un appelé matricule et l'autre divisionnaire; le premier est en deux tomes, afin que deux expéditionnaires puissent y travailler à la fois, chacun de ces tomes a une série particulière de numéros; le livre divisionnaire est en autant de fragments que nous avons de catégories d'effets; ces catégories, au nombre de seize, sont ainsi tranchées :

Les effets à vue et échus.
Id., en souffrance, ceux qui donnent lieu à des retours, faute de payement.
Id., échéant dans le mois courant.
Id., échéant dans chacun des douze mois suivants, faisant par conséquent la matière de douze livres.
Id., dépassant treize mois.

» Chacun des divisionnaires a aussi son ordre propre de numéros.

» Nous recevons une remise de dix effets, dont deux en janvier, trois en février, quatre en mars et un en avril; tous sont copiés d'abord à l'un ou à l'autre registre matricule, puis copiés une deuxième fois, mais succinctement :

2 au divisionnaire de janvier;	4 au divisionnaire de mars.
3 d° de février;	1 d° d'avril.

» Cette double copie offre un moyen de contrôle et pour les livres, et pour les effets qui sont imprimés de deux numéros. De plus, les registres divisionnaires présentent cet avantage que, le mois étant écoulé, on peut constater la parfaite régularisation de tous les effets que leur échéance a fait entrer dans ce mois; ce contrôle facile s'obtient, soit par l'addition des colonnes d'entrée et de sorties, soit par l'inspection attentive des relations de sortie, puisqu'on découvre, à l'œil, s'il existe des lacunes.

» Quant aux effets encaissés, ils sont, chaque soir, détaillés sur le livre dit Agenda de caisse; on les totalise pour les porter en masse au débit de la caisse.

» Au delà des livres qui servent à copier individuellement tous les effets, il existe un livre dit *Portefeuille*, qui sert à enregistrer, jour par jour, les entrées et les sorties des effets dans leur quantité et leur somme; ce livre est tenu par un employé autre que celui qui fait la préparation des écritures de la journée, pour qu'on puisse opposer des chiffres arabes à des chiffres romains, avant la mise au net au Journal Grand-Livre. A la fin de chaque semaine, on compte les effets répandus dans les dix portefeuilles, pour s'assurer que leur quantité est la même que celle relevée au livre; quant à l'inventaire proprement dit du Portefeuille, nous ne le faisons que deux fois l'an; or le rencontre ayant eu lieu par jour entre l'effectif du Portefeuille et la balance de ce Portefeuille aux livres, c'est mathématiquement que ce même rencontre doit se faire par semestre.

» Nous expédions environ cent lettres par jour. Elles sont copiées à la presse, et les copies, qui se tirent sur feuilles détachées, sont mises dans le dossier qui existe pour chacun de nos correspondants Un tel mouvement qui nous fait remuer, jusqu'à trois fois par mois, le personnel entier de nos Comptes-Courants, nous tient sans cesse en face de tous et de chacun, surtout qu'il ne part pas une lettre de nos bureaux qui n'indique l'état du compte.

» Voici le moyen très-simple qui nous fournit l'avantage de composer, même dans le feu du courrier, la situation d'un compte quelconque : il existe une chemise pour chaque correspondant : dans cette chemise sont logés :

» 1° La dernière ou les deux dernières lettres reçues (n'en laissant jamais trois sans réponse);

» 2° Le décalque de notre dernière lettre, décalque où la situation d'alors avait déjà été reproduite;

» 3° Un petit tableau, où l'on rapporte, à leur date, les diverses sommes qui sont passées par caisse et par brouillard, dans l'intervalle d'une situation à une situation suivante.

» C'est à l'aide de ces matériaux qu'on compose la situation; ainsi, par exemple : nous avons à écrire à MM. F. Samazeuilh et fils de Bordeaux; nous prenons leur chemise au casier alphabétique qui les contient toutes, et nous en extrayons :

» 1° Le décalque de notre dernière lettre, qui nous indique, à première vue, que ce Compte-Courant était débiteur, à cette époque, de fr. 1,700,70.

» 2° La lettre reçue d'eux le jour auparavant, et qui nous facturait une remise de fr. 3,265;

» 3° Le tableau sur lequel étaient inscrites, de fraîche date, et au-dessous des postes antérieurement bâtonnées, deux sommes, l'une en débit pour un mandat de fr. 360, que nous avions payé par caisse, et l'autre en crédit pour un redressement de 2 fr. 90 c., passé, en leur faveur par brouillard.

» Ces diverses sommes, mises sur deux colonnes, produisent, savoir, au débit, fr. 2,060,70, et au crédit, fr. 3,267,90 ; ajoutant à la première de ces sommes, notre remise du jour, dont le montant, d'après le bordereau porté en notre lettre, s'élève à fr. 1,467 20, nous exprimons, au bas du cadre imprimé dans ladite lettre que le compte balance ce jour, en notre faveur, par un solde de fr. 260.

» Ce rouage de notre comptabilité, l'emploi des chemises, que nous avons emprunté à l'ordre administratif, nous fournit encore un contrôle bien précieux ; puisqu'en comparant la situation individuelle de tous les comptes d'après nos livres, avec la situation qui ressort des documents contenus dans les chemises, nous effectuons chaque samedi le contrôle dit hebdomadaire.

» Tous les comptes ouverts au Comptoir ont trois dossiers : l'un pour le grand courant, celui dont il vient d'être parlé ; l'autre pour les mouvements du trimestre en train, qui reçoit les pièces épuisées ; enfin, le dernier, gisant aux archives, qui contient enliassées, et dans leur ordre de date, toutes les lettres reçues et répondues »

Instructions sur la Tenue de la Caisse.

« Notre comptabilité embrasse dix comptes généraux ouverts au Journal Grand-Livre, sous la dénomination de : *Comptes-Courants* répartis en cinq classes : — *Caisse* — *Portefeuille* — *Bons de Caisse* — *Nos mandats* — *Débiteurs et Créanciers divers*, dits dans notre langage intérieur opérations suspensives. — *Agios* — *Frais généraux*, subdivisés, au petit Grand-Livre, en trois comptes, savoir : appointements des employés, Dépenses diverses et Ports de lettres. — *Compte de Fonds*, subdivisé au petit Grand-Livre en cinq comptes, savoir : Capital réalisé, Réserve, Mobilier, Dividendes d'intérêt et de bénéfice, et Compte particulier du Gérant, — enfin *Eventualités*.

» Tous ces comptes sont susceptibles de donner lieu à des écritures de caisse, ainsi qu'il ressort des explications qui suivent :

» *Comptes-Courants*. — La caisse est débitée, par le crédit des clients qui ont compte ouvert au Comptoir, des sommes qui nous sont versées par eux ; elle est créditée, par leur débit, de ce que nous payons pour eux.

» Les articles se passent sur le livre de Caisse, au nom personnel des clients.

» Les billets de banque, reçus par lettres, sont immédiatement entrés par caisse.

» *Portefeuille*. — La caisse est débitée, par le crédit du Portefeuille, de tous les effets encaissés ; cette écriture se passe en un seul poste, la quantité des effets et leur somme seront reprises sur le cahier d'encaissement du jour ; à ce cahier sont inscrits les quelques effets retirés avant leur échéance.

» On crédite la caisse, par le débit du Portefeuille, du montant nominal des effets achetés contre écus ; l'escompte et la commission provenant de ces achats sont portés au débit de la caisse par le crédit d'Agios : à part les effets provenant du sous-comptoir, et qui pénètrent ainsi dans notre comptabilité générale, les escomptes réglés immédiatement par la caisse, c'est-à-dire sans bordereau préalablement confectionné au brouillard, ne portent que sur des échéances de quinze jours au plus.

» Chaque soir, après avoir retiré du Portefeuille tous les effets arrivant à échéance le lendemain, on les compte, puis on les remet à un employé du bureau, qui fixe sur chacun d'eux un bulletin portant la somme et le numéro d'ordre, sous lequel il va les enregistrer au cahier des encaissements; voici l'entête des feuilles de ce cahier.

Suite des numéros pendant cinq jours consécutifs	JOUR DU PAYEMENT.	NUMÉROS		PAR QUI OU CHEZ QUI PAYABLES.	SOMMES.
		matricule.	divisionnaire.		

La colonne intitulée *Jour de payement* est celle qui précise le mouvement opéré, dans chaque jour, pour les encaissements; d'une part, c'est par la date fixe portée à cette colonne, qu'on relève correctement les encaissements de la journée; d'autre part, c'est par les blancs qui restent encore à cette colonne, qu'on rencontre, le soir, les effets restés aux mains du caissier.

» Les jours chargés, tels que les quinze et fin de mois, les effets à encaisser *extramuros*, sont remis à l'huissier du Comptoir, qui doit en rendre compte avant la fermeture de la caisse.

» Deux et trois jours avant les grosses échéances, on s'assure si tous les effets qui sont à encaisser sont bien sur Nancy, afin que s'il s'en trouvait sur d'autres places, on pût encore les faire présenter à temps.

» La veille des échéances des 5. 10, 15, 20, 25 et fin de mois, on transforme en effets en souffrance tous les effets restés impayés, moins les quelques-uns d'entre eux qu'on juge encore susceptibles de payement; ceux-ci sont copiés une nouvelle fois au cahier d'encaissements, sur lequel l'ordre des numéros se renouvelle tous les cinq jours.

» Tous les effets de commerce, et particulièrement ceux qui alimentent les rapports entre les banquiers *recouvreurs*, sont indiqués *sans frais* ou *avec protêt*; les encaissements sur Nancy, qui restent en souffrance, sont donc sujets à deux régularisations distinctes, selon qu'ils appartiennent à l'une ou à l'autre de ces classes.

» Pour les premiers, nous accordons également quatre jours de grâce; puis le jour fatal arrivé, voici comment nous les exécutons: on suppose que ces effets sont encaissés; en conséquence on inscrit à la colonne dite *Jour de payement*, la date de ce jour fatal; mais, pour détruire ce débit fictif, au livre de caisse, on porte immédiatement au crédit de ce livre une somme semblable.

» Surmontés d'une fiche de retour sur laquelle on inscrit les montants, plus les ports de lettres à récupérer, ces effets caducs rentrent comme les effets neufs, c'est-à-dire que la caisse est créditée par le débit de portefeuille du montant *total* porté à la fiche; vu que déjà, lorsqu'on avait posé la fiche, la caisse avait été débitée, par le crédit de frais généraux, de fr. 0.25 cent. pour le port de lettre à récupérer sur chacun d'eux.

» Incontinent donc après leur sortie du portefeuille, ces sortes d'effets y rentrent; mais ainsi transformés, et désormais bien reconnaissables par la cartouche jaune dont ils sont marqués [1], ils sont copiés pêle-mêle avec les effets de la fournée en

[1] Ces effets déflorés, les Anglais disent déhonorés, sont surmontés d'une fiche, indiquant le nom du cédant et la somme à récupérer, puis, ainsi qu'il a été dit, copiés de nouveau

train; leurs nouveaux numéros, le matricule et le divisionnaire, posent sur la fiche; — le dernier de ces numéros appartient naturellement à l'ordre des effets en souffrance.

» Pour les seconds, ceux indiqués avec protêt, ils sont remis, dans la relevée du lendemain de leur échéance, à l'huissier, qui en est débité; ces effets, au sortir de cette exécution, sont, comme les premiers, surmontés d'un bulletin de retour où figurent: la somme principale, le coût du protêt et le bénéfice à la retraite, puis achetés par caisse; ce qui régularise en créditant ce compte par le débit de portefeuille du montant brut du nouvel effet, et en débitant ce même compte de caisse: 1° par le crédit de l'huissier, de la somme principale; 2° par le crédit d'Agios, du bénéfice de la retraite seulement; le coût du protêt se réglant en espèces.

» Ces divers nécessaires se font entièrement par caisse, vu que, d'après l'ordre établi au comptoir, c'est au département de la caisse que doit s'achever et se parachever l'encaissement des effets sur place. — Chaque soir on livre au caissier les échéances du lendemain, et celui-ci doit compte final des remises qui lui ont été faites, pendant chaque période de cinq jours.

» Nous ne tenons compte qu'après avis de rentrée, du produit d'un encaissement dont on nous charge à la commission; or il arrive de deux choses l'une, ou que cet effet est acquitté, ou qu'il revient impayé.

» Dans le premier cas, et bien entendu que ce cas n'échoit pour nous que lorsque l'avis de payement nous arrive par voie certaine, nous vidons nos mains en créditant la caisse par le débit et pour solde de la personne qui avait été précédemment créditée à nos livres, puis en débitant la caisse par le crédit d'Agios, des frais d'encaissement que nous retenons par nos mains

» Dans le second cas, cette sorte de valeur ayant subi le nécessaire commun à toutes les remises qui nous parviennent par correspondance, elle est mise sous la forme d'un effet en souffrance, et à cet état, tombe dans les encaissements du jour; mais le caissier qui, en lâchant le titre ne récupère que les frais, a produit un vide dans sa caisse; il comble tout aussitôt ce vide en débitant du principal de l'effet la personne qui l'avait remis.

» *Bons de Caisse.* — La caisse est débitée par le crédit des bons de caisse, des bons que nous créons; l'écriture mentionne le numéro du Bon et le nom du bénéficiaire.

» On crédite la caisse: 1° par le débit des bons de caisse, du montant des bons remboursés, en indiquant le numéro du bon et le nom de la personne à qui on paye, quand cette personne n'est pas le titulaire; 2° par le débit d'Agios, des intérêts payés sur ce bon, avec cette mention: Intérêts sur le bon de caisse n°... pendant... jours à... °/₀.

sous les numéros matricules et divisionnaires qui échoient aux tours de rôle du moment. — On exécute le même nécessaire pour *les impayés* sur le dehors, mais à leur occasion, ce n'est plus la caisse que l'on crédite, mais bien le correspondant qui fait les retours; ce crédit est naturellement amplifié des frais réclamés par ce correspondant; — quand à nos propres déboursés, ils fournissent la matière d'une écriture à la main-courante. — On a préféré passer cette écriture à la main-courante plutôt qu'au brouillard, parce que les quelques francs et centimes, auxquels se réduisent nos déboursés, étant ajoutés aux capitaux inscrits par catégorie de compte, à ce premier livre, ils fournissent à celui-ci l'appoint complémentaire pour égaler en somme totale, la somme totale des inscriptions de la journée aux matricules. — On a rendu le contrôle plus complet encore, en mettant en relief à ces matricules les chiffres partiels de ces déboursés.

» On bâtonne à l'instant le bon remboursé, sur lequel on inscrit la date du remboursement et le montant des intérêts payés, après quoi on l'enfile aux pièces de caisse du mois.

» Par rares circonstances, des porteurs de bons de caisse réclament un à-compte; dans ce cas, on débite le titulaire du bon, par opérations suspensives, de la somme avancée, qu'on inscrit visiblement sur le bon de caisse (au recto et non au verso), et lors du remboursement de ce bon, on fait disparaître ce débit; — pour ces sortes de mouvements, il est réservé une place distincte au livre des opérations suspensives.

» *Nos Mandats.* — Lorsque nous créons des mandats, soit sur Paris, soit sur la province, et qu'on nous en remet le montant en espèces, on débite la caisse par le crédit de mandat de l'importance de ceux fournis, en mentionnant le numéro d'ordre et le nom du bénéficiaire.

» S'il y a commission, on en débite la caisse par le crédit d'Agios, avec cette mention : notre commission sur tel mandat.

» Il ne peut y avoir d'écriture au crédit de la caisse, relativement aux mandats, qu'autant qu'on les annulerait; cet accident ne peut se produire que dans l'intervalle compris entre la formation d'un mandat et son acquittement; auquel cas, et lorsque nous en remboursons le montant, on crédite la caisse par le débit de mandat, si l'avis n'est pas donné, et par le débit du correspondant sur lequel on a fourni, quand déjà celui-ci a été crédité.

» *Opérations suspensives* — Ce compte, qui est ouvert au Journal Grand-Livre, sous la dénomination de débiteurs et créanciers divers, est établi spécialement pour les opérations faites avec d'autres que les Comptes-Courants; cependant on y porte aussi certains mouvements faits avec ceux-ci, mais c'est seulement dans le cas où ces mouvements sont exceptionnels des mouvements accoutumés.

» La caisse est débitée, par le crédit des personnes qui nous versent des fonds, en indiquant à la caisse : un tel (O. S.).

» Elle est créditée, par leur débit, des payements que nous leur faisons, et l'indication (O. S.) doit toujours être mise à la suite du nom propre.

» *Agios.* — La caisse est débitée, par le crédit d'Agios, des escomptes et commissions qui nous sont payés :

» 1° Sur les effets achetés par caisse;

» 2° Sur les mandats que nous fournissons;

» 3° Sur l'achat et la vente des billets de banque;

» 4° Sur la vente des pièces d'or;

» 5° Et sur quelques mouvements si rares, qu'il est inutile de les prévoir.

» On crédite la caisse par le débit d'Agios :

» 1° De l'escompte que nous payons sur les effets que nous négocions contre écus (circonstance qui se produit très-rarement);

» 2° De l'intérêt payé sur nos bons de caisse;

» 3° De l'Agio sur l'or que nous achetons;

» 4° Et de quelques autres petits déboursés sur des mouvements tout à fait accidentels.

» Chaque écriture, tant au debit qu'au crédit d'Agios, doit indiquer d'une manière explicite l'opération qui y a donné lieu, attendu qu'il existe pour les Agios, *comme pour tous les autres comptes généraux*, un livre auxiliaire : il est dit à ce propos, que c'est dans l'établissement d'un livre auxiliaire pour chaque nature de comptes généraux, que notre comptabilité puise en partie sa force [1].

» *Frais généraux* — La caisse est débitée par le crédit des frais généraux :

» 1° Des ports de lettres que nous récupérons ;

» 2° De la passe de-sacs que nous retenons sur nos envois d'espèces.

» Elle est créditée par le débit des frais généraux :

» 1° De toutes les dépenses de l'établissement, telles que patentes et loyers, fournitures de bureaux, chauffage, éclairage, contributions, confection des sacs, etc., etc.

» 2° Des appointements des employés, qui se reglent par mois ;

» 3° Des ports de lettres payés chaque jour aux facteurs.

» Les dépenses étant bien spécifiées à la caisse, ce compte, qui est collectif, est facilement ventilé au petit Grand-Livre.

» *Compte de fonds.* — Ce compte, également collectif, puisqu'il résume le capital, la réserve, le mobilier, les dividendes d'intérêts et de bénéfices, et enfin le fonds particulier du gérant, ne donne guère lieu à des écritures que pour le dernier de ces objets ; selon donc que notre sieur H. fait un apport ou un prélevé d'espèces, la caisse est débitée ou créditée par le crédit ou le débit du compte personnel de notre dit sieur H.

» Le compte dividendes d'intérêts et de bénéfices a trois mouvements de caisse chaque année ; un au 30 juin, lors du premier semestre d'intérêts dus aux actionnaires sur le capital réalisé, un autre le 31 décembre, pour le second semestre de ces intérêts, et le troisième, lors de la répartition des bénéfices.

» On crédite donc la caisse, par le débit du compte dividendes d'intérêts et de bénéfices, de ces payements, en exprimant si c'est pour le 1er ou le 2e semestre d'intérêts. ou pour la répartition du bénéfice.

» Comme ces payements traînent plusieurs semaines, on suivra pour leur régularisation, la marche consacrée par une pratique de onze ans.

» *Éventualités.* — Les sommes, dignes du nom de capitaux, à porter à ce chapitre, ne passent pas par la caisse ; les unes qui chargent le compte d'éventualités, résultant de faillites ; les autres, qui l'allégent, étant le produit du contingent que fournit chaque année, au compte d'éventualités, le compte d'Agios.

» Ce contingent s'apporte au moment de clore l'inventaire, alors qu'on connaît la omme totale des débits, par comptes et par effets ; il a pour effectif la millième partie, soit : 1 °/o de cette somme totale.

» Les menues écritures à passer, par caisse, aux éventualités, sont causées, pour le débit, par les frais de procédure auxquelles les méchantes affaires donnent lieu, et pour le crédit, par les dividendes en espèces reçues par les syndics.

» *Nota.* Le livre des éventualités, qui a été créé autant pour aider à la mémoire que pour régulariser les écritures, remplit le premier de ces offices, au moyen d'une très-petite attention, puisque cette attention se borne à laisser constamment en l'air la colonne du crédit ; on ne pose donc, en aucun temps, les additions à cette colonne créancière du livre, pas même aux époques d'inventaire. — C'est à ce moyen qu'on ouvre véritablement des comptes individuels à tous les débiteurs défaillants ou atter-

[1] Il y a ceci de plus, c'est que chaque livre régularisateur a pour pendant un livre vérificateur.

noyés, un espace de plusieurs lignes étant réservé à la colonne du crédit, en regard de chacune des sommes qui figurent à la colonne du débit, pour rentrer, par miettes et souvent après des années, les quelques sauvetages qu'on échappe.

» *Instructions générales sur la tenue de la caisse.* — Pour le Journal Grand-Livre, la Caisse, le Brouillard, les Mains-Courantes et tous les livres qui le comportent, il y a un double jeu de livres, sous les n°s 1 et 2, l'un sert aux lundi, mercredi et vendredi ; et l'autre aux mardi, jeudi et samedi ; le dimanche se confond avec le lundi.

» Chaque soir la caisse doit être vérifiée et arrêtée sur le livre qui aura servi aux opérations de la journée ; le solde en caisse, au lieu de figurer à nouveau sur le même livre, est porté sur celui qui doit fonctionner le lendemain.

» La caisse ne se fait pas le dimanche : cependant comme il s'opère toujours quelques mouvements ce jour-là, on la vérifie le lundi matin avant de commencer la journée, mais sans l'arrêter.

» La caisse faite, s'il existe une erreur, on la recherche de la manière suivante :

» On pointe chaque poste de la caisse tant au débit qu'au crédit, avec les livres à souche des mandats, des bons de caisse, des reçus par nous donnés, et de ceux à nous remis ; on passe en revue le brouillard, les opérations suspensives et les pièces de caisse de la journée : on voit si les effets encaissés sont exactement portés au débit de la caisse, et, pour s'en assurer, on collationne les effets non payés avec les lacunes qui existent au cahier d'encaissements, on vérifie aussi l'addition de l'Agenda de la caisse, etc., et si toutes les recherches sont vaines, on prend note de l'erreur sur un petit papier appelé *la Caisse dans la Caisse*, où l'on inscrit, en débit ou en crédit, la différence qui existe, avec indication de la date précise.

» A la fin du mois, les pièces de caisse sont mises en ordre et classées en liasses, aux sept objets qui suivent :

» Les mandats et reçus des clients de la ville, — les mandats et reçus des clients du dehors, les mémoires, factures et notes acquittés, — les mandats annulés ou remboursés, — les bons de caisse remboursés et bâtonnés ; ces bons toutefois ne sont portés aux archives qu'après avoir été opposés aux souches d'où ils dérivent, pour ces souches, être empreintes de la mention de remboursement. — Les traites de coupes de bois, les billets à domicile et toutes autres pièces à renvoyer en même temps que les extraits des Comptes-Courants. — Les pièces de nulle valeur et qui peuvent néanmoins servir à des recherches.

» On aura la plus grande attention de tenir distinctes au portefeuille les acceptations pour notre compte, de celles pour autrui.

» Les avis reçus d'encaissement d'effets, dont nous nous sommes chargés, pour n'en remettre le montant qu'après avis de rentrée, sont incrits au livre d'opérations suspensives au fur et à mesure que parviennent ces avis.

» On n'acquittera pas de mandats sans s'assurer que la note en avait été prise sur l'avis préalable qui a dû nous être fourni.

» Livre de portefeuille. — Pour établir le débit qui se compose des effets entrés, on prend :

» 1° La caisse, pour ceux achetés contre écus ;

» 2° Le brouillard, pour ceux entrés par ce livre ;

» 3° Les mains-courantes, pour ceux reçus des clients ayant compte ouvert à nos livres.

» Il n'est fait qu'un seul poste pour tous les effets entrés par caisse : on indique seulement le nombre des effets et leur somme totale.

» Les effets repris au brouillard et aux mains-courantes sont inscrits, poste par poste avec indication du nom de la personne qui les a fournis, et du tout de la remise en somme et quantité.

» Pour établir le crédit qui se compose des effets sortis, on prend :

» 1° La caisse, pour ceux encaissés ;

» 2° Le brouillard, pour ceux sortis par ce livre ;

» 3° Les décalques de nos lettres, pour ceux remis en compte.

» Le mode à suivre pour passer les écritures du crédit est le même que celui qu'on vient d'indiquer pour le débit.

» Les mouvements de la journée étant ainsi régularisés, on additionne le débit et le crédit des sommes et quantité de cette journée, puis on compare les chiffres trouvés avec ceux de la feuille de préparation, ces derniers chiffres ayant déjà été rencontrés avec ceux produits par les additions des copies d'effets matricules et des Agendas.

» Le relevé de la quinzaine se fait également en sommes et quantités, pour les totaux, être comparés avec ceux de la récapitulation de quinzaine du Journal Grand-Livre.

» Cette dernière opération se fait à l'aide d'un état sommaire des journées qui pose comme une sorte de répertoire aux dernières feuilles du livre de Portefeuille.

» LIVRES DE BONS DE CAISSE. — *Crédit.* — Chaque matin, on reprend aux registres à souche, les bons de caisse créés la veille, qu'on inscrit un à un, sur celui des deux livres de bons de caisse, jaune ou blanc, auquel ces créations de la veille appartiennent.

» Cette opération se contrôle par le *débit de la caisse.*

« Les livres de bons de caisse embrassent cinq colonnes servant à mentionner la date de création, le n° matricule du registre à souche, la somme, le nom du créancier et la date du remboursement.

» *Débit.* — Le débit aux livres auxiliaires de bons de caisse, s'inscrit sur les dernières feuilles de ces livres ; il se résume en un seul article, qui embrasse tous les bons remboursés dans la journée de la veille ; voici le sommaire de ce débit :

1853.			
Mai 16.	8 bons,	fr. 11, 800	»
» 17.	3 »	8, 000	»

» C'est au crédit de la caisse qu'on puise les éléments du débit des bons de caisse.

» A cette dernière opération, se joint naturellement celle de faire la sortie des bons remboursés, ce qui s'exécute en remplissant, de la date, la place réservée aux livres pour cet effet.

» Il ne peut exister d'équivoque dans les numéros d'ordre des deux sortes de bons de caisse, les uns ayant une suite qui a commencé par 1, et les autres ayant débuté par 5,001.

» Quant à la colonne d'observations qui a été ménagée aux livres, elle n'a servi jusqu'ici qu'à prendre des notes sur les titres que nous délivrons au porteur, les bons de caisse du comptoir ne se faisant qu'à des conditions constantes et uniformes.

« Le débit et le crédit des bons de caisse étant faits, en sommes et quantités, l'on en compare les chiffres avec les sommes figurant à la feuille de la journée, et ces chiffres étant relevés sur un petit cahier, on les additionne par quinzaine, pour, les totaux, être encore opposés aux sommes qui figurent aux récapitulations de quinzaine et de mois du Journal Grand-Livre.

» *Nota*. Les bons de caisse, le nom seul l'indique, ont, pour première étamine d'écriture, *la caisse*; quand donc la circónstance qui donne lieu à la création ou au remboursement d'un bon de caisse, est autre qu'un remblai ou un déblai d'espèces, la première mention de ce mouvement doit, *quand même*, se faire au livre de caisse: un tel poste, qui fausse nécessairement la Balance de la caisse, doit être nécessairement neutralisé par un poste contraire.

» Livre de mandats. — Un registre à souche, à deux parties, l'une pour Paris, et l'autre pour la France et l'étranger, a été établi au Comptoir, pour la prompte expédition des mandats[1] C'est à cette souche qu'on relève chaque matin les mandats que nous avons fournis la veille, et qu'on les inscrit au livre de mandats qui est en deux tomes, comme la souche; cette inscription remplit toutes les colonnes du livre, moins celle indiquant la date de l'avis. Voilà pour l'entrée.

» Pour la sortie à ce livre, on relève, sur les décalques des lettre de la veille, les sommes des mandats avisés; la mention de ces avis est toujours explicitement énoncée à ces lettres. C'est encore sur les décalques qu'on puise les motifs pour remplir au livre de Mandats la colonne marquée : *date de l'avis donné.*

» Ce sont les sommes composant les totaux des mandats créés et remboursés, qu'on oppose chaque jour aux mêmes sommes figurant à la feuille de la préparation de la journée : et c'est par l'assemblage de ces totaux, inscrits sur une annexe du livre des mandats, qu'on se rencontre avec la récapitulation, de quinzaine et de mois, du Journal Grand-Livre.

» On devra aussi, chaque jour, transporter la note de tous nos mandats créés, autres que ceux sur Paris, dans la colonne intérieure du tableau qui est compris dans la chemise des correspondants qui devront payer ces mandats. — Cette colonne intérieure ayant uniquement pour objet d'enregistrer les écritures pour mémoire.

» Chaque jour aussi on revoit les lacunes qui existent encore sur les livres, à la colonne dite : *date de l'avis donné*, afin de n'arriver jamais un quart d'heure trop tard pour ordonner les payements. — Généralement nous fournissons ces avis, trois jours avant leur échéance, pour les mandats sur Paris, et six jours pour les autres. Quant aux mandats tirés par nous, payables à deux ou trois jours de date, ils sont avisés par voie expresse, à moins qu'ils ne soient que de minine importance.

» Tout ce qui précède n'a trait qu'à la tenue du livre des mandats, les écritures à ce livre, qui n'a été institué que pour servir de mémento et de contrôle, n'étant que des écritures d'ordre; quant aux écritures effectives, celles qui constituent l'intrinsèque de notre comptabilité, elles se régularisent ainsi qu'il va être dit : C'est à la souche qu'on reprend chaque matin ceux des mandats créés la veille, qui n'ont pas été réglés en écus, pour créditer au brouillard le compte de mandats par le débit personnel des clients. Préalablement, on avait inscrit à cette souche, et sur le vu de la caisse, les lettres C ou B, pour indiquer que la première écriture des mandats devait être régularisée par caisse ou par brouillard.

» Quant au débit du compte de mandats, il se passe au brouillard, au moment même où nous avisons le correspondant qui doit payer.

[1] Depuis la loi dernière sur le timbre, nos souches ne servent plus qu'à prendre note de nos mandats; ces souches, sans talon, remplissent néanmoins leur office pour l'ordre de nos écritures.

» LIVRE DES DÉBITEURS ET CRÉANCIERS DIVERS. — C'est au brouillard et à la caisse que l'on trouve les écritures qui doivent être portées chaque jour à ce livre; mais, comme il ne doit y figurer que des personnes qui n'ont pas de compte ouvert, il faut s'appliquer à bien connaître les divers clients du comptoir.

» Les débiteurs et les créanciers de la lettre A à K sont à gauche.

» Ceux de la lettre L à Z sont à droite.

» On fait une catégorie à part de tous les créanciers dont nous ne recevons les valeurs que pour en remettre le montant après avis d'encaissement, ceux-là sont inscrits à la fin du livre.

» Chaque poste, tant au débit qu'au crédit, doit faire mention :

» 1° De la date; 2° du nom du débiteur ou du créancier; 3° de la nature de l'opération; 4° de la somme.

» Tout étant porté au livre, on additionne les débits et les crédits des sommes renfermées dans le cadre de la journée et on compare avec la feuille de préparation.

» Pour éviter la confusion, on reporte tous les quinze jours les comptes non soldés; — lorsque donc on a biffé au crayon toutes les sommes qui se balancent, on inscrit sur une feuille volante, *d'abord*, les débiteurs et les créanciers restants ayant soin de laisser quelques lignes d'intervalle entre chaque nom, afin de rassembler les postes épars d'un même compte; on fait l'addition des deux colonnes, puis, après s'être assuré qu'on est d'accord avec le Journal-Grand-Livre, on porte à nouveau la reprise par ordre alphabétique.

» *Nota*. Le compte d'opérations suspensives nous sert pour passer une foule d'écritures d'ordre.

Texte littéral du Livret d'attributions de l'employé chargé du contrôle.

» *Concordance des matricules avec les divisionnaires*. — L'employé n° 5 relèvera chaque soir aux livres de copie d'effets le nombre de ces effets entrés dans la journée; il exécutera ce travail une première fois sur les matricules, puis une deuxième fois sur les divisionnaires; il fera l'addition des sommes propres à chacune de ces copies distinctes, n'omettant pas d'enregistrer les totaux partiels à tous les livres respectifs, savoir : aux deux tomes du matricule de service, à la colonne inscrite *Débit du portefeuille*, et aux divisionnaires qui auront fonctionné, à la colonne inscrite *Total de la journée*. cette opération a pour premier objet de constater que les effets entrés au portefeuille dans cette journée ont été exactement copiés, et qu'aucun d'eux n'a fait défaut aux livres divisionnaires; en cas d'erreur, on ne fera la rectification aux livres qu'après s'être bien assuré, sur le vu de l'effet ou bien par le compte-courant, de la vraie somme entre deux sommes douteuses; une autre attention sera de constater que l'ordre de suite des numéros pour chaque livre n'a pas été troublé.

« *Contrôle de chaque jour du débit de Portefeuille*. — Des chiffre ainsi opposés à des chiffres semblables seront d'une certitude mathématique, et comme tels serviront de contrôle aux colonnes débitrices, en sommes et quantités, du livre de Portefeuille; ils contrôleront de plus le montant, porté en débit, à la feuille de préparation de la journée.

» *Contrôle de chaque jour du crédit du Portefeuille.* — Chaque soir, ou le lendemain matin, après avoir transporté à l'*Agenda Brouillard* les effets sortis dans la journée par le *livre Brouillard*, l'employé n° 5 rassemblera les sept Agendas pour numéroter, individuellement et dans l'ordre des numéros de suite de chacun d'eux, tous les effets qui y sont inscrits; puis, lorsqu'il se sera assuré qu'il n'existe point de différence entre le nombre des sommes et le nombre des numéros, il arrêtera les additions; enfin, il transportera au Sommaire des Matricules et des Agendas la quantité des effets et leur montant.

» Cette opération, qui a plusieurs points de rencontre avec la précédente, doit, comme celle-ci, se faire avec la plus grande précision; une erreur provenant d'une lacune dans la suite des numéros, aurait non-seulement des conséquences immédiates fâcheuses, mais cette erreur se propageant, causerait un gros trouble à l'époque de la situation hebdomadaire.

» Les Agendas remplissent plusieurs objets essentiels; ils fixent le crédit du Portefeuille dans chaque journée; ils aident à transporter aux Comptes-Courants les effets facturés dans cette journée; ils mécanisent, en quelque sorte, l'opération si ardue de la sortie des Effets par les divisionnaires; enfin, ils offrent avec le concours des Matricules un contrôle permanent de l'effectif du Portefeuille, en sommes et en quantités.

» *Contrôle de semaine, de quinzaine et de mois du Portefeuille.* — Les totaux de chaque jour des matricules et Agendas étant respectivement additionnés pendant toute l'année, fournissent encore un point de contrôle infaillible à diverses régularisations de notre comptabilité, savoir : par les quantités pour le dénombrement hebdomadaire des effets en Portefeuille, et par les sommes, pour l'épreuve des chiffres débiteurs et créanciers aux récapitulations de quinzaine, de mois et de trimestre du Journal Grand-Livre.

» Il existe un livre dit, *Sommaire des Matricules et des Agendas*, où les entrées d'effets par le Matricule, et leur sortie par les Agendas, sont résumées en chiffres de dernière analyse, et qui, par leur arrangement, sont susceptibles d'être additionnées verticalement et horizontalement

» *Nomenclature des livres servant à la copie des effets.* — Le livre Matricule est en 8 volumes de 250 feuilles à 40 numéros chacune, comportant donc l'inscription de 80,000 effets par année; quatre volumes seulement, ceux n°s 1 et 1 *bis*, 2 et 2 *bis*, entrent en service dès l'ouverture de l'exercice; ils sont remplis :

Le 1er	des nos d'ordre	1	à	10 000
Le 2me	*id.*	20 001	à	30 000
Le 3me	*id.*	40 001	à	50 000
Le 4me	*id.*	60 001	à	70 000

» Quant aux quatre autres volumes, ils ne fonctionnent qu'après épuisement des premiers; ceux-ci sont remplis :

Le 5me	des nos d'ordre	10 001	à	20 000
Le 6me	*id.*	30 001	à	40 000
Le 7me	*id.*	50 001	à	60 000
Le 8me	*id.*	70 001	à	80 000

» Les divisionnaires, au nombre de 32, dont moitié sous le n° 1, et l'autre moitié sous le n° 2, n'ont que 30 feuillets, qui sont toutefois aussi à 40 numéros chacun ; deux paires de ces livres seulement, ceux servant à l'inscription des effets en souffrance, et des effets à vue ou échus, sont d'un format double. Seize divisionnaires qui servent les lundi, mercredi et vendredi, débutent par le n° 1, les seize autres, dont on use les mardi, jeudi et samedi, commencent par le n° 6001.

» *Sorties des Effets aux livres.* — C'est en remplissant les deux colonnes de l'en-tête des divisionnaires qu'on régularise la sortie des effets à nos livres.

» Le même employé n° 5, après avoir rassemblé les trente-deux divisionnaires, rencontre, un à un, avec leurs corrélatifs qui posent à ces divisionnaires, les numéros inscrits aux sept Agendas de la veille, puis fait les mentions de sortie.

» Dans cette manœuvre il aura l'attention :

» 1° De bien reconnaître, par l'échéance, le livre divisionnaire de l'ordre auquel appartient l'effet parmi les seize ordres existants;

» 2° De s'assurer du rencontre non-seulement des numéros, mais encore des sommes en francs et centimes;

» 3° De pointer à l'Agenda les articles, au fur et à mesure de leur transport, et pour plus de garantie, de compter les articles pointés après épuisement de chaque livre, afin d'en comparer le nombre au nombre qui a été inscrit à la catégorie de ce même livre, sur le Sommaire des Matricules et Agendas ; ces nécessaires sont surtout commandés par les intermittences que produit forcément un travail long et qui sera exécuté avec des outils à l'usage de plusieurs.

» 4° Lorsqu'il y a différence, soit dans la somme, soit dans le numéro divisionnaire, soit enfin dans l'échéance, de recourir au numéro matricule qui se trouve rappelé aux Agendas, afin de se mettre sous les yeux la copie presque littérale de l'effet, ce qui permettra de rectifier là où il sera besoin, même aux Comptes-Courants.

» *Épuisement des livres divisionnaires.* — Moins ceux dits en souffrance et ceux à vue ou échus, moins encore ceux pour les 11° et 12° mois suivants, moins enfin celui dépassant 13 mois, tous les livres divisionnaires, établis au premier jour de l'exercice, s'épuiseront dans le cours de cet exercice. Les livres qui auront servi en janvier, février, mars, etc., seront immédiatement remplacés par d'autres, indiquant les mêmes mois, mais au millésime suivant.

» *Vérification de la sortie entière des Effets de chaque mois.* — Vers le 15 ou le 20 de chaque mois, on examine très-attentivement la colonne de sortie aux divisionnaires n° 1 et n° 2 du dernier mois écoulé, lesquels divisionnaires, ainsi qu'il vient d'être dit, ont déjà été renouvelés ; cette colonne doit être entièrement remplie, et dans le cas où elle offrirait encore quelques lacunes, on recourra aux Matricules pour connaître la teneur entière des effets, puis ces lacunes étant comblées, les divisionnaires épuisés seront portés aux archives.

» Souvent ces lacunes proviennent d'erreurs faites, lors de la première écriture, par le transport sur un livre au lieu d'un autre livre ; dans ce cas, on passe au Brouillard l'écriture d'ordre qui suit :

Portefeuille à Portefeuille.

» Pour faire sortir et rentrer deux effets copiés au mois de mars et que l'on copie de nouveau au mois de mai, leur véritable échéance :

Numéros anciens.	Numéros nouveaux.	
66 500 et 1 364	3 764 et 506	Fr. 5 000 »
37 457 et 635	14 211 et 309	2 500 »
		Fr. 7 500 »

» *Parallèle de chaque jour des Comptes-Courants avec le Journal Grand-Livre.* — Il existe, ainsi qu'il a déjà été dit, cinq livres de Comptes-Courants tenus par cinq commis distincts ; chacun de ces commis remet le matin à l'employé n° 5 les totaux, en débit et en crédit, des sommes qu'il a passées la veille à son livre particulier.

» Ces chiffres, qui sont comparés aux chiffres semblables du Journal Grand Livre, décèlent les erreurs, lesquelles erreurs sont immédiatement corrigées.

» Il arrive fréquemment que les sommes du débit et du crédit des Comptes-Courants ne cadrent pas avec les sommes figurant au Journal Grand-Livre, parce que des remises, faites ou reçues par des bordereaux spéciaux, n'ont été portées aux comptes que pour leur net, et que ces mêmes remises figurent, pour leur valeur nominale tout entière, au Journal Grand-Livre. — Dans ce cas, le contrôle ne porte plus sur le montant des débits et des crédits, mais bien sur leur différence.

» Il existe un livre dit : *Semainier des Comptes-Courants*, où sont transcris les chiffres relevés de chaque jour au Journal Grand-Livre; ces chiffres étant additionnés tous les samedis, servent à contrôler les situations hebdomadaires, ils servent de plus à transporter sommairement au petit Grand-Livre tous les mouvements de la semaine.

» *Dénombrement du portefeuille.* — Tous les samedis, on compte le Portefeuille. Le chiffre représentant le nombre des effets inventoriés doit se rencontrer d'abord avec la balance du livre Portefeuille, il doit aussi se rencontrer avec celui qui ressort de la différence entre tous les effets entrés depuis le premier jour de l'exercice et qui ont été relevés par les numéros d'ordre apposés aux quatre livres matricules, et tous les effets sortis qui ont été également relevés, par numéros d'ordre, aux quatorze agendas ; ces relevés sont tous faits, au moyen du Sommaire des Matricules et Agendas dont il a été parlé plus haut. »

Appendice.

» Il existe une foule d'errements particuliers dans les errements généraux du Comptoir, et qui n'ont d'autres méthodes que celles que se sont faites les employés qui les pratiquent ; la plupart de ces errements étant, du reste, consacrés par un usage de quatre mille jours consécutifs, sont en quelque sorte traditionnels et s'exécutent mécaniquement dans nos bureaux.

» Voici une nomenclature de ces ressorts auxiliaires, dans leurs causes et leurs effets.

» Le dernier vu des lettres reçues et répondues avant leur internement dans les chemises.

» Le classement des effets dans les huit portefeuilles, lorsque ces effets rentrent, par fournées, de leur première régularisation.

» Le contrôle que le commis au ployage des lettres exerce sur la teneur de ces lettres avant leur expédition.

» Le mode usité pour dresser sous une deuxième variante la feuille de journée.

» Les écritures, pour mémoire, à l'échéancier des clients et à notre propre échéancier : celles aux livres de Renseignements et à celui des Risques.

» La tenue à jour du répertoire des Brouillards et de la préparation des courriers.

» La récapitulation du Journal Grand-Livre qui, au delà de la balance de chaque journée, fournit encore la situation de chaque quinzaine et de chaque mois : ce livre de recapitulation est un annexe et presque un répertoire du Journal Grand-Livre.

» Le transport au petit Grand-Livre, par la Caisse et le Brouillard, pour les comptes de Frais généraux et de Fonds, et par le Sommaire des Comptes-Courants, pour les Comptes-Courants.

» Le transport, quatre fois l'an, des livres épuisés sur de nouveaux livres, de tous les Comptes-Courants; ces livres ne durant qu'un trimestre.

» Le moyen de relever, sans encombre, pendant les trois ou quatre jours que dure l'expédition des extraits, les balances des intérêts, commissions et changes sur les Comptes-Courants, à l'époque de leur arrêté trimestriel.

» L'attention de n'user que des livres propres à la journée, et de loger, en place convenable, les écritures du Brouillard; ce livre se divisant en deux parties, l'une pour les bordereaux de négociations et l'autre pour les postes sommaires.

» Une autre attention de la part des employés qui tiennent les Comptes-Courants, celle de reconnaître sur le vu de la lettre, lorsque cette lettre est en leurs mains pour entrer la remise, si le Correspondant qui l'a écrite n'a pas omis d'accuser réception de notre dernière, ou s'il en confirme une science que nous n'ayons pas reçue.

» La mise en ordre, dans un casier spécial, de toutes les pièces de correspondance avec les clients autres que les Comptes-Courants.

» Le rencontre des chiffres, posant aux deux colonnes des Comptes-Courants, avec ceux relevés, en débit et en crédit, sur les matériaux compris dans les chemises : cette opération, dite Contrôle hebdomadaire, se fait tous les samedis, après la fermeture de la Caisse.

» Les régularisations, pour l'entrée et la sortie, des dépôts de titres au porteur ou d'objets précieux, qui sont confiés à notre garde, avec ou sans garantie.

» Les nécessaires très-attentifs à exécuter dans le suivi de nos lettres de crédit circulaires pour tous pays.

» Nous exprimons encore brièvement ici, qu'il existe au Comptoir des livres spéciaux pour chacun des objets qui suivent :

» 1° La statistique des cent principales valeurs de Bourse cotées à Paris, et les conditions extraites de tous les prospectus d'emprunt pour les fonds d'États étrangers.

» 2° Les ordres d'achats et de ventes reçus dans la journée, des clients du dedans et du dehors; ces ordres sont repris lors du courrier du soir, pour être transmis à nos Correspondants de Paris, Francfort et Londres.

» 3° Le relevé de toutes les valeurs nominatives ou au Porteur, achetées à la commission, ainsi que la date de la réception des titres.

» 4° Le compte de quantités, par entrée et sortie, de chaque valeur spéciale, pour tous achats et ventes effectués par notre intermédiaire.

» 5° Un autre compte de quantités, pour tous les titres remis par des tiers aux fins d'exécuter les nécessaires du moment, tels que versements, conversion, transfert de rentes, dividendes à encaisser, etc., etc. Les coupures d'intérêt et de dividendes, qui se détachent des titres au porteur, subissent les mêmes régularisations que les effets du Portefeuille.

» 6° La note des achats et ventes à terme pour les régularisations à faire lors des liquidations des quinze et fin de mois.

» 7° Les décharges, lors de la sortie de nos mains, de tous les titres, au Porteur; ces décharges ayant lieu au moyen d'un registre d'émargement.

» 8° Le relevé des ordres d'achats et de ventes limités ou non limités, qui n'ont pu être exécutés courrier par courrier, et qui doivent être continués jusqu'à révocation. »

« Les rubriques des garçons de Caisse, dans toutes les parties du service, notamment dans leur manœuvre pour exécuter, entre deux nuits, n'importe la saison, les encaissements des effets sur place, dont le nombre s'élève, aux jours chargés, jusqu'à cinq cents. C'est au moyen des fiches posées sur chaque effet que le caissier exerce sa surveillance et son contrôle sur cette opération; et c'est par la simple attention de loger, dans un sac distinct, le montant de chaque effet que les garçons de Caisse sauvent leur garantie des pièces fausses. »

FIN.

TABLE DES MATIÈRES.

LIVRE III.

LIVRE IV.

LIVRE V.

LIVRE VI.

FIN DE LA TABLE DES MATIÈRES.

Saint-Denis. — Typographie de A. MOULIN.

Lightning Source UK Ltd.
Milton Keynes UK
UKHW040906250219
337881UK00012B/821/P

9 780265 30670